Du bist ein Volltreffer

Das heitere Geburtstagsbuch
für Fußballfreunde

Fußball

Vierundvierzig Beine rasen
durch die Gegend ohne Ziel,
und weil sie so rasen müssen,
nennt man das ein Rasenspiel.

Rechts und links stehn zwei Gestelle,
je ein Spieler steht davor.
Hält den Ball er, ist ein Held er,
hält er nicht, schreit man: „Du Toooor!"

Fußball spielt man meistens immer
mit der unteren Figur.
Mit dem Kopf, obwohl's erlaubt ist,
spielt man ihn ganz selten nur.

Heinz Erhardt

Du bist ein Volltreffer

Das heitere Geburtstagsbuch für Fußballfreunde

benno

Bibliografische Information der Deutschen Nationalbibliothek
Die Deutsche Nationalbibliothek verzeichnet diese Publikation in der Deutschen Nationalbibliografie; detaillierte bibliografische Daten sind im Internet unter http://dnb.dnb.de abrufbar.

Besuchen Sie uns im Internet:
www.st-benno.de

Gern informieren wir Sie unverbindlich und aktuell auch in unserem Newsletter zum Verlagsprogramm, zu Neuerscheinungen und Aktionen.
Einfach anmelden unter www.vivat.de.

ISBN 978-3-7462-6466-0

Zusammenstellung: Volker Bauch, Gößnitz
Umschlaggestaltung: Ulrike Vetter, Leipzig
Covermotiv: © stock.adobe.com/bigmen
Gesamtherstellung: Kontext, Dresden (A)

Inhalt

Kleine Fußballregelkunde

Regel A:
Unentschieden wird genannt
ein Spiel, das keinen Sieger fand.

Regel B:
Den Fußballspieler zu erkennen,
ist leicht. Ich darf den Aufbau nennen:
Um irgendwann ein Tor zu schießen,
hat er zwei Schuhe an den Füßen.
Darüber spannen sich die Stutzen,
die eigentlich zu gar nichts nutzen.
Dasselbe gilt von Hose und
Trikot. Sie sind nur schrecklich bunt.
Der Kopf schließt die Erscheinung ab.
Sie holt gern den Europa-Cup.

Regel C:
Die Frage wird so oft gestellt,
wie denn ein Tor im Fußball fällt,
dass ich nicht länger schweigen kann.
Schon fängt auch die Erklärung an:
Nimmt man den Radius mal 2 Pi,
kommt man auf eine Strecke, die
der Ball jenseits die Linie muss,
in Form von Kopfball oder Schuss.

Dann ist der Ball *de iure* drin,
und alles läuft zur Mitte hin.
De facto fällt zum Unterschied
ein Tor, wenn man es zappeln sieht.
Die Differenz liegt im *Aspekt*,
ein Tor nach 2) wird stets entdeckt.

(Herr Fischer ist sogar der Meinung:
Ein Tor ist nichts als Netzerscheinung.)

Regel D:
Fällt das ganze Spiel kein Tor,
steht ein 0:0 bevor.

Regel E:
Ein Tor fällt, sprich: der Ball ist drin,
wenn ich grad schön am Jubeln bin.
(Fällt auf der andren Seite eins,
dann schweige ich, als wär's gar keins.)

Regel F:
Wenn irgendwo ein Knochen kracht,
hat irgendwer ein Foul gemacht.
Erst kommt der Pfiff und dann die Trage.
Ein Freistoß endlich klärt die Lage.

Regel G:
Abseits ist, wenn steil geschickt,
der Stürmer nur das Tor erblickt.
(Doch muss ein schwarzer Mann noch pfeifen.
Das lässt die Regel schwer begreifen.)
Wenn nicht, ist er – so schön das klingt –
von Gegenspielern „schwer umringt".

Nachtrag
Tennis heißt „der weiße Sport",
Wasserball „der nasse"
usw. usf.
– Skat „der Sport der Asse".

Reinhard Umbach

Der Ball

Er war aus Leder und mit Bast ausgestopft, der Ball der Chinesen. Die Ägypter zur Zeit der Pharaonen machten ihn aus Stroh und Getreidespreu, das sie in bunte Tücher wickelten. Die Griechen und die alten Römer nahmen eine Ochsenblase, die aufgeblasen und vernäht wurde. Die Europäer des Mittelalters und der Renaissance stritten um einen eiförmigen Ball, der mit Rosshaar gefüllt war. In Amerika, wo man ihn aus Kautschuk formte, konnte der Ball springen wie nirgendwo sonst. Die Chronisten des spanischen Hofes berichten, Hernán Cortés habe einen mexikanischen Ball springen und in große Höhe fliegen lassen, und dem Kaiser Karl seien Augen und Ohren stehen geblieben.

Die Gummiblase, mit Luft gefüllt und in Leder gehüllt, entstand Mitte des vergangenen Jahrhunderts, dank des Erfindungsgeistes von Charles Goodvear, eines Nordamerikaners aus Connecticut. Und dank des Erfindungsreichtums von Tossolini, Valbonesi und Polo, dreier Argentinier aus Córdoba, entstand, viel später erst, der Ball ohne Netzhülle. Sie erfanden die Blase mit Ventil, die man mit der Pumpe aufblasen konnte, und seit der Weltmeisterschaft 1938 war es dann möglich zu köpfen, ohne sich am Netz wehzutun, dass vorher den Ball zusammengehalten hatte.

Bis Mitte des Jahrhunderts war der Ball braun. Spä-

ter wurde er weiß. Heutzutage gibt es verschiedene Modelle, schwarze Muster auf weißem Grund. Heute misst sein Umfang sechzig Zentimeter, und er besteht aus Polyurethan auf Polyethylenschaum-Basis. Er ist wasserdicht, wiegt weniger als ein halbes Kilo und fliegt schneller als der alte Ball aus Leder, der bei Regen nicht mehr zu spielen war.
Man hat ihm viele Namen gegeben: die Kugel, das Leder, die Pille, das Geschoss. In Brasilien hingegen zweifelt niemand daran, dass der Ball eine Frau und weiblichen Geschlechts ist. Die Brasilianer sagen „kleine Dicke", „gorduchinha", oder auch einfach nur „meine Kleine", „menina", und geben ihr Namen wie Maricota, Leonor oder Margarita.
Pelé gab ihr im Maracanã-Stadion einen Kuss, als er sein tausendstes Tor schoss, und Di Stéfano errichtete ihr am Eingang seines Hauses ein Denkmal, einen Bronzeball, darunter eine Tafel mit der Inschrift „Danke, Süße".

Eduardo Galeano

Fußball-Länderkampf

Große Tagesplakate kündigten einen großen Fußballkampf an. Ich hab noch nie einen solchen gesehen. Flugs eilte ich an eine Autowartestelle und frug den Führer, ob er gewillt wäre, mich zu dem heutigen Fußball-Rennen zu bringen. Nachdem mich der Autoführer aufgeklärt hatte, dass heute kein Fußball-Rennen, sondern ein Fußballkampf stattfindet, stieg ich in das Auto und fuhr los. So was von Menschen habe ich noch nie gesehen, eine direkte Völkerwanderung von der Stadt bis zum Fußballplatz. Ich zählte mindestens 5.000 Autos. Wenn man bedenkt, wegen einem Fußball 5.000 Autos, das ist kolossal. Am Sportplatz selbst eine Menschenmasse von 50.000 Menschen, dazu 5.000 Autos gerechnet, also zusammen 55.000. Am Fußballplatz angelangt, frug ich sofort einen Platzanweiser: „Wo ist die Drehbühne?“ – „Drehbühne?“, sagte er, „gibt es hier nicht.“ – „Was“, sag ich, „50.000 Menschen und keine Drehbühne? Sind Sie verrückt? Ich habe doch im Kartenvorverkauf eine Drehbühnenkarte gekauft!“ Ich wies meine Karte vor, der Irrtum wurde mir klar – es war keine Drehbühnen-, sondern eine Tribünenkarte. Ich walzte mich also zur Tribüne hinauf. Schlängelte mich amphibisch zu Platz Nr. 4376 hinauf. Ich saß. Ich saß kaum – wer stand vor mir? Ein Mann mit einem heißen Blechkessel. „Wollen Sie heiße Würstchen?“, sprach er. – „Nein“, sagte

ich, „das Gegenteil – ich will das Fußballwettspiel sehen." Ich zog meine Uhr aus der Tasche und sah – 4 Uhr 10. Beginn 4 Uhr.
„Wann geht es endlich los?" – Ich wurde ungeduldig und schrie aus Leibeskräften!! – Schon wieder war einer da – „Wer wünscht hier Los? Ziehung unwiderruflich Freitag, den 1. April." Nun begann die Musikkapelle drei Musikpiecen zu spielen. Vom Fußballspiel war noch keine einzige Spur zu sehen. Die Musikkapelle spielte hierauf ein Dacapo. Währenddessen nahte ein Flieger samt Flugapparat surrend zum Flugplatz heran. – Der Flieger war hoch oben, der Platz tief unten, das Publikum ebenfalls. Es war ein ergreifendes Schauspiel. Besser hätte man es in einem Schauspielhaus auch nicht gesehen. Ich habe schon in meinem Leben viel Flieger gesehen, aber diesmal nur einen, oder besser gesagt, damals nur diesen. Als das Flugzeug sich dieses Fußballs entledigt hatte, flog es hurtig von dannen. Nachdem uns die Musik wiederum etwas geblasen hatte und das Fußballspiel noch immer nicht begann, rief ich zum zweiten Mal aus Leibeskräften: „Los!!!" Wer kam wieder daher? Der Mann mit den Losen! „Ziehung unwiderruflich am Freitag, den 1. April." – Nun wurde es mir fast zu dumm, wir wollten gehen ... Sie staunen, weil ich *wir* sagte – wir waren zu zweit, ich und mein Regenschirm. Um wieder auf den Fußball zu kommen, ich vergesse nie den Anblick, wie auf dem riesigen Festplatz dieser kleine Fußball lag – einsam und verlassen. Hätte ich Tränen dabeigehabt, ich hätte dieselben geweint. Auf einmal

– wir konnten es kaum erwarten – fing es endlich an ... zu regnen. Von diesem Augenblick an war ich überzeugt, dass die Menschen vom Affen abstammen. Denn wie bekannt, machen doch die Affen alles nach. Beim ersten Regentropfen öffnete ich meinen Regenschirm, und siehe da – – – alle 45.000 Menschen machten mir es nach. – – Was sagen Sie dazu?
Hätte ich vielleicht meinen Regenschirm nicht aufgespannt, hätten's alle anderen auch nicht getan. Und alle 45.000 Menschen wären nass geworden bis auf die Haut, die sich ja bei jedem Menschen unter den Kleidern befindet. Plötzlich ein Fahnenschwenken, die Musikkapelle spielte dazu, und das erste Fußballbataillon marschierte mit klingendem Spiel auf das Spielfeld. Ich sprach zu meinem neben uns stehen-

den Freund: „Nun geht's los." Wer stand wieder da? Der Mann mit dem Los: „Ziehung unwiderruflich am Freitag, den 1. April." ... Es war zum Kotzen. Ich werde dieses Datum nie mehr vergessen. – Und nun begann der Anfang. Es erschienen nun die Fußballlieblinge, die vom Publikum vergötterten Fußballisten. Da begannen die 45.000 Menschen ein 90.000-händiges Applaudieren. Der Torwärter stand schon vor den Toren und die Musik spielte dazu „Am Brunnen vor dem Tore". Alles stand kampfbereit, aber der Fußball stand noch immer allein und einsam in der Mitte. Es war bereits 4 Uhr 30 alte und 16 einhalb Uhr neue Zeit zugleich. Da ging wie ein Lauffeuer ein unleises Raunen durch die Menschenmassen ... „Die Fotografen kommen." Mindestens ein halbes Dutzend Fotografen ohne Ateliers bevölkerten jetzt das Spielfeld. Das Spiel begann nun immer noch nicht und die Kapelle spielte dazu das alte Volkslied „Es kann doch nicht immer so bleiben". Das war denn auch meine Meinung, und nach einigen kürzeren Minuten erschienen endlich drei Kinooperateure. Nun trat eine Pause ein, nach deren Ende plötzlich die Sanitätsmannschaft auf dem Platze Platz nahm. Anschließend daran kam der Herr Amtsrichter – Verzeihung – Schiedsrichter, um seines Amtes zu walten. Er ging in die Mitte, pfiff und das Spiel begann. Enden tat das Spiel mit dem Sieg der einen Partei – die andere Partei hatte den Sieg verloren. Es war vorauszusehen, dass es so kam.

Karl Valentin

Das Wunder von Bern

Das satt schmatzende Geräusch eines Fußballschuhs, der einen regenschweren Lederball volley trifft, reißt Matthias aus seiner Trance. Er blickt auf das Spielfeld. Da, das muss der Boss sein, keine 15 Meter von ihm weg! Er hat den Ball. Doch im Augenwinkel sieht Matthias ein rotes Wischen, ein Ungar, der angestürmt kommt. Matthias öffnet den Mund, um eine Warnung zu rufen, wie er es so oft schon getan hat im Stadion an der Hafenstraße in Essen. Doch kommt kein Ton aus ihm heraus, mechanisch öffnet und schließt er den Mund, erst ein gellender Pfiff macht seinen Reflexen ein Ende. Rahn liegt am Boden, der Schiedsrichter steht neben ihm und deutet auf einen Punkt zu seinen Füßen. Freistoß offenbar, ja, der Ungar dreht ab. Und wo ist der Ball? Bei Rahn ist er nicht mehr, auch der Schiedsrichter hat ihn nicht in der Hand, und der Ungar kann ihn ja wohl auch nicht haben. Dann entdeckt Matthias die Lederkugel. Sie rollt direkt auf ihn zu, ganz langsam, aber so zielstrebig, als würde er sie an einer Schnur zu sich ziehen. Als habe jemand einen zentralen Schalter umgelegt, kommt alles in Matthias mit einem Mal zum Stillstand. Das Grummeln in seinem Bauch ist plötzlich verstummt, auch der Lärm der 60.000 erstirbt, als stecke er mit seinem Kopf in einer Schüssel, und zu atmen wagt er auch nicht mehr. Nur sein Herz schlägt noch, so hef-

tig, als poche jemand von innen mit einem Vorschlaghammer gegen seinen Brustkorb. Nur ein Gedanke hallt durch seinen leeren Kopf: Das ist der Ball des Endspiels der Fußballweltmeisterschaft. Das ganze Stadion, ach was, die ganze Welt schaut auf diesen Ball. Er liegt vor meinen Füßen. Das heißt, dass alle mich sehen werden. Und alle werden wissen, dass ich keine Eintrittskarte habe.
Einen Moment, der ihm so lang vorkommt wie eine ganze Halbzeit, kann sich Matthias nicht rühren. Dann bückt er sich, steif, und nimmt den Ball auf. Als er den Blick endlich wieder auf den Platz richten kann, sieht er, wie der Boss sich aufrichtet und lang-

sam auf die Seitenauslinie zugeht. Plötzlich stockt er. Kann das sein? Da ist der Ball, na klar, aber die roten Haare darüber, die kennt er doch. Matthias! Wie soll der hierhin gekommen sein? Das sind doch mehr als tausend Kilometer! Aber sollte er schon so erschöpft sein, dass er halluziniert? Nein, noch läuft es prima, die Ungarn sind schon ganz fertig, dass sie die Deutschen nicht haben überrennen können, sie schimpfen viel miteinander, das hat er, Helmut Rahn, deutlich gesehen. Die sind nervös wie nix, und vielleicht kann man sie ja packen, und wenn auch noch der Mattes da ist ... Gedankenschnell fängt er den Ball auf, den Matthias ihm zugeworfen hat. Er legt ihn sich zum Freistoß zurecht und schießt zu Morlock. Bevor er sich in Richtung des ungarischen Strafraums in Bewegung setzt, schaut er sich noch einmal um. Nein, kein Zweifel, da steht Matthias Lubanski, elf Jahre alt, aus Essen-Katernberg, am Spielfeldrand des WM-Endspiels, sein Freund und Taschenträger, sein Maskottchen. Kopfschüttelnd rennt der Boss los.

– Hast du das gesehen?

Annette Ackermann hat ihren Mann an der Schulter gepackt und schaut über ihn hinweg hinab zur Seitenauslinie, wo ein rothaariger Junge steht und Helmut Rahn versonnen hinterherschaut.

– Ja, das nennt man Foul, und deshalb haben wir einen Freistoß bekommen.

– Nein, das eben da an der Seitenlinie. Der Rahn hat den Jungen angesehen, als wäre ihm der Gott des Fußballs persönlich erschienen. Kennst du den?

– Wen? Den Fußballgott?
– Nein, den Jungen da unten.
– Liebe Annette, darf ich dich daran erinnern, dass das hier das Endspiel der Fußballweltmeisterschaft 1954 ist? Da kann ich mich nicht mit irgendwelchen Balljungen beschäftigen. Die einzigen Kinder, für die ich mich interessiere, sind unsere eigenen. Denn heute wird über deren Namen entschieden. Und wenn gleich der Puskás nochmal trifft, werden sie Rüdiger und Roswitha heißen.
– Roswitha?
Annette schaut ihren Mann an, als wäre er ein Barbar, der seinen Göttern die Kinder zum Opfer darbringt. Entschlossen schüttelt sie den Kopf, nimmt ihr Fähnchen vom Tisch, schwenkt es wild und beginnt zu rufen, so laut wie noch nie in diesem Spiel.
– Deutschland vor! Deutschland vor!
Diesmal stimmen sogar einige der Reporter mit ein, lassen ihre Bleistifte fallen, springen auf und starren auf das Spielfeld, wo Liebrich einen weiten Pass auf Schäfer schlägt, der den Ball in Richtung des ungarischen Tors treibt. Schäfer flankt, Morlock und zwei ungarische Verteidiger springen hoch zum Kopfball. Doch der Ball fliegt aus dem Strafraum heraus, Helmut Rahn vor die Füße. Der zieht Richtung Tor, zwei Ungarn stellen sich ihm, einen Schuss erwartend, in den Weg. Auch Matthias sieht seinen Freund mit dem Ball am Fuß. So groß ist die Spannung, dass er die Augen schließt. Was hat der Boss in solchen Situationen sonst immer gemacht? Gleich geschossen? Nein,

zu einfach, da wirft sich leicht einer dazwischen. Ein Trick muss her, der Weg zum Tor muss freier sein. Wenn er jetzt nach innen zöge, den Ball vom rechten auf den linken Fuß legte, mit dem er doch auch so gut schießen kann, dann ... Plötzlich weht Herbert Zimmermanns Stimme zu Matthias herüber, dem eine Gänsehaut nach der anderen über den Rücken läuft. Nicht, weil er inzwischen völlig durchnässt ist und friert in seinen kurzen Hosen, sondern weil er plötzlich nur noch diese Stimme hinter seinen geschlossenen Augen hört.

– Aus dem Hintergrund müsste Rahn schießen. Rahn schießt! Tor! Toor! Tooor!

Christof Siemes

Tore sollen größer werden

Also es gibt ja Dinge die gibt es nicht
Und doch sind die heftig im Gespräch
Da stell ich immer fest
Wie naiv man im Grunde genommen doch ist
Und der Grund jetzt war dass ich neulich gelesen
hab
Dass man eventuell oder sogar ganz bestimmt
Die Fußballtore vergrößern will
Das will ich nicht sondern der internationale
Fußballverband
Fifa Fifa
Den sollte man Balla Balla nennen
Fußballtore vergrößern das ist ja also
Wo gibt es denn sowas
Und der Belladonna der Argentinier oder wie der
heißt
Also der oselige Fußballgott Mariadonna
Der will auch schon zum Streik aufrufen
Ich mein wozu das Ganze
Damit der Ball besser in das Tor reingeht
Noch schneller und besser
Ich weiß es nicht wat da wieder los ist
Es geht ja sicher wieder nur ums Geld
Tore größer
Dann muss der Torwart auch länger sein

Sonst kommt der ja beim besten Willen nicht in die
Ecken rein
Heißt es doch immer: Bodo Ilgner fischte das Leder
Mit letzter Kraft aus der linken oberen Ecke des
Netzes
Aber wenn es wirklich darum geht dass mehr Tore
fallen sollen
Also für die Zuschauer wegen dem Geld und der
Einschaltquote
Dann würd ich vorschlagen dann muss auch das
Spielfeld
Kleiner gemacht werden
Nur so 50 Meter von Tor zu Tor
Dann brauchen die auch nicht mehr so viel zu laufen
Die Deutschen spielen ja sowieso alles viel lieber
Aus dem Stand
Das sind ja Stand-up-Millionäre
Faule Hunde sind das
Und dann wenn das Spielfeld kleiner und die Tore
größer
Kann man auch Spieler entlassen
Sparen
Am besten wäre doch Fußball ohne Torwart und
dann noch
Mit zwei Bällen
Das gäb ein Schützenfest da könnt ich auch
mitspielen
Mein Vater war ja schon ganz früher Verteidiger bei
Homberg 03

Und der hat immer gesagt: Ein Spiel ist erst aus
wenn es aus ist
Mein Vater war ein richtiger Fußballphilosoph
Wenn er noch leben würde dann gäb es nur noch
stundenlanges
Elfmeterschießen bis zum Abwinken und Umfallen
Und wenn dann die Tore größer wären und es gäb
keinen Torwart mehr
Wer dann drüber oder daneben schießt
Ist der Held des Tages
Ich weiß noch in meiner Kindheit da waren die
Torpfosten aus
Hartem Holz
Und das Netz das war aus ganz dickem Draht
Das weiß ich von meinem Großvater Ditz
Der war beim Grafschafter Spielverein in Moers
Torwart

Aber in Wirklichkeit war er Lokomotivführer bei der
Kreisbahn
Aber immerhin und alles umsonst aus Spaß an der
Freud
Heut wird doch bald alles wegrationalisiert und die
Millionen
Kriegt der Manager oder Steffi Graf oder Schumi
Und wir bezahlen deren Steuern
Ich weiß es nicht ich weiß nur da stimmt doch was
nicht oder?

Hanns Dieter Hüsch
(1925–2005), Autor, Liedermacher und Rundfunkmoderator, war mehr als 53 Jahre auf deutschen Kabarettbühnen unterwegs. Der Schnellsprecher vom Niederrhein hat auch über Fußball nachgedacht.

Mit vierzehn ...

Mit vierzehn
konnte er nicht schlafen
von Samstag auf Sonntag
denn am Sonntag
wird es regnen?
kommen Leute?
um zehn Uhr
am Sonntag um zehn
wird er das Tor hüten
in der Jugendmannschaft
zum ersten Mal
in der Jugendmannschaft
er wird sicher sein
auf der Linie
und hoffentlich Nerven bewahren
bei hohen Bällen

Nerven
Nerven
er wird die zehn
die zehn Freunde
er wird sie nicht enttäuschen
er kann nicht schlafen
er muss aufs Klo
das verlorene Paradies
ist nicht der Sportplatz
der erdige Fleck
vor dem Tor
das ganz und gar Verlorene
ist diese Art Verantwortung

Werner Schneyder

Die Verheißung mit Rentenanspruch
Eine Kindheit mit Ernst Huberty

Das war ein trüber Morgen damals, irgendwann Anfang der Achtziger. Ein entsetzlicher Morgen, um präzise zu sein. Die Lokalzeitung meldete es auf Seite 1: Huberty suspendiert.
Zwei Worte, die ein kleines, junges Weltbild durcheinanderschüttelten. Dieses Weltbild kreiste um Menschen wie Beckenbauer, Netzer, Overath und Weisweiler. Huberty suspendiert. Hieß das weg vom Fenster? Weg von der Mattscheibe? Weg von uns? Er habe sich, so lasen wir weiter im Sportteil, eines Spesenvergehens schuldig gemacht. So, so, dachten wir, Spesenvergehen. Nicht richtig abgerechnet irgendwas. Und wir dachten weiter, dass das einem wie Ernst Huberty schlicht passieren kann, weil der doch mit den Großen unserer damaligen Welt so gut bei Fuß war. Eben mit Beckenbauer und Netzer und Overath und Weisweiler und – ja, sogar mit Berti Vogts. Die hat er doch ganz bestimmt ganz oft zum Essen ausgeführt und dann auch garantiert eingeladen. Weil einer wie Ernst Huberty immer so aussah, als würde er immer alle anderen einladen. So liebenswürdig. So adrett. Die mussten spinnen, die vom Westdeutschen Rundfunk. Dachten wir. Glaubten wir. Wussten wir.
Huberty war eine Verheißung für uns, eine Verheißung mit Rentenanspruch, aber eine Verheißung.

Denn so war das damals in den Siebzigerjahren. Du kamst samstags mittags aus der Schule. Es gab Erbsensuppe oder Linsensuppe oder Linsensuppe oder Erbsensuppe. 15 Uhr Radio, batteriebetrieben, mit einem stets knirschenden Knopf zum Sendereinstellen und Wahnsinnigwerden. Die rituelle Suche im Ultrakurzwellenband nach *Sport und Musik* im Westdeutschen Rundfunk mit Kurt Brumme am Mikrofon und – so lang ist's her – Heribert Faßbender als Feldreporter in Schalke oder Düsseldorf oder Köln oder Mönchengladbach. Eine Kultsendung. Auch Brumme war eine Verheißung.
Danach, unvergessen die kröselige Anfangszeit: 17.48 Uhr, die SPORTSCHAU. Und sein Erscheinen: Exakt gescheiteltes, silbergraues Haar. Ein Lächeln, das Tore versprach. „Guten Abend, meine Damen und Herren." Meistens hielt sein Lächeln das Versprechen: Tore, Tore, Tore.
Ernst Huberty war eine Verheißung.
Er war über Jahre hinweg das Rückgrat des Samstags. Ein Pfeiler des Wochenendes. Unbestechlich. Verlässlicher als der beste Freund, allemal verlässlicher als die erste Freundin. Nur manchmal Ärger, wenn er seine ostentative Liebe zum 1. FC Köln nicht zügeln konnte. Aber selbst die Parteilichkeit verpackte er mit solchem Charme, dass wir alles schon wieder vergessen hatten, bis Ilja Richter mit der Disco kam 19.30 Uhr, ZDF. Dazwischen Badewanne, nervende Schwestern (keine Ahnung) und ein missgelaunter Vater, weil Borussia Dortmund verloren hatte. Dortmund verlor ziemlich oft damals.

Ein Samstag ohne Huberty war also kein Samstag. Kein richtiger jedenfalls. Der silbergraue Opa war unsere Jugend: Fachsimpeleien unter noch hochstimmigen, vorpubertären Jungs in Doppelripp-Unterhosen in der Umkleidekabine vorm Sportunterricht. Über Beckenbauer, Netzer, Overath, Weisweiler. Und Huberty. Er begleitete uns durch Sexta, Quinta, Quarta. Und plötzlich, eines Morgens wie gesagt, war er weg. Sie verbannten ihn vom Bildschirm, nahmen ihm die *Sportschau* und nahmen damit auch uns die *Sportschau*.
Wir schauten irritiert des Samstags auf den Schirm und trafen dort solche Figuren wie Dieter Adler, Klaus Schwarze, Max Schautzer und irgendwann Heribert Faßbender.
Aus lauter Verzweiflung wurden wir erwachsen.
Gelegentlich fragten wir uns zwar, was aus Ernst Huberty wohl geworden ist? Ob er in irgendeiner Asservatenkammer des WDR schuften musste? Aktenberge schleppen und stapeln? Oder für Adler/Schwarze/Schautzer/Faßbender Kaffee kochen? Bis er irgendwann wieder auftauchte. Erst als Gerücht in der Oberstufe – „Haste gehört, Huberty ist wieder da." Dann leibhaftig im dritten Programm des WDR-Fernsehens. Stand da wie immer. Exakt gescheiteltes, silbergraues Haar, dieses Lächeln. Aber sonst? Er durfte Prominente, Semiprominente und Idioten nach ihren Bundesligatipps befragen, die er mit Kreide auf eine Tafel kritzelte. Schrecklich.
Wir empfanden das damals als weit unter seiner und unserer Würde. Auch wenn wir dunkel ahnten (man

las inzwischen nach dem Sportteil auch die politischen Seiten der Lokalzeitung und gelegentlich die *Frankfurter Rundschau* vom Soziologiepauker), dass sich hinter dem Wörtchen Spesenverfehlung größere Misslichkeiten verbargen. Vor allem bei anderen. Bei Lambsdorff und Flick und später Möllemann. Ernst Huberty sahen wir das nach.
Womöglich mochten und mögen wir ihn deshalb, weil er den Fußball mit einer Liebe rüberbrachte, die niemand erlernen kann. Niemand. Kein Wontorra, kein Beckmann, kein Poschmann, kein Hartmann, kein Delling. Und Töpperwien sowieso nicht. Die wirken gegen ihn, diese graue Eminenz, matt und fad. Und je öfter die auftauchen, desto größer die Sehnsucht nach den Jugendtagen mit Huberty. Könnte der das *ran*-Soccer-Spiel verhökern? Würde er, wie die neuzeitliche Ikone Werner Hansch, „geile Tore“ besingen. Oder am Spielfeldrand schweißstammelnde Interviews der Diktion „War ein prima Spiel, aber haben Sie nicht auch das Gefühl, dass ...“ führen?
Eben nicht.
Der passte ins Wohnzimmer zur Oma mit dem Handkantenknick im Kissen und den gehäkelten Deckchen auf dem Schwarzweiß-Fernseher, weil die in ihm den nie erlebten Schwiegersohn erkannte. Er passte ebenso zum Hochschulprofessor, weil dem die verbindliche Art imponierte. Er passte zum Malocher, weil er keine großen Worte suchte und die Taten anderer für sich sprechen ließ. Und er passte zu uns, weil wir

irgendwie alle Huberty anhimmelten. Die meisten jedenfalls. Die Weicheier schworen auf Kürten.
Wir wissen inzwischen, dass Ernst Huberty so großartig auch wieder nicht war. Und dass er gegen Bares allen möglichen Unternehmen seine Leihstimme gab. Wir wissen auch, dass er unsere Lieblinge von einst bestimmt nicht zum Essen eingeladen hat. Falls doch, dann gegen Quittung wie Herr Wickert.
Aber verdammt noch mal: War das schön, als er wieder auferstand als Moderator bei Premiere. Sieht immer noch aus wie einst im Mai. Als hätten sie ihn beim WDR doch nicht in der Asservatenkammer schuften lassen, sondern schockgefroren. Lächelt silbergrau. Plaudert mit den Größen von heute. Nur auf einem anderen Kanal.
Die Zeiten ändern sich und wir uns mit ihnen. Wir tragen keine Doppelripp-Unterhosen mehr. Ilja Richter von der *Disco* ist inzwischen so grau wie Beckenbauer. Samstags gibt es keine Erbsensuppe oder Linsensuppe mehr. Das alte Radio mit dem Knirschknopf ist Schrott, Kurt Brumme in Pension. Und Dortmund gewinnt wieder. Die Zeiten ändern sich. Nur Huberty ändert sich nicht.
Vielleicht ist das sein wahres Geheimnis.

Michael Streck

Warum ich ein Fußballfan bin

Jeder Mensch hat seine Schwäche. Die meine besteht darin, dass ich ein Fußballfan bin und es nicht über mich bringe, während der Übertragung eines Spiels den Fernsehapparat abzustellen. Ich habe es schon mehrmals versucht. Aber sobald meine Hand dem bewussten Knopf in die Nähe kommt, beginnt sie zu zittern wie die Hand eines Morphiumsüchtigen kurz vor der Injektion. Ich kann nicht. Ich muss zuschauen.

Dabei ist es mir vollkommen gleichgültig, ob gerade die Cup-Entscheidung zwischen Arsenic und Tottenhot übertragen wird oder das Nachtragsspiel zwischen Maccabi Eilat und Hakoah Ramat-Gan, den beiden Nachzüglern der israelischen B-Liga. Hauptsache, dass auf dem Bildschirm zwei Mannschaften hinter dem Ball herjagen. Und ich beschränke mich nicht etwa auf passives Glotzen, ich bin kein teilnahmsloser Zuseher, o nein. Mit anfänglich schriller und später heiserer Stimme feuere ich die Spieler an, und wenn die berühmte Sturmspitze Avigdor („Tempotempo") Falafel einen dieser unhaltbaren halbhohen Schüsse ins gegnerische Netz flitzen lässt, springe ich auf und brülle ein übers andere Mal: „Tor! Tor! Tor!"

Natürlich verblassen meine Emotionen gegen die Erschütterung, die unsern Avigdor („Tempotempo")

Falafel in solchen Augenblicken überwältigt. Er sinkt auf die Knie, hebt die gefalteten Hände zu Gott dem Herrn empor, als wollte er sagen: „Wir haben's wieder einmal geschafft, wir zwei", und wenn die Kamera näher an ihn heranfährt, sieht man ganz deutlich, wie ihm Freudentränen über die Wangen rinnen.

Das Nächste, was man sieht, ist ein unentwirrbarer Knäuel von Mitspielern, die über ihn herfallen, ihn küssen und umarmen und zu Boden reißen und vor Begeisterung nicht ein noch aus wissen. Es sind erhabene Augenblicke. Aus dem Hintergrund glaubt man die weihevollen Klänge der Neunten Sinfonie von Beethoven zu hören. Der Gipfel irdischer Wonnen ist erreicht.

Der Schreiber dieser Zeilen darf in aller Bescheidenheit darauf hinweisen, dass er im Leben einiges geleistet hat. Er hat eine Reihe erfolgreicher Bücher, Filme und Theaterstücke verfasst, hat Preise und Auszeichnungen eingeheimst, hat dreimal geheiratet und ist im Besitz eines persönlichen Handschreibens von Golda Meir. Nichts von alledem hat ihm auch nur einen Bruchteil jener ekstatischen Beseligung vermittelt, von der Avigdor („Tempotempo") Falafel und seine Teamkameraden durchflutet werden, wenn einer der vorhin erwähnten halbhohen Bälle im Tor des Gegners

landet. Es ist schon so: Das Leben hält keinen Vergleich mit dem Fußballsport aus.

Und zwar in jeder Hinsicht. Man denke nur an einige neuerdings populär gewordene Begriffe wie Recht, Gesetz und Ordnung. Sie werden im Fußballspiel geradezu vorbildlich gewahrt. Während auf den Rängen des Stadions die Anhänger der beiden Mannschaften in wütende Raufhändel verstrickt sind, an denen sich auch Ordner und Polizisten beteiligen, herrscht unten auf dem grünen Rasen strengste Disziplin, wird der geringste Verstoß gegen die festgesetzten Regeln vom Schiedsrichter augenblicklich geahndet. Nirgends sonst folgt dem Verbrechen die Strafe so dicht auf dem Fuß wie hier, und die Zuschauer achten leidenschaftlich darauf, dass das geschieht. Wenn ein Spieler einen anderen regelwidrig zu Fall bringt, springt alles auf und brüllt: „Hundesohn! Gangster! Hinaus mit ihm!“, Bierflaschen und andere Haushaltgegenstände fliegen aufs Feld, die Empörung kennt keine Grenzen.

Aber dieselben Menschen, die da in Saft geraten, drehen sich nicht einmal um, wenn auf einer verkehrsreichen Straße ein Passant von einem anderen niedergeschlagen wird.

Oder es geht der nun schon mehrfach genannte Avigdor („Tempotempo“) Falafel nach einem Zweikampf zu Boden und krümmt sich. Sofort stürzt ein Rudel von Ärzten, Masseuren, Trainern und Krankenwärtern aufs Feld. Sie beugen sich über den Verletzten; hegen ihn, pflegen ihn, massieren ihn, streicheln ihn, und selbst der Gegenspieler, der an allem schuld ist, klopft ihm zärtlich auf den Rücken und flüstert: „Ich liebe dich, Tempotempo!“
Aber wenn ein normaler Bürger in einem dunklen Haustor eins über den Schädel bekommt, ist niemand da, sich über ihn zu beugen und ihm zu helfen.
Wir sollten, meine ich, das Leben mehr dem Fußballsport angleichen. Was wären das doch für paradiesische Zustände, wenn unser Alltag nach Fußballregeln abliefe! Kaum begeht jemand einen Regelverstoß, eilt ein schwarz bedresster Referee herbei und stellt mit einem scharfen Pfiff die Ordnung wieder her. Um ein Beispiel zu nehmen: Du hast dich in die Schlange vor einer Kinokasse eingereiht, kommst in langsamen Rucken immer näher an das ersehnte Ziel und verspürst plötzlich einen stechenden Schmerz zwischen den Rippen. Ein Rowdy will dich von deinem Platz verdrängen. „Verschwind, sonst gibt's was!“, stößt er zwischen den Zähnen hervor. Du erstarrst vor Schreck. Aber da ist schon der Schiedsrichter vom Dienst zur Stelle und hält ihm die Gelbe Karte unter die Nase: „Noch so ein Foul, und Sie werden ausgeschlossen!“

Unter solchen Umständen wäre das Leben wieder lebenswert, Ruhe und Ordnung wären gesichert, Anstand und Moral kämen zu ihrem Recht.

Ich bin ein Fußballfan.

Ephraim Kishon
(1924–2005), israelischer Schriftsteller ungarischer Herkunft. Sein Schwerpunkt lag in der humorvollen Darstellung des Alltags in Israel und seiner Familie. Er schrieb zumeist Kurzgeschichten und diese Liebeserklärung: „Meine ganze Liebe gilt dem Fußballspiel. Ich liebe es so sehr, dass ich am liebsten die ganze Welt in ein großes Fußballfeld verwandeln möchte. Dann würde sich auch die Mühle der Gerechtigkeit etwas rascher drehen.“

Fußballgefühle

Ich bin kein Fußballfan, das Fansein liegt mir nicht, ganz generell. Ich habe nie in der Bettwäsche irgendeines Klubs geschlafen, ich bin nie bei Wind und Wetter zu jedem, aber auch jedem Spiel (sogar zu den Auswärtspartien) meines Vereins gefahren. Mir ist nicht der Tag nach einer Niederlage meines Lieblingsklubs total versaut. Ich eigne mich einfach nicht dazu, bedingungslos an einer Sache zu hängen, das ist mir zu langweilig, außerdem bin ich ein Zweifler, vom Naturell her, meine ich. Als Fan müsste man oft ins Stadion gehen. Im Stadion ist es mir oft zu kalt, und vielleicht regnet es ja auch oder schneit, so was tue ich mir nicht an. Und wenn die Sportschau im Fernsehen kommt, habe ich oft was anderes vor.

Also sehe ich vieles nicht.

Andererseits habe ich vier Jahre lang als Sportreporter gearbeitet, das hatte sich damals so ergeben, und bei größeren Fußball-Ereignissen, die im Fernsehen übertragen werden, kann es passieren, dass ich brüllend auf der Chaiselongue stehe und Männer in kurzen Hosen mit unflätigen Wörtern bedenke. Oder sie auch lobe und preise, als wären sie meine Söhne.

Bisschen widersprüchlich? Kann sein, aber das Widersprüchliche ist ja nun gerade das Interessante am Leben. Und am Fußball sowieso.

Wahrscheinlich bin ich, was man früher einen Fußballfreund nannte. Altmodisches Wort, mir gefällt's.

Was ich am Fußball so großartig finde, ist unter anderem, dass er sich immer wieder entwickelt, reformiert, revolutioniert. Dass er heute so ganz anders ist als vor vierzig Jahren zum Beispiel. Wäre das nicht so, gäbe es ihn vielleicht längst nicht mehr, zumindest würde er nicht so in der Mitte der Gesellschaft stehen. Als ich ein kleiner Junge war, gab es kein Fußballfernsehen, und in den Stadien sah man nur Männer und Söhne. Fußball war der *Closed Shop* einer arbeitsamen spießigen Männergesellschaft.

So viele Sportarten sind längst an ihre Grenzen gestoßen: Leichtathletik und Radsport, auch das Schwimmen, sind vom Doping verseucht (ein Problem allerdings, mit dem sich der Fußball nie so recht auseinandergesetzt hat) und längst auch an den physischen Grenzen des Menschen angekommen. Der Handballsport ist schon lange nicht mehr entwicklungsfähig, die Handlung beschränkt sich auf einen ständigen, sehr verletzungsträchtigen Kampf am Kreis. Und Tennis, wissen Sie, ich habe in jenen Jahren, als Boris Becker und Steffi Graf Wimbledon und vieles andere gewannen, gedacht, Tennis werde den Fußball ablösen als Sport der Deutschen, der individualistische Mittelklasse-Sport werde dem Proletenfußball den Rang ablaufen, der gesellschaftlichen Entwicklung folgend. Aber Tennis ist eben abhängig vom Erfolg, von einzelnen charismatischen Spielerinnen und Spielern – und von denen gibt es zu wenige. Fußball hat sich als stärker erwiesen.

Axel Hacke

Der Sturm auf Rom

Freunde! Römer! Landsleute!
Willkommen in der Ewigkeit! Wir schreiben den 1. Oktober 1980, hier meldet sich die ewige Stadt Jena. Das altehrwürdige Ernst-Abbe-Sportfeld ist natürlich ausverkauft, die Fankurve steht bereit, insbesondere der Fanclub The Eagles. Das Flutlicht gleißt, die Holztribüne ächzt vor Spannung, die Kernberge blicken dramatisch ins Saaletal hernieder. Ein lavaartiges Brodeln erhitzt die idyllische Arena.
Liebe Fußballfreunde daheim an den Geräten: Manchem von Ihnen mag diese Erregung übertrieben scheinen. Geht's denn überhaupt noch um etwas? Sind nicht längst alle Messen gesungen nach dem 0:3 von Rom?
Tapfere Anhänger des FC Carl Zeiss Jena: Ich spreche zu Euch in schwerer Stunde. Zu beschönigen ist nichts. Vier Tore müssen wir schießen, um die nächste Runde zu erreichen, und kein einziges darf den Römern, den Söhnen der kapitolinischen Wölfin gelingen, die in der ersten Partie im Stadio Olimpico so hungrig über Jenas Mannen hergefallen sind. Das Debakel begann bereits nach fünf Minuten mit Pruzzos 1:0. Ancelotti ließ in der 28. Minute den zweiten Treffer folgen, und Falcao, dieser Wunderbrasilianer, band nach einer guten, nein: nach einer fürchterlichen Stunde den Sack zu, in dem sich der

FC Carl Zeiss längst befand, und schmiss ihn in den Tiber.
Aber, und dies ist die wichtigste Nachricht: Jena hat überlebt. Den drei Toren des AS Rom will ich drei Argumente entgegensetzen, die für die Saalestädter sprechen. Diese drei Argumente heißen Vergangenheit, Gegenwart und Zukunft. Zunächst die Gegenwart: Sie glänzt. Jenas Mannschaft steht unbesiegt an der Oberliga-Spitze. Kürzlich hat sie gar in einem internationalen Freundschaftsspiel den FC Bayern München 6:0 besiegt.
Wohl stimmt es: Wir haben keine West- und Weltstars in unseren Reihen, keinen Bruno Conti, Di Bartolomei, Benetti, Romano, Maggiore ... Wir haben dafür arteigene Akteure, grandiose Kämpfer, die Schorsch Buschners Athletik mit der Schönheit des Thüringer Walds vereinen. Hier nun also die Jenaer Mannschaftsaufstellung: im Tor der zehnhändige Hans-Ulrich Grapenthin. Davor eine Eiche von Libero: Rüdiger Schnuphase. In der Verteidigung die Kraftzange Konni Weise – Lothar Kurbjuweit.
Im Mittelfeld das mitteldeutsche Traumquartett Gerhard Hoppe, Dietmar Sengewald, Lutz Lindemann und Andreas Krause, von dem ich heute Abend nicht viel erwarte, sondern alles. Dann unser Sturm: Thomas Töpfer, Jürgen Raab und der immergrüne Matz Vogel. Und auf der Bank lauern zwei Jungsporne auf ihre Chance: Martin Trocha, der blonde Pfeil, und ein junger Schlaks, gerade aus Zwickau gekommen, den Jenas Anhang wohl noch gar nicht kennt. Andreas

Bielau heißt er; ich habe ihn in Zwickau spielen sehen: doppelt so schnell wie der Ball. Jenas jungdynamischer Trainer heißt bekanntlich Hans Meyer. Wenn ihm zu raten wäre, wenn das Spiel eng sein sollte, so um die 70. Minute, dann sollten wir alle von Hans Meyer fordern: BIELAU REIN!
Aber das ist Zukunftsmusik. Ich bin noch immer bei der Gegenwart, und die sieht so aus, dass die beiden Mannschaften sich justament zum Auflaufen rüsten. Zum einen sehe ich, das muss ich so hart sagen, eine römische Elf, die vor Selbstherrlichkeit und Überhebung nur so strotzt. Demgegenüber erblicke ich die Jenaer Mannschaft: gestrafft, hochkonzentriert, bis in die Haarspitzen aufgeladen mit jenem historischen Optimismus, den es so nur in Thüringen gibt. Ich habe vorhin Jenas Spieler nach den Chancen auf's Weiterkommen gefragt. Die Tipps lagen durchweg oberhalb von fünf Prozent. Matz Vogel bot den Spitzenwert: glatte 35 Prozent. Solcher Optimismus ist der halbe Sieg.
Und nun die Zukunft. Zur Liebe, zumal im Fußball, gehören Träume. Ganz gewiss träumt kein Zeiss-Fan davon, in der ersten Runde auszuscheiden. So etwas erwarten die Fußballfreunde unserer Republik allenfalls vom BFC Dynamo, der heute Abend auf Zypern zittert und einen 3:0-Vorsprung gegen Hapoel Nikosia über die Zeit retten will. In Jena wird Zukunft erträumt: dass im Ernst-Abbe-Sportfeld nach AS Rom auch der Cupverteidiger aufspielen möge, der FC Valencia, oder Benfica Lissabon, oder ein bissfester

Underdog wie Newport County aus Wales. Viermal weiterkommen, dann stünde man im Finale, vielleicht gegen die Überflieger von Dynamo Tbilissi. Austragungsort ist Düsseldorf. Nun ja, was will's der Worte mehr. Ich träume davon, dass die Regierung der Deutschen Demokratischen Republik als Reaktion auf die hervorragenden Leistungen der Jenaer Fußballschaffenden eine Reisegesetzgebung in Kraft setzt, die es Normalfans gestattet, die fußballbegeisterten Genossen Parteisekretäre und Kampfgruppenkommandeure auf ihrer gefährlichen Reise nach Düsseldorf schützend zu begleiten. Wir kämen wieder, weil es drüben ja kein Jena gibt.
Schließlich das dritte Argument pro Jena: die Vergangenheit. Dreimal ist Jena DDR-Meister geworden, Rom nie. Viermal hat der FC Carl Zeiss den FDGB-Pokal errungen, zuletzt vor vier Monaten gegen einen Thüringer Außenseiter. Lange führte der FC Rot-Weiß Erfurt, dann hetzte ihn Raabs Kopfball in die Verlängerung. Dort wurde Erfurt waidgerecht erlegt, durch einen Doppelschuss von Kurbjuweit und Sengewald. Wer heute durch das schöne Erfurt geht, der spürt dort den Stolz auf diese knappe Niederlage. Viel Glück für Jena! wünschen die Erfurter. Und es ist gut, sagen sie, dass unsere Recken Schnuphase und Lindemann jetzt in Jena spielen, beim besten Thüringer Club. Wenn Jena siegt, fällt auch auf Erfurt Glanz.
Liebe Fußballfreunde! Ich sehe, dass die beiden Mannschaften endlich einlaufen wollen. Schiedsrichter Daina aus der Schweiz macht mir ungeduldig Zei-

chen. Aber lieber Sportfreund Daina, bevor ich hier nicht fertig bin, spielt sich auf dem Rasen gar nichts ab. Ich muss noch an zwei denkwürdige Partien erinnern. In der Erinnerung reiferer Zeiss-Fans lebt unauslöschlich der 4. März 1970. Auf Eis und Schnee empfing der FC Carl Zeiss Ajax Amsterdam – und führte nach einer halben Stunde 3:0. Und das war nicht genug. Das Rückspiel kam, in Amsterdam. Ich höre noch, wie der grandiose Wolfgang Hempel sich zur Halbzeit aus dem brüllenden Olympiastadion meldet: „Hallihallo, liebe Fußballfreunde in der Heimat", so orgelte er mit Tragödienstimme von weither. „Der klare Vorsprung aus der ersten Partie ..." – Pause, Gebrüll aus 60.000 Holländerkehlen, dann wieder Hempel: „... er ist dahin."
Möge eine ähnliche Botschaft heute Abend von Jena nach Rom übertragen werden!
Arrivederci Roma! Nur der FCC!

1. Oktober 1980 – Willkommen in der Ewigkeit!

Christoph Dieckmann

Gedanken vor dem Europapokalspiel FC Carl Zeiss Jena – AS Rom am 1. Oktober 1980, ausgesprochen auf der Kulturarena in Jena am 17. August 2009

Als der liebe Gott Libero spielte

Argentinien bezeichnet sich mit einiger Selbstgefälligkeit und aus Gründen, die wir noch herausfinden wollen, als den Poncho des lieben Gottes. Es mag etwas mit Schutz, Wärme und Geborgenheit zu tun haben, die man unter der sinnvollen Einfachheit dieses Bekleidungsstücks empfindet, das aussieht wie eine aufgeschlitzte Wolldecke und mit dem alle Südamerikaner, mit Ausnahme der Brasilianer, auf die Welt zu kommen scheinen. Dafür behaupten die Brasilianer mit stolzer Unbescheidenheit „Deos e Brasileiro", Gott ist Brasilianer.

Auf alle Fälle spielt er überall in Südamerika beim Fußball mit. Wer hinter dieser Behauptung Blasphemie wittert, möge sich einmal die Kapelle im Aztekenstadion von Mexico City ansehen, wichtigster Ort vor großen Spielen im gewaltigen Labyrinth.

Ob der liebe Gott, der auch nur einen gewinnen lassen kann, nun gerade dem hilft, der am besten betet, ist zweifelhaft und soll hier nicht zur Debatte gestellt werden. Sicher ist aber, dass nicht nur Südamerikaner des lieben Gottes Hilfe suchen.

Man weiß es von den Polen, die im Eröffnungsspiel auf Deutschland prallten, und man weiß es auch von den Deutschen, die die Weltmeisterschaft mit geistlichem Beistand bestreiten.

Angefangen hat das 1970 in Mexiko. Die Evangelische Kirche schickte Wolfgang Dietrich, Dekan in Fritzlar, ins Land der Azteken, um Erfahrungen für die seelsorgerische Betreuung bei den Olympischen Spielen 1972 und der Weltmeisterschaft 1974 im eigenen Land zu gewinnen.

Es konnte nicht ausbleiben, dass Pfarrer Dietrich, selbst passionierter Fußballer und Spieler des FC Hohenkirchen bei Kassel, im deutschen Quartier von Comanchilla bei Leon schnellen und höchst positiven Kontakt mit der Mannschaft und ihren Betreuern bekam.

Damals war er 35, kaum älter als die Spieler, die nicht lange brauchten, um zu spüren, dass hier einer war, der von ihrer Nervosität und überhaupt von all ihren Problemen etwas verstand, mit dem man Dinge besprechen konnte, die einem beim Bundestrainer und selbst beim besten Kumpel kaum oder gar nicht über die Lippen gingen. Denn das große Publikum macht sich ja keine Vorstellung davon, wie oft hochbezahlte und gefeierte Stars zu hilflosen und von nagenden Zweifeln geplagten Elendshäuflein werden. Und Helmut Schön war umso froher über den unerwarteten Helfer, als ihm dieser Zustand durchaus nicht unbekannt ist.

Und natürlich kamen nicht nur die Protestanten. Die Katholiken Vogts und Overath waren sogar Dauerkunden beim Pfarrer. Nicht selten verschwand er freilich auch im Wäldchen von Comanchilla mit einem gewissen Karlheinz Schnellinger, der dann unter geistlicher Obhut seine vom Bundestrainer verpönte Verdauungszigarette rauchte. Er war schon ein wichtiger und von allen geschätzter Mann, der Pfarrer Dietrich, und so war es auch bei der Weltmeisterschaft 1974 in Deutschland.

Ein paar Jahre hat er noch für den FC Hohenkirchen gekickt, und auf dem Spielfeld tat er ähnliches wie im Leben. „Ich war“, sagt er, „Mädchen für alles. So eine Art Libero.“

Der Libero des lieben Gottes sozusagen. Er wird viel Arbeit haben in Argentinien. Denn als er anfing, war ja Franz Beckenbauer dabei. Da spielte der liebe Gott Libero.

Hans Blickensdörfer

laufwege oder: ode an julius hirsch

im sturm den rücken gebückt
als ihm noch alles glückt
auf links den ball über die linie
gedrückt das volk verzückt
die kirsche gepflückt
und gleich den holländern vier stück
kein kick
ohne zauber kein trick
ohne fairplay nur toreheimweh
gentlemen in kurzen hosen
ganz ohne turnvaterjahnposen
noch gibts keine hatz auf dem
engländerplatz den rasen kurz
geschoren haben sie sich dem
sieg verschworen der nation
juller läuft im laufschritt juller
er hat die kugel er schiesst
das eiserne kreuz auf der brust
bricht ihm als stern das herz
darunter er wird zu stein den
aktenkoffer umklammert steht er
den rücken nach vorn gebeugt
am spielfeldrand den linken
fuss schwingend verliert er
sein gleichgewicht stürzt er
aus dem zug in frankreich

verrückt ohne fussball rast er
ins leere trennt er sich mit
einer täuschung von frau und
kind wie von einem gegner läuft
davon sie zu schützen ins messer
verbannt auf den schrottplatz
wartet er in seinem strafraum
zu lange auf ein wunder die
wende in letzter minute vor
dem abpfiff schickt er eine
karte abgestempelt als der
zug schon abgefahren ist
meine lieben bin gut gelandet
es geht gut komme nach
oberschlesien noch in deutschland
herzliche grüsse und küsse
euer juller steht vor einem
tor nach dem es keine hoffnung
gibt und keinen weg zurück
ins spiel den rücken gebeugt
über links wo sein herz noch
immer pässe schlägt

Albert Ostermaier

Wenn das Spiel vorüber ist

Der Ball dreht sich, es dreht sich die Welt. Es wird vermutet, dass die Sonne ein brennender Ball ist, der tagsüber arbeitet und nachts dort oben im Himmel umherhüpft, während der Mond arbeitet, obwohl die Wissenschaft diese Vermutung ernstlich bezweifelt. Dagegen ist hinlänglich und klar bewiesen, dass sich die Erde um den sich drehenden Ball dreht: Das Endspiel der Weltmeisterschaft von 1994 wurde von mehr als zwei Milliarden Menschen gesehen, das größte Publikum, das sich auf dieser Erde je versammelt hat. Meistgeteilte Leidenschaft: Viele Bewunderer des Fußballs spielen mit ihm auf Plätzen und Wiesen, und noch viel mehr sitzen auf der Fernsehtribüne und sehen sich nägelkauend das Schauspiel an, das ihnen zweiundzwanzig Herren in kurzen Hosen bieten, die einem Ball hinterherlaufen und ihm ihre Zuneigung beweisen, indem sie ihn treten.

Als die Weltmeisterschaft von 1994 zu Ende ging, hießen alle Kinder, die in Brasilien auf die Welt kamen, Romario, und der Rasen im Stadion von Los Angeles wurde in Stücken verkauft wie eine Pizza, zu zwanzig Dollar die Portion. Ein Wahn, der eine bessere Sache verdient hätte? Schlicht und einfach und nicht mehr als ein Geschäft? Eine Trickfabrik, von ihren Besitzern nach Gutdünken gelenkt? Ich gehöre zu denen, die glauben, dass der Fußball all dies sein kann, doch viel mehr ist als Fest der Augen, die ihn sehen, und der Körper, die ihn spielen. Ein Journalist fragte die deutsche Theologin Dorothee Sölle: „Wie würden Sie einem Kind erklären, was ‚Glück' ist?" „Ich würde es ihm nicht erklären", gab sie zurück. „Ich würde ihm einfach einen Ball zuwerfen, damit es spielt."

Eduardo Galeano

Gebet

Oh Kahn geh nicht unter!
Oh Ballack bleib rund!
Kuranyi! Sei munter!
Oh Klose bleib gsund!

Oh Becken werd Bauer!
Oh Klins sei ein Mann!
Seid lustig nicht sauer
Und tut was ihr kann!

Urs Widmer

Der Fußball-Geburtstagskalender

Januar

Ein Uli Hoeneß lässt den FC Bayern nie im Stich. Und wenn irgendein Problem entsteht, würde ich zur Not hier sogar ein halbes Jahr den Platzwart machen.

Ulrich „Uli" Hoeness, geb. 05.01.1952, *ehem. dt. Nationalspieler, legendärer Präsident des FC Bayern München*

Das ist zwar Gequatsche, aber es bewahrheitet sich immer wieder: Es gibt einen Gott im Fußball!

Winfried „Winnie" Schäfer, geb. 10.01.1950, *Trainerlegende des Karlsruher SC*

Der liebe Gott schießt keine Tore und kann keine Tore verhindern. Das müsst ihr schon allein tun. Aber Gott gibt euch die Kraft dazu.

Pater Matthias Doll, geb. 11.01.1943, *Kapuzinerpater, leidenschaftlicher Fußballfan und Seelsorger der deutschen Nationalelf, WM-Pfarrer von 1990*

Ich schöpfe aus der Kraft des positiven Denkens und aus dem täglichen Gespräch mit Gott.

Ottmar Hitzfeld, geb. 12.01.1949, *Erfolgstrainer von Borussia Dortmund, FC Bayern München*

Im Fußball ist das Logische,
immer das Unlogische zu tun.

Udo Lattek, geb. 16.01.1935, *Trainer u. a. von FC Bayern München, Borussia Mönchengladbach*

Manchmal ist es gut, wenn man verliert. Dann weiß man wieder, wie schwer es ist zu gewinnen.

Josep „Pep“ Guardiola, geb. 18.01.1971, *Erfolgstrainer von FC Barcelona, FC Bayern München und Manchester City*

Auf die Einstellung kommt es an,
nicht auf die Aufstellung.

Reinhard Saftig, geb. 23.01.1952, *Fußballtrainer bei FC Bayern München, Borussia Dortmund, Hannover 96*

Ich bin ein Trainer, nicht Harry Potter. Im wirklichen Leben gibt es aber keine Zauberei. Magie ist Fiktion, Fußball ist Realität.

José Mourinho, geb. 26.01.1963, *portug. Fußballtrainer u. a. Real Madrid und Manchester United, mehrfacher Champions-League-Sieger*

Februar

Der Ball ist rund. Wäre er eckig, wäre er ja ein Würfel.

Gyula Lóránt, geb. 06.02.1923, *ungar. Nationalspieler und Trainer u. a. Eintracht Frankfurt und FC Bayern München, Erfinder der Raumdeckung*

Meine Stärke war schlafen. Vorher, meine ich. Im Spiel war ich hellwach. 90 Minuten!

Richard „König Richard“ Hofmann, geb. 08.02.1906, *Fußballlegende in den 1930er-Jahren*

Wenn man immer Möhrchen isst, hat man den klaren Blick.

Wolf-Dieter Ahlenfelder, geb. 11.02.1944, *Schiedsrichterlegende*

Ich bin ein gläubiger Mensch, habe Gott viel zu verdanken in meinem bisherigen Leben.

Sebastian Kehl, geb. 13.02.1980, *dt. Fußballnationalspieler, Sportdirektor Borussia Dortmund*

Liebe und Fußball – beides geht aufs Herz.

Reinhold Beckmann, geb. 23.02.1956, *ARD-Fußballkommentator, Fernsehmoderator und TV-Journalist*

Fünf Tage sollst du arbeiten, wie die Bibel sagt. Der siebte Tag ist der Tag des Herrn. Der sechste Tag gehört dem Fußball.

Anthony Burgess, geb. 25.02.1917, *brit. Schriftsteller und Komponist*

Bescheiden gewinnen, anständig verlieren.

Egidius Braun, geb. 27.02.1925, *Ehrenpräsident des Deutschen Fußballbundes DFB*

Es gibt nichts Schöneres als eine grüne Wiese mit zwei Toren.

Friedel Rausch, geb. 27.02.1940, *Spieler von Schalke 04, Trainer u. a.: Eintracht Frankfurt und Schalke 04*

Nur der Sportler findet zu sich selbst, der wirklich ein Publikum gesucht hat.

Dino Zoff, geb. 28.02.1942, *italien. Torwartlegende und Trainer u. a. Italien, Lazio Rom*

Mit den Torhütern ist es wie mit dem Whiskey: je älter, je besser.

Josef „Sepp“ Maier, geb. 28.02.1944, *dt. Torwartlegende bei FC Bayern München, Weltmeister 1974*

März

Wenn man seine Laufbahn beendet, stellt sich endgültig raus: Der Rest des Lebens – das ist der längere Teil.

Harald „Toni“ Schumacher, geb. 06.03.1954, *dt. National-Torhüter, Vereine u. a.: 1. FC Köln und FC Schalke 04*

Wenn du schon nicht gewinnen kannst, musst du wenigstens sehen, dass du nicht verlierst.

Toni Polster, geb. 10.03.1964, *österr. Nationalspieler, Vereine u. a.: Austria Wien, FC Sevilla, 1. FC Köln*

Ich gehe schon nicht mit dem Netz einkaufen – aus Furcht, auch da könnte ein Ball drinliegen.

Andreas „Andy“ Köpke, geb. 12.03.1962, *dt. National-Torwart, Vereine u. a. 1. FC Nürnberg, Olympique Marseille*

Das Kreuzzeichen ist mein persönlicher Anpfiff, Ausdruck meines Glaubens, der mir Kraft gibt.

Dr. Markus Merk, geb. 15.03.1962, *dt. Schiedsrichterlegende, dreifacher Weltschiedsrichter des Jahres*

Wer Mozart hört, kann auch besser Fußball spielen. Man lernt viel über Spannungen, Tempo, Rhythmus, den Aufbau und die Strukturen. Man lernt die Logik, ein Spiel zu lesen.

Giovanni Trapattoni, geb. 17.03.1939, *ital. Fußballer AC Mailand, Trainerlegende u. a. für Italien, AC und Inter Mailand, FC Bayern München, Vatikanstadt*

Wir dürfen jetzt nicht den Sand in den Kopf stecken.

Lothar Matthäus, geb. 21.03.1961, *Fußball-Weltmeister 1990, Vereine u. a.: FC Bayern München, Inter Mailand, Borussia Mönchengladbach*

Wie man ein Tor schießt? Man muss im richtigen Moment in geeigneter Weise vor den Ball treten.

Bernard Dietz, 22.03.1948, *Europameister 1980, Kapitän der dt. Nationalmannschaft, Vereine u. a.: MSV Duisburg, Schalke 04*

Fußball kommt von innen heraus: viel Bauch, viel Gefühl, viel Leidenschaft.

Volker Finke, geb. 24.03.1946, *Trainerlegende des SC Freiburg, Nationaltrainer von Kamerun*

Das nächste Spiel ist immer das schwerste.

Josef „Sepp" Herberger, geb. 28.03.1897, *Trainer der dt. Nationalmannschaft 1928–1964, Weltmeister 1954*

April

Der springende Punkt ist der Ball!

Dettmar Cramer, geb. 04.04.1925, *Trainer u. a. FC Bayern München, Bayer Leverkusen, Weltpokalsieger*

Wenn ich auf dem Platz stehe, profitiere ich extrem von meiner Physis und meiner Dynamik, mit der ich in die Bälle reingehen kann.

Alexandra Popp, geb. 06.04.1991, *dt. Nationalspielerin, Vereine u. a.: Vfl Wolfsburg, Olympiasiegerin 2016, Champions-League-Siegerin*

Grau is' im Leben alle Theorie – aber entscheidend is' auf'm Platz.

Alfred „Adi" Preißler, geb. 09.04.1921, *Fußballlegende von Borussia Dortmund*

Es ist wichtig, dass wir nach diesem hohen Sieg den Ball flach halten.

Rudolf „Rudi" Völler, geb. 13.04.1960, *dt. Fußballlegende, u. a. bei Werder Bremen, AS Rom, Nationalspieler, Teamchef der dt. Nationalmannschaft, Weltmeister 1990*

Ich finde sowieso, dass das Thema Geld viel zu groß gemacht wird. Viel wichtiger ist, dass man aus Leidenschaft Fußball spielt.

Melanie Leupolz, geb. 14.04.1994, *dt. Nationalspielerin, Vereine u. a.: Chelsea FC Women und FC Bayern München*

Fußball verbindet durch das gemeinsame Ziel; Erfolg und Misserfolg jedes Einzelnen liegen in Erfolg und Misserfolg des Ganzen.

Benedikt XVI., geb. 16.04.1927, *Priester, Theologieprofessor, Papst 2005–2013*

Wir sind doch als Fußballer in erster Linie Künstler, die mehr vom Applaus leben als vom Geld.

Pierre Littbarski, geb.16.04.1960, *dt. Nationalspieler, Weltmeister 1990, Vereine u. a.: 1. FC Köln*

Ich sage nur ein Wort: „Vielen Dank!"

Horst Hrubesch, geb. 17.04.1951, *Kopfballlegende, Europameister 1980*

Da muss dann auch mal einer die Hand ins Heft nehmen.

Thomas Helmer, geb. 21.04.1965, *dt. Nationalspieler, Europameister 1996, Vereine u. a. Borussia Dortmund, FC Bayern München*

Fußball ist, wenn man in der Halbzeit für ein Würstchen in der Schlange stehen muss.

Yves Eigenrauch, geb. 24.04.1971, *dt. Fußballer von Schalke 04, Gewinner UEFA Cup 1997*

Mai

Ich bleibe lieber im Lande und ernähre mich redlich.
***Olaf Thon, geb. 01.05.1968,** dt. Nationalspieler, Weltmeister 1990, Vereine u. a.: FC Schalke 04, FC Bayern München, UEFA-Pokalsieger 1997*

Tore sind das wahre Brot des Stürmers.
***Oliver Bierhoff, 01.05.1968,** dt. Nationalspieler und DFB-Funktionär, Vereine u. a.: Hamburger SV, AC Mailand, Europameister 1996*

Der springt beim Kopfball vier Meter hoch. Doch zum Glück weiß er da oben nicht mehr, wo das Tor steht.
***Bernd Krauss, geb. 08.05.1957,** dt.-österr. Fußballer und Trainer, Vereine u. a.: Borussia Mönchengladbach (über den Fußballer Erik Meijer)*

Fußballer sind schöpferische Wesen. Die erschließen sich ständig neue Gebiete, auf denen sie Fehler machen können.
***Jupp Heynckes, geb. 09.05.1945,** dt. Nationalspieler und Torschützenkönig, Vereine u. a.: Borussia Mönchengladbach, Weltmeister 1974, Trainerlegende u. a. für FC Bayern München, Real Madrid*

Das Fußballspiel ist die wichtigste unwichtige Sache der Welt.

Johannes Paul II., geb. 18.05.1920, *Papst 1978–2005, Ehrenmitglied bei Schalke 04 und Real Madrid und Fußballliebhaber*

Die Bibel ist immer dabei, gehört einfach in mein Reisegepäck.

Arne Friedrich, geb. 29.05.1979, *dt. Nationalspieler und Trainer, Mannschaftskapitän von Hertha BSC*

Das Stadion darf nicht renoviert werden, weil es unter Naturschutz steht.

Heribert Faßbender, geb. 30.05.1941, *dt. Sportjournalist*

Wir wollten in Bremen kein Gegentor kassieren. Das hat auch bis zum Gegentor ganz gut geklappt.

Ich bin körperlich und physisch topfit.

Thomas Jürgen „Icke“ Häßler, geb. 30. Mai 1966, *dt. Nationalspieler und Trainer, Vereine u. a.: 1. FC Köln, TSV 1860 München*

Juni

Wenn das Wasser kochen soll, muss man Feuer machen.
Karl-Heinz Feldkamp, geb. 02.06.1934, *Fußballer, Kommentator und Ausnahmetrainer, Vereine u. a.: Bayern Uerdingen und 1. FC Kaiserslautern*

Der springt so hoch, wenn der wieder runterkommt, liegt auf seiner Glatze Schnee.
Nobert Nachtweih, geb. 04.06.1957, *dt. Fußballer und Trainer, Vereine u. a.: FC Bayern München (über die Sprungkraft von Dieter Hoeneß)*

Die Liebe zum Fußball ist wie zu Familie und Frau. Die ist immer da.
Lukas „Poldi" Podolski, geb. 04.06.1985, *dt.-poln. Fußballer, Nationalspieler, Vereine u. a.: 1. FC Köln, FC Bayern München, Weltmeister 2014*

Ich jubele oft nicht, wenn Tore fallen. Weil: Nachher jubelst du und verlierst doch.
Christian Streich, geb. 11.06.1965, *Trainerlegende des SC Freiburg*

Wenn ein Tor fällt, können noch mehr fallen. Aber es muss erst mal eins fallen.
Erich Ribbeck „Sir Erich", geb. 13.06.1937, *Trainer u. a.: Bayer Leverkusen, UEFA Champions-League-Sieger*

Das mit dem Fußballgott ist Blödsinn; es gibt nur einen Gott und der hat mit Fußball nichts zu tun.
Oliver Kahn, geb. 15.06.1969, *dt. Nationaltorwart, Vereine u.a.: Karlsruher SC, FC Bayern München*

Die einzige Daseinsberechtigung für Fußball ist doch das Interesse der Leute, und dem sollte man gerecht werden.
Jürgen Klopp, geb. 16.06.1967, *Trainerlegende: FSV Mainz 05, Borussia Dortmund, FC Liverpool*

Fußball ist wie Musik. Man muss nicht Klavier spielen können, um den Pianisten zu verstehen.
Michel Platini, geb. 21.06.1955, *franz. Nationalspieler und Trainer, Vereine u. a.: AS Nancy und Juventus Turin*

„Mein Freund ist Ausländer" ist eine gute Aktion. Aber zurück zum Alltag! Wenn das so weitergeht, brauchen wir in der Bundesliga das Transparent „Mein Freund ist Schiedsrichter".
Stéphane Chapuisat, geb. 28.06.1969, *Schweizer Nationalspieler, Stürmer bei Borussia Dortmund*

Juli

Das A und O beim Fußball bleibt das „Aah“ und „Oh“ auf den Rängen.

Hannes Löhr, geb. 05.07.1942, *Fußballlegende des 1. FC Köln, Nationalspieler, Trainer und Manager*

Ich danke Gott für die Tore, die ich geschossen habe.

Zé Roberto, geb. 06.07.1974, *brasilianischer Fußballer, Vereine u.a.: Bayer 04 Leverkusen, Bayern München, Real Madrid*

Ein Torwart ähnelt immer einem Artisten, der ohne Netz arbeiten muss. Greift er daneben, ist es passiert.

Hans Tilkowski, geb. 12.07.1935, *dt. Nationaltorwart, Vize-Weltmeister 1966, Europapokal-Sieger mit Borussia Dortmund*

Teamgeist, Stimmung in der Mannschaft, „einer für alle, alle für einen“, das sind die Dinge, die uns mental stark machen werden.

Simone Laudehr, geb. 12.07.1986, *dt. Nationalspielerin, Vereine u. a.: FC Bayern München, 1 FFC Frankfurt, Weltmeisterin 2007*

Jeden Tag übe ich mein Hobby aus, tue etwas für meinen Körper und verdiene mein Gehalt damit. Dafür muss ich Gott danken.

Adebowale Ogungbure, geb. 13.07.1981, *nigerian. Fußballer, Vereine u.a.: 1. FC Nürnberg, Energie Cottbus*

Natürlich drücken wir unserer Mannschaft die Daumen, und ich glaube, die Chancen sind gar nicht schlecht. Die Frauenfußball-Nationalmannschaft ist ja schon Fußballweltmeister, und ich sehe keinen Grund, warum Männer nicht das Gleiche leisten können wie Frauen.

Angela Merkel, geb. 17.07.1954, *2005–2021 dt. Bundeskanzlerin (zur Männer-WM 2006)*

Eine schöne Kombination auf dem Fußballplatz ergibt sich nicht einfach so. Schönheit ist die Abwesenheit von Zufällen.

Felix Magath, 26.07.1953, *dt. Fußballlegende, Nationalspieler und Trainer, Vereine u. a.: Hamburger SV, 1. Europameister 1980, Europapokal-Sieger*

Ein Bäcker kann nicht von dem Brot leben, das er gestern gebacken hat. Und ein Fußballspieler kann nicht von seinem letzten Spiel leben. Es geht immer um das Hier und Jetzt.

Jürgen Klinsmann, geb. 30.07.1969, *dt. Nationalspieler und Trainer, Europameister 1996, Weltmeister 1990, Vereine u. a.: VfB Stuttgart, FC Bayern München*

August

Ich glaube einfach, dass Gott mit im Spiel meines Lebens ist.
Bastian Schweinsteiger, geb. 01.08.1984, *Kapitän der dt. Fußballnationalmannschaft, Vereine u. a.: FC Bayern München, Manchester United, Weltmeister 2014*

Mal verliert man, und mal gewinnen die anderen.

Die Wahrheit liegt auf dem Platz.

Geld, Geld, Geld? Geld schießt keine Tore! Fußball ist so einfach geblieben, wie er immer war: Es spielen elf gegen elf auf sechzig mal hundert Metern.
Otto Rehhagel, geb. 09.08.1938, *dt. Trainerlegende, Vereine u. a.: SV Werder Bremen, 1. FC Kaiserslautern, Nationalmannschaft Griechenlands*

Fußball ist die spannendste Vorschule für das Welttheater Leben.
Hans-Wilhelm Müller-Wohlfahrt, geb. 12.08.1942, *langjähriger Mannschaftsarzt des FC Bayern München*

Erfolg tut nur der haben, der hart arbeiten tut.
Klaus Toppmöller, geb. 12.08.1951, *dt. Trainerlegende, Vereine u. a.: Eintracht Frankfurt, VfL Bochum, 1. FC Saarbrücken*

Action ist mein Leben, und Einfälle habe ich Tausende!

Wilfried „Willi" Lemke, geb. 19.08.1946, *SPD-Politiker, legendärer Manager des SV Werder Bremen*

Man muss auch mal aus zwei Chancen drei Tore machen können.

Carsten Jancker, geb. 28.08.1974, *DFB-Legende, Weltpokalsieger 2001, Champions-League Sieger 2001*

Helfen würde uns ein schnelles Tor und ein schneller Abpfiff und vielleicht können wir ja den Mannschaftbus vor unserem Tor parken.

Thomas Tuchel, geb. 29.08.1973, *dt. Trainerlegende, Vereine u. a.: Borussia Dortmund, FC Chelsea, FC Bayern München*

Lebbe geht weider.

Dragoslav Stepanović, geb. 30.08.1948, *Trainerlegende, Vereine u. a.: Eintracht Frankfurt, Bayer 04 Leverkusen, Nationalmannschaft Jugoslawiens (nachdem er mit Eintracht Frankfurt am letzten Spieltag der Saison 1991/1992 die Meisterschaft verlor)*

September

Ich hatte vom Feeling her ein gutes Gefühl.
Andreas „Andy" Möller, geb. 02.09.1967, *Vereine u. a.: Eintracht Frankfurt, Borussia Dortmund, FC Schalke 04, mehrfacher Dt. Meister und DFB-Pokalsieger*

Fußball spielt sich heute zehn Meter rechts und links von der Mittellinie ab. Da wird gespielt, gehackt, gekämpft – eben nur gearbeitet.
Paul Breitner, geb. 05.09.1951, *dt. Nationalspieler, Vereine u. a.: FC Bayern München, Eintracht Braunschweig, zweifacher DFB-Pokalsieger*

Bei den Frauen ist Fußball noch ein Sport, eine Leidenschaft. Der Männerfußball ist ein Business. Das ist der Unterschied.
Andreas Herzog, geb. 10.09.1968, *österr. Nationalspieler, Vereine u. a.: SK Rapid Wien, FC Bayern München, Werder Bremen*

Es gibt nur eine Möglichkeit: Sieg, Niederlage oder Unentschieden.
Franz Beckenbauer, „Der Kaiser" geb. 11.09.1945, *dt. Nationalspieler, Trainer und Sportfunktionär, Vereine u. a.: FC Bayern München, Cosmos New York, Hamburger SV, Weltmeister 1974, Europameister 1972*

Wenn du denkst, es geht nicht mehr, kommt von irgendwo ’ne Flanke her.

Günter Netzer, geb. 14.09.1944, *dt. Fußballer, Vereine u. a.: Borussia Mönchengladbach, Real Madrid, Sportmoderator*

Ball rund muss in Tor eckig.

Helmut Schulte, geb.14.09.1957, *dt. Erfolgstrainer und Sportmanager, Vereine u.a.: Dynamo Dresden, FC Schalke 04*

Ein Volk, das gute Fußballer hat, kann auf schlechte Politiker verzichten.

Von der Höhe der Ideale zum Tal des Möglichen führt der Pfad der Erfahrung.

Helmut Schön, geb. 15.09.1915, *bislang erfolgreichster dt. Bundestrainer, Europameister und Weltmeister*

Die gute alte Zeit war, als Fußballer ihre Suppe noch zu Hause aßen und nicht im Werbefernsehstudio.

Robert Lembke, geb. 17.09.1913, *dt. Sportreporter und TV-Moderator*

Die Augen sehen sowieso nicht viel. Ein guter Schiedsrichter sieht immer auch mit seinem Herzen.

Walter Eschweiler, geb. 20.09.1935, *dt. Schiedsrichter und Sportdiplomat*

Oktober

Es gibt keinen Fußballgott, sondern nur einen Gott im Himmel, und der weiß genau, was er macht

Gerald Asamoah, geb. 03.10.1978, *dt.-ghan. Nationalspieler, Vereine u. a.: Hannover 96, FC Schalke 04, DFB-Pokalsieger 2001 und 2002*

Nur wer ein Tor machen will, der trifft auch.

Jürgen Kohler, geb. 06.10.1965, *dt. Nationalspieler und Trainer, Weltmeister 1990, Europameister 1996, Vereine u. a.: Borussia Dortmund, Juventus Turin*

Im Ruhrgebiet ist der Ball rund und die Kohle schwarz.

Ernst Kuzorra, geb. 16.10.1905, *legendärer Spieler des FC Schalke 04, sechsfacher Dt. Meister*

Die schönsten Tore sind diejenigen, bei denen der Ball schön flach oben rein geht.

Mehmet Scholl, geb. 16.10.1970, *dt. Nationalspieler und Trainer, Vereine u. a.: Karlsruher SC, FC Bayern München, Europameister 1996*

Das Geheimnis des Fußballs ist Zeit, Raum und Täuschung. Wie im Leben. Mit der Zeit umzugehen, Räume zu finden und mit der Täuschung zurechtkommen.

César Luis Menotti, geb. 22.10.1938, *argentin. Fußballer und Trainer, Weltmeister 1978*

Der Fußballsport kann nicht verschwinden, höchstens dann, wenn die ganze Welt verschwindet.

Elfmeter sind eine feige Art, Tore zu erzielen.

Edson Arantes do Nascimento „Pelé“, geb. 23.10.1940, *brasilian. Nationalspieler, dreifacher Weltmeister, Südamerikas Fußballer des 20. Jh.*

Fußball, was sonst? Das ist für Jungen und Mädchen ein guter Sport.

Birgit Prinz, geb. 25.10.1977, *dt. Nationalspielerin, zweifache Weltmeisterin, dreifache FIFA-Weltfußballerin und achtfache Dt. Fußballerin des Jahres*

Es war die Hand Gottes.

Diego Maradona, geb. 30.10.1960, *argentin. Fußballegende, Weltmeister 1986, Vereine u.a.: SSC Neapel (auf die Frage, ob er das entscheidende Tor im WM-Viertelfinale gegen England bei der MM '86 mit der Hand erzielt habe)*

Man darf jetzt nicht alles schlechtreden, wie es war.

Fredi Bobič, geb. 30.10.1971, *dt. Nationalspieler, Vereine u. a.: VfB Stuttgart, Borussia Dortmund und Hannover 96, DFB-Pokalsieger 1997*

Je leichter der Schuh, desto enger der Kontakt zum Ball.

Fritz Walter, geb. 31.10.1920, *dt. Fußballlegende, Kapitän der Nationalmannschaft, Weltmeister 1954*

November

In schöner Regelmäßigkeit ist Fußball doch immer das Gleiche.

Hans Meyer, geb. 03.11.1942, *legendärer dt. Trainer, Vereine u.a.: FC Carl Zeiss Jena, Borussia Mönchengladbach, 1. FC Nürnberg*

Keine Angst, im Himmel wird auch Fußball gespielt.

Uwe Seeler, geb. 05.11.1936, *Kapitän der dt. Nationalmannschaft, Vize-Weltmeister 1966, Vereine u.a.: Hamburger SV*

Den Rat, den ich weiterzugeben habe: Wenn junge Profis träumen, sollten sie auf keinen Fall schlafen.

Andreas „Andi“ Brehme, geb. 09.11.1960, *dt. Nationalspieler, Weltmeister 1990, Vereine u. a.: 1. FC Kaiserslautern, Inter Mailand*

Alter entsteht im Kopf. Und da bin ich noch sehr jung geblieben.

Nadine Angerer, geb. 10.11.1978, *Nationaltorfrau, Vereine u. a.: Turbine Potsdam, Weltmeisterin 2003 und 2007*

Fußball ist kein Menschenrecht, aber ein Grundnahrungsmittel.

Marcel Reif, geb. 27.11.1949, *Schweizer Sportjournalist und -kommentator*

Ein Tag ohne Fußball ist ein verlorener Tag.

Ernst Happel, geb. 29.11.1925, *österr. Nationalspieler und Trainer, Vereine u.a.: Hamburger SV, Feyenoord Rotterdam, Weltpokalsieger, zweifacher Europapokalsieger*

Wir haben nicht das Recht, jede Entscheidung des Schiedsrichters zu kommentieren. Der lacht sich ja auch nicht tot, wenn wir einen Fehlpass spielen.

Ewald Lienen, 28.11.1953, *dt. Fußballer und Trainer, Vreine u. a.: FC St. Pauli*

Zwischen den Ohren muss es stimmen.

Hubertus „Huub“ Stevens, *geb. 29.11.1953, niederl. Fußballer und Trainer, Vereine u.a: Schalke 04, Red Bull Salzburg, UEFA-Cup Sieger*

Gib mich die Kirsche!

Lothar „Emma“ Emmerich, geb. 29.11.1941, *dt. Fußballer und Trainer, Vereine u. a.: Borussia Dortmund*

Dezember

Ein Leben ohne Gott ist wie Fußball ohne Ball.
Dirk Heinen, geb. 03.12.1970, *dt. Fußballtorwart, Vereine u.a.: Eintracht Frankfurt, Bayer Leverkusen*

Auch wenn man ein großer Fußballer geworden ist, kann man immer noch ein freundlicher Mensch bleiben.
Jean-Marie Pfaff, geb. 04.12.1953, *belg. Torwartlegende und Trainer SK Beveren, FC Bayern München*

Tore sind das beste Mittel gegen Schmerzen.
Ulf Kirsten, geb. 04.12.1965, *dt. Nationalspieler, Vereine u. a.: Dynamo Dresden, Bayer Leverkusen*

Wer sich in dieses Geschäft begibt, muss aufhören zu träumen. Selbstverständlich muss der Mensch träumen. Aber das soll er bitte nachts tun. Das gilt auch für Fußballprofis. Wobei ich allerdings hinzufügen muss: Die sollen nachts lieber schlafen!
Hennes Weisweiler, geb. 05.12.1919, *legendärer dt. Fußballtrainer, Vereine u. a.: FC Barcelona, Borussia Mönchengladbach, Europapokal-Sieger*

Ich glaube immer noch daran, dass es im Fußball und im Leben um mehr geht als nur Geld.
Jakub „Kuba" Błaszczykowski, geb. 14.12.1985, *poln. Fußballer, Vereine u.a.: Borussia Dortmund (Begründung der Absage an den FC Schalke 04)*

hänssler

MITCHELL G. BARD

Behauptungen und Tatsachen

Originaltitel: Myths and Facts
Übersetzung: S. Denzel, S. Naumann

hänssler-Taschenbuch
Bestell-Nr. 393.856
ISBN 3-7751-3856-0

Internet: www.haenssler.de
E-Mail: info@haenssler.de
Umschlaggestaltung: Ingo C. Riecker
Titelbilder: Johannes Gerloff
Satz: AbSatz, Klein Nordende
Druck und Bindung: Ebner & Spiegel, Ulm
Printed in Germany

Inhalt

Register der Behauptungen

Vorwort

Diese Ausgabe von *Behauptungen und Tatsachen* ist ein Werk der Liebe und, unglücklicherweise, der Notwendigkeit. Schon lange liegt mir die Bildung besonders am Herzen und ich glaube, dass gerade jüngere Generationen dringend eine grundlegende Unterweisung in der Geschichte Israels und seines Jahrhunderte alten Konflikts mit seinen Nachbarn brauchen. Heute ist Israel in einer besonders schwierigen Situation: belagert von Terroristen, die darauf aus sind, seine Einwohner umzubringen, Politikern, die seine Entschlossenheit zu schwächen suchen und den Medien, die, wie es scheint, oft zielstrebig versuchen, ein verzerrtes Bild von Israel darzustellen.

Es ist mir eine Ehre, an der Veröffentlichung dieser überarbeiteten und aktualisierten Ausgabe eines Klassikers über den arabisch-israelischen Konflikt beteiligt zu sein.

Meine einzige Enttäuschung liegt darin, dass sich Behauptungen, die ihren Ursprung lange vor der Staatsgründung Israels haben, bis heute aufrecht erhalten konnten, und dass wir so viel Mühe daran setzen müssen, auf die verzerrten oder sogar regelrecht erfundenen Darstellungen der Feinde Israels zu antworten. Es ist meine Hoffnung, mit diesem Buch den Freunden Israels ein Mittel an die Hand zu geben, das es ihnen ermöglicht, den anti-israelischen Propagandisten entgegen zu treten, ebenso wie denjenigen, die reine Fiktion mit den Tatsachen verwechseln, wie sie hier dargelegt werden.

Israel ist nicht perfekt, und dieses Buch hat nicht den Zweck, jede Handlung oder jeden begangenen Fehler in der Geschichte Israels zu rechtfertigen. Ziel ist es, die aufgeworfenen Fragen in die richtige Perspektive zu setzen. Außerdem soll es dokumentierte Fakten bieten, um die mit dem arabisch-israelischen Konflikt verbundenen, manchmal sehr komplexen Probleme zu erklären.

Ich hoffe, dass jeder, der sich für die Geschichte des Nahen Ostens und die den aktuellen Konflikt zwischen Israelis und Arabern betreffenden Fakten interessiert, sich einige Minuten seiner wertvollen Zeit nimmt, um die Wahrheit zu erfahren. Ich hoffe auch, dass die Medien diese existierenden, verifizierten und dokumentierten Fakten prüfen werden, bevor sie neue »Fakten« erfinden. Die Wahrheit mag nicht immer gewinnen, aber sie ist immer im Recht.

Mitchell Bard ist nicht nur der Geschäftsführer von AICE, sondern auch eine der führenden Kapazitäten auf dem Gebiet des arabisch-israelischen Konflikts. Er hat dieses bedeutende Buch geschrieben und bearbeitet, und ich bin ihm sehr dankbar für sein Engagement. Ebenso möchte ich den Freunden danken, mit denen ich mich bezüglich verschiedener Themen in diesem Buch beraten habe, besonders Andrea Levin, der Vorsitzenden von CAMERA. Ich weiß, dass Mitchell meine tiefe Dankbarkeit gegenüber Nick Moscovitz teilt, meinem besonderen Grafikdesigner, der stets »Herz und Kunst« verbindet und dies auch in der englischen Ausgabe getan hat.

Nicht zuletzt möchte ich meiner Frau Marilyn und meinen Kindern Etie, Mala und Danny für ihre Unterstützung und ihr Engagement danken, Israel in diesen schwierigen Zeiten zu stärken.

Eli E. Hertz
September 2001

Einleitung

Im Jahr 1957 rief Si Kenen ein Mitteilungsblatt mit dem Titel *Nahostreport* ins Leben, um die Öffentlichkeit über die Ereignisse im Nahen Osten zu informieren. Vieles, was er dort veröffentlichte, waren geläufige Fakten, doch ihm war die Notwendigkeit bewusst, die Leser über den arabisch-israelischen Konflikt zu informieren und Behauptungen zu entlarven, die von Menschen aufgestellt wurden, die die Geschichte zu ihren eigenen Zwecken umschreiben wollten. Um dies zu erreichen, wurden im *Nahostreport* spezielle Untersuchungen zu entsprechenden Themen veröffentlicht. Nach und nach nahmen diese Analysen den Umfang eines Buches an und wurden schließlich unter dem Titel *Behauptungen und Tatsachen* herausgegeben.

Behauptungen über den Nahen Osten sind nicht erst in in den 50er Jahren des 20. Jahrhunderts entstanden, noch wurde jemals aufgehört sie weiterzuverbreiten. Die turbulenten Ereignisse in dieser Region scheinen beständig von immer neuen verzerrten Darstellungen über den arabisch-israelischen Konflikt begleitet zu sein. Die letzte englische Ausgabe von *Behauptungen und Tatsachen* erschien im Jahr 1992. Seitdem ist viel passiert; deshalb hat AICE eine aktualisierte Version des ursprünglichen Werkes auf vielfachen Wunsch und mit Genehmigung des *Nahostreports* in das Internet gestellt. Die Online-Version hat den Vorteil der zahlreichen Hyperlinks zu den vielfältigen Quellen der *Jewish Virtual Library* und wird ständig auf den neuesten Stand der Ereignisse gebracht.

Das Echo auf unsere Online-Version war überwältigend, und immer öfter wurden wir nach einer Buchausgabe des Textes gefragt. Daher haben wir dieses Buch als übersichtliches, handliches und einfaches Nachschlagewerk herausgebracht. Für den Fall, dass Sie einmal keinen Zugang zum Internet haben, empfehle ich Ihnen, dieses Buch bei der Hand zu haben. Um aktuelle Ereignisse zu recherchieren, können Sie *Behauptungen und Tatsachen Online* unter

http://www.JewishVirtualLibrary.org

aufrufen.

Bei dieser Gelegenheit möchte ich den Herausgebern meine Anerkennung aussprechen, die in der Vergangenheit zur Entstehung dieses Buches beigetragen haben: Sheila Segal, Wolf Blitzer, Alan Tigay, Moshe Decter, M. J. Rosenberg, Jeff Rubin, Eric Rozenman, Lenny Davis und Joel Himelfarb. Ich möchte auch Rebecca Weiner, Isaac Wolf, David Shyovitz und Rafi Danziger für ihre unschätzbare Hilfe zu dieser Ausgabe von *Behauptungen und Tatsachen* danken.

Besonderen Dank möchte AICE dem Hauptsponsor dieser Ausgabe, Eli Hertz aussprechen, sowie für die finanzielle Unterstützung dem *Zionist House / Israel Cultural Center* in Boston.

»Wahrheit«, sagte Lord Ashton, »ist der einzige Vorzug, der der Geschichte Würde und Wert verleiht.« Die folgenden Seiten schildern die Wahrheit über den arabisch-israelischen Konflikt. Sie ist die beste Waffe, die wir gegen jene haben, die die Unwahrheit verbreiten.

Mitchell G. Bard
September 2001

1. Israels Wurzeln

Behauptung

»Die Juden haben kein Anrecht auf das Land, das sie Israel nennen.«
»Palästina war schon immer ein arabisches Land.«
»Die Balfour-Erklärung gab den Juden nicht das Recht auf eine jüdische Heimstätte in Palästina.«
»Die ›angestammte Stellung‹ der Araber in Palästina wurde durch die Ansiedlung der Juden in Frage gestellt.«
»Zionismus ist Rassismus.«
»Die Zionisten hätten sich auch ein anderes Land als Palästina aussuchen können.«
»Herzl selbst schlug als als Alternative für Palästina die Gründung eines Jüdischen Staates in Uganda vor.«
»Die Araber lehnten die Balfour-Erklärung geschlossen ab. Sie sahen in ihr einen Verrat an ihren angestammten Rechten.«
»Die Zionisten bemühten sich nicht im Geringsten um einen Kompromiss mit den Arabern.«
»Die Zionisten waren das kolonialistische Werkzeug des westlichen Imperialismus.«
»Die Briten versprachen den Arabern in der Hussein-MacMahon-Korrespondenz die Unabhängigkeit in Palästina.«
»Die Araber kämpften im Ersten und Zweiten Weltkrieg für die Freiheit.«

Behauptung

»Die Juden haben kein Anrecht auf das Land, das sie Israel nennen.«

Tatsache

Ein allgemeines Missverständnis lautet, dass die Juden, die nach der Zerstörung des Zweiten Tempels in Jerusalem im Jahr 70 n. Chr. von den Römern vertrieben und in die Diaspora gedrängt worden waren, nach 1800 Jahren plötzlich wieder nach Palästina zurückkehrten und Anspruch auf ihr Land erhoben. In Wahrheit hat das jüdische Volk die Bindung an seine historische Heimat über 3700 Jahre hinweg bewahrt. Zu dieser Bindung gehört die Nationalsprache und eine eigenständige Kultur.

Das jüdische Volk gründet seinen Anspruch auf das Land Israel auf mindestens vier Voraussetzungen:

- Gott hat das Land dem Patriarchen Abraham verheißen.
- Das jüdische Volk hat dieses Land besiedelt und zur Blüte gebracht.
- Die internationale Gemeinschaft hat dem jüdischen Volk in Palästina politische Souveränität zugesichert.
- Das Territorium wurde in mehreren Verteidigungskriegen erobert.

Auch nach der Zerstörung des Zweiten Tempels in Jerusalem und dem Beginn des Exils gab es ein – häufig sogar blühendes – jüdisches Leben in Palästina. In Jerusalem und Tiberias wurden im neunten Jahrhundert große jüdische Gemeinden gegründet. Im elften Jahrhundert kam es zur Bildung jüdischer Gemeinden in den Städten Rafah, Gaza, Aschkelon, Jaffa und Caesarea.

Im zwölften Jahrhundert fielen viele Juden den Kreuzfahrern zum Opfer, doch schon in den beiden folgenden Jahrhunderten wanderten Rabbis und jüdische Pilger ein, und die Zahl der Juden nahm wieder zu. Berühmte Rabbis gründeten in den folgenden dreihundert Jahren in Safed, Jerusalem und an anderen Orten jüdische Gemeinden. Anfang des 19. Jahrhunderts, noch bevor die moderne zionistische Bewegung ins Leben gerufen wurde, lebten über 10 000 Juden im heutigen Israel.[1] Die 78 Jahre währende Geburt der Bildung einer Nation, gerechnet von 1870 an, gipfelte schließlich in der Neugründung des jüdischen Staates.

Israels internationale ›Geburtsurkunde‹ wurde besiegelt durch die Verheißung der Bibel; durch die ununterbrochene Besiedelung des Landes durch Juden seit der Zeit Josuas; durch die Balfour-Erklärung von 1917; durch das Völkerbundmandat, in dessen Präambel die Balfour-Erklärung aufgenommen wurde; durch die Teilung Palästinas durch die UNO im Jahr 1947; durch die Aufnahme Israels in die Vereinten Nationen im Jahr 1949; durch die Anerkennung Israels durch die meisten anderen Staaten; und vor allem durch das funktionierende

---

[1] Dan Bahat (Hrsg.): *Twenty Centuries of Jewish Life in the Holy Land*, Jerusalem: The Israel Economist, 1976, S. 61-63.

Gemeinwesen, das die Bevölkerung Israels in Jahrzehnten eines blühenden, dynamischen nationalen Lebens schuf.

»Man erweist Israel keinen Dienst, wenn man ihm ein ›Existenzrecht‹ zugesteht.«
»Israels Existenzrecht ist wie das Existenzrecht der Vereinigten Staaten, Saudi-Arabiens und 152 anderer Staaten ein Axiom und unantastbar. Die Legitimität Israels ist nicht aufgehoben, solange ihre Anerkennung noch aussteht.«
»Es gibt keinen anderen Staat, er sei groß oder klein, jung oder alt, der die Anerkennung seines ›Existenzrechts‹ als besondere Gunst ansehen oder zur Debatte stellen würde.«

Abba Eban[2]

Behauptung

»Palästina war schon immer ein arabisches Land.«

---

[2] *New York Times*, 15. November 1981.

Tatsache

Der Begriff »Palästina« leitet sich vermutlich von den Philistern her, einem Volk von den ägäischen Inseln, das sich im zwölften Jahrhundert v. Chr. an der Küstenebene des Mittelmeers, im heutigen Israel und dem Gazastreifen, niederließ. Im zweiten Jahrhundert n. Chr., nach der Unterdrückung des jüdischen Aufstands, gebrauchten die Römer erstmals die Bezeichnung Palästina für Judäa (den südlichen Teil der heutigen Westbank) in dem Bestreben, die Identifikation der Juden mit dem Land Israel abzuschwächen. Das arabische Wort Falastin ist von diesem lateinischen Namen abgeleitet.[3]

Die Zwölf Stämme Israels bildeten um 1000 v. Chr. die erste konstitutionelle Monarchie in Palästina. Der zweite König, David, machte Jerusalem zur Hauptstadt des Volkes. Obwohl Palästina schließlich in zwei Reiche geteilt wurde, währte die jüdische Unabhängigkeit im Land immerhin 212 Jahre. Das ist fast so lange wie die Unabhängigkeit der Vereinigten Staaten von Amerika.[4]

Im Jahr 1882, bei der ersten größeren Einwanderungswelle von Juden nach Palästina, lebten in Palästina weniger als 250000 Araber, die sich in der Mehrheit ebenfalls erst vor wenigen Jahrzehnten dort angesiedelt hatten. »Die große Mehrheit der arabischen Bevölkerung in den letzten Jahrzehnten war vergleichsweise Neuankömmlinge – neu Zugewanderte oder Nachkommen

---

[3] Yehoschua Porath: *The Emergence of the Palestinian-Arab National Movement, 1918-1929;* London: Frank Cass, 1974, S. 4.

[4] Max Dimont: *Jews, God and History*; NY: Signet, 1962, S. 49-53.

von Einwanderern, die in den letzten siebzig Jahren nach Palästina gekommen waren.«[5]

Palästina war zu keiner Zeit ein ausschließlich arabisches Land, auch wenn das Arabische seit dem siebten Jahrhundert, unter der arabischen Herrschaft, Umgangssprache war. Es gab niemals einen unabhängigen arabischen oder palästinensischen Staat in Palästina. Als sich Professor Philip Hitti, der bekannte arabisch-amerikanische Historiker von der Universität Princeton, im Jahr 1946 vor dem angloamerikanischen Komitee gegen die Teilung Palästinas aussprach, sagte er: »So etwas wie ›Palästina‹ hat es in der Geschichte nie gegeben.«[6] Im Koran wird Palästina weder erwähnt noch an irgendeiner Stelle als »das heilige Land« (al-Arad al-Muqaddash) bezeichnet.[7]

Vor der Teilung waren die in Palästina ansässigen Araber offenbar nicht der Ansicht, dass sie eine eigene Identität hätten. Als im Februar 1919 in Jerusalem der erste Kongress der muslimisch-christlichen Vereinigungen tagte, um Delegierte aus Palästina für die Pariser Friedenskonferenz zu wählen, wurde folgende Resolution angenommen:

> »Wir betrachten Palästina als Teil des arabischen Syrien, von dem es zu keiner Zeit getrennt war.

---

[5] Carl Voss: *The Palestine Problem Today, Israel and Its Neighbors*; MA: Beacon Press, 1953, S. 13.

[6] *Jerusalem Post*, 2. November 1991.

[7] Die Belegstelle im Koran lautet: »O mein Volk, betretet das Heilige Land, das Allah für euch bestimmt hat, und kehret nicht den Rücken, denn dann werdet ihr als Verlorene umkehren.« (5,22). S. Porath (74), S. 2 und 6n auf S. 311.

> Wir sind durch nationale, religiöse, sprachliche, natürliche, ökonomische und geografische Bande mit Syrien verbunden.« [8]

1937 äußerte Auni Bey Abdul-Hadi, ein führender Vertreter der arabischen Seite, gegenüber der Peel-Kommission, die die Teilung Palästinas vorgeschlagen hatte: »Es gibt kein solches Land [wie Palästina]! ›Palästina‹ ist ein Begriff, den die Zionisten erfunden haben! Es gibt kein Palästina in der Bibel. Unser Land war jahrhundertelang ein Teil von Syrien.«[9]
Der Abgeordnete des Obersten Arabischen Komitees der Vereinten Nationen sagte im Mai 1947 vor der Vollversammlung, dass »Palästina Teil der Provinz Syrien« sei und dass »die in Palästina ansässigen Araber in politischer Hinsicht nicht in dem Sinn unabhängig waren, dass sie ein eigenständiges politisches Gebilde darstellten.« Wenige Jahre später äußerte Ahmed Shuqeiri, der spätere Vorsitzende der PLO, vor dem Sicherheitsrat: »Jeder weiß, dass Palästina nichts anderes ist als das südliche Syrien.«[10]
Der arabisch-palästinensische Nationalismus ist weitgehend ein Phänomen der Zeit nach dem Ersten Weltkrieg und stellte vor dem Sechs-Tage-Krieg von 1967 und der Eroberung der Westbank durch die Israelis keine ernst zu nehmende politische Kraft dar.

---

8 Yehoschua Porath, *Palestinian Arab National Movement: From Riots to Rebellion: 1929-1939*, Bd. 2; London: Frank Cass and Co., Ltd., 1977, S. 81-82.

9 *Jerusalem Post*, 2. November 1991.

10 Avner Yaniv, PLO; Jerusalem: Israel Universities Study Group of Middle Eastern Affairs, August 1974, S. 5.

Behauptung

»Die Balfour-Erklärung gab den Juden nicht das Recht auf eine jüdische Heimstätte in Palästina.«

Tatsache

Im Jahr 1917 veröffentlichten die Briten die Balfour-Erklärung. Sie hatte folgenden Wortlaut:

> »Seiner Majestät Regierung betrachtet die Schaffung einer nationalen Heimstätte in Palästina für das jüdische Volk mit Wohlwollen und wird die größten Anstrengungen machen, um die Erreichung dieses Zieles zu erleichtern, wobei klar verstanden wird, dass nichts getan werden soll, was die bürgerlichen und religiösen Rechte bestehender nichtjüdischer Gemeinschaften in Palästina oder die Rechte und die politische Stellung der Juden in irgendeinem anderen Lande beeinträchtigen könnte.«[11]

Nach Angabe der Peel-Kommission, die von der britischen Regierung eingesetzt wurde, um die Ursachen des

---

[11] Ingomar Reinartz (Hrsg.): Konflikt in Nahost; Leverkusen: Heggen-Verlag 1983, S. 27.

Karte 1 Die Unterteilung des britischen Mandats 1921-1923

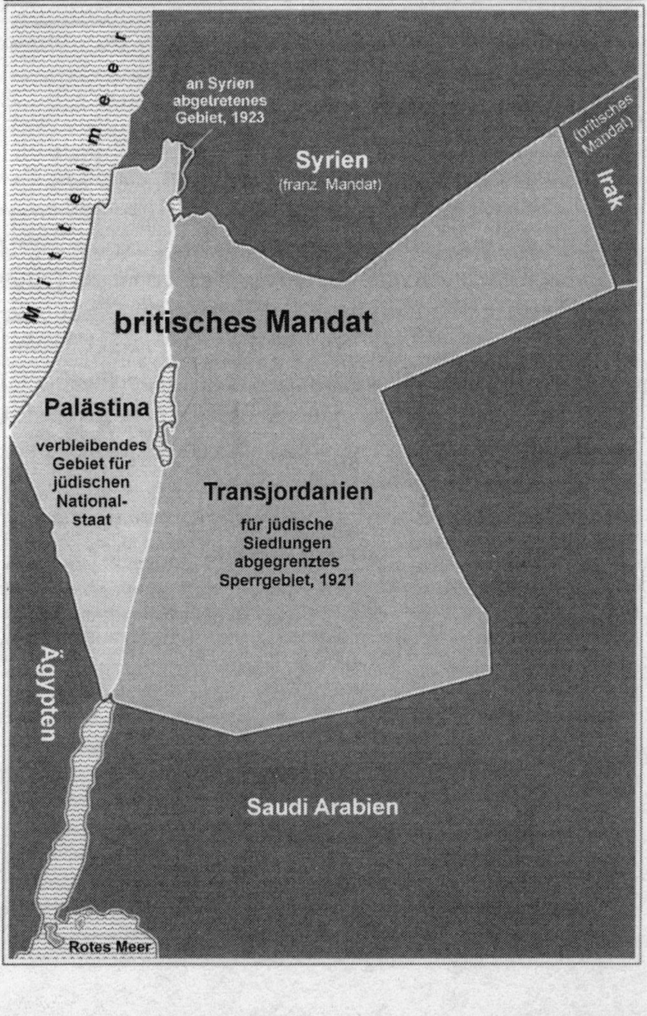

arabischen Aufstands von 1936 zu klären, »umfasste das Gebiet, auf dem die nationale Heimstätte für das jüdische Volk geschaffen werden sollte, zur Zeit der Balfour-Erklärung das gesamte historische Palästina einschließlich Transjordaniens«.[12]

Der Zweck des Mandats über Palästina war, die Balfour-Erklärung zu verwirklichen. Darin war ausdrücklich von der »historischen Verknüpfung des jüdischen Volkes mit Palästina« und von der moralischen Berechtigung der »Wiedererrichtung seiner nationalen Heimstätten in diesem Land« die Rede. In dem Begriff »*Wiedererrichtung*« steckt die Anerkennung der Tatsache, dass Palästina schon zu einem früheren Zeitpunkt die Heimat der Juden war. Darüber hinaus wurden die Briten aufgefordert, »die größten Anstrengungen (zu) machen, um« die Einwanderung der Juden »zu erleichtern«, ihre Niederlassung im Land zu fördern und die nationale Heimstätte der Juden zu »sichern«. Das Wort »arabisch« taucht an keiner Stelle des Mandatsauftrags auf.[13]

Das Mandat wurde am 24. Juli 1922 von zweiundfünfzig Regierungen des Völkerbundes formal anerkannt.

---

[12] Ben Halpern: *The Idea of a Jewish State*; MA: Harvard University Press, 1969, S. 201.

[13] Howard Sachar: *A History of Israel: From the Rise of Zionism to Our Time*; NY: Alfred A. Knopf, 1979, S. 129. Der deutsche Text stammt aus: Ingomar Reinartz (Hrsg.): Konflikt in Nahost; Leverkusen: Heggen-Verlag 1983, S. 30.

Behauptung

»Die ›angestammte Stellung‹ der Araber in Palästina wurde durch die Ansiedlung der Juden infrage gestellt.«

Tatsache

Palästina war viele Jahrhunderte lang ein dünn besiedeltes, kaum kultiviertes, weitgehend sich selbst überlassenes Terrain, bestehend aus erodiertem Bergland, Sandwüste und malariaverseuchten Sümpfen. Noch 1880 berichtete der amerikanische Konsul in Jerusalem, dass sich der historische Niedergang des Landes fortsetze. »Die Bevölkerung und der Wohlstand Palästinas sind in den letzten vierzig Jahren nicht gewachsen«, konstatierte er.[14]

Im Bericht für die Königliche Palästina-Kommission wird eine Beschreibung der Küstenebene von 1913 zitiert:

> »Die Straße von Gaza nach Norden bestand in einer Art Trampelpfad, der allenfalls im Sommer und auch dann nur für Kamele und Karren passierbar war ... bis [zu dem jüdischen Dorf]

[14] Halpern, S. 108.

Yabna [Yavne] waren nirgends Orangen- und Obsthaine oder Weinberge zu sehen ... Die Häuser bestanden aus Lehm. Sie waren fensterlos ... Es gab nur einfache Holzpflüge ... Die Ernteerträge waren außerordentlich gering ... Die Hygieneverhältnisse im Dorf waren unaussprechlich. Es gab keine Schulen ... Der westliche Teil, der sich zum Meer hin erstreckt, war sozusagen Wüste ... Hier lagen kaum Dörfer, und wenn, wohnten nur noch wenige Menschen dort. Allenthalben stieß man auf die Überreste früherer Dörfer, die wegen der allgegenwärtigen Malaria von ihren Einwohnern verlassen worden waren.«[15]

Lewis French, der britische Leiter der Abteilung für Entwicklung, schrieb über Palästina:

»Wir stießen dort auf Fellachen, die in Lehmhütten hausten und fast ausnahmslos schwer an Malaria litten ... Weite Gebiete waren unkultiviert ... Die Fellachen, sofern nicht selbst Viehdiebe, waren stets nur allzu gern bereit, diesen und anderen Kriminellen Zuflucht zu gewähren. Die einzelnen Parzellen wechselten jährlich den Besitzer. So etwas wie öffentliche Sicherheit war ein Fremdwort, und die Fellachen wurden immer wieder Opfer von Plünderung und Erpressung durch ihre Nachbarn, die Beduinen.«[16]

---

[15] Bericht der Königlichen Palästina-Kommission, S. 233.
[16] Bericht der Königlichen Palästina-Kommission, S. 259-260.

Überraschenderweise waren viele Leute, die dem Zionismus ablehnend gegenüberstanden, dennoch der Überzeugung, dass die Juden die Lebensbedingungen der arabischen Bevölkerung Palästinas verbessern würden. Dawood Barakat zum Beispiel, der Herausgeber der ägyptischen Zeitung *Al-Ahram*, schrieb: »Ein Bündnis zwischen den Zionisten und den Arabern ist unverzichtbar, weil ein Streit um Überzeugungen hier nur von Übel sein kann. Das Land braucht die Zionisten: Das Geld, das sie mitbringen, ihre Kenntnisse und ihre Erfahrung und der ihnen eigene Fleiß werden zweifellos zum Aufblühen des Landes beitragen.« [17]
Selbst ein führender arabischer Nationalist war der Ansicht, dass die Rückkehr der Juden in ihre Heimat dem Land eine neue Blüte bescheren würde. Großscherif Hussein, der Hüter der heiligen islamischen Stätten in Arabien, sagte:

> »Die Ressourcen des Landes sind noch völlig unberührt; ihre Ausbeutung und Entwicklung wird den jüdischen Immigranten ein Hauptanliegen sein. Zu den überraschendsten Beobachtungen in jüngerer Zeit gehört die Tatsache, dass die Palästinenser ihr Land häufig verlassen und dass es sie über die Meere in alle Himmelsrichtungen zieht. Der Heimatboden vermochte sie nicht zu halten, auch wenn ihre Vorfahren seit tausend Jahren hier lebten. Umgekehrt haben wir gesehen, wie Juden aus aller Herren Länder, aus

---

[17] Neville Mandel, »Attempts at an Arab-Zionist Entente: 1913-1914«, *Middle Eastern Studies*, April 1965, S. 243.

> Russland, Deutschland, Österreich, Spanien und Amerika, nach Palästina strömten. Die Ursache für dieses Phänomen kann dem klar Denkenden nicht verborgen bleiben. Er weiß, dass dieses Land für seine ursprünglichen Söhne *(abna'ihilasliyin)*, ungeachtet aller Unterschiede, die zwischen ihnen herrschen mögen, die heilige und geliebte Heimat bleibt. Die Rückkehr der Exilanten *(Alijah)* in ihr Heimatland wird auf den Feldern, in den Fabriken, in Handel und Gewerbe und in allen anderen Bereichen, in denen Mühe und Arbeit gefordert sind, in materieller wie in geistiger Hinsicht zum Anschauungsunterricht für ihre Brüder geraten.«[18]

Wie Hussein vorausgesehen hatte, wuchs die Bevölkerung Palästinas nach den großen jüdischen Einwanderungswellen erstmals wieder an, und es kam zu einem allgemeinen Aufschwung im Land.
Mark Twain, der Palästina im Jahr 1867 besuchte, beschrieb das Land als »ein trostloses Gebiet, dessen Boden recht fruchtbar, aber gänzlich dem Unkraut überlassen ist – eine schweigende, traurige Weite ... Hier herrscht eine Trostlosigkeit, die nicht einmal die Vorstellungskraft mit dem Gepränge von Leben und Handlung schmücken kann ... Wir sahen auf der ganzen Strecke kein einziges menschliches Wesen.«[19]

---

[18] *Al-Qibla* (23. März 1918), zitiert in Samuel Katz: *Battleground-Fact and Fantasy in Palestine*; NY: Bantam Book, 1977, S. 128.
[19] Mark Twain: *Die Arglosen im Ausland*, Zürich: Diogenes 1990.

Behauptung

»Zionismus ist Rassismus.«

Tatsache

1975 erließ die UNO-Vollversammlung eine Resolution, in der der Zionismus als eine Form von Rassismus geächtet wurde. In seiner beherzten Entgegnung auf diese Resolution wies Israels Vertreter bei den Vereinten Nationen, Chaim Herzog, darauf hin, welche Ironie darin lag, dass diese Aussage genau 37 Jahre nach der Reichskristallnacht gemacht wurde.

Der Zionismus ist die nationale Befreiungsbewegung des jüdischen Volkes; er vertritt die Auffassung, dass die Juden wie jedes andere Volk ein Anrecht auf eine Heimat haben.

Die Geschichte hat gezeigt, wie dringend die Juden die Sicherheit einer solchen nationalen Heimat brauchen. Der Zionismus basiert auf der Anerkennung der Tatsache, dass das Judentum durch eine gemeinsame Herkunft und eine gemeinsame Religion, Kultur und Geschichte definiert ist.

Die Verwirklichung des zionistischen Traums wird sichtbar an fast fünf Millionen Juden aus über hundert Ländern, die heute Bürger Israels sind. Darüber hinaus gehören der israelischen Bevölkerung annähernd eine Million muslimische und christliche Araber, Drusen, Bahais, Tscherkessen und Mitglieder anderer ethnischer

Gruppen an. Die Anwesenheit Tausender dunkelhäutiger Juden aus Äthiopien, dem Jemen und Indien in Israel ist die beste Widerlegung jeglicher Verleumdung des Zionismus. Im Rahmen mehrerer historischer Luftbrücken unter den Namen »Moses« (1984), »Josua« (1985) und »Salomo« (1991) befreite Israel fast 42 000 Mitglieder der äthiopischen jüdischen Gemeinde.

Schon immer haben viele Christen die Ziele und Ideale des Zionismus unterstützt. Israels offener und demokratischer Charakter und der gewissenhafte Schutz der religiösen und politischen Rechte von Christen und Muslimen widersprechen dem oft gehörten Vorwurf der Exklusivität.

Nach der Bekanntgabe der »Operation Moses« schrieb William Safire: »... zum ersten Mal in der Geschichte werden Tausende von Schwarzen nicht in Ketten, sondern in Würde, nicht als Sklaven, sondern als Bürger in ein anderes Land gebracht«.[20]

Im Gegensatz dazu definierten die arabischen Staaten Bürgerschaft streng nach Volkszugehörigkeit. In vielen arabischen Ländern, vor allem in Algerien, Saudi-Arabien und Kuwait ist es so gut wie unmöglich, die Staatsbürgerschaft zu erhalten. Mehrere arabische Staaten haben Gesetze, die die Einbürgerung ausländischer Araber erleichtern – jedoch mit der ausdrücklichen Ausnahme von Palästinensern. Jordanien hingegen erließ im Jahr 1954 sein eigenes »Rückkehrgesetz« und gestattete

---

[20] *New York Times*, 7. Januar 1985.

darin die Einbürgerung aller ehemaligen Einwohner Palästinas, mit Ausnahme von Juden.[21]

Die jüdische Selbstbestimmung als Einzige zu verurteilen, ist seinerseits eine Form des Rassismus. »Eine Welt, die den Juden, welche den Verbrennungsöfen Hitlers zu entkommen versuchten, ihre Türen verschloss, hat ganz gewiss nicht die moralische Überlegenheit, sich darüber beschweren zu dürfen, dass Israel Juden bevorzugt«, schrieb der Bürgerrechtsanwalt Alan Dershowitz.[22]

Martin Luther King antwortete einmal einem Studenten, der seiner Ablehnung des Zionismus Ausdruck gab: »Wer die Zionisten kritisiert, meint die Juden. Ihre Äußerung ist antisemitisch.«[23]

Die UN-Resolution von 1975 war Bestandteil des Anti-Israel-Feldzugs des sowjetisch-arabischen Kalten Kriegs. Fast alle nicht arabischen Befürworter der Resolution haben sich inzwischen entschuldigt und von ihrer damaligen Haltung distanziert. Als die Generalversammlung 1991 dafür stimmte, die Resolution aufzuheben, sprachen sich nur ein paar arabische und muslimische Staaten sowie Kuba, Nordkorea und Vietnam dagegen aus.

Im Jahr 2001 versuchten die arabischen Staaten, die Gleichsetzung des Zionismus mit Rassismus auf die Agenda der UN-Weltkonferenz gegen Rassismus zu setzen, die am 31. August in Durban in Südafrika beginnen sollte. Die Vereinigten Staaten drohten daraufhin

---

[21] Jordanian Nationality Law, Artikel 3 (3) des Gesetzes Nr. 6 of von 1954, Official Gazette No. 1171, 16. Februar 1954.

[22] Alan Dershowitz: *Chutzpah*; MA: Little, Brown and Company, 1991, S. 241.

[23] Seymour Martin Lipset: »The Socialism of Fools – The Left, the Jews and Israel«, *Encounter*, Dezember 1969, S. 24.

damit, die Konferenz zu boykottieren, wenn dieser Punkt tatsächlich auf der Tagesordnung stehen würde.

> »... außerdem ist es wichtig, die freiheitsliebenden Völker der Welt nicht darüber im Zweifel zu lassen, dass wir nicht ruhig zusehen werden, wenn die Welt versucht, Zionismus als Rassismus zu definieren. Das wäre ein großes Unrecht, und der Präsident ist stolz darauf, in dieser Sache auf der Seite Israels und der jüdischen Gemeinschaft zu stehen. Wir möchten keinen Zweifel daran lassen, dass keine politische Gruppierung der Welt mit internationaler Billigung rechnen kann, wenn sie das Ziel verfolgt, Zionismus mit Rassismus gleichzusetzen.«
>
> White House Press Secretary
> **Ari Fleisher**[24]

[24] Kommunikee des Weißen Hauses über die Androhung der Vereinigten Staaten, die Rassismuskonferenz der Vereinten Nationen zu boykottieren (27. Juli 2001).

Behauptung

»Die Zionisten hätten sich auch ein anderes Land als Palästina aussuchen können.«

Tatsache

Gegen Ende des 19. Jahrhunderts führte das Aufflammen des religiösen und rassistischen Antisemitismus zu einer Reihe von Pogromen in Russland und Osteuropa, die sämtliche Versprechen von Gleichheit und Toleranz Lügen straften. In ihrer Folge kam es in ganz Europa zu einer Welle der jüdischen Immigration nach Palästina.
Zur gleichen Zeit gab es eine Einwanderungswelle von Juden aus dem Jemen, Marokko, dem Irak und der Türkei nach Palästina. Diese Menschen wussten nichts von den europäischen Pogromen und Theodor Herzls politischem Zionismus; sie waren getrieben von dem jahrhundertealten Traum der »Rückkehr nach Zion« und von der Furcht vor Intoleranz. Als sie hörten, dass die Tore Palästinas geöffnet waren, nahmen sie die mühselige Reise auf sich und zogen ins »Land Israel.«
Das zionistische Ideal der Rückkehr nach Israel hat uralte religiöse Wurzeln. Viele jüdische Gebete handeln von Jerusalem, Zion und dem Land Israel. Die eindringliche Aufforderung, Jerusalem, die Stätte des Tempels, niemals zu vergessen, ist eines der wichtigsten Dogmen des Judentums. Die hebräische Sprache, die Thora, die

talmudischen Gesetze, der jüdische Kalender und die jüdischen Festtage und Feiern haben alle ihren Ursprung in Israel und den Jahreszeiten und Lebensbedingungen dieses Landes. Die Juden beten nach Jerusalem gerichtet und sprechen bei jedem Passahfest die Worte »nächstes Jahr in Jerusalem«. Die jüdische Religion, Kultur und Geschichte sind ein Zeugnis dafür, dass ein jüdisches Gemeinwesen nur im Land Israel errichtet werden kann. Im Jahr 1897 wurde die zionistische Bewegung ins Leben gerufen. Sie forderte die Schaffung einer nationalen jüdischen Heimstätte in Palästina, wo die Juden Zuflucht und Selbstbestimmung finden und für die Erneuerung ihrer Zivilisation und Kultur arbeiten konnten.

Behauptung

»Herzl selbst schlug als Alternative für Palästina die Gründung eines Jüdischen Staates in Uganda vor.«

Tatsache

Theodor Herzl suchte bei den Großmächten Unterstützung für die Schaffung einer jüdischen Heimstätte. Er wandte sich an Großbritannien und traf sich mit Joseph Chamberlain, dem britischen Kolonialminister und anderen führenden englischen Politikern. Die Briten waren prinzipiell mit der Ansiedlung von Juden in Ostafrika einverstanden, »unter Bedingungen, die es den Mitgliedern ermöglichten, ihre angestammten Sitten und Bräuche zu pflegen«.

Auf dem 6. Zionistenkongress in Basel am 26. August 1903 schlug Herzl das britische Uganda-Programm als eine *vorläufige Lösung* für die sich in unmittelbarer Gefahr befindenden russischen Juden vor. Herzl betonte zwar, dass dieses Programm in keiner Weise das eigentliche Ziel des Zionismus - die Schaffung eines jüdischen Gemeinwesens im Land Israel - berühre, entfachte mit seinem Vorschlag aber dennoch einen Sturm unter den Kongressteilnehmern, der um ein Haar zur Spaltung der zionistischen Bewegung geführt hätte. Es kam zu einem Bündnis verschiedener Gruppen, die Herzls Vorschläge, Uganda betreffend, in der Zeit von 1903-1905 unterstützt hatten, und infolge davon zur Gründung der Jewish Territorialist Organization (ITO). Das Uganda-Programm wurde schließlich auf dem 7. Zionistenkongress im Jahr 1905 abgelehnt.

Behauptung

»Die Araber lehnten die Balfour-Erklärung geschlossen ab. Sie sahen in ihr einen Verrat an ihren angestammten Rechten.«

Tatsache

Emir Faisal, der Sohn Scherif Husseins und Anführer des arabischen Aufstands gegen die Türken, unterzeichnete auf der Pariser Friedenskonferenz von 1919 ein Abkommen mit Chaim Weizmann und anderen führenden Männern der zionistischen Bewegung. In diesem Abkommen wurden die »rassische Verwandtschaft und die uralten Bande, die zwischen Arabern und dem jüdischen Volk bestehen«, anerkannt. Es schloss mit dem Satz, dass »der sicherste Weg zur Vollendung ihrer nationalen Bestrebungen über eine möglichst enge Zusammenarbeit in der Entwicklung des arabischen Staates und Palästinas führt«. Im Blick auf die Umsetzung der Balfour-Erklärung wurde gefordert, sämtliche Massnahmen zu treffen, um »eine Einwanderung von Juden in Palästina in großem Maßstab zu ermutigen ... und die jüdischen Einwanderer durch dichtere Besiedlung und intensive Bodenkultivierung so schnell wie möglich im Land sesshaft zu machen.« [25]

Faisal hatte seine Zustimmung zur Balfour-Erklärung an die Erfüllung der Unabhängigkeitsversprechungen geknüpft, die die Briten ihm während des Krieges gemacht hatten. Diese Versprechungen wurden nicht eingelöst.

Kritiker haben dem Faisal-Weizmann-Abkommen grundsätzlich keine Aufmerksamkeit geschenkt, weil es nie in

---

[25] Chaim Weizmann: *Trial and Error*; NY: Schocken Books, 1966, S. 246-247; Howard Sachar: *A History of Israel: From the Rise of Zionism to Our Time*; NY: Alfred A. Knopf, 1979, S. 121. Dt. Text aus: Friedrich Schreiber: Kampf um Palästina; München: Langen Müller 1992, S. 79.

Kraft trat. Dennoch ist die Tatsache, dass der führende Kopf der arabischen nationalistischen Bewegung und die zionistische Seite eine Einigung erzielten, insofern bedeutsam, als sie zeigt, dass die jüdischen und die arabischen Bestrebungen sich nicht zwangsläufig gegenseitig ausschlossen.

Behauptung

»Die Zionisten bemühten sich nicht im Geringsten um einen Kompromiss mit den Arabern.«

Tatsache

Im Jahr 1913 räumten die Führer der zionistischen Bewegung ein, dass es wünschenswert sei, zu einer Einigung mit den Arabern zu gelangen. Sami Hochberg, der Eigentümer der Zeitung *Le-Jeune-Turc*, der bei einem Treffen mit der von Kairo unterstützten Dezentralisationspartei und der Beiruter anti-osmanischen Reformgesellschaft als informeller Vertreter der Zionisten fungierte, konnte eine solche Einigung tatsächlich herbeiführen. Die so entstandene »entente verbale« führte zur Annahme einer Resolution, die den Juden die gleichen Rechte unter einer dezentralisierten Regierung zusicherte. Hochberg gelang es darüber hinaus, eine Einladung zum ersten ara-

bischen Kongress, der im Juni 1913 in Paris stattfand, zu erhalten.
Der arabische Kongress zeigte sich überraschend wohlwollend gegenüber den zionistischen Anliegen. Die positive Reaktion des Kongresses auf die »entente verbale« machte Hochberg Mut. Abd-ul-Hamid Yahrawi, der Präsident des Kongresses, fasste die Haltung der Delegierten in folgenden Worten zusammen:

> »Wir alle, Muslime wie Christen, sind den Juden wohlgesonnen. Wenn in unseren Resolutionen von den Rechten und Verpflichtungen der Syrer die Rede ist, sind damit immer auch die Juden mit gemeint. Sie sind von ihrer Herkunft her unsere Brüder, *und wir betrachten sie als Syrer, die einst gezwungen wurden, das Land zu verlassen, deren Herzen jedoch immer mit den unseren schlagen.* Deshalb sind wir gewiss, dass unsere jüdischen Brüder auf der ganzen Welt uns helfen werden, unsere gemeinsamen Bestrebungen erfolgreich voranzutreiben und unser gemeinsames Land materiell und moralisch zu hoher Blüte zu bringen.«[26]
> (Die Hervorhebung stammt vom Autor.)

Die von Hochberg ausgehandelte »entente verbale« wurde durch die Entwicklungen der Kriegszeit torpediert. Der offene arabische Widerstand gegen die Balfour-Erklärung überzeugte die zionistische Führung von der Notwendig-

---

[26] Aharon Cohen: *Israel and the Arab World*; NY: Funk und Wagnalls, 1970, S. 97.

keit einer verstärkten Anstrengung für eine Einigung mit den Arabern.
Weizmanns diplomatische Bemühungen waren erfolgreich. Nassif sagte: »In Palästina ist Raum genug für eine Million neuer Einwohner, ohne dass dadurch die Lebenssituation der Menschen beeinträchtigt würde, die bereits dort wohnen«.[27] Dr. Nimr benutzte seine Kairoer Zeitung dazu, Informationen zu veröffentlichen, die die in der arabischen Öffentlichkeit kursierenden Irrtümer über die zionistischen Ziele richtig stellten.[28]
1921 versuchte Winston Churchill ein Treffen zwischen Palästinensern und Zionisten zu arrangieren. Am 29. November 1921 kamen beide Seiten zusammen, wobei die Araber darauf bestanden, dass die Balfour-Erklärung aufgehoben werden müsse.[29]
Weizmann war Vorsitzender einer Delegation von Zionisten, die 1921 mit dem syrischen Nationalisten Riad al-Sulh zusammentraf. Die Zionisten erklärten sich dabei bereit, die arabischen nationalistischen Bestrebungen zu unterstützen, Sulh wiederum bekundete seine Bereitschaft, die nationale jüdische Heimstätte anzuerkennen. Ein Jahr später wurden die Gespräche fortgesetzt und es bestand berechtigte Hoffnung auf ein Übereinkommen. Sulhs Bemühungen, die palästinensischen Araberführer davon zu überzeugen, dass der Zionismus ein politischer

---

[27] Jon Kimche: *There Could Have Been Peace: The Untold Story of Why We Failed With Palestine and Again With Israel*; England: Dial Press, 1973, S. 136-137.
[28] Aharon Cohen: *Israel and the Arab World*; NY: Funk und Wagnalls, 1970, S. 71-73.
[29] Yehoshua Porath: *The Emergence of the Palestinian-Arab National Movement, 1918-1929*; London: Frank Cass, 1974, S. 65-67.

Faktor war, mit dem man zu rechnen hatte, und dass die Zionisten ernst zu nehmende Verhandlungspartner seien, scheiterten jedoch im Mai 1923.[30]

Im Verlauf der nächsten 25 Jahre versuchten die Zionistenführer inner- und außerhalb Palästinas wiederholt, mit den Arabern zu verhandeln. Genauso haben sich die israelischen Politiker seit 1948 um Friedensverträge mit den arabischen Staaten bemüht, doch Ägypten und Jordanien sind die einzigen Nationen, die einen solchen Vertrag je unterzeichnet haben.

Behauptung

»Die Zionisten waren das kolonialistische Werkzeug des westlichen Imperialismus.«

Tatsache

»Kolonialismus bedeutet leben auf Kosten anderer«, schrieb Yehoshafat Harkabi. »Doch was könnte dem Kolonialismus ferner liegen als der Idealismus der städtischen Juden, deren höchstes Ziel es ist, Arbeiter und

---

30 Yehoshua Porath: *The Emergence of the Palestinian-Arab National Movement, 1918-1929*; London: Frank Cass, 1974, S. 112-114.

Bauern zu werden und von ihrer Hände Arbeit zu leben?«[31]

Angesichts des allgegenwärtigen Widerstands gegen ihre Sache kamen die Zionisten ohnehin wohl kaum als imperialistisches Werkzeug in Frage, wie der britische Geschichtswissenschaftler Paul Johnson bemerkte. »Überall im Westen, in den Außenministerien, den Verteidigungsministerien und in der Wirtschaft lehnte man den Zionismus ab.«[32]

Auch Emir Faisal sah die zionistische Bewegung im Gegenteil als Gefährtin der arabischen nationalistischen Bewegung im gemeinsamen Kampf gegen den Imperialismus, wie er am 3. März 1919 in einem Brief an den Juraprofessor und späteren Richter am Bundesgerichtshof Felix Frankfurter schrieb. Einen Tag zuvor hatte Chaim Weizmann das Anliegen des Zionismus auf der Pariser Friedenskonferenz vorgetragen. In Faisals Brief heißt es:

> »Die Araber, insbesondere die Gebildeten unter uns, sehen die zionistische Bewegung mit größter Sympathie ... Wir heißen die Juden von Herzen willkommen ... Wir arbeiten zusammen für einen besseren, erneuerten Nahen Osten. Unsere Bewegungen ergänzen einander. *Die jüdische Bewegung ist nationalistisch, nicht imperialistisch*, und in Syrien ist Raum für uns

---

[31] Yehoshafat Harkabi: *Palestinians and Israel*; Jerusalem: Keter 1974, S. 6.

[32] Paul Johnson: *Modern Times: The World from the Twenties to the Nineties*, NY: Harper & Row 1983, S. 485.

beide. Ja, ich bin sogar der Ansicht, dass keiner von uns ohne den anderen wirklich Erfolg haben kann.«[33]
(Die Hervorhebung stammt vom Autor.)

»Unsere Siedler kamen nicht hierher wie die Kolonisten aus dem Okzident, die ihre Arbeit von den Einheimischen tun lassen; sie haben sich selbst vor den Pflug gespannt und ihre Kraft und ihr Blut gegeben, um das Land fruchtbar zu machen. Doch diese Fruchtbarkeit soll nicht nur uns selbst zugute kommen. Die jüdischen Siedler haben angefangen, ihre Brüder, die arabischen Bauern, zu lehren, wie sie das Land intensiver bestellen können; und wir wollen sie weiterhin lehren: zusammen mit ihnen wollen wir das Land kultivieren – ihm ›dienen‹, wie es im Hebräischen heißt. Je fruchtbarer dieser Boden wird, desto mehr Raum wird es für uns und für sie geben. Wir wollen sie nicht enteignen: Wir wollen mit ihnen zusammenleben. Wir wollen sie nicht beherrschen, wir wollen mit ihnen zusammen dienen ...«

Martin Buber[34]

---

[33] Samuel Katz: *Battleground-Fact and Fantasy in Palestine*; NY: Bantam Books 1977, S. 55.

[34] Aus einem offenen Brief von Martin Buber an Mahatma Gandhi im Jahr 1939, zitiert in Arthur Hertzberg: *The Zionist Idea*; PA: Jewish Publications Society 1997, S. 314.

Behauptung

»Die Briten versprachen den Arabern im Hussein-MacMahon-Briefwechsel Unabhängigkeit in Palästina.«

Tatsache

Die zentrale Gestalt in der arabischen nationalistischen Bewegung zur Zeit des Ersten Weltkriegs war Hussein ibn'Ali, den das Türkische Komitee für Einheit und Fortschritt im Jahr 1908 zum Großscherifen ernannt hatte. Als Scherif trug Hussein die Verantwortung für die heiligen Stätten des Islam im Hedschas und galt folglich als einer der geistigen Führer der Muslime.

Im Juli 1915 informierte Hussein Sir Henry MacMahon, den britischen Hochkommissar in Ägypten in einem Schreiben über die Bedingungen einer arabischen Teilnahme am Krieg gegen die Türken.

In dem darauf folgenden Briefwechsel zwischen Hussein und MacMahon ging es um die Gebiete, die England den Arabern überlassen wollte. Bemerkenswerterweise ist im Hussein-MacMahon-Briefwechsel an keiner Stelle von Palästina die Rede. Die Briten behaupteten später, dies sei ganz bewusst geschehen, und rechtfertigten damit ihre Weigerung, den Arabern in Palästina nach dem Krieg Unabhängigkeit zu gewähren.[35] MacMahon selbst erklärte:

> »Ich halte es für meine Pflicht, darauf hinzuweisen, und tue dies hiermit ausdrücklich und mit allem Nachdruck, dass ich bei meiner Zusage an König Hussein nie die Absicht hatte, Palästina mit in das Gebiet aufzunehmen, in dem den Arabern die Unabhängigkeit zugesichert wurde. Zudem hatte ich zum damaligen Zeitpunkt allen Grund zu glauben, dass König Hussein die Tatsache, dass Palästina in meiner Zusage nicht mit einbegriffen war, durchaus verstanden hatte.«[36]

Nichtsdestoweniger sind die palästinensischen Araber damals wie heute der Überzeugung, dass ihnen im bewussten Briefwechsel die Unabhängigkeit zugesagt wurde.

Behauptung

»Die Araber kämpften im Ersten und Zweiten Weltkrieg für die Freiheit.«

---

[35] George Kick: *A Short History of the Middle East*; NY: Frederick Präeger Publishers 1964, S. 314.
[36] *London Times*, 23. Juli 1937.

Tatsache

Im Gegensatz zu der romantischen Vorstellung jener Zeit kämpften die meisten Araber im Ersten Weltkrieg nicht auf der Seite der Alliierten gegen die Türkei. Der britische Premierminister David Lloyd George merkte an, dass die meisten Araber für ihre türkischen Oberherren kämpften. Die Anhänger Faisals in Arabien waren die einzige Ausnahme.

Im Zweiten Weltkrieg traten die Araber erst sehr spät in den Krieg gegen Hitler ein. 1939 schloss sich nur Transjordanien den Briten an. Der Irak wurde 1941 von einer nazifreundlichen Regierung übernommen und trat dem Bündnis der Achsenmächte bei. Die meisten arabischen Staaten verhielten sich abwartend, wer als Gewinner aus diesem Krieg hervorgehen würde. Sie behielten ihre Zaungastrolle bis 1945 bei, als das Schicksal Deutschlands besiegelt war. Als eine Parteinahme unumgänglich wurde, um als Mitglied für die sich bildenden Vereinten Nationen in Frage zu kommen, erklärten die Araber Deutschland endlich im Jahr 1945 mit gehöriger Verspätung den Krieg: Ägypten am 25. Februar, Syrien am 27. Februar, der Libanon am 28. Februar und Saudi-Arabien am 2. März. Im Gegensatz dazu kämpften 30 000 palästinensische Juden gegen Nazideutschland.

2. Die Zeit des britischen Mandats

Behauptung

»Die Briten halfen den Juden, die einheimische arabische Bevölkerung Palästinas an den Rand zu drängen.«
»Die Briten gestatteten den Juden, Palästina förmlich zu überschwemmen, während die Einwanderung von Arabern streng kontrolliert wurde.«
»Die Briten änderten nach dem Zweiten Weltkrieg ihre Politik und gestatteten den Überlebenden des Holocaust, sich in Palästina niederzulassen.«
»Mit der Zunahme der jüdischen Bevölkerung Palästinas verschlimmerte sich die Misere der palästinensischen Araber.«
»Die Juden haben arabisches Land gestohlen.«
»Die Briten ermutigten die Palästinenser zu einem friedlichen Zusammenleben mit den Juden.«
»Der Mufti war nicht antisemitisch gesonnen.«
»Der Angriff der Irgun auf das King-David-Hotel war ein Terroranschlag gegen Zivilisten.«

Behauptungen

»Die Briten halfen den Juden, die einheimische Bevölkerung Palästinas an den Rand zu drängen.«

Tatsache

Herbert Samuel, ein britischer Jude und erster Hochkommissar in Palästina, begrenzte die Zahl jüdischer Einwanderer »im ›Interesse der gegenwärtigen Bevölkerung‹ und der ›Aufnahmekapazität‹ des Landes«.[1] Es hieß, dass der Zustrom jüdischer Siedler die arabischen Fellachen (einheimische Bauern) von ihrem Land vertreibe. Damals lebten weniger als eine Million Menschen in einem Gebiet, das heute mehr als neun Millionen ein Auskommen bietet.

In Wirklichkeit begrenzten die Briten die Aufnahmekapazität Palästinas, indem sie das Land teilten.

1921 teilte der Kolonialminister Winston Churchill nahezu vier Fünftel Palästinas – ca. 35 000 Quadratmeilen – ab, um ein brandneues arabisches Emirat zu schaffen: Transjordanien. Als Trostpflaster dafür, dass der Hedschas und Arabien an die Saudis fielen, belohnte Churchill Scherif Husseins Sohn Abdullah für seine Leistungen im

---

[1] Aharon Cohen: *Israel and the Arab World*; NY: Funk und Wagnalls 1970, S. 172; Howard Sachar: *A History of Israel: From the Rise of Zionism to Our Time*; NY: Alfred A. Knopf 1979, S. 146.

Krieg gegen die Türkei, indem er ihn zum Emir von Transjordanien ernannte.
Die Briten gingen jedoch noch weiter und schränkten im restlichen Palästina den Erwerb von Land durch Juden ein. Das stand in offenem Widerspruch zu den Mandatsbestimmungen (Artikel 6), in denen es hieß, dass »die Administration Palästinas ... in Zusammenarbeit mit der jüdischen Körperschaft ... eine dichte Ansiedlung von Juden auf dem Land fördern soll, was auch staatseigene Gebiete und ungenutzes Land einschließen soll, das nicht für öffentliche Zwecke gebraucht wird«. 1949 hatten die Briten 87 500 der 187 500 Acre kultivierbaren Landes den Arabern und nur 4 250 Acre den Juden zugeschlagen.[2]
Am Ende mussten die Briten einräumen, dass das Argument der Aufnahmekapazität des Landes nur ein Scheinargument war. Die Peel-Kommission erklärte: »Die starke Einwanderungsbewegung der Jahre 1933-1936 sollte zeigen, dass die Juden sehr wohl in der Lage waren, die Aufnahmekapazität des Landes für Juden zu erweitern.«[3]

---

[2] Moshe Aumann: »Land Ownership in Palestine 1880-1948«, in Michael Curtis et al.: *The Palestinians*; NJ: Transaction Books 1975, S. 25.

[3] Bericht der Könglichen Palästina-Kommission (der Peel-Bericht), London 1937, S. 300. (Von nun an Bericht der Königlichen Palästina-Kommission).

Behauptung

»Die Briten gestatteten den Juden, Palästina förmlich zu überschwemmen, während die Einwanderung von Arabern streng kontrolliert wurde.«

Tatsache

Die britische Reaktion auf die jüdische Einwanderung bestand in einer beispiellosen Politik der Zugeständnisse an die arabische Seite, die während der gesamten Mandatszeit weiterverfolgt wurde. Die Einwanderung von Juden wurde eingeschränkt, Araber dagegen durften ungehindert ins Land kommen. Offensichtlich war man in London nicht der Ansicht, dass eine Flut arabischer Immigranten die Aufnahmekapazität des Landes übersteigen könnte.

Während des Ersten Weltkriegs war die Zahl der jüdischen Bevölkerung Palästinas durch den Krieg selbst, aber auch auf Grund von Hungersnöten, Epidemien und Vertreibung eher rückläufig. 1915 lebten etwa 83 000 Juden und 590 000 Araber muslimischen und christlichen Glaubens in Palästina. Eine Volkszählung im Jahr 1922 ergab ein Verhältnis von 84 000 jüdischen und 643 000

arabischen Einwohnern.[4] Das heißt, der Anteil der arabischen Bevölkerung wuchs exponenziell, während der der Juden stagnierte.
Mitte der Zwanzigerjahre stiegen die jüdischen Einwanderungszahlen nach Palästina wieder. Auslöser waren die antijüdische Wirtschaftsgesetzgebung in Polen sowie die Auferlegung einer Einwanderungsbeschränkung durch Washington.[5]
Die Rekordzahl von Einwanderern im Jahr 1935 (s. Tabelle) war eine Reaktion auf die zunehmende Judenverfolgung im nationalsozialistischen Deutschland. In den Augen der britischen Verwaltung war diese Zahl jedoch zu hoch, und die Jewish Agency wurde informiert, dass 1936 weniger als ein Drittel des von der Jewish Agency beantragten Einwanderungskontingents bewilligt würde.[6]

Jüdische Einwanderer nach Palästina[7]

1919	1 806	1927	3 034	1935	66 472
1920	8 223	1928	2 178	1936	29 595
1921	8 294	1929	5 249	1937	10 629
1922	8 685	1930	4 944	1938	14 675
1923	8 175	1931	4 075	1939	31 195
1924	13 892	1932	12 533	1940	10 643
1925	34 386	1933	37 337	1941	4 592
1926	13 855	1934	45 267		

---

4 Arieh Avneri: *The Claim of Dispossession*; Tel Aviv: Hidekel Press 1984, S. 28; und Yehoshua Porath: *The Emergence of the Palestinian-Arab Movement*, 1918-1929; London: Frank Cass 1974, S. 17-18.

5 Porath 1974, S. 18.

6 Cohen, S. 53.

7 Yehoshua Porath: *Palestinian-Arab National Movement: From Riots of Rebellion: 1929-1939*, Bd. 2; London: Frank Cass and Co., Ltd. 1977, S. 17-18.39.

Im so genannten »White Paper« von 1939 kamen die Briten den arabischen Forderungen noch weiter entgegen und erklärten, dass innerhalb von zehn Jahren ein unabhängiger arabischer Staat geschaffen werden sollte. Die jüdische Einwanderung sollte für den Zeitraum der nächsten fünf Jahre auf 75 000 Personen beschränkt werden und danach ganz aufhören. Darüber hinaus wurde den Juden in fünfundneunzig Prozent des palästinensischen Territoriums jeder Landerwerb untersagt. Die Araber schlugen das Angebot jedoch aus.
Im Gegensatz dazu wurde die arabische Einwanderung während der gesamten Mandatszeit nicht eingeschränkt. 1930 erklärte die Hope-Simpson-Kommission, die die Ursachen der arabischen Aufstände von 1939 untersuchen sollte, dass die britische Praxis, die unkontrollierte illegale arabische Einwanderung aus Ägypten, Transjordanien und Syrien einfach zu ignorieren, zur Folge habe, dass für künftige jüdische Immigranten kein Platz mehr sei.[8]
Der britische Gouverneur der Sinai-Halbinsel von 1922-1936 konstatierte: »Die illegalen Einwanderer kamen nicht nur von der Sinai-Halbinsel, sondern auch aus Transjordanien und Syrien, und es ist doch recht schwer, das Elend der Araber glaubhaft zu machen, wenn ihre Landsleute aus den angrenzenden Staaten gleichzeitig durch nichts davon abzuhalten sind, ins Land zu strömen und dieses Elend mit ihnen zu teilen.«[9]

---

[8] John Hope Simpsom: *Palestine: Report on Immigration, Land Settlement and Development*; London 1930, S. 126.
[9] *Bericht der Königlichen Palästina-Kommission*, S. 291.

Die Peel-Kommission berichtete im Jahr 1937, dass »die Landknappheit ... weniger darauf zurückzuführen ist, dass die Juden so viel Land erworben haben, als vielmehr auf den Anstieg der arabischen Bevölkerung«.[10]

Behauptung

»Die Briten änderten nach dem Zweiten Weltkrieg ihre Politik und gestatteten den Überlebenden des Holocaust, sich in Palästina niederzulassen.«

Tatsache

Die Tore Palästinas blieben die gesamte Kriegszeit über geschlossen, sodass Hunderttausende von Juden in Europa festsaßen, wo viele von ihnen doch noch Hitlers Endlösung zum Opfer fielen. Auch nach dem Krieg verweigerten die Briten den Überlebenden des Nazi-Albtraums, Zuflucht in Palästina zu finden. Am 6. Juni 1946 forderte Präsident Truman die britische Regierung nachdrücklich auf, das Leiden der Juden, die ihr Dasein

---

[10] *Bericht der Königlichen Palästina-Kommission*, S. 242.

in Vertriebenenlagern in ganz Europa fristeten, endlich zu lindern und unverzüglich hunderttausend jüdische Immigranten ins Land zu lassen. Der britische Außenminister Ernest Bevin konterte mit der sarkastischen Antwort, die Vereinigten Staaten träten wohl vor allem deshalb für die Immigration der Vertriebenen ein, »weil sie lieber nicht so viele von ihnen in New York haben wollen«.[11]

Manchen Juden gelang es dennoch, Palästina zu erreichen, meist auf maroden Schiffen, mit denen die Mitglieder der jüdischen Widerstandsbewegungen die Menschen ins Land schmuggelten. Von August 1945 bis zur Gründung des Staates Israel im Mai 1948 trafen 65 solcher »illegaler« Einwandererschiffe mit insgesamt 69 878 Personen aus Europa an Bord ein. Von August 1946 an nahmen die Briten jedoch sämtliche illegalen Einwanderer fest, derer sie habhaft werden konnten, und internierten sie in Lagern auf Zypern. Etwa 50 000 Menschen wurden in diesen Lagern gefangen gehalten; 28 000 davon noch zu dem Zeitpunkt, als der Staat Israel seine Unabhängigkeit erklärte.[12]

---

[11] George Lenczowski: *American Presidents and the Middle East*; NC: Duke University Press 1990, S. 23.

[12] Cohen, S. 174.

Behauptung

»Mit der Zunahme der jüdischen Bevölkerung Palästinas verschlimmerte sich die Misere der palästinensischen Araber.«

Tatsache

Die jüdische Bevölkerung Palästinas stieg zwischen dem Ersten und dem Zweiten Weltkrieg um 470 000, die nicht jüdische um 588 000.[13] Faktisch nahm die Zahl der arabischen Einwohner zwischen 1922 und 1947 um 120 Prozent zu.[14]

Dieses schnelle Bevölkerungswachstum hatte mehrere Ursachen. Da war zum einen der Zustrom von Arabern aus den Nachbarstaaten, die von dem höheren Lebensstandard angelockt wurden, den die Juden erreicht hatten – er machte 37 Prozent der gesamten Einwanderzahl vor der Staatsgründung aus.[15] Eine weitere Ursache für die Zunahme der arabischen Bevölkerung waren die verbesserten Lebensbedingungen, die ebenfalls die Juden schufen, indem sie malariaverseuchtes Sumpf-

---

[13] Dov Friedlander und Calvin Goldscheider: *The Population of Israel*; NY: Columbia Press 1979, S. 30.

[14] Avneri, S. 254.

[15] Curtis, S. 38.

land trocken legten und die Hygieneverhältnisse und die medizinische Versorgung in der Region verbesserten. So sank zum Beispiel die Säuglingssterblichkeit der muslimischen Kinder von 201 pro Tausend im Jahr 1925 auf 94 pro Tausend im Jahr 1945. Umgekehrt stieg die Lebenserwartung der Menschen von 37 Jahren im Jahr 1926 auf 49 Jahre im Jahr 1943.[16]

Die arabische Bevölkerungszahl wuchs bezeichnenderweise vor allem in den Städten mit hohem jüdischem Bevölkerungsanteil an, weil es hier neue wirtschaftliche Möglichkeiten gab. So nahm von 1922 bis 1947 die nicht jüdische Bevölkerung Haifas um 290 Prozent, in Jerusalem um 131 Prozent und in Jaffa um 158 Prozent zu. Das Bevölkerungswachstum in den arabischen Städten war im Vergleich dazu sehr viel bescheidener: 42 Prozent in Nablus, 78 Prozent in Jenin und 37 Prozent in Bethlehem.[17]

Behauptung

»Die Juden haben arabisches Land gestohlen.«

[16] Avneri, S. 264; Cohen, S. 60.
[17] Avneri, S. 254-55.

Tatsache

Trotz des Anstiegs des arabischen Bevölkerungsanteils behaupteten die Araber weiterhin, dass sie vertrieben würden. In Wirklichkeit waren Teile Palästinas seit dem Ersten Weltkrieg in den Händen von Großgrundbesitzern, die in Kairo, Damaskus und Beirut lebten. Etwa 80 Prozent der palästinensischen Araber waren überschuldete Bauern, Halbnomaden und Beduinen.[18]

Die Juden vermieden es bewusst, Land in Gebieten zu erwerben, aus denen sie Araber verdrängt hätten. Sie suchten Land, das landwirtschaftlich ungenutzt, versumpft und billig war und auf dem vor allem keine Pächter lebten. 1920 gab der Führer der zionistischen Arbeitspartei David Ben-Gurion seiner Anteilnahme am Schicksal der arabischen Fellachen Ausdruck, in denen er »den wichtigsten Aktivposten der einheimischen Bevölkerung« sah. Ben-Gurion erklärte: »Unter keinen Umständen dürfen wir Land anrühren, das Fellachen gehört oder von ihnen bestellt wird.« Er setzte sich im Gegenteil für die Befreiung dieser Menschen von ihren Unterdrückern ein. »Allenfalls wenn ein Fellache fortziehen möchte, dürfen wir ihm anbieten, sein Land zu kaufen«, fügte Ben-Gurion hinzu, »und zwar zu einem angemessenen Preis.«[19]

---

[18] Moshe Aumann, *Land Ownership in Palestine 1880-1948*; Jerusalem: Academic Committee on the Middle East 1976, S. 5.

[19] Shabtai Teveth: *Ben-Gurion and the Palestinian Arabs: From Peace to War*; London: Oxford University Press 1985, S. 32.

Erst nachdem sie alles verfügbare ungenutzte Land gekauft hatten, begannen die Juden, bereits kultiviertes Land zu erwerben. Wegen der Migration in die Küstenstädte und weil sie Geld für Investitionen in den Zitrusfrüchteanbau benötigten, waren viele Araber bereit zu verkaufen.[20]

Als John Hope Simpson im Mai 1940 in Palästina eintraf, stellte er fest: »Sie [die Juden] zahlten hohe Preise für das Land. Darüber hinaus entrichteten sie beträchtliche Summen, zu deren Zahlung sie gesetzlich nicht verpflichtet waren, an bestimmte Bewohner dieses Landes.«[21]

1931 führte Lewis French eine Erhebung zum Thema Landlosigkeit durch und bot danach allen Arabern, die »enteignet« worden waren, neue Landparzellen an. Die britischen Beamten registrierten über 3000 Gesuche, von denen jedoch 80 Prozent von juristischer Seite für ungültig erklärt wurden, weil die Antragsteller gar keine landlosen Araber waren. Damit blieben nur etwa 600 rechtmäßige Antragsteller, von denen insgesamt 100 das Landangebot der Regierung annahmen.[22]

Im April 1936 kam es auf Betreiben eines syrischen Guerillakämpfers namens Fawzi al-Qawukji, des Oberbefehlshabers der arabischen Befreiungsarmee, zu einer neuen Welle arabischer Übergriffe gegen Juden. Als die

---

[20] Porath, S. 80; 84.

[21] Hope-Simpson-Report, S. 51.

[22] Avneri, S. 149-158; Cohen, S. 37; basierend auf dem Bericht über die landwirtschaftliche Entwicklung und Besiedelung in Palästina von Lewis French (Dezember 1931, Nachtrag; Bericht April 1932) und Material, das der Königlichen Palästina-Kommission zur Verfügung gestellt wurde.

Briten im November schließlich eine Kommission unter der Leitung von Lord Peel zur Klärung der Lage nach Palästina schickten, waren 89 Juden getötet und über 300 verletzt worden.[23]

Nach dem Bericht der Peel-Kommission entbehrten die arabischen Klagen über den Landerwerb durch Juden jeglicher Grundlage. In dem Bericht wurde darauf hingewiesen, dass »ein Großteil des Landes, auf dem heute Orangenhaine stehen, zum Zeitpunkt des Kaufs aus Sanddünen, Sumpfland oder unkultiviertem Boden bestand ... bei früheren Verkäufen gab es wenig Belege dafür, dass die Eigentümer die Mittel oder die Kenntnisse besaßen, die für eine fortschrittliche Bewirtschaftung des Landes nötig waren.«[24] Außerdem stellte die Kommission fest, dass der Landmangel »nicht so sehr darauf zurückzuführen ist, dass die Juden so viel Land erworben hätten, als vielmehr auf den Zuwachs der arabischen Bevölkerung«. Die Kommission kam daher zu dem Schluss, dass die Anwesenheit der Juden in Palästina im Verein mit den Bemühungen der britischen Verwaltung zu höheren Löhnen, einem höheren Lebensstandard und zu einem größeren Arbeitsmarktangebot geführt hatte.[25]

König Abdullah von Transjordanien schrieb in seinen Memoiren:

> »Das Bild, das die Simpson-Kommission entwarf, und das von der Peel-Kommission zusam-

---

[23] Netanel Lorch: *One Long War*; Jerusalem: Keter 1976, S. 27; Sachar, S. 201.

[24] *Bericht der Königlichen Palästina-Kommission* 1937, S. 242.

[25] *Bericht der Königlichen Palästina-Kommission* 1937, S. 241-242.

mengetragene Material lassen keinen Zweifel daran, *dass die Araber genauso schnell bereit sind, ihr Land zu verkaufen, wie sie gleich damit bei der Hand sind, zu jammern und zu klagen.«* [26]
(Die Hervorhebung stammt vom Autor.)

Noch auf dem Höhepunkt des arabischen Aufstands im Jahr 1938 war der britische Hochkommissar in Palästina der Ansicht, die arabischen Grundbesitzer beklagten sich über die Landverkäufe an die Juden, um den Preis für das Land, das sie verkaufen wollten, in die Höhe zu treiben. Viele arabische Grundbesitzer waren von den arabischen Rebellen so massiv unter Druck gesetzt worden, dass sie beschlossen, Palästina zu verlassen und ihren Besitz an Juden zu verkaufen.[27]
Die Juden bezahlten den reichen Grundbesitzern Schwindel erregende Preise für kleine Parzellen unfruchtbaren Landes. »1944 zahlten Juden zwischen 1000 und 1100 Dollar für einen Acre in Palästina, meist für unfruchtbares oder so gut wie unfruchtbares Land; im gleichen Jahr wurde fruchtbares Ackerland in Iowa für etwa 110 Dollar pro Acre verkauft.«[28]
1947 belief sich der Landbesitz in jüdischer Hand in Palästina auf 463000 Acres. Etwa 45000 Acres davon waren der Mandatsregierung, 30000 verschiedenen Kirchen und 387500 Arabern abgekauft worden. Analysen der Landkäufe von 1880 bis 1948 zeigen, dass 73 Prozent

---

[26] König Abdallah: *My Memoires Completed*; London: Longman Group, Ltd. 1978, S. 88-89.
[27] Porath (77), S. 86-87.
[28] Aumann, S. 13.

der jüdischen Parzellen Großgrundbesitzern und nicht etwa armen Fellachen gehört hatten.[29] Zu dem Personenkreis, der Land verkaufte, gehörten unter anderem die Bürgermeister von Gaza, Jerusalem und Jaffa. Der führende muslimische Theologe As'ad el Shuqeiri, der Vater des PLO-Präsidenten Ahmed Shuqeiri, nahm jüdisches Geld für sein Land. Sogar König Abdullah verpachtete Land an Juden, und auch viele führende Vertreter der arabischen nationalistischen Bewegung, darunter Mitglieder des Obersten Muslimischen Rates, verkauften Land an Juden.[30]

Behauptung

»Die Briten ermutigten die Palästinenser zu einem friedlichen Zusammenleben mit den Juden.«

Tatsache

1921 begann Haj Amin el-Husseini mit der Organisation kleiner Gruppen von Selbstmordkommandos – *Fedajn* –,

---

[29] Abraham Granott: *The Land System in Palestine*; London: Eyre und Spottiswoode 1952, S. 278.

[30] Avneri, S. 179-180; 224-225; 232-234; Porath (77), S. 72-73.

die Terroranschläge gegen Juden ausführen sollten. Er hoffte, damit an das Beispiel Kemal Atatürks anknüpfen und die Juden aus Palästina vertreiben zu können, so wie Kemal die Griechen aus seinem Land getrieben hatte.[31] Die arabischen Radikalen gewannen rasch an Einfluss, denn die britische Verwaltung fand sich erst dann zu wirksamen Gegenmaßnahmen bereit, als sie schließlich selbst bedroht wurde.

Colonel Richard Meinertzhagen, der ehemalige Leiter des britischen militärischen Geheimdienstes in Kairo und spätere Chief Political Officer in Palästina und Syrien, notierte in seinem Tagebuch, dass die britischen Beamten »dafür wären, den Zionismus aus Palästina zu entfernen«.

Die Briten ermutigten die Palästinenser sogar zu Anschlägen gegen die Juden. Laut Meinertzhagen traf sich Colonel Waters-Taylor (von 1919 bis 1923 Finanzberater der Militärverwaltung in Palästina) wenige Tage vor dem Osterfest des Jahres 1920 mit Haj Amin und erklärte ihm, »dass er an Ostern die einmalige Gelegenheit hätte, der Welt zu zeigen ... dass der Zionismus nicht nur von der Verwaltung Palästinas, sondern auch von Whitehall abgelehnt würde und dass, falls es an Ostern in Jerusalem zu Unruhen und gewalttätigen Ausschreitungen kommen sollte, sowohl General Bols (von 1919 bis 1920 Chief Administrator in Palästina) als auch General Allenby (von 1917 bis 1919 Oberbefehlshaber der ägyptischen Streitkräfte und danach Hochkommissar in Ägypten) die

[31] Jon Kimche: *There Could Have Been Peace: The Untold Story of Why We Failed With Palestine and Again With Israel*; England: Dial Press 1973, S. 189.

Preisgabe der jüdischen Heimstätte unterstützen würden. Waters-Taylor war der Überzeugung, dass Freiheit nur durch Gewalt zu erlangen sei.«[32]

Haj Amin nahm den Rat des Colonels an und organisierte einen Aufstand. Die Briten zogen ihre Truppen und die jüdische Polizei aus Jerusalem zurück und sahen tatenlos zu, wie der arabische Mob jüdische Läden plünderte. Da jedoch allgemein bekannt war, dass Haj Amin eine entscheidende Rolle bei der Anstiftung zu diesem Pogrom gespielt hatte, entschlossen sich die Briten, ihn zu verhaften. Haj Amin konnte jedoch fliehen und wurde in Abwesenheit zu zehn Jahren Gefängnis verurteilt.

Ein Jahr später überredeten einige araberfreundliche Landsleute den britischen Hochkommissar Herbert Samuel, Haj Amin zu begnadigen und ihn zum Mufti zu ernennen. Vladimir Jabotinsky und einige seiner Anhänger, die während der Unruhen eine jüdische Verteidigungsorganisation gebildet hatten, wurden dagegen zu fünfzehn Jahren Gefängnis verurteilt.[33]

Samuel traf sich am 11. April 1921 mit Haj und erhielt von ihm die Zusicherung, »dass er allen Einfluss, den er selbst und seine Familie habe, für die Wiederherstellung von Ruhe und Ordnung verwenden wolle«. Drei Wochen später starben bei Unruhen in Jaffa und an anderen Orten 43 Juden.[34]

---

[32] Richard Meinertzhagen: *Middle East Diary 1917-1956*; London: The Cresset Press 1959, S. 49; 82; 97.

[33] Samuel Katz: *Battleground-Fact and Fantasy in Palestine*; NY: Bantam Books 1977, S. 63-65; Howard Sachar: *A History of Israel: From the Rise of Zionism to Our Time*; NY: Alfred A. Knopf 1979, S. 97.

[34] Paul Johnson: *Modern Times: The World from the Twenties to the Nineties*; NY: Harper & Row 1983, S. 438.

Haj Amin festigte seine Macht und erlangte die Kontrolle über alle muslimischen Gelder in Palästina. Mit Hilfe der ihm verliehenen Vollmachten verschaffte er sich außerdem die Oberaufsicht über Moscheen, Schulen und Gerichte. Kein Araber, der dem Mufti nicht treu ergeben war, konnte in eine einflussreiche Stellung gelangen. Die Macht des Muftis war so absolut, dass »in Palästina kein Muslim geboren werden oder sterben konnte, ohne Haj Amin zu Dank verpflichtet zu sein«.[35] Die Gefolgsleute des Mufti sorgten zudem dafür, dass jeder Widerstand gegen ihn im Keim erstickt wurde, indem sie systematisch alle Palästinenser aus rivalisierenden Clans ermordeten, die einer Zusammenarbeit mit den Juden nicht völlig abgeneigt waren.

Als Wortführer der palästinensischen Araber bat Haj Amin die Briten nicht etwa um die Unabhängigkeit, sondern forderte im Gegenteil in einem Brief an Winston Churchill aus dem Jahr 1921, dass Palästina wieder mit Syrien und Transjordanien vereinigt würde.[36]

Die Araber fanden rasch heraus, dass ihre Aufstände eine höchst wirksame politische Waffe waren, da die Briten eine äußert laxe Haltung bei den gewalttätigen Ausschreitungen gegen Juden an den Tag legten. Im Rahmen der Beilegung der Unruhen pflegten sie stets alles in ihrer Macht Stehende zu tun, um eigenständige Schutz- und Verteidigungsmaßnahmen auf jüdischer Seite zu unterbinden; andererseits rührten sie jedoch keinen Finger, um die arabischen Übergriffe zu verhindern. Nach jedem

---

[35] Larry Collins und Dominique Lapierre: *O Jerusalem!*; NY: Simon und Schuster 1972, S. 52.

[36] Kimche, S. 211.

dieser Aufstände sollte eine eigens ernannte britische Untersuchungskommission die Ursache für die Ausschreitungen herausfinden. Ihre stereotype Schlussfolgerung lautete: Die Araber fürchten, von den Juden verdrängt zu werden. Als Mittel zur Eindämmung der Gewalt empfahlen die Kommissionen daher jeweils die Beschränkung der jüdischen Einwandererzahlen. Auf diese Weise lernten die Araber, dass sie den Zustrom von Juden jederzeit stoppen konnten, indem sie einen Aufruhr anzettelten.

Dieser Kreislauf nahm seinen Anfang nach einer Reihe von Krawallen im Mai 1921. Die Briten, denen es nicht gelungen war, die jüdische Bevölkerung vor dem arabischen Mob zu schützen, ernannten die Haycraft-Kommission, die die Gründe für diesen Ausbruch von Gewalt feststellen sollte. Der Ausschuss kam zwar zu dem Urteil, dass die Araber die Aggressoren gewesen waren, versuchte jedoch, die Ursache für die Eskalation als rational verständlich hinzustellen: »Die eigentliche Ursache der Aufstände war ein tief gehendes Gefühl der Unzufriedenheit und Feindseligkeit der Araber gegenüber den Juden, das politische und wirtschaftliche Gründe hat und mit der jüdischen Einwanderung und dem arabischen Verständnis der zionistischen Politik in Zusammenhang steht ...«[37] Eine Folge der Ausschreitungen war abermals die Einschränkung der jüdischen Einwanderung.

Die Furcht der Araber, die Juden könnten sie »vertreiben« oder »beherrschen«, sollte als Entschuldigung für brutale

[37] Ben Halpern: *The Idea of a Jewish State*; MA: Harvard University Press 1969, S. 323.

Angriffe auf friedliche jüdische Siedler herhalten. Dabei wurden die Übergriffe nicht etwa von einem fanatischen Nationalgefühl getragen – Nationalisten hätten sich gegen die britische Oberherrschaft aufgelehnt –, sondern von Rassenhass und irrigen Vorstellungen.
1929 gelang es arabischen Provokateuren, die Massen zu überzeugen, dass die Juden einen Anschlag auf den Tempelberg planten (eine Taktik, die bei vielen Gelegenheiten wieder angewendet wurde, so unlängst im Jahr 2000 nach dem Besuch von Ariel Sharon). Eine religiöse Zeremonie der Juden an der Westmauer, die einen Teil des Tempelbergs bildet, diente als Auslöser für arabische Ausschreitungen gegen Juden, die über Jerusalem hinaus in andere Dörfer und Städte, darunter Safed und Hebron, übergriffen.
Auch diesmal unternahm die britische Verwaltung nichts, um die Ausschreitungen zu verhindern oder die jüdische Bevölkerung zu schützen. Erst nach sechs Tagen des Chaos boten die Briten endlich Truppen auf, die den Aufstand unterdrücken sollten. Inzwischen war praktisch die gesamte jüdische Bevölkerung von Hebron geflohen oder getötet worden. Insgesamt kamen bei den Pogromen 131 Juden um, und 399 wurden verletzt.[38]
Nach Beendigung der Unruhen ordneten die Briten wieder eine Untersuchung an, die zum Passfield Weißbuch führte. Darin hieß es: »Die Einwanderung, der Landerwerb und die Siedlungspolitik der zionistischen Bewegung sind den arabischen Interessen bereits jetzt abträglich bzw. werden ihnen gefährlich werden. Die Verpflichtung der Mandatsregierung gegenüber der nicht jüdischen Bevölkerung verlangt jedoch, dass die Ressour-

[38] Sachar, S. 174.

cen Palästinas in erster Linie der wachsenden arabischen Wirtschaft zur Verfügung stehen müssen ...«[39] Das wiederum bedeutete natürlich, dass es notwendig wurde, nicht nur die jüdische Einwanderung, sondern auch die Möglichkeit des Landerwerbs für Juden einzuschränken.

Behauptung

»Der Mufti war nicht antisemitisch gesonnen.«

Tatsache

1941 floh Haj Amin al-Husseini nach Deutschland und kam dort mit Adolf Hitler, Heinrich Himmler, Joachim von Ribbentrop und anderen führenden Nationalsozialisten zusammen. Er wollte sie dazu bewegen, ihr antijüdisches Programm auch auf die arabische Welt auszudehnen. Der Mufti legte Hitler fünfzehn Entwürfe einer Erklärung zum Nahen Osten vor, die Deutschland und Italien in ihrem eigenen Namen bekannt geben sollten. In einem dieser Entwürfe forderte er die beiden Länder auf, die jüdische Heimstätte in Palästina für illegal zu erklären. Darüber hinaus »gestehen sie Palästina und anderen arabischen Ländern das Recht zu, das Problem der

---

[39] Halpern, S. 201.

jüdischen Elemente in Palästina und anderen arabischen Ländern im Sinne der arabischen Interessen zu lösen, und zwar auf die gleiche Weise, wie diese Frage zurzeit von den Achsenmächten gelöst wird.«[40]

Im November 1941 traf sich der Mufti mit Hitler, der ihm gegenüber erklärte, die Juden seien seine schlimmsten Feinde. Der Diktator schlug die Bitte des Mufti um eine Erklärung zu Gunsten der Araber jedoch ab und meinte, es sei nicht der richtige Zeitpunkt dafür. Der Mufti dankte Hitler für die »Sympathie, die er den Arabern und besonders der palästinensischen Sache immer entgegengebracht und aus der er in seinen Reden keinen Hehl gemacht hat ... die Araber sind Deutschlands natürliche Freunde, weil sie dieselben Feinde wie Deutschland haben, nämlich ... die Juden ...« Hitler antwortete, Deutschland stehe für einen unnachgiebigen Krieg gegen die Juden. Das beinhalte selbstverständlich den aktiven Widerstand gegen die nationale jüdische Heimstätte in Palästina ... Deutschland werde den Arabern, die in demselben Kampf stünden, praktische Hilfe leisten ... Deutschlands Ziel sei die Zerstörung des jüdischen Elements, das sich in der arabischen Sphäre einquartiert habe ... In dieser Stunde könne der Großmufti als höchste Autorität für die Arabische Welt sprechen. Der Mufti gab Hitler gegenüber seiner tief empfundenen Dankbarkeit Ausdruck.[41]

---

[40] »Grand Mufti Plotted To Do Away With All Jews In Mideast«, *Response*, Herbst 1991, S. 2-3.

[41] Bericht über das Gespräch zwischen dem Führer und dem Großmufti von Jerusalem am 28. November 1941 in Gegenwart des Reichsaußenministers und Ministers Grobba in Berlin; *Documents on German Foreign Policy*, 1918-1945; Reihe D, Bd. XIII, London 1964, S. 881ff in: Walter Lacquer und Barry Rubin: *The Israel-Arab Reader*; NY: Facts on File 1984, S. 79-84.

1945 versuchte Jugoslawien den Mufti als Kriegsverbrecher zu ächten, weil er 20 000 muslimische Freiwillige für die SS rekrutiert hatte, die sich an der Ermordung von Juden in Kroatien und Ungarn beteiligt hatten. Doch schon 1946 gelang ihm die Flucht aus der französischen Gefangenschaft. Danach setzte der Mufti seinen Kampf gegen die Juden von Kairo und später von Beirut aus fort. Er starb 1974.

Die Familie Husseini spielte weiterhin eine wichtige Rolle. Faisal Husseini, der Sohn des Neffen des Mufti, galt bis zu seinem Tod im Mai 2001 als einer der Wortführer in den besetzten Gebieten.

Behauptung

»Der Angriff der Irgun auf das King-David-Hotel war ein Terroranschlag gegen Zivilisten.«

Tatsache

Das King-David-Hotel war das britische Militärhauptquartier. Die Irgun verübte einen Anschlag auf das Hotel, nachdem die Briten am 29. Juni 1946 in die Jewish Agency eingedrungen waren und große Mengen von Dokumenten beschlagnahmt hatten. Etwa zeitgleich wurden über 2 500 Juden in ganz Palästina verhaftet. In-

formationen über die Operationen der Jewish Agency, darunter auch über jüdische Geheimdienstaktivitäten in arabischen Ländern, gelangten ins King-David-Hotel.
Eine Woche später erinnerte die Nachricht über ein Massaker an 40 Juden im Rahmen eines Pogroms in Polen die palästinensischen Juden daran, dass die Briten durch ihre Einwanderungsbeschränkungen Tausende von Juden zum Tod verurteilt hatten.
Der Chef der Irgun, Menachem Begin, betonte stets, dass er alles getan habe, um Opfer unter Zivilisten zu vermeiden. Nach seiner Aussage wurden vor dem Anschlag drei Telefonanrufe getätigt – einer im Hotel, einer beim französischen Konsulat und ein dritter bei der *Palestine Post* –, in denen vor einem unmittelbar bevorstehenden Sprengstoffanschlag im King-David-Hotel gewarnt wurde.
Die Anrufe erfolgten am 22. Juli 1946. Der Anruf im Hotel wurde offenbar zwar entgegengenommen, aber nicht weiter beachtet. Begin zitiert einen britischen Beamten, der sich angeblich weigerte, das Hotel zu evakuieren und sagte: »Wir nehmen keine Befehle von den Juden entgegen.«[42] So kam es, dass dem Sprengstoffattentat viele Zivilisten zum Opfer fielen. Es gab insgesamt 91 Tote und 45 Verletzte, darunter 15 Juden. Im Hotel selbst gab es nur wenige Verletzte durch die Detonation.[43]
Im Gegensatz zu den arabischen Angriffen gegen Juden, die meist als Heldentaten verherrlicht wurden, verurteilte

---

[42] Menachem Begin: *The Revolt*; NY: Nash Publishing 1977, S. 224.
[43] J. Bowyer Bell: *Terror Out Of Zion*; NY: St. Martin's Press, S. 172.

der Jüdische Nationalrat das Attentat auf das King-David-Hotel ausdrücklich.[44]
Die Briten bestritten jahrzehntelang, eine Warnung erhalten zu haben. Erst 1979 legte ein britisches Parlamentsmitglied Beweise dafür vor, dass die Irgun die Bevölkerung tatsächlich vor dem Anschlag gewarnt hatte. Der Mann führte die Aussage eines britischen Offiziers an, der Zeuge geworden war, wie sich andere Offiziere an der Bar des King-David-Hotels über die Androhung eines zionistischen Anschlags auf das Hauptquartier lustig machten. Der Offizier, der das Gespräch mitangehört hatte, verließ unverzüglich das Hotel und überlebte.[45]

---

[44] Anne Sinai und I. Robert Sinai: *Israel and the Arabs: Prelude to the Jewish State*; NY: Facts on File 1972, S. 83.

[45] Benjamin Netanyahu (Hrsg.): »International Terrorism: Challenge And Response«; Berichte der Jerusalemer Konferenz über Internationalen Terrorismus, 25. Juli 1979; Jerusalem: The Jonathan Institute 1980, S. 45.

3. Teilung

Behauptung

»Die Vereinten Nationen haben Palästina ungerecht aufgeteilt.«
»Der Teilungsplan wies den Großteil des Landes, insbesondere das gesamte nutzbare Ackerland, den Juden zu.«
»Israel hat 1948 ganz Palästina usurpiert.«
»Den palästinensischen Arabern wurde nie ein Staat angeboten und somit das Recht auf Selbstbestimmung verweigert.«
»Die Mehrheit der Bevölkerung Palästinas war arabisch; aus diesem Grund hätte ein arabischer Gesamtstaat geschaffen werden müssen.«
»Um Blutvergießen zu vermeiden, waren die Araber zum Kompromiss bereit.«
»Die Sowjetunion hat sich der Teilung vehement widersetzt.«

Behauptung

»Die Vereinten Nationen haben Palästina ungerecht aufgeteilt.«

Tatsache

Nach dem Ende des Zweiten Weltkriegs wurde allmählich das ganze Ausmaß des Holocaust bekannt. Das Entsetzen darüber beschleunigte die Forderung nach einer Lösung der Palästinafrage, damit die Überlebenden von Hitlers »Endlösung« Zuflucht in einer eigenen Heimat finden konnten.

Die Briten versuchten, ein Abkommen auszuarbeiten, das sowohl für Araber als auch für Juden annehmbar war. Da sie jedoch auf die Zustimmung der Araber bestanden, waren ihre Bemühungen von vornherein zum Scheitern verurteilt, denn die Araber waren zu keinen Zugeständnissen bereit. Im Februar 1947 wurde die Angelegenheit schließlich den Vereinten Nationen übergeben.

Die Vereinten Nationen richteten ein Sonderkomitee für Palästina (UNSCOP) ein, das den Auftrag hatte, eine Lösung für die Palästinafrage zu finden. Delegierte aus elf Nationen* machten sich auf den Weg, um festzustellen, was seit langem bekannt war: Die nationalen Bestrebungen von Juden und Arabern bildeten einen unversöhnlichen Gegensatz.

Die gegensätzlichen Haltungen der beiden Gruppen »weckten unweigerlich den Eindruck, dass die Juden von der Rechtmäßigkeit ihrer Sache überzeugt und bereit waren, sie vor einem unvoreingenommenem Tribunal zu vertreten, wohingegen die Araber sich der Rechtmäßig-

---

* Australien, Kanada, Tschechoslowakei, Guatemala, Indien, Iran, Niederlande, Peru, Schweden, Uruguay und Jugoslawien.

keit ihrer Ansprüche weniger sicher waren oder aber Angst hatten, sich dem Richterspruch der Nationen zu beugen.«[1]

Obwohl die meisten Mitglieder der Kommission sich darüber im Klaren waren, dass notwendig ein Kompromiss gefunden werden musste, war ein solcher angesichts der starren Haltung der beiden Parteien nur schwer vorstellbar. Bei einem Treffen mit einer arabischen Delegation in Beirut erklärte das tschechoslowakische Kommissionsmitglied: »Ich habe Ihre Forderungen gehört und den Eindruck gewonnen, dass der Kompromiss in Ihren Augen folgendermaßen aussähe: ›Unsere Forderungen sollen in allen Punkten erfüllt werden; der Rest kann unter den Übrigen aufgeteilt werden.‹«[2]

Bei ihrer Rückkehr empfahlen die Delegierten von sieben Nationen – Kanada, Tschechoslowakei, Guatemala, Niederlande, Peru, Schweden und Uruguay – die Gründung zweier getrennter Staaten, eines jüdischen und eines arabischen, die in einer Wirtschaftsunion verbunden werden sollten; die Stadt Jerusalem sollte unter internationale Verwaltung gestellt werden. Drei Nationen – Indien, der Iran und Jugoslawien – empfahlen einen Gesamtstaat mit arabischen und jüdischen Provinzen. Australien enthielt sich der Stimme.

Die palästinensischen Juden waren zwar nicht zufrieden mit dem kleinen Gebiet, das die Kommission ihnen zuweisen wollte, und ganz und gar nicht glücklich darüber, dass Jerusalem vom jüdischen Staat getrennt

---

[1] Aharon Cohen: *Israel and the Arab World*; Boston: Beacon Press 1976, S. 369-370.

[2] Cohen, S. 212.

werden sollte, erklärten sich aber dennoch mit dem Kompromiss einverstanden. Die Araber lehnten den Vorschlag des UNSCOPs rigoros ab.
Die daraufhin einberufene Vollversammlung der Vereinten Nationen schlug die arabische Forderung nach einem arabischen Gesamtstaat aus. Die mehrheitliche Empfehlung einer Teilung wurde am 29. November 1947 mit 33 zu 13 Stimmen bei 10 Stimmenthaltungen angenommen.[3]

> »Es ist kaum einzusehen, inwiefern die arabische Welt, und noch viel weniger die palästinensischen Araber, unter der Anerkennung einer Sache leiden sollten, die längst eine feste Tatsache ist – die Anwesenheit einer geschlossenen, gut organisierten und praktisch autonomen jüdischen Gemeinschaft in Palästina.«
>
> Leitartikel der **London Times** [4]

---

[3] Für die Teilung stimmten: Australien, Belgien, Bolivien, Brasilien, Belorussische SSR, Kanada, Costa Rica, die Tschechoslowakei, Dänemark, die Dominikanische Republik, Ecuador, Frankreich, Guatemala, Haiti, Island, Liberia, Luxemburg, die Niederlande, Neuseeland, Nicaragua, Norwegen, Panama, Paraguay, Peru, die Philippinen, Polen, Schweden, die Ukraine, Südafrika, die UdSSR, die USA, Uruguay und Venezuela.
Gegen die Teilung stimmten: Afghanistan, Kuba, Ägypten, Griechenland, Indien, der Iran, der Irak, der Libanon, Pakistan, Saudi-Arabien, Syrien, die Türkei und der Jemen.
Stimmenthaltungen kamen von: Argentinien, Chile, China, Kolumbien, El Salvador, Äthiopien, Honduras, Mexiko, England und Jugoslawien. *Jahrbuch der Vereinten Nationen, 1947-48*; NY: United Nations 1949, S. 246-47.

[4] *London Times*, 1. Dezember 1947.

Behauptung

»Der Teilungsplan wies den Großteil des Landes, insbesondere das gesamte nutzbare Ackerland, den Juden zu.«

Tatsache

Der von den Vereinten Nationen vorgelegte Teilungsplan wirkte wie ein Schachbrett, da die jüdischen Städte und Dörfer über ganz Palästina verteilt waren. Das komplizierte den Plan jedoch weit weniger als die Tatsache, dass der hohe Lebensstandard in den jüdischen Städten zu einem starken Zustrom von Arabern geführt hatte, sodass eine wie auch immer geartete Teilung zur Folge hatte, dass der jüdische Staat einen nicht unerheblichen arabischen Bevölkerunganteil aufwies. Da man einsah, dass die Juden weiteres Siedlungsland brauchten, wies der Mehrheitsvorschlag den Juden Landgebiete im Norden des Landes, in Galiläa und in der großen, unfruchtbaren Negevwüste im Süden zu. Der Rest Palästinas sollte den arabischen Staat bilden.
Die Grenzziehung bei der Aufteilung des Landes war lediglich an demografischen Gesichtspunkten orientiert. Sicherheitsüberlegungen hatten dabei keine Rolle gespielt. Damit waren die neuen Landesgrenzen des israelischen Staates praktisch nicht zu verteidigen.
Was die Lage noch weiter komplizierte, war das Festhalten der Mehrheit der Vereinten Nationen an einem von beiden palästinensischen Staaten unabhängigen Jerusalem, das unter internationaler Verwaltung stehen sollte.

Karte 2 Der Teilungsplan – 1947
Resolution 181 der UN Generalversammlung

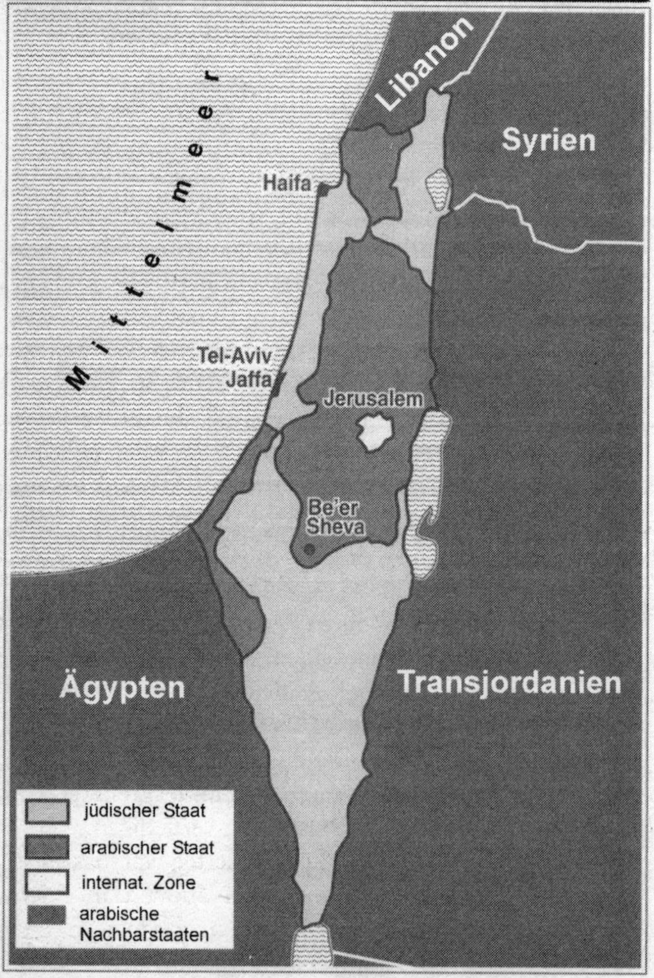

Auf diese Weise wurden die über 100 000 in Jerusalem lebenden Juden praktisch von ihrem Land abgeschnitten, weil sie von arabischem Gebiet umgeben waren.
Es gab und gibt immer wieder Stimmen, die behaupten, die Vereinten Nationen hätten damals alles fruchtbare Land den Juden, den Arabern dagegen nur unfruchtbares Bergland zuweisen wollen. Das ist nicht richtig. Immerhin sollten etwa 60 Prozent des künftigen jüdischen Staates im Negev liegen.
Insgesamt stellten die Araber die Mehrheit der Bevölkerung Palästinas – das Verhältnis betrug 1,2 Millionen Araber zu 600 000 Juden. Die restriktive Einwanderungspolitik der Briten hatte erfolgreich verhindert, dass die Juden die Mehrheit im Land bildeten. Araber dagegen hatten die ganze Zeit über ungehindert zuwandern dürfen – eine Gelegenheit, die Tausende wahrnahmen – und waren so zu Nutznießern der rapiden Entwicklung geworden, die die zionistische Besiedlung in Gang gesetzt hatte. In den Gebieten, die ihnen bei der Teilung zugewiesen worden waren, und in Jerusalem bildeten die Juden die Mehrheit.
In dem durch die Teilung geschaffenen Staat Israel lebten neben etwa 600 000 Juden ca. 350 000 Araber. Etwa 92 000 Araber wohnten in den Städten Tiberias, Safed, Haifa und Bet Shean. Weitere 40 000 waren Beduinen, die größtenteils in der Wüste lebten. Der Rest der arabischen Bevölkerung war über den ganzen jüdischen Staat verteilt und besaß den größten Teil der landwirtschaftlichen Nutzflächen.[5]

---

[5] Cohen, S. 238.

Nach einer im Jahr 1948 im Rahmen einer Erhebung über Palästina erstellten britischen Statistik waren 8,6 Prozent des Landes, das den jüdischen Staat bildete, im Besitz von Juden und 3,3 Prozent im Besitz von israelischen Arabern. Weitere 16,9 Prozent waren von Arabern, die das Land verlassen hatten, aufgegeben worden. Der Rest – über 70 Prozent – lag in den Händen der Mandatsregierung und wurde nach dem Abzug der Briten unter israelische Hoheit gestellt. [6]

Behauptung

»Israel hat 1948 ganz Palästina usurpiert.«

Tatsache

Etwa 80 Prozent der Gesamtfläche, die das historische Palästina und die nationale jüdische Heimstätte bildete, wie der Völkerbund sie definiert hatte, wurde von den Briten im Jahr 1922 abgeteilt und dem späteren Transjordanien zugeschlagen. In diesem Gebiet durften sich keine jüdischen Siedler niederlassen. Die restlichen 20

[6] Moshe Aumann, »Land Ownership in Palestine, 1880-1948«, in: Michael Curtis et al.: The Palestinians; NJ: Transaction Books 1975, S. 29, wo Seite 257 der Palästina-Studie zitiert wird.

Prozent Palästinas teilten die Vereinten Nationen in zwei Staaten auf. Mit der Annexion der Westbank durch Jordanien im Jahr 1950 kontrollierten die Araber etwa 80 Prozent des ehemaligen Mandatsgebiets, wohingegen der jüdische Staat knapp 17,5 Prozent besaß (den Rest bildete das von den Ägyptern besetzte Gaza).

Behauptung

»Den palästinensischen Arabern wurde nie ein Staat angeboten und somit das Recht auf Selbstbestimmung verweigert.«

Tatsache

Die Peel-Kommission kam 1937 zu dem Schluss, dass der einzig logische Ausweg angesicht der unvereinbaren Ziele der Juden und Araber in der Teilung Palästinas in zwei getrennte Staaten – einen jüdischen und einen arabischen – bestand. Die Araber lehnten den Teilungsplan aus zwei Gründen ab: Sie wären damit gezwungen gewesen, die Gründung eines jüdischen Staates zu akzeptieren, und sie hätten es hinnehmen müssen, dass Teile der Palästinenser unter »jüdischer Herrschaft« lebten. Die Einwände der Zionisten richteten sich vor allem gegen die Landesgrenzen, die der Peel-Plan vorsah,

Karte 3 Teilungsplan der Peel-Kommission
Juli 1937

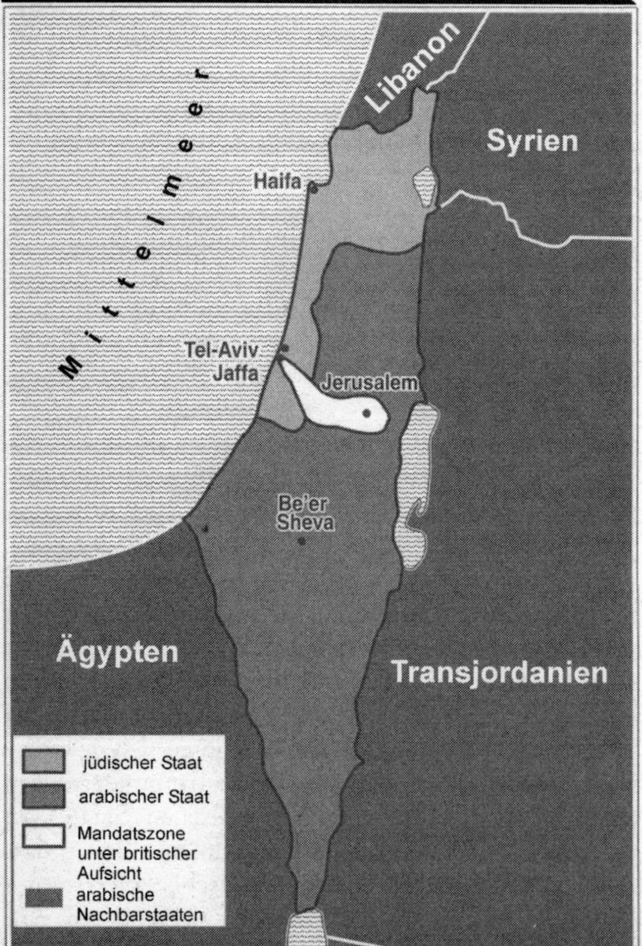

weil ihr Lebensraum dadurch auf ein Territorium beschränkt worden wäre, das kaum größer als ein Getto war: auf 1900 der insgesamt 10300 Quadratmeilen, die das noch verbliebene Palästina umfasste. Dennoch waren die Zionisten bereit, mit den Briten zu verhandeln, wohingegen die Araber sich rundweg weigerten, über Kompromisse auch nur nachzudenken.

Im britischen Weißbuch von 1939 wurden abermals die Gründung eines arabischen Staates innerhalb eines Zeitraums von zehn Jahren sowie eine Einwanderungsbeschränkung für Juden auf 75000 Personen in den nächsten fünf Jahren beschlossen. Danach sollten gar keine Juden mehr ohne Zustimmung der arabischen Bevölkerung ins Land gelassen werden. Obwohl man den Arabern im Blick auf die jüdische Einwanderung also große Zugeständnisse machte und obwohl man ihnen sogar die Unabhängigkeit angeboten hatte – die ja das erklärte Ziel der arabischen Nationalisten war –, lehnten sie das »White Paper« ab.

Mit der Teilung sollten die Palästinenser einen eigenen Staat und die Möglichkeit der Selbstbestimmung erhalten. Auch das wurde abgelehnt.

Behauptung

»Die Mehrheit der Bevölkerung Palästinas war arabisch; aus diesem Grund hätte ein arabischer Gesamtstaat geschaffen werden müssen.«

Tatsache

Zur Zeit der Teilungsresolution für Palästina im Jahr 1947 bildeten die Araber die Mehrheit im westlichen Palästina – das Verhältnis betrug 1,2 Millionen Araber zu 600 000 Juden.[7] *Nur in dem Gebiet, das den Juden zugewiesen worden war, und in Jerusalem, gab es eine jüdische Mehrheit.*

Vor dem Mandat 1922 war die arabische Bevölkerung Palästinas ständig zurückgegangen. Doch nachdem die Briten das Mandat über Palästina erhalten hatten, setzte ein stetiger Zustrom von Arabern aus den umliegenden Ländern ein. Ein weiterer Grund für die Zunahme der arabischen Bevölkerung lag darin, dass die jüdischen Siedler die Hygienebedingungen und die medizinische Versorgung in Palästina deutlich verbesserten.

Die Entscheidung, Palästina zu teilen, war nicht allein auf Grund demografischer Erwägungen gefallen, sondern basierte vor allem auf der Erkenntnis, dass die territorialen Ansprüche von Juden und Arabern unvereinbar waren, sodass die Schaffung zweier getrennter Staaten der logischste Schluss schien. Ironischerweise befürworteten die arabischen Mitglieder der Vereinten Nationen 1947 – im gleichen Jahr, in dem sie die Teilung Palästinas ablehnten – die Teilung des indischen Subkontinents und die Gründung des neuen, vorwiegend muslimischen Staates Pakistan.

---

[7] Arieh Avneri: *The Claim of Dispossession*; NJ: Transaction Book 1974, S. 252.

Behauptung

»Um Blutvergießen zu vermeiden, waren die Araber zum Kompromiss bereit.«

Tatsache

Als das Datum der Abstimmung über die Teilung näher rückte, wurde klar, dass kaum noch Hoffnung auf eine politische Lösung dieses Problems bestand, das letztlich die Möglichkeiten der Politik sprengte: Die fehlende Bereitschaft der Araber, einen jüdischen Staat in Palästina zu akzeptieren, auf der einen und die Weigerung der Zionisten, sich mit weniger zufrieden zu geben, auf der anderen Seite. Die Unversöhnlichkeit der Araber trat klar zu Tage, als David Horowitz und Abba Eban, Vertreter der Jewish Agency, am 16. September 1947 bei einem Treffen mit Azzam Pascha, dem Sekretär der Arabischen Liga, einen letzten verzweifelten Versuch unternahmen, doch noch einen Kompromiss zu erzielen. Pascha erklärte frank und frei:

> »Die arabische Welt ist zu keinem Kompromiss bereit. Ihr Vorschlag, Mr. Horowitz, mag durchaus vernünftig und logisch sein, doch über das Geschick von Völkern entscheiden nicht Vernunft und Logik. Völker machen keine Zugeständnisse; sie kämpfen. Mit friedlichen Mitteln

oder Kompromissen erreicht man gar nichts. Wenn man etwas erreicht, dann durch Waffengewalt. Wir werden versuchen, euch zu schlagen. Ich bin nicht sicher, ob es uns gelingen wird, aber wir werden es versuchen. Es ist uns gelungen, die Kreuzfahrer zurückzuschlagen – andererseits haben wir Spanien und Persien verloren. Vielleicht werden wir auch Palästina verlieren. Doch es ist in jedem Fall zu spät, um noch von friedlichen Lösungen zu sprechen.«[8]

Behauptung

»Die Sowjetunion hat sich der Teilung vehement widersetzt.«

Tatsache

Nachdem die Briten beschlossen hatten, die Palästinafrage den Vereinten Nationen vorzulegen, fragte der Palästina-Berater von Außenminister Ernest Bevin einen

[8] David Horowitz: *State in the Making*; NY: Alfred A. Knopf 1953, S. 233.

Vertreter der Jewish Agency, warum die Juden die Entscheidung über das Schicksal Palästinas den Vereinten Nationen überlassen wollten. »Wissen Sie denn nicht«, sagte er, »dass die Gründung eines jüdischen Staates einzig und allein dann denkbar ist, wenn sowohl die USA als auch die Sowjetunion zustimmen? So etwas ist noch nie da gewesen, es kann überhaupt nicht geschehen, und es wird auch nie geschehen.«
Dieser pessimistischen Aussage zum Trotz erklärte der sowjetische Delegierte Adreij Gromyko im Mai 1947:

> »Die Tatsache, dass kein westeuropäischer Staat im Stande war, die Verteidigung der Grundrechte des jüdischen Volkes zu gewährleisten und es vor der Gewalt der faschistischen Mörder zu beschützen, macht den Wunsch der Juden begreiflich, einen eigenen Staat zu gründen. Es wäre ungerecht, diesen Grund nicht mit in Erwägung zu ziehen und das Recht des jüdischen Volkes auf die Verwirklichung seines Wunsches zu leugnen.«[9]

Wenige Monate später befürwortete die Sowjetunion die Teilung und war damit die zweite Nation, die den Staat Israel anerkannte.

---

[9] Vollversammlung der Vereinten Nationen, erste Sondersitzung, 14. Mai 1947, UN Dokument A/PV 77.

4. Der Krieg von 1948

Behauptung

»Die Juden haben den Krieg mit den Arabern angefangen.«
»Der Bernadotte-Plan war eine echte Alternative zur Teilung Palästinas.«
»Die Vereinigten Staaten waren die einzige Nation, die den arabischen Angriff auf Israel verurteilte.«
»Die Juden konnten Palästina nur mit der Unterstützung des Westens erobern.«
»Der arabische Wirtschaftsboykott gegen Israel wurde nach dem Krieg von 1948 verhängt.«

Behauptung

»Die Juden haben den Krieg mit den Arabern angefangen.«

Tatsache

Fast unmittelbar, nachdem die UNO am 29. November 1947 die Teilung verkündet hatte, kam es zu gewalttätigen Ausschreitungen im Heiligen Land. Jamal Husseini, der Wortführer des Obersten Arabischen Komitees, hatte vor der Abstimmung über die Teilung vor den Vereinten Nationen erklärt, die Araber würden »den Boden [ihres] geliebten Landes mit dem letzten Tropfen [ihres] Blutes« tränken.[1]

Nach der Resolution der Vereinten Nationen begann sich Husseinis Weissagung zu erfüllen. Die Araber riefen einen Proteststreik aus und zettelten Unruhen an, bei denen 62 Juden und 32 Araber ums Leben kamen. Nach zwei Wochen waren 93 Araber, 84 Juden und sieben Engländer getötet und eine große Zahl von Menschen verletzt worden. Vom 30. November bis zum 1. Februar waren 1427 Araber, 381 Juden und 46 Briten getötet und 1035 Araber, 725 Juden und 135 Briten verletzt worden. Allein im März starben bei arabischen Angriffen und jüdischen Gegenangriffen 271 Juden und 257 Araber.[2]

Der Vorsitzende des Obersten Arabischen Komitees kündigte an, die Araber würden »um jeden Zollbreit ihres Landes kämpfen«.[3] Zwei Tage später forderten die heiligen Männer der Al-Azhar-Universität in Kairo die

---

1 J.C. Hurewitz: *The Struggle for Palestine*; NY: Shocken Books 1976, S. 308.

2 *Facts on File Yearbook*; NY: Facts on File 1948, S. 231.

3 *New York Times* vom 1. Dezember 1947.

muslimische Welt auf, einen *jihad* (heiligen Krieg) gegen die Juden auszurufen.[4]

Die ersten groß angelegten Überfälle begannen am 9. Januar 1948, als etwa eintausend Araber jüdische Gemeinden im Norden Palästinas angriffen. Die Briten erklärten, bis Februar seien so viele Einheiten arabischer Freischärler aus den Nachbarländern eingedrungen, dass ihre Streitkräfte nicht ausreichten, sie zurückzudrängen.[5] Sie selbst überließen den irregulären arabischen Truppen und der Arabischen Legion jedoch sogar britische Militärstützpunkte und Waffen, als sie sich aus dem Land zurückzogen.

In der ersten Phase des Krieges vom 29. November 1947 bis zum 1. April 1948 ergriffen die palästinensischen Araber die Offensive; dabei standen ihnen Freiwillige aus den Nachbarländern zur Seite. Die Juden mussten hohe Verluste hinnehmen; die wichtigsten Verkehrswege im Land waren unterbrochen.

Am 26. April 1948 erklärte der transjordanische König Abdullah:

> »All unsere Bemühungen um eine friedliche Lösung der Palästinafrage sind erfolglos geblieben. Uns bleibt nur noch der Krieg. Ich werde die Ehre und das Vergnügen haben, Palästina zu retten.«[6]

---

4 *Facts on File 1948*, S. 48.

5 *Facts on File* 1947, S. 231.

6 Howard Sachar: *A History of Israel: From the Rise of Zionism to Our Time*; NY: Alfred A. Knopf 1979, S. 322.

Am 4. Mai 1948 griff die Arabische Legion Kfar Etzion an. Die Verteidiger schlugen die Araber in die Flucht, doch schon eine Woche später kehrte die Legion zurück. Nach zwei Tagen waren die so gut wie unbewaffneten jüdischen Siedler, die den Arabern zudem zahlenmäßig unterlegen waren, überwältigt. Viele von ihnen wurden ermordet, nachdem sie sich ergeben hatten.[7] Der Vorfall spielte sich noch vor der Invasion regulärer arabischer Truppen ab, die nach der Proklamation des Staates Israel erfolgte.
Die Vereinten Nationen gaben den Arabern die Schuld für die Eskalation der Gewalt, doch sowohl die Araber als auch die Briten verwehrten der Palästina-Kommission der Vereinten Nationen die Einreise nach Palästina und die Durchsetzung der Resolution. Am 16. Februar 1948 berichtete die Kommission dem Sicherheitsrat:

> »Starke arabische Interessen innerhalb und außerhalb Palästinas setzen sich der Resolution der Vollversammlung entgegen und fließen in dem gezielten Versuch zusammen, die Regelung, die darin vorgesehen ist, gewaltsam zu ändern.« [8]

Die Araber übernahmen ganz offen die Verantwortung für den Beginn der Kriegshandlungen. Jamal Husseini äußerte am 16. April 1948 gegenüber dem Sicherheitsrat:

---

[7] Netanel Lorch: *One Long War*; Jerusalem: Keter Books 1976, S. 47; Ralph Patai (Hrsg.): *Encyclopedia of Zionism and Israel*; NY: McGraw Hill 1971, S. 307-308.

[8] Offizielle Berichte des Sicherheitsrats, Ergänzung (Special Supplement, 1948, S. 20.

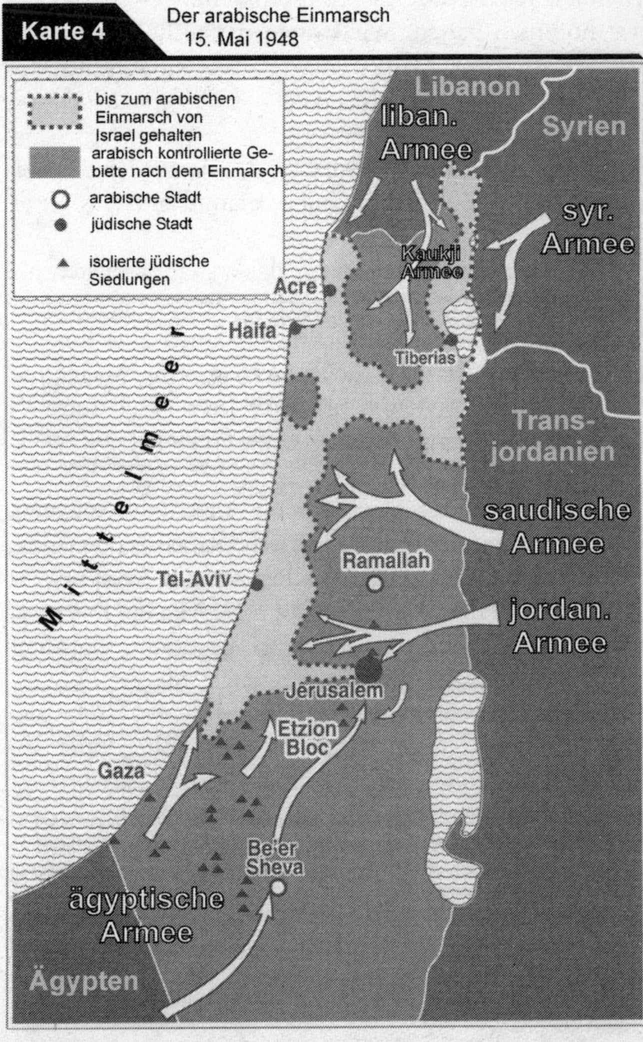
Karte 4
Der arabische Einmarsch
15. Mai 1948
bis zum arabischen Einmarsch von Israel gehalten
arabisch kontrollierte Gebiete nach dem Einmarsch
arabische Stadt
jüdische Stadt
isolierte jüdische Siedlungen
Libanon
liban. Armee
Syrien
syr. Armee
Kaukji Armee
Acre
Haifa
Tiberias
Mittelmeer
Trans-jordanien
saudische Armee
Ramallah
Tel-Aviv
jordan. Armee
Jerusalem
Etzion Bloc
Gaza
Be'er Sheva
ägyptische Armee
Ägypten

> »Der Vertreter der Jewish Agency sagte uns gestern, dass nicht sie die Angreifer wären, sondern dass die Araber die Kampfhandlungen aufgenommen hätten. Wir stritten das nicht ab. Wir erklärten vor der ganzen Welt, dass wir kämpfen werden.«[9]

Der britische Oberbefehlshaber von Jordaniens Arabischer Legion, John Bagot Glubb, räumte ein:

> »Anfang Januar begannen die ersten Einheiten der Arabischen Befreiungsarmee, aus Syrien nach Palästina einzusickern. Manche kamen über Jordanien, einige sogar über Amman ... Sie sollten damit den ersten Schritt auf dem Weg zum Untergang der palästinensischen Araber tun.«[10]

Trotz ihrer Unterlegenheit, was die Anzahl der Soldaten, die Organisation und die militärische Ausrüstung anging, ergriffen die Juden in den Wochen vom 1. April bis zur Proklamation des Staates Israel am 14. Mai die Initiative. Die Hagana eroberte mehrere große Städte, darunter Tiberias und Haifa, und es gelang ihr, die Straße nach Jerusalem zeitweilig wieder zu öffnen.
Die Teilungsresolution wurde nie aufgehoben oder annulliert. Folglich wurde der jüdische Staat in Palästina am 14. Mai gegründet, dem Tag, an dem die Briten aus dem

---

[9] Offizielle Berichte des Sicherheitsrates, S/Agenda/58, 16. April 1948, S. 19.

[10] John Bagot Glubb: *A Soldier with the Arabs*; London: Staughton und Hodder 1957, S. 79.

Land abzogen. Unmittelbar darauf marschierten fünf arabische Armeen (Ägypten, Syrien, Transjordanien, Libanon und Irak) in Israel ein. Azzam Pascha, der Generalsekretär der Arabischen Liga, ließ keinen Zweifel an ihren Absichten: »Dies wird ein Ausrottungskrieg und ein gewaltiges Massaker, über das man einst im selben Atemzug mit dem mongolischen Massaker und den Kreuzzügen sprechen wird.« [11]

Behauptung

»Der Bernadotte-Plan war eine echte Alternative zur Teilung Palästinas.«

Tatsache

Im Sommer 1948 entsandten die Vereinten Nationen Graf Folke Bernadotte nach Palästina. Er sollte einen Waffenstillstand aushandeln und eine Regelung des Konflikts zu erreichen versuchen. Bernadottes Plan sah vor, dass die Juden den Negev und Jerusalem Trans-

[11] Isi Leibler: *The Case for Israel*; Australia: The Globe Press 1972, S. 15.; dt. Text aus: Friedrich Schreiber und Michael Wolffsohn: *Nahost*; Opladen: Leske + Budrich 1993, S. 146.

jordanien überließen und dafür Westgaliläa erhielten. Das hätte einen ähnlichen Verlauf der Landesgrenzen bedeutet, wie er vor der Teilungsabstimmung im Gespräch war und bei allen Seiten auf Ablehnung stieß. Nun – nach dem Beginn der arabischen Kampfhandlungen zur Verhinderung der Teilung und der Proklamation des jüdischen Staates – wurde dieser Vorschlag erneut aufs Tapet gebracht. Sowohl Juden als auch Araber lehnten ab.

Bemerkenswerterweise stieß Bernadotte bei den Arabern überhaupt auf wenig Begeisterung für die Unabhängigkeit. In seinem Tagebuch notierte er:

> »Die palästinensischen Araber hatten damals keinen eigenen politischen Willen, ebenso wenig haben sie jemals ein spezifisch palästinensisches Nationalgefühl entwickelt. Die Forderung nach einem eigenen arabischen Staat in Palästina wird folglich ohne großen Nachdruck gestellt. Es hat den Anschein, als wären die meisten palästinensischen Araber unter den momentanen Bedingungen recht zufrieden damit, Transjordanien angegliedert zu werden.«[12]

Das Scheitern des Bernadotte-Plans war besiegelt, als es den Juden allmählich gelang, die eindringenden arabischen Streitkräfte zurückzuschlagen und ihre Kontrolle über das Gebiet der bei der Teilungsresolution festgelegten Grenzen hinaus auszudehnen.

---

[12] Folke Bernadotte: *To Jerusalem*; London: Hodder und Stoughton 1951, S. 113.

Behauptung

»Die Vereinigten Staaten waren die einzige Nation, die den arabischen Angriff auf Israel verurteilte.«

Tatsache

Die Vereinigten Staaten, die Sowjetunion und die meisten anderen Staaten erkannten Israel unmittelbar nach der Staatsgründung am 14. Mai 1948 an und verurteilten den Angriff auf die Araber. Gleichzeitig forderten die Vereinigten Staaten eine Resolution, die den Friedensbruch der Araber ächtete.
Der sowjetische Delegierte Andrej Gromyko erklärte am 29. Mai 1948 vor dem Sicherheitsrat:

> »Dies ist nicht das erste Mal, dass die arabischen Staaten, die die Invasion Palästinas vorbereiteten, einen Beschluss des Sicherheitsrats oder der Generalversammlung ignorierten. Die Delegation der UdSSR hält es für unerlässlich, dass der Rat seine Ansicht über dieses Verhalten der arabischen Staaten gegenüber den Entscheidungen des Sicherheitsrats deutlicher zur Geltung bringt und mit größerem Nachdruck vertritt.«[13]

---

[13] Offizielle Berichte des Sicherheitsrats, SA/Agenda/77, 29. Mai 1948, S. 2.

Die Anfangsphase der Kämpfe endete, nachdem der Sicherheitsrat am 15. Juli drohte, die arabischen Regierungen wegen Verstoßes gegen das Völkerrecht zur Verantwortung zu ziehen. Zu diesem Zeitpunkt war die Hagana in den israelischen Verteidigungsstreitkräften aufgegangen und hatte die arabische Offensive stoppen können.

Behauptung

»Die Juden konnten Palästina nur mit Unterstützung des Westens erobern.«

Tatsache

Die Juden haben den Sieg im Unabhängigkeitskrieg mit allenfalls minimaler Unterstützung des Westens errungen, ja man könnte fast sagen, allen Bemühungen, ihre militärische Stärke zu schwächen, zum Trotz.
Obwohl die Vereinigten Staaten die Teilungsresolution nachdrücklich befürworteten, wollte das amerikanische Außenministerium den Juden keine Mittel zur Selbstverteidigung zur Verfügung stellen. Der Sprecher des Außenministeriums Robert Lovett argumentierte:

> »Wenn wir das tun, setzen die Araber womöglich Waffen amerikanischer Herkunft gegen Juden

oder Juden amerikanische Waffen gegen Araber ein.«[14]

Folglich verhängten die Vereinigten Staaten am 5. Dezember 1947 ein Waffenembargo über das Krisengebiet.

Viele Mitglieder des amerikanischen Außenministeriums sahen in dem Embargo lediglich ein weiteres Mittel, die Teilung zu verhindern. Präsident Truman hielt dennoch daran fest, in der Hoffnung, auf diese Weise Blutvergießen zu vermeiden - eine naive Haltung angesichts der Tatsache, dass die Briten Lovetts Forderung, die Waffentransporte auf dem Seeweg in die arabischen Länder einzustellen, ablehnten und im Gegenteil über zusätzliche Waffenlieferungen an den Irak und Transjordanien verhandelten.[15]
Die Araber hatten keinerlei Schwierigkeiten, Waffen im Überfluss zu erhalten. Jordaniens Arabische Legion wurde von den Briten bewaffnet und ausgebildet und unterstand einem britischen Offizier. Gegen Ende 1948 und Anfang 1949 überflogen britische Flugzeuge der Royal Air Force zusammen mit ägyptischen Flugstaffeln die israelisch-ägyptische Grenze. Am 7. Januar 1949

---

[14] *Außenbeziehungen (Foreign Relations) der Vereinigten Staaten 1947*; DC: GPO 1948, S. 1249. [Von nun an FRUS.]

[15] Mitchell Bard: *The Water's Edge And Beyond*; NJ: Transaction Books 1991, S. 171-175; *FRUS*, S. 53739; Robert Silverberg: *If I Forget Thee O Jerusalem*: American Jews and the State of Israel; NY: William Morrow & Co., Inc. 1970, S. 366.370.; Shlomo Slonim: »The 1948 American Embargo on Arms to Palästine«, *Political Science Quarterly*, Herbst 1979, S. 500.

Karte 5 Waffenstillstandszonen 1949

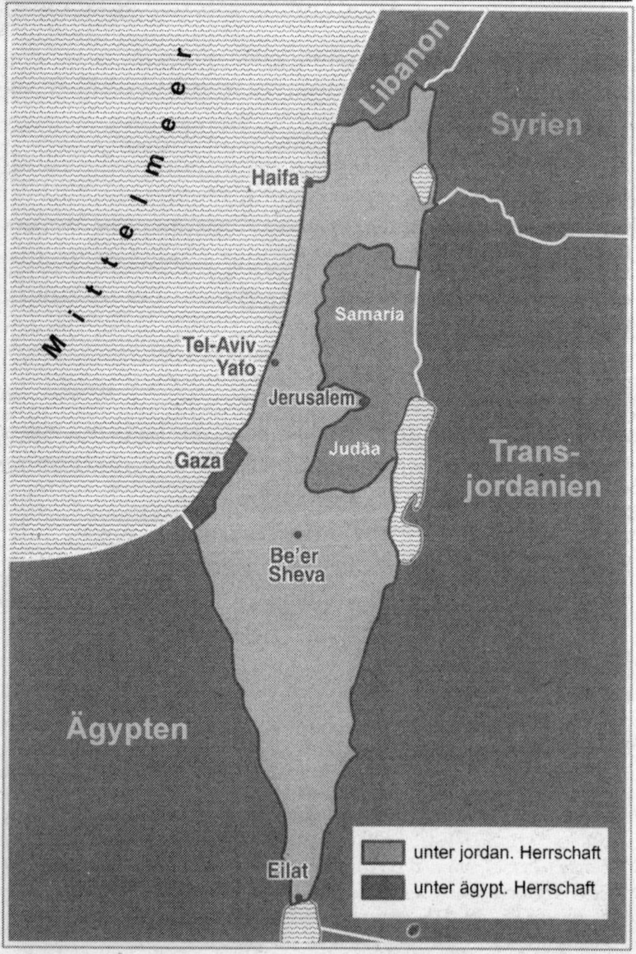

schossen israelische Flugzeuge vier britische Maschinen ab.[16]

Die Juden dagegen waren gezwungen, Waffen einzuschmuggeln, in der Hauptsache aus der Tschechoslowakei. Als Israel im Mai 1948 seine Unabhängigkeit ausrief, besaß das Heer weder Geschütze noch Panzer. Seine Luftwaffe bestand aus neun veralteten Flugzeugen. Der Hagana gehörten zwar 60 000 ausgebildete Soldaten an, aber nur 18 900 von ihnen waren bewaffnet und einsatzbereit.[17] Am Vorabend des Krieges sagte Operationschef Yigael Yadin zu David Ben-Gurion: »Unsere Chancen stehen bestenfalls fünfzig zu fünfzig.«[18]

Der arabische Vernichtungskrieg gegen Israel schlug fehl. Am Ende mussten die Araber sich sogar mit einem kleineren Territorium zufrieden geben, als sie erhalten hätten, wenn sie die Teilung akzeptiert hätten.

Die Kosten dieses Krieges für Israel waren jedoch enorm. »Viele der fruchtbarsten Felder lagen brach und waren vermint. Die Zitrushaine, jahrzehntelang die wirtschaftliche Grundlage des Jischuw (Yishuv, hebr. ›bewohntes Land‹, war die Bezeichnung für die Gesamtheit der jüdischen Siedlungen und Einwohner in Palästina von 1882 bis zur Staatsgründung 1948), waren weitgehend zerstört.«[19] Die militärischen Ausgaben beliefen sich auf fast fünfhundert Millionen Dollar. Und – schlimmer

---

[16] Sachar, S. 345.

[17] Larry Collins und Dominique Lapierre: *O Jerusalem!;* NY: Simon und Schuster 1972, S. 352.

[18] Golda Meir: *My Life*; NY: Dell 1975, S. 213.222.224.

[19] Sachar, S. 452.

noch – 6 373 Israelis, fast ein Prozent der jüdischen Gesamtbevölkerung von 650 000, waren gefallen.
Hätte der Westen die Teilungsresolution durchgesetzt oder den Juden die Möglichkeit zur Selbstverteidigung gegeben, wären viele Menschenleben gerettet worden.
Die arabischen Länder schlossen 1949 Waffenstillstandsabkommen mit Israel. Als erstes Ägypten (am 24. Februar), dann der Libanon (am 23. März), Jordanien (am 3. April) und Syrien (am 20. Juli). Der Irak war das einzige Land, das kein Abkommen mit Israel unterzeichnete, sondern seine Truppen abzog und seinen Sektor an Jordaniens Arabische Legion übergab.

Behauptung

»Der arabische Wirtschaftsboykott gegen Israel wurde nach dem Krieg von 1948 verhängt.«

Tatsache

Der arabische Boykott wurde am 2. Dezember 1945 von dem neu gebildeten Rat der Arabischen Liga proklamiert: »Jüdische Waren und Erzeugnisse sollen in den arabischen Ländern als unerwünscht eingestuft werden.« Alle arabischen »Institutionen, Organisationen, Händler, Zwischenhändler und einfache Bürger« wurden aufgerufen, »zionistische Produkte weder zu vertreiben noch zu verzehren«.[20] Wie aus dieser Erklärung hervorgeht, wurden die Begriffe »jüdisch« und »zionistisch« von den Arabern gleichbedeutend gebraucht. Die Araber hatten also bereits vor der Gründung Israels einen Wirtschaftsboykott gegen die palästinensischen Juden ausgerufen.

Der Boykott wirkt, wie nach 1948 deutlich wurde, auf drei Ebenen. Erstens ist der direkte Handel zwischen Israel und den arabischen Ländern verboten. Die zweite Boykottfront richtet sich gegen Gesellschaften, die Geschäftsbeziehungen mit Israel pflegen. Und drittens existiert eine schwarze Liste von Firmen, die Beziehungen zu Gesellschaften haben, die ihrerseits mit Israel Handel treiben.

Wenn man erst einmal auf dieser Liste steht, ist es sehr schwer, wieder gestrichen zu werden, weil ein entsprechendes Ansuchen von der betreffenden Gesellschaft selbst oder von einem arabischen Bürgen ausgehen muss. Die Firma muss Beweise beibringen, dass sie in keinerlei Geschäftsbeziehungen zu Israel mehr steht und/oder wird aufgefordert, die Investitionen, die sie früher in Israel getätigt hat, jetzt auf die arabischen Länder zu verlagern. Auch Bestechung ist eine Möglichkeit, von der Liste gestrichen zu werden.[21]

---

[20] Terence Prittie und Walter Nelson: *The Economic War Against The Jews*; London: Gorgi Books 1977, S. 1; Dan Chill: *The Arab Boycott of Israel*; NY: Praeger 1976, S. 1.

[21] Prittie und Nelson, S. 47-48; Sol Stern: »On and Off the Arab's List«, *The New Republic*, 27. März 1976, S. 9; Kennan Eslik: *Congress, the Executive Branch and Special Interests*; CT: Greenwood Press 1982, S. 11.

Ziel des Boykotts war es, Israel von seinen Nachbarn und von der internationalen Gemeinschaft zu isolieren und die israelischen Handelsbeziehungen, die zur militärischen und wirtschaftlichen Stärkung des Landes beitragen konnte, zu unterbinden. Zwar gelang es, Israel zu isolieren und den jüdischen Staat von seinen meisten natürlichen Märkten abzuschneiden, nicht aber, die israelische Wirtschaft in dem Ausmaß zu unterminieren, wie es beabsichtigt war.

1977 verbot der amerikanische Kongress amerikanischen Firmen die Beteiligung am arabischen Boykott. Als Präsident Carter das diesbezügliche Gesetz unterzeichnete, sagte er, »diese Angelegenheit trifft ins Herz des freien Handels unter den Völkern«. Das neue Gesetz habe das Ziel, »den diskriminierenden Auswirkungen ausländischer Boykotts auf das amerikanische Leben, die sich gegen jüdische Mitglieder unserer Gesellschaft richten, ein Ende zu machen.«[22]

Die Arabische Liga drohte energischen Widerstand gegen das neue Gesetz an, das als Teil einer »Kampagne hysterischer Gesetze und Verordnungen« bezeichnet wurde, »die Israel und der Weltzionismus nicht nur den Vereinigten Staaten, sondern auch etlichen Ländern Westeuropas aufzuzwingen versuchen«.

Allen Voraussagen zum Trotz, dass das Gesetz zu einer drastischen Verringerung des amerikanischen Handels mit der arabischen Welt führen würde, nahmen die Im- und Exportgeschäfte stark zu. Auch die diplomatischen und kulturellen Beziehungen besserten sich. Dennoch

---

[22] Bard, S. 91-115.

wurden bestimmte amerikanische Firmen wegen ihrer Beziehungen zu Israel auf die Schwarze Liste gesetzt. Außerdem erließen nur sehr wenige andere Staaten ebenfalls Anti-Boykott-Gesetze, sondern fügten sich stattdessen dem Boykott.

Auf Grund des Verhaltens von Großbritannien, Japan und anderer Länder, die den Boykott übernahmen, konnte Israel sein wirtschaftliches Potenzial jahrzehntelang nicht voll ausschöpfen.

Am 30. September 1994 kündigten die sechs Golfstaaten an, dass sie den zweiten Block des Boykotts, der den Handel mit Gesellschaften verbietet, die Geschäftsbeziehungen zu Israel pflegen, nicht länger unterstützen würden. Bei einem Treffen, das vom 7. bis 8. Februar 1995 in Taba, in Ägypten, stattfand, unterzeichneten führende Vertreter der ägyptischen, amerikanischen, jordanischen und palästinensischen Wirtschaft ein gemeinsames Dokument – die Taba-Erklärung –, in dem sie sich verpflichteten, »sämtliche Bemühungen um ein Ende des Boykotts gegen Israel« zu unterstützen.

Seit der Unterzeichnung der Friedensabkommen zwischen Israel, der PLO und Jordanien ist die Boykottfront allmählich abgebröckelt. Auf Grund des Widerstands von Ländern wie Kuwait, Marokko und Tunesien sah sich die Arabische Liga gezwungen, mehrere Zusammenkünfte der Boykott-Partner, die die syrischen Gastgeber einberufen hatten, abzusagen. Der erste Block des Boykotts, der direkte Beziehungen zwischen den arabischen Ländern und Israel verbietet, bekam ebenfalls langsam Risse, seit Länder wie Qatar, Oman und Marokko anfingen, Handelsabkommen mit Israel abzuschließen. Aber auch außerhalb des Nahen Ostens wird der Boykott nur noch von wenigen Ländern eingehalten.

Japan zum Beispiel hat seine Handelsbeziehungen zu Israel seit dem Beginn des Friedensprozesses exponenziell angehoben. Dennoch ist der Boykott rein formal nach wie vor in Kraft, und mehrere Länder, darunter vor allem Saudi-Arabien, halten unerbittlich daran fest.

5. Die Suezkrise

Behauptung

»Nach dem Suezkrieg waren die arabischen Regierungen bereit, Israel anzuerkennen.«
»Der Militärschlag Israels war nicht provoziert worden.«
»Frankreich und Großbritannien machten Israel zum Werkzeug ihrer imperialistischen Interessen.«
»Im Suezkrieg zeigte sich ganz deutlich, dass die Vereinigten Staaten Israel blindlings unterstützten.«

Behauptung

»Nach dem Suezkrieg waren die arabischen Regierungen bereit, Israel anzuerkennen.«

Tatsache

Im Herbst 1948 forderte der Sicherheitsrat der Vereinten Nationen Israel und die arabischen Staaten zu Verhandlungen über einen Waffenstillstand auf. Ägypten zeigte sich verhandlungsbereit, allerdings erst, als Israel die ägyptische Armee bis El Arisch auf der Sinai-Halbinsel zurückgeschlagen hatte. Die Briten wären zwar bereit gewesen, Ägypten im Rahmen eines englisch-ägyptischen Abkommens zu verteidigen, doch die Ägypter zogen ein Treffen mit den Israelis auf Rhodos dieser Demütigung vor.

Der von den Vereinten Nationen ernannte Vermittler Ralph Bunche – er erhielt später den Friedensnobelpreis – brachte die beiden Völker an einen Tisch. Bunche warnte beide Parteien, dass die Delegation, die sich als Erste vom Verhandlungstisch erhob, die Schuld am Scheitern der Verhandlungen trage.

Im Sommer 1949 waren Waffenstillstandsabkommen zwischen Israel und Ägypten, Jordanien, dem Libanon und Syrien ausgehandelt worden. Der Irak, der ebenfalls an den Kampfhandlungen beteiligt gewesen war, verweigerte die Teilnahme. Bunche hatte auf Rhodos nur deshalb Erfolg, weil er auf direkten bilateralen Gesprächen zwischen Israel und jedem einzelnen arabischen Staat bestand.

In der Zwischenzeit hatte die Vollversammlung der Vereinten Nationen am 11. Dezember 1948 eine Resolution verabschiedet, die die feindlichen Parteien zu Friedensverhandlungen aufrief. Gleichzeitig wurde eine Schlichtungskommission für Palästina (PCC), bestehend aus Delegierten der Vereinigten Staaten, Frankreichs und der Türkei, eingesetzt. Die arabischen Delegierten hatten geschlossen gegen diese Resolution gestimmt.

Nach 1949 verlangten die Araber, dass Israel die in der Teilungsresolution von 1947 festgelegten Grenzen akzeptierte und die palästinensischen Flüchtlinge repatriierte –

nur unter diesen Bedingungen waren sie zu Verhandlungen über ein Ende des von ihnen begonnenen Krieges bereit. Dies war eine neue Taktik, derer sie sich auch nach späteren Niederlagen immer wieder bedienen sollten: der Grundsatz eines Krieges mit beschränkter Haftung. So kann ein Aggressor einen Kompromiss ablehnen und einen Krieg anfangen in dem beruhigenden Wissen, dass er, selbst wenn er den Krieg verlieren sollte, immer noch auf der Wiedereinführung des Status quo ante bestehen kann.

Behauptung

»Der Militärschlag Israels war nicht provoziert worden.«

Tatsache

Ägypten verharrte auch nach der Unterzeichnung des Waffenstillstands im Kriegszustand mit Israel. Der erste äußere Beleg dafür war die Schließung des Suezkanals für den israelischen Schiffsverkehr. Am 9. August 1949 bestätigte die Waffenstillstandskommission der Vereinten Nationen Israels Beschwerde, dass Ägypten den Kanal illegal gesperrt habe. Der UN-Vermittler Ralph Bunche erklärte: »Der legale Schiffsverkehr muss freie Fahrt

haben; es darf keine Überbleibsel der Blockade aus der Kriegszeit geben – dies widerspräche sowohl dem Buchstaben als auch dem Geist des Waffenstillstands.«[1]
Am 1. September 1951 befahl der Sicherheitsrat Ägypten die Öffnung des Kanals für den israelischen Schiffsverkehr. Ägypten weigerte sich, dem Befehl Folge zu leisten.
Der ägyptische Außenminister Muhammad Salah al-Din sagte Anfang 1954:

> »Das arabische Volk scheut sich nicht zu erklären: Wir geben uns erst dann zufrieden, wenn Israel von der Landkarte des Nahen Ostens ausradiert ist.«[2]

1955 begann der ägyptische Präsident Gamal Abdel Nasser im Zuge der Aufrüstung für eine spätere Konfrontation mit Israel Waffen aus dem Ostblock zu importieren. Für den Anfang verfolgte er jedoch eine neue Taktik in der Fortsetzung des Krieges zwischen Ägypten und Israel. Er kündigte diese Taktik am 31. August 1955 mit den Worten an:

> »Ägypten hat beschlossen, seine Helden, die Jünger Pharaos und Söhne des Islam, in den Krieg zu schicken, und sie werden Palästina reinigen ... Es wird keinen Frieden an Israels

---

[1] Eliezer Ereli: »The Bat Galim Case Before the Security Council«; *Middle Eastern Affairs*; April 1955, S. 108-109.
[2] *Al-Misri*, 12. April 1954.

> Grenze geben, weil wir Rache fordern, und Rache bedeutet Israels Tod.«[3]

Diese »Helden« waren arabische Terroristen oder Fedajin, vom ägyptischen Geheimdienst für Grenzscharmützel und Vorstöße nach Israel mit dem Ziel von Sabotage und Mord ausgebildet und ausgerüstet. Die Fedajin operierten meist von Stützpunkten in Jordanien aus, sodass dieses jeweils den Hauptstoß der unweigerlich erfolgenden israelischen Vergeltungsschläge zu tragen hatte. Die Angriffe der Terroristen verstießen gegen die im Waffenstillstandsabkommen getroffene Vereinbarung, die Kampfhandlungen durch paramilitärische Einheiten verbot. Nichtsdestoweniger war es jeweils Israel, das vom Sicherheitsrat der Vereinten Nationen für seine Gegenangriffe verurteilt wurde.
Der nächste Schritt in der Eskalation waren die ägyptische Sperrung der Straße von Tiran und Nassers Verstaatlichung des Suezkanals im Juli 1956. Am 14. Oktober gab Nasser seine Absichten bekannt:

> »Ich kämpfe nicht nur gegen Israel. Meine Aufgabe ist es, die arabische Welt vor der Vernichtung zu bewahren, die ihr durch die Intrige Israels droht, deren Wurzeln jedoch im Ausland liegen. Unser Hass ist stark. Es ist sinnlos, über einen Frieden mit Israel zu reden. Es besteht nicht die geringste Chance für Verhandlungen.«[4]

---

3 *Middle Eastern Affairs*, Dezember 1956, S. 461.
4 *Middle Eastern Affairs*, Dezember 1956, S. 460.

Karte 6 Terroranschläge 1951-1956

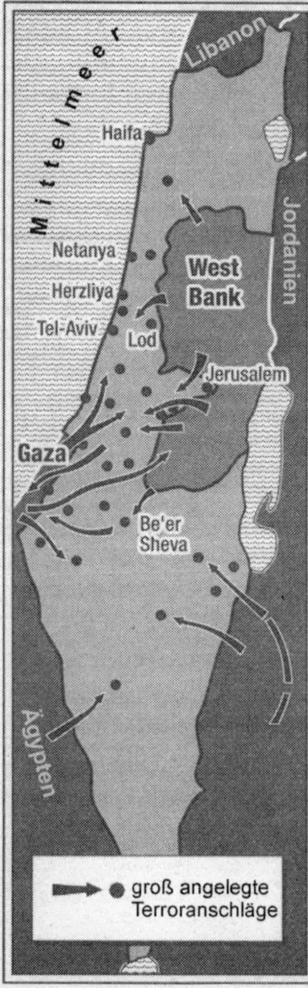

Karte 7 Die Sinai-Kampagne 1956

Die Fortsetzung der Sperrung des Suezkanals und des Golfs von Akaba für den israelischen Schiffsverkehr im Verein mit den verstärkten Angriffen von Fedajin und den jüngsten kriegerischen Äußerungen der Araber veranlassten Israel, Ägypten am 29. Oktober 1956 anzugreifen. Großbritannien und Frankreich griffen ebenfalls an. Der israelische Angriff war erfolgreich. Die israelischen Streitkräfte eroberten den Gazastreifen, einen Großteil der Sinai-Halbinsel und Sharm al-Sheikh. Bei den Kampfhandlungen fielen insgesamt 231 Soldaten.
Der israelische UN-Sonderbotschafter der Vereinten Nationen, Abba Eban, legte am 30. Oktober vor dem Sicherheitsrat dar, welche Kette von Provokationen zu diesem Angriff geführt hatten:

> »Während der sechs Jahre, in denen wieder und wieder gegen das Waffenstillstandsabkommen verstoßen wurde, kam es zu 1843 bewaffneten Überfällen und Raubzügen, 1339 bewaffneten Zusammenstößen mit ägyptischen Streitkräften, 435 Einfällen aus ägyptisch kontrollierten Gebieten und 172 Fällen von Sabotage durch ägyptische Truppeneinheiten und Fedajin in Israel. Infolge dieser ägyptischen Kampfhandlungen auf israelischem Boden wurden 364 Israelis verletzt und 101 Personen getötet. Allein im Jahr 1956 wurden auf Grund der ägyptischen Anschläge 28 Israelis getötet und 127 verletzt.«[5]

---

[5] *Offizielle Berichte des Sicherheitsrates S/3706*, 30. Oktober 1956, S. 14.

Dass diese Überfälle für Israel absolut untragbar waren, lag unter anderem auch daran, dass das Land beschlossen hatte, nur ein relativ kleines stehendes Heer zu unterhalten und sich im Kriegsfall auf seine Reservestreitkräfte zu verlassen. Das bedeutete, dass Israel im Notfall nur eine verschwindend kleine Streitmacht zur Verfügung stand. Kriegsdrohungen, die die Mobilmachung der Reservestreitkräfte nötig machten, legten das Land praktisch lahm. Dabei musste der erste Ansturm des Feindes in jedem Fall so lange abgewehrt werden, bis die Mobilmachung erfolgt war.

Behauptung

»Frankreich und Großbritannien machten Israel zum Werkzeug ihrer imperialistischen Interessen.«

Tatsache

Eisenhower war es gelungen, die Briten und Franzosen nach der Verstaatlichung des Suezkanals im Juli von einem Angriff auf Ägypten abzuhalten. Als das Abkommen über die Nutzung des Kanals in den folgenden Wochen griff, wurde es zunehmend schwieriger, ein militärisches Eingreifen zu rechtfertigen. Dennoch waren die

Briten und Franzosen nach wie vor stark daran interessiert, Nasser auf seinen Platz zu verweisen.
Frankreich hatte zunehmend engere diplomatische, politische und militärische Beziehungen zur israelischen Regierung geknüpft, ja für die nächsten zwei Jahrzehnte wurde das Land Israels wichtigster Waffenlieferant. Die Einstellung der Briten zu Israel dagegen hatte sich seit der Mandatszeit kaum gewandelt. Ein Rest Bitterkeit über den fast drei Jahrzehnte währenden Kampf mit den Zionisten in Verbindung mit der weiter bestehenden britischen Allianz mit Jordanien verhinderte jede politische Kursänderung.
Die Franzosen hatten erkannt, dass Israels Furcht vor einem Angriff der Ägypter und die Fortdauer der Sperrung ihnen als Vorwand für einen Militärschlag gegen Nasser dienen konnten – eine Chance, die sich auch die Briten nicht entgehen lassen wollten.
Die drei Staaten einigten sich schließlich auf ein gemeinsames Vorgehen. Israel sollte Fallschirmjäger in der Nähe des Kanals absetzen und bewaffnete Streitkräfte durch die Sinaiwüste auf Ägypten vorrücken lassen. Die Briten und Franzosen wollten daraufhin beide Seiten aufrufen, sich aus der Kanalzone zurückzuziehen – wobei sie sich der Weigerung der Ägypter völlig sicher waren. An diesem Punkt würden dann britische und französische Truppen zum »Schutz« des Kanals stationiert werden.
Aus Israels Sicht war die Lage nach der Sperrung des Suezkanals und des Golfs von Akaba im Verein mit den verstärkten Angriffen von Fedajin und den jüngsten kriegerischen Äußerungen der arabischen Staaten unhaltbar geworden. Statt den Zermürbungskrieg mit den Terroristen fortzusetzen und zu warten, bis Nasser und seine Verbündeten ihre Streitkäfte so weit aufgerüstet hatten,

dass sie einen neuen Krieg beginnen konnten, entschloss sich Ben-Gurion zu einem Präventivschlag. Der Rückhalt der Briten und Franzosen, so dachte er, würde ihm Deckung gegen die Opposition der Vereinigten Staaten geben. Ein folgenschwerer Irrtum.[6]

Behauptung

»Im Suezkrieg zeigte sich ganz deutlich, dass die Vereinigten Staaten Israel blindlings unterstützten.«

Tatsache

Präsident Dwight Eisenhower war äußerst aufgebracht darüber, dass Israel, Frankreich und Großbritannien heimlich den Plan zu einer militärischen Aktion mit dem Ziel gefasst hatten, Ägypten gewaltsam aus der Suezregion zu vertreiben. Die Tatsache, dass Israel die Vereinigten Staaten nicht über seine Absichten informiert und die Bitten der Amerikaner ignoriert hatte, sich auf keine Kriegshandlungen einzulassen, führte zu beträchtlichen Spannungen zwischen den beiden Ländern. Diese hatten wiederum zur Folge, dass die Vereinigten Staaten

---

[6] Mitchell Bard: *The Complete Idiot's Guide to Middle East Conflicts*, NY: MacMillan 1999, S. 208-209.

gemeinsam mit der Sowjetunion (ironischerweise unmittelbar nachdem die Sowjets in Ungarn eingefallen waren) den Rückzug Israels forderten. Zu diesem Zweck drohten sie mit der Einstellung jeglicher Unterstützung von amerikanischer Seite, mit Sanktionen durch die Vereinten Nationen und mit dem Ausschluss Israels aus den Vereinten Nationen (s. den Briefwechsel zwischen Ben-Gurion und Eisenhower).

Auf den Druck der Amerikaner hin zog Israel sich aus den eroberten Gebieten zurück, ohne dass die Ägypter irgendwelche Zugeständnisse machen mussten. Damit war die Saat für den Krieg von 1967 gelegt.

Einer der Gründe dafür, dass Israel der Forderung Eisenhowers nachgegeben hatte, war die Zusicherung, die dieser Ministerpräsident David Ben-Gurion gab. Vor der Räumung von Sharm al-Sheikh, dem strategischen Knotenpunkt an der Straße von Tiran, erhielt Israel nämlich von den Vereinigten Staaten das Versprechen, dass sie über die freie Durchfahrt auf der Wasserstraße wachen würden.[7] Zusätzlich befürwortete Washington eine Resolution der Vereinigten Staaten über die Schaffung von UN-Friedenstruppen, die die Gebiete, die von den israelischen Streitkräften geräumt worden waren, kontrollieren sollten.

Mit dem Krieg nahmen die Anschläge der Fedajin vorübergehend ein Ende, doch schon nach wenigen Jahren wurden sie von einer losen Gruppe terroristischer Organisationen wieder aufgenommen, die später unter dem Namen Palästinensische Befreiungsarmee (PLO) bekannt wurde.

---

[7] Janice Gross Stein und Raymond Tanter: *Rational Decision Making: Israels Security Choices*; OH: Ohio State University 1976, S. 163.

6. Der Sechs-Tage-Krieg von 1967

Behauptung

»Nach der Suezkrise waren die arabischen Regierungen bereit, den israelischen Staat anzuerkennen.«
»Israel hatte keinerlei Gründe für seinen Militärschlag.«
»Nasser hatte das Recht, die Straße von Tiran für den israelischen Schiffsverkehr zu sperren.«
»Die Vereinigten Staaten haben Israel im Sechs-Tage-Krieg gegen die Araber unterstützt.«
»Israel hat Jordanien angegriffen, um Jerusalem zu erobern.«
»Israel hätte in den Kampfhandlungen nicht die Initiative zu ergreifen brauchen.«
»Israel betrachtete die besetzten Gebiete als erobertes Land, das von nun an zu Israel gehörte und dessen Rückgabe nicht zur Debatte stand.«
»Israel hat friedliche arabische Dorfbewohner aus der Westbank vertrieben und sie nach dem Ende des Krieges nicht zurückkehren lassen.«
»Israel hat den Palästinensern in der Westbank, im Gazastreifen und in Ostjerusalem unzumutbare Einschränkungen auferlegt.«
»Israel hat die USS Liberty während des Sechs-Tage-Krieges von 1967 vorsätzlich angegriffen.«

Behauptung

»Nach der Suezkrise waren die arabischen Regierungen bereit, den israelischen Staat anzuerkennen.«

Tatsache

Israel hat immer wieder seine Bereitschaft zu Verhandlungen mit seinen Nachbarn signalisiert. In einer Adresse an die Vollversammlung der Vereinten Nationen am 10. Oktober 1960 forderte Außenministerin Golda Meir die arabischen Staatsoberhäupter zu einem Treffen mit Ministerpräsident David Ben-Gurion auf, in dem über eine friedliche Lösung des Nahostkonflikts gesprochen werden sollte. In seiner Antwort vom 15. Oktober warf Nasser Israel vor, es versuche, die Welt zu täuschen, und wiederholte, dass sein Land den jüdischen Staat niemals anerkennen werde.[1]

Ähnlich unerbittlich verharrten die Araber in ihrer Ablehnung von Verhandlungen über eine Lösung des Flüchtlingsproblems. Am 26. März 1964 sagte Nasser vor der Nationalversammlung der Vereinigten Arabischen Republik:

---

[1] *Encyclopedia Americana Annual 1961*; NY: Americana Corporation 1961, S. 387.

> »Die Konfrontation durch Israel und die Konfrontation durch den Imperialismus, der von allen Seiten an uns herandrängt, sind zwei verschiedene Dinge. Es hat Versuche gegeben, die beiden voneinander zu trennen in dem Bemühen, die daraus entstehenden Probleme unabhängig voneinander zu sehen und das Ganze dann so hinzustellen, als bestünde Israels Problem einzig und allein in der Flüchtlingsfrage und als sei mit der Lösung des Flüchtlingsproblems die Palästinafrage überhaupt gelöst. Die Gefahr, die von Israel ausgeht, liegt jedoch in der Existenz Israels selbst, so wie es heute besteht und wofür es steht.«[2]

In der Zwischenzeit hatte Syrien von den Golanhöhen aus, die sich etwa hundert Meter über Galiläa erheben, immer wieder israelische Gehöfte und Dörfer unter Beschuss genommen. In den Jahren 1965 und 1966 nahmen diese Angriffe stark zu, und Nassers Rhetorik wurde zunehmend martialischer: »Wir werden Palästina nicht betreten, solange sein Boden mit Sand bedeckt ist«, verkündete er am 8. März 1965. »Wir betreten es erst, wenn sein Boden mit Blut getränkt ist.«[3]

---

[2] Yehoshafat Harkabi: *Arab Attitudes To Israel*; Jerusalem: Keter Publishing House 1972, S. 27.

[3] Howard Sachar: *A History of Israel: From the Rise of Zionism to Our Time*; NY: Alfred A. Knopf 1979, S. 616.

Karte 8 Die Golan Höhen vor dem Sechs-Tage-Krieg 1967
Entfernungen und Höhenangaben

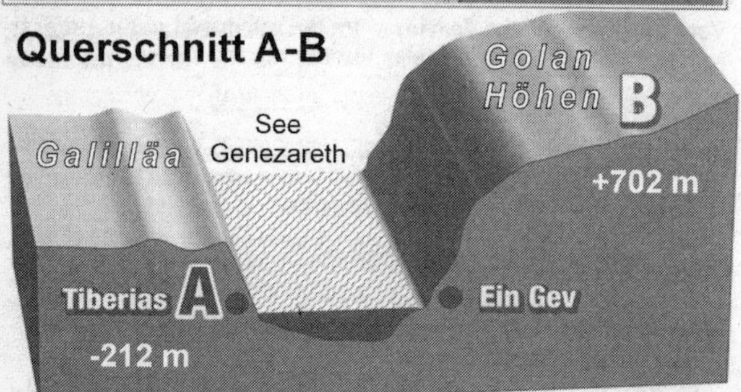

Wenige Monate später sprach Nasser die arabischen Absichten offen aus:

> »... die volle Wiederherstellung der Rechte des palästinensischen Volkes. Mit anderen Worten, unser Ziel ist die Zerstörung des Staates Israel. Unser unmittelbares Ziel dabei ist der Ausbau der arabischen Militärmacht, und unser nationales Ziel ist die Auslöschung Israels.«[4]

Behauptung

»Israel hatte keinerlei Gründe für seinen Militärschlag.«

Tatsache

Die aggressiven Äußerungen und unverhüllten Drohgebärden der Araber, die schließlich faktisch in einem kriegerischen Akt gipfelten, ließen Israel keine andere Wahl, als zu versuchen, seinen Gegnern zuvorzukom-

[4] Samuel Katz: *Battleground-Fact and Fantasy in Palestine*; NY: Bantam Books 1985, S. 10-11.185.

men. Die wichtigste Voraussetzung für das Gelingen eines solchen Präventivschlags war das Überraschungselement. Hätte Israel die arabische Invasion abgewartet, wäre es in ein möglicherweise tödliches Hintertreffen geraten.

Während Nasser seine Kriegshetze fortsetzte, litt Israel zunehmend unter den Anschlägen arabischer Terroristen. 1965 kam es zu 35 Übergriffen gegen Israel; 1966 war die Zahl der Übergriffe auf 41 gestiegen, und schon in den ersten vier Monaten des Jahres 1967 kam es zu 37 Angriffen.[5]

In der Zwischenzeit hatten die von den Golanhöhen aus erfolgenden Angriffe Syriens auf israelische Kibbuzim einen israelischen Vergeltungsschlag provoziert, bei dem israelische Flugzeuge am 7. April 1967 sechs syrische MiGs russischer Herkunft abschossen. Kurz darauf informierte die Sowjetunion – die Syrien und Ägypten Militär- und Wirtschaftshilfe geleistet hatte – Damaskus darüber, dass Israel seine Streitkräfte für einen offenbar kurz bevorstehenden Angriff zusammenziehe. Trotz offizieller israelischer Dementis beschloss Syrien, an seinen Verteidigungspakt mit Ägypten zu appellieren.

Am 15. Mai, dem Tag der israelischen Unabhängigkeitserklärung, marschierten ägyptische Truppen im Sinai ein und sammelten sich an der israelischen Grenze. Am 18. Mai bereiteten sich die syrischen Truppen auf Kampfhandlungen auf den Golanhöhen vor.

Am 16. Mai forderte Nasser den Rückzug der UN-Friedenstruppen, die seit 1956 auf der Sinai-Halbinsel statio-

---

5 Netanel Lorch: *One Long War*; Jerusalem: Keter 1976, S. 110.

niert waren. Ohne die Angelegenheit vor die Vollversammlung zu bringen, wie sein Vorgänger es versprochen hatte, gab Generalsekretär Sithu U Thant der Forderung widerstandslos nach. Nach dem Rückzug hieß es in Radio Kairo (am 18. Mai 1967):

> »Ab heute gibt es keine internationalen Friedenstruppen mehr, die Israel beschützen. Unsere Geduld ist zu Ende. Wir werden uns nicht mehr bei den Vereinten Nationen über Israel beklagen. Ab jetzt herrscht der totale Krieg gegen Israel, und er wird zur Auslöschung des Zionismus führen.«[6]

Und am 20. Mai kam das begeisterte Echo des syrischen Verteidigungsministers Hafez Assad:

> »Unsere Streitkräfte sind absolut gerüstet, nicht nur die Aggression zurückzuschlagen, sondern auch einen Befreiungsschlag zu starten und die zionistische Präsenz aus unserer arabischen Heimat hinauszusprengen. Die syrische Armee, den Finger am Abzug, ist sich einig ... als Militär bin ich der festen Überzeugung, dass die Zeit gekommen ist, in eine Vernichtungsschlacht hineinzugehen.«[7]

---

[6] Isi Leibler: *The Case For Israel*; Australia: The Globe Press 1972, S. 60.

[7] Ibid.

Am 22. Mai sperrte Ägypten die Straße von Tiran für die israelische Schifffahrt und alle ausländischen Schiffe nach Eilat. Damit war Israels einziger Zugang zu Asien blockiert und das Land von seinem Haupt-Erdöllieferanten, dem Iran, abgeschnitten. Am nächsten Tag erklärte der amerikanische Präsident Johnson die Sperrung für illegal und versuchte erfolglos, eine internationale Flotte aufzubieten, die sie aufbrechen sollte.
Nasser war sich des Drucks, den er auf Israel ausübte, völlig bewusst. Am Tag nach der Sperrung sagte er trotzig: »Die Juden drohen mit Krieg. Wir sagen ihnen, dass sie kommen können, wir sind zum Krieg bereit!«[8]
Fast täglich forderte Nasser Israel zum Krieg heraus. »Unser erklärtes Ziel ist die Vernichtung Israels. Das arabische Volk will kämpfen«, sagte er am 27. Mai.[9] Am nächsten Tag setzte er hinzu: »Wir sind nicht zur Koexistenz mit Israel bereit ... Es geht heute nicht um den Frieden zwischen den arabischen Staaten und Israel ... Der Krieg mit Israel dauert in Wirklichkeit schon seit 1948.«[10]
König Hussein von Jordanien unterzeichnete am 30. Mai einen Verteidigungspakt mit Ägypten. Danach kündigte Nasser an:

> »Die Heere von Ägypten, Jordanien, Syrien und Libanon sind an den Grenzen Israels aufmarschiert ... sie werden die Herausforderung annehmen. Hinter uns stehen die Armeen des Irak,

---

[8] Eban, S. 330; dt. Text aus: Ingomar Reinartz (Hrsg.): *Konflikt in Nahost*; Leverkusen: Heggen-Verlag 1983, S. 79.
[9] Leibler, S. 60.
[10] Leibler, S. 18.

> Algeriens, Kuwaits, des Sudan und der gesamten arabischen Welt. Das wird die ganze Welt in Erstaunen versetzen. Heute wird sie erkennen, dass die Araber zum Kampf bereit sind. Die Stunde der Entscheidung ist da. Die Zeit der Erklärungen ist vorbei, die des Handelns gekommen.«[11]

Der irakische Präsident Abdur Rahman Aref trat mit folgenden Worten in den Krieg ein: »Die Existenz Israels ist ein Fehler, der korrigiert werden muss. Dies ist die Gelegenheit, die Schmach auszulöschen, die man uns seit 1948 angetan hat. Unser Ziel ist klar: Israel von der Landkarte wegzufegen.«[12] Am 4. Juni trat der Irak dem Militärbündnis von Ägypten, Jordanien und Syrien bei.

Das verbale Säbelrasseln wurde begleitet von der Mobilmachung der arabischen Streitkräfte. Israel war umzingelt von etwa 250 000 Soldaten (fast die Hälfte davon im Sinai), über 2 000 Panzern und 700 Flugzeugen.[13]
Zu diesem Zeitpunkt waren die israelischen Streitkräfte bereits seit drei Wochen in Alarmbereitschaft. Das Land konnte diese umfassende Mobilmachung nicht endlos durchhalten noch konnte es zulassen, dass der Seeweg durch den Golf von Akaba gesperrt blieb. Der Ausweg war ein Präventivschlag. Am 5. Juni erfolgte der Befehl, Ägypten anzugreifen.

---

[11] Leibler, S. 60.
[12] Leibler, S. 18; dt. Text aus: Friedrich Schreiber und Michael Wolffsohn: Nahost; Opladen: Leske + Budrich 1993, S. 196.
[13] Chaim Herzog: *The Arab-Israeli Wars*; NY: Random House 1982, S. 149.

Karte 9 Israel vor Juni 1967

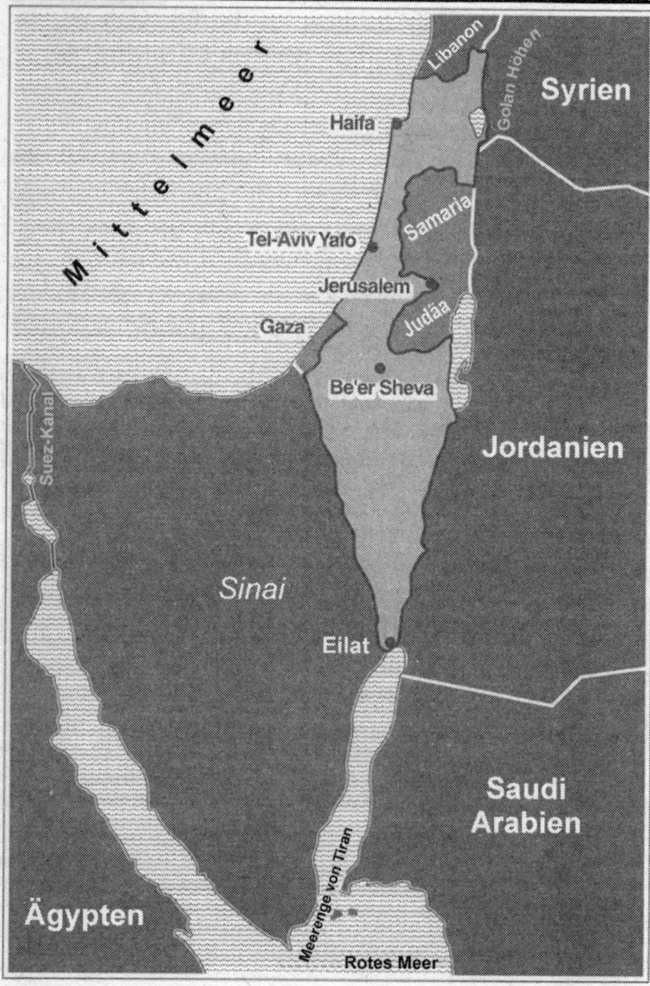

Behauptung

»Nasser hatte das Recht, die Straße von Tiran für den israelischen Schiffsverkehr zu sperren.«

Tatsache

1956 hatten die Vereinigten Staaten Israel versichert, dass sie das Zugangsrecht des israelischen Staates zur Straße von Tiran anerkannten; 1957 erklärten siebzehn Seemächte auf der Vollversammlung der Vereinten Nationen, dass Israel das Recht habe, die Straße zu passieren. Darüber hinaus verstieß die Sperrung gegen die Konvention über Hoheitsrechte auf See und in den angrenzenden Zonen, die am 27. April 1958 von der UN-Seerechtskonferenz angenommen worden war.[14]
Die Sperrung der Straße war 1967 der *casus belli*. Israels Angriff war die Reaktion auf diesen ersten Schlag von ägyptischer Seite. Der US-Präsident Johnson räumte nach dem Krieg (am 19. Juni 1967) ein:

> »Wenn eine einzelne, unüberlegte Handlung mehr als alle anderen für diesen Ausbruch verantwortlich war, dann die willkürliche und ge-

---

[14] *United Nations Conference on the Law of the Sea*; Genf: UN Publications 1958, S. 132-134.

fährliche Entscheidung, die Straße von Tiran zu schließen. Alle Völker müssen das Recht auf freie Fahrt auf den Seewegen haben.«[15]

Behauptung

»Die Vereinigten Staaten haben Israel im Sechs-Tage-Krieg gegen die Araber unterstützt.«

Tatsache

Die Vereinigten Staaten versuchten bis zuletzt, den Ausbruch des Krieges auf dem Verhandlungsweg zu verhindern, doch es gelang ihnen nicht, Nasser und die übrigen arabischen Staaten zur Einstellung ihrer Kriegspropaganda und ihrer kriegerischen Operationen zu bewegen. Noch unmittelbar vor dem Krieg warnte Johnson: »Israel ist nicht allein, so lange es nicht auf eigene Faust handelt!«[16] Bei Beginn des Krieges erklärte

---

[15] Yehuda Lukacs: *Documents on the Israeli-Palestinian Conflict 1967-1983;* NY: Cambridge University Press 1984, S. 17-18; Abba Eban: *Abba Eban*; NY: Random House 1977, S. 358.

[16] Lyndon B. Johnson: *The Vantage Point: Perspectives of the Presidency 1963-1969*; NY: Holt, Rinehart und Winston 1971, S. 293.

Karte 10 Die ägyptische Front
5.-8. Juni 1967

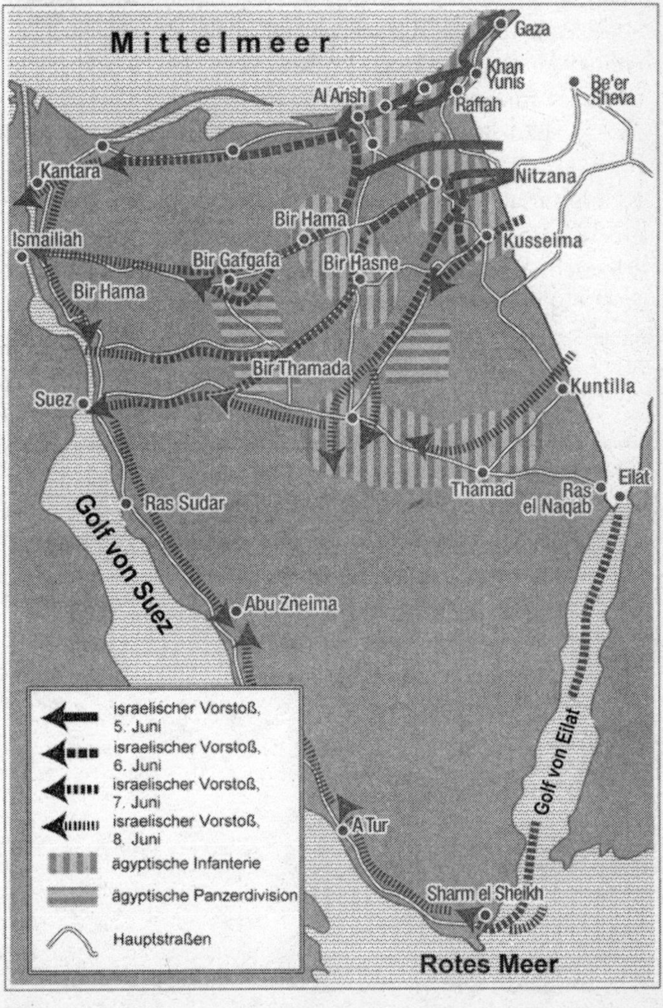

das Außenministerium dann: »Unsere Position ist neutral in Gedanken, Wort und Tat.«[17]
Hinzu kommt, dass Johnson, während die Araber die Vereinigten Staaten fälschlich verdächtigten, Luftbrücken zur Unterstützung Israels zu unterhalten, ganz im Gegenteil ein Waffenembargo über das Gebiet verhängte (auch Frankreich, der zweite wichtige Waffenlieferant Israels, hatte die Lieferung von Waffen an Israel verboten).
Im Gegensatz dazu lieferte die Sowjetunion den Arabern große Mengen von Waffen. Gleichzeitig zogen Kuwait, Algerien, Saudi-Arabien und der Irak Truppeneinheiten an der ägyptischen, syrischen und jordanischen Front zusammen.[18]

Behauptung

»Israel hat Jordanien angegriffen, um Jerusalem zu erobern.«

[17] AP, 5. Juni 1967.
[18] Sachar, S. 629.

Karte 11 Die Schlacht um Jerusalem 5.-7. Juni 1967

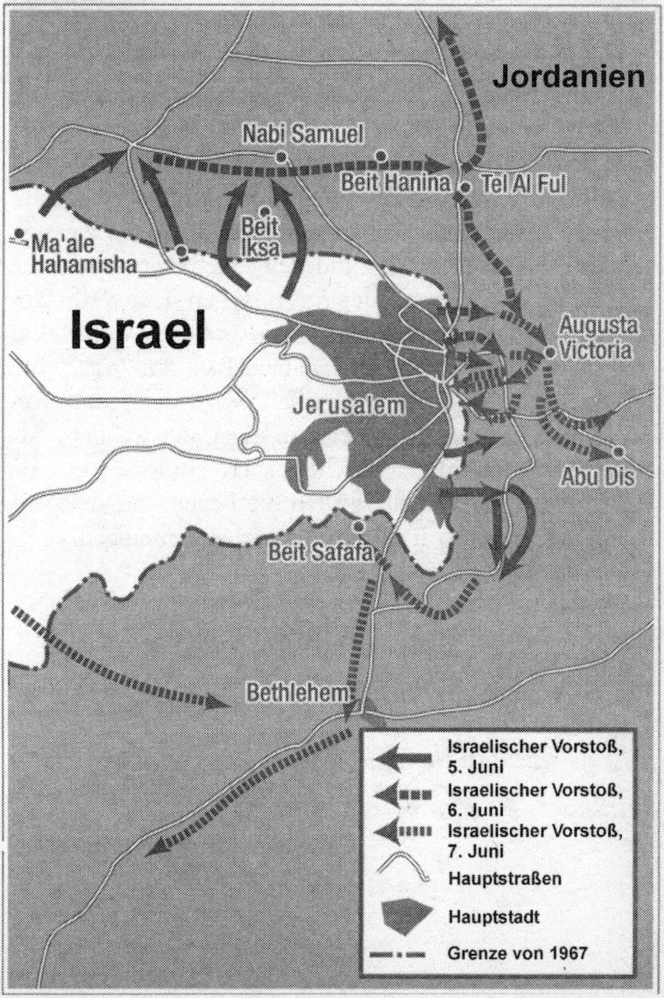

Tatsache

Ministerpräsident Levi Eschkol sicherte König Hussein zu, dass Israel Jordanien nicht angreifen werde, solange von jordanischer Seite keine Kampfhandlungen erfolgten. Als die jordanische Radarüberwachung dann jedoch eine Staffel Flugzeuge entdeckte, die von Ägypten her Kurs auf Israel nahm, und die Ägypter Hussein bestätigten, dass es sich um ägyptische Flugzeuge handle, befahl Hussein, Westjerusalem anzugreifen. Später stellte sich heraus, dass es israelische Flugzeuge gewesen waren, die von der Vernichtung der ägyptischen Luftwaffe am Boden zurückkehrten. Inzwischen griffen syrische und irakische Truppen die Nordgrenze Israels an.

Hätte Jordanien nicht angegriffen, wäre der Status von Jerusalem in diesem Krieg nicht angetastet worden. Als die Stadt jedoch unter Beschuss stand, musste Israel sie verteidigen, und dabei ergriffen die Israelis die Gelegenheit, ihre Hauptstadt ein für alle Mal zu vereinigen.

Behauptung

»Israel hätte in den Kampfhandlungen nicht die Initiative zu ergreifen brauchen.«

Tatsache

Nach sechs Tagen Kampf brachen die israelischen Streitkräfte durch die feindlichen Linien. Nun war der Weg nach Kairo, Damaskus und Amman frei. Am 10. Juni wurde der Waffenstillstand geschlossen. Doch der Sieg war teuer erkauft worden. Bei der Erstürmung der Golanhöhen fielen 115 Israelis – das ist etwa die Anzahl der Amerikaner, die bei der Operation Wüstensturm umkamen. Insgesamt starben gemessen an der israelischen Gesamtbevölkerung etwa doppelt so viele israelische Soldaten – 777 Tote und 2586 Verletzte waren zu beklagen – wie amerikanische Soldaten in dem acht Jahre währenden Krieg in Vietnam.[19] Außerdem verlor die israelische Luftwaffe trotz der schier unglaublichen Erfolge des Luftangriffs 46 ihrer 200 Piloten.[20] Hätten die Israelis – wie sie es 1973 machten – gewartet, bis die Araber den ersten Schritt taten, und sich nicht zum Präventivschlag entschlossen, wären die Verluste zweifellos noch sehr viel höher und der Sieg keineswegs sicher gewesen.

---

[19] Katz, S. 3.
[20] *Jerusalem Post* vom 23. April 1999.

Behauptung

»Israel betrachtete die besetzten Gebiete als erobertes Land, das von nun an zu Israel gehörte und dessen Rückgabe nicht zur Debatte stand.«

Tatsache

Als der Krieg zu Ende war, hatte Israel Gebiete erobert, die mehr als drei Mal so groß waren wie sein bisheriges Territorium. Die Israelis kontrollierten nun 26 000 Quadratmeilen statt wie zuvor 8 000. Dieser Sieg ermöglichte unter anderem die Wiedervereinigung Jerusalems. Daneben hatten die israelischen Streitkräfte den Sinai, die Golanhöhen, den Gazastreifen und die Westbank eingenommen. Die israelische Führung rechnete damit, in Friedensverhandlungen mit ihren Nachbarn einzutreten, in deren Rahmen territoriale Zugeständnisse von Seiten Israels keineswegs ausgeschlossen waren. Deshalb wurde die Westbank nicht annektiert, sondern unter Militäradministration gestellt.
Fast unmittelbar nach dem Krieg signalisierte Israel seine Bereitschaft, über die Rückgabe zumindest bestimmter Gebiete zu verhandeln. Die Tatsache, dass die Israelis nach entsprechenden Verhandlungen mit ihren Nachbarstaaten dann auch wirklich über 90 Prozent der in diesem Verteidigungskrieg eroberten Gebiete zurückgaben, beweist, dass Israel zu jedem Zeitpunkt grundsätzlich bereit war, Land gegen den Frieden einzutauschen.

Karte 12 Waffenstillstandszonen nach dem Sechs-Tage-Krieg 1967

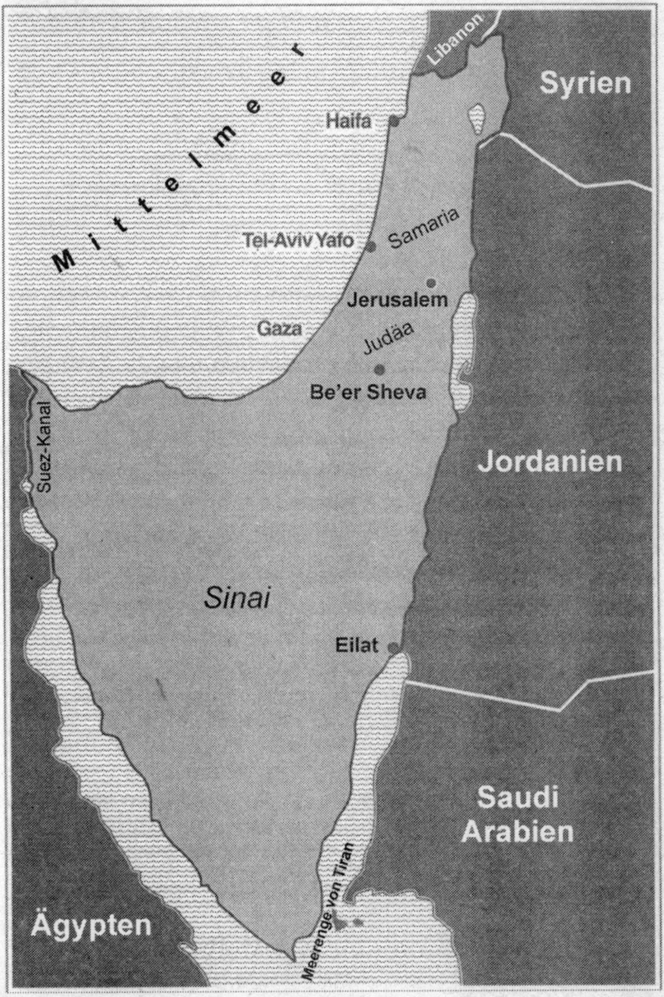

Behauptung

»Israel hat friedliche arabische Dorfbewohner aus der Westbank vertrieben und sie nach dem Ende des Krieges nicht zurückkehren lassen.«

Tatsache

Nach dem jordanischen Angriff am 5. Juni flohen etwa 325 000 in der Westbank lebende Palästinenser.[21] Es waren jordanische Staatsbürger, die aus dem einen Teil des Landes, das sie für ihr Vaterland hielten, in einen anderen zogen. Ihr Hauptbeweggrund dafür war, nicht zwischen die Fronten des Krieges zu geraten.
Nach Aussage eines palästinensischen Flüchtlings, des Verwalters eines UNRWA-Lagers in Jericho, hatten arabische Politiker Gerüchte im Lager verbreitet. »Sie sagten, alle jungen Leute würden umgebracht. Die Leute hörten im Radio, dass dies nicht das Ende, sondern erst der Anfang sei; deshalb dachten sie, dass der Krieg sich möglicherweise länger hinziehen würde, und wollten lieber in Jordanien sein.«[22]

---

21 *Encyclopedia Americana Annual* 1968, S. 366.
22 George Gruen, »The Refugees of Arab-Israeli Conflict«; NY: American Jewish Committee, März 1969, S. 5.

Manche Palästinenser flohen, weil sie es vorzogen, in einem arabischen Staat zu leben statt unter israelischer Militärherrschaft. Die Mitglieder mehrerer PLO-Splittergruppen wiederum flohen, um einer Gefangennahme durch die Israelis zu entgehen. Der vom Generalsekretär der Vereinten Nationen mit der Untersuchung der Lage der Flüchtlinge betraute Nils-Göran Gussing stellte fest, dass viele Araber offenbar fürchteten, sie würden das Geld, das ihnen ihre im Ausland arbeitenden Familienangehörigen schickten, nicht mehr erhalten.[23]

Die israelischen Streitkräfte evakuierten lediglich eine Hand voll Palästinenser aus »strategischen und Sicherheitsgründen«. In manchen Fällen durften sie nach wenigen Tagen zurückkehren oder aber Israel bot an, ihnen bei der Umsiedlung an einen anderen Ort zu helfen.[24]

Zum israelischen Staat gehörten jetzt über eine Dreiviertelmillion Palästinenser, von denen die meisten der Regierung gegenüber eine feindselige Haltung einnahmen. Dennoch wurden 1967 über 9 000 palästinensische Familien wiederzusammengeführt. Letztlich durften über 60 000 Palästinenser zurückkehren.[25]

[23] Gruen, S. 5.
[24] Gruen, S. 5.
[25] Gruen, S. 4.

Behauptung

»Israel hat den Palästinensern in der Westbank, im Gazastreifen und in Ostjerusalem unzumutbare Einschränkungen auferlegt.«

Tatsache

In einem besetzten Land oder Gebiet zu leben, ist für die Einwohner nie angenehm, doch die israelischen Behörden haben alles getan, um die Auswirkungen der Militärverwaltung für die Bevölkerung zu minimieren. Der Journalist Don Peretz, der häufig über die Situation der Araber in Israel berichtete und die israelische Regierung bei verschiedenen Anlässen scharf kritisierte, besuchte die Westbank, kurz nachdem sie von israelischen Truppen eingenommen worden war. Er stellte fest, dass die Israelis bemüht waren, wieder normale Zustände herzustellen und alle Zwischenfälle zu vermeiden, die die Araber zum Verlassen ihrer Heimat veranlassen könnten.[26]

Die Verwaltung versuchte, sich so wenig wie möglich in das Leben der Bevölkerung einzumischen; sie bestand lediglich auf der Forderung, die Schulbücher von anti-

---

[26] Don Peretz: »Israel's New Dilemma«; *Middle Eastern Journal*, Winter 1968, S. 45-46.

israelischen und antisemitischen Äußerungen zu säubern. Darüber hinaus leistete Israel den Palästinensern wirtschaftliche Hilfe – zum Beispiel wurden sie im Gazastreifen aus den Lagern entlassen und durften in neue Häuser einziehen. Das führte zu Protesten aus Ägypten, das während seiner Herrschaft über das Gebiet nichts für die Flüchtlinge getan hatte.

Die Araber durften sich frei bewegen; auch die Aus- und Einreise nach Jordanien wurde nicht behindert. 1972 wurden in der Westbank Wahlen abgehalten, an denen auch Frauen und Araber, die kein Land besaßen, teilnehmen durften – was unter jordanischer Herrschaft nicht erlaubt war.

Die Araber in Ostjerusalem konnten zwischen der jordanischen und der israelischen Staatsbürgerschaft wählen. Sie wurden als Bürger des geeinten Jerusalem anerkannt, erhielten das Wahlrecht und durften für den Stadtrat kandidieren. Die heiligen islamischen Stätten wurden der Obhut eines muslimischen Rates übergeben. Trotz der Bedeutung, die der Tempelberg in der gesamten jüdischen Geschichte hatte, durften die Juden hier keine Gebete verrichten.

Nach dem Ende des Sechs-Tage-Krieges erklärte der US-Präsident Johnson, was seiner Ansicht nach als Nächstes nötig war, um dem Konflikt ein Ende zu machen:

> »Natürlich müssen die Truppen abgezogen werden. Darüber hinaus aber muss das Recht auf ein nationales Leben anerkannt werden; es müssen Fortschritte bei der Lösung des Flüchtlingsproblems gemacht werden; die freie Passage der Seewege muss garantiert sein; das Wettrüsten muss begrenzt und die politische Unabhängig-

keit und territoriale Einheit muss respektiert werden.«[27]

Behauptung

»Israel hat die USS Liberty *während des Sechs-Tage-Krieges von 1967 vorsätzlich angegriffen.«*

Tatsache

Der israelische Angriff auf die *USS Liberty* war ein schrecklicher Irrtum. Er erfolgte auf Grund der allgemeinen Verwirrung auf dem Höhepunkt der Kampfhandlungen des Jahres 1967. Nach insgesamt zehn offiziellen Untersuchungen des Vorfalls von amerikanischer Seite und dreifacher Prüfung durch Israel kamen beide Parteien zu dem Schluss, dass es sich bei dem Angriff um einen tragischen Fehler gehandelt hatte.
Am 8. Juni 1967, dem vierten Tag des Sechs-Tage-Krieges, erhielt das israelische Oberkommando die Information, dass die israelischen Truppen in El Arisch von See aus

---

[27] Lyndon B. Johnson: *Public Papers of the President*; DC: GPO 1968, S. 683.

beschossen würden – höchstwahrscheinlich wie am Tag zuvor von einem ägyptischen Schiff. Die Vereinigten Staaten hatten wenige Tage zuvor mitgeteilt, dass sie innerhalb einer 100-Meilen-Zone um die Kampffront keine Marineeinheiten stationiert hätten. Dennoch kreuzte die *USS Liberty*, ein Schiff des amerikanischen Geheimdienstes, das den Auftrag hatte, die Kampfhandlungen zu überwachen, 14 Meilen vor der Sinaiküste. Grund dafür waren eine Reihe von Fehlern bei der Nachrichtenübermittlung im Stab der Vereinigten Staaten, die dazu führten, dass die *Liberty* die Nachricht, dass sie sich dem Küstenbereich auf höchstens hundert Meilen nähern durfte, nicht erhielt. Die Israelis wiederum glaubten in dem dicht vor der Küste liegenden Schiff die Ursache des Sperrfeuers geortet zu haben und griffen es mit Flugzeugen und U-Booten an. Dabei wurden 34 Besatzungsmitglieder der *Liberty* getötet und 171 verletzt. Auf beiden Seiten – auf amerikanischer und israelischer – waren Fehler gemacht worden. So hieß es zum Beispiel anfangs, die *Liberty* kreuze mit einer Geschwindigkeit von dreißig Knoten vor der Küste – was, wie sich herausstellte, nicht richtig war; ihre Geschwindigkeit betrug nur 28 Knoten. Nach der damaligen israelischen (und amerikanischen) Marinevorschrift galt ein Schiff mit einer solchen Geschwindigkeit als Kriegsschiff. Als die Kämpfe begannen, hatten die Israelis darum gebeten, die amerikanischen Schiffe von der Küste zurückzuziehen oder ihre genaue Position durchzugeben.[28] Die Sechste Flotte war daraufhin zurückbeordert worden, weil Präsi-

---

[28] Yitzhak Rabin: *The Rabin Memoirs*; CA: University of California Press 1996, S. 110.

dent Johnson eine Konfrontation mit der Sowjetunion befürchtete. Gleichzeitig hatte die Luftwaffe Anweisung, die Sinai-Halbinsel weiträumig zu vermeiden.
Israels Generalstabschef Yitzhak Rabin schrieb in seinen Memoiren, dass die israelische Armee Order hatte, jedes unidentifizierte Schiff in Küstennähe anzugreifen.[29] Die See war an diesem Tag ruhig, was den amerikanischen Marinegerichtshof zu dem Schluss veranlasste, dass die Flagge der *Liberty* höchstwahrscheinlich schlaff herunterhing und deshalb nicht zu erkennen war. Nach Aussage von Migliedern der Besatzung, darunter der des Kapitäns Commander William McGonagle, stürzte der Flaggenmast bereits beim ersten oder zweiten Treffer um.
In einem Bericht des amerikanischen Geheimdiensts CIA über den Zwischenfall vom 13. Juni 1967 wurde außerdem darauf hingewiesen, dass ein übereifriger Pilot die *Liberty* durchaus mit dem ägyptischen Schiff El Queisir hätte verwechseln können. Nach dem Luftangriff identifizierten israelische Torpedoboote die *Liberty* als Schiff der ägyptischen Marine. Als die *Liberty* das Feuer auf die Israelis eröffnete, antworteten diese mit einem Torpedoangriff, bei dem 28 Matrosen getötet wurden.
Für die Auffassung, dass der Angriff ein tragischer Irrtum war, spricht auch eine erst kürzlich erschienene Biografie von Yitzhak Rabin, dem israelischen Generalstabschef im Sechs-Tage-Krieg (Dan Kurzman: *Soldier of Peace: The Life of Yitzhak Rabin;* NY: HarperCollins 1998). Darin heißt es, dass die Israelis zunächst erschraken, weil sie glaubten, ein sowjetisches Schiff torpediert und damit die

---

[29] Rabin, S. 108-109.

Sowjetunion mit in den Krieg hineingezogen zu haben. Deshalb waren sie zunächst einmal fast erleichtert, als sie erfuhren, dass es sich um ein amerikanisches Schiff handelte, obwohl Rabin natürlich fürchten musste, auf Grund dieses verhängnisvollen Missverständnisses die so dringend benötigte amerikanische Unterstützung für Israel zu verlieren.[30]

Sobald für die Israelis kein Zweifel mehr daran bestand, was wirklich geschehen war, unterrichteten sie die amerikanische Botschaft in Tel Aviv über den Vorfall. Sie erboten sich, alles in ihrer Macht Stehende zu tun, um die Verletzten vom Schiff zu bergen und das Schiff selbst zu retten. Das Angebot wurde angenommen, und ein amerikanischer Marineattaché wurde per Hubschrauber zur *Liberty* gebracht.

Viele Überlebende auf der *Liberty* waren und sind jedoch, wie aus ihrer Webseite im Internet hervorgeht, überzeugt, dass der Angriff vorsätzlich erfolgte. 1991 verkündeten die Journalisten Rowland Evans und Robert Novak, dass sie einen Amerikaner ausfindig gemacht hätten, der behauptete, er habe sich in der israelischen Kommandozentrale aufgehalten, als die Entscheidung fiel, das Schiff im vollen Wissen darüber, dass es sich um ein amerikanisches Schiff handelte, anzugreifen.[31] Der Betreffende, ein gewisser Seth Mintz, machte jedoch einen Rückzieher und ließ in einem Brief an die Washington Post vom 9. November 1991 wissen, dass Evans und Novak ihn falsch zitiert hätten und der Angriff in Wirk-

---

[30] Dan Kurzman: *Soldier of Peace: The Life of Yitzhak Rabin*; NY: Harper Collins 1998, S. 224-227; Rabin, S. 108-190.

[31] *Washington Post*, 6. November 1991.

lichkeit auf eine »Verwechslung« zurückgegangen sei. Außerdem stellte sich heraus, dass der Mann, mit dem Mintz ursprünglich zusammen gewesen sein will, ein General Benni Matti, überhaupt nicht existierte.

Auch die Behauptung, ein israelischer Pilot habe das Schiff auf einer Bandaufzeichnung als amerikanisches Schiff identifiziert, konnte nicht durch die Vorlegung des entsprechenden Bandes bestätigt werden. Im Gegenteil, die einzige Bandaufzeichnung, die existiert, ist das offizielle Band der israelischen Luftwaffe, aus dem eindeutig hervorgeht, dass die israelischen Piloten vor dem Angriff keine solche Identifikation vornahmen. Sie belegt weiter, dass die Piloten, nachdem Zweifel über die Identität des Schiffes aufgetaucht waren, die Nummer am Schiffsrumpf entzifferten und den Angriff einstellten. Die Aufzeichnungen enthalten keinerlei Aussage, die darauf hindeutet, dass die Piloten vor dem Angriff die amerikanische Flagge erkennen konnten.[32]

Keiner der Kritiker Israels kann eine vernünftige Erklärung dafür beibringen, warum das Land in einer Zeit, in der die Vereinigten Staaten praktisch seine einzigen Verbündeten waren, vorsätzlich ein amerikanisches Schiff angreifen sollte. Sehr viel einleuchtender ist die Erklärung, dass Fehler in der allzu schwerfälligen Nachrichtenübermittlung in einer Zeit höchster Anspannung sowohl auf israelischer als auch auf amerikanischer Seite zu Missverständnissen und Verwirrungen geführt haben (erst nach dem Ende des Angriffs gingen fünf Orders von den Generalstabschefs ein, die das Schiff aufforderten,

---

[32] Hirsh Goodman: »Messrs. Errors and No Facts«, *Jerusalem Report*, 21. November 1991.

sich mindestens fünfundzwanzig Meilen – in den vier letzten Aufforderungen war dann von mindestens hundert Meilen die Rede – von der ägyptischen Küste entfernt zu halten).
Derartige Zwischenfälle sind in Kriegszeiten nicht selten. 1988 schoss die amerikanische Marine irrtümlich ein iranisches Passagierflugzeug ab; 290 Zivilisten kamen dabei ums Leben. Im Golfkrieg kamen 35 der 148 Amerikaner, die im Kampf fielen, im Feuer ihrer eigenen oder verbündeter Truppen um. Im April 1994 wurden zwei amerikanische Hubschrauber, die deutlich sichtbar die amerikanische Flagge am Heck trugen, an einem klaren Tag in der Sperrzone über dem Irak von der amerikanischen Luftwaffe abgeschossen; dabei starben 26 Menschen. Und noch am Tag vor dem Angriff auf die *Liberty* griffen israelische Piloten versehentlich ihre eigenen bewaffneten Kolonnen südlich von Jenin in der Westbank an.[33]
Der pensionierte Admiral Shlomo Erell, der im Juni 1967 den Oberbefehl über die israelische Marine hatte, äußerte am 5. Juni 1977 gegenüber Associated Press:

> »Kein Mensch wäre auf den Gedanken gekommen, dass ein amerikanisches Schiff sich dort aufhalten würde. Nicht einmal die Vereinigten Staaten wussten, wo genau ihr Schiff sich befand. Wir hatten von den zuständigen Stellen lediglich die Information, dass sich kein amerikanisches Schiff innerhalb der 100-Meilen-Zone aufhalte.«

---

[33] Hirsh Goodman und Ze'ev Schiff: »The Attack on the *Liberty*«, *Atlantic Monthly*, September 1984.

Und Verteidigungsminister Robert McNamara erklärte am 26. Juli 1967 vor dem Kongress:

> »Der Untersuchungsausschuss unter der Leitung eines Admirals der Marine, der unser absolutes Vertrauen besitzt, kam zu dem Schluss, dass der Angriff nicht vorsätzlich erfolgt ist.«

1987 gab McNamara noch einmal seiner Überzeugung Ausdruck, dass es sich bei dem Angriff um einen Irrtum gehandelt habe. Gegenüber einem Anrufer in der »Larry King Show« sagte er, dass ihm in den zwanzig Jahren, die seither vergangen waren, nichts zu Ohren oder vor die Augen gekommen sei, das seine Überzeugung, dass es keine »Vertuschung« gegeben habe, ins Wanken gebracht hätte.[34]
Israel entschuldigte sich für die Tragödie und leistete Wiedergutmachungszahlungen in Höhe von insgesamt fast dreizehn Millionen Dollar an die Vereinigten Staaten und an die Familien der Opfer. Am 17. Dezember 1987 wurde die Angelegenheit durch einen Austausch diplomatischer Noten zwischen den beiden Regierungen offiziell beigelegt.

---

[34] »*The Larry King Show*«, (Radio), 5. Februar 1987.

7. Zwischen den Kriegen

Behauptung

»Nach dem Krieg von 1967 war Israel nicht bereit, mit den Arabern über eine friedliche Regelung des Nahostkonflikts zu verhandeln.«
»Laut Resolution 242 des Sicherheitsrats war Israels Aneignung von Territorien im Krieg von 1967 ›unzulässig‹.«
»In Resolution 242 wird Israel aufgefordert, zu den Grenzen von vor 1967 zurückzukehren.«
»In Resolution 242 wird das Recht der Palästinenser auf Selbstbestimmung anerkannt.«
»Die arabischen Staaten und die PLO haben Resolution 242 anerkannt, während Israel sie ablehnte.«
»Nach dem Sechs-Tage-Krieg waren die Palästinenser zu Verhandlungen bereit.«

Behauptung

»Nach dem Krieg von 1967 war Israel nicht bereit, mit den Arabern über eine friedliche Regelung des Nahostkonflikts zu verhandeln.«

Tatsache

Israel hoffte nach dem Sieg im Sechs-Tage-Krieg, dass es nun zu Friedensverhandlungen mit den arabischen Staaten kommen würde. Die Israelis signalisierten ihre Bereitschaft, praktisch alle im Krieg eroberten Gebiete im Austausch gegen den Frieden zurückzugeben. Nach Aussage von Moshe Dayan wartete Israel zu diesem Zeitpunkt nur noch auf einen entsprechenden Anruf der arabischen Staatsoberhäupter.[1]
Doch diese Hoffnung zerschlug sich im August 1967, als die arabischen Staaten auf einer Gipfelkonferenz in Khartoum das Programm der berühmten drei »Nein« verabschiedete:

> »Die Könige und Staatspräsidenten haben sich auf das gemeinschaftliche Bemühen geeinigt, die Folgen der Aggression auf internationaler und diplomatischer Ebene zu beseitigen und für den Rückzug der Streitkräfte des Aggressors Israel aus den arabischen Ländern Sorge zu tragen, allerdings innerhalb des Rahmens, dem die arabischen Staaten verpflichtet sind: keine Versöhnung mit Israel; keine Verhandlungen mit Israel, keine Anerkennung Israels sowie die Wahrung der Rechte der Palästinenser in ihrem Volk.«[2]

---

[1] Walter Lacquer: *The Road to War*; London: Weidenfeld und Nicholson 1968, S. 297.

[2] Yehuda Lukacs: *Documents on the Israeli-Palestinian Conflict 1967-1983*; NY: Cambridge University Press 1984, S. 213.

Der frühere israelische Staatspräsident Chaim Herzog schrieb: »Israels Überzeugung, dass der Krieg ein Ende haben und von nun an Friede an den Grenzen herrschen würde, wurde rasch zerstört. Drei Wochen nach Beendigung der Kampfhandlungen kam es am Suezkanal bereits zum ersten ernsten Zwischenfall.«[3]

Behauptung

»Laut Resolution 242 des Sicherheitsrats war Israels Aneignung von Territorien im Krieg von 1967 ›unzulässig‹«.

Tatsache

Am 22. November 1967 verabschiedete der Sicherheitsrat der Vereinten Nationen Resolution 242. Sie war als Grundlage für alle Bemühungen um eine Friedenslösung im Nahen Osten gedacht. Die UN-Entschließung war ein mühselig ausgehandelter Kompromiss aus sehr gegensätzlichen Vorlagen. Der Text verlangt daher eine sehr genaue Prüfung und ein Achten auf die einzelnen

---

[3] Chaim Herzog: *The Arab-Israeli Wars*; NY: Random House 1982, S. 195.

Formulierungen, um die eigentlichen Absichten des Sicherheitsrats herauszuschälen.
Im ersten Punkt geht es um die »Unzulässigkeit von Gebietserwerb durch Krieg«. Für manche Parteien ist die Resolution hier bereits zu Ende; sie fordern den bedingungslosen und vollständigen Rückzug Israels aus den eroberten Gebieten. Diese Forderung ist jedoch keinesfalls in dem Satz enthalten, denn er bezieht sich eindeutig auf einen Offensivkrieg. Wenn dem nicht so wäre, würde die Resolution geradezu zum Krieg auffordern. Denn wenn ein Land ein anderes angriffe und der Verteidiger den Angriff zurückschlüge und dabei bestimmte Gebiete besetzen würde, dann würde die Resolution von ihm verlangen, diese Gebiete zurückzugeben. Damit hätte der Aggressor in einem Krieg wenig zu verlieren, weil er vor den schlimmsten Folgen einer Niederlage sicher wäre.
Das eigentliche Ziel von Resolution 242 wird in Paragraf 3 formuliert. Es ist die »Errichtung eines gerechten und dauerhaften Friedens in Nahost«. Damit ist ein auf dem Verhandlungsweg erzieltes Abkommen gemeint, das auf den Grundsätzen der Resolution basiert, keinesfalls eines, das den Parteien aufgezwungen wird. Genau dies ist nach Arthur Goldberg, dem amerikanischen UN-Botschafter, auch die Folgerung von Resolution 338. Diese Resolution, die nach dem Krieg von 1973 verabschiedet wurde, verlangte von den Parteien die unverzügliche und gleichzeitige Feuereinstellung und die Aufnahme von Verhandlungen.

»Dies ist der erste Krieg in der Geschichte, der damit endet, dass die Sieger um Frieden bitten und die Besiegten die bedingungslose Kapitulation fordern.«

Abba Eban[4]

Behauptung

»In Resolution 242 wird Israel aufgefordert, zu den Grenzen von vor 1967 zurückzukehren.«

Tatsache

Der wohl umstrittenste Punkt von Resolution 242 ist die Forderung nach dem »Rückzug der israelischen Streitkräfte aus Gebieten, die im jüngsten Konflikt besetzt wurden«. Er steht in enger Beziehung zu dem zweiten eindeutigen Punkt, der Forderung nach einer »Einstellung aller Behauptungen oder Formen eines Kriegszustands« und der Anerkennung, dass jeder Staat in diesem

[4] Abba Eban: *Abba Eban*, NY: Random House 1977, S. 446.

Gebiet das Recht hat, »innerhalb sicherer und anerkannter Grenzen frei von Drohungen und Akten der Gewalt in Frieden zu leben«.[5]

Die Resolution macht den israelischen Rückzug nicht zur Vorbedingung für das Einlenken der Araber. Außerdem wird nicht ausgeführt, wie viele Gebiete Israel aufgeben soll. Der Sicherheitsrat hat nicht gesagt, dass Israel »die« oder »alle« Gebiete, die es nach dem Sechs-Tage-Krieg besetzt hat, zurückgeben muss. All dies geschah sehr bewusst. Der sowjetische Delegierte wollte das Wörtchen »alle« in der Resolution aufgenommen wissen, weil andernfalls »ein Teil dieser Territorien in israelischer Hand bleiben könnte«. Die arabischen Staaten forderten natürlich ebenfalls die Aufnahme dieses Wortes, doch ihre Forderung wurde abgelehnt. Daraufhin erklärten sie, dass sie die Resolution dennoch so lesen würden, als enthalte sie das Wort »alle«. Der britische Botschafter Lord Caradon, der die schließlich verabschiedete Resolution entworfen hatte, erklärte nach der Abstimmung: »Wir sind einzig und allein an die Resolution gebunden, und wir betrachten ihren Wortlaut als eindeutig.«[6]

Diese wörtliche Interpretation – ohne das mitgedachte »alle« – wurde von all denen, die am Wortlaut der Resolution mitgearbeitet haben, wiederholt als korrekt bestätigt. Am 29. Oktober 1969 zum Beispiel erklärte der britische Außenminister vor dem Unterhaus, dass der

---

[5] Dt. Text aus: Susann Heenen-Wolff: *Erez Palästina*; Frankfurt am Main: Luchterhand 1990, S. 131.

[6] Prosper Weil: »Territorial Settlement in the Resolution of November 22, 1967«, in: John Moore (Hrsg.): *The Arab-Israeli Conflict*; NJ: Princeton University Press 1974, S. 321.

von der Resolution geforderte Rückzug sich nicht auf »alle Gebiete« erstrecke.[7] Und als Lord Caradon später gebeten wurde, die britische Position zu erläutern, sagte er: »Es wäre nicht richtig gewesen zu verlangen, dass Israel in die Grenzen vom 4. Juni 1967 zurückkehrte, weil sie ungünstig und künstlich waren.«[8]

Ganz ähnlich äußerte sich Botschafter Goldberg: »Wichtige Auslassungen im Blick auf den Rückzug – die keineswegs zufällig waren – betreffen die Wörter »die« oder »alle« und die Formulierung »die Grenzen vom 5. Juni 1967« ... die Resolution spricht lediglich von einem Rückzug aus besetzten Gebieten, ohne das Ausmaß dieses Rückzugs genau festzulegen.«[9]

Die arabischen Staaten werden in der Resolution unzweideutig aufgefordert, Frieden mit Israel zu schließen. Die Hauptbedingung dafür ist, dass Israel sich aus Gebieten, die es 1967 besetzt hatte, zurückzieht. Das kann bedeuten, dass Israel sich aus manchen, allen oder keinem der noch besetzten Gebiete zurückziehen muss. Da das Land mit dem Rückzug von der Sinai-Halbinsel 91 Prozent der eroberten Gebiete zurückgab, kam es seiner in Resolution 242 festgesetzten Verpflichtung in jedem Fall bereits teilweise – wenn nicht sogar ganz – nach.

Auch die Forderung nach »sicheren und anerkannten Grenzen« lehnten die arabischen Staaten ab, weil sie befürchteten, dies könnte Verhandlungen mit den Israelis nötig machen. Die Arabische Liga schloss diesen Punkt deshalb auf der Konferenz in Khartoum im August 1967,

---

7 Eban, S. 452.

8 *Beirut Daily Star*, 12. Juni 1974.

9 Rede vor der AIPAC Policy Conference, 8. Mai 1973.

Karte 13 Entfernungen zwischen israelischen Bervölkerungszentren und den Waffenstillstandszonen vor 1967

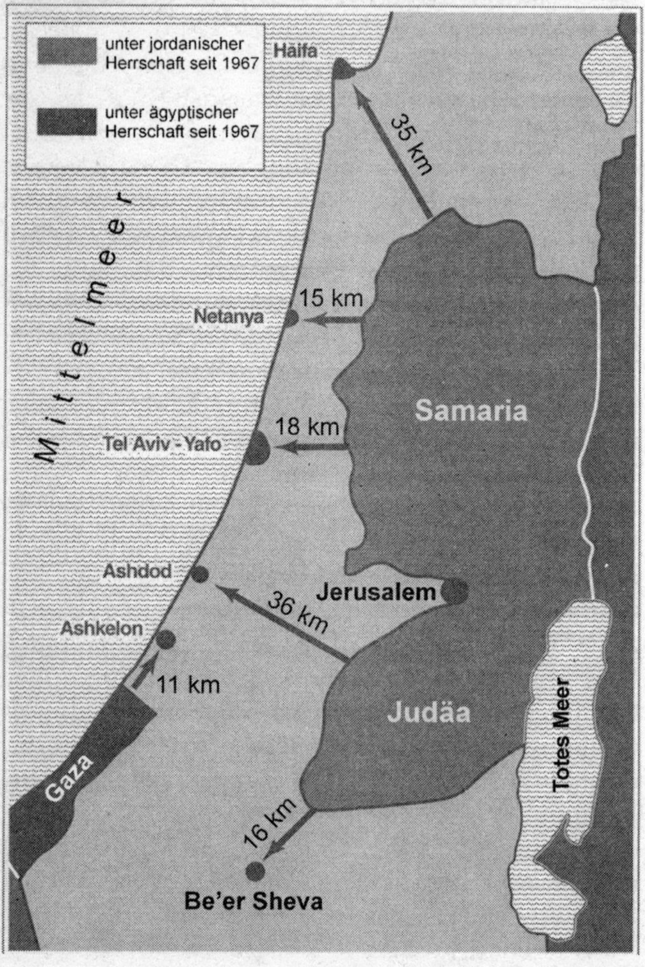

bei der die drei »Neins« formuliert wurden, ausdrücklich aus. Botschafter Goldberg erklärte, dass die Wendung eigens aufgenommen worden war, weil man davon ausging, dass die Parteien »in ihren Friedensverhandlungen territoriale Regelungen treffen würden, die nicht den vollständigen Rückzug der Israelis aus den eroberten Gebieten vorsahen, da Israels Vorkriegsgrenzen sich als weitgehend unsicher erwiesen hatten«.

Die Frage lautet also, ob Israel auf alle zusätzlichen Gebiete verzichten muss. Inzwischen sind Friedensverträge mit Ägypten und Jordanien unterzeichnet und Israel hat sich auf die internationale Grenze zum Libanon zurückgezogen, sodass Gebietsansprüche nur noch mit den Palästinensern (die in 242 nicht einmal erwähnt werden) und mit Syrien geklärt werden müssen.

Im Streit mit Syrien geht es um die Golanhöhen. Israels Ministerpräsident Yitzhak Rabin signalisierte bereits seine Bereitschaft, im Ausgleich gegen den Frieden einen Kompromiss auszuhandeln; doch Präsident Hafez Assad weigerte sich, auch nur einen eingeschränkten Friedensvertrag anzuerkennen, ehe Israel nicht dem vollständigen Rückzug zustimmte. Gemäß Resolution 242 ist Israel jedoch nicht verpflichtet, sich ohne alle vorherigen Friedensabsprachen mit Syrien auch nur teilweise von den Golanhöhen zurückzuziehen.

Es ist wichtig festzuhalten, dass andere arabische Staaten, die sich weiterhin mit Israel im Krieg befinden bzw. dem Land die diplomatische Anerkennung verweigern, wie zum Beispiel Saudi-Arabien und Libyen, keine territorialen Streitigkeiten mit Israel haben. Dennoch haben auch sie ihre Beziehungen zu Israel (zumindest rhetorisch) vom Rückzug Israels auf die Vorkriegsgrenzen abhängig gemacht.

Resolution 242 enthält jedoch noch ganz andere Forderungen, was den meisten Nahostbeobachtern zu entgehen scheint – zum Beispiel die Garantie unbehinderter Schifffahrt. Diese Klausel wurde aufgenommen, weil die Sperrung der Straße von Tiran durch die Ägypter einer der Hauptgründe für den Krieg von 1967 war.

Behauptung

»In Resolution 242 wird das Recht der Palästinenser auf Selbstbestimmung anerkannt.«

Tatsache

Die Palästinenser werden in Resolution 242 überhaupt nicht erwähnt. Lediglich im zweiten Satz des zweiten Artikels, wo von einer »gerechten Regelung des Flüchtlingsproblems« die Rede ist, wird auf sie angespielt. An keiner Stelle wird gefordert, dass die Palästinenser territoriale oder politische Rechte erhalten sollen. Im Gegenteil, in der allgemeinen Formulierung »Flüchtlingsproblem« wird deutlich, dass dieses Problem auf beiden Seiten bestand – auf arabischer wie auf jüdischer, war doch die Zahl der Juden, die aus arabischen Ländern flohen, fast ebenso hoch wie die der Palästinenser, die Israel verließen. Die Juden erhielten allerdings keine Entschädigung von den arabischen Staaten, und es wurden auch keine UN-Organisationen zu ihrer Unterstützung gegründet.

Behauptung

»Die arabischen Staaten und die PLO haben Resolution 242 anerkannt, während Israel sie ablehnte.«

Tatsache

Die arabischen Staaten erklärten, dass sie Resolution 242 in der von ihnen selbst definierten Form akzeptierten, dass heißt unter der Voraussetzung, dass Israel sich bedingungslos und vollständig aus den eroberten Gebieten zurückziehe.

Die PLO lehnte Resolution 242 am 15. Oktober 1968 vor der Vollversammlung der Vereinten Nationen mit der Erklärung ab, dass die »Durchführung besagter Resolution zum Verlust aller Hoffnungen auf Frieden und Sicherheit in Palästina und im Nahen Osten« führe.

Botschafter Abba Eban formulierte die Haltung Israels am 1. Mai 1968 gegenüber dem Sicherheitsrat: »Meine Regierung hat darauf hingewiesen, dass sie die Resolution des Sicherheitsrates zur Förderung eines Abkommens über die Errichtung eines gerechten und dauerhaften Friedens anerkennt. Darüber hinaus bin ich zu der Zusicherung bevollmächtigt, dass wir bereit sind, in allen Punkten, die in dieser Resolution angesprochen werden, mit jedem arabischen Staat zu einer Übereinkunft zu kommen.«

Es dauerte fast ein Vierteljahrhundert, doch am Ende akzeptierte die PLO mit der Unterzeichnung der »Grundsatzerklärung« im September 1993 die Resolutionen 242 und 338 als Grundlage für Verhandlungen mit Israel.

Behauptung

»Nach dem Sechs-Tage-Krieg waren die Palästinenser zu Verhandlungen bereit.«

Tatsache

Die Arabische Liga gründete im Jahr 1964 in Kairo die Palästinensische Befreiungsorganisation als Waffe gegen Israel. Bis zum Sechs-Tage-Krieg führte die PLO Terroranschläge durch, die massiv zur dramatischen Zuspitzung des Konflikts beitrugen. Weder die PLO noch andere palästinensische Gruppen traten mit Jordanien oder Ägypten für die Schaffung eines unabhängigen palästinensischen Staates in der Westbank und im Gaza-

streifen ein. Das Hauptanliegen der Palästinenser war stets die Vernichtung Israels.
Das änderte sich auch nach der Niederlage der arabischen Staaten im Jahr 1967 nicht. Im Gegenteil, als dadurch eine Million Araber unter israelische Herrschaft kamen, glaubten manche Palästinenser, dass die Erfolgsaussichten eines allgemeinen Befreiungskrieges nun sogar gewachsen seien. Zu diesem Zweck organisierte Jassir Arafat eine Terrorkampagne von der Westbank aus. Von September bis Dezember 1967 kam es zu 61 Anschlägen, in der Hauptsache gegen zivile Ziele wie Fabriken, Kinos und Privathäuser.[10]
Den israelischen Sicherheitskräfte gelang es jedoch zunehmend, die Terroranschläge in Israel und in den besetzten Gebieten zu vereiteln. Daraufhin schlug die PLO einen anderen Kurs ein und griff jüdische und israelische Ziele im Ausland an. Anfang 1968 kam es zur ersten Flugzeugentführung durch palästinensische Terroristen, der noch viele folgen sollten.

---

[10] Netanel Lorch: *One Long War*, Jerusalem: Keter 1976, S. 139-146.

8. Der Zermürbungskrieg, 1967-1970

Behauptung

»Die Schuld am Zermürbungskrieg lag bei Israel.«
»Ägpyten hat den Zermürbungskrieg beendet und versucht, zu einer Verständigung mit Israel zu kommen, doch Israel wies diese Initiative zurück.«
»Ägypten signalisierte zwischen 1971 und 1973 wiederholt seine Bereitschaft zu Friedensverhandlungen mit Israel. Einzig und allein Israels Ablehnung dieser Initiativen führte schließlich zum Jom-Kippur-Krieg.«

Behauptung

»Die Schuld am Zermürbungskrieg lag bei Israel.«

Tatsache

Ägypten begann bereits am 1. Juli 1967 damit, israelische Stellungen am Suezkanal unter Beschuss zu nehmen. Am 21. Oktober 1967 versenkte Ägypten den isralischen

Zerstörer Eilat; dabei kamen 47 Personen ums Leben. Nicht einmal ein Jahr später beschoss die ägyptische Artillerie erneut israelische Stellungen am Suezkanal. Dieser Tag im Jahr 1968 gilt in der Regel als der Beginn des Krieges.
Nasser glaubte, dass Israel einen längeren Zermürbungskrieg nicht durchhalten könne, da der Großteil des israelischen Heeres aus Reservestreitkräften bestand. Seiner Ansicht nach konnte Israel die wirtschaftlichen Folgen eines solchen Dauermobilmachens nicht über längere Zeit verkraften, und die ständigen Kampfhandlungen würden, so hoffte er, die Moral der Israelis untergraben.

Der blutige Zermürbungskrieg dauerte etwa zwei Jahre. Israel verlor in dieser Zeit 15 Kampfflugzeuge, von denen die meisten von Flugabwehrgeschützen und -raketen abgeschossen wurden. Zwischen dem 15. Juni 1967 und dem 8. August 1970 fielen auf israelischer Seite 1424 Soldaten, außerdem kamen über 100 Zivilisten ums Leben; weitere 2000 Soldaten und 700 Zivilisten wurden verletzt.[1]

---

[1] Nadav Safran: *Israel The Embattled Ally*; MA: Harvard University Press 1981, S. 266.

Behauptung

»Ägypten hat den Zermürbungskrieg beendet und versucht, zu einer Verständigung mit Israel zu kommen, doch Israel wies diese Initiative zurück.«

Tatsache

Im Sommer 1970 gelang es den Vereinigten Staaten, Israel und Ägypten zur Unterzeichnung eines Waffenstillstands zu bewegen, der sogleich in Verhandlungen unter der Schirmherrschaft der Vereinten Nationen münden sollte. Israel hatte erklärt, dass es grundsätzlich zum Rückzug aus den eroberten Gebieten bereit sei.

Am 7. August jedoch stationierten die Sowjets und Ägypten im 32-Meilen-Sperrgebiet entlang der Westbank am Suezkanal hoch entwickelte Boden-Luft-Raketen vom Typ SAM-2 und SAM-3. Dies war ein eindeutiger Verstoß gegen das Waffenstillstandsabkommen, das die Einfuhr militärischen Geräts und die Stationierung militärischer Einrichtungen aller Art in diesem Gebiet untersagte.

Im *Time-Magazine* hieß es, die Erkundung des Geländes durch amerikanische Aufklärungsflugzeuge hätte ergeben, »dass die 36 SAM-2-Raketen, die in die Waffenstillstandszone geschmuggelt worden waren, lediglich die

erste Stufe des gigantischsten Flugabwehrsystems darstellten, das je errichtet wurde«.[2]
Satellitenfotos des Verteidigungsministeriums zeigen ganz deutlich, dass in einer 78-Meilen-Zone zwischen den Städten von Ismailia und Suez 63 SAM-2-Raketen stationiert wurden. Drei Jahre später, im Krieg von 1973, übernahmen diese Raketen eine wichtige Funktion bei Ägyptens Überraschungsangriff auf Israel. Wie wichtig, wird daran sichtbar, »dass 40 Prozent der Gesamtverluste an israelischen Kampfflugzeugen in den ersten 48 Stunden erfolgten. Das waren 14 Prozent der Kampfstärke der israelischen Luftwaffe überhaupt«.[3]
Trotz dieser schweren ägyptischen Vertragsverstöße wurden die von den Vereinten Nationen protegierten Gespräche wieder aufgenommen – ein weiterer Beleg dafür, wie sehr Israel am Fortschritt des Friedensprozesses gelegen war. Die Verhandlungen gerieten allerdings sehr schnell ins Stocken, als der von den Vereinten Nationen eingesetzte Vermittler, Gunnar Jarring, die ägyptische Auslegung von Resolution 242 übernahm und den Rückzug Israels hinter die Demarkationslinien der Zeit vor dem 5. Juni 1967 verlangte.
Unter diesen Voraussetzungen bekundete Ägypten am 20. Februar 1971 in einem Brief an Jarring seine Bereitschaft zu einem Friedensvertrag mit Israel – eine bloße Geste, die letztlich nur der Verschleierung des hartnäckigen Irredentismus Ägyptens und seiner mangelnden Bereitschaft, einen echten Frieden zu akzeptieren,

---

[2] *Time Magazine*, 14. September 1970.
[3] John Pimlott: *The Middle East Conflicts From 1945 to the Present*; NY: Crescent Books 1983, S. 99.

diente, wie die im Brief formulierten umfassenden Vorbehalte und Vorbedingungen zeigen.
Die entscheidenden Sätze über einen möglichen »Friedensvertrag mit Israel« waren in Ägypten bezeichnenderweise weder in der Presse zu lesen noch im Rundfunk zu hören. Außerdem lehnte Ägypten direkte Verhandlungen mit dem jüdischen Staat ab. Israel versuchte zwar, Jarrings schwierige Mission wenigstens indirekt in ein Gespräch zu verwandeln, indem es seine Briefe nicht an Jarring, sondern an die ägyptische Regierung richtete, doch Ägypten weigerte sich, darauf einzugehen.
Unmittelbar nach dem Brief an Jarring wandte sich Ägyptens neuer Präsident Anwar el-Sadat an die Versammlung des Palästinensischen Nationalrates in Kairo. Er versprach der PLO seine Unterstützung »bis zum Sieg« und erklärte, dass Ägypten Resolution 242 nicht akzeptieren würde.[4]
Fünf Tage nach dem Sadat seine Bereitschaft zum Frieden mit Israel bekundet hatte, schrieb Mohammed Heikal, der Herausgeber des halfoffiziellen Blattes *Al-Ahram*, ein Vertrauter Sadats:

> »In diesem Stadium hat jegliche arabische Politik nur zwei Ziele. Das Erste ist die Auslöschung aller Spuren der Aggression von 1967 durch den Rückzug Israels aus sämtlichen besetzten Gebieten. Das zweite Ziel ist die Auslöschung aller Spuren der Aggression von 1948 durch die Auslöschung des Staates Israel selbst. Dieses zweite

---

[4] Radio Kairo, 27. Feburar 1971.

ist jedoch vorläufig noch ein abstraktes Ziel, auch wenn manche von uns dem Irrtum verfallen sind, den letzteren Schritt vor dem ersten tun zu wollen.«[5]

Behauptung

»Ägypten signalisierte zwischen 1971 und 1973 wiederholt seine Bereitschaft zu Friedensverhandlungen mit Israel. Einzig und allein Israels Ablehnung dieser Initiativen führte schließlich zum Jom-Kippur-Krieg.«

Tatsache

Nach dem Scheitern der Jarring-Mission unternahmen die Vereinigten Staaten einen weiteren Schlichtungsversuch. Sie schlugen ein israelisch-ägyptisches Interimsabkommen vor, das den teilweisen Rückzug Israels aus dem Gebiet des Suezkanals und gleichzeitig die Öffnung der Wasserstraße für den Schiffsverkehr vorsah.

---

5 *Al-Ahram*, 25. Februar 1971.

Israel war ohne Vorbedingungen zu Verhandlungen bereit. Sadat verlangte jedoch, dass Israel sich – als Teil des Interimsabkommens – bereit erkläre, letztlich doch hinter die alten Grenzen von 1967 zurückzuweichen. Damit wollte er im Grunde eine Vorausgarantie im Blick auf das Ergebnis der anvisierten »Verhandlungen« erzwingen.

9. Der Jom-Kippur-Krieg von 1973

Behauptung

»Israel trägt die Schuld am Jom-Kippur-Krieg.«
»Der ägyptische Präsident Anwar el-Sadat hatte amerikanischen Friedensvorschlägen zugestimmt; er wollte keinen Krieg.«
»Ägypten und Syrien waren die einzigen am Krieg von 1973 beteiligten arabischen Staaten.«
»Israel hat arabische Soldaten, die im Krieg von 1973 in Kriegsgefangenschaft gerieten, misshandelt.«
»Israelische Truppen haben vor ihrem Rückzug im Juni 1974 die Stadt Kuneitra terrorisiert und vorsätzlich gesprengt.«

Behauptung

»Israel trägt die Schuld am Jom-Kippur-Krieg.«

Tatsache

Am 6. Oktober 1973 – an Jom Kippur, dem höchsten israelischen Feiertag – unternahmen Ägypten und Syrien einen Überraschungsangriff gegen Israel. Zu diesem Zweck war ein Äquivalent der gesamten NATO-Streitkräfte Europas an Israels Grenzen zusammengezogen worden.[1] Auf den Golanhöhen standen etwa 180 israelische Panzer dem Ansturm von 1400 syrischen Panzern gegenüber. Entlang des Suezkanals wurden weniger als 500 israelischen Soldaten von 80 000 Ägyptern angegriffen.

Nachdem Israel, das in den beiden ersten Kampftagen in die Defensive gedrängt worden war, seine Reserven mobilisiert hatte, konnte es die Eindringlinge zurückschlagen und den Kriegsschauplatz tief nach Syrien und Ägypten verlagern. Die arabischen Staaten wurden von der Sowjetunion unterstützt, die den amerikanischen Bemühungen um eine sofortige Feuereinstellung ablehnend gegenüberstand. Daraufhin begannen die USA – etwas verzögert – mit der Errichtung einer Luftbrücke nach Israel. Zwei Wochen später wurde Ägypten vom Sicherheitsrat der Vereinten Nationen vor einer katastrophalen Niederlage bewahrt – von demselben Sicherheitsrat, der, solange die Vorzeichen für die Araber günstig standen, stillgehalten hatte.

So lange es so aussah, als würden die arabischen Angreifer den Krieg gewinnen, zeigte die Sowjetunion keinerlei

---

[1] Chaim Herzog: *The Arab-Israeli-Wars*; NY: Random House 1982, S. 230.

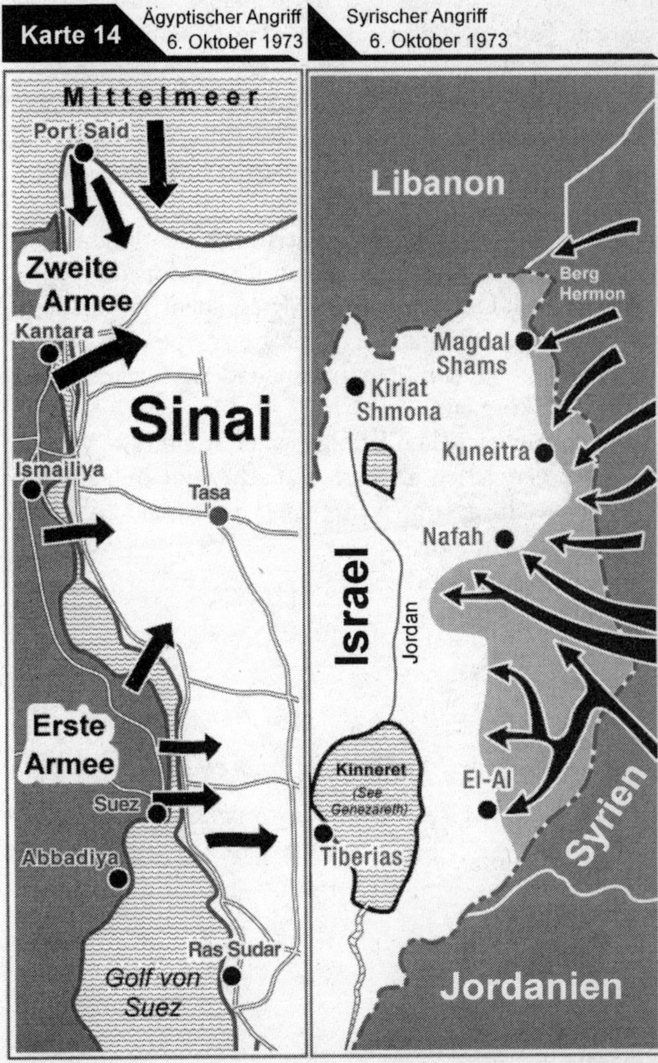
Karte 14
Ägyptischer Angriff
6. Oktober 1973
Syrischer Angriff
6. Oktober 1973
Mittelmeer
Port Said
Zweite Armee
Kantara
Sinai
Ismailiya
Tasa
Erste Armee
Suez
Abbadiya
Ras Sudar
Golf von Suez
Libanon
Berg Hermon
Magdal Shams
Kiriat Shmona
Kuneitra
Nafah
Israel
Jordan
Kinneret
(See Genezareth)
Tiberias
El-Al
Syrien
Jordanien

Interesse, sich um einen Friedensschluss zu bemühen. Eine ähnliche Haltung legte der damalige UN-Generalsekretär Kurt Waldheim an den Tag (Waldheim wurde nach seiner Wahl zum österreichischen Bundespräsidenten die Einreise in die USA verweigert, nachdem sich herausstellte, dass er im Zweiten Weltkrieg an Kriegsverbrechen der Deutschen auf dem Balkan beteiligt gewesen war).

Am 22. Oktober erließ der Sicherheitrat Resolution 338, in der alle Parteien aufgerufen wurden, »sofort das Feuer einzustellen«. Der Beschluss erfolgte an dem Tag, an dem die israelischen Streitkräfte die Dritte Ägyptische Armee abgeschnitten und isoliert hatten und sie folglich hätte vernichten können.[2]

Trotz des militärischen Erfolgs seiner Streitkräfte wertete Israel den Krieg als diplomatische und militärische Niederlage. Insgesamt waren 2688 israelische Soldaten ums Leben gekommen.

Behauptung

»Der ägyptische Präsident Anwar el-Sadat hatte amerikanischen Friedensvorschlägen zugestimmt; er wollte keinen Krieg.«

---

[2] Herzog, S. 280.

Tatsache

1971 bekundete der ägyptische Präsident Sadat seine Bereitschaft zu einem Abkommen mit Israel unter der Voraussetzung, dass die Israelis alle besetzten Gebiete zurückgäben. Da man dem Frieden dennoch weiterhin keinen Schritt näher kam, erklärte Sadat im folgenden Jahr, dass ein Krieg unausweichlich und er selbst bereit sei, in einer entscheidenden Kraftprobe mit Israel eine Million Soldaten zu opfern.[3] In diesem Jahr sollte seine Drohung allerdings noch nicht wahr werden.

Das ganze Jahr 1972 und einen Großteil des Jahres 1973 drohte Sadat weiter mit Krieg, falls die Vereinigten Staaten Israel nicht zwangen, die arabische Auslegung von Resolution 242 anzunehmen. Er forderte den völligen Rückzugs Israels aus den 1967 eroberten Gebieten.

Gleichzeitig startete das ägyptische Staatsoberhaupt eine diplomatische Offensive in mehreren europäischen und afrikanischen Staaten und warb um Unterstützung für seine Sache. Er appellierte an die Sowjetunion, Druck auf die Vereinigten Staaten auszuüben und Ägypten noch mehr Waffen für eine Überschreitung des Suezkanals zu liefern. Der Sowjetunion war zu diesem Zeitpunkt jedoch mehr an der Aufrechterhaltung des Anscheins der politischen Entspannung mit den Vereinigten Staaten als an einer Konfrontation im Nahen Osten gelegen, und lehnte Sadats Forderung ab. Sadats Reaktion bestand in der für alle Welt völlig überraschend kommenden Aus-

---

[3] Howard Sachar: *A History of Israel: From the Rise of Zionism to Our Time*; NY: Alfred A. Knopf 1979, S. 747.

weisung von 20000 sowjetischen Beratern aus Ägypten.

In einem Interview aus dem Jahr 1973 drohte Sadat dann mit der Wiederaufnahme des Krieges.[4] Da er die gleiche Drohung jedoch schon 1971 und 1972 ausgesprochen hatte, nahmen die meisten Beobachter seine Äußerung nicht ernst.

Die Vereinigten Staaten waren wie Israel der Ansicht, dass Ägypten nun direkte Verhandlungen aufnehmen sollte. Der von den USA vermittelte Waffenstillstand hielt inzwischen immerhin schon drei Jahre, und der amerikanische Außenminister Kissinger hatte bei den Vereinten Nationen den Anstoß zu einem neuen Dialog für den Frieden gegeben. Kaum jemand glaubte, dass es jetzt noch zu einem neuen Krieg kommen würde.

Doch Sadats beißender Kommentar zu Kissingers Initiative gipfelte in den Worten:

> »Die Vereinigten Staaten stehen noch immer unter zionistischem Druck. Sie sehen durch die Brille des Zionismus und sind völlig blind für alles, was nicht den Wünschen Israels entspricht. Wir werden das nicht hinnehmen.«[5]

---

[4] *Newsweek*, 9. April 1973.

[5] Radio Kairo, 28. September 1973.

Behauptung

»Ägypten und Syrien waren die einzigen am Krieg von 1973 beteiligten arabischen Staaten.«

Tatsache

Mindestens neun arabische Staaten, darunter vier, die nicht in der Krisenregion liegen, haben die ägyptisch-syrischen Kriegsbestrebungen aktiv unterstützt.
Wenige Monate vor dem Jom-Kippur-Krieg entsandte der Irak eine Schwadron Kampfflugzeuge nach Ägypten. Während des Krieges wurden eine 18 000 Mann starke irakische Abteilung und mehrere hundert Panzer auf den Golanhöhen stationiert; sie nahmen am 16. Oktober am Angriff gegen die israelischen Stellungen teil.[6] Bereits am 8. Oktober, dem dritten Kriegstag, wurden irakische MiGs auf den Golanhöhen eingesetzt.
Saudi-Arabien und Kuwait leisteten nicht nur finanzielle Schützenhilfe, sondern schickten ebenfalls Soldaten in die Schlacht. Eine saudische Brigade von etwa 3 000 Mann wurde nach Syrien versetzt, wo sie an den Kämpfen gegen die Israelis, die auf Damaskus vorrückten, teilnahmen. Libyen verstieß gegen das in Paris beschlossene

---

[6] Trevor Dupuy: *Elusive Victory: The Arab-Israeli-Wars*, 1947-1974; NY: Harper & Row 1978, S. 462.

Transfer-Verbot für Waffen französischer Herkunft und schickte Mirage-Kampfjäger nach Ägypten (von 1971 bis 1973 zahlte der libyische Präsident Muammar Quaddafi über eine Milliarde Dollar für die Wiederaufrüstung Ägyptens, hauptsächlich an die Sowjets).[7]

> »Alle Länder sollten am Krieg gegen die Zionisten teilnehmen, die nur dazu da sind, alles, was Menschen aufgebaut haben, zu zerstören.«
>
> **König Faisal von Saudi-Arabien**
> Beirut Daily Star,
> 17. November 1972

Auch andere nordafrikanische Länder entsprachen dem arabischen und sowjetischen Aufruf zur Unterstützung der Frontstaaten. Algerien schickte drei Schwadronen Kampfflugzeuge und Bomber, eine bewaffnete Brigade und 150 Panzer. Am Nildelta wurden zwischen 1000 und 2000 tunesische Soldaten stationiert. Der Sudan entsandte 3500 Mann nach Südägypten, und Marokko schickte drei Brigaden an die Front, davon 2500 Mann nach Syrien.

Die syrische Luftverteidigung arbeitete mit libanesischen Radareinheiten. Und der Libanon ließ es zu, dass palästinensische Terroristen von libanesischem Gebiet aus

---

[7] Dupuy, S. 376; Herzog, S. 278; Nadav Safran: *Israel The Embattled Ally*; MA: Harvard University Press 1981, S. 499.

zivile israelische Siedlungen unter Beschuss nahmen. Palästinenser kämpften an der Südfront an der Seite von Ägyptern und Kuwaitis.[8]

Der wohl zurückhaltendste Teilnehmer war der jordanische König Hussein, der anscheinend nicht über die ägyptischen und syrischen Kriegspläne unterrichtet worden war. Doch auch Hussein schickte zwei seiner besten Einheiten - die Vierzigste und die Sechzigste Bewaffnete Brigade – nach Syrien. Sie nahmen Stellungen im südlichen Kampfabschnitt ein, verteidigten die wichtigste Verbindungsroute zwischen Amman und Damaskus und griffen am 16. Oktober israelische Stellungen entlang der Straße Kuneitra-Sassa an. An dem Überfall beteiligten sich auch drei jordanische Artillerieeinheiten mit ca. 100 Panzern.[9]

Der syrische Verteidigungsminister Mustafa Tlas schilderte im Dezember 1973 vor der syrischen Nationalversammlung das folgende Beispiel für die »höchste Tapferkeit« der syrischen Truppen:

> »Es handelt sich um den Fall eines Rekruten aus Aleppo, der ganz allein 28 jüdische Soldaten ermordet hat. Er hat sie hingemetzelt wie Schafe. Seine bewaffneten Kameraden waren Zeugen. Drei von ihnen schlachtete er mit der Axt ab und enthauptete sie ... Mit einem von ihnen geriet er in den Nahkampf. Dem brach er mit einem Axthieb das Genick und verschlang vor den Augen seiner Kameraden sein Fleisch. Dieser Fall

---

[8] Herzog, S. 278; 285; 293; Dupuy, S. 534.
[9] Herzog, S. 300.

ist ein ganz besonderes Beispiel für Heldenmut; der Mann verdient die Medaille der Republik. Ich werde diese Medaille jedem Soldaten verleihen, dem es gelingt, 28 Juden zu töten, und werde ihn für seinen Mut mit Anerkennung und Ehren überhäufen.«[10]

Behauptung

»Israel hat arabische Soldaten, die im Krieg von 1973 in Kriegsgefangenschaft gerieten, misshandelt.«

Tatsache

Zahlreiche unabhängige Beobachter berichteten, dass die Behandlung von arabischen Kriegsgefangenen durch die Israelis zu keinerlei Beanstandung Anlass gab. Hugh Baker, ein Vertreter von Amnesty International, erklärte: »Sie werden gut behandelt ... und sie scheinen die bestmögliche medizinische Versorgung zu erhalten.«[11]

---

[10] Offizielle syrische Zeitungsmeldung, 11. Juli 1974.
[11] *Jerusalem Post*, 4. Januar 1974.

Kurz nach seiner Freilassung beklagte sich der syrische Colonel Atnon El-Kodar über Misshandlung durch israelische Ärzte. Er warf ihnen vor, ohne medizinische Notwendigkeit sein Bein amputiert zu haben. Ein amerikanischer Reporter, Ed deFontaine, der Kodar in einem israelischen Krankenhaus getroffen hatte, meinte, der Colonel müsse »ein sehr kurzes Gedächtnis für das haben, was getan wurde, um ihn zu retten ... Mir sagte er damals, dass er dem Arzt sein Leben verdanke.«[12]
Die israelischen Soldaten hingegen, die von syrischen und ägyptischen Truppen gefangen genommen wurden, wurden sehr wohl misshandelt. Dutzende von israelischen Kriegsgefangenen wurden, nachdem sie sich ergeben hatten, ermordet, andere wurden gefoltert – ein klarer Verstoß gegen die Genfer Konvention über die Behandlung von Kriegsgefangenen.
Nach einem Bericht, den die israelische Regierung am 8. Dezember 1973 dem Internationalen Roten Kreuz übergab, hatten israelische Truppen auf den Golanhöhen die Leichen israelischer Soldaten entdeckt, die an Händen und Füßen gefesselt waren und denen man die Augen ausgedrückt hatte. Sie waren aus nächster Nähe erschossen worden.
An der ägyptischen Front erging es den israelischen Soldaten nicht besser, wie der einen Tag später, am 9. Dezember 1973, beim Roten Kreuz eingegangene Bericht belegt. Die Soldaten, die sich ergeben hatten, bekamen nichts zu essen, wurden geschlagen und mussten Auspeitschungen, sexuelle Misshandlungen und Verbren-

[12] Group W Radio, 11. Juni 1974.

nungen über sich ergehen lassen – und auch von ihnen wurden viele zum Schluss erschossen.
Nach dem Krieg weigerte sich Syrien monatelang, Israel, dem Roten Kreuz oder dem amerikanischen Außenminister Henry Kissinger Listen mit den Namen der Kriegsgefangenen zukommen zu lassen.
Die *London Sunday Times* berichtete, dass syrische Offiziere israelische Kriegsgefangene zum Verhör an speziell dafür ausgebildete sowjetische Militärs ausgeliefert hatten. »Die Verhörenden ... wandten medizinische und andere Foltertechniken an, um den Widerstand der Israelis zu brechen«, hieß es in der Times.[13]

Behauptung

»Israelische Truppen haben vor ihrem Rückzug im Juni 1974 die Stadt Kuneitra terrorisiert und vorsätzlich gesprengt.«

Tatsache

Kuneitra, eine kleine Stadt unmittelbar nördlich der israelisch-syrischen Grenze, wurde in den Kriegen von

[13] *London Times*, 19. Mai 1974.

1967 und 1973 schwer beschädigt. Im Jom-Kippur-Krieg wurde sie zunächst von syrischen Truppen beschossen und erobert, dann von den Israelis zurückerobert und gegen heftige syrische Gegenangriffe verteidigt. Panzer rollten durch die Straßen und über die Trümmer der Häuser hinweg. Die 81 Tage dauernden Artillerie-Duelle, die der schließlichen Aufgabe der Stadt vorausgingen, hinterließen ebenfalls ihre zerstörerischen Spuren.

Seine strategisch günstige Lage direkt an der israelischen Grenze machte Kuneitra zu einem wichtigen Knotenpunkt für die syrische Armee. Hier befand sich eine wichtige Kommando- und Kontrollzentrale der gesamten Front. Mindestens die Hälfte des syrischen Heeres stand in dem Gebiet, dessen Hauptstadt Kuneitra war. Militäreinrichtungen, Baracken, Versorgungszentralen sowie Treibstoff- und Munitionslager bestimmten das Stadtbild und seine Umgebung. Die Folge war, dass sich die Erwerbsquellen der Einwohner änderten: Aus einfachen Bauern wurden Armeelieferanten.

Lange vor der angeblichen Zerstörung der Stadt durch israelische Soldaten berichtete die *London Times*, dass Kuneitra, das einst »über 17 000 Einwohner und eine syrische Armeegarnison beherbergte ... nach sieben Kriegsjahren aufgegeben wurde und völlig zerstört ist. Es wirkt wie eine Geisterstadt aus dem Wilden Westen, die von einer Naturkatastrophe heimgesucht wurde ... Fast alle Häuser sind stark beschädigt, viele sind eingestürzt ...«[14]

---

[14] *London Times*, 5. Mai 1974.

10. Grenzen

Behauptung

»Die Gründung des Staates Israel im Jahr 1948 griff in politische Vereinbarungen und Grenzabkommen zwischen unabhängigen Staaten ein, die bereits seit Jahrhunderten existierten.«
»Israel war seit seiner Gründung ein expansionistischer Staat.«
»Israel war schon lange darauf aus, das arabische Territorium vom Nil bis zum Euphrat zu erobern. In der Knesset hängt sogar eine Karte, auf der dieser Vorsatz deutlich wird.«
»Die Westbank gehört zu Jordanien.«
»Israel hat die Golanhöhen in einem Angriffskrieg erobert.«
»Es besteht keinerlei strategische Notwendigkeit, dass Israel die Golanhöhen kontrolliert. Syriens Einhaltung des Waffenstillstands auf dem Golan beweist, dass Israel das Gebiet gefahrlos zurückgeben könnte.«
»Israel hat es abgelehnt, Kompromissvorschläge im Blick auf die Golanhöhen zu machen, während Syrien bereit war, Land gegen Frieden einzutauschen.«
»Israel hat die Golanhöhen im Jahr 1981 illegal annektiert und damit gegen geltendes internationales Recht und gegen Resolution 242 verstoßen.«
»Israel kann sich aus der Westbank ebenso leicht zurückziehen, wie es sich aus dem Sinai zurückziehen konnte.«

»Der Golfkrieg beweist, dass Israels Forderung nach verteidigungsfähigen Grenzen in einer Ära von Missiles und Langstreckenbombern, die innerhalb von Minuten riesige Gebiete überqueren können, unrealistisch ist.«

Behauptung

»Die Gründung des Staates Israel im Jahr 1948 griff in politische Vereinbarungen und Grenzabkommen zwischen unabhängigen Staaten ein, die seit Jahrhunderten existierten.«

Tatsache

Die Grenzen der Länder des Nahen Ostens wurden von den Westmächten nach der Niederlage der Türkei im Ersten Weltkrieg und nach der Aufteilung der französischen und britischen Mandate willkürlich festgelegt. Die Gebiete, die nach der Teilungsresolution der Vereinten Nationen an Israel fallen sollten, hatten zum Reich der Osmanen gehört, die von 1517 bis 1917 in Palästina geherrscht hatten.

Als die Türkei im Ersten Weltkrieg geschlagen war, übernahmen die Franzosen das Gebiet des heutigen Libanon und Syriens. Die Briten kontrollierten Palästina

und den Irak. 1926 wurden die Grenzen neu gezogen; dabei wurde der Libanon von Syrien abgetrennt.
Emir Faisal, den die Franzosen in Syrien abgesetzt hatten, wurde auf britische Intervention hin Herrscher des neuen Königreichs Irak. 1922 schufen die Briten das Emirat Transjordanien, das das gesamte östlich des Jordan gelegene Gebiet Palästina umfasste. Auf diese Weise erhielt Emir Abdullah, dessen Familie in einer Stammesfehde auf der arabischen Halbinsel unterlegen war, wieder ein Königreich. Keines der Länder, die an Israel grenzen, war vor dem 20. Jahrhundert unabhängig gewesen. Im Gegenteil, viele arabische Nationen wurden sogar erst nach der Gründung des israelischen Staates unabhängig.[1]

Behauptung

»Israel war seit seiner Gründung ein expansionistischer Staat.«

---

[1] Ägypten erhielt die Unabhängigkeit 1922; der Libanon 1946; Jordanien und Syrien ebenfalls 1946. Viele Golfstaaten wurden erst nach Israel unabhängig: Kuwait 1961; Bahrain 1970; die Vereinigten Arabischen Emirate 1971 und Qatar ebenfalls 1971.

Tatsache

Israels Grenzen wurden von den Vereinten Nationen festgelegt, als der Staat die Teilungsresolution von 1947 anerkannte. In einer Reihe von Verteidigungskriegen hat Israel danach zusätzliches Territorium erobert. Bei zahlreichen Gelegenheiten hat es sich jedoch aus diesen Gebieten wieder zurückgezogen.

Im Rahmen des Truppenentflechtungsabkommens von 1974 gab Israel Gebiete an Syrien zurück, die es in den Kriegen von 1967 und 1973 erobert hatte.

Im Rahmen des im Jahr 1979 geschlossenen Friedensvertrags zwischen Israel und Ägypten zog Israel seine Streitkräfte zum dritten Mal von der Sinai-Halbinsel ab. Aus einem Großteil dieses im Unabhängigkeitskrieg eroberten Wüstenterritoriums hatte es sich schon vorher zurückgezogen. Nach der Eroberung des Sinai in der Suezkrise von 1956 hatte Israel die Halbinsel bereits ein Jahr später wieder an Ägypten übergeben.

Im September 1983 zog Israel sich aus großen Gebieten des Libanon auf Stellungen südlich des Awali-Flusses zurück. 1985 erfolgte dann der endgültige Abzug aus dem Libanon; davon ausgenommen blieb lediglich eine kleine Zone unmittelbar nördlich der israelischen Grenze. Auch sie wurde jedoch im Jahr 2000 von beiden Seiten geräumt.

Nach der Unterzeichnung der Friedensverträge mit den Palästinensern und eines entsprechenden Abkommens mit Jordanien war Israel bereit, den größten Teil des Gebiets der Westbank zu räumen, den es im Krieg von 1967 erobert hatte. Ein kleiner Teil wurde an Jordanien zurückgegeben, der Rest wurde der Vollmacht der Paläs-

tinenser unterstellt. Das Abkommen mit den Palästinensern sah darüber hinaus den Rückzug Israels aus dem größten Teil des Gazastreifens vor, der im Krieg von 1973 erobert wurde.
Die Verhandlungen über das endgültige Schicksal der umstrittenen Gebiete, die sich noch in Israels Besitz befinden, dauern an. Israels Bereitschaft zu territorialen Zugeständnissen im Austausch gegen Sicherheit beweist jedoch, dass sein Ziel der Frieden und nicht die Expansion ist.

Behauptung

»Israel war schon lange darauf aus, das arabische Territorium vom Nil bis zum Euphrat zu erobern. In der Knesset hängt sogar eine Karte, auf der dieser Vorsatz deutlich wird.«

Tatsache

Dieses Thema wird von Israels Feinden immer wieder aufs Tapet gebracht und in der gesamten arabischen und islamischen Welt mit schöner Regelmäßigkeit wiederaufgegriffen.
In einem Nachdruck der *Protokolle der Weisen Zions* – einer berühmten zaristischen Fälschung –, der 1985 im

Iran aufgelegt wurde, tauchte eine Karte auf, die angeblich Israels Wunschgrenzen zeigt: ein Imperium, das Saudi-Arabien, den Irak, Kuwait und Teile der Türkei und des Iran mit einschließt.

Am 25. Mai 1990 behauptete Jassir Arafat auf einer Pressekonferenz in Genf, Israels Zehn-Agora-Münze trage die Karte eines erweiterten Israels, das ganz Jordanien und den Libanon sowie große Teile des Irak, Syriens, Saudi-Arabiens und Ägyptens umfasse.

In Wirklichkeit ist die Agora die Nachprägung einer alten jüdischen Münze aus der Zeit des Hasmonäerkönigs Mattathias. Die moderne israelische Münze zeigt die antike Prägung, die natürlich in 2000 Jahren etwas gelitten hat. Dieser leicht verformte Umriss auf einer antiken Münze aber soll, wie Arafat versichert, eine geheime »Karte« des auf eine Erweiterung seiner Grenzen hin arbeitenden Israel darstellen.

Der syrische Verteidigungsminister Mustafa Tlas behauptete, über dem Eingang der Knesset seien die Worte eingemeißelt: »Das Land Israel vom Euphrat bis zum Nil.«[2] Anderen Aussagen zufolge zeigt eine in der Knesset hängende Karte diese Grenzen.

Weder die Inschrift noch die Karte existieren. Doch viele Menschen in der arabischen Welt haben sich erfolgreich eingeredet, dass es sie gibt. Araber, die das Parlament besuchten und die bewusste Karte nirgendwo entdecken konnten, glauben einfach, sie sei vor ihrem Besuch entfernt worden.[3]

---

[2] *Al-Jazira*, 17. Januar 1982.

[3] *Washington Jewish Week*, 6. Juli 1989.

Karte 15 Raketen- und Artilleriereichweiten von Positionen der West Bank

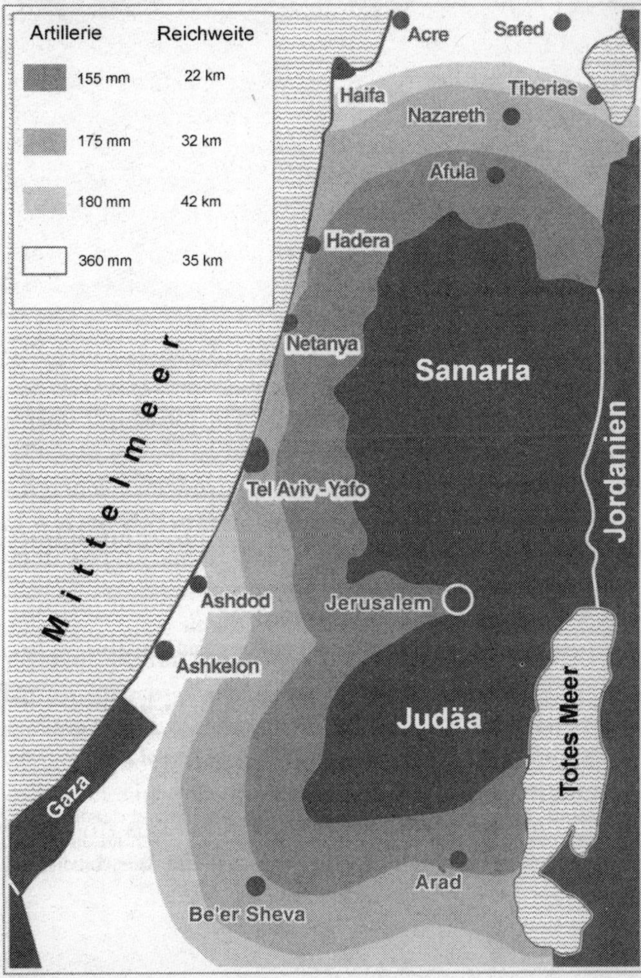

Die Widerlegung dieser Behauptung ist natürlich der Rückzug Israels aus den in den Kriegen von 1948, 1956, 1967, 1973 und 1982 eroberten Gebieten.

Behauptung

»Die Westbank gehört zu Jordanien.«

Tatsache

Die Westbank war nie ein legaler Teil Jordaniens. Nach der Teilungsresolution der Vereinten Nationen von 1947 – die die Juden akzeptierten, die Araber jedoch ablehnten – sollte es Teil eines unabhängigen arabischen Staates in Westpalästina sein. Im Krieg von 1948 marschierte dann jedoch das jordanische Heer ein und besetzte das Gebiet. 1950 annektierte Jordanien die Westbank.

Nur zwei Regierungen – die Großbritanniens und Pakistans – haben die Annexion durch Jordanien formal anerkannt. Der Rest der Welt, einschließlich der Vereinigten Staaten, hat das zu keiner Zeit getan.

Während der Besatzungszeit von 1950 bis 1967 ließ Jordanien es zu, dass Terroristen von hier aus Anschläge in Israel durchführten. Amman verlor die Westbank, als Jordanien 1967 in den Krieg eintrat.

Behauptung

»Israel hat die Golanhöhen in einem Angriffskrieg erobert.«

Tatsache

Zwischen 1948 und 1967 kontrollierte Syrien die Golanhöhen. Es nutzte sie als militärischen Stützpunkt, von dem aus syrische Verbände immer wieder wahllos israelische Zivilisten im Hula-Tal angriffen, sodass die Kinder in den Kibbuzim in Bunkern schlafen mussten. Viele Straßen in Nordisrael konnten erst überquert werden, nachdem sie mit Minensuchgeräten überprüft worden waren. Ende 1966 wurde ein Jugendlicher von einer Mine in Stücke gerissen, als er in der Nähe der libanesischen Grenze Fußball spielte. Manchmal wurden diese Überfälle auch von Jassir Arafats Fatah durchgeführt, die Syrien von seinem Territorium aus operieren ließ.[4]

Israel protestierte wiederholt, aber erfolglos vor der Waffenstillstandskommission der Vereinten Nationen – dem Gremium, das mit der Durchsetzung des Waffenstillstands beauftragt worden war – gegen die syrischen Bombenangriffe. So wandten die Israelis sich zum

---

[4] Netanel Lorch: *One Long War*, Jerusalem: Keter 1976, S. 106-110.

Karte 16 Die Hügelkette der Golan Höhen

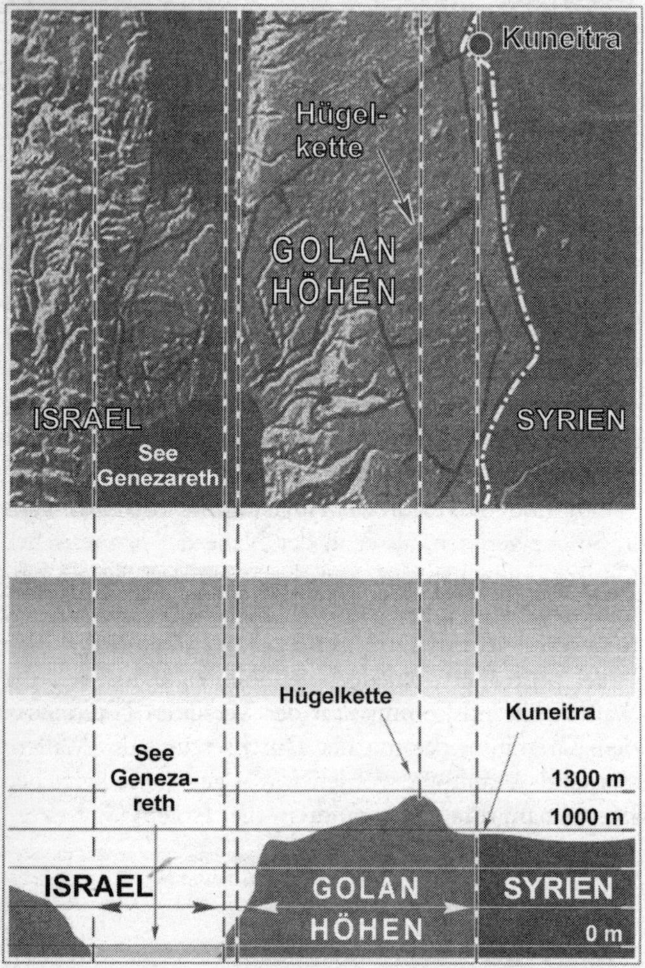

Beispiel im Oktober 1966 an die Vereinten Nationen mit der Bitte, dafür zu sorgen, dass die Überfälle der Fatah ein Ende nahmen. Die Antwort aus Damaskus war eine beispiellose Herausforderung. »Es ist nicht unsere Pflicht, ihnen Einhalt zu gebieten, sondern sie zu ermutigen und zu stärken«, ließ der syrische Botschafter verlauten.[5]
Nichts wurde unternommen, um Syriens Aggression zu stoppen. Eine äußerst milde Resolution des Sicherheitsrates, die dem »Bedauern« über derartige Zwischenfälle Ausdruck gab, wurde von der Sowjetunion verhindert. Die Vergeltungsschläge Israels dagegen wurden von den Vereinten Nationen verurteilt. »Soweit der Sicherheitsrat sich überhaupt offiziell äußerte«, schrieb der Historiker Netanel Lorch, »war die Jagd auf Israelis auf ihrem eigenen Grund und Boden freigegeben«.[6]
Nach dem Beginn des Sechs-Tage-Krieges versuchte die syrische Luftwaffe, Ölraffinerien in Haifa zu bombardieren. Während die israelischen Streitkräfte im Sinai und in der Westbank kämpften, bombardierte die syrische Artillerie israelische Verbände in Ostgaliläa, und bewaffnete Einheiten nahmen Dörfer im Hula-Tal unterhalb der Golanhöhen unter Beschuss.
Am 9. Juni 1967 ging Israel gegen die syrischen Stellungen auf dem Golan vor. Am späten Nachmittag des 10. Juni war die Hochebene in der Hand der Israelis. Die Besetzung der strategisch wichtigen Golanhöhen erfolgte erst nach 19 Jahren unausgesetzter Provokation von

---

[5] Anne Sinai und Allen Pollack: *The Syrian Arab Republik*; NY: American Academic Association for Peace in the Middle East 1976, S. 117.

[6] Lorch, S. 111.

Syrien aus und nach vielen erfolglosen Versuchen, die internationale Gemeinschaft zum Eingreifen zu bewegen.

Behauptung

»Es besteht keinerlei strategische Notwendigkeit, dass Israel die Golanhöhen kontrolliert. Syriens Einhaltung des Waffenstillstands auf dem Golan beweist, dass Israel das Gebiet gefahrlos zurückgeben könnte.«

Tatsache

Es stimmt, dass Syrien – abgeschreckt durch die Anwesenheit internationaler Friedenstruppen in Artilleriereichweite von Damaskus – seit 1974 für Ruhe auf dem Golan gesorgt hat. Doch gleichzeitig ist es in all diesen Jahren zum Zufluchtsort zahlloser terroristischer Gruppen geworden, die Israel vom Libanon und von anderen Ländern aus mit Anschlägen überziehen. Zu diesen Gruppen gehören die Demokratische Front für die Befreiung Palästinas (DFLP), die Volksfront für die Befreiung Palästinas (PFLP), die Hisbollah und die Volksfront für die Befreiung Palästinas-Generalkommando (PFLP-GC). Zusätzlich hat Syrien Hunderttausende

Soldaten – etwa 75 Prozent seiner gesamten Heeresmacht – an der isralischen Front bei den Golanhöhen stationiert.
Vom Westgolan aus sind es nur knapp 100 Kilometer – ohne nennenswerte geografische Hindernisse – bis nach Haifa und Akko, ins industrielle Herz Israels. Der Höhenzug, der im Westen von ca. 130 auf ca. 550 Meter ansteigt und an den alten Grenzen Israels von vor 1967 verläuft, blickt auf das Hula-Tal, Israels fruchtbarstes Agrarland. In den Händen eines freundlich gesonnenen Nachbarstaates kommt dem steil aufragenden Hochplateau kaum militärische Bedeutung zu. Wenn er jedoch von einem feindlichen Land kontrolliert wird, kann der Golan jederzeit wieder zum strategischen Albtraum für Israel werden.
Vor dem Sechs-Tage-Krieg, als die israelischen Siedlungen in Galiläa vom Golan aus beschossen wurden, waren Israels Verteidigungsmöglichkeiten gegen die syrischen Angriffe durch die geografische Lage der Golanhöhen stark eingeschränkt. Artilleriefeuer war wegen der schlechten Übersicht vom Hula-Tal aus nur begrenzt einsetzbar; Luftangriffe wurden durch die gut vergrabenen, hervorragend befestigten syrischen Stellungen vereitelt; und ein Bodenangriff »... hätte ein größeres Truppenaufgebot erfordert und damit das Risiko noch schwererer Zwischenfälle und ernster politischer Verwicklungen heraufbeschworen«, bemerkte Irving Heymont, ein pensionierter Colonel der amerikanischen Streitkräfte.[7]

---

[7] Sinai und Pollack, S. 130-31.

Karte 17 Die Golan Höhen im Größenvergleich

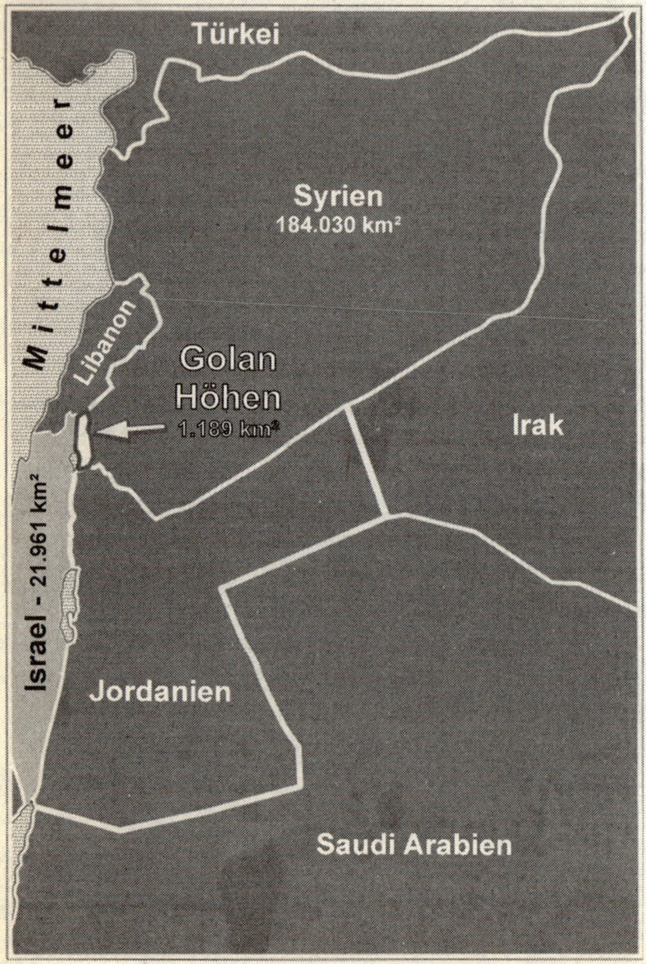

Als Israel dieses Risiko schließlich einging und im Jahr 1967 die syrischen Stellungen stürmte, kamen dabei 115 Soldaten ums Leben – etwa gleich viele amerikanische Soldaten fielen im Rahmen der gesamten Operation Wüstensturm.

Als der Friedensprozess in den Jahren 1996 bis 1997 ins Stocken geriet, nahm Syrien seine Kriegshetze gegen Israel wieder auf und führte zugleich auffällige Truppenverschiebungen durch. Israelische Beobachter warnten vor der Möglichkeit eines Blitzschlags durch syrische Streitkräfte mit dem Ziel der Rückeroberung des Golan. Den israelischen Verteidigungsstreitkräften gelang es jedoch zumindest bislang, den syrischen Manövern die Stirn zu bieten und den Frieden zu bewahren.

Mit der Übergabe des Golan an das feindliche Syrien würde Israel sein Frühwarnsystem gegen Überraschungsangriffe aufs Spiel setzen. Die Israelis haben auf dem Berg Hermon, dem höchsten Punkt in diesem Gebiet, Radaranlagen errichtet. Wenn diese Einrichtungen bei einem israelischen Rückzug vom Golan wieder in die Ebene von Galiläa verlegt werden müssten, würden diese einen Großteil ihres strategischen Nutzens verlieren.

Behauptung

»Israel hat es abgelehnt, Kompromissvorschläge im Blick auf die Golanhöhen zu machen, während Syrien bereit war, Land gegen Frieden einzutauschen.«

Tatsache

Unter Hafez Assad war Syriens Haltung absolut starr: Der komplette Rückzug Israels aus dem gesamten Gebiet der Golanhöhen war die Vorbedingung für Gespräche über eventuelle Zugeständnisse Syriens im Ausgleich dafür. Zu keiner Zeit hat Assad jedoch seine Bereitschaft bekundet, Frieden mit Israel zu schließen, wenn er den gesamten Golan oder auch einen Teil davon zurückerhielte.

Israel wiederum war gleichermaßen unnachgiebig in seiner Entschlossenheit, keine Gebiete aufzugeben, ohne gleichzeitig feste Zusagen Syriens zu haben. Israel macht seine Bereitschaft, über die Rückgabe von Teilen des Golan oder auch des ganzen Golangebiets zu verhandeln, von der Bereitschaft Syriens abhängig, die Beziehungen zwischen den beiden Ländern zu normalisieren und ein Abkommen zu unterzeichnen, das dem Kriegszustand, der nach syrischer Aussage momentan zwischen ihnen besteht, ein Ende macht.

In einem Interview mit *Bitachon*, der Monatsschrift des israelischen Verteidigungsministeriums, sagte der stellvertretende Verteidigungsminister Ephraim Sneh, dass die topografischen Bedenken im Zusammenhang mit einem Rückzug von den Golanhöhen durch die Schaffung einer entmilitarisierten Zone ausgeräumt werden könnten. »Wir brauchen eine Grenze, die man schützen kann, eine Grenze, von der der Generalstabschef zur Regierung bzw. zum Außen- oder Verteidigungsministerium sagen kann: ›Von dieser Linie aus kann ich den Staat Israel mit einem Minimum an Verlusten verteidigen.‹« Und Sneh fügte hinzu: »Je weitgehender die Entmilitarisierung und

je wirksamer das Frühwarnsystem, desto flexibler werden wir uns in topografischen Fragen zeigen.« Gleichzeitig unterstrich er jedoch auch, dass es keine Kompromisse im Blick auf Wasservorkommen und Quellen geben könne.
Abgesehen von der militärischen Sicherheit liegt der Schlüssel zum Frieden mit Syrien nach Snehs Worten vor allem in der Normalisierung der Beziehungen zwischen den beiden Ländern. »Wenn ein Israeli an Normalisierung denkt, dann stellt er sich vor, dass er morgens aufsteht, mit seiner Frau und seinen Kindern einen Einkaufsbummel in Damaskus macht und wieder nach Hause fährt«, so Sneh. »Für die Syrer dagegen besteht eine Normalisierung bestenfalls im Austausch von Botschaftern und der Einrichtung möglichst vieler Flugverbindungen. Wir müssen darauf drängen, dass es ein wärmerer Friede wird als der Friede mit Ägypten, eher so wie der Friede, den wir mit Jordanien haben.«
Bis heute gibt es in Israel selbst eine starke Opposition gegen den Rückzug von den Golanhöhen. Beobachter gehen jedoch davon aus, dass die öffentliche Meinung umschlagen wird, wenn die Syrer ein entsprechendes Abkommen unterzeichnen und durch ihr Handeln erkennen lassen, dass ihnen der Friede ein echtes Anliegen ist – etwa durch das Unterbinden der Hisbollah-Überfälle auf Israel vom Südlibanon aus. Und letztlich wird die öffentliche Meinung darüber entscheiden, ob es zu einem Vertrag kommt, denn während der Amtszeit von Ministerpräsident Netanyahu wurde ein Gesetz verabschiedet, nach dem jedes derartige Übereinkommen durch einen Volksentscheid bestätigt werden muss.
Präsident Assad starb im Juni 2000. Seither wurden noch keine Verhandlungen aufgenommen, da Assads Sohn

und Nachfolger Bashar zunächst seine Machtposition in Syrien festigen muss. Den bisherigen Äußerungen Bashars war nicht zu entnehmen, dass eine Wende in Syriens Haltung zum Golan in Sicht ist. Solange es jedoch keine einschneidenden Änderungen in der syrischen Politik und der Haltung der syrischen Regierung gegenüber Israel gibt, hängt die Sicherheit des jüdischen Staates sehr stark davon ab, dass Israel die Golanhöhen auch weiterhin kontrolliert.

> »Vom streng militärischen Standpunkt müsste Israel darauf bestehen, zumindest einige der eroberten Gebiete zu behalten, damit es in der Lage ist, seine Grenzen zu verteidigen.«
>
> Memorandum der Stabschefs an den Verteidigungsminister, 29. Juni 1967

Behauptung

»Israel hat die Golanhöhen im Jahr 1981 illegal annektiert und damit gegen geltendes internationales Recht und gegen Resolution 242 verstoßen.«

Tatsache

Am 14. Dezember 1981 stimmte die Knesset für die Annexion der Golanhöhen. Nach der neuen Satzung waren die Einwohner des Golan nun der israelischen Zivilgesetzgebung und Verwaltung unterstellt, die die seit 1967 bestehende Militärverwaltung ablöste. Das Gesetz schließt weitere Verhandlungen über eine endgültige Entscheidung über den Status des Gebiets nicht aus.
Professor Julius Stone vom Hastings College of Law schrieb zur Annahme des besagten Gesetzes durch die Knesset: »Nach internationaler Rechtsprechung gibt es keine Vorschrift, die verlangt, dass eine militärische Besatzung bis in alle Ewigkeit wartet, ehe sie die Kontrolle und Verwaltung des eroberten Territoriums zu einer Dauereinrichtung macht ... Viele internationale Anwälte haben sich in der Tat bereits über die Geduld gewundert, die Israel bis dahin an den Tag gelegt hat.«[8]

Behauptung

»Israel kann sich aus der Westbank ebenso leicht zurückziehen, wie es sich aus dem Sinai zurückziehen konnte.«

---

[8] *Near East Report*, 29. Januar 1982.

Tatsache

Mehrere Seiten des Friedensvertrags zwischen Israel und Ägypten sind diversen Sicherheitsvorkehrungen gewidmet. So betrifft zum Beispiel Artikel III des Anhangs zum Vertrag die Zonen, in denen Aufklärungsflüge erlaubt sind, und Artikel V erlaubt die Einrichtung von Frühwarnsystemen in bestimmten Zonen.
Die Sicherheitsgarantien, die nötig waren, um auf israelischer Seite so viel Vertrauen zu schaffen, dass ein Rückzug möglich wurde, konnten nur durch die Entmilitarisierung des Sinai gewährleistet werden. Sie sehen eine über 160 Kilometer breite Pufferzone vor. Heute ist die ägyptische Grenze knapp 100 Kilometer von Tel Aviv und gut 110 Kilometer von Jerusalem, den nächsten größeren israelischen Städten, entfernt. Die Sinai-Halbinsel ist nach wie vor dünn besiedeltes Wüstengebiet, in dem knapp 250 000 Menschen leben.
Die Lage in den einzelnen Gebieten ist völlig unterschiedlich. In der Westbank leben über zwei Millionen Araber, hauptsächlich in übervölkerten Städten und Flüchtlingslagern. Die meisten davon liegen dicht bei israelischen Städten wie Tel Aviv und Jerusalem. Es ist von höchster Wichtigkeit für Israel, dass die Westbank nicht in die Hände feindlicher Nachbarn gerät. Die in den letzten Jahren zunehmende Infiltration durch Terroristen aus den Gebieten mit palästinensischer Selbstverwaltung, die zum Beispiel für die schrecklichen Selbstmordattentate verantwortlich sind, beweist, wie groß die Gefahr ist.
Trotzdem hat Israel sich seit Oslo aus dem größten Teil der Westbank zurückgezogen und angeboten, im Aus-

Karte 13 Entfernungen zwischen israelischen Bervölkerungszentren und den Waffenstillstandszonen vor 1967

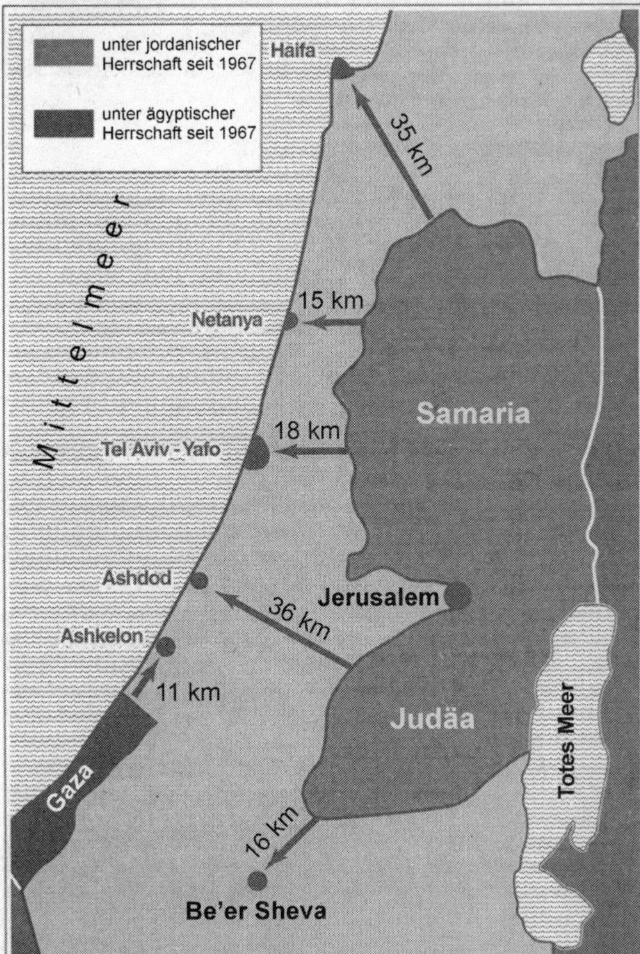

tausch gegen eine endgültige friedliche Regelung mit den Palästinensern über 90 Prozent des Gebietes aufzugeben. Doch Israel kann und will nicht, wie es die Palästinenser fordern, zu den alten Grenzen von 1967 zurückkehren. Die Abkommen mit den Palästinensern, die Israel unterzeichnet hat, und der Vertrag mit Jordanien enthalten zahlreiche spezielle Klauseln, die die Sicherheitsrisiken für Israel minimieren sollen.

> »Es ist unmöglich, Jerusalem zu verteidigen, wenn die umliegenden Höhen nicht gehalten werden ... ein Flugzeug, das von einem Flughafen in Amman aus startet, kann in zweieinhalb Minuten über Jerusalem sein. Aus diesem Grund ist eine Verteidigung des ganzen Landes völlig ausgeschlossen, wenn man dieses strategisch entscheidende Gebiet nicht unter Kontrolle hat.«
>
> **Generalleutnant Thomas Kelly**, Operationschef des Vereinigten Stabes im Golfkrieg [9]

[9] *Jerusalem Post*, 7. November 1991.

Behauptung

»Der Golfkrieg beweist, dass Israels Forderung nach verteidigungsfähigen Grenzen in einer Ära von Missiles und Langstreckenbombern, die innerhalb von Minuten riesige Gebiete überqueren können, unrealistisch ist.«

Tatsache

Die Geschichte hat gezeigt, dass ein Land nicht durch Luftangriffe zu besiegen ist. Länder werden durch Bodentruppen erobert, die Gebiete erobern und besetzen. Das jüngste Beispiel dafür war die Invasion des Irak in Kuwait, bei der Kuwait innerhalb von Stunden überrollt und besetzt wurde. Obwohl die multinationalen Streitkräfte den Irak fast sechs Wochen lang bombardierten, wurde Kuwait erst befreit, als die Truppen der Alliierten in den letzten Kriegstagen im Land einmarschierten. Verteidigungsfähige Grenzen sind deshalb nur solche Grenzen, die es erlauben, Bodenangriffen zuvorzukommen oder sie zu verhüten.

Wenn Israel sich hinter die alten Grenzen von 1967 zurückzöge, wie es die arabischen Staaten verlangen, wäre das geradezu eine Einladung für potenzielle Aggressoren, den jüdischen Staat anzugreifen – wie es vor 1967 in regelmäßigen Abständen geschah. Israel würde sein weit

gespanntes Frühwarnnetz in den Bergen von Judäa und Samaria verlieren. Wenn diese Berge dann noch unter die Kontrolle eines feindlichen Nachbarstaates gerieten, könnte Israel sehr schnell zweigeteilt werden: Es sind hier nur noch knapp 25 Kilometer bis zum Mittelmeer – durch ein Gelände, das keine größeren Schwierigkeiten bietet.
An den schmalsten Stellen verläuft die Grenze von 1967 nur knapp zehn Kilometer von der Mittelmeerküste, knapp 18 Kilometer von Tel Aviv, 16 Kilometer von Beersheba, knapp 34 Kilometer von Haifa und einen Steinwurf von Jerusalem entfernt.
Im Jahr 1989 schrieb das Jaffee Center For Strategic Studies, eine israelische Ideenschmiede, die dem Lager der »Tauben« zugerechnet wird:

> »Die Einführung von Boden-Boden-Raketen in die Kampfarena wirft manchmal die Frage auf, ob flächendeckende strategische Konzepte und entsprechende Sicherheitsvorkehrungen in dieser Ära überhaupt noch von Bedeutung sind. Die Antwort ist ein eindeutiges Ja. Frühwarnstationen und die Stationierung von Boden-Luft-Raketen können uns die Zeit verschaffen, die nötig ist, um Bombenalarm auszulösen und die Bevölkerung aufzufordern, sich vor einem Raketenangriff in Sicherheit zu bringen. Eventuell ermöglichen sie es sogar, feindliche Raketen in der Luft abzufangen.«

Die Studie schloss mit den Worten:

> »Solange solche Raketen mit konventionellen Sprengköpfen bestückt sind, können sie schmerz-

Karte 18 Flugzeiten nach Israel

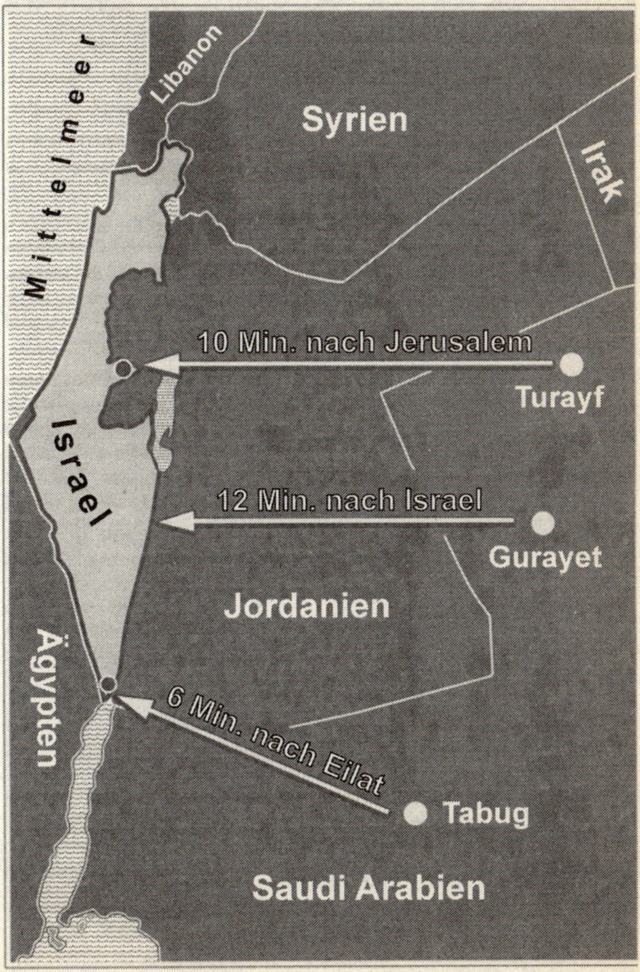

> liche Verluste und Schäden verursachen, aber sie können nicht über den Ausgang eines Kriegs entscheiden.«[10]

In einem aus dem Jahr 1967 stammenden Bericht des amerikanischen Generalstabs an das Verteidigungsministerium stand, dass Israel sich im äußersten Fall auf eine Verteidigungslinie entlang der Achse Bardala-Tuba-Nablus-Bira-Jerusalem und von dort weiter zum Toten Meer zurückziehen könne. Diese Linie würde den schmalsten Teil Israels ein Stückchen erweitern und zusätzliches Gebiet für die Verteidigung Tel Avivs schaffen. Der Bericht befürwortete darüber hinaus die Wiedervereinigung Jerusalems unter israelischer Kontrolle. Um Jerusalem verteidigen zu können, so schlossen die Stabschefs, müsse Israel seine Grenze »in den Osten der Stadt« verlagern.[11]

---

[10] *Israel's Options for Peace*; Tel Aviv: The Jaffee Center for Strategic Studies 1989, S. 171-72.

[11] Memorandum für das Verteidigungsministerium, 29. Juni 1967, zitiert in: Michael Widlanski: *Can Israel Survive a Palestinian State?;* Jerusalem: Institute for Advanced Strategic and Political Studies 1990, S. 148.

»Einem Texaner gehen beim ersten Besuch in Israel gleichsam die Augen auf. An der schmalsten Stelle sind es nur knapp 13 Kilometer vom Mittelmeer bis zu den alten Waffenstillstandslinien: das ist weniger als vom einen Ende in Dallas bis zum anderen. Innerhalb der alten Grenzen von 1967 ist ganz Israel nur etwa sechs Mal so groß wie die King Ranch bei Corpus Christi.«

Präsident George W. Bush [12]

[12] Rede vor dem American Jewish Committee, 3. Mai 2001.

11. Israel und der Libanon

Behauptung

»Auf keinen Fall kann Israel die Invasion des Libanon im Jahr 1982 und den Militäreinsatz gegen eine schlecht ausgerüstete PLO als einen Verteidigungskrieg ausgeben.«

»Die PLO stellte niemals eine wirkliche Bedrohung für Israel dar. Zum Zeitpunkt des israelischen Angriffs hatte die PLO das Waffenstillstandsabkommen bereits jahrelang eingehalten.«

»Die PLO ließ den Libanesen ihre Würde und behandelte sie mit Respekt.«

»Israels Invasion im Südlibanon forderte 10 000 Tote und machte 600 000 Menschen obdachlos.«

»Die PLO war im Sommer 1982 bereit, Beirut aufzugeben, um der Zivilbevölkerung weitere Angriffe zu ersparen, doch Israel ging nicht darauf ein.«

»Die Verantwortung für das Massaker an Tausenden unschuldiger palästinensischer Flüchtlinge in Sabra und Shatila liegt bei Israel.«

»Die israelischen Invasionen des Libanon in den Jahren 1978 und 1982 und die anschließende Besetzung libanesischen Territoriums sind ein Beweis für Israels aggressive Absichten.«

»Israel hat die Forderung der Vereinten Nationen, sich vollständig aus dem Libanon zurückzuziehen, noch nicht erfüllt, da es nach wie vor Shebaa Farms besetzt hält.«

»Israel hat einen nicht provozierten Angriff gegen die UN-Friedenstruppen im Libanon geführt.«
»Syrien war eine stabilisierende, positive Größe im Libanon. Es hat die Souveränität und Unabhängigkeit des libanesischen Staates stets respektiert.«
»Syrien hat alles in seiner Macht Stehende getan, um die Terroristen im Libanon davon abzuhalten, den Frieden in der Region zu gefährden.«
»Syrien hat lediglich auf Bitten der Arabischen Liga im Libanon interveniert.«
»Israel lehnte die Freilassung von Kriegsgefangenen ab, während Syrien und der Libanon ihre gefangenen Soldaten unverzüglich freiließen.«
»Die Entführung von Scheich Abdul Karim Obeid durch Israel im Jahr 1989 verlängerte das Geiseldrama und hatte darüber hinaus den Tod von Lieutenant Colonel William Higgins zur Folge, einer Geisel, die aus Rache hingerichtet wurde.«
»Die israelischen Angriffe auf den Libanon sind ein Beweis für Israels aggressive Grundhaltung und seine Entschlossenheit, das besetzte libanesische Territorium nicht mehr aufzugeben.«

Behauptung

»Auf keinen Fall kann Israel die Invasion des Libanon im Jahr 1982 und den Militäreinsatz gegen eine schlecht ausgerüstete PLO als Verteidigungskrieg ausgeben.«

Tatsache

Als israelische Streitkräfte im Juni 1982 im Libanon einmarschierten, hatte die PLO das Leben in Nordisrael durch ihre wiederholten Angriffe israelischer Städte unerträglich gemacht.
Insgesamt lebten 15 000 - 18 000 PLO-Mitglieder in über den ganzen Libanon verteilten Lagern. Etwa 5 000- 6 000 PLO-Anhänger waren Söldner aus Ländern wie Libyen, Irak, Indien, Sri Lanka, dem Tschad und Mosambique.[1] Bei der Invasion entdeckten die israelischen Truppen im Libanon genügend Waffen, um fünf Brigaden damit auszurüsten.[2] Das Arsenal der PLO umfasste Granatwerfer, Katjuscha-Raketen, ein ausgedehntes Flugabwehrnetz und Hunderte von T-34-Panzern.[3] Syrien sah nicht nur tatenlos zu, wie der Libanon zum Sammelbecken für die PLO und andere terroristische Vereinigungen wurde, sondern stationierte zusätzlich Boden-Luft-Raketen im Land und erhöhte damit die Gefahr für Israel.
Israelische Vergeltungsschläge und Blitzangriffe hatten nichts gegen das Anwachsen dieser PLO-Armee auszurichten vermocht. Israel war jedoch nicht willens, weitere tödliche Schläge gegen die Zivilbevölkerung abzuwarten, ehe es etwas gegen die Terroristen unternahm.

---

[1] Jillian Becker, *The PLO*; London: Weidenfeld und Nicolson 1984, S. 202; 279.
[2] *Jerusalem Post*, 28. Juni 1982.
[3] Raphael Israeli (Hrsg.): *PLO in Lebanon*; London: Weidenfeld und Nicolson 1983, S. 7.

Behauptung

»Die PLO stellte niemals eine wirkliche Bedrohung für Israel dar. Zum Zeitpunkt des israelischen Angriffs hatte die PLO das Waffenstillstandsabkommen bereits jahrelang eingehalten.«

Tatsache

Die PLO hatte wiederholt gegen das Waffenstillstandsabkommen vom Juli 1981 verstoßen. In den elf Monaten nach Vertragsabschluss kam es nach israelischen Angaben zu 270 Terroranschlägen in Israel, der Westbank, im Gazastreifen und entlang der libanesischen und jordanischen Grenze. Bei diesen Angriffen starben 29 Israelis, über 300 wurden verletzt.[4] Die Situation in Galiläa wurde unhaltbar, als die Häufigkeit der Angriffe zunahm und damit Tausende von Einwohnern zwang, aus ihren Häusern zu fliehen oder einen Großteil ihrer Zeit in Luftschutzbunkern zu verbringen. Israel führte in dieser Zeit immer wieder Vergeltungsschläge gegen PLO-Stützpunkte im Libanon durch.

---

[4] Becker, S. 205.

Auf einen solchen israelischen Vergeltungsschlag vom 4. und 5. Juni 1982 antwortete die PLO mit massivem Artillerie- und Granatfeuer auf zivile Ziele in Galiläa. Daraufhin marschierten am 6. Juni die israelischen Streitkräfte im Libanon ein, um die Terroristen aus dem Land zu vertreiben.

Der ehemalige amerikanische Außenminister Henry Kissinger verteidigte das israelische Vorgehen:

> »Kein souveräner Staat kann den Aufbau einer starken militärischen Kraft entlang seiner Grenzen tolerieren, wenn es das erklärte Ziel dieser Kraft ist, ihn zu vernichten, und wenn dieses Ziel mit regelmäßig wiederkehrenden Bombenangriffen und Terroranschlägen verfolgt wird.«[5]

> »Was den Libanon angeht, so liegt auf der Hand, dass wir und Israel dasselbe wollen – ein Ende der Gewalt und einen souveränen, unabhängigen libanesischen Staat«,

sagte Präsident Reagan am 21. Juni 1982.

> »Wir sind uns einig, dass Israel der Gewalt aus dem Norden nicht länger ausgesetzt werden darf.«

Die israelische Armee stieß im Libanon auf Dokumente, die belegen, dass verschiedene terroristische Gruppen bereits detaillierte Pläne für den Beschuss nordisraelischer

---

[5] *Washington Post*, 16. Juni 1982.

Städte ausgearbeitet hatten. Das Folgende sind Übersetzungen zweier solcher Dokumente, die in PLO-Quartieren in Sidon gefunden wurden. Beide sind im Juli 1981 datiert:

Name des Ziels:	Kiryat Shemona.
Anzahl der Salven:	17 Schuss in zwei Teilen, jeweils 120 mm
Beauftragte Einheit:	Artillerie der Vereinigten Streitkräfte des Südens
An:	El-Haj Ismail

Mit revolutionärem Gruß!

Der Oberste Militärrat hat beschlossen, sich auf die Zerstörung von Kiryat Shemona, Metullah, Dan, Shear Yashuv und Nahariya und Umgebung zu konzentrieren.

Kiryat Shemona: wird unter alle Züge aufgeteilt und mit verbesserten »Grad«-Granaten beschossen.
Metullah: wird mit 160 mm-Granatwerfern (Palästinensische Befreiungsfront As-Saiqa) beschossen.
Nahariya und Umgebung werden mit 130 mm-Geschossen angegriffen; Artillerie Batallion 1.
Dan und Shear Yashuv: fallen unter die Verantwortlichkeit des östlichen Sektors.

Revolution bis zum Sieg! [6]

---

[6] Israeli, S. 26-28.

Behauptung

»Die PLO ließ den Libanesen ihre Würde und behandelte sie mit Respekt.«

Tatsache

Für die arabischen Einwohner des Südlibanon war die PLO-Herrschaft ein Albtraum. Nachdem König Hussein die PLO im Jahr 1970 aus Jordanien vertrieben hatte, waren viele ihrer Kader in den Libanon gegangen. Sie besetzten ganze Landstriche, terrorisierten die Bevölkerung und maßten sich Regierungsvollmachten an.
Am 14. Oktober 1976 erklärte der libanesische Botschafter Edward Ghorra vor der Generalversammlung der Vereinten Nationen, dass die PLO sein Land ins Verderben stürze: »Palästinensische Elemente, die verschiedenen ... Organisationen angehören, haben Libanesen – und auch Ausländer – entführt, gefangen gehalten, verhört, gefoltert und in manchen Fällen sogar getötet« (*New York Times*, 15. Oktober 1976).
Die Journalisten Rowland Evans und Robert Novak, die sich keineswegs durch eine besonders israel-freundliche Haltung auszeichnen, erklärten nach einer Rundreise durch den Südlibanon und Beirut, dass »Israels Behauptung, die PLO sei von Gewaltverbrechern und Abenteurern unterwandert«, ganz offenbar von den Tatsachen gestützt werde (*Washington Post*, 25. Juni 1982).

Die beiden sprachen mit einem Arzt, dessen Anwesen die PLO ohne Entschädigung enteignet und zum Militärdepot umfunktioniert hatte. »Sie fragen, ob wir die Israelis mögen«, sagte er. »Verglichen mit der Hölle, die wir vorher im Libanon hatten, sind die Israelis unsere Brüder.« Andere Libanesen – Christen wie Muslime – berichteten Ähnliches.

Viele Libanesen erzählten entsetzliche Geschichten von Vergewaltigung, Verstümmelung und Mord, die von PLO-Streitkräften begangen wurden. Die PLO »brachte die Leute um und warf die Leichname in die Innenhöfe. Manche von ihnen waren verstümmelt, mit abgeschnittenen Gliedern. Aus Angst, dass es uns wie ihnen ergehen könnte, haben wir uns nicht mehr auf die Straße getraut«, sagten zwei arabische Frauen aus Sidon. »Wir wagten nicht, an den Strand zu gehen, weil sie uns mit der Waffe in der Hand belästigten.« Die Frauen bezogen sich auf einen Zwischenfall kurz vor der israelischen Invasion, bei dem PLO-Mitglieder eine Frau vergewaltigt und ermordet und ihre Leiche neben einem berühmten Denkmal abgeladen hatten. Ein Bild des verstümmelten Leichnams des Opfers war in der Lokalzeitung veröffentlicht worden.[7]

Dr. Kalil Torbey, ein bekannter libanesischer Chirurg, äußerte gegenüber einem amerikanischen Journalisten, er werde häufig »mitten in der Nacht gerufen, um den Opfern von PLO-Folterungen erste Hilfe zu leisten. Ich behandelte Männer, denen bei Verhören die Hoden abgeschnitten worden waren. Sehr oft waren die Opfer Muslime. Ich sah Männer – lebendige Männer –, die mit

---

[7] Interview mit dem israelischen Fernsehen, 23. Juli 1982.

den Füßen an Autos festgebunden und in hohem Tempo durch die Straßen geschleift wurden.«[8]

Der New-York-Times-Korrespondent David Shipler schrieb nach einem Besuch in Damour, einem christlichen Dorf in der Nähe von Beirut, das seit 1976, als Palästinenser und libanesische Radikale die Stadt überfielen und Hunderte von Einwohnern massakrierten, von der PLO besetzt gehalten wurde, die Stadt sei in einen Militärstützpunkt verwandelt worden und ihre Kirchen würden als Festungen und Waffenlager benutzt (*New York Times*, 21. Juni 1982).

Als die israelischen Truppen die PLO im Juni 1982 aus Damour vertrieben hatten, verkündete Ministerpräsident Menachem Begin, dass die christlichen Einwohner der Stadt zurückkehren und den Ort wieder aufbauen dürften. Die Rückkehrer fanden ihre ehemaligen Häuser mit aufgesprühten palästinensischen Slogans, Fatah-Flugblättern und Postern von Jassir Arafat verschandelt vor. Sie erzählten Shipler, wie froh sie seien, dass Israel sie befreit habe.

»Weg von Damour fühlte ich mich wie tot. Jetzt, wo ich wieder da bin, bin ich glücklich«, sagte Walid Azzi, 27, dessen Haus zerstört worden war. »Die Israelis sind unsere Freunde, und ich hoffe, sie bleiben noch einige Zeit bei uns.«[9]

---

[8] *Los Angeles Herald-Examiner*, 13. Juli 1982; zitiert in Becker, S. 153.

[9] *New York Times*, 21. Juni 1982.

Behauptung

»Israels Invasion im Südlibanon forderte 10 000 Tote und machte 600 000 Menschen obdachlos.«

Tatsache

»Wer wie viele Journalisten und Vertreter von Hilfsorganisationen die Möglichkeit hatte, den Südlibanon zu bereisen und die Lage mit eigenen Augen zu sehen, der weiß, dass die ursprünglichen Angaben von 10 000 Toten und 600 000 Menschen ohne Obdach ... extreme Übertreibungen waren«, schrieb David Shipler von der New York Times, ein scharfer Kritiker des israelischen Vorgehens.[10]

Die Zahl von 600 000 Vertriebenen wurde Mitte Juni 1982 vom palästinensischen Roten Halbmond in Umlauf gebracht, dessen Leitung Jassir Arafats Bruder Fathi hatte. Francesco Noseda vom Internationalen Roten Kreuz, der anfangs die falsche Zahl übernommen hatte, stellte sie später richtig. Die Washington Post berichtete daraufhin, dass Noseda die tatsächliche Zahl der Menschen, die ihre Heimat verloren hatten, nun mit 200 000 angegebe. Noseda erklärte jedoch, dass auch

---

[10] *New York Times*, 14. Juli 1982.

diese Zahl noch stark gesunken sei, seit die Kämpfe aufgehört hatten. In einem Interview bestritt Noseda ausdrücklich, dass sein Büro für die Angabe von 10 000 Toten verantwortlich zeichne.[11]
Andererseits hätte es, wenn die PLO den Südlibanon nicht als Stützpunkt für ihre Anschläge und Überfälle auf Israel benutzt hätte, gar keine Toten und Flüchtlinge gegeben.

Behauptung

»Die PLO war im Sommer 1982 bereit, Beirut aufzugeben, um der Zivilbevölkerung weitere Angriffe zu ersparen, doch Israel ging nicht darauf ein.«

Tatsache

Über einen Monat lag zeigte die PLO sich völlig unnachgiebig und versuchte, ihre militärische Niederlage in einen politischen Sieg umzumünzen. Arafat erklärte zwar, er sei »im Prinzip« bereit, Beirut zu verlassen, weigerte sich dann aber, in ein anderes Land zu gehen.

---

[11] *New York Times*, 25. Juni 1982.

Gleichzeitig versuchte er, die Vereinigten Staaten zur Anerkennung der PLO zu drängen. Während der gesamten Belagerung verschanzte sich die PLO hinter unbeteiligten Zivilisten und setzte darauf, dass Israel, wenn es angriff, von der internationalen Gemeinschaft verurteilt würde. Diese Rechnung ging auf.

Mitte Juni hatten die israelischen Truppen zwischen 6 000 und 9 000 Terroristen eingekesselt, die Stellungen inmitten der Zivilbevölkerung von Westbeirut bezogen hatten. Um Opfer unter den Zivilisten zu vermeiden, stimmte Israel einem Waffenstillstand zu, in der Hoffnung, dass es dem amerikanischen Vermittler – Botschafter Philip Habib – gelingen würde, einen friedlichen Abzug der PLO aus dem Libanon zu erwirken. Zum Beweis seines Entgegenkommens wollte Israel den PLO-Kämpfern sogar gestatten, Beirut mit ihren persönlichen Waffen zu verlassen.[12] Doch die PLO hörte nicht auf, Forderungen zu stellen.

Wochenlang sprach sie von Rückzug, knüpfte diesen jedoch ständig an Bedingungen, die unmöglich zu erfüllen waren. Dabei verfolgte sie eine Taktik gezielt lancierter Verstöße gegen die Waffenruhe, mit dem Ziel, Israel Verluste zuzufügen und israelische Vergeltungsschläge zu provozieren, sodass der israelischen Armee die Schuld am Abbruch der Verhandlungen und an Angriffen auf harmlose Zivilisten gegeben wurde.

»Die Israelis bombardierten Gebäude, die nach außen völlig unauffällig wirkten, in denen jedoch, wie sie von ihrem Geheimdienst erfahren hatten, PLO-Büros ver-

---

[12] *New York Times*, 3. Juli 1982.

steckt waren«, schrieb der Nahostbeobachter Joshua Muravchik. »Der israelische Geheimdienst hatte außerdem Hinweise auf ein riesiges Netz von Waffen- und Munitionslagern der PLO im Untergrund, das die libanesische Armee später aushob. Die Israelis hofften zweifellos, diese Lager mit ihren Bombardierungen zu zerstören und die Waffendepots zur Explosion zu bringen. Die PLO hatte sowohl in feste Stellungen gebrachte Artillerie als auch bewegliche Luftabwehrgeschütze, mit denen sie auf die Israelis feuerten, um dann den Standort zu wechseln«.[13] Die Israelis schossen natürlich zurück, verfehlten aber manchmal den Gegner und trafen unabsichtlich zivile Ziele.

Muravchik hat zahllose Beispiele von Falschmeldungen in den Medien zusammengetragen, dass Israel zivile Ziele in Gebieten bombardiert habe, in deren Nähe sich überhaupt keine militärischen Ziele befanden. Im Juli wurden in einer Nacht sieben Botschaften in Beirut von israelischen Granaten getroffen. Die NBC sendete einen Bericht über den Vorfall, der die Behauptung der PLO, in dem betreffenden Areal hätten sich keine militärischen Einrichtungen befunden, für bare Münze zu nehmen schien. »Israel veröffentlichte daraufhin Fotos, die bei Aufklärungsflügen gemacht worden waren und zeigten, dass das Gebiet um die Botschaften mit Panzern, Granatwerfern, schweren Maschinengewehren und Luftabwehrstellungen durchsetzt war.«[14]

---

[13] Joshua Muravchik, »Misreporting Lebanon«, *Policy Review*; Winter 1983, S. 60.

[14] Muravchik, S. 60.

Behauptung

»Die Verantwortung für das Massaker an Tausenden unschuldiger palästinensischer Flüchtlinge in Sabra und Shatila liegt bei Israel.«

Tatsache

Für die Massaker in den beiden in Beirut gelegenen Flüchtlingslagern bei Beirut am 16. und 17. September 1982 war die libanesische christliche Phalange-Miliz verantwortlich. Die israelischen Truppen hatten den Phalangisten den Zutritt zu Sabra und Shatila gestattet, weil sie terroristische Zellen ausheben sollten, die man dort vermutete. Schätzungen zufolge hatten sich etwa 200 bewaffnete Männer in den zahllosen Bunkern verschanzt, die die PLO im Laufe der Jahre in den Lagern errichtet und mit großzügigen Munitionsvorräten versehen hatte.[15]
Als die israelischen Soldaten die Phalangisten aufforderten, die Lager wieder zu verlassen, fanden sie Hunderte von Toten vor (Schätzungen schwanken zwischen 460 – nach den Angaben der libanesischen Polizei – und 700 bis 800 – nach Berechnungen des israelischen Geheim-

---

[15] Zeev Schiff und Ehud Yaari: *Israel's Lebanon War*, NY: Simon und Schuster 1984, S. 70.

dienstes). Unter den Toten befanden sich nach libanesischen Aussagen die Leichen von 35 Frauen und Kindern. Die übrigen waren Männer: Palästinenser, Libanesen, Pakistanis, Iraner, Syrier und Algerier. Diese Ermordeten kamen zu den ca. 95 000 Opfern hinzu, die der Bürgerkrieg im Libanon in den Jahren 1975 bis 1882 bereits gefordert hatte.[16]

Der Grund für die Morde war Rache für die Ermordung des libanesischen Präsidenten Bashir Gemayel und 25 seiner Anhänger, die wenige Tage zuvor bei einem Bombenanschlag ums Leben gekommen waren.[17]

Israel hatte den Phalangisten den Zutritt zu den Lagern im Rahmen eines Programms zur schrittweisen Rückgabe der Regierungsvollmachten an die Libanesen gestattet und übernahm die volle Verantwortung für diese Entscheidung. Die Kahan-Untersuchungskommission, die auf Druck der israelischen Öffentlichkeit von der Regierung eingesetzt wurde, kam zu dem Schluss, dass Israel indirekt für das Massaker verantwortlich war, weil es die Möglichkeit gewalttätiger Ausschreitungen durch die Phalangisten nicht einkalkuliert hatte. Israel griff die Empfehlungen der Kommission auf, zu denen unter anderem die Entlassung von Verteidigungsminister Ariel Sharon und General Raful Eitan, des Oberbefehlshabers des Heeres, gehörte.

Die Kahan-Kommission war nach Aussage des ehemaligen amerikanischen Außenministers Henry Kissinger

---

[16] Becker, S. 212.
[17] Schiff und Yaari, S. 257.

> »ein großes Zugeständnis an die israelische Demokratie ... Es gibt nur wenige Regierungen auf der Welt, die die öffentliche Untersuchung einer so problematischen und für sie selbst peinlichen Angelegenheit zulassen würden.«[18]

Während 300 000 Israelis gegen die Morde demonstrierten, kamen aus der arabischen Welt bemerkenswerterweise nur wenige oder gar keine Proteste. Außerhalb des Nahen Ostens jedoch war die Empörung über die Massaker groß. Die Phalangisten, die das Verbrechen ja eigentlich begangen hatten, kamen dabei allerdings weitgehend ungeschoren davon.
Im Mai 1985, als die muslimische Miliz die palästinensischen Flüchtlingslager Schatila und Burj-el Barajneh angriff, gab es dagegen kaum weltweite Proteste. Nach UN-Angaben wurden dabei 635 Menschen getötet und 2 500 verletzt. In dem sich über zwei Jahre hinziehenden Kampf zwischen der von Syrien unterstützten schiitischen Amal-Miliz und der PLO kamen über 2 000 Menschen, darunter viele Zivilisten, ums Leben, doch auch damals war kein Aufschrei der Öffentlichkeit über das Verhalten der PLO oder der Syrer und ihrer Verbündeten zu vernehmen. Und auch im Oktober 1990, als syrische Streitkräfte christlich kontrollierte Gebiete im Libanon überrannten, schwieg die internationale Öffentlichkeit. In dem acht Stunden währenden Kampf wurden 700 Christen getötet – es war die schlimmste Schlacht des ganzen Bürgerkriegs.[19]

---

[18] *Washington Post*, 8. Februar 1983.
[19] *New York Times*, 19. Oktober 1990.

Behauptung

»Die israelischen Invasionen des Libanon in den Jahren 1978 und 1982 und die anschließende Besetzung libanesischen Territoriums sind ein Beweis für Israels aggressive Absichten.«

Tatsache

Israel hat lange Zeit versucht, den Frieden an seiner Nordgrenze zu wahren – ein Bemühen, das zum Scheitern verurteilt war, als der Libanon immer stärker zum Sammelbecken terroristischer Gruppen wurde. Im März 1978 fielen palästinensische Terroristen in Israel ein. Sie ermordeten einen amerikanischen Touristen, der in der Nähe des israelischen Strandes spazieren ging, und entführten einen Bus mit Zivilisten. Während der Fahrt schossen sie aus den Fenstern des Fahrzeugs. Als israelische Truppen dem Bus schließlich den Weg abschnitten, eröffneten die Terroristen das Feuer. Bei dem Überfall kamen 34 Geiseln ums Leben. Im Zuge eines Vergeltungsschlags überquerten israelische Streitkräfte die libanesische Grenze und nahmen Stellungen der Terroristen im Süden des Landes ein, um die Terroristen von der Grenze zurückzudrängen. Die israelischen Einheiten räumten das Gebiet nach zwei Monaten, um UN-Truppen Platz zu machen. Doch auch sie konnten nicht verhindern, dass die Terroristen die Region erneut infil-

trierten und neue, noch gefährlichere Waffen mitbrachten. Diese Eskalation der Gefahr führte schließlich zur israelischen Invasion im Jahr 1982.
Jerusalem hatte wiederholt betont, dass Israel nicht einen einzigen Zoll libanesischen Bodens in seinen Besitz bringen wollte – eine Aussage, die durch den israelischen Rückzug aus dem Libanon im Jahr 1985 bestätigt wurde. Lediglich in einem zwölf Kilometer weit in den Südlibanon hineinragenden Streifen wurde eine kleine, tausend Mann starke israelische Truppeneinheit stationiert, die die Städte und Dörfer im Norden Israels vor Angriffen schützen sollte. Israel bot wiederholt an, sich ganz aus dem Libanon zurückzuziehen, sobald es gelang, an der Nordgrenze eine stabile, sichere Lage zu schaffen. Am 24. Mai 2000 zog Israel seine gesamten Truppen auch aus dem Südlibanon ab. Damit ging die 22-jährige israelische Militärpräsenz im Libanon zu Ende. Alle israelischen Soldaten und sämtliche Außenposten im Südlibanon wurden evakuiert. Der israelische Rückzug erfolgte in Absprache mit den Vereinten Nationen; Israel hat damit die ihm in der UN-Resolution 425 von 1978 auferlegten Verpflichtungen erfüllt.
In Israel hoffte man, dass die libanesische Regierung nun Truppen an der Südgrenze des Landes stationieren würde, die die Terroristen entwaffnen und für Ordnung sorgen würden, doch bisher ist – trotz scharfer Kritik von Seiten der Vereinigten Staaten, der Vereinten Nationen und Israels – nichts Derartiges geschehen.[20] Die Hisbollah darf weiterhin ungestört agieren und Israels Nordgrenze bedrohen.

---

[20] *Washington Post*, 30. Januar 2001.

Karte 20 Die Grenze zwischen Israel und dem Libanon (Stand: 2000)

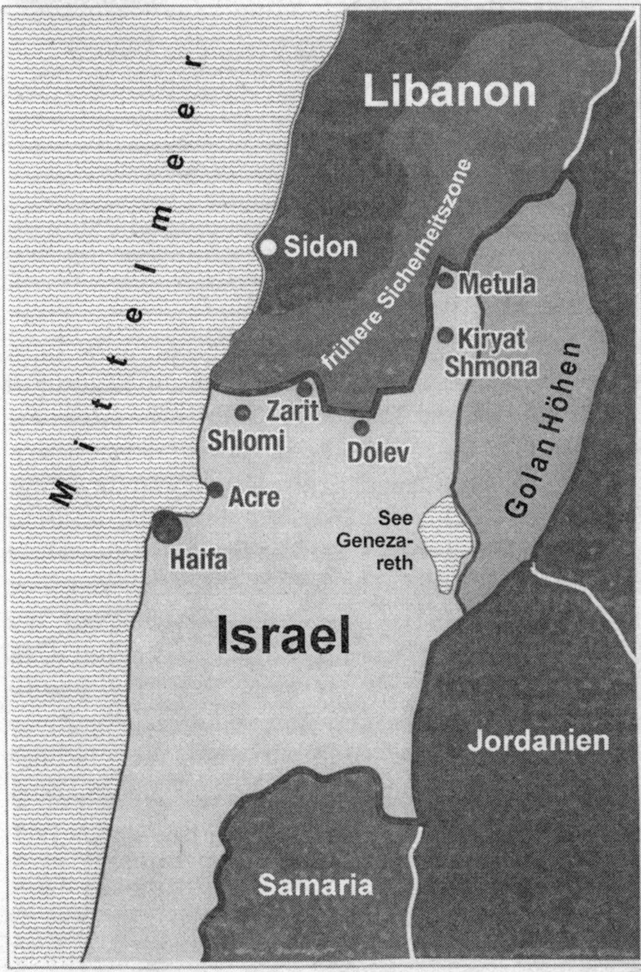

Behauptung

»Israel hat die Forderung der Vereinten Nationen, sich vollständig aus dem Libanon zurückzuziehen, noch nicht erfüllt, da es nach wie vor Shebaa Farms besetzt hält.«

Tatsache

Entgegen dem Urteil der Vereinten Nationen, dass Israel sich vollständig aus dem Südlibanon zurückgezogen hat,[21] sind die Hisbollah und die libanesische Regierung der Ansicht, Israel halte nach wie vor libanesisches Territorium im Osten des Berges Dov besetzt, und zwar einen etwa 150 Quadratkilometer großen, weitgehend unbewohnten Landstrich namens Shebaa Farms. Diese Behauptung liefert der Hisbollah einen Vorwand, ihre Kampfhandlungen gegen Israel fortzusetzen. Nach der Entführung dreier israelischer Soldaten in dem betreffenden Gebiet erklärte sie, die Männer seien auf libanesischem Boden gefangen genommen worden.

»Sie sagen uns nichts, und wir wissen von nichts«, kommentierte der libanesische Verteidigungsminister

---

[21] Der Sicherheitsrat bestätigt das Urteil des Generalsekretärs über den israelischen Rückzug aus dem Libanon am 16. Juni; UN-Presseerklärung vom 18. Juni 2000.

Khalil Hrawi die Versuche der Hisbollah, Shebaa Farms aus israelischer Hand zu »befreien«. »Die Widerstandsbewegung kann auf eine Weise agieren, die einer Regierung verwehrt ist. Unsere Regierung möchte nicht den Eindruck erwecken, als ginge sie ungesetzlich vor ... Wir hier im Norden machen die Gesetze, doch jenseits eines bestimmten Punktes im Süden sind keine Streitkräfte stationiert, und die Hisbollah handelt völlig auf eigene Faust.«[22]

Israel hat eine Reihe von Beobachtungsposten an strategischen Punkten in den Bergen eingerichtet und bleibt bei seiner Überzeugung, dass es sich um ursprünglich syrisches Gebiet handelt. Die Syrer unterstützen natürlich die Auffassung der Hisbollah. Nach Einschätzung der *Washington Post* profitieren alle arabischen Parteien gleichermaßen von dieser Kontroverse. »Für Syrien bedeutet das, dass es sich weiterhin der Hisbollah bedienen kann, um die Israelis zu provozieren; dem Libanon liefert die Situation einen Vorwand, in bestimmten Fragen – wie etwa bei der Freilassung libanesischer Kriegsgefangener, die sich noch in israelischen Gefängnissen befinden – Druck auszuüben. Für die Hisbollah ist sie ein Grund, ihre Miliz weiter unter Waffen zu halten und mit ihr zu agieren, und ganz allgemein stellt sie eine höchst willkommene neue Angriffsfläche für eine Widerstandsbewegung dar, die sonst nichts mehr hätte, wogegen sie kämpfen könnte.«[23]

---

[22] *Washington Post*, 30. Januar 2001.
[23] *a.a.O.*

Behauptung

»Israel hat einen nicht provozierten Angriff gegen die UN-Friedenstruppen im Libanon geführt.«

Tatsache

Im April 1995 starteten die israelischen Verteidigungsstreitkräfte die Operation »Früchte des Zorns«, die der Bombardierung der Nordgrenze Israels durch die Hisbollah ein Ende machen sollte. Dabei traf die israelische Artillerie versehentlich einen Stützpunkt der Vereinten Nationen in Kafr Kana. Bei dem Angriff kamen fast hundert Zivilisten ums Leben. Dieser tragische Zwischenfall führte zur Schaffung einer Beobachtergruppe, bestehend aus amerikanischen, französischen, syrischen und libanesischen Vertretern, die unprovozierte Angriffe auf die Zivilbevölkerung verhindern und dafür Sorge tragen sollte, dass Terroristen sich nicht hinter Zivilisten verschanzen können.

Behauptung

»Syrien war eine stabilisierende, positive Größe im Libanon. Es hat die Souveränität und

Unabhängigkeit des libanesischen Staates stets respektiert.«

Tatsache

Damaskus blickt auf eine lange, blutige Geschichte der Einmischung in die Angelegenheiten des Libanon zurück und hat zu keiner Zeit ein Hehl daraus gemacht, dass es sich den schwächeren Nachbarn gern einverleiben möchte. Seit der Gründung des heutigen Staates Libanon im Jahr 1920 »haben die meisten Syrer immer noch nicht akzeptiert, dass der Libanon ein souveräner, unabhängiger Staat ist«.[24] Der Ausbruch des libanesischen Bürgerkriegs im Jahr 1975 gab Damaskus Gelegenheit, seine Überzeugung, dass der Libanon und Syrien zusammen gehören, durch Taten zu untermauern.

1976 mischte sich Syrien zu Gunsten der libanesischen Christen in den libanesischen Bürgerkrieg ein. 1978 hatte es dann die Seiten gewechselt und unterstützte nun eine Koalition linksgerichteter Palästinenser, Drusen und Muslime gegen die Christen. Schließlich besetzten syrische Truppen zwei Drittel des Libanon. Die Tatsache, dass Syrien Boden-Luft-Raketen im Libanon stationierte und zuließ, dass die PLO und anderer terroristische Gruppen von libanesischem Boden aus Überfälle und

---

[24] Daniel Pipes: *Damascus Courts The West*; DC: The Washington Institute for Near East Policy 1991, S. 26.

Anschläge auf Israel unternahmen, war schließlich einer der Auslöser des Libanonkriegs von 1982.[25]

In der ersten Woche der Operation »Frieden für Galiläa«, mit der Israel im Juni 1982 begann, wurden auch syrische Truppen in die Kämpfe mit den israelischen Streitkräften verwickelt. Die Israelis zerstörten oder beschädigten 18 der 19 syrischen Raketenbatterien und schossen an einem einzigen Tag 29 syrische Kampfflugzeuge ab, ohne selbst auch nur ein einziges Flugzeug zu verlieren. Für den Rest des Krieges vermieden Syrien und Israel sorgfältig jeden weiteren Zusammenstoß.

Doch Syrien fand andere Möglichkeiten, Israel zu schaden. 1982 ermordeten syrische Geheimagenten den libanesischen Präsidenten Bashir Gemayel, der sich um Frieden mit Israel bemühte. Zwei Jahre später zwang Syrien Präsident Amin Gemayel, den Bruder Bashirs, zum Bruch eines Friedensvertrags mit Israel, den er ein Jahr zuvor unterzeichnet hatte.[26]

Dabei blieben Syriens Aktivitäten nicht auf Israel beschränkt, sondern richteten sich ganz allgemein gegen den Westen. Im April 1983 bombardierten Hisbollah-Terroristen, die von syrisch kontrolliertem Gebiet aus operierten, die amerikanische Botschaft in Beirut; dabei kamen 49 Menschen ums Leben und 120 wurden verletzt. Sechs Monate später steuerten Hisbollah-Terroristen zwei mit Sprengstoff beladene Lastwagen in amerikanische und französische Militärbaracken in der

---

[25] Becker, S. 204-205.

[26] Patrick Seale, *Asad*; Berkeley: University of California Press 1988, S. 417.

Nähe von Beirut; dabei wurden 241 Amerikaner und 56 französische Soldaten getötet.
1985 begann die Hisbollah in Beirut und anderen libanesischen Städten mit der Entführung westlicher Touristen auf offener Straße. Von Anfang an war klar, dass die Syrer und ihre iranischen Kollaborateure jederzeit die Freilassung der westlichen Geiseln hätten anordnen können. So befahlen die Syrer zum Beispiel die Freilassung eines Franzosen, der im August 1991 entführt wurde, was auch innerhalb weniger Tage geschah. Die meisten Geiseln wurden im Bekaa-Tal oder in den Vorstädten von Beirut gefangen gehalten. Beide Gebiete werden von Syrien kontrolliert.
Zwischen 1985 und 1988 töteten schiitische Amal-Milizen, die eng mit Syrien verbunden sind, bei Angriffen auf palästinensische Flüchtlingslager Hunderte von Zivilisten.
Im Oktober 1990, als die Aufmerksamkeit des Westens ganz auf Kuwait gerichtet war, stürmten syrische Truppen die Festung des christlichen Rebellengenerals Michel Aoun in Beirut. Dabei forderte nicht nur der Überfall selbst viele Opfer, sondern es wurden auch noch etwa 700 Personen ermordet.[27] Mit diesem Blitzschlag löschte Damaskus die einzige noch verbliebene Bedrohung für seine Hegemonie im Libanon aus.
Am 22. Mai 1991 reiste der libanesische Präsident Elias Hrawi nach Damaskus, um einen »Vertrag der Brüderschaft, Kooperation und Koordination« mit dem syrischen Präsidenten Hafez Assad zu unterzeichnen. In dem Abkommen heißt es, dass Syrien dem Libanon

---

[27] Pipes, S. 27.

»Souveränität und Unabhängigkeit« zusichert – allerdings hat Damaskus die Erlaubnis, eine Besatzungsarmee im Land zu belassen.
Eine Äußerung des Verteidigungsministers Mustafa Tlas warf mehrere Wochen vor der Unterzeichnung des Vertrags ein Streiflicht auf Syriens tatsächliche Absichten. Tlas sagte voraus, dass »bald, auf jeden Fall noch in unserer Generation«, eine Vereinigung der beiden Ländern erreicht würde (*al-Hayat*, 9. Mai 1991).
Syrien billigt nicht nur die terroristischen Aktivitäten im Libanon, es ist auch in den Drogenhandel im Bekaa-Tal verwickelt. Das amerikanische Außenministerium hat Syrien wiederholt heftig kritisiert, weil es sich weigert, Drogen-Kontrollen durchzusetzen und jede Form eines gemeinsamen Vorgehens gegen Drogen mit den Amerikanern ablehnt.[28]

Behauptung

»Syrien hat alles in seiner Macht Stehende getan, um die Terroristen im Libanon davon abzuhalten, den Frieden in der Region zu gefährden.«

[28] Bericht des amerikanischen Außenministeriums über Menschenrechtspraktiken für 1999: International Narcotics Control Strategy Report, S. 199.

Tatsache

Die Hisbollah erhält finanzielle Unterstützung und Waffen aus dem Iran, in der Regel über Damaskus. Ursprünglich auf Katjuscha-Raketen-Angriffe auf Nordisrael und auf Überfälle aus dem Hinterhalt auf israelische Truppen in der Sicherheitszone spezialisiert, hat sie in den letzten Jahren zunehmend Angriffe auf israelische Zivilisten verübt.

Nach wie vor lässt die von Syrien unterstützte libanesische Armee ein entschlossenes Vorgehen gegen die Hisbollah und andere terroristische Organisationen wie die Volksfront für die Befreiung Palästinas (PFLP), die Volksfront für die Befreiung Palästinas-Generalkommando (PFLP-GC) und die Demokratische Front für die Befreiung Palästinas (DFLP) vermissen, die allesamt Stützpunkte im von Syrien kontrollierten Bekaa-Tal im Osten Libanons haben.

Syrien hat diesen Organisationen stets uneingeschränkten Rückhalt geboten. Nach seiner Unterstützung für terroristische Organisationen wie der Hisbollah befragt, antwortete Assad, sie seien leidenschaftliche »Patrioten und Kämpfer für die Freiheit und Unabhängigkeit ihres Landes ... solche Menschen darf man nicht als Terroristen bezeichnen«.[29]

Nach Ansicht von Nahostbeobachtern benutzt Syrien die Terroristen, um ein gewisses Maß an Gewalt in der Region aufrechtzuerhalten und Druck auf die Israelis

---

[29] *Al-Baath*, 18. Februar 1992; *Washington Post*, 31. Juli 1991.

auszuüben, die durch diese Zermürbungstaktik zu neuen Verhandlungen über die Golanhöhen bewegt werden sollen.

Behauptung

»Syrien hat lediglich auf Bitten der Arabischen Liga im Libanon interveniert.«

Tatsache

Syrien hatte bereits Truppeneinheiten in den Libanon verlegt, bevor die Arabische Liga ihre Zustimmung dazu gab. Damaskus intervenierte im April 1976, nachdem der libanesische Drusenführer Kemal Jumblatt die Forderung des syrischen Präsidenten Hafez Assad nach einem Waffenstillstand ablehnte. Jumblatts Weigerung, die Angriffe auf libanesische Christen einzustellen, lieferte Assad den Vorwand, den er brauchte, um im Libanon einzumarschieren.

Im Juni 1976 berief die Arabische Liga eine Versammlung ein, bei der sich Syrien, Libyen, Saudi-Arabien und der Sudan bereit erklärten, Truppen in den Libanon zu entsenden, »um den Frieden durchzusetzen«. Assad schickte daraufhin weitere syrische Truppen ins Land, während der Beitrag anderer Staaten in dieser Hinsicht eher symbolisch blieb.[30] Die »Billigung« der Arabischen Liga war in Wirklichkeit nichts anderes als die Anerkennung eines *fait accompli.*

Behauptung

»Israel lehnte die Freilassung von Kriegsgefangenen ab, während Syrien und der Libanon ihre gefangenen Soldaten unverzüglich freiließen.«

Tatsache

Der Libanon und Syrien haben gefangen genommene israelische Soldaten regelmäßig misshandelt. Es ist außerdem äußerst schwierig für Israel, Informationen über seine Kriegsgefangenen zu erhalten, und die Libanesen und Syrer verweigern in der Regel selbst dem Roten Kreuz den Zutritt zu den Gefangenen. Häufig werden sogar noch die Leichname von Israelis als Geiseln behalten und bei Verhandlungen als Tauschware eingesetzt. So ließ Israel zum Beispiel im September 1991 fast 100 libanesische Schiiten frei und erhielt im Austausch dafür

---

[30] Becker, S. 131.

die sterblichen Überreste von vier israelischen Soldaten, die im Libanon getötet worden waren.
1986 stürzte der Pilot Ron Arad mit dem Flugzeug ab und wurde von schiitischen Terroristen gefangen genommen. Im Austausch gegen Informationen über ihn bot Israel die Freilassung von Hunderten libanesischer Kriegsgefangener an, doch die Hisbollah lehnte jede Kooperation ab. Arad gilt seither als vermisst.
Am 7. Oktober 2000 wurden drei israelische Soldaten – Sergeant Adi Avitan, Stabsergeant Benyamin Avraham und Stabssergeant Omar Sawaid – während eines Kontrollgangs auf der Südseite, also der israelischen Seite, der isralisch-libanesischen Grenze von der Hisbollah entführt. Am 16. Oktober gab die Hisbollah bekannt, dass sie einen israelischen Bürger namens Elhanan Tenenboim in ihrer Gewalt habe, von dem man geglaubt hatte, dass er auf einer privaten Geschäftsreise in Europa entführt worden sei.
Die vier Israelis werden seit ihrer Entführung von der Außenwelt isoliert an einem unbekannten Ort gefangen gehalten. Die Entführer verweigern dem Internationalen Roten Kreuz und anderen karitativen Einrichtungen die Erlaubnis, sie zu besuchen und sich über ihren Gesundheitszustand und die Bedingungen, unter denen sie gefangen gehalten werden, zu unterrichten.

Behauptung

»Die Entführung von Scheich Abdul Karim Obeid durch Israel im Jahr 1989 verlängerte das

Geiseldrama und hatte darüber hinaus den Tod von Lieutenant Colonel William Higgins zur Folge, einer Geisel, die aus Rache hingerichtet wurde.«

Tatsache

Lieutenant Colonel William Higgins, ein Marineoffizier bei den UN-Friedenstruppen im Libanon, wurde von der libanesischen schiitischen Terroristenvereinigung Hisbollah entführt und ermordet. Die Mitschuld daran tragen der Iran und Syrien – Länder, die den Terroristen Zuflucht gewähren.

»Wir sollten nicht aus den Augen verlieren, dass nicht etwa die Vereinigten Staaten für die Ermordung verantwortlich waren, und auch nicht Israel«, sagte Botschafter Paul Bremer, der ehemalige Leiter der Antiterrorismus-Abteilung des Außenministeriums, »sondern eine Mörderbande im Südlibanon.«[31]

Die Gefangennahme von Scheich Obeid, der als Drahtzieher der Entführung mehrerer israelischer Soldaten gilt, darf auf keinen Fall mit der Entführung unschuldiger Bürger oder eines Mitglieds der UN-Friedenstruppen durch Terroristen verglichen werden. Da der Westen nun einmal so wenig Engagement für israelische Geiseln an den Tag legt, ist Obeid die einzige Chance für Israel, seine

---

[31] *Near East Report*, 7. August 1989.

Kriegsgefangenen vielleicht doch noch zurück zu bekommen.

Behauptung

»Die israelischen Angriffe auf den Libanon sind ein Beweis für Israels aggressive Grundhaltung und seine Entschlossenheit, das besetzte libanesische Territorium nicht mehr aufzugeben.«

Tatsache

Die Vereinten Nationen haben bestätigt, dass Israel seine Verpflichtung zum Rückzug aus dem Libanon weisungsgemäß erfüllt hat. Das hielt die Hisbollah, die sich bis an die Zähne bewaffnet entlang der internationalen Grenzen verschanzt hat, nicht davon ab, wiederholt israelische Ziele anzugreifen, Soldaten aus dem Hinterhalt zu überfallen und zu entführen und jüdische Dorfbewohner in Nordisrael zu schikanieren, einzig und allein mit dem Ziel, die Feindseligkeiten erneut eskalieren zu lassen.
Israel forderte deshalb mit Unterstützung der Vereinten Nationen und der Vereinigten Staaten immer wieder, dass der Libanon Streitkräfte im Süden stationiert und die Guerilla entwaffnet. Angesichts der Tatsache, dass die eigentlichen Herren im Libanon die Syrer sind, tragen

nach israelischer Auffassung beide Länder gleichermaßen die Verantwortung dafür, dass die Hisbollah nicht an ihren Provokationen gehindert wird. Das politische und militärische Versagen des Libanon und Syriens in diesem Punkt zwang Israel, Vorbeugungsmaßnahmen zu ergreifen und gegebenenfalls auch Vergeltungsanschläge zu führen, um seine Bürger und Soldaten zu schützen.

12. Der Golfkrieg

Behauptung

»Der Golfkrieg wurde für Israel geführt.«
»Israels Nebenrolle im Golfkrieg zeigt, dass das Land für die Vereinigten Staaten von keinerlei strategischem Wert ist.«
»Israel hat vom Golfkrieg profitiert, ohne auch nur den geringsten Preis dafür zu bezahlen.«
»Israel hat nichts getan, um die Palästinenser vor den Angriffen der Scud-Raketen zu schützen.«
»Der Irak stellte zu keinem Zeitpunkt eine Bedrohung für Israel dar.«
»Saddam Hussein hatte zu keinem Zeitpunkt Interesse am Besitz oder Erwerb von Atomwaffen.«
»Die PLO verhielt sich im Golfkrieg neutral.«
»Im Golfkrieg wurde deutlich, warum die arabischen Staaten mehr amerikanische Waffen brauchen.«
»Nach dem Golfkrieg stellte der Irak keine Bedrohung mehr für Israel dar.«

Behauptung

»Der Golfkrieg wurde für Israel geführt.«

Tatsache

Bevor Präsident Bush die Operation »Wüstensturm« ankündigte, behaupteten manche Kritiker Israels, der jüdische Staat und seine Fürsprecher setzten alles daran, Washington in einen Krieg mit dem Irak zu treiben, um die militärische Bedrohung, die der Irak für Israel darstelle, zu eliminieren. Dagegen machte Präsident Bush in seiner Rede am 2. August 1990 die Position der USA ganz deutlich. Er wies darauf hin, dass die Vereinigten Staaten »ein seit langer Zeit bestehendes, lebenswichtiges Interesse« am Persischen Golf hätten. Darüber hinaus hatte der Irak mit seiner Handlung »nackter Aggression« gegen die Charta der Vereinten Nationen verstoßen. Und nicht zuletzt gab der Präsident seiner Sorge um die anderen kleineren Nationen im Krisengebiet und um die dort lebenden und arbeitenden amerikanischen Bürger Ausdruck. »Ich sehe es als grundlegende Verantwortung meiner Präsidentschaft an, amerikanische Bürger zu schützen.«[1]

Während des gesamten Golfkrieges unterstrichen der Präsident und andere hochrangige amerikanische Politiker immer wieder, dass die Interessen der USA – die in erster Linie die Erdölversorgung betrafen – durch die irakische Invasion Kuwaits gefährdet waren.

Die meisten Amerikaner billigten das Vorgehen ihres Präsidenten. In einer Meinungsumfrage vom 16. Januar 1991 wurde festgestellt, dass 76 Prozent der Amerikaner für

---

1 *Washington Post*, 3. August 1990.

den Krieg mit dem Irak und nur 22 Prozent dagegen waren.[2]

Es stimmt, dass Israel im Irak eine ernste Gefahr für seine eigene Sicherheit sah. Diese Sorge erwies sich nach Beginn des Krieges rasch als überaus berechtigt, als der Irak 39 Scud-Raketen auf israelische Ballungsgebiete abfeuerte.

Israel hat die amerikanischen Truppen nicht gebeten, seine Schlachten zu schlagen. Die israelischen Streitkräfte hielten sich bereit, ebenfalls in den Golfkrieg einzutreten, doch es kam nicht dazu, weil die USA nicht darum nachsuchten. Selbst nach der massiven Provokation durch die Scud-Raketen entsprach Israel der amerikanischen Bitte, sich nicht zu Vergeltungsschlägen verleiten zu lassen.

Behauptung

»Israels Nebenrolle im Golfkrieg zeigt, dass das Land für die Vereinigten Staaten von keinerlei strategischem Wert ist.«

---

[2] *Washington Post*, 17. Januar 1991.

Tatsache

Von Israel wurde gar nicht erwartet, dass es in größerem Umfang in den Golfkrieg eingriff. Die Amerikaner wussten sehr wohl, dass die Araber den Israelis nie gestattet hätten, zu ihrer Verteidigung zu intervenieren, und sie wussten auch, dass ein Eingreifen amerikanischer Truppen unumgänglich war, weil die Golfstaaten sich nicht aus eigener Kraft schützen konnten.
Israels Zurückhaltung beruhte also auf einer wohl überlegten politischen Entscheidung in Antwort auf entsprechende amerikanische Bitten. Dennoch hat das Land das amerikanische Vorgehen in vielfältiger Weise unterstützt und indirekt dazu beigetragen, die irakischen Aggressoren zurückzutreiben. Das belegen die folgenden Punkte:

- Die israelischen Verteidigungsstreitkräfte waren die einzige Militärmacht im Krisengebiet, die dem Irak mit einiger Aussicht auf Erfolg die Stirn bieten konnte. Diese Tatsache, derer sich Saddam Hussein wohl bewusst war, wirkte als Abschreckung gegen die irakische Aggression.
- Durch seine Warnung, militärische Maßnahmen zu ergreifen, falls der Irak in Jordanien einmarschieren sollte, schützte Israels letztlich die territoriale Unversehrtheit seines Nachbarn gegen eine irakische Invasion.
- Die Vereinigten Staaten setzten in Israel hergestellte Raketen auf ihren B52-Bombern ein, und die amerikanische Marine verwendete israelische ferngesteuerte Flugzeuge des Typs Pionier für ihre Aufklärungsflüge in der Golfregion.

- Israel stellte Minenräumfahrzeuge zur Verfügung, mit denen sich die alliierten Streitkräfte einen Weg durch die irakischen Minenfelder bahnten.
- Das US-Marinecorps bediente sich mobiler Brücken, die direkt aus Israel nach Saudi-Arabien eingeflogen wurden.
- Israelische Empfehlungen führten zu mehreren Software-Änderungen, die die Patriot zu einem leistungsfähigeren Raketenabwehrsystem machten.
- Die israelische Luftfahrtindustrie entwickelte Treibstofftanks, die die Reichweite der im Golfkrieg eingesetzten F-15-Flugzeuge vergrößerten.
- General Dynamics, ein amerikanischer Rüstungskonzern, baute mehrere von den Israelis übernommene Modifikationen in die Maschinen der weltweit eingesetzten F-16-Flugzeug-Luftwaffenflotte ein; dazu gehörten strukturelle Verbesserungen, Softwareänderungen, Verbesserungen der Funkausrüstung und Änderungen in der Flugelektronik.
- Durch eine in Israel hergestellte Zielelektronik wurden die Einsatzmöglichkeiten der Cobra-Hubschrauber in Nachtkämpfen verbessert.
- Israel stellte sein technisches Know-How für die erfolgreich eingesetzte Tomahawk-Rakete zur Verfügung.
- Israel lieferte den amerikanischen Streitkräften Nachtsichtgeräte.
- An Bord von Blackhawk-Hubschraubern wurde ein in Israel entwickeltes und hergestelltes Warnsystem für geringe Flughöhen verwendet.
- Israel stellte den amerikanischen Streitkräften Ausrüstungsgegenstände zur Verfügung, darunter Gasmasken und Sandsäcke.

- Israel bot den Vereinigten Staaten an, seine militärischen und Versorgungseinrichtungen zu nutzen. Die Schiffe der amerikanischen Marine wurden auf dem Weg zum Golf im Hafen von Haifa gewartet.
- Israel zerstörte im Jahr 1981 den irakischen Atomreaktor. Dadurch hatten die amerikanischen Streitkräfte es nicht mehr mit einem Gegner zu tun, der Nuklearwaffen einsetzen konnte.
- Selbst in dieser mittelbaren Form war die israelische Kooperation für die USA äußerst wertvoll: Israels militärischer Geheimdienst hatte den Irak schon immer sehr viel gründlicher überwacht als die Amerikaner. Dadurch konnten die Israelis Washington mit detaillierten taktischen Informationen über die militärischen Aktivitäten des Irak versorgen. Der amerikanische Verteidigungsminister Richard Cheney wies denn auch darauf hin, dass die Vereinigten Staaten bei ihrer Suche nach Raketenabschussbasen für Scud-Raketen auf israelische Informationen über den Westirak zurückgegriffen hätten.[3]

Behauptung

»Israel hat vom Golfkrieg profitiert, ohne auch nur den geringsten Preis dafür zu bezahlen.«

[3] UPI, 8. März 1991.

Tatsache

Es stimmt, dass Israel von der Zerstörung der irakischen Militärmacht durch die von den Vereinigten Staaten angeführte Allianz profitierte, aber auch auf israelischer Seite waren die Kosten enorm. Noch vor Ausbruch der Kriegshandlungen musste Israel seinen Verteidigungsetat aufstocken, um seine Streitkräfte in erhöhter Alarmbereitschaft halten zu können. Die irakischen Raketenangriffe rechtfertigten sehr schnell die israelische Vorsichtsmaßnahme, die Luftwaffe rund um die Uhr im Einsatz zu halten. Insgesamt musste das Verteidigungsbudget um mehr als 500 Millionen Dollar erhöht werden. Weitere hundert Millionen wurden zum Schutz der Zivilbevölkerung benötigt.
Die 39 irakischen Scud-Raketen richteten in Haifa und Tel Aviv großen Schaden an. Im Gebiet von Tel Aviv wurden etwa 3 300 Wohnhäuser und andere Gebäude beschädigt. 1 150 Personen mussten evakuiert und in Hotels untergebracht werden – eine Maßnahme, die pro Nacht 20 000 Dollar kostete.
Neben den unmittelbaren Kosten durch die ständige militärische Einsatzbereitschaft und die Sachschäden erlitt die israelische Wirtschaft Einbußen, weil viele Israelis wegen des Ausnahmezustands nicht zur Arbeit gehen konnten. Die Betriebe arbeiteten während des Krieges nur mit 75 Prozent ihrer normalen Kapazität, was einen Gesamtverlust von 3,2 Milliarden Dollar bedeutete.[4]

---

[4] *Near East Report*, 4. Februar 1991.

Die am schwersten hinzunehmenden Kosten betrafen jedoch Verluste an Menschenleben. Bei den Angriffen der Scud-Raketen starben insgesamt 74 Personen; zwei kamen bei den Angriffen selbst ums Leben, vier erstickten in den Gasmasken, die übrigen starben an Herzanfällen.[5]

Eine Kommission der Vereinten Nationen, die sich mit den aus dem Golfkrieg von 1991 resultierenden Wiedergutmachungsansprüchen an den Irak befasste, sprach israelischen Firmen und Einzelpersonen über 31 Millionen Dollar Wiedergutmachungszahlungen zu. Diese Entscheidung von 1999 ging auf eine Resolution des Sicherheitsrates im Jahr 1992 zurück, die den Irak verpflichtete, die Opfer des Golfkriegs zu entschädigen.[6] Im Jahr 2001 sprach die Wiedergutmachungskommission der Vereinten Nationen Israel 74 Millionen Dollar als Ausgleich für die Kosten zu, die durch die Einschläge irakische Scud-Raketen im Golfkrieg entstanden waren. Damit wies die Kommission den größten Teil der israelischen Gesamtforderung in Höhe von einer Milliarde Dollar ab.[7]

Behauptung

»Israel hat nichts getan, um die Palästinenser vor den Angriffen der Scud-Raketen zu schützen.«

---

[5] *Jerusalem Post*, 17. Januar 1991.
[6] JTA, 14. 4. 1999.
[7] JTA, 21. 6. 1999.

Tatsache

Die Los Angeles Times machte deutlich, vor welche Probleme die Ausgabe von Gasmasken an die Bevölkerung die israelischen Verantwortlichen stellte:

> »Die Ausgabe der Gasmasken erfolgte auf Grund von Wahrscheinlichkeitsschätzungen – die zum Teil auf Saddam Husseins schon vor dem Krieg ausgesprochenen Drohungen beruhten –, in welchen Gebieten die Gefahr für die Bevölkerung voraussichtlich am größten sein würde. Die Küstenregion um das Ballungszentrum Tel Aviv-Haifa mit seiner vorwiegend jüdischen Bevölkerung und Jerusalem, die zweitgrößte Stadt des Landes, genossen dabei absoluten Vorrang. Nach ihnen kamen kleinere Städte und ländliche Gebiete im israelischen Kernland, und erst zum Schluss die besetzten Gebiete. Die Erfahrung hat gezeigt, dass diese Reihenfolge richtig war. Natürlich war die Gefahr, die von den irakischen Waffen ausging, am stärksten für israelische Bürger und nicht für die Palästinenser in der Westbank, die ja schließlich Partisanen Saddams sind.«[8]

Die überwiegende Mehrheit der Palästinenser machte im Übrigen kein Hehl aus ihrer Unterstützung für den Irak. Als die Scud-Raketen auf Israels Ballungszentren hinab-

---

8 *Los Angeles Times*, 28. Januar 1991.

regneten, kletterten viele von ihnen auf die Dächer und jubelten.[9] Auf Grund dieser unverhohlen zur Schau getragenen pro-irakischen Haltung und weil der irakische Diktator selbst seine Sorge um die Palästinenser geäußert hatte, glaubte man in Israel im Allgemeinen nicht, dass die besetzten Gebiete angegriffen würden.
Später wurden dann auch an alle Einwohner dieser Gebiete Gasmasken verteilt. Der Krieg war allerdings zu Ende, bevor alle Palästinenser Gasmasken erhalten hatten. Trotzdem kam bei den Scud-Angriffen kein einziger Palästinenser ums Leben.

Behauptung

»Der Irak stellte zu keinem Zeitpunkt eine Bedrohung für Israel dar.«

Tatsache

Der irakische Präsident Saddam Hussein war seit seiner Machtübernahme einer der erbittersten Feinde Israels. Am 2. April 1990 wurde Saddams Rhetorik zunehmend aggressiver: »Ich schwöre bei Gott, dass unser Feuer die

---

[9] *New York Post*, 4. Februar 1991.

Hälfte Israels verzehren wird, falls Israel versuchen sollte, den Irak anzugreifen.« Saddam behauptete, die Kampfstärke seiner chemischen Waffen werde nur noch von den USA und der Sowjetunion übertroffen, und kündigte an, dass er jeden, der den Irak mit einer Atombombe bedrohe, mit der »binären chemischen Waffe« auslöschen werde.[10] Wenige Tage später ließ Saddam verlauten, dass der Krieg mit Israel so lange zu nicht Ende sei, bis alle von Israel besetzten Gebiete sich wieder in arabischen Händen befänden. Er fügte hinzu, dass der Irak von mehreren Stellungen aus chemische Waffen gegen Israel einsetzen könne.[11] Darüber hinaus machte der irakische Führer die alarmierende Aussage, dass seine Offiziere, falls Israel den Irak angriffe, die Freiheit hätten, Israel ohne Rücksprache mit ihrem Oberkommando anzugreifen. Der Oberkommandierende der irakischen Luftwaffe sagte später, er habe den Befehl zum Angriff gehabt, falls der jüdische Staat den Irak oder ein anderes arabisches Land angriffe.[12]

Am 18. Juni 1990 kündigte Saddam auf einer islamischen Konferenz in Bagdad an: »Wenn Israel den Irak oder die Araber angreift, werden wir mit allen Waffen, die uns zur Verfügung stehen, gegen die Israelis vorgehen.« Er erklärte, Palästina sei den Arabern »gestohlen« worden, und rief die arabische Welt auf, »die usurpierten Rechte in Palästina zurückzuerobern und Jerusalem aus der zionistischen Knechtschaft zu befreien«.[13]

---

[10] Reuters, 2. April 1990.
[11] Reuters, 18. April 1990.
[12] UPI, 22. April 1990.
[13] Baghdad Domestic Service, 18. Juni 1990.

Saddams Drohung erfolgte unmittelbar nachdem herausgekommen war, dass England und die Vereinigten Staaten einen Versuch vereitelt hatten, in Amerika hergestellte Zünder für Nuklearsprengköpfe des Typs »Kryton« in den Irak zu schmuggeln.[14] Der englische Geheimdienst MI6 hatte drei Jahre zuvor in einem geheimen Papier darauf hingewiesen, dass Hussein seiner Einschätzung nach alles daran setze, Nuklearwaffen zu entwickeln.[15] Nachdem Saddam 1988 in Halabja chemische Waffen gegen seine eigenen kurdische Landsleute eingesetzt hatte, zweifelte kaum jemand daran, dass er Nuklearwaffen gegen Israel richten würde, wenn er die Möglichkeit dazu hätte.

Die israelischen Befürchtungen wurden noch gesteigert durch Berichte, die ab Januar 1990 in der arabischen Presse zu kursieren begannen und in denen davon die Rede war, dass Jordanien und der Irak gemeinsame Truppenverbände, bestehend aus Boden-, Luft und Marineeinheiten, gebildet hätten. »Diese Regimenter bilden eine Notfalltruppe, die im Fall einer Kampfansage oder Bedrohung eines der beiden Länder durch eine fremde Macht in Aktion tritt«, hieß es in einer Zeitung.[16] Darüber hinaus sollen die beiden Staaten ein gemeinsames Kampfjägergeschwader gebildet haben[17] – nach Aussage des jordanischen Journalisten Mu'nis al-Razzaz ein erster Schritt auf dem Weg zu einer vereinigten arabischen Armee. »Wenn wir uns nicht beeilen und eine geeinte arabische

---

14 *Washington Post*, 29. März 1990.
15 *Washington Times*, 3. April 1990.
16 *Al-Ittihad*, 26. Januar 1990.
17 Radio Monte Carlo, 17. Februar 1990.

Militärmacht etablieren, werden wir den von den Vereinigten Staaten unterstützten zionistischen Bestrebungen nichts entgegensetzen können«, sagte er.[18] Angesichts der Geschichte der arabischen Allianzen, die stets das Vorspiel eines Angriffs gewesen waren, erachtete Israel diese Entwicklungen als höchst Besorgnis erregend.

Im April 1990 beobachteten britische Zollbeamte, wie riesige Stahlrohre auf ein vom Irak gechartertes Schiff verladen wurden. Diese Röhren hielt man für Teile einer gigantischen Superkanone, mit der Bagdad mit nuklearen oder chemischen Sprengköpfen bestückte Raketen auf Israel oder den Iran hätte abschießen können.[19] Der Irak bestritt zwar, dass er im Begriff war, eine solche »Superwaffe« zu bauen, doch nach dem Krieg zeigte sich, dass eine solche Waffe tatsächlich gebaut worden war.[20]

Der Irak war aus dem Krieg gegen den Iran als eine der stärksten, bestausgerüsteten Militärmächte der Welt hervorgegangen. Seine Armee war eine Million Mann stark, er besaß über 700 Kampfjets, 6000 Panzer, ballistische Raketen und chemische Waffen. Die Vereinigten Staaten und ihre Alliierten errangen zwar einen raschen Sieg, doch der tatsächliche Umfang von Husseins Arsenal wurde erst nach dem Krieg offenbar, als Untersuchungskommissionen der Vereinten Nationen auf Belege für ein umfangreiches Programm zum Bau chemischer und Nuklearwaffen stießen.[21]

---

[18] *Al-Dustur*, 18. Februar 1990.
[19] Reuters, 17. April 1990.
[20] *Washington Post*, 14. August 1991.
[21] *Washington Post*, 8. August 1991.

Zugleich fungierte der Irak als Stützpunkt für mehrere terroristische Gruppen, die Israel bedrohten, darunter die PLO und Abu Nidals Fatah-Revolutionsrat.

Nach der irakischen Invasion Kuwaits wiederholte Saddam Hussein in regelmäßigen Abständen seine Drohung, Israel anzugreifen, wenn sein Land angegriffen würde. Wenn die Vereinigten Staaten gegen den Irak vorgehen, so sagte er im Dezember 1990, »wird unser nächster Schlag Tel Aviv gelten, ganz gleich, ob Israel an diesem Krieg beteiligt ist oder nicht«.[22] Auf einer Pressekonferenz im Anschluss an das Treffen mit dem amerikanischen Außenminister James Baker am 9. Januar 1991 wurde der irakische Außenminister Tariq Aziz gefragt, ob der Irak, falls es zum Krieg käme, Israel angreifen würde. Die Antwort lautete: »Ja. Eindeutig ja.«[23]

Am Ende machte Saddam seine Drohung wahr.

Behauptung

»Saddam Hussein hatte zu keinem Zeitpunkt Interesse am Besitz oder Erwerb von Atomwaffen.«

---

[22] Reuters, 26. Dezember 1990.

[23] Mitschrift der Pressekonferenz vom 9. Januar 1991.

Tatsache

Im Jahr 1981 gewann Israel die Überzeugung, dass der Irak dicht davor stand, Nuklearwaffen herzustellen. Um dem Bau einer Waffe zuvorzukommen, die ohne Zweifel gegen ihr Land eingesetzt werden würde, unternahmen die Israelis einen Überraschungsangriff, bei dem der Osirak-Nuklearkomplex zerstört wurde. Israels Verhalten wurde damals heftig kritisiert, und am 19. Juni wurde der Angriff vom Sicherheitsrat der Vereinten Nationen einmütig verurteilt. Kritiker bagatellisierten die Bedeutung des irakischen Nuklearprogramms; ihrer Ansicht nach waren Israels Befürchtungen unbegründet, weil Bagdad den Atomwaffensperrvertrag unterzeichnet hatte und sich mit der Inspektion seiner nuklearen Einrichtungen einverstanden erklärt hatte.
Erst nach der Invasion des Irak in Kuwait gaben amerikanische Politiker öffentlich zu, dass Bagdad an der Entwicklung von Nuklearwaffen arbeitete und dass es diesem Ziel sehr viel näher war, als man geglaubt habe. Wieder wandten Kritiker ein, die amerikanische Regierung suche lediglich nach einer Rechtfertigung für einen Krieg.
Monate später, nachdem die alliierten Streitkräfte die Zerstörung der Nuklearanlagen des Irak bekannt gegeben hatten, stellten Inspekteure der Vereinten Nationen fest, dass Saddams Waffenentwicklungsprogramm weit umfangreicher war, als selbst die Israelis geglaubt hatten. Man war allgemein davon ausgegangen, dass der Irak nicht in der Lage sei, Uran für den Bau von Atombomben anzureichern, doch Saddams Wissenschaftler bedienten sich zu diesem Zweck verschiedener Methoden (einschließlich

einer angeblich veralteten), die, wie man seither annahm, es dem Irak ermöglichten, mindestens eine Bombe zu bauen.

Behauptung

»Die PLO verhielt sich im Golfkrieg neutral.«

Tatsache

Die PLO, Libyen und der Irak waren die Einzigen, die die Resolution der Arabischen Liga, die den Rückzug des Irak aus Kuwait forderte, ablehnten. Die Führung der Intifada schickte Saddam Hussein ein Glückwunschtelegramm, in dem die Invasion Kuwaits als erster Schritt zur »Befreiung Palästinas« bezeichnet wurde.[24]

Der PLO-Führer Jassir Arafat spielte eine entscheidende Rolle bei der Torpedierung eines arabischen Gipfeltreffens, das in Saudi-Arabien stattfinden sollte und dessen Teilnehmer sich mit der Invasion befassen wollten. Arafat, so berichtete die *New York Times,* »lenkte die Aufmerksamkeit von dem geplanten Treffen ab und half mit, es scheitern zu lassen«, indem er plötzlich mit einem

---

[24] *Mideast Mirror*, 6. August 1990.

»Friedensplan« in Ägypten auftauchte, den sich der libysche Diktator Muammar Qaddafi ausgedacht hatte.[25] Nach einem Augenzeugenbericht von Ibrahim Nafei, dem Herausgeber der Zeitung *Al-Ahram*, legte Arafat sich auf dem im August stattfindenden Treffen der Arabischen Liga schwer ins Zeug, um einen wie auch immer gearteten anti-irakischen Beschluss zu verhindern. Er »ging von Delegation zu Delegation, Arm in Arm mit dem irakischen Außenminister Tariq Aziz, der einigen Delegierten der Golfstaaten und anderer arabischer Länder offen drohte, dass der Irak in ihren Ländern keinen Stein auf dem anderen lassen würde«, schrieb Nafei.[26]

In der jordanischen Hauptstadt Amman kündigte ein PLO-Sprecher an, dass palästinensische Kämpfer im Jemen eingetroffen seien. »Sie sollen Selbstmordanschläge gegen die amerikanischen Truppen in Saudi-Arabien durchführen, falls die Amerikaner den Irak angreifen«, erklärte er. »In Kuwait und im Irak stehen über 50 000 palästinensische Kämpfer, die die irakischen Interessen verteidigen werden.«[27] Abdul Abbas, ein Angehöriger des Exekutivkomitees der PLO, drohte, dass »jedes amerikanische Ziel verwundbar würde«, sollten die Vereinigten Staaten den Irak angreifen.[28]

In Jenin marschierten am 12. August 1 000 Palästinenser auf und skandierten: »Unser Held Saddam, greif Israel mit chemischen Waffen an.«[29]

---

[25] *New York Times*, 5. August 1990.
[26] *Al-Ahram*, 12. August 1990.
[27] UPI, 10. August 1990.
[28] Reuters, 4. September 1990.
[29] Associated Press, 12. August 1990.

Gewissen Quellen zufolge spielte die PLO eine aktive Rolle bei der Eroberung Kuwaits durch den Irak. Die logistische Planung für die irakische Invasion gründete sich zumindest teilweise auf Informationen, die PLO-Spitzel und ihre Helfershelfer vor Ort zusammengetragen hatten. Im Londoner *Independent* wurde ein arabischer Diplomat zitiert, der sagte, dass irakische Offiziere sich nach der Ankunft in Kuwait »schnurstracks in die Häuser der Kollaborateure begaben, sie packten und ihnen befahlen, an die Arbeit zu gehen«. »Der irakischen Botschaft lag eine Liste von kuwaitischen Entscheidungsträgern vor«, sagte der Diplomat, »aber wer hat ihnen geholfen? Wer waren die Fachleute, die Seite an Seite mit den Kuwaitis arbeiteten und alle nötigen Informationen besaßen?«, fragte er. »Die Palästinenser.«[30]
Die führenden Persönlichkeiten der israelischen Friedensbewegung gaben ihrem Abscheu vor dem Verhalten der PLO Ausdruck. Man bräuchte eine Gasmaske, um den »Ekel erregenden, giftigen Gestank« der Haltung der PLO gegenüber Saddam Hussein zu ertragen, sagte Yossi Sarid.[31] Ein anderer Aktivist für den Frieden, Yaron London, schrieb in einem offenen Brief an die Palästinenser in den besetzten Gebieten:

> »In dieser Woche habt ihr mir gezeigt, welch ein Narr ich jahrelang war. Wenn ihr mich das nächste Mal um meine Unterstützung eurer ›legitimen Rechte‹ bittet, werdet ihr feststellen, dass eure

---

[30] *Jerusalem Post*, 8. August 1990.
[31] *Ha'aretz*, 17. August 1990.

> Anfeuerungsrufe für Saddam meine Ohren verstopft haben.«[32]

Als die Vereinigten Staaten anfingen, Truppen in Saudi-Arabien zusammenzuziehen, sprach Arafat von einem »neuen Kreuzzug«, der »größte Gefahr und schweres Unglück für unsere arabische und islamische Nation bedeutet«. Und er hielt nicht mit seiner Position in diesem Konflikt hinter dem Berg:

> »Wir können dem Zionismus und seinen imperialistischen Verbündeten, die heute ihre Panzer und Flugzeuge, ja ihre ganze hoch technisierte, moderne Kriegsmaschinerie gegen unsere arabische Nation mobil machen, nur mit Feindseligkeit begegnen.«[33]

Nach Ausbruch des Krieges bekräftige das Exekutivkomitee der PLO seine pro-irakische Haltung: »Das palästinensische Volk steht fest an der Seite des Irak.« Am folgenden Tag schickte Arafat Saddam eine Botschaft, in der er den irakischen Kampf gegen die »amerikanische Diktatur« verherrlichte und den Irak als »Verteidiger der arabischen Nation, der Muslime und freien Männer auf der ganzen Welt« bezeichnete.[34]
Arafats Begeisterung für Hussein erlosch auch nach dem Ausgang des Krieges nicht. »Ich möchte diese Gelegenheit ergreifen, erneut zum Ausdruck zu bringen, dass wir

---

[32] *Yediot Aharonot*, August 1990.
[33] *Sawt al-Sha'b*, 4. September 1990.
[34] Agence France-Presse, 26. Februar 1991.

stolz sind auf die Bande der Bruderschaft und des gemeinsamen Schicksals, das uns verbindet«, sagte er im November 1991. »Wir wollen zusammen arbeiten bis zum Sieg und zur Befreiung Jerusalems.«[35]

Behauptung

»Im Golfkrieg wurde deutlich, warum die arabischen Staaten mehr amerikanische Waffen brauchen.«

Tatsache

Vor der Invasion Kuwaits besaß der Irak eine der größten und bestausgerüsteten Armeen der Welt. Keiner der Golfstaaten hätte den Irakis ohne amerikanische Intervention den Krieg erklären können. Kuwait ist ein winziges Land, das Waffen im Wert von fünf Milliarden Dollar erhalten und doch zu keinem Zeitpunkt auch nur die geringste Chance hatte, den Irak aufzuhalten.
Auch an Saudi-Arabien hatten die Vereinigten Staaten in den letzten zehn Jahren Waffen und Ausrüstung im Wert

[35] Baghdad Republic of Iraq Radio Network, 16. November 1991.

von über 40 Milliarden Dollar geliefert, und trotzdem hätte auch dieses Land eine irakische Invasion nicht verhindern können – eine Erkenntnis, die König Fahd letztlich bewog, der Stationierung amerikanischer Truppen in seinem Land zuzustimmen. Keine noch so umfangreiche Militärhilfe kann die geringe zahlenmäßige Stärke der Heere in diesen Staaten wettmachen.
Die Schnelligkeit, mit der der Irak Kuwait überrannte, machte darüber hinaus deutlich, wie leicht amerikanische Waffen in feindliche Hände geraten können. So erbeutete der Irak in Kuwait zum Beispiel 150 amerikanische HAWK-Flugabwehrraketen und mehrere mit Geschützen bestückte Fahrzeuge.

Behauptung

»Nach dem Golfkrieg stellte der Irak keine Bedrohung mehr für Israel dar.«

Tatsache

Der Irak grenzt nicht an Israel, doch er ist seit 1948 einer der unerbittlichsten Feinde Israels. Im Golfkrieg machte er Israel denn auch zum Hauptziel für seine Raketenangriffe. Ein Großteil des irakischen Arsenals an unkonventionellen Waffen wurde zwar im Krieg zerstört, doch langfristig gesehen bleibt der Irak eine Bedrohung für die Sicherheit Israels. Neuere Enthüllungen, die zeigten, dass dem Irak schon 1990 biologische Sprengköpfe mit Milzbrand- und Botulismuserregern zur Verfügung standen und dass er schon damals kurz vor dem Abschluss seines Nuklearwaffenprogramms stand, belegen, wie knapp Israel und die Alliierten einer Katastrophe entkamen. Ein Großteil von Bagdads biologischem Waffenarsenal ist bis heute nicht offen gelegt worden.

Saddam ist nach wie vor eindeutig bestrebt, den Irak wieder aufzurüsten. Ein Großteil des Bestands an chemischen Waffen und Nuklearanlagen sowie Hunderte mobiler ballistischer Raketen haben den Konflikt unbeschadet überstanden, und der Irak vereitelte bisher alle Initiativen der Vereinten Nationen, sie zu zerstören. Obwohl der Irak gezwungen wurde, viele der ihm verbliebenen Scud-Raketen zu zerstören, geht man dennoch davon aus, dass ihm noch eine große Zahl geblieben ist, die verborgen gehalten werden. Hinzu kommt, dass Bagdad, wenn die Sanktionen erst einmal aufgehoben sind, innerhalb von drei bis fünf Jahren wieder nuklear aufrüsten und in nicht einmal zwei Jahren sein Arsenal an tödlichen chemischen Waffen auffüllen kann.

Die Waffeninspekteure der Vereinten Nationen wurden 1998 aus dem Land gewiesen, und schon zwei Jahre später führte der Irak Tests mit ballistischen Kurzstreckenraketen durch – und zwar zur Perfektionierung eines neuen Systems, das beim Bau von Langstreckenraketen eingesetzt werden kann.[36]

---

[36] *New York Times*, 1. Juli 2000.

Die Rüstungsanlagen und Raketenforschungszentren, in denen die Rakete unter der Bezeichnung al-Samoud entwickelt wird, wurden im Dezember 1998 im Rahmen der Operation »Wüstenfuchs« von der Luftwaffe der Alliierten bombardiert. Im Pentagon glaubte man zu diesem Zeitpunkt, dass Saddam Husseins Raketenpläne damit für mindestens zwei Jahre auf Eis gelegt seien. Doch der nächste Raketenabschuss erfolgte bereits sechs Monate später.

Im Januar 2001 äußerte ein irakischer Überläufer gegenüber dem Londoner *Sunday Telegraph*, dass der Irak zwei voll funktionsfähige Atombomben erworben habe und am Bau weiterer Nuklearwaffen arbeite. Diese Behauptungen, die neueren Berichten widerspricht, nach denen sich die Nuklearwaffenpläne des Irak noch im Vorbereitungsstadium befinden, werden mittlerweile von Spezialisten überprüft.[37]

Und nicht zuletzt bleibt die Tatsache bestehen, dass der Irak trotz seiner Annahme der UN-Resolution 687, die ihm untersagt, terroristische Organisationen von seinem Gebiet aus operieren zu lassen, weiterhin Kontakt zu verschiedenen Gruppen und Einzelpersonen unterhält, die mit dem internationalen Terrorismus in Zusammenhang gebracht werden, und ihnen in seinem Land Zuflucht gewährt.

---

[37] *Jerusalem Post*, 29. Januar 2001.

13. Die Vereinten Nationen

Behauptungen

»Die Vereinten Nationen haben lange Zeit eine konstruktive Rolle in den Nahostfragen gespielt. Ihr Ruf der Fairness und Ausgewogenheit macht sie zu einem idealen Forum für die Lösung des israelisch-arabischen Konflikts.«

»Die Palästinenser haben keine Stimme bei den Vereinten Nationen erhalten.«

»Israel genießt die gleichen Rechte wie alle anderen Mitgliedsstaaten der Vereinten Nationen.«

»Die Vereinten Nationen und ihre Tochterorganisationen stehen der israelischen Politik zwar kritisch gegenüber, würden sich aber niemals zu antisemitischer Rhetorik oder Ausfällen gegen Juden hergeben.«

»Der 1991 beschlossene Widerruf der Resolution, in der der Zionismus verleumdet wird, beweist, dass es in den Vereinten Nationen keine Voreingenommenheit gegen Israel mehr gibt.«

»Selbst wenn die Vollversammlung voreingenommen sein sollte, so zeigte der Sicherheitsrat in der Nahostfrage doch stets eine ausgewogene Haltung.«

»Die Vereinigten Staaten haben Israel bei der UNO stets unterstützt und werden gegen alle für das Land nachteiligen Resolutionen ihr Veto einlegen.«

»Die arabischen Staaten sind den Vereinigten Staaten stets ein verlässlicherer Bündnispartner bei den Vereinten Nationen gewesen als Israel.«

Behauptung

»Die Vereinten Nationen haben lange Zeit eine konstruktive Rolle in den Nahostfragen gespielt. Ihr Ruf der Fairness und Ausgewogenheit macht sie zu einem idealen Forum für die Lösung des israelisch-arabischen Konflikts.«

Tatsache

Mitte der Siebzigerjahre formierte sich innerhalb der Vereinten Nationen ein Block, bestehend aus arabischen Staaten, Dritte-Welt-Ländern und der Sowjetunion, zu einer pro-palästinensischen Lobby. Das trat vor allem auf den Vollversammlungen zu Tage, bei denen die betreffenden Länder – fast ausnahmlos Diktaturen oder Autokratien – häufig gemeinsam für Resolutionen zur Unterstützung der PLO gegen Israel stimmten.
1974 zum Beispiel hatte die Generalversammlung Jassir Arafat eingeladen. Arafat nahm die Einladung an und erschien – mit Pistolenhalfter an der Hüfte. In seiner Rede sagte er, er trage das Gewehr des Freiheitskämpfers und einen Ölzweig in der Hand (die Waffe hatte er vor Betreten der Halle abgelegt). Ein Jahr später verabschiedete die Versammlung auf Betreiben des Blocks der arabischen Staaten und der Sowjetunion die Resolution 3379, in der der Zionismus als eine Form des Rassismus verurteilt wurde.

Der amerikanische Botschafter Daniel Moynihan bezeichnete diese Resolution als »obszönen Akt«. Nach den Worten des israelischen Botschafters Chaim Herzog basierte sie auf »Hass, Hinterlist und Hochmut«. »Hitler«, so erklärte er, »hätte sich in dieser UN-Debatte völlig zu Hause gefühlt.«[1]

Am 16. Dezember 1991 verabschiedete die Vollversammlung mit 111 gegen 25 Stimmen (bei 13 Stimmenthaltungen und 17 abwesenden bzw. nicht an der Abstimmung beteiligten Delegationen) für den Widerruf der Resolution 3379. Kein einziges arabisches Land hatte für den Widerruf gestimmt. Die PLO verurteilte die Abstimmung und die Rolle, die die Vereinigten Staaten dabei gespielt hatten. Wie Herzog bemerkte, legte die Organisation gegenüber Israel eine Haltung à la Alice-im-Wunderland an den Tag. »Im Gebäude der Vereinten Nationen ... hätte sie nur einen Davidsstern zu tragen brauchen, um alle Augenblicke das gebieterische ›köpft sie‹ zu hören.« Laut Herzog hatte die PLO eine UN-Resolution von 1974, in der Israel verurteilt wurde, als Rechtfertigung für die Zündung einer Bombe in Jerusalem zitiert.[2]

Die Blockstimmen ermöglichten auch die Einsetzung des Komitees für die »unveräußerlichen Rechte des palästinensischen Volkes« im Jahr 1975. Faktisch wurde dieses Gremium ein Bestandteil des Propagandaapparates der PLO; es gab Briefmarken heraus, organisierte Versammlungen und bereitete Filme und Resolutionsentwürfe zur Unterstützung der palästinensischen »Rechte« vor.

---

[1] Chaim Herzog: *Who Stands Accused?*, NY: Random House 1978, S. 4-5.

[2] Herzog, S. 130.

1976 empfahl das Komitee »die vollständige Durchsetzung der unveräußerlichen Rechte des palästinensischen Volkes, einschließlich seiner Rückkehr in den israelischen Teil Palästinas«. Gleichzeitig machte es den Vorschlag, den 29. November – den Tag, an dem die Vereinten Nationen im Jahr 1947 für die Teilung Palästinas gestimmt hatten – zum »internationalen Tag der Solidarität mit dem palästinensischen Volk« zu erklären. Seither ist es bei den Vereinten Nationen immer wieder mit anti-israelischen Reden, Filmen und Ausstellungen aufgetreten. Gegen die Einwände der Vereinigten Staaten wurde innerhalb des UN-Sekretariats eine Sonderabteilung für Palästina gebildet.
Israel ist Gegenstand von mehr Untersuchungskommissionen, Sonderbeauftragten und Sonderbeobachtern als irgendein anderer Staat in den Vereinten Nationen. Der jeweilige Sonderbeauftragte des Generalsekretärs der UNESCO besuchte Israel im Laufe der 27 Jahre, in denen es diese Funktion gibt, 51 Mal. In den letzten 17 Jahren wurde jedes Jahr eine »Sonderkommission« der ILO (International Labor Organization) nach Israel und in die besetzten Gebiete entsandt.
Die Kommission für Menschenrechte verabschiedet in regelmäßigen Abständen Resolutionen zum Thema Israel, die in keinerlei Verhältnis zur Realität stehen. Von sämtlichen Verurteilungen, die dieses Gremium ausgesprochen hat, bezogen sich 26 Prozent allein auf Israel, während Verbrecherstaaten wie Syrien und Libyen noch kein einziges Mal gerügt wurden. Das Mandat des Sonderbeobachters für die besetzten Gebiete unterscheidet sich völlig von den sonstigen Aufgaben eines Sonderbeobachters.[3]

---

[3] Israel's Mission to the UN.

Die Vereinigten Staaten haben sich dem Versuch der Politisierung der UNO vehement entgegengestemmt. 1977 traten sie wegen der anti-israelischen Einstellung dieser Vereinigung für zwei Jahre aus der International Labor Organization (ILO) aus. 1984 verließen sie die UNESCO, zum Teil wegen ihrer voreingenommenen Haltung gegen den jüdischen Staat. Von 1982 bis 1989 versuchten die arabischen Staaten, Israel einen Sitz in der Vollversammlung zu verwehren bzw. die Teilnahme Israels an besondere Bedingungen zu knüpfen. Lediglich eine entschiedene amerikanische Kampagne verhinderte den Erfolg dieser Aktion.

Die UNO versucht ständig, das Prinzip der direkten Verhandlungen zwischen beiden betroffenen Parteien, auf dem der im Jahr 1991 in Madrid in Gang gesetzte arabisch-israelische Friedensprozess beruht, zu untergraben. Die Abkommen von Oslo gründen auf dem Gedanken bilateraler Gespräche, die die Differenzen zwischen Israelis und Palästinensern lösen helfen sollen. Die Vollversammlung verabschiedet jedoch immer wieder Resolutionen, die »Zwangslösungen« zu strittigen Fragen wie dem Status Jerusalems, den Golanhöhen und zur Siedlungspolitik vorgeben. Ironischerweise wurden bereits in den Resolutionen 242 und 338 des Sicherheitsrates bilaterale Verhandlungen vorgeschlagen, die seither jedoch ständig von weiteren Resolutionen der Vollversammlung unterlaufen werden.

Die Vereinten Nationen haben bis heute also keinesfalls eine nützliche Rolle bei der Lösung des arabisch-israelischen Konflikts gespielt.

Was sich da im Sicherheitsrat abspielt, »gleicht stärker einem Überfall als einer politischen Debatte oder der Bemühung um eine Problemlösung«.

Die ehemalige UNO-Botschafterin
Jeane Kirkpatrick [4]

Behauptung

»Die Palästinenser haben keine Stimme bei den Vereinten Nationen erhalten.«

Tatsache

Neben der Unterstützung, die den Palästinensern von der arabischen und islamischen Welt und von den meisten anderen UNO-Mitgliedsstaaten zuteil wurde, genoss die PLO seit 1975 eine Sonderstellung bei den Vereinten Nationen. In diesem Jahr billigte die Vollversammlung

[4] *New York Times*, 31. März 1983.

der PLO halbdiplomatischen Status durch die Errichtung des Büros einer PLO-Beobachterdelegation am UNO-Sitz in New York zu.
Als die Vollversammlung die PLO 1988 als »Palästina« bezeichnete, wurde der Status der PLO noch einmal aufgewertet. Zehn Jahre später stimmte die Vollversammlung dafür, den Palästinensern eine Sonderstellung als nicht stimmberechtigtes Mitglied des 185 Mitgliedsstaaten zählenden Gremiums zu geben. Das Abstimmungsergebnis war überwältigend: 124 Ja-Stimmen, vier Nein-Stimmen und zehn Stimmenthaltungen. Die Länder, die gegen die Resolution gestimmt hatten, waren Israel, die Vereinigten Staaten, Mikronesien und die Marshall-Inseln.
In ihrer neuen Funktion dürfen palästinensische Delegierte in der Vollversammlung das Wort ergreifen und Probleme des Friedensprozesses zur Sprache bringen und an Resolutionsentwürfen über den Frieden im Mittleren Osten mitarbeiten; außerdem haben sie das Recht zur Entgegnung. Bis jetzt haben sie noch kein Stimmrecht und dürfen auch noch keine Kandidaten für UNO-Komitees wie zum Beispiel den Sicherheitsrat benennen. Die Araber hatten ursprünglich größere Machtbefugnisse angestrebt, darunter das Recht auf einen Sitz bei den anderen unabhängigen Staaten und auf das Einbringen von Resolutionen. Nachdem die Europäer ihnen jedoch klargemacht hatten, dass sie die Resolution nur unterstützen würden, wenn die strittigsten politischen Punkte gestrichen würden, gaben sie nach. Dennoch verleiht ihr neuer Status den Palästinensern verfahrensmäßige Privilegien, wie sie andere Gruppen mit UN-Beobachter-Status wie die Schweiz oder der Vatikanstaat nicht besitzen.

Behauptung

»Israel genießt die gleichen Rechte wie alle anderen Mitgliedsstaaten der Vereinten Nationen.«

Tatsache

Der Durchbruch im 50 Jahre bestehenden Ausschluss Israels aus den verschiedenen Gremien der Vereinten Nationen kam am 30. Mai 2000, als Israel die Einladung annahm, vorläufiges Mitglied der Regionalgruppe der West European and Others Group (WEOG) zu werden. Trotz der vorerst nur vorläufigen Aufnahme könnte dieser historische Schritt der Diskriminierung Israels durch die UN ein Ende machen und den Weg für die israelische Aufnahme in den Sicherheitsrat frei machen.
Israel war der einzige Mitgliedsstaat, der von einer Regionalgruppe ausgeschlossen war. Geografisch hätte es zur Asien-Gruppe gehört, doch seine Mitgliedschaft in diesem Gremium haben die arabischen Staaten verhindert. Ohne die Mitgliedschaft in einer Regionalgruppe aber durfte Israel weder an den Sitzungen des Sicherheitsrats noch anderer Schlüsselorganisationen der UNO stimmberechtigt teilnehmen.
Die WEOG ist die einzige Regionalgruppe, die nicht nach streng geografischen Kriterien zusammengestellt ist, sondern eher nach geopolitischen Zusammenhängen. Sie besteht aus Staaten, deren gemeinsamer Nenner eine

westlich-demokratische Gesellschaftsordnung ist. Die WEOG hat 27 Mitglieder: alle westeuropäischen Staaten sowie die »anderen« (Others) – Australien, Kanada, Neuseeland und die Vereinigten Staaten.

Israels Mitgliedschaft in der WEOG ist streng reglementiert. Alle vier Jahre muss es sich erneut um die Mitgliedschaft bewerben, da sein Status lediglich vorläufig ist. Zwei Jahre lang darf es keine Kandidaten für freie Sitze in einem der UNO-Gremien nominieren, und es darf sich für längere Zeit nicht um einen Sitz in wichtigeren UNO-Organen wie dem Wirtschafts- oder Sozialrat bewerben. Zudem dürfen sich israelische Delegierte die nächsten beiden Jahre nicht um Positionen im UNO-Rat bemühen.

Zu all diesen Einschränkungen kommt noch hinzu, dass Israel sich lediglich an WEOG-Aktivitäten im New Yorker UNO-Büro beteiligen darf. Von den WEOG-Gesprächen und Beratungen in den UNO-Vertretungen in Genf, Nairobi, Rom und Wien ist es ausgeschlossen – was bedeutet, das es nicht an UNO-Gesprächen über Menschenrechte, Rassismus und einer Reihe anderer Fragen, die in diesen Büros behandelt werden, teilnehmen darf.

Israel hofft weiter darauf, eines Tages die Mitgliedschaft in der Asien-Gruppe zu erlangen.

Behauptung

»Die Vereinten Nationen und ihre Tochterorganisationen stehen der israelischen

Politik zwar kritisch gegenüber, würden sich aber niemals zu antisemitischer Rhetorik oder Ausfällen gegen Juden hergeben.«

Tatsache

Die Vereinten Nationen haben praktisch jede erkennbare Form von Rassismus verurteilt. Sie haben Programme zur Bekämpfung des Rassismus und seiner vielfältigen Erscheinungsformen – darunter auch die Fremdenfeindlichkeit – verabschiedet. Doch sie haben sich immer wieder geweigert, den Antisemitismus in ihre Bemühungen miteinzubeziehen. Am 24. November 1998, über 50 Jahre nach der Gründung der Vereinten Nationen, wurde das Wort »Antisemitismus« erstmals überhaupt in einer UN-Resolution erwähnt, und zwar gegen Ende von GA Res. A/53/623 zur »Ausrottung von Rassismus und rassistischer Diskriminierung«.[5]

Seit Anfang der Siebzigerjahre wurde die UNO selbst zunehmend von antisemitischen und antizionistischen Gedanken unterwandert. Die folgenden Redeauszüge machen deutlich, wie sehr sich das Klima verschlechtert hat:

---

[5] »Israel and the UN – An Uneasy Relationship«, Israel's Mission to the UN.

»Und sind es denn nicht die Juden, die das amerikanische Volk ausbeuten und versuchen, es zu erniedrigen?« – so der libyische UN-Delegierte Ali Treiki.[6]

»Im Talmud heißt es, dass ein Jude, wenn er nicht jedes Jahr vom Blut eines Nicht-Juden trinkt, in alle Ewigkeit verdammt ist.« – so der saudi-arabische Delegierte Marouf al-Dawalibi vor der 1984 stattfindenden Konferenz der UN-Menschenrechtskommission über religiöse Toleranz.[7] Eine ganz ähnliche Bemerkung machte der syrische UN-Botschafter bei einer Konferenz im Jahr 1991, als er erklärte, die Juden brächten christliche Kinder um, um aus ihrem Blut Matzen (ungesäuertes Brot) herzustellen.[8]

Am 11. März 1997 behauptete der palästinensische Delegierte vor der UN-Menschenrechtskommission, die israelische Regierung hätte 300 palästinensische Kinder mit dem HIV-Virus infiziert. Trotz aller Bemühungen Israels, der Vereinigten Staaten und anderer Länder wurde diese »Blutklage«, eine Verleumdung schlimmster Art, nicht aus den UN-Akten gestrichen.[9]

---

[6] Rede vor den Vereinten Nationen am 8. Dezember 1983, zitiert in: Harris Schoenberg, *Mandate For Terror: The United Nations and the PLO*; NY: Shapolksy 1989, S. 296.

[7] Rede vor der UNO-Konferenz über religiöse Toleranz und Religionsfreiheit, gehalten am 5. Dezember 1984, zitiert in: Anti-Defamation League, *News*, 7. Februar 1985.

[8] Morris Abram, »Israel Under Attack: Anti-Semitism in the United Nations«, *The Earth Times*, 16.-31. Dezember 1997.

[9] Ebd.

Behauptung

»Der 1991 beschlossene Widerruf der Resolution, in der der Zionismus verleumdet wird, beweist, dass es in den Vereinten Nationen keine Voreingenommenheit gegen Israel mehr gibt.«

Tatsache

Der genannte Beschluss bezeichnete nicht etwa das Ende der Befangenheit der UNO gegenüber Israel. Im selben Monat billigte die Vollversammlung vielmehr vier neue einseitige Resolutionen zum Nahen Osten: Am 9. Dezember 1991 wurde Israels Vorgehen gegen die Intifada mit einem Abstimmungsergebnis von 150 zu zwei Stimmen verurteilt. Am 11. Dezember wurde mit 104 gegen zwei Stimmen eine Resolution verabschiedet, die eine Friedenskonferenz mit palästinensischer Beteiligung unter dem Vorsitz der UN forderte, und eine weitere mit 142 gegen zwei Stimmen, in der das israelische Verhalten gegenüber Palästinensern in den besetzten Gebieten verurteilt wurde. Am 16. Dezember – am selben Tag, an dem die Resolution gegen den Zionismus widerrufen wurde – verabschiedeten die UN mit 152 zu einer Stimme, bei Stimmenthaltung der USA, eine Resolution folgenden Inhalts: Israel sollte den Beschluss der Knesset, der Jerusalem zur israelischen Hauptstadt erklärte, aufheben und sich aus den »besetzten Gebieten« einschließlich Jerusalems zurückziehen. Am Schluss der Resolution wurde die israelische Verwaltung der Golanhöhen kritisiert. In einer weiteren Resolution wurde ein Eintreten der UN für die Selbstbestimmung der Palästinenser und das Rückkehrrecht der palästinensischen Flüchtlinge zugesagt.

Der Widerruf selbst wurde durch die Tatsache geschmälert, dass 13 von 19 arabischen Ländern – einschließlich der Länder, die in Verhandlungen mit Israel standen, nämlich Syrien, der Libanon und Jordanien – gemeinsam mit Saudi-Arabien dafür stimmten, die Resolution beizubehalten. Sechs Staaten – darunter Ägypten, das versucht hatte, die Stimmberechtigten gegen den Widerruf zu beeinflussen – nahmen nicht an der Konferenz teil.

Die Araber »stimmten wieder einmal dafür, dem jüdischen Staat das Geburtsrecht streitig zu machen«, schrieb die *New York Times.* »Dass die meisten arabischen Staaten noch heute an einer erniedrigenden und verwerflichen Doktrin festhalten, beeinträchtigt einen Schritt, der ansonsten ein – wenn auch verspäteter – Triumph von Vernunft und Gewissen wäre.«[10]

Das Urteil der kanadischen Politologin Anne Bayefsky ist also mehr als gerechtfertigt. Professor Bayefsky schrieb über die UN-Menschenrechtskommission:

> »Sie ist das Werkzeug derer, die Israel zum archetypischen Schänder der Menschenrechte in der heutigen Welt abstempeln wollen. Sie ist eine Brutstätte des Antisemitismus. Sie ist eine Zu-

[10] *New York Times*, 17. Dezember 1991.

flucht für moralische Relativisten. Kurz, sie ist ein Skandal.«[11]

Behauptung

»Selbst wenn die Vollversammlung voreingenommen sein sollte, so zeigte der Sicherheitsrat in der Nahostfrage doch stets eine ausgewogene Haltung.«

Tatsache

Weil der Sicherheitsrat mit den Resolutionen 242 und 338 die diplomatischen Vorbedingungen für die Lösung des arabisch-israelischen Konflikts schuf, glauben viele Leute außerhalb der UNO immer noch, dieses Gremium könnte eine nützliche Rolle auf dem Weg zum Frieden im Nahen und Mittleren Osten spielen. Eine sorgfältige Analyse der Maßnahmen und Beschlüsse des Sicherheitsrates im Hinblick auf diese Krisengebiete zeigt jedoch,

[11] Morris B. Abram, »Anti-Semitism in the United Nations«, UN Watch, Februar 1998.

dass seine Haltung zu Israel kaum von der der Vollversammlung abweicht.
Die Kandidaten für den Sicherheitsrat werden von den Regionalblocks nominiert. Für den Nahen Osten bedeutet dies, dass in der Regel die Arabische Liga und ihre Bündnispartner vertreten sind. Israel, das den Vereinten Nationen 1949 beitrat, wurde nie in den Sicherheitsrat gewählt – wohl aber mindestens 16 Mitglieder der Arabischen Liga.
Die Debatten über Israel nehmen zu; der Sicherheitsrat hat den jüdischen Staat wiederholt gerügt. Dagegen wurde noch keine einzige Resolution verabschiedet, die die PLO oder die Angriffe arabischer Länder auf Israel kritisierte. Sondersitzungen der Vollversammlung finden äußerst selten statt. Weder anlässlich der chinesischen Besetzung Tibets, der indonesischen Eroberung von Ost-Timor, der syrischen Besetzung des Libanon, der Massaker in Ruanda noch auf Grund der Schreckensmeldungen aus Bosnien wurde jemals eine solche Sitzung einberufen. Fast zwei Jahrzehnte lang wurden diese Sitzungen in erster Linie angesetzt, wenn es darum ging, Israel zu verurteilen.

Behauptung

»Die Vereinigten Staaten haben Israel bei der UNO stets unterstützt und werden gegen alle für das Land nachteiligen Resolutionen ihr Veto einlegen.«

Tatsache

Viele Leute glauben, Israel könne sich jederzeit darauf verlassen, dass die Vereinigten Staaten es im UNO-Sicherheitsrat gegebenenfalls mit ihrem Veto unterstützen. Die Erfahrung zeigt jedoch, dass die USA sich im Sicherheitsrat häufig gegen Israel gestellt haben.
Im Jahr 1990 zum Beispiel stimmte Washington für eine Resolution des Sicherheitsrates, in der Israels Maßnahmen im Zusammenhang mit dem Aufruhr auf dem Tempelberg einen Monat zuvor verurteilt wurde. Die Resolution prangerte zwar die »Grausamkeiten der israelischen Sicherheitskräfte« an, erwähnte aber mit keinem Wort die Gewalt auf Seiten der Araber, die ihnen vorausgegangen war.
Im Dezember 1990 waren die USA mit der Verurteilung Israels für die Ausweisung von vier Anführern der islamischen Terroristenvereinigung Hamas einverstanden. Die Abschiebungen waren die Reaktion auf zahlreiche Verbrechen der Hamas gegen Araber und Juden, darunter die erst kurz zuvor begangenen Morde an drei israelischen Zivilisten in einer Fabrik in Jaffa. Die Hamas und ihre Verbrechen wurden in der betreffenden Resolution wiederum mit keinem Wort erwähnt. Jerusalem wurde darin als »besetztes Gebiet« bezeichnet und es wurde hervorgehoben, dass die Palästinenser vor Israel »geschützt« werden müssten. Gleichzeitig wurden die Vertragspartner der Genfer Konvention aufgefordert, dafür zu sorgen, dass Israel sich an die Beschlüsse der Konvention halte. Es war das erste Mal, dass der Sicherheitsrat sich im Zusammenhang mit einem Mitgliedsstaat auf die Konvention berief.
Im Januar 1992 unterstützten die Vereinigten Staaten eine einseitige Resolution, in der Israel für die Ausweisung

von zwölf Palästinensern verurteilt wurde, Mitgliedern terroristischer Gruppen, die für zahlreiche Gewalttaten gegen Araber und Juden verantwortlich waren. Die Resolution, in der Jerusalem wieder als »besetztes Gebiet« bezeichnet wurde, erwähnte mit keinen Wort die Ereignisse, die zu der Ausweisung geführt hatten – die Ermordung von vier jüdischen Zivilisten durch palästinensische Radikale seit Oktober des vorhergehenden Jahres. 1996 gaben die USA ihre Zustimmung zu einer von Saudi-Arabien ausgehenden Verurteilung Israels für den Tunneldurchbruch »in unmittelbarer Nachbarschaft« der Al-Aksa-Moschee. In Wirklichkeit verläuft dieser Tunnel, von dem aus Besucher die Westmauer des Tempelberges in voller Länge sehen können, überhaupt nicht in der Nähe der Moschee. Israel wurde außerdem für sein Vorgehen gegen gewaltsame Übergriffe von Palästinensern verurteilt, die gegen den Tunneldurchbruch protestierten. Ihr erstes Veto zu Gunsten Israels legten die Vereinigten Staaten im Jahr 1972 ein. Damals ging es um eine syrisch-libanesische Klage gegen Israel. Von 1967 bis 1972 unterstützten die USA 24 Resolutionen, die größtenteils eine kritische Haltung gegen Israel erkennen ließen, oder enthielten sich der Stimme. Von 1973 bis 2000 verabschiedete der Sicherheitsrat etwa 90 Resolutionen zum Mittleren Osten, die meisten davon wiederum zu Ungunsten Israels. Insgesamt legten die Vereinigten Staaten bei 33 Resolutionen ihr Veto ein; in zwei Dritteln aller Fälle unterstützten sie mit ihrer Stimmabgabe die kritische Haltung des Sicherheitsrates gegenüber Israel, oder sie enthielten sich der Stimme.[12]

---

[12] US-Außenministerium.

Behauptung

»Die arabischen Staaten sind den Vereinigten Staaten stets ein verlässlicherer Bündnispartner bei den Vereinten Nationen gewesen als Israel.«

Tatsache

Jahrelang war Israel der wichtigste Verbündete der USA bei den Vereinten Nationen. Erst vor kurzem hat Mikronesien, das in 100 Prozent aller Fälle mit den Vereinigten Staaten stimmt, diese Rolle übernommen. Nichtsdestoweniger stimmte Israel im Jahr 2000 zuverlässig in 96 Prozent aller Fälle mit den USA und stellte damit andere Verbündete der USA – wie zum Beispiel England, Frankreich und Kanada – in den Schatten. Inzwischen belegen Zahlen, die vom amerikanischen Außenministerium veröffentlicht wurden, dass das Abstimmungsverhalten der so genannten »gemäßigten« und der »radikalen« arabischen Staaten nur um wenige Punkte voneinander abweicht. Ägypten, das Land, das nach Israel am meisten US-Hilfe erhält, sowie Saudi-Arabien und Jordanien stimmten in fast 70 Prozent aller Fälle gegen die USA. Kuwait, für das die Vereinigten Staaten einen Befreiungskrieg kämpften, ist das arabische Land, das die USA am häufigsten unterstützt – es stimmte »nur« in zwei Dritteln aller Abstimmungen gegen die USA. Im Durchschnitt stehen die arabischen Staaten lediglich in 26 von 100 Abstimmungen auf Seiten der USA.[13]

[13] *Abstimmungsergebnisse der Vereinten Nationen, 2000*, US-Außenministerium.

14. Die Flüchtlinge

Behauptungen

»Von 1947 bis 1949 wurden eine Million Palästinenser von den Israelis heimatlos gemacht.«
»Die Juden ließen von Anfang an keinen Zweifel daran, dass sie nicht an einem friedlichen Zusammenleben mit ihren arabischen Nachbarn interessiert waren.«
»Die Juden tragen die Schuld am Flüchtlingsproblem, weil sie die Palästinenser vertrieben haben.«
»Die arabische Invasion hatte kaum Auswirkungen auf die palästinensischen Araber.«
»Die Herrscher und Regierungen der arabischen Staaten haben die Palästinenser nie zur Flucht aufgefordert.«
»Die palästinensischen Araber mussten fliehen; andernfalls wären sie umgebracht worden wie die friedlichen Bewohner des Dorfes Deir Yassin.«
»Israel ließ die Palästinenser nicht in ihre Heimstätten zurückkehren, damit sich die Juden ihren Besitz aneignen konnten.«
»Die UN-Resolutionen verlangen, dass Israel die palästinensischen Flüchtlinge repatriiert.«
»Israel blockierte die von der Schlichtungskommission für Palästina angeregten Verhandlungen.«
»Die Palästinenser, die in ihre Heimstätten zurückkehren wollten, stellten keine Gefahr für die Sicherheit Israels dar.«

»Die palästinensischen Flüchtlinge wurden von einer gleichgültigen Welt vergessen.«
»Die meisten Mittel zur Unterstützung der palästinensischen Flüchtlinge kamen aus den arabischen Staaten.«
»Die arabischen Staaten haben die Palästinenser mit offenen Armen aufgenommen und alles getan, um ihnen eine neue Heimat zu geben.«
»Millionen von Palästinensern müssen in elenden Flüchtlingslagern hausen.«
»Israel hat die palästinensischen Flüchtlinge gezwungen, in Lagern im Gazastreifen zu bleiben.«
»Zu allen Zeiten sind Flüchtlinge repatriiert worden, nur die Palästinenser durften nicht in ihre Heimat zurückkehren.«
»Wenn die palästinensischen Flüchtlinge repatriiert worden wären, wäre der israelisch-arabische Konflikt schon längst beigelegt.«
»1967 hat Israel weitere Palästinenser vertrieben.«

Behauptung

»Von 1947 bis 1949 wurden eine Million Palästinenser von den Israelis heimatlos gemacht.«

Tatsache

Die Palästinenser, die ihre Heimat in den Jahren 1947-48 verließen, taten dies aus den verschiedensten Gründen. Viele Wohlhabende verließen das Land aus Angst vor einem bevorstehenden Krieg, weitere Tausende von Arabern kamen dem Aufruf ihrer Herrscher oder Regierungen nach, den vorrückenden Armeen Platz zu machen, eine Hand voll wurde vertrieben, doch die meisten sind ganz einfach geflohen, um nicht zwischen die Fronten des Krieges zu geraten.

Nach arabischer Lesart wurden in den Jahren von 1947 bis 1949 zwischen 800 000 und einer Million Palästinenser vertrieben. Die letzte Volkzählung führten die Briten im Jahr 1945 durch. Damals lebten in ganz Palästina etwa 1,2 Millionen Araber. Am 30. November 1947, dem Tag, an dem die Vereinten Nationen für die Teilung stimmten, betrug die Gesamtzahl der innerhalb der Grenzen des Staates Israels (wie sie 1949 beim Waffenstillstandsabkommen festgelegt wurden) lebenden Araber 809 100. Eine von der israelischen Regierung im Jahr 1949 angeordnete Volkszählung ergab eine Zahl von 160 000 Arabern, die nach dem Krieg noch im Land lebten.[1] Das bedeutet, dass nicht mehr als 650 000 palästinensische Araber geflüchtet sein konnten. Ein Bericht des UN-Ver-

---

[1] Arieh Avneri: *The Claim of Dispossession*; NJ: Transaction Books 1948, S. 272; Kedar, Benjamin: *The Changing Land Between the Jordan and the Sea*; Israel: Yad Izhak Ben-Zvi Press 1999, S. 206.

mittlers für Palästina geht sogar von einer noch niedrigeren Zahl aus, nämlich von 472 000.[2]
Man hört zwar viel vom Elend der palästinensischen Flüchtlinge, aber kaum etwas über die Juden, die aus arabischen Staaten flohen. Ihre Lage war lange Zeit höchst unsicher. Während der UN-Debatten von 1947 gab es von Seiten der arabischen Länder massive Drohungen gegen sie. So sagte zum Beispiel der ägyptische Delegierte vor der Vollversammlung: »Durch die Teilung würde das Leben einer Million Juden in muslimischen Ländern auf Spiel gesetzt.«[3]
Die Zahl der Juden, die in den auf Israels Unabhängigkeitserklärung folgenden Jahren auf der Flucht aus arabischen Ländern nach Israel kamen, deckt sich in etwa mit der Zahl der Araber, die Palästina verließen. Viele Juden durften kaum mehr als die Kleider, die sie am Leib trugen, mitnehmen. Diese Flüchtlinge wollten gar nicht repatriiert werden. Man hörte so wenig über sie, weil sie nicht lange Flüchtlinge blieben. Von den 820 000 jüdischen Flüchtlingen erhielten 586 000 unter hohem Kostenaufwand in Israel eine neue Heimat, und zwar ohne jegliches Entschädigungsangebot von Seiten der arabischen Regierungen, die ihren Besitz beschlagnahmt hatten. Aus diesem Grund hat Israel stets darauf bestanden, dass in einem Abkommen über die Entschädigung

---

[2] Progress Report des Vermittlers der Vereinten Nationen für Palästina, dem Generalsekretär zur Weiterleitung an die Mitgliedsstaaten der Vereinten Nationen übergeben; offizielle Berichte der Vollversammlung: Dritte Sitzung, Ergänzung NO. 11 (A\648), Paris 1948, S. 47 und Ergänzung No. 11A (A\698 und A\689\Add.1, S. 5.

[3] *New York Times*, 25. November 1947.

Karte 21 Jüdische Flüchtlinge aus arabischen Staaten 1948-1972

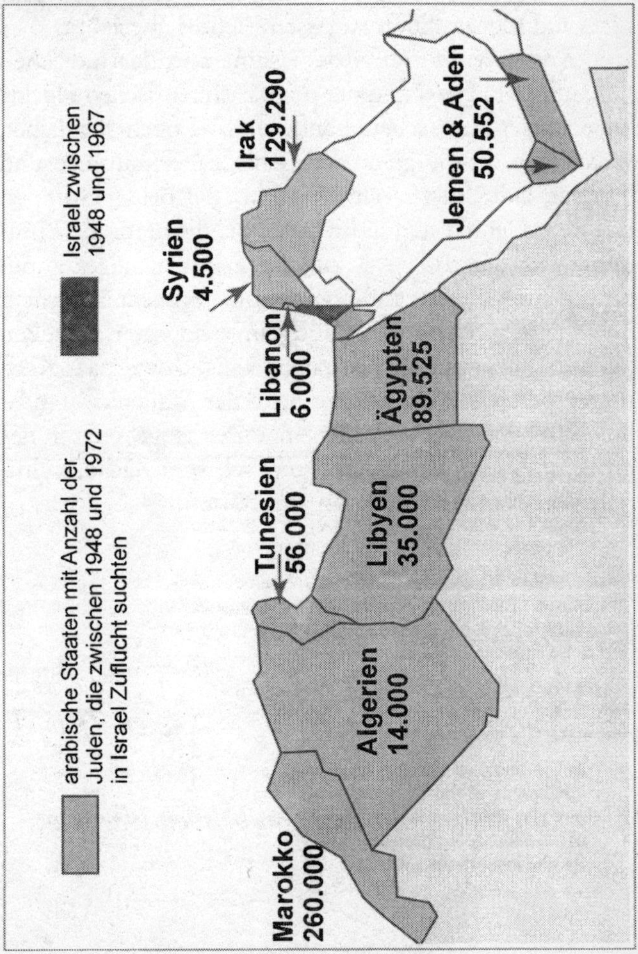

der palästinensischen Flüchtlinge auf jeden Fall auch die Entschädigung der jüdischen Flüchtlinge durch die Araber zur Sprache kommen muss. Bis auf den heutigen Tag haben die Araber eine solche Entschädigung für die Hundertausende von Juden, die gezwungen wurden, ihr Hab und Gut im Stich zu lassen, rigoros abgelehnt.
Der Kontrast zwischen der Aufnahme der jüdischen Flüchtlinge in Israel und der der palästinensischen Flüchtlinge in den arabischen Ländern wird noch deutlicher, wenn man an die ganz unterschiedliche kulturelle und geografische Entwurzelung denkt, die beide Gruppen erlebten. Die meisten jüdischen Flüchtlinge reisten Hunderte – ja Tausende – Kilometer in ein winziges Land, dessen Einwohner eine ihnen fremde Sprache sprachen. Die meisten arabischen Flüchtlinge dagegen verließen Palästina nicht einmal; sie zogen lediglich ein paar Kilometer weiter auf die andere Seite der Waffenstillstandslinie, blieben dabei aber die ganze Zeit eingebettet in das große arabische Volk, dem sie durch sprachliche, kulturelle und ethnische Wurzeln angehörten.

Behauptung

»Die Juden ließen von Anfang an keinen Zweifel daran, dass sie nicht an einem friedlichen Zusammenleben mit ihren arabischen Nachbarn interessiert waren.«

Tatsache

In zahlreichen Fällen forderte die jüdische Regierung die Araber auf, in Palästina zu bleiben und Bürger des neuen Staates Israel zu werden. Die palästinensischen Juden (Assembly of Palestine Jewry) erließen am 2. Oktober 1947 folgenden Appell:

> »Wir werden alles in unserer Macht Stehende tun, um den Frieden zu wahren und zu einer Zusammenarbeit zu finden, die sich für beide [Juden wie Araber] als gewinnbringend erweist. Hier und jetzt, direkt von Jerusalem aus, ergeht der Ruf an die arabischen Völker, ihre Kräfte mit dem Judentum und dem jüdischen Staat zu vereinigen und mit ihm zusammen Schulter an Schulter für unser gemeinsames Wohl, für den Frieden und Fortschritt souveräner, gleichgestellter Staaten zu arbeiten.«[4]

Am 30. November, dem Tag nach der Abstimmung der Vereinten Nationen über die Teilung Palästinas, ließ die Jewish Agency verlauten: »Der Haupttenor bei den spontanen Feiern, die wir heute allenthalben beobachten, ist der Wunsch unserer Gemeinschaft nach Frieden und ihre Entschlossenheit, zu einer fruchtbaren Zusammenarbeit mit den Arabern zu finden ...«[5]

---

4 David Ben-Gurion: *Rebirth and Destiny of Israel*, NY: Philosophical Library 1954, S. 220.

5 Isi Leibler: *The Case For Israel*; Australia: The Globe Press 1972, S. 43.

In Israels Unabhängigkeitserklärung vom 14. Mai 1948 wurden die Palästinenser aufgefordert, in ihrer Heimat zu bleiben und gleichgestellte Bürger des neuen Staates zu werden:

> »Wir appellieren – sogar während der Dauer des blutigen Angriffs, der auf uns seit Monaten unternommen wird – an die Angehörigen des arabischen Volkes, die im Staate Israel leben, den Frieden zu bewahren und sich am Aufbau des Staates auf der Grundlage voller bürgerlicher Gleichheit und entsprechender Vertretung in allen Institutionen des Staates, den provisorischen und den endgültigen, zu beteiligen. Wir strecken allen Nachbarstaaten und ihren Völkern die Hand zum Frieden und auf gute Nachbarschaft entgegen und appellieren an sie, mit dem in seinem Land selbstständig gewordenen jüdischen Volke in gegenseitiger Hilfe zusammenzuarbeiten.«[6]

---

[6] Dt. Text aus: Ingomar Reinartz (Hrsg.): *Konflikt in Nahost. Dokumente, Materialien und Abkommen zur Entstehung und zum Verlauf des Konflikts zwischen Israelis, Arabern und Palästinensern.* Heggen-Dokumentation 8; Leverkusen: Heggen-Verlag 1983, S. 38-39.

Behauptung

»Die Juden tragen die Schuld am Flüchtlingsproblem, weil sie die Palästinenser vertrieben haben.«

Tatsache

Hätten die Araber die UN-Teilungsresolution von 1947 angenommen, hätte nicht ein einziger Palästinenser zum Flüchtling werden müssen, sondern es gäbe jetzt einen unabhängigen arabischen Staat neben Israel. Die Verantwortung für das Flüchtlingsproblem liegt also allein bei den Arabern.
Der Beginn des arabischen Exodus kann auf die Wochen unmittelbar nach der Ankündigung der UN-Teilungsresolution datiert werden. Die Ersten, die das Land verließen, waren etwa 30 000 wohlhabende Araber. Sie erkannten, dass es zum Krieg kommen würde, und flohen in benachbarte arabische Länder, um dort sein Ende abzuwarten. Weniger Wohlhabende aus jüdisch-arabischen Städten in Palästina zogen in rein arabische Städte und kamen dort bei Verwandten oder Freunden unter.[7] Gegen Ende Januar 1948 hatte der Exodus der-

---

[7] Joseph Schechtmann: *The Refugee in the World*; NY: A.S. Barnes und Co 1963, S. 184.

maßen alarmierende Ausmaße angenommen, dass das Oberste Arabische Komitee Palästinas die arabischen Nachbarländer bat, den Flüchtlingen keine Visa mehr auszustellen und ihre Grenzen abzuriegeln.[8]

Am 30. Januar 1948 war in *Ash Sha'ab,* einer Zeitung in Jaffa, zu lesen: »Die Vorhut unserer Fünften Kolonne besteht aus all denen, die ihre Häuser und Geschäfte im Stich lassen und an einen anderen Ort ziehen ... Beim ersten Anzeichen von Schwierigkeiten nehmen sie die Beine in die Hand, um nicht in den Kampf verwickelt zu werden.«[9]

As Sarih, ein anderes in Jaffa erscheinendes Blatt, entrüstete sich am 30. März 1948 über arabische Dorfbewohner in der Nähe von Tel Aviv, weil sie »Schande über uns alle bringen, ›indem sie die Dörfer verlassen‹«.[10]

Etwa zur gleichen Zeit berichtete Hajj Nimer el-Khatib, einer der führenden Männer des Arabischen Nationalkomitees in Haifa, von Misshandlungen durch arabische Soldaten an Einwohnern in Jaffa. »Sie plünderten Menschen und Häuser aus. Ein Menschenleben galt ihnen nichts, und sie beschmutzten die Ehre der Frauen. Aus diesem Grund haben viele [arabische] Einwohner die Stadt unter dem Schutz britischer Panzer verlassen.«[11]

John Bagot Glubb, der Oberbefehlshaber der Arabischen Legion Jordaniens, sagte: »Häufig wurden die Dörfer verlassen, noch bevor ihre Einwohner durch die Ausbreitung des Krieges bedroht waren.«[12]

---

[8] I. F. Stone: *This is Israel*; NY: Boni und Gear 1948, S. 27.
[9] *Ash Sha'ab*, 30. Januar 1948
[10] *As Sarih*, 30. März 1948.
[11] Avneri, S. 270.
[12] *London Daily Mail*, 12. August 1948.

Die in der damaligen Tagespresse erscheinenden Artikel über größere Kämpfe, bei denen viele Araber flohen, lassen bezeichnenderweise jegliche Hinweise auf Zwangsvertreibungen durch die jüdischen Streitkräfte vermissen. Von den Arabern heißt es in der Regel, dass sie »fliehen« oder »ihre Häuser räumen«. Den Zionisten wird vorgeworfen, die arabischen Einwohner von Städten wie Tiberias und Haifa »vertrieben und enteignet« zu haben, doch die Wahrheit sieht völlig anders aus. Die beiden Städte lagen gemäß der Teilungsresolution innerhalb der Grenzen des jüdischen Staates und wurden von Juden und Arabern gleichermaßen heftig umkämpft.

Die jüdischen Streitkräfte eroberten Tiberias am 19. April 1948; danach wurde die gesamte arabische Bevölkerung von insgesamt 6 000 Personen unter der Aufsicht des britischen Militärs evakuiert. Im Anschluss daran gab der jüdische Stadtrat folgende Erklärung ab: »Wir haben sie nicht enteignet; die Entscheidung zu gehen, lag allein bei ihnen ... ihr Eigentum darf nicht angetastet werden.«[13]

Anfang April verließen etwa 25 000 Araber das Gebiet von Haifa. Anlass dafür waren eine Offensive irregulärer Truppen unter der Führung von Fawzi al-Qawukji sowie Gerüchte, dass die arabische Luftwaffe in Kürze die jüdischen Gebiete um den Berg Karmel bombardieren würde.[14] Am 23. April eroberte die Haganah Haifa. In einem britischen Polizeibericht vom 26. April aus Haifa hieß es, dass »die Juden alles daransetzen, die arabische Bevölkerung zum Bleiben zu bewegen, ihr normales

---

[13] *New York Times*, 23. April 1948.

[14] Howard Sachar: *A History of Israel: From the Rise of Zionism to Our Time*; NY: Alfred A. Knopf 1979, S. 332; Avneri, S. 270.

Leben wieder aufzunehmen und ihre Läden und Geschäfte wieder zu öffnen. Es wird ihnen zugesichert, dass ihr Leben und ihre Interessen nicht angetastet werden.«[15] David Ben-Gurion hatte Golda Meir eigens nach Haifa entsandt, um die Araber zum Bleiben zu überreden. Sie hatte jedoch keinen Erfolg mit ihrer Mission, weil diese zu große Angst hatten, als Verräter an der arabischen Sache gebrandmarkt zu werden.[16] Als der Kampf vorüber war, hatten über 50 000 Palästinenser Haifa verlassen.

»Zehntausende von Arabern, Frauen und Kinder flohen in Richtung der östlichen Ausläufer der Stadt mit Autos, Lastwagen und zu Fuß in dem verzweifelten Versuch, arabisches Territorium zu erreichen, ehe die Juden die Rushmiya-Brücke nach Samarien und Nordpalästina einnahmen und sie abgeschnitten waren. Tausende erstürmten jedes verfügbare am Ufer liegende Schiff – sogar Ruderboote –, um übers Meer nach Akko zu fliehen.«

New York Times, 23. April 1948

---

[15] Geheimes Memo vom 26. April 1948 vom Superintendenten der Polizei über die allgemeine Lage in Haifa. S. auch sein Memo vom 29. April.

[16] Golda Meir: *Mein Leben*; NY: Dell 1975, S. 267-268.

In Tiberias und Haifa ordnete die Haganah an, dass arabisches Eigentum nicht angerührt werden durfte, und drohte bei jedem Verstoß gegen diese Anordnung schwere Strafen an. Trotz dieser Maßnahmen verließen die Araber bis auf einen Rest von 5000 oder 6000 Haifa – viele mit britischen Militärtransporten.

Der UN-Delegierte von Syrien, Faris el-Khouri, unterbrach eigens die UN-Debatte über Palästina. Er bezeichnete die Eroberung Haifas als »Massaker« und wertete sie als »einen weiteren Beleg dafür, dass das ›zionistische Programm‹ das Ziel verfolgt, die Araber im jüdischen Staat auszulöschen – falls die Teilung tatsächlich durchgesetzt wird«.[17]

Am folgenden Tag unterrichtete Sir Alexander Cadogan, der britische UN-Delegierte, die Delegierten jedoch davon, dass die Kämpfe in Haifa durch die fortgesetzten Angriffe von Arabern auf Juden provoziert worden seien und dass Schreckensmeldungen über Massaker und Deportationen nicht der Wahrheit entsprachen.[18]

Am gleichen Tag (dem 23. April 1948) erklärte Jamal Husseini, der Vorsitzende des Obersten Palästinensischen Komitees, vor dem Sicherheitsrat, dass die Araber das Waffenstillstandsangebot der Haganah abgelehnt hätten und es »vorzogen, ihre Häuser und all ihr Hab und Gut aufzugeben und die Stadt zu verlassen«.[19]

Der amerikanische Generalkonsul in Haifa, Aubrey Lippincott, schrieb am 22. April 1948, dass dem Mufti hörige arabische Führer die arabische Bevölkerung auf-

---

17 *New York Times*, 23. April 1948.
18 *London Times*, 24. April 1948.
19 Schechtman, S. 190.

forderten, die Stadt zu verlassen, und dass ein Großteil der Menschen dieser Aufforderung Folge leistete.[20]
Ein Heeresbefehl vom 6. Juli 1948 enthielt die klare Anweisung, dass arabische Städte und Dörfer nicht zu zerstören oder niederzubrennen und die arabischen Einwohner nicht aus ihren Häusern zu vertreiben seien.[21]
Zutreffend ist allerdings, dass die Haganah Mittel psychologischer Kriegsführung einsetzte, um die Araber zum Verlassen einiger Dörfer zu bewegen. Yigal Allon, der Kommandeur der Palmach (die »Stoßtruppen« der Haganah), sagte, er habe Juden mit den Arabern in den Nachbardörfern sprechen und ihnen erzählen lassen, eine große jüdische Streitmacht hielte sich in Galiläa auf, mit der Absicht, alle arabischen Dörfer im Gebiet des Hule-Sees niederzubrennen. Den Arabern wurde geraten, ihre Dörfer lieber zu verlassen, so lange noch Zeit dazu war, und laut Allon reagierten sich erwartungsgemäß.[22]
Im allerdramatischsten Fall, der sich im Gebiet von Ramleh-Lod ereignete, zwangen israelische Truppen in dem Versuch, ihre Flanken zu schützen und den Druck auf das belagerte Jerusalem zu mildern, einen Teil der arabischen Bevölkerung, sich in ein einige Kilometer entferntes Gebiet zurückzuziehen, das von der Arabischen Legion besetzt war. »Die beiden Städte hatten als

---

[20] *Außenpolitische Beziehungen der Vereinigten Staaten 1948*, Bd. V; DC: GPO 1976, S. 838.

[21] Tom Segev: 1949: *The First Israelis*; NY: The Free Press 1986, S. 27-28.

[22] Yigal Allon in *Sefer ha-Palmach*, zitiert in: Larry Collins und Dominque Lapierre: *O Jerusalem!*, NY: Simon und Schuster 1972, S. 337; Yigal Allon: *My Father's House*; NY: W.W. Norton und Company, Inc. 1976, S. 192.

Stützpunkte für irreguläre arabische Einheiten gedient, die immer wieder jüdische Konvois und nahe gelegene Siedlungen angriffen und denen es gelungen war, die wichtigste Straße nach Jerusalem für den jüdischen Nachschub zu sperren.«[23]
Aus den Berichten über die Geschehnisse in den Städten mit den größten arabischen Bevölkerunganteilen ging klar hervor, dass dieser Fall die Ausnahme und nur ein Bruchteil der palästinensischen Flüchtlinge davon betroffen war.

Behauptung

»Die arabische Invasion hatte kaum Auswirkungen auf die palästinensischen Araber.«

Tatsache

Als im Mai 1948 die Invasion begann, flohen die meisten der Araber, die zunächst noch in Palästina ausgeharrt hatten, in die arabischen Nachbarländer. Überraschen-

---

[23] Benny Morris: »Operation Dani and the Palestinian Exodus from Lydda and Ramle in 1948«; *Middle East Journal*, Winter 1986, S. 82-83.

derweise entschlossen sich die Palästinenser nicht etwa, als strategisch wertvolle »Fünfte Kolonne« die Juden in ihrem eigenen Land zu bekämpfen, sondern begaben sich lieber in die Sicherheit anderer arabischer Staaten – im Vertrauen darauf, dass sie später wieder zurückkehren würden. Musa Alami, ein führender palästinensischer Nationalist jener Zeit, schilderte die Empfindungen der Flüchtenden:

> »Die arabischen Einwohner Palästinas verließen ihre Heimstätten, verloren alles und wurden über ganz Arabien verstreut. Doch ihnen blieb eine feste Hoffnung: Die arabischen Armeen waren im Begriff, in Palästina einzumarschieren, um das Land zu retten und die Dinge wieder ins normale Fahrwasser zu bringen, die Angreifer zu bestrafen und den tyrannischen Zionismus mit seinen Machtträumen und seiner Bedrohung für die arabische Welt ins Meer zu werfen. Am 14. Mai 1948 säumten arabische Menschenmassen die Straßen zu den Grenzen Palästinas und jubelten den vorrückenden Soldaten zu. Dann verstrichen Tage und Wochen – genügend Zeit, um ihre heilige Mission zu erfüllen –, doch die arabischen Streitkräfte retteten das Land nicht. Sie taten nichts, als sich Akko, Sarafand, Lydda, Ramleh, Nazareth, den größten Teil des Südens und den Rest des Nordens fortnehmen zu lassen. Da erstarb die Hoffnung.«
>
> (*Middle East Journal*, Oktober 1949).

Als die Kämpfe sich ausweiteten und Gebiete erreichten, in denen bis dahin noch Ruhe geherrscht hatte, mussten

die Araber der Möglichkeit einer Niederlage ins Auge sehen. Und als diese Möglichkeit dann Wirklichkeit wurde, nahm die Zahl der Flüchtenden zu – nach dem 15. Mai verließen über 300 000 Menschen das Land. Im Staat Israel verblieben noch etwa 160 000 Araber.[24]
Obwohl bis November 1948 bereits die meisten Araber das Land verlassen hatten, gab es doch noch immer welche, die sich sogar nach der Einstellung der Kampfhandlungen noch zum Gehen entschlossen. Ein Beispiel dafür war der Abzug von 3 000 Arabern aus Faluja, einem Dorf zwischen Tel Aviv und Beersheba:

> »Beobachter sind der Ansicht, dass es für die arabische Bevölkerung besser gewesen wäre zu bleiben, wenn sie nach dem israelisch-ägyptischen Waffenstillstand richtig beraten worden wäre. Sie führen ins Feld, dass die israelische Regierung ihnen immerhin die Sicherheit von Leib und Leben und ihres persönlichen Besitzes garantiert hatte. Doch Ägypten, Transjordanien und auch die von den Vereinten Nationen eingesetzte Schlichtungskommission für Palästina ließen keinerlei Ansätze erkennen, die Araber in Faluja überhaupt in irgendeiner Form zu beraten.« (*New York Times*, 4. März 1949)

---

[24] Terence Prittie, »Middle East Refugees«, in: Michael Curtis et. al.: *The Palestinians*; NJ: Transaction Books 1975, S. 52.

Behauptung

»Die Herrscher und Regierungen der arabischen Staaten haben die Palästinenser nie zur Flucht aufgefordert.«

Tatsache

Es gibt eine Fülle von Belegen dafür, dass die Araber die Palästinenser sehr wohl aufforderten, ihre Häuser zu verlassen und den ins Land vorstoßenden arabischen Armeen Platz zu machen.
Der *Economist,* der eine äußerst kritische Haltung gegenüber dem Zionismus einnahm, berichtete am 2. Oktober 1948:

> »Von den 62 000 Arabern, die ehemals in Haifa lebten, sind höchstens 5 000 oder 6 000 geblieben. Der Entschluss der übrigen, sich durch Flucht in Sicherheit zu bringen, hat mehrere Gründe. Der Hauptgrund waren zweifellos die Rundfunk-Aufrufe der Obersten Arabischen Exekutive, in denen die Araber zur Flucht aufgefordert wurden ... Dabei war allen klar, dass diejenigen Araber, die in Haifa blieben und sich damit unter jüdischen Schutz stellten, als Verräter gelten würden.«

Der Artikel der *Times* über die Schlacht um Haifa (3. Mai 1948) klingt ganz ähnlich:

> »Die Massenflucht, größtenteils ausgelöst durch Angst, teilweise aber auch initiiert durch die Anordnungen der arabischen Kommandierenden, verwandelte das arabische Viertel von Haifa in eine Geisterstadt ... durch den Abzug der arabischen Arbeiter hoffte man, Haifa zu lähmen.«

Benny Morris, ein Historiker, der Fälle über Vertreibungen von Palästinensern dokumentierte, konstatierte ebenfalls, dass die arabischen Führer ihre Brüder zur Flucht aufforderten. Das Arabische Nationalkomitee in Jerusalem zum Beispiel folgte den Anweisungen des Obersten Arabischen Komitees vom 8. März 1948 und forderte die Frauen, Kinder und alten Menschen in den verschiedenen Stadtteilen Jerusalems auf, ihre Häuser zu verlassen:

> »Jede Zuwiderhandlung gegen diesen Befehl ... ist ein Hindernis für den heiligen Krieg ... und wird die Operationen der Kämpfenden in dem betreffenden Gebiet behindern.«
>
> (*Middle Eastern Studies,* Januar 1986)

Morris schrieb auch, dass Berichten zufolge Einheiten der Arabischen Legion Anfang Mai die Evakuierung aller Frauen und Kinder aus der Stadt Beisan anordneten. Die Arabische Befreiungsarmee soll auch die Evakuierung eines Dorfes südlich von Haifa befohlen haben. Der Weggang der Frauen und Kinder, so Morris, »untergrub die Moral der Männer, die zurückblieben, um die Häuser und Felder zu schützen, und war schließlich mitverantwortlich für die endgültige Räumung der Dörfer. Diese in zwei Schritten erfolgenden Räumungen – Frauen und Kinder zuerst, dann einige Wochen später die Männer – waren in Qumiya im Jesreel Tal, bei den Awarna-Beduinen in der Bucht von Haifa und an mehreren anderen Orten zu beobachten.«

Wer gab diese Anordnungen? Politiker wie der irakische Premierminister Nuri Said, der vollmundig erklärte:

> »Wir werden das Land dem Erdboden gleich machen und jeden einzelnen Ort, an dem Juden Schutz suchen, von der Landkarte ausradieren. Die Araber sollten ihre Frauen und Kinder an sichere Orte bringen, bis die Kämpfe vorüber sind.«[25]

Der Sekretär der Arabischen Liga in London, Edward Atiyah, schrieb in seinem Buch *Die Araber:*

> »Dieser umfassende Exodus war zum Teil auf die Überzeugung der Araber zurückzuführen, dass es nur eine Sache von Wochen sein würde, bis die vereinigten Armeen der arabischen Staaten die Juden besiegt hatten und die palästinensischen Araber zurückkehren und ihr Land wieder in Besitz nehmen konnten – eine Überzeugung, die von den Prahlereien einer weltfremden arabischen Presse und den unveranwortlichen Äuße-

---

[25] Myron Kaufman: *The Coming Destruction of Israel*; NY: The American Library Inc. 1970, S. 26-27.

> rungen bestimmter arabischer Führer genährt wurde.«[26]

Haled al Azm, der syrische Ministerpräsident von 1948-1949, bestätigte in seinen Memoiren, dass die Araber die Flüchtlinge zum Verlassen des Landes gedrängt hatten:

> »Seit 1948 haben wir die Rückkehr der Flüchtlinge gefordert, dabei hatten wir sie selbst zur Flucht veranlasst. Zwischen unserem Aufruf an die Palästinenser, das Land zu verlassen, und unserem Appell an die Vereinten Nationen, eine Resolution über ihre Rückkehr zu verabschieden, lagen nur wenige Monate.«[27]

»Die Flüchtlinge vertrauten darauf, dass ihre Abwesenheit nicht von langer Dauer sein würde, sondern dass sie schon in ein oder zwei Wochen wieder zurückkehren könnten«, äußerte Monsignore George Hakim, ein griechisch-orthodoxer Bischof von Galiläa, am 16. August 1948 gegenüber der Beiruter Zeitung *Sada al-Janub.* »Ihre Anführer hatten ihnen versichert, dass die arabischen Armeen die ›Zionistenbande‹ zerschmettern würden und dass weder Grund zur Panik bestand noch ein langes Exil zu befürchten sei.«
Am 3. April 1949 hieß es im Nahost Radiosender (Zypern): »Man darf nicht vergessen, dass das Oberste Arabische Komitee die Flüchtlinge von Jaffa, Haifa und

---

[26] Edward Atiyah: *The Arabs*; London: Penguin Books 1955, S. 183.
[27] *The Memoirs of Haled al Azm*; London: Penguin Books 1955, S. 183.

Jerusalem selbst dazu drängte, ihre Häuser zu verlassen.«[28]

> »Die arabischen Staaten forderten die palästinensischen Araber auf, ihre Häuser vorübergehend zu verlassen, um den arabischen Invasionsarmeen Platz zu machen«,

war am 19. Februar 1949 in der jordanischen Zeitschrift *Filastin* zu lesen.
In einer anderen jordanischen Zeitung, *Ad Difaa*, wurde am 6. September 1954 ein palästinensischer Flüchtling zitiert:

> »Die arabische Regierung sagte zu uns: ›Geht raus, damit wir hereinkommen können.‹ Also gingen wir raus, aber sie kamen nicht herein.«

»Azzam Pascha, der Generalsekretär der Arabischen Liga, versicherte den arabischen Völkern, dass die Besetzung Palästinas und Tel Avivs ein Spaziergang sei«, sagte Habib Issa am 8. Juni 1951 in der in New York erscheinenden libanesischen Zeitung *Al Hoda*. »Er erklärte, dass die arabischen Armeen bereits an den Grenzen stünden und dass die vielen Millionen, die die Juden für das Land und seine wirtschaftliche Entwicklung ausgegeben hatten, eine leichte Beute sein würden, denn es würde ganz einfach sein, die Juden ins Mittelmeer zu werfen ... Die arabischen Einwohner Palästinas erhielten

---

[28] Samuel Katz: *Battleground-Fact and Fantasy in Palestine*; NY: Bantam Books 1985, S. 15.

den brüderlichen Rat, ihr Land und ihre Häuser zu verlassen und sich vorübergehend in benachbarte Bruderstaaten zu begeben, damit sie nicht von den Gewehren der einmarschierenden arabischen Armeen niedergemäht würden.«

Die Angst der Araber wurde noch geschürt von erfundenen Geschichten über jüdische Grausamkeiten während des Angriffs auf Deir Yassin. Die einheimische Bevölkerung besaß keine Führer, die sie beruhigt hätten; ihre Wortführer, wie zum Beispiel das Oberste Arabische Komitee, operierten von der Sicherheit der Nachbarstaaten aus und verstärkten ihre Befürchtungen eher noch. Auch die Kommandanten vor Ort waren ihnen keine Hilfe. So begab sich der Befehlshaber der arabischen Truppen in Safed zum Beispiel einfach nach Damaskus. Am folgenden Tag zogen seine Truppen sich aus der Stadt zurück. Als die Einwohner merkten, dass sie schutzlos zurückgelassen worden waren, flohen sie in Panik.[29]

Nach den Worten von Dr. Walid al-Qamhawi, einem ehemaligen Mitglied des Exekutivkomitees der PLO, »waren es kollektive Angst, schwindender Kampfgeist und allgemeines Chaos, die die Araber aus Tiberias, Haifa und Dutzenden anderer Städte und Dörfer zur Flucht bewogen.«[30]

Als sich Panik in Palästina ausbreitete, wurde der anfangs noch spärlich fließende Flüchtlingsstrom zur Flut; und als die provisorische jüdische Regierung die Unabhängigkeit

---

[29] König Abdullah: My Memoirs Completed; London: Longman Group, Ltd. 1978, S. xvi.

[30] Schechtman, S. 186.

des Staates Israel verkündete, war die Zahl der Flüchtlinge bereits auf über 200 000 gestiegen.
Sogar Jordaniens König Abdullah gab in seinen Memoiren den Anführern der Palästinenser die Schuld am Flüchtlingsproblem:

> »Die Tragödie der Palästinenser war, dass die meisten ihrer Anführer sie mit falschen, haltlosen Versprechungen, ihnen zu Hilfe zu kommen, lähmten; dass 80 Millionen Araber und 400 Millionen Muslims augenblicklich und wunderbarerweise zu ihrer Rettung herbeieilen würden.«[31]

> »Die arabischen Armeen marschierten in Palästina ein, um die Palästinenser vor der Tyrannei der Zionisten zu beschützen, doch dann ließen sie sie im Stich, zwangen sie, ihre Heimat zu verlassen, und steckten sie in Gefangenenlager, die den Gettos glichen, in denen einst die Juden lebten.«
>
> PLO-Sprecher **Mahmud Abbas** (»Abu Mazen«)[32]

[31] Yehoshofat Harkabi: *Arab Attitudes to Israel*; Jerusalem: Israel Universities Press 1972, S. 364.
[32] *Falastin a-Thaura*, März 1976.

Behauptung

»Die palästinensischen Araber mussten fliehen; andernfalls wären sie umgebracht worden wie die friedlichen Bewohner des Dorfes Deir Yassin.«

Tatsache

Nach dem Beschluss der Vereinten Nationen sollte Jerusalem weder dem arabischen noch dem jüdischen Staat angehören, sondern internationalen Status erhalten. Die 150 000 jüdischen Einwohner Jerusalems standen unter ständigem militärischem Druck; die 2 500 in der Altstadt lebenden Juden waren Opfer einer fünfmonatigen arabischen Blockade, ehe sich sich schließlich am 29. Mai 1948 ergeben mussten. Vor der Kapitulation und während der Belagerung Jerusalems versuchten jüdische Konvois immer wieder, in die Stadt durchzudringen, um der Lebensmittelknappheit abzuhelfen, die im April in ein kritisches Stadium eingetreten war.
Inzwischen begannen die arabischen Streitkräfte, die bereits seit Dezember 1947 sporadische, unorganisierte Überfälle unternommen hatten, mit dem organisierten Versuch, die Straße von Tel Aviv nach Jerusalem – den einzigen Versorgungsweg der Stadt – abzuriegeln. Die Araber hielten mehrere strategisch günstige Punkte, von denen aus sie die Straße kontrollieren und die Konvois, die die belagerte Stadt mit Nahrungsmitteln versorgen

wollten, beschießen konnten. Das Dorf Deir Yassin lag in etwa anderthalb Kilometern Entfernung vor den Vorstädten Jerusalems auf einer knapp tausend Meter hohen Erhebung, die einen guten Rundblick gestattete. Der Flecken hatte 750 Einwohner.[33]

Am 6. April begann die Operation »Nachschon«, die den Weg nach Jerusalem frei machen sollte. Das Dorf Deir Yassin stand dabei auf der Liste der arabischen Dörfer, die im Rahmen der Operation besetzt werden sollten. Am folgenden Tag schrieb David Shaltiel, der Oberbefehlshaber der Haganah, an die Kommandanten der Lechi und Irgun:

> »Ich habe erfahren, dass ihr Deir Yassin angreifen wollt. Vergesst nicht, dass die Eroberung und Besetzung Deir Yassins nur eine Stufe in unserem Gesamtplan darstellt. Ich habe nichts dagegen, dass ihr die Operation durchführt, vorausgesetzt, ihr seid in der Lage, das Dorf danach auch zu halten. Wenn ihr das nicht könnt, warne ich euch hiermit davor, das Dorf zu zerstören, denn das hätte zur Folge, dass die Einwohner fliehen und die Trümmer und verlassenen Häuser dem Feind in die Hände fielen ... In diesem Fall wäre außerdem unser Ziel, in dem Gebiet ein Landefeld für Flugzeuge anzulegen, gefährdet.«[34]

---

[33] »Dayr Yasin«, Bir Zeit-Universität.

[34] Dan Kurzman: *Genesis 1948*; OH: New American Library, Inc. 1970, S. 141.

Die Irgun beschloss, Deir Yassin am 9. April anzugreifen, als die Haganah noch in die Schlacht um Kastel verwickelt war. Es war der erste größere Angriff der Irgun auf die Araber. Bis dahin hatten Irgun und Lechi ihre Anschläge auf die Briten konzentriert.

Laut Irgun-Kommandant Menachem Begin wurde der Angriff von 100 Migliedern der Organisation durchgeführt; nach anderen Aussagen waren 132 Mitglieder beider Organisationen beteiligt. Begin erklärte, dass vor dem Angriff ein kleiner offener, mit einem Lautsprecher ausgestatteter Lastwagen zum Dorfeingang fuhr und die Zivilbevölkerung aufgefordert wurde, das Gebiet zu räumen, was viele dann auch taten.[35] In den meisten Büchern ist jedoch zu lesen, dass es nie zu dieser Warnung kam, weil der Lastwagen mit dem Lautsprecher in einen Graben rollte, bevor die Warnung verkündet werden konnte.[36] Einer der Kämpfer sagte allerdings aus, der Graben sei aufgefüllt gewesen, sodass der Lastwagen weiterfahren konnte. »Einer von uns forderte die Einwohner in arabischer Sprache über Lautsprecher auf, ihre Waffen niederzulegen und zu fliehen. Ich weiß nicht, ob sie die Aufforderung hörten, aber ich weiß, dass sie wirkungslos blieb.«[37]

---

[35] Menachem Begin: *The Revolt*; NY: Nash Publishing 1977, S. xx-xxi.162-163.

[36] S. zum Beispiel Amos Perlmutter: *The Life and Times of Menachem Begin*; NY: Doubleday 1987, S. 214, J. Bowyer Bell: *Terror Out Of Zion*; NY: St. Martin's Press 1977, S. 292-296; Kurzman, S. 142.

[37] Uri Milstein: *History of Israel's War of Independence*, Vol. IV; Lanham: University Press of America 1999, S. 262.

Im Gegensatz zu den revisionistischen Geschichten, dass sich lediglich friedliche, unbewaffnete Zivilisten im Dorf befunden hätten, eröffneten die Einwohner und fremde Truppen das Feuer auf die Angreifer. Einer der Kämpfer schilderte das Ereignis aus seiner Sicht:

> »Meine Einheit stürmte vor und passierte die erste Häuserreihe. Ich gehörte zu den Ersten, die das Dorf betraten. Wir waren nur eine kleine Gruppe und ermutigten einander, weiter vorzudringen. Am Ende der Straße sah ich einen Mann in Kakiuniform. Er rannte. Ich dachte, er sei einer von uns. Ich lief ihm nach und schrie ihm zu: ›Lauf vor bis zu dem Haus da.‹ Plötzlich drehte er sich um, zielte und schoss. Es war ein irakischer Soldat. Ich wurde am Fuß getroffen.«[38]

Es entspann sich ein heftiger Kampf, der mehrere Stunden tobte. Die Irgun hatte 41 Opfer zu verzeichnen, darunter vier Tote.

Zu dem angeblich stattgefundenen Massaker passt nicht so recht, dass die Irgun anschließend einen Vertreter des Roten Kreuzes durch die Stadt eskortierte und eine Pressekonferenz abhielt. Der daraufhin in der *New York Times* erscheinende Bericht entsprach im Wesentlichen der Darstellung Begins. Laut *Times* wurden über 200 Araber getötet, 40 gefangen genommen und 70 Frauen und Kinder freigelassen. Von einem »Massaker« war an keiner Stelle die Rede.

---

[38] Milstein, S. 262.

»Paradoxerweise sprachen die Juden von 250 bis 400 Toten, die überlebenden Araber hingegen nur von 110 der insgesamt 1000 Menschen, die sich im Ort aufgehalten hatten.«[39] Eine Studie der Bir-Zeit-Universität, die auf Gesprächen mit den im Dorf ansässigen Familien beruht, kam zu dem Ergebnis, dass 107 arabische Zivilisten getötet und zwölf verwundet wurden, dazu 13 »Kämpfer« – ein Beleg dafür, dass die Zahl der Toten kleiner war, als behauptet wurde, und dass sich ganz offensichtlich Kampfeinheiten im Dorf befanden.[40] Nach späteren Aussagen anderer arabischer Quellen war die Zahl der Opfer sogar noch niedriger.[41]

Die Angreifer hatten einen Fluchtkorridor aus dem Dorf offen gelassen, und über 200 Einwohner entkamen unbeschadet. Noch um 9.30 Uhr, fünf Stunden nach Beginn der Kämpfe, evakuierte die Lechi 40 alte Männer, Frauen und Kinder auf Lastwagen und fuhr sie zu einem Stützpunkt in Sheikh Bader. Später wurden sie nach Ostjerusalem gebracht. Die Tatsache, dass sich hier Araber in den Händen von Juden befanden, stärkte die Kampfmoral der Jerusalemer, die bis dahin über die militärischen Niederlagen völlig verzweifelt gewesen waren.[42] Einer anderen Quelle zufolge wurden 70 Frauen und Kinder abtransportiert und den Briten überstellt.[43] Wenn

---

[39] Kurzman, S. 148.

[40] Sharif Kanaana und Nihad Zitawi: »Deir Yassin«, Monograph Nr. 4, Dokumentationsprojekt über zerstörte palästinensische Dörfer; Bir Zeit: Dokumentationszentrum der Bir-Zeit-Universität 1987, S. 55.

[41] Sharif Kanaana, »Reinterpreting Deir Yassin«, Bir-Zeit-Universität, April 1998.

[42] Milstein, S. 267.

[43] »Dayr Yasin«, Bir-Zeit-Universität.

das Ziel der Operation in der Tat ein Massaker an der Bevölkerung gewesen wäre, wäre mit Sicherheit niemand evakuiert worden.

Nachdem die im Dorf verbliebenen Araber zunächst so getan hatten, als wollten sie sich ergeben, und dann das Feuer auf die jüdischen Truppen eröffneten, schossen manche jüdischen Soldaten unterschiedslos auf arabische Soldaten und Zivilisten. In keiner der Quellen finden sich genaue Angaben über die Zahl der getöteten Frauen und Kinder (nach dem Artikel in der *Times* machten sie etwa die Hälfte der Opfer aus; die ihnen zu Grunde liegende Angabe über die Zahl der Opfer stammt jedoch von der Irgun), doch es steht fest, dass sich auch Frauen und Kinder unter den Toten befanden.

Zumindest manche der getöteten Frauen waren umgekommen, weil zahlreiche Männer sich als Frauen verkleidet hatten. Der Irgun-Kommandant berichtete, dass die Angreifer »auf als Frauen verkleidete Männer trafen und deshalb anfingen, auf Frauen zu schießen, die nicht auf dem schnellsten Weg zu dem für die Sammlung der Gefangenen bestimmten Platz liefen«.[44] Ein Mitglied der Haganah belauschte das Gespräch einer Gruppe Araber aus Deir Yassin und erfuhr: »Die Juden hatten herausgefunden, dass arabische Kämpfer sich als Frauen verkleidet hatten. Daraufhin durchsuchten sie auch die Frauen. Bei einer solchen Durchsuchung zog ein Gefangener plötzlich eine Pistole und erschoss den jüdischen Hauptmann. Daraufhin feuerten dessen Freunde blind drauf los und töteten mehrere Araber.«[45]

---

[44] Aussage von Yehoschua Gorodenchik in den Jabotinsky Archiven.
[45] Milstein, S. 276.

Im Gegensatz zu den damals aufgestellten und seither ständig wiederholten Behauptungen der arabischen Propaganda konnten nie Beweise dafür beigebracht werden, dass es auch nur eine einzige Vergewaltigung gab. Im Gegenteil, alle Dorfbewohner, die dazu befragt wurden, bestritten entsprechende Aussagen. Wie viele andere auch war auch sie nichts als Propagandatrick – der sich in diesem Fall jedoch rächte. Hazam Nusseibeh, der im Jahr 1948 für den Palästinensischen Rundfunk arbeitete, gab zu, dass Hussein Khalidi, ein Palästinenserführer, ihm den Auftrag gegeben habe, dergleichen erfundene Gräuelgeschichten zu verbreiten. Einer der Einwohner des Dorfes, Abu Mahmud, teilte Khalidi mit, dass es »keine Vergewaltigung gegeben habe«, doch Khalidi hatte gemeint: »Wir müssen so etwas sagen, damit die arabischen Armeen kommen und Palästina von den Juden befreien.« Nusseibeh erklärte 50 Jahre später in der BBC: »Das war unser größter Fehler. Wir hatten nicht mit der Reaktion unserer eigenen Leute gerechnet. Als sie hörten, dass in Deir Yassin Frauen vergewaltigt worden seien, flohen die Palästinenser in Panik.«[46]

Als die Jewish Agency von dem Angriff erfuhr, gab sie sofort ihrem »Entsetzen und Abscheu« Ausdruck. Zugleich sandte man ein Schreiben an König Abdullah von Transjordanien, in dem ebenfalls die tiefe Betroffenheit über den Angriff ausgesprochen wurde und sich die Jewish Agency ausdrücklich von ihm distanzierte.

Das Oberste Arabische Komitee hoffte, dass übertriebene Berichte über ein »Massaker« in Deir Yassin die Bevölkerung der anderen arabischen Länder so sehr

---

[46] »Israel and the Arabs: The 50 Year Conflict«, BBC.

schockieren würde, dass sie Druck auf ihre Regierungen ausüben und eine Intervention in Palästina erzwingen würden. Stattdessen kam es zu einem neuen palästinensischen Exodus.

Genau vier Tage nach der Veröffentlichung der Berichte aus Deir Yassin überfiel eine arabische Einheit einen jüdischen Konvoi, der sich auf dem Weg ins Hadassah Hospital in Jerusalem befand. Bei dem Überfall kamen 77 Juden ums Leben, darunter Ärzte, Krankenschwestern, Patienten und der Direktor des Hospitals. Weitere 23 Personen wurden verletzt. Dieses *Massaker* erregte jedoch kaum Aufmerksamkeit und wird auch von denen, die stets so rasch mit dem Fall Deir Yassin bei der Hand sind, totgeschwiegen. Dabei muss darauf hingewiesen werden, dass trotz derartiger Angriffe auf die jüdische Einwohnerschaft Palästinas, denen bereits in den ersten vier Monaten nach der Teilungsresolution über 500 Menschen zum Opfer fielen, kein Jude aus dem Land floh.

Die Palästinenser wussten trotz ihrer lautstarken gegenteiligen Versicherungen genau, dass die Juden keineswegs darauf aus waren, sie auszulöschen; andernfalls wäre ihnen wohl kaum gestattet worden, Tiberias, Haifa oder eine der anderen von den jüdischen Streitkräften eroberten Städte zu verlassen. Außerdem hatten sie die Möglichkeit, Zuflucht in den Nachbarländern zu suchen. Die Juden dagegen hatten keinen Ort, an den sie sich hätten flüchten können – vorausgesetzt, sie hätten fliehen wollen. Sie waren bereit, für ihr Land zu sterben – ein Schicksal, das in der Tat vielen von ihnen bestimmt war, da es die Araber ihrerseits es sehr wohl darauf anlegten, die Juden auszulöschen, wie Azzam Pascha, der Generalsekretär der Arabischen Liga, noch kurz vor Ausbruch des Krieges in einem Interview mit der BBC (vom 15.

Mai 1948) ganz unmissverständlich deutlich machte: »Die Araber wollen einen Vernichtungskrieg. Es wird ein gigantisches Massaker geben, das später einmal im gleichen Atemzug mit den Massakern der Mongolen und der Kreuzfahrer genannt werden wird.«
Deir Yassin blieb deshalb jahrzehntelang das Hauptthema der anti-israelischen Propaganda, eben weil es ein Einzelfall war.

Behauptung

»Israel ließ die Palästinenser nicht in ihre Heimstätten zurückkehren, damit sich die Juden ihren Besitz aneignen konnten.«

Tatsache

Israel konnte ganz einfach nicht alle Palästinenser zurückkehren lassen, doch es hat sich unablässig um eine Lösung des Flüchtlingsproblems bemüht. David Ben-Gurion formulierte am 1. August 1948 die israelische Position:

> »Wenn die arabischen Staaten bereit sind, einen Friedensvertrag mit Israel zu schließen, wird im Rahmen der allgemeinen Regelung auch für diese

> Frage eine konstruktive Lösung gefunden werden müssen. Dabei werden unsere Gegenansprüche im Hinblick auf die Vernichtung jüdischen Lebens und Eigentums, die langfristigen Interessen der jüdischen und der arabischen Bevölkerung, die Stabilität des Staates Israel und die Dauerhaftigkeit der Grundlage des Friedens zwischen ihm und seinen Nachbarn, aber auch die Lage und das Schicksal der jüdischen Gemeinschaften in den arabischen Ländern, die Verantwortung der arabischen Regierungen für den Angriffskrieg und ihre Bereitschaft zur Wiedergutmachung zutiefst relevant für die Frage sein, ob, in welchem Umfang und unter welchen Bedingungen den ehemaligen arabischen Einwohnern des israelischen Staatsgebietes die Rückkehr gestattet wird.«[47]

Die israelische Regierung stand der Not der Flüchtlinge nicht gleichgültig gegenüber; sie schuf im Gegenteil eine eigene Institution, die als Wächter für das verlassene Eigentum fungieren, »die gesetzeswidrige Besetzung leerer Häuser, Büros und Läden verhindern, herrenloses Eigentum verwalten, die Bestellung verlassener Felder übernehmen und die Ernte retten« sollte.[48]
Die mit einer Repatriierung der Flüchtlinge zusammenhängenden Risiken hielten Israel nicht davon ab, einer bestimmten Anzahl von Flüchtlingen die Rückkehr zu erlauben und sich in Erfüllung der Vorbedingung für einen Friedensvertrag darüber hinaus bereit zu erklären,

---

[47] Sachar, S. 335.
[48] Schechtman, S. 268.

eine beträchtliche Zahl von ihnen wieder aufzunehmen. 1949 bot Israel die Zusammenführung von Familien, die im Krieg getrennt worden waren, und die Freigabe der Konten der Flüchtlinge bei israelischen Banken, die während des Krieges eingefroren worden waren, an (die 1953 auch erfolgte). Es sollten Ausgleichszahlungen für verlassenes Land geleistet und 100 000 Flüchtlinge repatriiert werden.[49]

Doch die Araber lehnten alle israelischen Kompromissvorschläge ab. Sie waren zu keinem Schritt bereit, der in irgendeiner Form als Anerkennung des Staates Israel gewertet werden konnte. Sie machten die Repatriierung zur Vorbedingung für Verhandlungen, das aber lehnte wiederum Israel ab. Das Ergebnis war die Internierung der Flüchtlinge in Lagern.

Trotz der Haltung der arabischen Staaten gab Israel die eingefrorenen Konten der arabischen Flüchtlinge frei; die ausgezahlte Summe belief sich auf über zehn Millionen Dollar. Bis 1975 zahlte die israelische Regierung zudem etwa 11 000 Antragstellern über 23 Millionen israelische Pfund aus und wies ihnen über 20 000 Acres Land als Ersatz für verlorenen Grundbesitz zu. Die Zahlungen orientierten sich am Bodenpreis der Jahre 1948 bis 1953, plus sechs Prozent pro Jahr nach Antragstellung.

---

[49] Prittie in: Curtis, S. 66-67.

Behauptung

»Die UN-Resolutionen verlangen, dass Israel die palästinensischen Flüchtlinge repatriiert.«

Tatsache

Als sich die Vereinten Nationen des Flüchtlingsproblems annahmen, verabschiedeten sie am 11. Dezember 1948 die Resolution 194. Sie rief die arabischen Staaten und Israel auf, die noch ausstehenden Streitpunkte entweder im Rahmen direkter Verhandlungen oder durch Vermittlung der Schlichtungskommission für Palästina, die zeitgleich mit dieser Resolution eingesetzt wurde, beizulegen. Darüber hinaus hieß es in Punkt 11:

> »Der Wunsch der Flüchtlinge, in ihre Heimstätten zurückzukehren und in *Frieden* mit ihren Nachbarn zu leben, soll zum frühestmöglichen Zeitpunkt erfüllt werden. Darüber hinaus sollen all diejenigen, die nicht zurückkehren wollen, sowie diejenigen, die ihren Besitz verloren haben bzw. deren Besitz beschädigt wurde, Ausgleichszahlungen erhalten; dies soll nach internationalem Recht oder nach Billigkeitserwägungen geschehen; zuständig dafür sind die verantwortlichen Regierungen oder Behörden. Die Schlichtungskommission wird angewiesen, die Repatri-

ierung, *Wiederansiedelung* und wirtschaftliche und soziale Rehabilitation der Flüchtlinge und die Ausgleichzahlungen voranzutreiben ...«
(Die Hervorhebungen stammten vom Autor)

Die hervorgehobenen Formulierungen belegen, dass den Vereinten Nationen sehr wohl bewusst war, dass man von Israel nicht verlangen konnte, eine dem Staat feindlich gegenüberstehende Bevölkerungsgruppe ohne Einschränkungen zu repatriieren, weil dies die Sicherheit des ganzen Staates gefährdet hätte. Die Lösung des Problems machte deshalb, wie die Lösung aller früheren Flüchtlingsprobleme, zumindest eine teilweise Umsiedlung der Palästinenser in arabische Länder notwendig.
Die Resolution nahm auf die israelischen Bedenken Rücksicht, weil die Flüchtlinge im Fall einer bedingungslos gestatteten Rückkehr in der Tat als mögliche Fünfte Kolonne betrachtet werden mussten. Für die Israelis war das Flüchtlingsproblem ein Verhandlungspunkt in einer viele Punkte umfassenden friedlichen Lösung des Nahostkonflikts. Präsident Chaim Weizmann erklärte: »Wir sind bemüht, die Wiedereingliederung zu unterstützen, vorausgesetzt, dass ein wirklicher Friede ausgehandelt wird und die arabischen Staaten ihren Beitrag dazu leisten. Die Lösung des arabischen Problems kann nur durch einen umfassenden Entwicklungsplan des Nahen Osten gelöst werden, zu dem die Vereinten Nationen, die arabischen Staaten und Israel ihren Beitrag leisten werden.«[50]

---

[50] *New York Times*, 17. Juli 1949.

Zu diesem Zeitpunkt rechnete Israel nicht damit, dass die Flüchtlingsfrage sich zu einem größeren Problem auswachsen würde, sondern ging davon aus, dass die arabischen Staaten die Mehrheit der Flüchtlinge aufnehmen würden und für den Rest im Zusammenhang eines Gesamtfriedensplans ein Kompromiss ausgehandelt werden konnte. Die Araber aber waren 1949 ebenso wenig kompromissbereit wie 1947: Sie lehnten die UN-Resolution einstimmig ab.
Bei den Vereinten Nationen hatten die Diskussionen über die palästinensischen Flüchtlinge bereits im Sommer 1948, noch vor dem militärischen Sieg Israels, begonnen. Zu diesem Zeitpunkt rechneten die Araber sogar noch damit, dass sie den Krieg gewinnen und die Flüchtlinge im Triumphzug heimgeleiten würden – vor diesem Hintergrund ist die Aussage von Emile Ghoury, dem Sekretär des Obersten Arabischen Komitees, zu verstehen:

> »Es ist undenkbar, die Flüchtlinge in ihre Häuser zurückzuschicken, solange diese noch von den Juden besetzt sind, denn dann würden sie als Geiseln genommen und misshandelt werden. Wer so etwas auf arabischer Seite vorschlägt, entzieht sich seiner eigentlichen Verantwortung. Zudem wäre die Befolgung dieses Vorschlags ein erster Schritt hin zur Anerkennung des Staates Israel und zur Annahme der Teilungsresolution.«[51]

[51] Telegraph (Beirut), 6. August 1948; zitiert in: Schechtman, S. 210-211.

Die Araber verlangten von den Vereinten Nationen, das »Recht« der Palästinenser auf eine Rückkehr in ihre Heimat anzuerkennen und waren erst gesprächsbereit, als ihre Niederlage eine unabwendbare Tatsache war. Nun deuteten sie Resolution 194 jedoch dahingehend, dass den Flüchtlingen darin ohne Einschränkung das Recht auf Repatriierung zugesprochen wurde und verlangten seither immer wieder, dass Israel diese Lesart übernahm.

> »Die palästinensische Forderung des ›Rechts auf Rückkehr‹ ist in höchstem Maße unrealistisch. Das Flüchtlingsproblem hätte mittels finanziellen Ausgleichs und der Umsiedelung der Flüchtlinge in arabische Länder gelöst werden müssen.«
>
> Der ägyptische Präsident **Hosni Mubarak** [52]

Behauptung

»Israel blockierte die von der Schlichtungskommission für Palästina angeregten Verhandlungen.«

---

[52] *Jerusalem Post*, 26. Januar 1989.

Tatsache

Anfang 1949 nahm die Schlichtungskommission für Palästina Verhandlungen in Lausanne auf. Die Araber hielten an ihrer Forderung fest, Israel müsse die in den Kämpfen von 1948 eroberten Gebiete zurückgeben und der Repatriierung der Flüchtlinge zustimmen. Die Israelis dagegen teilten der Kommission mit, dass die Lösung des Flüchtlingsproblems von einem Friedensschluss abhinge. Im Laufe der Verhandlungen machte Israel das Angebot, im Rahmen einer allgemeinen Regelung des Problems 100 000 Flüchtlinge wieder aufzunehmen. Israel hoffte darauf, dass die arabischen Staaten sich in ähnlicher Weise engagieren würden. Das Angebot wurde jedoch abgelehnt.

Am 1. April 1950 verabschiedete die Arabische Liga eine Resolution, die ihren Mitgliedsstaaten jegliche Verhandlungen mit Israel untersagte.

1951 versuchte die Schlichtungskommission erneut, die Parteien an einen Tisch zu bringen. Nachdem auch dies fehlschlug, stellte sie ihre Bemühungen ein. In der Begründung hieß es:

> »Die arabischen Regierungen ... sind nicht bereit, Paragraf 5 der besagten Resolution, der die endgültige Klärung aller noch ausstehenden Fragen zwischen den arabischen Staaten und Israel fordert, anzuerkennen. Die arabischen Regierungen haben bei ihren Treffen mit der Kommission keinerlei Bereitschaft gezeigt, mit der israelischen

Regierung zu einer solchen friedlichen Lösung zu gelangen.«[53]

Behauptung

»Die Palästinenser, die in ihre Heimstätten zurückkehren wollten, stellten keine Gefahr für die Sicherheit Israels dar.«

Tatsache

Als Anfang 1948 Pläne für die Staatsgründung gemacht wurden, gingen die Verantwortlichen in Palästina davon aus, dass die neue Nation einen signifikanten arabischen Bevölkerungsanteil aufweisen würde. Aus israelischer Sicht hätten die Flüchtlinge durchaus die Möglichkeit gehabt, in ihrer Heimat zu bleiben und damit Bürger des neuen Staates zu werden. Schätzungsweise 160 000 Araber

[53] Bericht der Schlichtungskommission für Palästina, Nachtrag 18 zu den offiziellen Berichten der sechsten Sitzung der Versammlung (A/1985), zitiert in: Pablo Azcarate: *Mission in Palestine* 1948-1952; DC: Middle East Institute 1966, S. 177.

hatten sich denn auch zu diesem Schritt entschlossen. Eine Repatriierung derer, die das Land verlassen hatten, wäre dagegen nach den Worten von Außenminister Moshe Sharrett eine »selbstmörderische Dummheit« gewesen.[54] Auch die arabische Welt sah in den Flüchtlingen eine mögliche Fünfte Kolonne, die im neuen Staat Israel agieren konnte. In einer libanesischen Zeitung hieß es:

> »Die Rückkehr der Flüchtlinge müsste eine große arabische Mehrheit im jüdischen Staat schaffen, die als wirkungsvolles Instrument zur Wiederbelebung des arabischen Charakters von Palästina dienen könnte und am Tag der Rache und Abrechnung eine starke Fünfte Kolonne bilden würde.«[55]

Die Araber glaubten, mit der Rückkehr der Flüchtlinge würde ihnen die Vernichtung Israels praktisch in den Schoß fallen, wie die folgende Äußerung des ägyptischen Außenministers Muhammad Salah al-Din zeigt:

> »Es ist sattsam bekannt, dass die Araber, wenn sie die Rückkehr der Flüchtlinge nach Palästina fordern, damit ihre Rückkehr als Herren des Landes und nicht als Sklaven meinen. Genauer gesagt: Sie meinen die Liquidierung des Staates Israel.« (*Al-Misri*, 11. Oktober 1949)

---

[54] Moshe Sharett, »Israel's Position and Problems«, *Middle Eastern Affairs*, Mai 1952, S. 136.

[55] Libanesische Zeitung *Al Said*, 6. April 1950, zitiert von Prittie in: Curtis, S. 69.

Am Elend der Flüchtlinge änderte sich auch nach der Suezkrise nichts, selbst die Rhetorik blieb gleich. 1957 verabschiedete die Flüchtlingskonferenz im syrischen Homs folgende Resolution:

> »Jedes Gespräch mit dem Ziel der Lösung des Palästinenserproblems, das nicht von der Zusicherung des Rechtes der Flüchtlinge auf eine Vernichtung Israels ausgeht, wird als Beschimpfung des arabischen Volkes und als ein Akt des Verrats betrachtet.«
>
> (*Beirut al massa,* 15. Juli 1957)

Hier lässt sich eine Parallele zur Zeit der amerikanischen Revolution ziehen, als viele englandtreue Siedler nach Kanada flohen. Die Briten verlangten später, die neu gegründete Republik solle den Loyalisten die Rückkehr gestatten und ihren Besitz wieder rückübereignen. Benjamin Franklin lehnte dieses Ansinnen in einem Brief vom 26. November 1782 an seinen britischen Verhandlungspartner Richard Oswald mit folgenden Worten ab:

> »Ihre Minister fordern, dass wir diejenigen, die unsere erbittertsten Feinde waren, wieder aufnehmen und Menschen ihr Eigentum zurückgeben, die das unsere zerstört haben; und dies, während die Wunden, die sie uns geschlagen haben, noch bluten!«[56]

---

[56] *The Writings of Benjamin Franklin*; NY: The Macmillan Company 1905, S. 626.

Behauptung

»Die palästinensischen Flüchtlinge wurden von einer gleichgültigen Welt vergessen.«

Tatsache

Am 19. November 1948 beschloss die Vollversammlung der Vereinten Nationen die Gründung einer Hilfsorganisation für die palästinensischen Flüchtlinge; sie erhielt den Namen United Nations Relief For Palestinian Refugees (UNRPR). Die UNRPR wurde am 8. Dezember 1949 von der UNRWA (United Nations Relief and Works Agency for Pallestine Refugees) abgelöst, die über ein Budget von 50 Millionen Dollar verfügte.
Die UNRWA sollte das von der UNRPR eingeleitete Hilfsprogramm weiterführen, die direkte Hilfe durch die Schaffung entsprechender öffentlicher Einrichtungen ersetzen und Wirtschaftshilfe leisten. Die Befürworter des Plans sahen vor, dass die direkte Hilfe im Laufe der Zeit nahezu vollständig durch eigenständig arbeitende Einrichtungen abgelöst würde und dass die arabischen Regierungen die restliche noch erforderliche Hilfestellung übernahmen.
Die Bemühungen der UNRWA hatten allerdings von Anfang an wenig Aussichten auf Erfolg, weil hier versucht wurde, ein politisches Problem auf wirtschaftlichem Weg zu lösen. Schon Mitte der Fünfzigerjahre

zeichnete sich ab, dass weder die Flüchtlinge noch die arabischen Staaten bereit waren, mit den groß angelegten Entwicklungsprojekten zusammenzuarbeiten, die die Organisation ursprünglich zur Erleichterung des Loses der Palästinenser auf den Weg gebracht hatte. Die arabischen Regierungen und auch die Flüchtlinge selbst waren für keinerlei Vorhaben zu gewinnen, die auch nur annähernd nach einer Einwilligung in die Umsiedlung aussahen. Sie zogen es vor, an ihrer Deutung von Resolution 194 festzuhalten, weil dies, wie sie glaubten, am Ende doch noch in eine Repatriierung münden musste.

Von der UNRWA registrierte palästinensische Flüchtlinge [57]

Operationsgebiet	Offizielle Lager	registrierte Flüchtlinge	in Lagern registrierte Flüchtlinge
Jordanien	10	1 570 192	280 191
Libanon	12	376 472	210 715
Syrien	10	383 199	111 712
Westbank	19	583 009	157 676
Gazastreifen	8	824 622	451 186
Gesamt	59	3 737 494	1 211 480

[57] UNRWA (vom Juni 2000).

Behauptung

»Die meisten Mittel zur Unterstützung der palästinensischen Flüchtlinge kamen aus den arabischen Staaten.«

Tatsache

Während den jüdischen Flüchtlingen aus den arabischen Ländern keinerlei internationale Hilfe zuteil wurde, erhielten die palästinensischen Flüchtlinge durch die UNRWA Millionen Dollar, davon allein 25 Millionen von den Vereinigten Staaten und fast drei Millionen von Israel. Der Gesamtbeitrag aller arabischen Staaten belief sich dagegen lediglich auf etwa 600 000 Dollar. In den ersten 20 Jahren kamen über zwei Drittel der Mittel aus den Vereinigten Staaten; die arabischen Länder steuerten nur einen winzigen Bruchteil bei. Auch Israel stellte der UNRWA weit mehr Gelder zur Verfügung als die meisten arabischen Staaten. Erst 1973 kamen von Saudi-Arabien, 1980 von Kuwait und Libyen Aufwendungen in gleicher Höhe wie von Israel. Noch 1994 überwies Israel der UNRWA mehr Geld als alle arabischen Länder außer Saudi-Arabien, Kuwait und Marokko.
Die Vereinigten Staaten führen noch heute die höchsten Beiträge an die Organisation ab: über 80 Millionen, das sind fast 28 Prozent der insgesamt 287 Millionen Dollar, die die Organisation 1999 erhielt. Saudi-Arabien stellte

5,8 Millionen, Kuwait 2,6 Millionen, die Vereinigten Arabischen Emirate eine Million, Oman 25 000 und Ägypten 10 000 Dollar zur Verfügung. Der Beitrag Israels und der anderen Spenderstaaten besteht mittlerweile eher in Naturalien als in Bargeld. Israel hat seine Hilfe zudem deutlich reduziert, seit die besetzten Gebiete unter palästinensische Autorität gestellt wurden.[58]

Behauptung

»Die arabischen Staaten haben die Palästinenser mit offenen Armen aufgenommen und alles getan, um ihnen eine neue Heimat zu geben.«

Tatsache

Das einzige arabische Land, das die Palästinenser aufnahm und ihnen die Staatsbürgerschaft verlieh, war Jordanien (und Jordanien ist auch bis heute das einzige arabische Land, das den Palästinensern *als Volksgruppe* die Staatsbürgerschaft verleiht). König Abdullah betrachtete die palästinensischen Araber und die Jordanier von jeher als ein Volk. 1950 annektierte er die Westbank und unter-

---

[58] UNRWA.

sagte die Verwendung der Bezeichnung Palästina in offiziellen Dokumenten.[59]

Obwohl die demografischen Zahlen über Syrien genügend Spielraum für die Aufnahme von Zuwanderern ließen, wies Damaskus es entschieden von sich, die Ansiedlung von Palästinensern im eigenen Land auch nur in Betracht zu ziehen, es sei denn für diejenigen Flüchtlinge, die eine Repatriierung ausdrücklich ablehnten. Die Syrer weigerten sich denn auch, 85 000 Flüchtlingen in den Jahren 1952 bis 1954 eine neue Heimat zu geben, obwohl internationale Fonds die Kosten für das Projekt tragen sollten. Auch der Irak, der ursprünglich eine größere Zahl Flüchtlinge aufnehmen sollte, lehnte ab. Der Libanon hatte nach eigenen Angaben keinen Platz für die Palästinenser. 1950 versuchten die Vereinten Nationen, 150 000 Flüchtlinge aus Gaza im Libanon anzusiedeln, was jedoch wiederum von Ägypten vereitelt wurde.

Nach dem Krieg von 1948 kontrollierte Ägypten den Gazastreifen und bestimmte über seine über 200 000 Einwohner. Es verwehrte jedoch Palästinensern die Einreise nach Ägypten oder in ein anderes Land. Außerdem wurden die Palästinenser in Gaza von der ägyptischen Besatzungsarmee so schlecht behandelt, dass der saudiarabische Rundfunk Nassers Schreckensherrschaft in Gaza mit dem Hitlerregime in den besetzten Gebieten Europas im Zweiten Weltkrieg verglich.[60]

---

[59] Rede vor dem Parlament, 24. April 1950, Abdullahs Memoiren, S. 13. Aaron Miller: *The Arab States and the Palestine Question*; DC: Center for Strategic and International Studies 1986, S. 29.

[60] Leibler, S. 48.

1952 stellte die UNRWA einen Fonds in Höhe von 200 Millionen zur Verfügung, mit dem Wohnungen und Arbeitsplätze für Palästinenser geschaffen werden sollten, doch die Gelder wurden nicht in Anspruch genommen.
Die Behandlung der Flüchtlinge in den zehn Jahren nach ihrer Flucht wurde von Ralph Garroway, dem ehemaligen Direktor der UNRWA, im August 1958 mit folgenden Worten zusammengefasst: »Die arabischen Staaten wollen das Flüchtlingsproblem nicht lösen. Sie wollen die Wunde offen halten, als Affront für die Vereinten Nationen und als Waffe gegen Israel. Den arabischen Führern ist es dabei völlig egal, ob die Flüchtlinge leben oder sterben.«[61]
Daran hat sich auch in den folgenden Jahren nicht viel geändert. Die arabischen Staaten haben immer wieder Jobs, Wohnungen, Land und andere Vergünstigungen für Araber und Nicht-Araber angeboten – jedoch unter ausdrücklichem Ausschluss der Palästinenser. Saudi-Arabien zum Beispiel stellte keine arbeitslosen palästinensischen Flüchtlinge ein, um der Knappheit an Arbeitskräfte Ende der Siebziger- und Anfang der Achtzigerjahre abzuhelfen. Stattdessen wurden mehrere Tausend Südkoreaner und andere Asiaten ins Land geholt.
Nach dem Golfkrieg wurde die Lage noch schlimmer. Kuwait, das zwar viele Palästinenser beschäftigte, ihnen aber die Staatsbürgerschaft verweigerte, hat seither über 300 000 von ihnen ausgewiesen. »Wenn jemand ein Sicherheitsrisiko darstellt, haben wir als souveräner Staat das Recht, ihn auszuweisen«, sagte Saud Nasir Al-Sabah,

[61] Prittie in Curtis, S. 55.

Karte 22 UNRWA Flüchtlingslager (Stand: 2000)

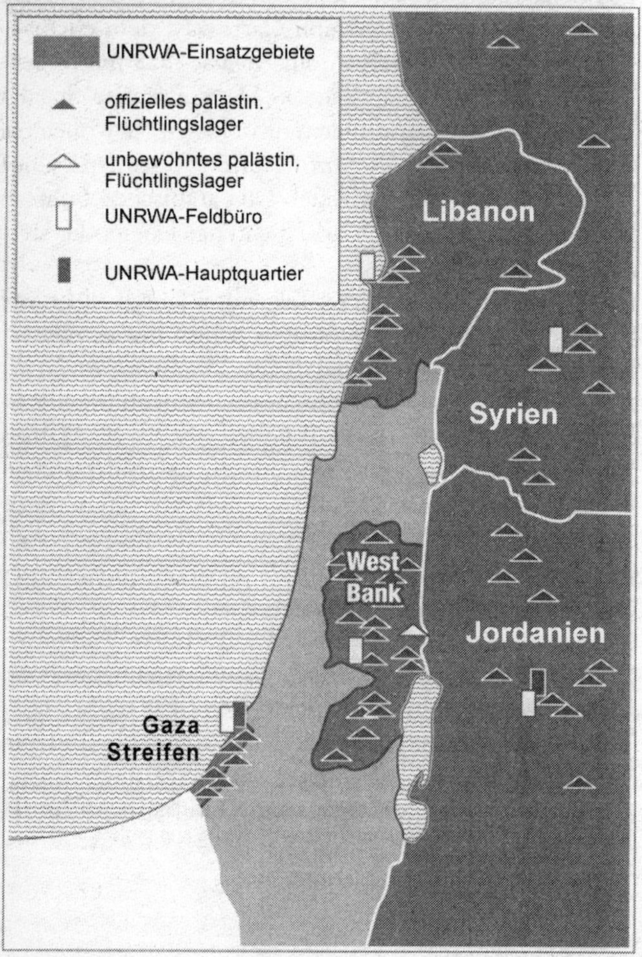

der kuwaitische Botschafter bei den Vereinten Nationen (*Jerusalem Report*, 27. Juni 1991).
Bis heute haben die palästinensischen Flüchtlinge im Libanon keinerlei Rechte, nur sehr begrenzt Zugang zum öffentlichen Gesundheitsdienst und kaum Ausbildungschancen. Die Mehrheit ist völlig von der UNRWA als einzigem Anbieter von sozialen Diensten und Ausbildungsmöglichkeiten abhängig. Da die Palästinenser als Ausländer gelten, ist ihnen die Ausübung von über 70 Berufen gesetzlich verboten.[62]
Viele Palästinenser führten die Verbesserung ihrer Situation auf die Initiative der Vereinten Nationen zurück, doch über die Behandlung durch ihre arabischen Brüder waren die meisten tief gekränkt. Manche, wie zum Beispiel der Palästinenserführer Musa Alami, konnten es nicht fassen: »Es ist eine Schande, dass arabische Regierungen es arabischen Flüchtlingen verbieten, in ihren Ländern zu arbeiten, dass sie ihnen die Tür vor der Nase zuschlagen und sie auch noch in Lagern internieren.«[63]
Dennoch richtet sich der Hass der meisten Flüchtlinge nach wie vor gegen »die Zionisten«, weil sie lieber ihnen die Schuld an ihrer Misere geben als den besiegten arabischen Armeen.

---

[62] UNRWA.
[63] Musa Alami: »The Lesson of Palestine«, *Middle East Journal*, Oktober 1949, S. 386.

Behauptung

»Millionen von Palästinensern müssen in elenden Flüchtlingslagern hausen.«

Tatsache

Mitte des Jahres 2000 war die Zahl der palästinensischen Flüchtlinge in den UNRWA-Listen auf 3,7 Millionen angestiegen; das sind fünf bis sechs Mal so viel wie Palästina 1948 verließen. Ein Drittel der registrierten palästinensischen Flüchtlinge, etwa 1,1 Millionen, lebt in den 59 Flüchtlingslagern in Jordanien, dem Libanon, Syrien, der Westbank und im Gazastreifen. Die anderen zwei Drittel der registrierten Flüchtlinge leben in städtischen Ballungsgebieten der Gastländer, in der Westbank und im Gazastreifen, häufig im Umkreis der offiziellen Lager.[64]

Behauptung

»Israel hat die palästinensischen Flüchtlinge gezwungen, in Lagern im Gazastreifen zu bleiben.«

---

64 UNRWA.

Tatsache

Während der Zeit, in der Israel den Gazastreifen kontrollierte, wurde immer wieder der Versuch unternommen, palästinensische Flüchtlinge aus den Lagern zu holen und ihnen einen neuen, festen Wohnsitz zu geben – ein Vorhaben, dem sich jedoch die Palästinenser selbst widersetzten, weil die enttäuschten und verbitterten Lagerbewohner das ideale Rekrutierungsfeld für die verschiedenen terroristischen Splittergruppen boten. Die arabischen Staaten forderten außerdem regelmäßig die Verabschiedung von UN-Resolutionen, die es Israel untersagten, weitere palästinensische Flüchtlinge aus den Lagern im Gazastreifen und in der Westbank umzusiedeln. Sie wollten diese Lager als Symbole der israelischen »Unterdrückung« weiter bestehen lassen.
Inzwischen unterstehen die Lager palästinensischer Selbstverwaltung, doch es geschieht immer noch wenig, um das Schicksal der internierten Palästinenser zu verbessern. Bei einem Besuch der Lager im Gazastreifen fragte die Journalistin Netty Gross einen Beamten, warum die Lager dort nicht aufgelöst worden seien. Sie erfuhr, dass die palästinensische Verwaltung die »politische Entscheidung« getroffen habe, nichts für die über 400 000 in den Lagern lebenden Palästinenser zu tun, ehe nicht Verhandlungen über den endgültigen Status quo mit Israel stattgefunden hatten. (*Jerusalem Report,* 6. Juli 1998)

Behauptung

»Zu allen Zeiten sind Flüchtlinge repatriiert worden, nur die Palästinenser durften nicht in ihre Heimat zurückkehren.«

Tatsache

Trotz der Unversöhnlichkeit der Araber glaubte anfangs niemand, dass die Flüchtlingsfrage sich zu einem solchen Langzeitproblem auswachsen würde. John Blandfort Jr., der Direktor der UNRWA, schrieb in seinem Bericht vom 19. November 1951, er gehe davon aus, dass die arabischen Regierungen bis Juli 1952 die erforderlichen Hilfsmaßnahmen selbst in die Hand nehmen würden. Gleichzeitig betonte er, dass die Hilfsmaßnahmen irgendwann ein Ende haben mussten: »Ständige Hilfe birgt unausweichlich den Keim in sich, dass die Menschen sich aufgeben und kriminalisiert werden.«[65]

Die Palästinenser sind die einzigen Flüchtlinge, die gleichsam zu Mündeln der internationalen Gemeinschaft geworden sind.

Israels Bereitschaft, die 1948 geflohenen Palästinenser finanziell zu entschädigen, steht in krassem Gegensatz zu der Behandlung von zwölfeinhalb Millionen Deutschen

---

[65] Schechtman, S. 220.

aus Polen und der Tschechoslowakei, die im dem Zweiten Weltkrieg vertrieben wurden und nur mitnehmen durften, was sie tragen konnten. Sie erhielten keinerlei Entschädigung für ihr konfisziertes Eigentum. Die Auswirkungen des Zweiten Weltkriegs auf die Grenzen Polens und auf die polnische Bevölkerung galten als »vollendete Tatsachen«, die nach dem Krieg nicht mehr rückgängig gemacht werden konnten.

Ein weiteres, durch den Zweiten Weltkrieg stark in Mitleidenschaft gezogenes Land war Finnland, das gezwungen wurde, fast ein Achtel seiner Fläche herzugeben und dazu noch über 400 000 Flüchtlinge aus der Sowjetunion (elf Prozent der finnischen Gesamtbevölkerung) aufzunehmen. Sie waren die wirklichen Verlierer des Krieges, und doch dachte niemand an Hilfsprojekte für ihre Umsiedlung.

Eine vielleicht noch passendere Analogie ist die Aufnahme, die 150 000 türkische Flüchtlinge aus Bulgarien im Jahr 1950 in der Türkei fanden. Der Unterschied zwischen der Behandlung dieser Flüchtlinge durch die Türken und der Behandlung der palästinensischen Flüchtlinge durch die Araber zeigte die Einstellung der jeweiligen Regierungen:

> »Das Flüchtlingsproblem der Türkei war größer als das Syriens oder des Libanon und fast so groß wie das Ägyptens ... Dennoch hört man wenig von den türkischen Flüchtlingen, weil es der Türkei gelungen ist, sie in ihr Land zu integrieren ... Der große Unterschied bestand in der Geisteshaltung. Die Türken schreckten zwar zunächst auch davor zurück, diese Belastung auf sich zu nehmen, doch letztlich stellten sie sich

ihrer Verantwortung und machten sich daran, das Problem so schnell wie möglich zu lösen.«[66]

Wenn den arabischen Staaten die Erleichterung des Loses der Flüchtlinge wirklich am Herzen gelegen hätte, wäre es ihnen ein Leichtes gewesen, die Einstellung der Türkei zu übernehmen und ebenso zu handeln.
Ein weiterer starker Bevölkerungstransfer ergab sich aus der Teilung Indiens und Pakistans im Jahr 1947. Die acht *Millionen* Hindus, die aus Pakistan flohen, und die sechs Millionen Muslims, die Indien verließen, fürchteten beide, in ihrer jeweiligen neuen Heimat zur Minderheit zu werden. Wie die Palästinenser hatten auch diese Menschen Angst, zwischen den Fronten des Krieges aufgerieben zu werden. Anders als im arabisch-israelischen Konflikt hielt man in diesem Fall jedoch den Austausch der jeweiligen Bevölkerungsgruppen für die beste Lösung für das Problem der Beziehungen zwischen den beiden Staaten. Trotz der riesigen Zahl der Flüchtlinge und der relativen Armut der betroffenen Nationen wurden keine internationalen Hilfsorganisationen eigens mit dem Ziel gegründet, den Vertriebenen bei der Umsiedlung zu helfen.

[66] *Des Moines Register* Editorial, 16. Januar 1952.

»... wenn es einen palästinensischen Staat gäbe, warum sollte seine Führung dann wünschen, dass seine potenziellen Bürger in einem anderen Staat repatriiert würden? Aus der Perspektive der Gründung einer neuen Nation wäre das sinnlos. Tatsächlich fanden die Gespräche über die Repatriierung zu einem Zeitpunkt statt, in der keine Hoffnung auf einen palästinensischen Staat bestand. Als sich die Möglichkeit der Gründung eines solchen Staates abzeichnete, mussten die Palästinenser entscheiden, ob sie sich als legitimen Staat betrachten wollten oder ob es ihnen wichtiger war, ihren selbstgewählten Status als unterdrückte, staatenlose Flüchtlinge aufrechtzuhalten. Beides können sie nicht sein.«

Fredelle Spiegel [67]

Behauptung

»Wenn die palästinensischen Flüchtlinge repatriiert worden wären, wäre der israelisch-arabische Konflikt schon längst beigelegt.«

---

[67] *Jerusalem Report*, 26. März 2001.

Tatsache

Israel hat sich unablässig um eine Lösung des Flüchtlingsproblems bemüht, konnte jedoch auf keinen Fall alle Flüchtlinge einfach wieder aufnehmen.

> »Kein Volk kann, ganz gleich, was in der Vergangenheit an Recht und Unrecht geschehen ist, auch nur in Erwägung ziehen, eine Fünfte Kolonne von solcher Größenordnung in sein Land aufnehmen. Und es wäre eine Fünfte Kolonne, handelt es sich doch immerhin um Menschen, die (im Jahr 1967) 20 Jahre lang ihren Hass gegen Israel genährt haben und mit dem einzigen Ziel, es zu vernichten, aufgewachsen sind. Die Wiederaufnahme der palästinensischen Flüchtlinge in Israel wäre das Gleiche, wie wenn die Vereinigten Staaten 70 Millionen geschworene Staatsfeinde in ihr Land ließen.«[68]

Die Araber weigerten sich mit eiserner Entschlossenheit, ein separates Abkommen auszuhandeln. Die Crux des Ganzen lag darin, dass die arabischen Staaten nicht bereit waren, die Existenz des jüdischen Staates anzuerkennen, wie an der Kriegshetze des ägyptischen Präsidenten Nasser gegen Israel deutlich wurde, die überhaupt nichts mit den Palästinensern zu tun hatte. Sein Interesse an den Flüchtlingen beschränkte sich einzig und allein darauf, inwieweit sie seinem eigentlichen Ziel der Vernichtung

---

[68] Editorial der *New York Times*, 14. Mai 1967.

Israels förderlich waren. Wie er in einem Interview am 1. September 1961 sagte: »Wenn die Flüchtlinge nach Israel zurückkehren, wird Israel aufhören zu existieren.«[69]

Behauptung

»1967 hat Israel weitere Palästinenser vertrieben.«

Tatsache

König Hussein ignorierte die israelischen Warnung, sich aus dem Krieg herauszuhalten, und griff die israelische Hauptstadt Jerusalem an. Nach Schätzungen der UN-RWA flohen im Laufe der sich daran anschließenden Kämpfe 175 000 von ihr registrierte Personen zum ersten Mal und etwa 350 000 zum zweiten Mal. Etwa 200 000 von ihnen gingen nach Jordanien, 115 000 nach Syrien und schätzungsweise 35 000 zogen von der Sinai-Halbinsel nach Ägypten. Die meisten arabischen Flüchtlinge kamen von der Westbank.

Einer bestimmten Anzahl von ihnen gestattete Israel die Rückkehr. 1967 wurden über 9 000 Familien wieder zusammengeführt, und 1971 hatte Israel 40 000 Flüchtlinge wieder aufgenommen. Im Gegensatz dazu verbot

[69] Leibler, S. 45.

Jordanien den Flüchtlingen, die in die Eastbank zurückkehren wollten, 1968 die Übersiedlung von der Westbank und aus dem Gazastreifen.[70]
Als der Sicherheitsrat U Thant zur Entsendung eines Vertreters ermächtigte, der sich über die Behandlung von Zivilisten nach dem Krieg informieren sollte, ordnete der Generalsekretär gleichzeitig eine Untersuchung der Behandlung der jüdischen Minderheiten in den arabischen Ländern und der Araber in den israelisch besetzten Gebieten an. Syrien, der Irak und Ägypten verweigerten dem UN-Vertreter jedoch die Ausübung seiner Mission.

[70] Jahresberichte der UNRWA (1. Juli 1966 - 30. Juni 1967; s. 11-19; 1. Juli 1967 - 30. Juni 1968, S. 4-10; 1. Juli 1968 - 30. Juni 1969, S. 6; 1. Juli 1971 - 30. Juni 1972, S. 3.

15. Die Behandlung der Juden in arabischen und islamischen Ländern

Behauptungen

»Die Araber können überhaupt nicht antisemitisch sein, weil sie selbst semitischer Abstammung sind.«
»Die modernen arabischen Nationen lehnen lediglich den Staat Israel ab; gegen die Juden haben sie nichts.«
»Die Juden in den islamischen Ländern wurden von den Arabern immer gut behandelt.«
»Als ›Völker des Buches‹ stehen Juden und Christen unter dem Schutz des islamischen Gesetzes.«

Behauptung

»Die Araber können überhaupt nicht antisemitisch sein, weil sie selbst semitischer Abstammung sind.«

Tatsache

Der Begriff »antisemitisch« wurde im Jahr 1879 in Deutschland geprägt, als Wilhelm Marrih ihn für die antijüdischen Erscheinungen seiner Zeit verwendete und dem Judenhass damit einen wissenschaftlichen Namen gab.[1] Unter »Antisemitismus« verstand man den Hass gegen das jüdische Volk. In englischen und amerikanischen Lexika und Wörterbüchern wird der Begriff als »Theorie oder Handlung, die sich gegen Juden richtet« bezeichnet bzw. als »Feindschaft gegen die Juden als religiöse oder rassische Minderheit, die häufig von gesellschaftlicher, wirtschaftlicher und politischer Diskriminierung begleitet ist«.[2]
Die Behauptung, die Araber als »Semiten« könnten überhaupt nicht antisemitisch sein, ist also eine semantische Irreführung, die die Realität der arabischen Diskriminierung und Feindschaft gegenüber den Juden ignoriert. Wie alle Völker können auch die Araber antisemitisch sein.

---

1 Vamberto Morais: *A Short History of Anti-Semitism*; NY: W.W. Norton und Co. 1976; S. 11; Bernard Lewis: *Semites & Anti-Semites*; NY: W.W. Norton & Co. 1986; S. 81.
2 *Oxford English Dictionary; Webster's Third International Dictionary.*

Behauptung

»Die modernen arabischen Nationen lehnen lediglich den Staat Israel ab; gegen die Juden haben sie nichts.«

Tatsache

Die arabischen Staaten haben nie einen Zweifel an ihrer Feindschaft gegenüber den Juden und dem Judentum gelassen. So äußerte zum Beispiel der saudi-arabische König Ibn Saud am 23. November 1937 gegenüber dem britischen Colonel H. R. P. Dickson: »Unser Hass gegen die Juden hat seinen Ursprung in der göttlichen Verdammung der Juden, weil sie erst Isa (Jesus) und danach seinen auserwählten Propheten abgelehnt und verfolgt haben.« Und er fügte hinzu, dass »ein Muslim, wenn er einen Juden tötet oder von ihm getötet wird, nach seinem Tod unmittelbar in den Himmel und in die herrliche Gegenwart des allmächtigen Gottes eingeht«.[3]
Als Hitler 1935 die Nürnberger Gesetze verabschiedete, erhielt er aus allen Teilen der arabischen Welt Glück-

---

[3] Offizielles britisches Dokument, Bericht No 371/20822 E 7201/22/31 des Außenministeriums; Elie Kedourie: *Islam in the Modern World*; London: Mansell 1980, S. 69-72.

wunschtelegramme.[4] Später, während des Krieges, war der Mufti von Jerusalem einer seiner leidenschaftlichsten Unterstützer.

In Jordanien durften niemals Juden leben. Im 6. Paragrafen der Verfassung, die auch für die jordanisch besetzte Westbank gilt, heißt es ausdrücklich: »Jede Person, sofern sie nicht jüdisch ist, ist jordanischer Staatsbürger.«[5]

Die arabischen Länder achten sorgfältig darauf, dass bereits den Schulkindern der Hass auf die Juden unverrückbar eingeimpft wird. Der syrische Erziehungsminister schrieb 1968: »Der Hass, den wir unseren Kindern von Geburt an einpflanzen, ist ein heiliger Hass.«[6]

Nach dem Sechs-Tage-Krieg von 1967 fanden die Israelis in arabischen Schulen in der Westbank Schulbücher, die rassistische und hasserfüllte Darstellungen von Juden enthielten:

> »Die Juden sind bis an die Enden der Erde zerstreut; sie leben verachtet und im Exil, weil sie von Grund auf lasterhaft, habgierig und Feinde der ganzen Menschheit sind und weil sie von ihrem verderbten Wesen dazu verführt wurden, ein Land zu rauben, in das sie sich und ihre Schande flüchten können.«[7]

---

[4] Howard Sachar: *A History of Israel: From the Rise of Zionism to Our Time*; NY: Alfred A. Knopf 1979, S. 196.

[5] Jordanische Verfassung, Offizielle Gazette Nr. 1171, Artikel 3(3) des Gesetzes Nr. 6, 1954, 16. Februar 1954, S. 105.

[6] Aus einem Brief an M. René Mheu, Generaldirektor der UNESCO; abgedruckt in: *Al-Thawra*, 3. Mai 1968.

[7] Auszug aus den religiösen Ordnungen; syrisches Bildungsministerium 1963-1964; S. 138.

»Analysiere die folgenden Sätze:

1. Der Kaufmann reiste selbst auf den afrikanischen Kontinent.
2. Wir werden alle Juden aus den arabischen Ländern vertreiben.«[8]

»Die heutigen Juden sind die Nachkommen der Juden, die dem Propheten Mohammed Leid zufügten. Sie haben ihn verraten, haben den Vertrag mit ihm gebrochen und sich mit seinen Feinden gegen ihn verbündet ...«[9]

»Die Juden in Europa wurden verfolgt und verachtet, weil sie korrupt, gemein und verräterisch waren.«[10]

In einem jordanischen Handbuch für Grundschullehrer von 1977 in der Westbank werden die Erzieher angewiesen, »in die Seele der Schüler die islamische Regel einzupflanzen, dass, wenn die Feinde auch nur einen Zoll islamischen Landes besetzen, der *jihad* (der heilige Krieg) zur unabwendbaren Pflicht für jeden Muslim wird«. Und es heißt weiter, dass die Juden ein Komplott zur Ermordung Mohammeds schmiedeten, als dieser noch ein Kind

---

[8] Grundlagen der Syntax und Aussprache; syrisches Bildungsministerium 1963.
[9] Religionslehre; ägyptisches Bildungsministerium 1966.
[10] Geschichte der modernen Welt; jordanisches Bildungsministerium 1966, S. 150.

war. In einem anderen jordanischem Text, einem Gemeinschaftskundebuch von 1982, steht, dass Israel während des Libanonkriegs das Massaker der Palästinenser in Sabra und Shatila angeordnet habe; nicht erwähnt wird, dass die Vollstrecker dieser Anordnung Araber christlichen Glaubens waren.[11]

> »Der syrische Präsident Bashar Assad lieferte am Samstag, dem 5. Mai, einen drastischen, ja abstoßenden Beweis für die Tatsache, dass er und seine Regierung weder des Respekts noch der Pflege guter Beziehungen zur den Vereinigten Staaten oder irgendeines anderen demokratischen Landes würdig sind. Bei der Begrüßung von Papst Johannes Paul II. in Damaskus griff Mr. Assad die Juden in einer Weise an, die an Ignoranz und Plumpheit wohl alles in den Schatten stellt, was der Papst in den 20 Jahren seiner Reisen in alle Teile der Welt zu hören bekam. Er verglich das Elend der Palästinenser mit dem Leiden Jesu Christi und führte aus, dass die Geisteshaltung, mit der die Juden ›versuchten, die Prinzipien aller Religionen zu töten, die gleiche sei wie die, in der sie Jesus Christus verrieten und den Propheten Mohammed zu verraten und zu töten versuchten‹. Mit dieser ungeheuerlichen Behauptung beschmutzte der syrische Präsident sowohl sein eigenes Land als auch den Papst ...«
>
> **Washington Post**, 8. Mai 2001

Eine Überprüfung syrischer Lehrbücher ergab, dass »das syrische Bildungssystem den Hass auf Israel und den

---

11 David K. Shipler: *Arab and Jew*; NY: Times Book 1986, S. 167.170.203.

Zionismus zu einem sich gegen alle Juden richtenden Antisemitismus ausweitet. Dieser Antisemitismus bedient sich alter islamischer Motive, um den ewig gleich bleibenden schlechten Charakter der Juden zu beschreiben, dessen wichtigster Grundzug der Verrat ist. Die unausweichliche Schlussfolgerung daraus lautet, dass die Juden ausgerottet werden müssen.«[12] Ein Beispiel: In einem Lehrbuch der 11. Klasse heißt es, dass die Juden die Muslime hassten und, von Neid getrieben, zur Feindschaft gegen sie aufriefen:

> »Die Juden scheuen keine Mühe, uns zu betrügen, unseren Propheten zu verleumden, gegen uns zu intrigieren und den Sinn der heiligen Schriften zu entstellen.
>
> Die Juden arbeiten Hand in Hand mit den Polytheisten und Ungläubigen gegen die Muslime, weil sie wissen, dass der Islam ihre Verschlagenheit und Gemeinheit bloßlegt.«[13]

Eine arabische Übersetzung von Adolf Hitlers *Mein Kampf*, die in Ostjerusalem und in den Gebieten unter palästinensischer Selbstverwaltung verbreitet wurde, entwickelte sich rasch zum Bestseller.[14]
Hin und wieder zeigt sich der arabische Antisemitismus auch innerhalb der Vereinten Nationen. Im März 1991

---

[12] Meyrav Wurmser: *The Schools of Ba'athism: A Study of Syrian Schoolbooks*; Washington, D.C.: Middle East Media and Research Institute (MEMRI) 2000; S. xiii.
[13] Wurmser, S. 51.
[14] Middle East Media and Research Institute (MEMRI).

zum Beispiel verlas ein syrischer Delegierter vor der UN-Menschenrechtskommission eine Erklärung, in der den Kommissionsmitgliedern empfohlen wurde, ein »wertvolles Buch« mit dem Titel *The Matzoh of Zion* zu lesen, das der syrische Verteidigungsminister Mustafa Tlas verfasst hatte. In diesem Buch werden Ritualmordanklagen gerechtfertigt, die in der Blutklage von 1840 in Damaskus gegen die Juden erhoben wurden.[15] (Der Ausdruck »Blutklage« bezieht sich auf die Anschuldigung, die Juden würden christliche Kinder töten, weil sie ihr Blut für die Zubereitung der Passah-Matzen benötigen.)
König Faisal von Saudi-Arabien äußerte in einem Interview im Jahr 1972 eine ähnlich abenteuerliche Verleumdung:

> »Israel hegt seit uralten Zeiten böse Absichten. Sein Ziel ist die Ausrottung aller anderen Religionen. ... Die Juden erachten die anderen Religionen als der ihrigen unterlegen und andere Menschen als minderwertig. Und was das Motiv der Rache angeht: Sie haben einen bestimmten Tag, an dem sie das Blut von Nicht-Juden in ihren Brotteig einkneten und dieses Brot dann essen. Vor zwei Jahren, ich hielt mich gerade zu einem Besuch in Paris auf, entdeckte die Polizei die Leichen von fünf Kindern. Sie hatten keinen Tropfen Blut mehr im Leib, und es stellte sich heraus, dass sie von Juden umgebracht worden waren, die ihr Blut nahmen und mit dem Brot

---

[15] Jewish Telegraphic Agency, 4. März 1991.

mischten, das sie an diesem Tag aßen. Das zeigt Ihnen, wie weit sie in ihrem Hass und ihrer Bosheit gegen nicht-jüdische Völker gehen.«[16]

Am 11. November 1999 sagte Suha Arafat, die Frau des Palästinenserführers Jassir Arafat, bei einem gemeinsamen Auftritt mit der amerikanischen First Lady Hillary Rodham Clinton in Gaza: »Unser Volk war Tag für Tag dem intensiven Einsatz von Giftgas durch die israelischen Streitkräfte ausgesetzt, was zu einer Zunahme der Krebserkrankungen bei Frauen und Kindern geführt hat.« Ähnliche Aussagen kamen mehrfach von offizieller Seite aus dem palästinensischen Lager.[17]
Die arabisch/muslimische Presse, die in fast allen Ländern des Nahen Ostens staatlich kontrolliert wird, veröffentlicht regelmäßig antisemitische Artikel und Cartoons. In Ägypten gehören antisemitische Publikationen zum Pressealltag. So veröffentlichte zum Beispiel die wichtigste ägyptische Tageszeitung *Al-Ahram* einen Artikel zum »historischen« Hintergrund der Tradition der Blutklage und beschuldigte Israel gleichzeitig, heute noch aus dem Blut palästinensischer Kinder Matzen zu backen.[18] Auch in der jordanischen und syrischen Presse erscheinen regelmäßig antisemitische Artikel. Viele dieser Angriffe haben die Leugnung des Holocaust und seine »Ausbeutung« durch den Zionismus zum Thema und ziehen Parallelen zwischen Israel und dem Zionismus und dem Nazismus.

---

[16] *Al-Mussawar*, 4. August 1972.
[17] Middle East and Research Institute (MEMRI).
[18] *Al-Ahram*, 28. Oktober 2000.

Auch die Medien der palästinensischen Autonomiebehörde veröffentlichen zum Teil hetzerisches und antisemitisches Material. Eine Freitagspredigt in der Zayed bin Sultan Aal Nahyan-Moschee in Gaza, die zum Mord an Juden und Amerikanern aufrief, wurde live im offiziellen palästinensischen Fernsehen übertragen:

> »Habt kein Erbarmen mit den Juden, ganz gleich, wo sie sind, in welchem Land sie auch leben. Bekämpft sie, wo immer Ihr auch seid. Tötet sie, wo immer Ihr zusammenkommt. Wo Ihr auch seid, bringt die Juden um und tötet die Amerikaner, die sind wie sie und alle, die auf ihrer Seite sind. Sie alle verfolgen dasselbe Ziel und sind gegen die Araber und die Muslime, denn sie haben Israel gegründet, hier, mitten im lebendigen Herzen der arabischen Welt, in Palästina ...«[19]

Sogar palästinensische Kreuzworträtsel müssen dazu herhalten, Israel das Existenzrecht abzusprechen und die Juden schlecht zu machen; so taucht zum Beispiel der Begriff »Verrat« als Auflösung für den entscheidenden jüdischen Charakterzug auf.[20]

---

[19] 14. Oktober 2000.

[20] Palestinian Media Watch, http://www.pmw.org/, 15. März 2000.

Behauptung

»Die Juden in den islamischen Ländern wurden von den Arabern immer gut behandelt.«

Tatsache

Den jüdischen Gemeinschaften in den islamischen Ländern erging es zwar insgesamt besser als in den christlichen Ländern Europas, doch Verfolgung und Demütigungen waren ihnen auch unter den Arabern nicht fremd. Bernard Lewis, Professor für Geschichte an der Universität von Princeton, schrieb: »Das Goldene Zeitalter der Gleichberechtigung war ein Mythos und der Glaube daran eher die Folge als die Ursache der jüdischen Sympathie für den Islam.«[21]

Mohammed, der Gründer des Islam, reiste im Jahr 622 n. Chr. nach Medina, um dort Anhänger für seinen neuen Glauben zu gewinnen. Als die Juden von Medina sich weigerten zu konvertieren und Mohammed ablehnten, wurden zwei der größeren jüdischen Stämme von dort vertrieben; im Jahr 627 töteten Mohammeds An-

[21] Bernard Lewis: »The Pro-Islamic Jews«; *Judaism*, Herbst 1968, S. 401.

hänger dann zwischen 600 und 900 jüdische Männer und teilten deren Frauen und Kinder unter sich auf.[22]
Die Einstellung der Muslime gegenüber den Juden spiegelt sich in verschiedenen Versen im Koran, dem heiligen Buch des Islam. »Sie [die Kinder Israels] wurden mit Schande und Elend geschlagen, und sie luden Allahs Zorn auf sich; dies, weil sie die Zeichen Allahs verwarfen und die Propheten zu Unrecht töten wollten; das war, weil sie widerspenstig waren und frevelten« (Sure 2,62). Nach dem Koran trachten die Juden nur nach Unheil auf Erden (5,65), waren schon immer ungehorsam (5,79) und sind Feinde Allahs, des Propheten und der Engel (2,98-99).
Die Juden wurden von ihren muslimischen Nachbarn verachtet. Eine friedliche Koexistenz der beiden Gruppen war nur möglich, wenn die Juden sich den Muslimen völlig unterordneten. Im 9. Jahrhundert entwarf Kalif al-Mutawakkil von Bagdad ein gelbes Abzeichen für die Juden und schuf damit einen Präzedenzfall, der Jahrhunderte später in Nazideutschland wieder aufgegriffen wurde.[23]
Zu bestimmten Zeiten konnten die Juden in den islamischen Ländern einigermaßen in Frieden leben, und in diesen Zeiten kam es denn auch regelmäßig zu einer kulturellen und wirtschaftlichen Blüte in den jüdischen Gemeinden. Doch ihre Stellung blieb stets eine höchst ungesicherte, und Veränderungen des politischen oder

---

[22] Bat Ye'or: *The Dhimmi*; NJ: Fairleigh Dickinson University Press 1985, S. 43-44.
[23] Bat Ye'or, S. 185-86.191.194.

gesellschaftlichen Klimas führten immer wieder zu Verfolgung, Gewalttätigkeiten und Mord.

Wenn eine islamische Gesellschaft den Eindruck gewann, dass es den Juden zu gut erginge, flackerte der Antisemitismus auf, häufig mit verheerenden Folgen. Am 30. Dezember 1066 wurde Joseph HaNagid, der jüdische Wesir von Granada, von einem arabischen Mob gekreuzigt; danach wurde das jüdische Viertel der Stadt geschleift und seine 5 000 Bewohner niedergemetzelt. Der Aufruhr war von muslimischen Predigern angezettelt worden, aus Angst, der politische Einfluss der Juden könnte zu groß werden.

Im Jahr 1465 ermordete der arabische Mob Tausende von Juden in Fez, nachdem ein stellvertretender jüdischer Wesir sich einer muslimischen Frau »auf beleidigende Weise« genähert hatte. Nur fünf Personen überlebten das Massaker. Die Morde lösten eine Welle ähnlicher Massaker in ganz Marokko aus.[24]

Im 8. Jahrhundert kam es in Marokko zu Massenmorden an Juden, bei denen der muslimische Herrscher Idris I. ganze Gemeinden auslöschen ließ; im 12. Jahrhundert zwangen die Almohaden in Nordafrika mehrere Gemeinden gewaltsam zur Konversion – wer sich weigerte, wurde umgebracht; 1785 ließ Ali Burzi Pascha in Libyen Hunderte von Juden ermorden; 1805, 1815 und 1830 kam es zu Massakern unter den Juden in Algier; und zwi-

---

[24] Norman Stillman: *The Jews of Arab Lands*; PA: The Jewish Publication Society of America 1979, S. 84, Maurice Roumani: *The Case of the Jews from Arab Countries: A Neglected Issue*; Tel Aviv: World Organization of Jews from Arab Countries 1977, S. 26-27; Bat Ye'or, S. 72; Bernard Lewis: *The Jews of Islam*; NJ: Princeton University Press 1984, S. 158.

schen 1864 und 1880 wurden in Marrakesch in Marokko über 300 Juden ermordet.[25]
In Ägypten und Syrien (1014, 1293-1294, 1301-1302), im Irak (854, 859, 1344) und im Jemen (1676) wurden immer wieder Dekrete zur Zerstörung von Synagogen erlassen. Im Jemen (1165 und 1678), in Marokko (1275, 1465 und 1790 bis 1792) und in Bagdad (1333 und 1344) wurden Juden gezwungen, zum Islam überzutreten oder zu sterben, obwohl dies nach dem Koran verboten war.[26]
Im 19. Jahrhundert erreichte die Lage der Juden in den arabischen Ländern einen Tiefpunkt. Im größten Teil Nordafrikas (einschließlich Algeriens, Tunesiens, Ägyptens, Libyens und Marokkos) wurden die Juden in Gettos verbannt. In Marokko, dem Land mit der größten jüdischen Gemeinde in der islamischen Diaspora, mussten die Juden barfuß gehen bzw. durften nur Strohschuhe tragen, wenn sie das Getto verließen. Schon die muslimischen Kinder beteiligten sich an der Unterdrückung der Juden; sie bewarfen sie mit Steinen oder quälten sie auf andere Weise. Die Ausschreitungen gegen Juden nahmen zu, und viele Juden wurden unter dem Vorwand des Abfalls hingerichtet. Im osmanischen Reich waren Ritualmordanklagen gegen Juden an der Tagesordnung.[27]
Der bekannte Orientalist G. E. von Grunebaum schrieb:

> »Es wäre nicht schwer, die Namen einer beträchtlichen Anzahl jüdischer Untertanen oder

---

[25] Stillman, S. 59.284.
[26] Roumani, S. 26-27.
[27] G. E. von Grunebaum; »Eastern Jewry Under Islam«; *Viator* 1971, S. 369.

> Bürger islamischer Länder anzuführen, die einen hohen Rang bekleideten, politischen und wirtschaftlichen Einfluss besaßen und auf intellektuellem Gebiet zu hohem Ansehen gelangten; dasselbe gilt für Christen. Doch ebenso einfach wäre es, eine lange Liste von Verfolgungen, willkürlichen Konfiskationen, versuchten Zwangsbekehrungen oder Pogromen zusammenzustellen.«[28]

Noch größer wurde die Gefahr für die Juden, als es in der UNO zu einer entscheidenden Kraftprobe zu kommen drohte. Der syrische Delegierte Faris el-Khouri warnte: »Ehe das Palästinenserproblem nicht gelöst ist, werden wir die Juden in der arabischen Welt kaum schützen und keinesfalls für ihre Sicherheit garantieren können.«[29]
In den Vierzigerjahren des 20. Jahrhunderts kam es im Irak, in Libyen, Ägypten, Syrien und im Jemen zu antijüdischen Ausschreitungen, bei denen über 1000 Juden umkamen.[30] Das war einer der Auslöser für den Massenexodus von Juden aus arabischen Ländern.

---

[28] *New York Times*, 19. Februar 1947.

[29] Roumani, S. 30-31; Norman Stillman: *The Jews of Arab Lands in Modern Times*; NY: Jewish Publication Society 1991, S. 119-122.

[30] Bat Ye'or, S. 61.

Behauptung

»Als ›Völker des Buches‹ stehen Juden und Christen unter dem Schutz des islamischen Gesetzes.«

Tatsache

Dieses Argument wurzelt in der traditionellen Vorstellung vom Schutz *(»dhimma«)*, den die muslimischen Eroberer den Christen und Juden zusicherten, wenn sie sich unterwarfen. Dazu schreibt der französische Gelehrte Jacques Ellul: »Man muss doch fragen: ›Schutz vor wem?‹ Wenn der ›Fremde‹, der geschützt werden muss, in islamischen Ländern lebt, kann die Antwort nur lauten: vor den Muslimen selbst.«[31]

Wer den Muslimen in die Hände fiel, hatte gewöhnlich nur die Wahl zwischen Konversion oder Tod. Lediglich Juden und Christen, die sich an ihre heiligen Schriften hielten, durften als *dhimmi* (»beschützte Personen«) ihren Glauben ausüben. Dieser »Schutz« bewirkte allerdings kaum, dass Juden und Christen von den Muslimen auch gut behandelt wurden. Im Gegenteil, als Ungläubige

[31] Bat Ye'or, S. 30.

mussten sie die Überlegenheit der wahren Gläubigen – der Muslime – anerkennen.

In den Anfangsjahren der muslimischen Herrschaft symbolisierte der »Tribut« *(jizya)*, eine jährliche Steuerabgabe, die Unterordnung der *dhimmi*.[32]

Später wurde der untergeordnete Status von Juden und Christen noch durch eine Reihe von Verordnungen, das Verhalten der *dhimmi* betreffend, verstärkt. So war es den *dhimmi* zum Beispiel bei Todesstrafe verboten, den Koran, den Islam oder Mohammed zu verspotten oder zu kritisieren, unter Muslimen Proselyten zu machen oder eine muslimische Frau auch nur zu berühren (wohingegen ein muslimischer Mann durchaus eine nichtmuslimische Frau heiraten durfte).

Dhimmi waren von öffentlichen Ämtern und vom Kriegsdienst ausgeschlossen und durften keine Waffen tragen. Sie durften keine Pferde oder Kamele reiten, keine Synagogen oder Kirchen, die größer als Moscheen, und keine Häuser, die größer als die Häuser der Muslime waren, bauen und in der Öffentlichkeit keinen Wein trinken. Sie wurden gezwungen, Kleidung zu tragen, an der man ihre Religionszugehörigkeit auf den ersten Blick erkannte, und durften nicht laut beten oder trauern, denn das hätte die Ohren der Muslime beleidigen können. Die *dhimmi* mussten den Muslimen in der Öffentlichkeit stets ihre Ehrerbietung beweisen, was bedeutete, dass sie ihnen auf der Straße Platz machten. Sie durften vor Gericht nicht gegen einen Muslim aussagen, und ihr Eid hatte keine Gültigkeit. Um sich zu verteidigen, mussten

---

[32] Louis Gardet: *La Cite Musulmane: Vie sociale et politique*; Paris: Etudes musulmanes 1954, S. 348.

die *dhimmi* um hohen Preis muslimische Zeugen kaufen. Damit besaßen sie, wenn ihnen durch einen Muslim Schaden zugefügt worden war, kaum Rechte.[33]
Im 20. Jahrhundert hatte sich der Status der *dhimmi* in den muslimischen Ländern noch kaum verbessert. H.E. W. Young, der britische Vizekonsul in Mosul, schrieb 1909:

> »Die Einstellung der Muslime gegen die Christen und Juden entspricht der von Herren gegenüber ihren Sklaven, die sie mit einer gewissen überlegenen Toleranz behandeln, solange sie an ihrem Platz bleiben. Jede kleinste Regung, die vermuten ließe, dass sie den Anspruch auf Gleichheit erheben könnten, wird sogleich unterdrückt.«[34]

---

[33] Bat Ye'or, S. 56-57.
[34] *Middle Eastern Studies* 1971, S. 232.

16. Die Menschenrechte in den arabischen Ländern

Behauptungen

»Die Regierungen der arabischen Staaten garantieren ihren Bürgern die menschlichen Grundrechte.«
»Heute sind auch die Rechte der Frauen in den arabischen Ländern geschützt.«

Behauptung

»Die Regierungen der arabischen Staaten garantieren ihren Bürgern die menschlichen Grundrechte.«

Tatsache

Während die von den Israelis in der Westbank und im Gazastreifen angeblich begangenen Menschenrechtsverletzungen größte Aufmerksamkeit in der Öffentlichkeit erregten, hat die Presse beschlossen, die Verstöße gegen die menschlichen Grundrechte, die in fast allen arabischen Ländern sozusagen an der Tagesordnung sind, zu ignorieren. Nach den Jahresberichten des amerikanischen Außenministeriums sind in den meisten arabischen Staaten repressive, diktatorische Regimes an der Macht, die ihren Bürgern die grundlegenden Freiheiten – das heißt das Wahlrecht, die Rede- und Pressefreiheit sowie das Recht auf eine ordentliche Gerichtsverhandlung – verweigern.

Behauptung

»Heute sind auch die Rechte der Frauen in den arabischen Ländern geschützt.«

Tatsache

In den meisten arabischen Ländern werden die Regeln des menschlichen Zusammenlebens von der Scharia, dem islamischen Gesetz, definiert. Dieses Gesetz weist den Frauen eine den Männern untergeordnete Rolle zu und schränkt ihre persönlichen Rechte und Freiheiten ein.
Der Nahostexperte Daniel Pipes erklärt: »Nach islamischem Verständnis ... gilt die weibliche Sexualität als so große Macht, dass sie eine Gefahr für die Gesellschaft darstellt.« Deshalb ist eine Frau, die nicht durch irgendwelche Regeln im Zaum gehalten wird »die gefährlichste

Herausforderung überhaupt für den Mann, der Gottes Gebote halten will«. »Ihre Begierden und ihre unwiderstehliche Anziehungskraft verleihen den Frauen eine Macht über die Männer, die der Macht Gottes Konkurrenz macht«.[1]

»Sich selbst überlassen«, fährt Pipes fort, »werden die Männer leicht zu Opfern der Frauen und fallen von Gott ab«; das aber führt zu Unordnung unter den Gläubigen. Im traditionellen Denken, so Pipes, stellen die Frauen eine interne Bedrohung der Gesellschaft dar, ähnlich der externen Gefahr, die ihr durch die Ungläubigen droht.

In der Regel heiraten die Araberinnen sehr früh, und zwar einen Mann, den ihr Vater für sie aussucht. Der Ehemann darf sich jederzeit scheiden lassen, auch gegen den Willen seiner Frau; er braucht dazu lediglich zu erklären, dass dies sein Wille ist.

Auch wenn sich in manchen eher säkularen arabischen Staaten allmählich das Bild von einer dem Mann gleichgestellten Frau herauskristallisiert, so bleibt diese Vorstellung doch weitgehend auf den städtischen Raum und die Angehörigen der Oberschicht beschränkt. Die rituelle Beschneidung der Frauen ist in den ländlichen Gebieten Ägyptens, Libyens, Omans und des Jemen noch heute üblich.

Darüber hinaus sind in fast allen arabischen Ländern noch heute Gesetze in Kraft, die die Rechte der Frauen einschränken. So kann etwa in Syrien ein Mann seiner Frau verbieten, das Land zu verlassen. In Ägypten, dem Irak, Libyen, Jordanien, Marokko, Oman und dem

---

[1] Daniel Pipes: *In the Path of God: Islam and Political Power*, NY: Basic Books 1983; S. 177.

Jemen braucht eine verheiratete Frau, wenn sie ins Ausland reisen will, die schriftliche Erlaubnis ihres Mannes, die ihr aus jedem beliebigen Grund verweigert werden kann. In Saudi-Arabien braucht die Frau die schriftliche Erlaubnis ihres nächsten männlichen Verwandten, wenn sie das Land verlassen oder sich auch nur mit öffentlichen Transportmitteln innerhalb des Landes bewegen will.
Vor einem saudischen Scharia-Gericht ist das Zeugnis eines Mannes so viel wert wie das zweier Frauen. In Kuwait dürfen die Männer zur Wahl gehen, Frauen haben kein Wahlrecht. In Ägypten, Marokko, Jordanien und Saudi-Arabien muss das Erbteil einer Frau per Gesetz kleiner sein als das ihrer männlichen Geschwister (in der Regel ist es allenfalls halb so groß). Nach marokkanischem Gesetz ist die Ermordung oder Verletzung einer Frau, die beim Ehebruch ertappt wird, entschuldbar; umgekehrt wird eine Frau für ein unter den gleichen Umständen begangenes Verbrechen bestraft.
Dass Ehefrauen geschlagen werden, ist in arabischen Ländern sozusagen die Norm, und misshandelte Frauen finden kaum Hilfe. Das amerikanische Außenministerium notierte im Blick auf Jordanien (und den größten übrigen Teil der arabischen Welt): »Es ist zwar theoretisch ein Scheidungsgrund für die Frau, wenn sie geschlagen wurde, doch im entsprechenden Fall kann der Ehemann sich immer darauf berufen, dass er nach dem Koran das Recht hat, seine Frau durch Hiebe zu züchtigen, wenn sie nicht fromm oder ihm ungehorsam ist.«[2]

---

[2] Amerikanisches Außenministerium, *Berichte über Menschenrechtsverletzungen*, 1999.

Von allen arabischen Ländern sind die Rechte der Frauen in Saudi-Arabien am stärksten beschnitten. Saudische Frauen dürfen ohne die Erlaubnis der Regierung (die nur sehr selten erteilt wird) keine Nicht-Saudis heiraten; sie dürfen keine Motorfahrzeuge oder Fahrräder fahren; sie dürfen keine öffentlichen Einrichtungen benutzen, wenn Männer anwesend sind; sie müssen in öffentlichen Verkehrsmitteln hinten sitzen, getrennt von den Männern. »Laut den [islamischen] Ratgeberspalten in der saudiarabischen Presse ist eine richtige Ehe undenkbar ohne die strenge Disziplinierung der Frau. Die Frauen müssen, wenn sie in die Öffentlichkeit gehen, ihren Körper und ihr Gesicht ganz verhüllen; wer sich nicht daran hält, muss jederzeit mit Übergriffen von Seiten der saudischen Religionspolizei, den Mutaaw'in, rechnen.
Die Vereinten Nationen, andere internationale Organisationen und auch lokale Menschenrechtsorganisationen fordern die Regierungen der arabischen Staaten immer wieder auf, den Menschenrechten im Allgemeinen und den Rechten der Frauen im Besonderen in ihren Ländern mehr Geltung zu verschaffen. Nach Angaben der Vereinten Nationen liegt der Anteil der Frauen in den arabischen Parlamenten lediglich bei 3,4 Prozent (im Gegensatz zu durchschnittlich 11,4 Prozent in der restlichen Welt). Hinzu kommt, dass 55 Prozent der arabischen Frauen Analphabetinnen sind. Die Assistentin des stellvertretenden UN-Generalsekretärs, Angela King, rief die arabischen Staaten öffentlich auf, stärker für die Rechte der Frauen einzutreten.[3]

---

[3] *Al-Quds Al-Arabi* (London), 4. Dezember 1999.

Die arabischen Regierungen finden jedoch ständig Mittel und Wege, sich dem internationalen Druck zu entziehen. Sie nehmen lieber nur leichte Korrekturen im Hinblick auf den Status der Frauen vor, statt radikale Reformen durchzusetzen, die ihrer Ideologie widersprächen und die konservativen Elemente im Land auf den Plan riefen.

Die Menschenrechte in den einzelnen Ländern

Saudi-Arabien

Saudi-Arabien ist eine dynastische Monarchie unter der Herrschaft von König Fahd Bin Abd Al-Aziz Al Saud. Die Verfassung des Landes bilden der Koran und die Sunna (Überlieferung) des Propheten Mohammed, was bedeutet, dass es nach einer strengen Auslegung des islamischen Gesetzes regiert wird. Da es keinerlei demokratische Institutionen gibt, spielen die Bürger in der Regierung keine Rolle. Die Sicherheit des Landes wird durch eine säkulare Sicherheitspolizei und durch die Mutawwa'in, die Religionspolizei, gewährleistet, die das »Komitee zur Förderung des Guten und Abwehr des Bösen« bilden. Weil die traditionelle islamische Auffassung der Menschenrechte nicht mit dem heutigen Menschenrechtsverständnis übereinstimmt, pflegt die Regierung vor den

Übergriffen sowohl der säkularen als auch der religiösen Sicherheitskräfte die Augen zu verschließen.

Gesetzliche Rechte

Sowohl die Mutawwa'in als auch die Beamten des Innenministeriums nehmen regelmäßig Folterungen und Misshandlungen an Gefängnisinsassen vor. Erst vor kurzem wurde mindestens eine Person von den Mutawwa'in wegen eines unbedeutenden Verstoßes gegen die religiösen Vorschriften getötet. Mit weiteren Hinrichtungen wurden im Jahr 2000 Vergehen geahndet, die von »abweichendem sexuellem Verhalten« bis zu Zauberei reichten. Die Vollstreckung erfolgte durch Steinigung, Enthauptung oder Erschießung. Manche Gefangenen wurden auch durch Amputationen oder den Verlust eines Auges bestraft. Manchmal werden Straffällige lange Zeit ohne Anklageerhebung und ohne Gerichtsverhandlung eingesperrt.

Rede- und Pressefreiheit sind in Saudi-Arabien stark beschnitten – Kritik am Islam oder an der königlichen Familie ist ein Gesetzesverstoß und kann ohne Gerichtsverhandlung mit langem Gefängnisaufenthalt bestraft werden. Fernsehen, Radio, Internet und Literatur sind zensiert. Die Versammlungsfreiheit ist ebenfalls eingeschränkt und restriktiven Vorschriften unterworfen; so müssen zum Beispiel Männer und Frauen bei Versammlungen getrennt sitzen.

Die Rechte der Frauen

Die Frauen in Saudi-Arabien sind Opfer systematischer Diskriminierung. Häusliche Gewalt und Vergewaltigung sind weit verbreitet, und die Frauen finden in diesen Fällen nirgendwo Hilfe. Ohne Erlaubnis des Ehemanns dürfen sie nicht reisen, nicht ins Krankenhaus gehen und nicht Auto fahren. In den Bussen sind die Plätze von Männern und Frauen getrennt; die Frauen müssen hinten sitzen. Wer als Frau nicht die *abaya* (ein schwarzes Kleidungsstück, das den ganzen Körper verhüllt) trägt und nicht Gesicht und Haar verbirgt, wird von den Mutawwa'in verfolgt.

Zu den Gesetzen, die die Frauen diskriminieren, gehören die Regelung von Besitzverhältnissen, die Wertung von Aussagen vor Gericht und das Sorgerecht im Fall einer Scheidung. Da Frauen nur fünf Prozent der Arbeitsplätze offen stehen, ist es ihnen fast unmöglich, eine Anstellung zu finden, außer für die allereinfachsten Tätigkeiten. Darüber hinaus erlaubt das Gesetz die Beschneidung der Frauen, die denn auch in manchen Teilen Saudi-Arabiens praktiziert wird.

Die Rechte der Arbeiter

Es gibt kein Arbeitsrecht, keine Gewerkschaften und keine Tarifverhandlungen in Saudi-Arabien. Zwangsarbeit ist zwar theoretisch illegal, ausländische Arbeiter und Hausangestellte werden aber dennoch manchmal gezwungen, sieben Tage in der Woche bis zu 16 Stunden täglich zu arbeiten, und ihr Lohn kann wochen- oder monatelang einbehalten werden.

Unbestätigten Berichten zufolge kommt es immer wieder vor, dass Frauen in Saudi-Arabien zur Prostitution und Kinder zur Arbeit in organisierten Bettlerringen gezwungen werden. Offiziell ist der Menschenhandel in Saudi-Arabien verboten.

Die Behandlung von Minderheiten

In Saudi-Arabien herrscht keine Religionsfreiheit. Die Staatsbürgerschaft haben nur Muslime, und nur die Sunna darf öffentlich praktiziert werden; die Schiiten werden vom Staat diskriminiert. Andere Religionen werden toleriert, solange sie diskret ausgeübt werden; im Jahr 2000 wurde eine Anzahl von Christen ausgewiesen, weil sie ihrem »Abfall« allzu öffentlich Ausdruck gaben. Asiatische und afrikanische Arbeiter in Saudi-Arabien berichten immer wieder von Diskriminierungen und der Schwierigkeit, bei arbeitsrechtlichen Streitfragen Hilfe zu finden.

Jordanien

Das haschemitische Königreich Jordanien ist eine konstitutionelle Monarchie unter der Herrschaft von König Abdullah bin Hussein. Die Parlamentsabgeordneten werden zwar durch direkte Wahlen gewählt, doch faktisch liegt die Macht im Staat ausschließlich beim König, da er die Abgeordneten entlassen und das gesamte Parlament auflösen kann. Die jordanischen Bürger haben also nicht die Möglichkeit, Einfluss auf ihre Regierung zu nehmen. In Jordanien kommt es immer wieder zu schweren Verstößen gegen die Menschenrechte, die jedoch von der Regierung ignoriert werden.

Gesetzliche Rechte

Die jordanischen Sicherheitskräfte nehmen regelmäßig Folterungen vor, und erst vor kurzem kam es dadurch zu mehreren Todesfällen. Weitere Todesfälle ereigneten sich, als die jordanische Polizei Proteste mit Waffengewalt niederschlug und dabei mindestens zwei Demonstranten tötete. Gefangene werden oft ohne Anklageerhebung festgehalten und dürfen keinen Anwalt sprechen; hinzu kommt, dass die Haftbedingungen in höchstem Grade unhygienisch sind. Darunter haben auch die Journalisten zu leiden, die wegen »Verleumdung« angeklagt sind, was bedeutet, dass sie die Regierung oder den König kritisiert haben. Erzwungene Ausweisungen sind eher selten in Jordanien und werden in der Regel nur über mutmaßliche Terroristen verhängt; terroristische Gruppen sind in Jordanien stark repräsentiert.
Die Versammlungs- sowie die Presse- und Redefreiheit sind von der Regierung eingeschränkt; Verfasser von kritischen oder satirischen Artikeln über die Regierung werden häufig inhaftiert.

Die Rechte der Frauen

Jordanische Frauen werden vom Gesetz entschieden benachteiligt. Vergewaltigung in der Ehe ist legal, das Schlagen der Ehefrau ist gleichsam an der Tagesordnung und häufig vom Gesetz sogar erlaubt, und Verbrechen um der Ehre willen werden vor Gericht mit großer Nachsicht behandelt. Auf das Konto dieser letzteren Verbrechen gehen nach einer Studie 25 Prozent aller im Jahr 2000 in Jordanien begangenen Morde.

Auch finanziell sind die Frauen gesetzlich benachteiligt. Die Sozialgesetzgebung, die Erbschaftsgesetze, die Scheidungsgesetze und die Gesetze über Zeugenaussagen vor Gericht begünstigen die Männer. Frauen erhalten für die gleiche Arbeit weniger Lohn als die Männer und sind in der Arbeitswelt unterrepräsentiert.
Die Beschneidung der Frau, die in Jordanien früher üblich war, ist weitgehend verschwunden; nur einige Stämme praktizieren sie weiter. Sehr viel häufiger ist dagegen der Missbrauch von Mädchen, vor allem sexueller Missbrauch. Das Gesetz fordert in solchen Fällen zwar strenge Strafen, doch Anzeigen oder Verdachtsmomenten wird kaum einmal nachgegangen.

Die Rechte der Arbeiter

Das Arbeitsrecht in Jordanien funktioniert gut, doch es gibt Ausnahmen. Zwangsarbeit ist zwar gesetzlich verboten, doch viele ausländische Arbeitskräfte im Dienstleistungsbereich arbeiten unter Bedingungen, die an Zwangsarbeit grenzen. Auch Kinderarbeit ist weit verbreitet, obwohl die Regierung Maßnahmen dagegen eingeleitet hat.

Die Behandlung von Minderheiten

Die Religionsfreiheit wird größtenteils respektiert. Zwar sind nur die drei »monotheistischen Hauptreligionen« (Islam, Judentum und Christentum) offiziell von der Regierung anerkannt, doch auch alle anderen Religionen dürfen frei ausgeübt werden und haben die gleichen Rechte. Die einzige Ausnahme bildet der Baha'i-Glaube, dessen Anhänger offiziell und systematisch diskriminiert

werden; auch sie dürfen ihre Religion jedoch offen praktizieren.
Nach den Kriegen von 1948 und 1967 verlieh Jordanien als einziges arabisches Land den palästinensischen Flüchtlingen aus Israel die jordanische Staatsbürgerschaft. Den Flüchtlingen, die später kamen, wurde sie jedoch verwehrt, und sie werden auch stark diskriminiert.

Der Libanon

Seit dem Ende des 16-jährigen Bürgerkriegs im Libanon im Jahr 1991 steht der Libanon unter der Kontrolle Syriens, das 25 000 Soldaten im Land stationiert hat. Aus diesem Grund haben weder die libanesischen Bürger noch die Regierungsbeamten eine echte Möglichkeit, Einfluss auf die Regierung zu nehmen, obwohl der Libanon rein theoretisch eine parlamentarische Republik ist, denn die politischen Entscheidungen werden von Syrien getroffen. Menschenrechtsverletzungen durch die libanesische Regierung und Armee sowie durch die verschiedenen terroristischen Organisationen, die ihr Hauptquartier im Libanon haben, sind keine Seltenheit.

Gesetzliche Rechte

Morde durch die offizielle Regierung sind im Libanon zwar unbekannt, aber es kommt immer wieder zum

Verschwinden von Personen und zum Tod politischer Häftlinge, die im Gefängnis auf ihre Verhandlung warten. Willkürliche Verhaftungen sind nichts Ungewöhnliches, und manche Häftlinge werden lange Zeit ohne Anklageerhebung und ohne Gerichtsverhandlung festgehalten. Auch von Folterungen wird berichtet. In den ländlichen, von der von Syrien unterstützten Hisbollah-Miliz kontrollierten Gebieten gilt nur islamisches Recht; in den unabhängigen palästinensischen Flüchtlingslagern im Süden ist überhaupt kein klar definiertes Rechtssystem in Kraft. Hier kommt es immer wieder zu Verstößen gegen die Menschenrechte.

Das Gesetz garantiert zwar die Rede- und Pressefreiheit, die auch weitgehend respektiert werden, aber Fälle von Zensur sind dennoch häufig anzutreffen. Das an sich gesetzlich verbriefte Recht auf Versammlungsfreiheit wird von der Regierung eingeschränkt.

Die Libanesen haben stark unter den zahllosen miteinander konkurrierenden terroristischen Gruppen und Organisationen zu leiden, die sich im Land eingenistet haben. Ihre Mitglieder greifen immer wieder Ziele im Libanon selbst oder im südlich gelegenen Israel an, wobei in letzterem Fall die libanesische Bevölkerung den israelischen Vergeltungsschlägen ausgesetzt ist. Die Angriffe der von Syrien unterstützten Hisbollah und anderer terroristischer Gruppen auf Israel sind allerdings seit dem israelischen Rückzug aus dem Südlibanon im Mai 2000 zurückgegangen.

Im August 2001 verhafteten die libanesischen Sicherheitskräfte im Rahmen ihres Vorgehens gegen anti-syrische christliche Dissidenten einen christlichen Journalisten. Eine Woche zuvor waren bereits etwa 200 Miglieder christlicher oppositioneller Gruppen, die gegen die syrische Kontrolle über den Libanon protestierten, festgenommen worden.[4]

Die Rechte der Frauen

Häusliche Gewalt und Vergewaltigungen sind ein großes gesellschaftliches Problem, das weite Teile der Bevölkerung betrifft. Verbrechen um der Ehre willen sind im Libanon ungesetzlich, werden jedoch vor Gericht milde geahndet.
Rein theoretisch dürfen Frauen zwar jeden gewünschten Beruf ergreifen, doch auf Grund des starken gesellschaftlichen Druckes geschieht dies nur selten. Viele andere Gesetze im Libanon basieren auf islamischem Recht und diskriminieren Frauen und Kinder.

Die Rechte der Arbeiter

Zwangsarbeit ist nicht verboten, und viele ausländische Arbeitskräfte im Dienstleistungssektor sowie Frauen und Kinder werden gegen ihren Willen zur Arbeit gezwungen. Kinderarbeit ist weit verbreitet. Doch die Kinder leiden noch auf andere Weise unter dem libanesischen Gesetz: Kindesmissbrauch, Kindesentführungen und der Handel mit Kindern, den Adoptionsagenturen betreiben, sind an der Tagesordnung und werden von der Regierung ignoriert.

---

[4] CNN, 16. August 2001.

Die Behandlung von Minderheiten

Die Religionsfreiheit wird weitgehend respektiert, doch es gibt auch gesetzlich verankerte Diskriminierungen: So dürfen zum Beispiel manche Regierungsstellen nur von Angehörigen bestimmter muslimischer Glaubensrichtungen besetzt werden. Die palästinensischen Flüchtlinge im Libanon haben keinerlei Rechte und erhalten auch nicht die Staatsbürgerschaft.

Syrien

Rein theoretisch ist Syrien eine parlamentarische Demokratie, deren Politiker durch direkte Wahlen berufen werden; praktisch liegt jedoch alle staatliche Macht allein beim Präsidenten Bashar Al-Asad. Als der Vater des gegenwärtigen Präsidenten, Hafez Al-Asad, 1999 starb, bewarb Bashar sich um den Posten, ohne auf Widerstand zu stoßen; folglich wurde die vom Gesetz für das Präsidentenamt vorgesehene Altersgrenze von 40 auf 34 Jahre – das Alter Bashars – herabgesetzt. Wegen eines Kriegsnotstandsgesetzes, das seit 1963 in Kraft ist, operieren allmächtige Sicherheitskräfte und Milizen unabhängig voneinander und ungehindert von der Regierung im Land. Die Menschenrechte wurden von der Regierung deutlich beschnitten und werden von den Sicherheitskräften immer wieder missachtet.

Gesetzliche Rechte

Infolge der weit reichenden Befugnisse der Sicherheitskräfte werden die gesetzlichen Rechte der syrischen Bürger kaum respektiert. Willkürliche Verhaftungen, Folterungen und das Verschwinden von Häftlingen sind an der Tagesordnung. Syrische, libanesische und jordanische politische Gefangene wurden von der Regierung lange Zeit vollständig isoliert gehalten, ebenso vermisste israelische Soldaten, die den Syrern und der von Syrien unterstützten Terrororganisation Hisbollah in die Hände fielen. Von manchen Gefangenen hat man seit 20 Jahren nichts mehr gehört.

Rede- und Pressefreit sind gesetzlich verankert, aber stark eingeschränkt. Die Verbreitung so genannter »Falschinformationen«, die sich gegen die »Ziele der Revolution« richten, kann mit langen Gefängnisstrafen belegt werden. Sämtliche Presseorgane sind in der Hand der Regierung und werden streng kontrolliert.

Die Freiheit zur Gründung von Vereinigungen ist von der Regierung stark eingeschränkt; eine Versammlungsfreiheit gibt es nicht.

Die Rechte der Frauen

Es gibt häusliche Gewalt in Syrien, doch über ihr Ausmaß ist nichts bekannt. Vergewaltigung in der Ehe ist nicht verboten, Verbrechen um der Ehre willen kommen vor. Viele Finanzregelungen, zum Beispiel das Erbrecht und die Sozialgesetzgebung, diskriminieren Frauen. Die Strafe für Ehebruch ist für Frauen doppelt so hoch wie für Männer. Die Frauen dürfen ohne Erlaubnis ihres Mannes das Land nicht verlassen. Sie sind zwar in allen

Berufen vertreten, aber in den meisten stark unterrepräsentiert.

Die Rechte der Arbeiter

Kinderarbeit ist, obwohl gesetzlich verboten, weit verbreitet. Die Rechte auf Gewerkschaftsbildung und Tarifverhandlungen sind eingeschränkt.

Die Behandlung von Minderheiten

Die Religionsfreiheit wird in Syrien weitgehend respektiert, mit zwei Ausnahmen: Juden sind von sämtlichen Regierungsposten ausgeschlossen und viele Grundrechte sind ihnen verwehrt; und ultra-orthodoxe islamische Gruppierungen sind wegen der zahlreichen islamischen Terrorgruppen, die die Regierung bekämpfen, häufig Zielscheibe von Anfeindungen und Diskriminierungen.
Die Kurden werden in Syrien systematisch unterdrückt. Ihnen wird die Staatsbürgerschaft vorenthalten, sie haben kaum Rechte und ihre Sprache und Kultur darf an den Schulen nicht gelehrt werden.

Irak

Die Verfassung des Irak sichert der sozialistischen arabischen Baath-Partei, die von Saddam Hussein und seinen Verwandten geführt wird, die Herrschaft. Hussein versucht, seine Position durch Berufung auf ein »Referendum« vom Oktober 1995 zu legalisieren, bei dem er 99,9 Prozent der Stimmen erhielt. Bei dieser Wahl gab es jedoch weder geheime Abstimmungen noch Gegenkandidaten, und irakische Bürger sagten denn auch aus, dass sie Angst vor Repressalien hatten, wenn sie eine abweichende Stimme abgaben. Berichte über den Umgang mit den Menschenrechten im Irak zeigen, dass diese Angst keineswegs unbegründet war – die irakische Regierung begeht immer wieder schwere Menschenrechtsverletzungen. Sie gehen vor allem auf das Konto der verschiedenen Milizen, die relativ frei im Staat schalten und walten. Diese Milizen sind auch für die Atmosphäre der Angst und Unterdrückung verantwortlich, die im ganzen Land herrscht.

Gesetzliche Rechte

Das Vorgehen der irakischen Staatspolizei spottet jeder Beschreibung. Irakische Bürger können zum Beispiel für Vergehen wie Opposition gegen die Regierung, regierungskritische Äußerungen oder Prostitution verhaftet und hingerichtet werden. Im Zuge eines Systems von »Gefängnissäuberungen«, das der Überbelegung der Gefängnisse abhelfen soll, werden regelmäßig Massentötungen von Kleinkriminellen vorgenommen. Persönlichkeiten des politischen oder religiösen Lebens, die Saddam oder andere hochrangige Irakis als Bedrohung ansehen, werden ohne Rücksicht und ohne vorherige Anklageerhebung hingerichtet. Und wenn doch einmal jemand eines konkreten Verbrechens angeklagt wird, so erhält er nur selten eine ordentliche Gerichtsverhandlung, da jede richterliche Entscheidung vom Präsidenten aufgehoben werden kann; manchmal kommt es aber auch gar nicht

erst zum Prozess. Folterungen werden in irakischen Gefängnissen systematisch eingesetzt, die Haftbedingungen sind unhygienisch und völlig veraltet.
Die Rede-, Presse- und Versammlungsfreiheit werden zwar nach offizieller Lesart von der Regierung respektiert, in der Praxis sind sie jedoch stark eingeschränkt. Die im Land erscheinenden Zeitungen sind sämtlich regierungseigen und werden als Propagandaorgane genutzt. Jede regierungskritische Äußerung wird schwer bestraft und es kann vorkommen, dass Bürger, die sich zu friedlichen Zwecken versammeln, Repressalien ausgesetzt oder sogar von Regierungsmilizen auseinandergesprengt werden.
Dem Irak wurden immer wieder schwere Kriegsverbrechen zur Last gelegt. Die im iranisch-irakischen Krieg von 1980 bis 1988 und während des Golfkriegs von 1991 begangenen Gräueltaten gehören nicht nur der Vergangenheit an; bei den Zusammenstößen zwischen den irakischen Streitkräften und der kurdischen Armee, die den Norden des Irak kontrolliert, werden immer wieder Zivilisten beschossen und Gebiete, die von der Zivilbevölkerung genutzt werden, vermint. Die UN-Inspektoren, die die militärischen Einrichtungen und die Labors zum Bau chemischer Waffen überprüfen sollten, wurden 1997 aus dem Land gewiesen.

Die Rechte der Frauen

Im Irak sind Frauen häuslicher Gewalt ausgesetzt, doch es gibt keine Statistiken über ihre Häufigkeit. Verbrechen um der Ehre willen sind nach irakischem Gesetz nicht strafbar; Prostitution hingegen wird häufig mit Enthauptung bestraft. Zwar werden die Rechte der Frauen am

Arbeitsplatz durch viele Gesetze geschützt, doch es ist schwer auszumachen, wie erfolgreich die angestrebte Gleichstellung durchgesetzt wurde.

Die Rechte der Arbeiter

Die Arbeitnehmer haben im Irak praktisch keinerlei Rechte. Gewerkschaften sind verboten. Zwangsarbeit ist theoretisch zwar ebenfalls illegal, doch das Nichterscheinen am Arbeitsplatz kann Gefängnisstrafe nach sich ziehen. Kinderarbeit ist, obwohl verboten, nichts Ungewöhnliches.

Die Behandlung von Minderheiten

Auf dem Papier herrscht im Irak Religionsfreiheit, die von der Regierung jedoch nicht respektiert wird. Die Mehrheit der Bevölkerung besteht aus Schiiten, doch die Minderheit der Sunna-Anhänger hat die Macht in der Baath-Partei, deshalb sind die geistlichen und weltlichen Führer der Schiiten häufig Repressalien ausgesetzt; viele fallen auch Mordanschlägen zum Opfer. Die verschwindend kleine christliche Gemeinschaft wird schikaniert.

Die Kurden, die den Norden des Irak kontrollieren, werden streng unterdrückt. Sie dürfen nicht im irakischen Kernland leben und sind den Übergriffen des irakischen Militärs ausgesetzt; dazu gehören Folterungen, Massenhinrichtungen und Angriffe auf zivile Zentren mit chemischen Waffen.

Ägypten

Seiner Verfassung nach ist Ägypten eine Sozialdemokratie, in der der Islam Staatsreligion ist. Der Präsident und seine nationaldemokratische Partei beherrschen jedoch die politische Szene so weitgehend, dass die Bürger praktisch keine Möglichkeit haben, Einfluss auf die Regierung zu nehmen. Seit 1981 sind Notstandsgesetze in Kraft, mit deren Hilfe die Regierung viele der Rechte umgehen kann, die die ägyptischen Bürger nach der Verfassung besitzen.

Gesetzliche Rechte

Rede- und Pressefreiheit sind verfassungsmäßig garantiert, dürfen in der Praxis jedoch meistens nicht ausgeübt werden. Die Regierung besitzt und kontrolliert die drei größten Zeitungen und hat das Monopol auf Druckerzeugnisse und deren Verteilung. Aus diesem Grund wird sie in der Presse nur sehr selten kritisiert, zumal die Auflagenzahl und Verbreitung der Zeitungen der Oppositionsparteien stark begrenzt ist. Wissenschaftler und Politiker, die Kritik an der Regierung üben, werden häufig wegen Verleumdung oder »Verbreitung von Falschinformationen über Ägypten« unter Anklage gestellt und inhaftiert. Die Versammlungsfreiheit ist ebenfalls stark eingeschränkt.

Physische oder psychische Folterungen sind zwar offiziell ungesetzlich, aber nichtsdestoweniger weit verbreitet; Berichten zufolge starben im Jahr 2000 mindestens acht Gefangene infolge von Folterungen. Die Haftbedingungen sind erbärmlich. Die ägyptische Polizei nimmt immer wieder willkürliche Verhaftungen vor, und die Häftlinge werden häufig lange Zeit ohne Anklageerhebung, Prozess oder Rechtsbeistand festgehalten.

Die Rechte der Frauen

Häusliche Gewalt ist in Ägypten ein ernstes gesellschaftliches Problem. Einem Bericht zufolge wird eine von drei verheirateten Frauen von ihrem Ehemann geschlagen. Vergewaltigung in der Ehe ist legal. Die Beschneidung der Frau ist keineswegs gänzlich abgeschafft; die Mehrheit der Frauen unterzieht sich nach wie vor dieser Prozedur. In der Geschäftswelt wird den Frauen vom Gesetz her zwar gleicher Lohn für gleiche Arbeit garantiert, doch es gibt starke gesellschaftliche Widerstände gegen die Erwerbstätigkeit der Frau. Viele Gesetze, vor allem die Erbschaftsgesetze, begünstigen die Männer, und wenn ein Mann eine Frau umbringt, weil sie Schande über die Familie gebracht hat, wird er wesentlich leichter bestraft als eine Frau, die unter den gleichen Umständen einen Mann tötet.

Die Rechte der Arbeiter

Das ägyptische Arbeitsrecht benachteiligt Gewerkschaftsmitglieder; Streiks sind ungesetzlich und können mit Gefängnis bestraft werden. Zahlreiche von der Regierung erlassene Verordnungen für die die Arbeitswelt, wie zum Beispiel die Festlegung von Minimallöhnen und Arbeitszeitbeschränkungen, werden nicht umgesetzt. Kinderarbeit war früher ein Problem in Ägypten, doch in diesem Punkt hat sich in letzter Zeit vieles gebessert.

Die Behandlung von Minderheiten

Ägypten garantiert Religionsfreiheit, und die jüdischen und christlichen Glaubensgemeinschaften werden im Allgemeinen gut behandelt. Dennoch berichtet die christliche Minderheit immer wieder von Diskriminierungen und manchmal sogar von Zwangsbekehrungen zum Islam. Die Mitglieder des Baha'i-Glaubens dürfen ihren Glauben in Ägypten nicht praktizieren und haben nicht einmal das Wohnrecht im Land.

17. Die Menschenrechte in Israel und den besetzten Gebieten

Behauptungen

»Israel diskrimiert seine arabischen Bürger.«
»Israel diskriminiert die israelischen Araber, indem es ihnen nicht gestattet, Land zu kaufen.«
»Die israelischen Araber werden in der Arbeitswelt diskriminiert.«
»Die in israelischen Gefängnissen einsitzenden Araber werden geschlagen, gefoltert und ermordet.«
»Israel nimmt friedliche Araber in Administrativhaft.«
»Israel hat lange Zeit versucht, den Einwohnern der Westbank und des Gazastreifens ihre politischen Rechte vorzuenthalten.«
»Israel stiehlt den Arabern in den besetzten Gebieten Wasser. Die Regierung erlaubt den Juden, Brunnen zu bohren, nicht aber den Arabern.«
»Die Art und Weise, wie Israel Ausweisungen einsetzt, verstößt gegen die vierte Genfer Konvention.«
»Die Behandlung der Palästinenser in Israel ähnelt der Behandlung der Schwarzen in Südafrika während des Apartheid-Regimes.«
»Die schwarzafrikanischen Völker haben die Beziehungen zu Israel wegen der rassistischen jüdischen Politik des Staates gegenüber den Palästinensern abgebrochen.«

Behauptung

»Israel diskrimiert seine arabischen Bürger.«

Tatsache

Die israelische Gesellschaft ist eine der freizügigsten Gesellschaften der Welt. Von einer Gesamtbevölkerung von 6,3 Millionen sind etwa 1,1 Millionen – das sind 18 Prozent – Nicht-Juden (945 000 Muslime, 130 000 Christen und 100 000 Drusen).[1]
Die Araber in Israel besitzen das Wahlrecht; Israel ist eines der wenigen Länder im Nahen und Mittleren Osten, in denen auch arabische Frauen wählen dürfen. Die Araber haben zurzeit zehn der 120 Sitze in der Knesset inne. Verschiedene Regierungsämter, darunter der Posten des Generalkonsuls in Atlanta, waren mit israelischen Arabern besetzt. Dem Kabinett von Ariel Sharon gehört der erste arabische Minister, Salah Tarif, an, ein Druse, der als Minister ohne Geschäftsbereich amtiert. Das Arabische ist wie das Hebräische offizielle Landessprache in Israel. Über 300 000 arabische Kinder besuchen israelische Schulen. Zur Zeit der Staatsgründung gab es in Israel nur eine einzige arabische höhere Schule im Land, heute gibt es hunderte arabische Schulen.[2]

---

1 Israelische Zentralstelle für Statistik.
2 Israelische Zentralstelle für Statistik.

Der einzige Unterschied, den das Gesetz zwischen den jüdischen und den arabischen Bürgern Israels macht, besteht darin, dass letztere nicht in der israelischen Armee dienen müssen. Damit soll den arabischen Israelis erspart werden, die Waffen gegen ihre Brüder zu erheben. Dennoch haben zum Beispiel Beduinen bei paramilitärischen Einheiten gedient, und immer wieder meldeten sich Araber freiwillig zum Militärdienst. Für die Drusen und Tscherkessen besteht auf eigenen Wunsch Militärdienstpflicht.

Die Tatsache, dass die israelischen Araber keinen Militärdienst leisten, hat zu bestimmten wirtschaftlichen und gesellschaftlichen Unterschieden zwischen den Juden und den israelischen Arabern geführt. So stehen den Kriegsveteranen zum Beispiel zahlreiche Vergünstigungen zu. Außerdem gibt die Armee Hilfestellung bei der Eingliederung ins Berufsleben.

Andererseits genießen die israelischen Araber in den Jahren, in denen die israelischen Juden Kriegsdienst leisten müssen, Vorteile in der Arbeitswelt. Einige Gewerbezweige wie zum Beispiel das Bau- und Transportwesen sind mittlerweile völlig in der Hand arabischer Israelis.

Gelegentlich waren israelische Araber zwar auch in terroristische Aktivitäten verwickelt, doch in der Regel haben sie sich als loyale Bürger erwiesen. In den Kriegen von 1967, 1973 und 1982 kam es beispielsweise zu keinerlei Sabotageakten im Land, ja gelegentlich übernahmen Araber sogar freiwillig Reservistenfunktionen. Während der Eskalation der Gewalt in den besetzten Gebieten seit September 2000 gab es zum ersten Mal groß angelegte Protestkundgebungen von Seiten der iraelischen Araber, bei denen es auch zu Ausschreitungen kam.

Die Vereinigten Staaten besitzen seit 250 Jahren die Unabhängigkeit, doch es ist ihnen immer noch nicht gelungen, ihre verschiedenen Völkergemeinschaften zu integrieren. Noch heute, fast 40 Jahre nach der Bürgerrechtsbewegung und ihren Erfolgen, ist die Diskriminierung aus rassischen Gründen nicht vollständig ausgemerzt. Vor diesem Hintergrund dürfte es kaum überraschen, dass Israel in erst 53 Jahren noch nicht alle seine gesellschaftlichen Probleme gelöst hat.

Behauptung

»Israel diskriminiert die israelischen Araber, indem es ihnen nicht gestattet, Land zu kaufen.«

Tatsache

Anfang des letzten Jahrhunderts gründete der Zionistische Weltkongress den Jüdischen Nationalfonds mit dem Ziel, Land in Palästina zu kaufen, damit jüdische Siedler sich dort niederlassen konnten. Dieses Land und das Land, das nach Israels Unabhängigkeitskrieg erworben wurde, wurde später von der Regierung übernommen. 92 Prozent der Gesamtfläche Israels gehört somit dem Staat und untersteht einer eigenen Verwaltungsbehörde, der Land Management Authority. Es steht nicht zum Verkauf, weder an Juden noch an Araber. Die restlichen acht Prozent des Landes befinden sich in Privatbesitz. Der arabische Wakf zum Beispiel besitzt Land, das ausdrücklich der Nutzung durch muslimische Araber vorbehalten ist. Regierungseigenes Land kann jedoch von jedermann gepachtet werden, ungeachtet von Rassenzugehörigkeit, Religion oder Geschlecht. Auch alle arabischen Bürger Israels sind berechtigt, regierungseigenes Land zu pachten.

Behauptung

»Die israelischen Araber werden in der Arbeitswelt diskriminiert.«

Tatsache

Das israelische Gesetz verbietet solche Benachteiligungen ausdrücklich. Nach Aussage des amerikanischen Außenministeriums steht es allen israelischen Arbeitern frei, »sich zusammenzuschließen und Arbeiterorganisationen zu gründen«. Die meisten Gewerkschaften gehören der Histadrut oder der kleineren Histadrut Haovdim Haleumit (der Nationalen Arbeiterorganisation) an, die beide von der Regierung unabhängig sind.

Behauptung

»Die in israelischen Gefängnissen einsitzenden Araber werden geschlagen, gefoltert und ermordet.«

Tatsache

Das Gefängnis ist für niemanden ein angenehmer Aufenthaltsort. Auch in amerikanischen Einrichtungen mehren sich die Klagen über die Behandlung von Gefangenen. Immerhin gehören die israelischen Gefängnisse wohl zu den am sorgfältigsten überprüften auf der ganzen Welt. So werden sie zum Beispiel regelmäßig von Vertretern des Roten Kreuzes und anderer Organisationen inspiziert.

Das israelische Gesetz untersagt die willkürliche Verhaftung von Bürgern. Angeklagte gelten bis zum Erweis ihrer Schuld als unschuldig und haben das Recht auf Haftprüfung und andere Schutzmaßnahmen. Es gibt in Israel keine politischen Gefangenen, und die israelische Gerichtsbarkeit ist unabhängig.

Manchmal wurden Häftlinge, insbesondere Araber, die verdächtigt wurden, in terroristische Aktivitäten verstrickt zu sein, unter Anwendung rigider Verhörmethoden befragt, was regelmäßig massive Kritik auslöste. Israels Oberster Gerichtshof traf daraufhin 1999 eine wegweisende Entscheidung, die eine Vielzahl von Misshandlungen wie heftiges Schütteln, schmerzhaftes Fesseln in verdrehten Positionen, längeren Schlafentzug und längeres Aussetzen an extreme Temperaturen verbietet. Die Todesstrafe ist bisher nur ein einziges Mal verhängt worden, und zwar im Fall von Adolf Eichmann, einem der Hauptverantwortlichen für die »Endlösung«. Noch kein einziger Araber wurde hingerichtet, auch nicht für die grausamsten Terrorakte.

Behauptung

»Israel nimmt friedliche Araber in Administrativhaft.«

Tatsache

Israel hat bestimmte Gesetze von den Briten übernommen. Eines dieser Gesetze betrifft die Administrativ- oder Verwaltungshaft, die in Fällen, in denen die Sicherheit des Landes bedroht ist, unter bestimmten, genau festgelegten Bedingungen erlaubt ist. Der Inhaftierte hat das Recht, sich von einem Anwalt vertreten zu lassen, und kann beim Obersten Gerichtshof Berufung einlegen. Die Staatsanwaltschaft muss stichhaltige Gründe dafür vorlegen, dass das Gerichtsverfahren unter Ausschluss der Öffentlichkeit stattfinden sollte. Oft sind die verantwortlichen Beamten der Ansicht, dass eine Beweisauf-

nahme im Rahmen einer öffentlichen Gerichtsverhandlung ihre Informanten bloßstellen und damit das Leben von Personen gefährden würde, die wichtige Hinweise auf geplante Terroranschläge geliefert haben.
Nach israelischer Praxis darf Administrativhaft nur bei Schwerverbrechern eingesetzt werden. Der Oberste Gerichtshof kann bereits getroffene Haftbeschlüsse widerrufen. Im Gegensatz zu diesem immerhin stark reglementierten Vorgang ist die Administrativhaft in weiten Teilen der arabischen Welt gar nicht nötig, weil die Festnahme von Personen ohne Anklageerhebung und Gerichtsverfahren dort gang und gäbe ist. Es gibt keine Anwälte, Menschenrechtsorganisationen oder unabhängige Medien, die dagegen protestieren könnten. Sogar in den Vereinigten Staaten mit ihren außergewöhnlich liberalen Kautionsbestimmungen werden Häftlinge manchmal längere Zeit in Untersuchungshaft gehalten.

> »Eine Demokratie wird nicht daran gemessen, wie ihre Soldaten – junge Männer und Frauen – unter extremer Anspannung reagieren. Eine Demokratie wird danach beurteilt, wie ihre Gerichtsbarkeit handelt, wie es in der leidenschaftlosen Nüchternheit der richterlichen Amtszimmer zugeht. Der israelische Oberste Gerichtshof und andere Gerichte haben sich in dieser Hinsicht als untadelig erwiesen. Zum ersten Mal in der Geschichte des Nahen und Mittleren Ostens gibt es eine unabhängige Rechtsinstanz, die bereit ist, die Klagen von Arabern anzuhören – und diese Instanz ist der Oberste Gerichtshof Israels.« **Alan Dershowitz** [3]

---

[3] Rede auf der AIPAC Policy-Konferenz, 23. Mai 1989.

Behauptung

»Israel hat lange Zeit versucht, den Einwohnern der Westbank und des Gazastreifens ihre politischen Rechte vorzuenthalten.«

Tatsache

Israel hat die Westbank und den Gazastreifen im Rahmen eines Verteidigungskrieges gegen die Araber erobert. Angesichts der drohenden Gefahr eines gewaltsamen Aufstands sah sich der Staat gezwungen, den Aktionsradius der Palästinenser in bestimmten Bereichen zu beschneiden. Israel kann den Palästinensern nicht dieselben Rechte zugestehen, die etwa für Angehörige eines westeuropäischen Volkes, das sich nicht im Krieg befindet, selbstverständlich sind, jedenfalls nicht, solange die Araber den Kriegszustand aufrechterhalten und die Palästinenser Terroranschläge im Land verüben.
Abgesehen von den Einschränkungen, die die Gewährleistung der Sicherheit Israels den Palästinensern auferlegt, wurde jedoch von Anfang an versucht, ihnen größtmögliche Freiheit zu lassen. Auch nach dem Sechs-Tage-Krieg waren viele Ämter des öffentlichen Dienstes mit Leuten aus der bisherigen traditionellen projordanischen Führung besetzt, die auch von Jordanien bezahlt wurden. 1972 und 1976 wurden Kommunalwahlen abgehalten, an denen zum ersten Mal auch

Frauen und Personen, die kein Land besaßen, teilnehmen durften.

Bei der Wahl von 1976 wurden arabische Bürgermeister gewählt, die verschiedene PLO-Splittergruppen vertraten. Muhammad Milhem aus Halhoul, Fahd Kawasmeh aus Hebron und Bassam Shaka aus Nablus wurden mit der Fatah in Verbindung gebracht. Karim Khalaf, der Bürgermeister von Ramallah, vertrat die Volksfront für die Befreiung Palästinas, und Ibrahim Tawil von El-Bireh stand in Verbindung mit der Demokratischen Front für die Befreiung Palästinas.[4]

1978 gründeten diese Bürgermeister und weitere Radikale das National Guidance Committee, eine Vereinigung, die sich jeder gütlichen Einigung mit Israel heftig widersetzte, in den Gebieten der Westbank eine breite Front für die PLO aufzubauen versuchte und den Widerstand gegen den ägyptisch-israelischen Friedensvertrag schürte. Mehrere andere Bürgermeister wurden wegen ähnlicher Umtriebe ihres Amtes enthoben. Anfang der Achtzigerjahre wies Israel Milhem und Kawasmeh aus. Sie durften zurückkehren und gegen die Ausweisung Widerspruch einlegen, doch das Urteil wurde vom Obersten Israelischen Gerichtshof bestätigt.

Zwei Wochen nach seiner Ausweisung sagte Milhem: »Im Rahmen eines echten Friedens gibt es keinen Raum für die Zionisten. Sie können nur in einer Situation der Spannung und des Krieges existieren ... und das gilt für alle Parteien ... [sie sind] weder Tauben noch Falken, sie sind einfach bloß Schweine.«[5]

---

4 *Newsview*, 23. März 1982.

5 *El-Wahda* (Abu Dhabi).

Kawasmeh wurde 1984 ins Palästinensische Exekutivkomitee berufen. Noch im selben Jahr wurde er von palästinensischen Radikalen in Amman ermordet.
Im Laufe der Verhandlungen von Camp David legte Israel einen Autonomieplan vor, der den Palästinensern größere Freiheiten in der Selbstverwaltung zugestand. Die Palästinenser lehnten die Autonomie jedoch grundsätzlich ab, weil sie an der Hoffnung auf die Gründung eines palästinensischen Staates festhielten.
In den verbleibenden Jahren dieses Jahrzehnts versuchte Israel weiterhin, die Verantwortung zunehmend vom Militär auf eine Zivilverwaltung und die Palästinenser selbst zu übertragen. Bemühungen um eine umfassendere Selbstverwaltung der Palästinenser wurden jedoch von der Intifada unterlaufen. Während des Aufstands wurden palästinensische Araber, die zu einer Zusammenarbeit mit Israel bereit waren, massiv angegriffen und durch Einschüchterung oder Mord zum Schweigen gebracht. Die israelischen Politiker und Regierungsbeamten versuchten, mit den Palästinensern im Gespräch zu bleiben, doch alle, deren Identität bekannt wurde, wurden zur Zielscheibe des Hasses ihrer eigenen Leute.
In geheimen Verhandlungen im Jahr 1993 in Oslo in Norwegen handelten Israelis und Palästinenser einen Plan aus, der den letzteren eine eingeschränkte Autonomie zugestand. Nachfolgende Verhandlungen führten zum Rückzug Israels aus dem größten Teil der Westbank und des Gazastreifens und zur Ausweitung der palästinensischen Selbstbestimmung. Endziel ist ein Abkommen über die Gründung eines palästinensischen Staates praktisch im ganzen, ehemals von Israel kontrollierten Gebiet.

Behauptung

»Israel stiehlt den Arabern in den besetzten Gebieten Wasser. Die Regierung erlaubt den Juden, Brunnen zu bohren, nicht aber den Arabern.«

Tatsache

In den Jahren nach dem Krieg von 1967 wurde die Wasserversorgung der Westbank beträchtlich verbessert. So wurde zum Beispiel das Versorgungssystem von Südhebron erweitert. Bei Jenin, Nablus und Tulkarm wurden neue Brunnen gebohrt. In über 60 Städten in der Westbank wurden auf Initiative der israelischen Verwaltung der besetzten Gebiete die alten Wasserleitungen erneuert bzw. neue verlegt.

Ende der Siebziger- und Anfang der Achtzigerjahre litt der Nahe Osten unter einer der schlimmsten Dürreperioder der jüngeren Geschichte. Die Pegelstände im Jordan und im See Genezareth sanken unter die kritische Marke. Anfang der Neunzigerjahre verschlechterte sich die Situation noch weiter, und sie ist auch im neuen Jahrtausend ein Problem geblieben.

Unter diesen Bedingungen schränkte die israelische Regierung die Bohrung neuer Brunnen in der Westbank ein. Da die Westbank und Israel gemeinsame Wasserquellen haben und die Entnahme von zu viel Frischwas-

ser zum Durchsickern von salzigem Seewasser hätte führen können, ließ sich diese Maßnahme kaum umgehen.
Die arabischen Bauern in der Westbank werden von etwa 100 Quellen und 300 Brunnen versorgt, von denen viele bereits vor Jahrzehnten gegraben wurden und jetzt fast erschöpft sind. Beschränkungen der Brunnennutzung bei Brunnen mit niedrigem Wasserstand sollten das Einsickern von Salzwasser verhindern. Manche jüdischen Brunnen sind so tief angelegt, dass die von ihnen versorgten jüdischen Dörfer extrem tiefe, bisher ungenutzte wasserführende Schichten anzapfen können. Diese Wasserreservoirs entziehen den weniger tiefen arabischen Quellen grundsätzlich kein Wasser.
Ende 1991 war eine Konferenz über die regionalen Wasserprobleme angesetzt, die in der Türkei stattfinden sollte, doch das Treffen wurde von Syrien torpediert. Die Syrer, Jordanier und Palästinenser boykottierten auch die im Jahr 1992 in Moskau stattfindenden multilateralen Gespräche, in deren Rahmen sich eine spezielle Arbeitsgruppe mit dem Wasserproblem befasste.
Nach den in Oslo ausgehandelten Abkommen zeigten die Palästinenser dann größeres Interesse an einer Zusammenarbeit im Hinblick auf die Wasserfrage. Bei der Tagung der multilateralen Arbeitsgruppe in Oman im April 1994 wurde der israelische Vorschlag, die Wasserversorgungssysteme in Gemeinden von mittlerer Größe (in der Westbank, im Gazastreifen, in Israel und an anderen Orten in der Region) zu modernisieren und effizienter zu machen, angenommen. Etwa um die gleiche Zeit wurde – wie es in der israelisch-palästinensischen Prinzipienerklärung gefordert worden war – die palästinensische Behörde für Wasserbewirtschaftung gegründet.

Im November 1994 traf sich die Arbeitsgruppe in Griechenland. Israelis, Jordanier und Palästinenser kamen überein, mit Gesprächen über Leitlinien für eine Zusammenarbeit im Hinblick auf die Wasserfrage zu beginnen. Bei den Treffen im Jahr 1995 in Amman und 1996 in Tunesien kam es zu weiteren Fortschritten in einer Reihe strittiger Punkte. Seither sind die Arbeitsgruppen nicht mehr zusammengekommen.

Israel hat die den palästinensischen Autonomiegebieten zugeteilte Gesamtwassermenge nicht gekürzt, im Gegenteil, zurzeit wird sogar geprüft, ob die Menge nicht erhöht werden kann, obwohl die Wasserzuteilungen in Israel selbst gekürzt wurden und der Friedensvertrag die Lieferung beträchtlicher Wassermengen an Jordanien vorsieht.

Im Gegensatz zu anders lautenden Behauptungen von palästinensischer Seite hat Israel die an die besetzten Gebiete zu liefernden Wassermengen nicht einmal selbst festgelegt. Das geschah vielmehr im Rahmen bilateraler Verhandlungen, an denen auch die Amerikaner teilnahmen. Mit Zustimmung beider Parteien wurde die Wassermenge im Verhältnis zur Situation vor dem Interimsabkommen sogar erhöht. Außerdem legte man sich auf eine Formel fest, nach der die Wasserzuteilung im Laufe der Interimszeit allmählich erhöht werden soll.

Die Verhandlungen führten darüber hinaus zu Vereinbarungen über die Anzahl der anzulegenden Brunnen, deren Bohrung Israel einerseits und die palästinensische Autonomiebehörde und internationale Körperschaften andererseits übernehmen müssen. Richtlinien für die Zusammenarbeit in Umweltfragen und Abwassersysteme betreffend wurden erarbeitet. Außerdem wurde beschlossen, dass die Rechtsprechung im Fall von Wasser-

streitigkeiten im Rahmen der Übertragung von Verwaltungskompetenzen auf die Palästinenser übergehen und die Gesamtlage ständig von gemeinsamen Beobachtergremien überprüft werden soll.
Israel hat damit sämtliche im Interimsabkommen festgelegten Verpflichtungen erfüllt. Es liefert nicht nur die vereinbarte Wassermenge, sondern sogar eine höhere Quote. Die Rechtshoheit in der Wasserfrage wurde vollständig und zum vereinbarten Zeitpunkt abgetreten, und Israel hat der Bohrung zusätzlicher Brunnen zugestimmt. Gemeinsame Überwachungstrupps von Israel und der palästinensischen Autonomiebehörde gehen Wasserdiebstählen und anderen Problemen im Zusammenhang mit der Wasserfrage nach.

Behauptung

»Die Art und Weise, wie Israel Ausweisungen einsetzt, verstößt gegen die Vierte Genfer Konvention.«

Tatsache

Der Zweck der Genfer Konvention aus dem Jahr 1949 war es, eine Wiederholung der Massendeportationen unschuldiger Zivilisten in Arbeits- und Konzentrations-

lager, wie sie in Nazideutschland geschahen, zu verhindern. Selbstverständlich ist in Israel nie etwas Vergleichbares vorgekommen. Es wurden lediglich bestimmte Einzelpersonen ausgewiesen, die für Gewalttaten gegen Juden oder Araber verantwortlich waren.
Nach der Genfer Konvention ist es einer Besatzungsmacht erlaubt, »ein Gebiet völlig oder teilweise zu evakuieren, wenn die Sicherheit der Bevölkerung oder die militärische Lage es erfordert«. Der israelische Oberste Gerichtshof deutete diese Formulierung dahingehend, dass Israel Personen, die eine Gefahr für die innere Sicherheit darstellen, ausweisen darf, wenn dies nötig ist, um die öffentliche Ordnung zu wahren oder die Bevölkerung vor künftiger Gewalt zu schützen. Die Ausgewiesenen haben jedoch das Recht, bei Gericht Widerspruch gegen die Ausweisung einzulegen, was viele Palästinenser allerdings wohlweislich unterlassen.
Ein krasses Beispiel dafür, welche Heuchelei in diesem Punkt innerhalb der Vereinten Nationen herrscht, war die Verurteilung der von Israel angeordneten Ausweisung von vier Hamas-Aktivisten aus dem besetzten Gebieten im Dezember 1990 durch den Sicherheitsrat. Die Ausweisungen erfolgten mehrere Tage nach den Morden an drei israelischen Zivilisten in einer Fabrik in Jaffa durch eine Todesschwadron der Hamas. Jerusalem sah in den vier Personen, die ausgewiesen wurden, die Verantwortlichen für diese Eskalation der Gewalt.
Die entsprechende UN-Resolution, die bedauerlicherweise sogar von den USA unterstützt wurde, verlor kein Wort über die Rolle der Hamas, die hinter unzähligen Gewalttaten steckt. Stattdessen wurden die Bündnispartner der Genfer Konvention aufgerufen, dafür zu sorgen, dass Israel sich an die in der Konvention festgelegten Be-

dingungen halte. Dies war überhaupt das erste Mal, dass das Gremium die Bündnispartner zu einer Versammlung einberief: Weder die Menschenrechtsverletzungen während Idi Amins Schreckensherrschaft in Uganda noch die Grausamkeiten im von den Sowjets kontrollierten Afghanistan, die Vergewaltigung des Libanon durch Syrien oder die Ausweisung zehntausender Palästinenser aus Kuwait hatten den Sicherheitsrat zu einem solchen Schritt bewegen können.

Behauptung

»Die Behandlung der Palästinenser in Israel ähnelt der Behandlung der Schwarzen in Südafrika während des Apartheid-Regimes.«

Tatsache

Noch vor der Gründung des israelischen Staates versuchten die Verantwortlichen damals bewusst, eine Situation wie die in Südafrika herrschende zu vermeiden. David Ben-Gurion äußerte im Jahr 1934 gegenüber dem palästinensischen Nationalisten Musa Alami:

> »Wir wollen keine Situation wie die in Südafrika schaffen, wo die Weißen die Besitzenden und

> Herrscher sind und die Schwarzen die Arbeiter. Wenn wir nicht alle Arbeiten tun, leichte und schwere, Facharbeit und Nicht-Facharbeit, sondern bloß Landeigentümer werden, dann wird dies nicht unsere Heimat werden.«[6]

Heute bilden die Juden die Mehrheit im Staat Israel. Die arabische Minderheit besitzt jedoch die volle Staatsbürgerschaft und das Wahlrecht und ist in der Regierung vertreten. Die schwarzen Südafrikaner hingegen durften nicht wählen und hatten keine Bürgerrechte in dem Land, in dem sie die überwältigende Bevölkerungsmehrheit bildeten.

Anders ist die Situation der Palästinenser in den besetzten Gebieten – die Israel in einem Verteidungskrieg hinzugewann, der ihm von seinen Nachbarn aufgezwungen wurde. Die Sorge um die innere Sicherheit des Staates und die Eskalation der Gewalt in den besetzten Gebieten zwangen Israel, den arabischen Einwohnern der Westbank und des Gazastreifens Einschränkungen aufzuerlegen, die im israelischen Kernland innerhalb der Grenzen von vor 1967 nicht nötig sind. Ein entscheidender Unterschied zu Südafrika liegt hier aber auch insofern vor, als die Palästinenser in den besetzten Gebieten Israels Existenzrecht bestreiten, während die Schwarzen in Südafrika nicht den Staat, sondern nur das Apartheid-Regime zerstören wollten.

Wenn Israel den Palästinensern die Staatsbürgerschaft verleihen würde, so würde das einer Annexion der be-

---

6 Shabtai Teveth: Ben-Gurion and the Palestinian Arabs: From Peace to War; London: Oxford University Press 1975, S. 140.

setzten Gebiete gleichkommen. Zu einem solchen Schritt war keine israelische Regierung bereit. Stattdessen stimmte Israel im Rahmen von Verhandlungen zu, den Palästinensern größere Selbstbestimmung einzuräumen. Manches spricht dafür, dass die Palästinenser am Ende dieses Prozesses Bürger ihres eigenen, vertraglich garantierten Staates sein werden.

Inzwischen dürfen die Palästinenser aus den besetzten Gebieten in Israel arbeiten und erhalten ähnliche Löhne und Vergünstigungen wie die israelischen Staatsbürger, und sie dürfen Schulen und Universitäten besuchen. All dies war den schwarzen Südafrikanern verwehrt.

»Doch es erhebt sich noch eine andere Frage aus dem Unglück der Völker, die bis heute nicht beantwortet ist und deren tiefe Tragik nur ein Jude verstehen kann. Das ist die afrikanische Frage. Denken Sie nur an die vielen schrecklichen Episoden während des Sklavenhandels, erlebt von Menschen, die, nur weil sie schwarz waren, wie Vieh gestohlen, gefangen, erbeutet und verkauft wurden. Ihre Kinder wuchsen in fremden Ländern auf, ein Gegenstand der Verachtung und Feindseligkeit, nur weil ihre Hautfarbe anders war. Ich schäme mich nicht zu sagen – auch wenn ich mich damit lächerlich machen könnte –, dass ich, wenn die Juden, mein Volk, befreit sind, auch bei der Befreiung der Afrikaner helfen will.«

Theodor Herzl [7]

[7] Golda Meir: *My Life*; NY: Dell Publishing Co. 1975, S. 308-309.

Behauptung

»Die schwarzafrikanischen Völker haben die Beziehungen zu Israel wegen der rassistischen jüdischen Politik des Staates gegenüber den Palästinensern abgebrochen.«

Tatsache

Die schwarzafrikanischen Nationen haben ihre Beziehungen zu Israel 1973 nicht abgebrochen, weil Israel in ihren Augen ein rassistischer Staat war, sondern weil die ölfördernden arabischen Staaten Druck auf sie ausübten. Volle diplomatische Beziehungen zu Israel hielten nur Malawi, Lesotho und Swaziland aufrecht, doch einige andere Länder richteten immerhin Büros in anderen ausländischen Botschaften ein. Auch die wirtschaftlichen Beziehungen rissen nicht völlig ab; viele Schwarzafrikaner studierten weiterhin in Israel, und israelische Spezialisten arbeiteten nach wie vor in Afrika.

Israel blickt auf eine lange Tradition freundschaftlicher Beziehungen zu den schwarzafrikanischen Ländern zurück. Von 1957 bis 1973 wurden Tausende von Afrikanern in den verschiedensten Bereichen, von der Landwirtschaft über die Gesundheitsfürsorge bis hin zu Wirtschaftswissenschaften, in Israel ausgebildet, und ebenso viele Israelis wurden als Lehrer und Ausbilder nach Afrika geschickt.[8]

Golda Meir, die Architektin von Israels Afrikapolitik, war der Überzeugung, dass die Lektionen, die die Israelis gelernt hatten, an die Afrikaner weitergegeben werden sollten, die sich vor allem in den Fünfzigerjahren im gleichen Prozess der Staatenbildung befanden. »Wie sie«, sagte sie, »haben auch wir eine Fremdherrschaft abgeschüttelt; wie sie mussten auch wir selbst lernen, wie man Land urbar macht, Ernteerträge steigert, Bewässerungsanlagen baut, Geflügel züchtet, wie man friedlich zusammenlebt und sich selbst verteidigt.« Israel konnte den erst kürzlich unabhängig gewordenen afrikanischen Staaten deshalb ein besseres Vorbild sein, so Meir, weil die Israelis »gezwungen waren, Lösungen für Probleme zu finden, mit denen sich die großen, reichen und mächtigen Staaten nie hatten befassen müssen.«[9]

Nachdem die afrikanischen Länder erst einmal die Zwänge der arabischen ölfördernden Länder abgeschüttelt hatten, nahmen sie die Beziehungen zu Israel wieder auf und suchten die Zusammenarbeit in neuen gemeinschaftlichen Projekten. Dieser Trend wurde im Verlauf der Friedensverhandlungen zwischen Israel und seinen arabischen Nachbarn immer stärker. Heute unterhalten 40 afrikanische Länder diplomatische Beziehungen zu Israel, und gegenseitige Besuche der Staatsoberhäupter und Minister sind nichts Außergewöhnliches. Im Mai

---

[8] Moshe Decter: *To Serve. To Teach. To Leave. The Study of Israel's Development Assistance Program in Black Africa*; NY: American Jewish Congress 1977, S. 7-8.

[9] Meir, S. 306.

1994 wohnte der israelische Präsident Ezer Weizman der Einsetzung Nelson Mandelas als erstem schwarzafrikanischem Präsidenten Südafrikas bei.

18. Die Intifada

Behauptungen

»Die Intifada war ein spontaner Aufstand, der dem Zorn der Araber über die Grausamkeiten der Israelis entsprang.«
»Die Intifada leistete passiven Widerstand. Allenfalls warfen einmal ein paar Kinder mit Steinen auf schwer bewaffnete Soldaten.«
»Die Medienberichterstattung über die Intifada war gerecht und ausgewogen.«
»Die Islamische Widerstandsbewegung (Hamas) plädiert für Mäßigung in den besetzten Gebieten. Sie fördert die Eintracht und Aussöhnung zwischen Arabern und Juden.«
»Die PLO hat die Gewalttaten der Intifada weder gebilligt noch unterstützt.«
»Die palästinensischen Opfer der Intifada gingen auf das Konto der Israelis.«
»Israel hat die Schulen in der Westbank während der Intifada geschlossen, um die Palästinenser jeglicher Ausbildungsmöglichkeiten zu berauben.«

Behauptung

»Die Intifada war ein spontaner Aufstand, der dem Zorn der Araber über die Grausamkeiten der Israelis entsprang.«

Tatsache

Falschmeldungen über Grausamkeiten der Israelis und die Hetzkampagnen der muslimischen Geistlichen in den Moscheen spielten eine wichtige Rolle beim Ausbruch der Intifada. Am 6. Dezember 1987 wurde ein Israeli beim Einkaufen im Gazastreifen erstochen. Einen Tag später kamen bei einem Verkehrsunfall vier Bewohner des Jabalya-Flüchtlingslagers in Gaza ums Leben. Rasch verbreiteten sich Gerüchte, dass die vier aus Rache von den Israelis getötet worden seien.[1] Am Morgen des 9. Dezembers kam es in Jabalya zu einem Massenaufstand, bei dem ein Siebzehnjähriger von einem israelischen Soldaten getötet wurde, nachdem er einen Molotowcocktail auf eine Armeepatrouille geworfen hatte.[2] Daraufhin weiteten sich die Unruhen aus, griffen auf den Gazastreifen und die gesamte Westbank über und erreichten schließlich Jerusalem.

---

1 *New York Times*, 14. Dezember 1987.
2 UPI, 9. Dezember 1987.

In der folgenden Woche kam es in den besetzten Gebieten immer wieder zu Ausschreitungen; es wurden Steine geworfen, Straßen blockiert und Autoreifen verbrannt. Am 12. Dezember hatten die Unruhen auf Seiten der Palästinenser bereits sechs Todesopfer und 30 Verletze gefordert.[3] Am folgenden Tag warfen die Aufrührer einen Molotowcocktail auf das Konsulat der Vereinigten Staaten in Ostjerusalem. Bei dem Attentat wurde niemand verletzt.[4]

In Gaza kursierten Gerüchte, dass palästinensische Jugendliche, die von israelischen Soldaten verletzt worden waren, in ein Armeehospital in der Nähe von Tel Aviv gebracht und dort »abgemurkst« worden seien. Ein anderes Gerücht besagte, israelische Truppen hätten ein Wasserreservoir in Khan Yunis vergiftet. Ein Sprecher der Vereinten Nationen erklärte, dass diese Geschichten nicht wahr seien. Nur wirklich schwer verwundete Palästinenser wurden zur medizinischen Versorgung aus dem Gazastreifen herausgebracht – eine Maßnahme, die sich in einigen Fällen als lebensrettend erwies. Das Wasser in Khan Yunis wurde getestet und erwies sich als nicht kontaminiert.[5]

---

3 *New York Times*, 13. Dezember 1987.
4 *Washington Post*, 14. Dezember 1987.
5 *Washington Post*, 14. Dezember 1987.

Behauptung

»Die Intifada leistete passiven Widerstand. Allenfalls warfen einmal ein paar Kinder mit Steinen auf schwer bewaffnete Soldaten.«

Tatsache

Die Intifada war von Anfang an eindeutig gewaltbereit. In den ersten vier Jahren des Aufstands verzeichneten die israelischen Verteidigungsstreitkräfte über 3 600 Molotowcocktail- und 100 Handgranatenangriffe sowie 600 Anschläge mit Schusswaffen und Sprengstoff. Die Gewalt richtete sich gleichermaßen gegen Soldaten und Zivilisten. In dem genannten Zeitraum töteten die Palästinenser in den besetzten Gebieten 16 israelische Zivilisten und 11 Soldaten; über 1400 israelische Zivilisten und 1700 israelische Soldaten wurden verletzt. Zwischen 1997 und der Unterzeichnung der Oslo-Abkommen kamen 90 Israelis bei Übergriffen der Intifada durch Anschläge ums Leben.[6]

Bei einem Besuch in Bethlehem im August 1988 wäre der amerikanische Journalist Sidney Zion auf einer Taxifahrt beinahe durch einen Steinwurf getötet worden. »Zum

6 A*l-Hamishmar*, 6. Dezember 1991; B'Tselem.

Glück hat der Stein mich verfehlt«, sagte er. »Ich sah ihn nicht kommen und wäre in der nächsten Sekunde tot gewesen, wenn der Fahrer nur eine Idee schneller gefahren wäre. Zum Glück saß niemand auf dem Beifahrerplatz, aber es war klar, dass die Araber die Steine nicht einfach in die Luft geworfen hatten.«
Zion, der seit über 20 Jahren als Berichterstatter im Nahen Osten arbeitete, sagte, dass er auf Grund der amerikanischen Medienberichte überzeugt war, dass »die Steinewerfer auf israelische Soldaten und nicht auf Taxis gezielt hatten. Oder haben Sie im Fernsehen je etwas anderes gesehen, in den Zeitungen je etwas anderes gelesen? Kinder warfen mit Steinen auf Soldaten, das war alles. Es kam mir einfach nicht in den Sinn, dass amerikanische Journalisten Nachrichten über eine tödliche Gefahr unterdrückten. Erst später fand ich heraus, dass das, was uns passiert war, keine Ausnahme darstellte«, schrieb Zion. »An jedem Tag, den Gott werden lässt, werden israelische Zivilisten in der Westbank von diesen kleinen arabischen Teufelsbraten mit Steinen bombardiert und kommen dabei zu Tode.«[7]

Behauptung

»Die Medienberichterstattung über die Intifada war gerecht und ausgewogen.«

---

[7] Sidney Zion: »Intifada Blues«; *Penthouse*; März 1990, S. 56.63.

Tatsache

Die wahrheitsliebenderen Journalisten gaben zu, dass die Berichterstattung über die Intifada einseitig war. Laut Steven Emerson, einem damaligen CNN-Korrespondenten, akzeptierten amerikanische Journalisten, dass die Palästinenser kontrollierten, was sie filmten. Ein israelischer Kameramann, der für mehrere amerikanische Fernsehgesellschaften arbeitete, sagte einmal zu Emerson: »Wenn wir die Kamera auf die falschen Szenen richten, sind wir geliefert.« In anderen Fällen überließen die Fernsehgesellschaften den Palästinensern Dutzende von Videokameras, damit sie Streiks, Aufstände und Begräbnisse filmen konnten. »Wir haben keinerlei Möglichkeit, die Authentizität des Filmmaterials zu überprüfen, und wir können auch nicht verhindern, dass die Kameras dazu gebraucht werden, eine Demonstration zu organisieren«, schrieb er.[8]

Obwohl nahezu ein Drittel aller im Jahr 1989 getöteten Palästinenser von Arabern ermordet wurden, befassten sich nur zwölf der 150 in diesem Jahr von den amerikanischen Fernseh- und Rundfunkgesellschaften gesendeten Berichten über die Westbank mit diesem innerpalästinensischen Krieg. »Während der politische Terror der Palästinenser in der Westbank keine Schlagzeile wert ist«, schrieb Emerson, »werden pure Erfindungen über Grausamkeiten der Israelis ungeprüft weitergegeben.«

Anfang 1988 zum Beispiel wurde die Auslandspresse ins el-Mokassed Hospital in Jerusalem gerufen, um dort

---

[8] *Wall Street Journal*, 21. Februar 1990.

einen sterbenden palästinensischen Jungen zu filmen. Sein palästinensischer Arzt präsentierte ihn, angeschlossen an Schläuche und ein Beatmungsgerät, und behauptete, das Kind sei von israelischen Soldaten rücksichtslos zusammengeschlagen worden. Am 8. Februar 1988 eröffnete Peter Jennings von ABC seinen Nachrichtenbeitrag mit dem Satz, nach Aussage von UN-Beobachtern hätten die Israelis »einen weiteren Palästinenser in den besetzten Gebieten zu Tode geprügelt«. NBC und CBS brachten ähnlich reißerisch aufgemachte Berichte.

Doch die Geschichte stimmte nicht. Bei der Autopsie stellte sich heraus, dass das Kind an einer Hirnblutung starb, nachdem es davor über ein Jahr lang krank gewesen war. Insgesamt, so Emerson, hatten sich die amerikanischen Fernseh- und Rundfunkgesellschaften »an einer beispiellosen Irreführung über den Konflikt in der Westbank mitschuldig gemacht«.

Martin Fletcher, der NBC-Verantwortliche in Tel Aviv, räumte ein, dass es problematisch ist, im Zusammenhang mit der Intifada von fairer Berichterstattung zu sprechen. Er gab zu, dass die Palästinenser die westlichen Medien manipulieren, indem sie sich als »David« präsentieren, der sich dem israelischen »Goliath« stellt – eine Metapher, die Fletcher selbst in einem Bericht von 1988 gebrauchte.

»Der ganze Aufstand war für die Medien inszeniert und wurde zweifellos durch das Interesse der Medien in Gang gehalten«, sagte er. Fletcher gab offen zu, dass er Aufforderungen junger Palästinenser, gewalttätige Angriffe gegen jüdische Bewohner der Westbank zu filmen, nachgekommen sei.

»Es ist eine Sache der Manipulation der Medien. Die Frage dabei ist: Wie weit spielen wir das Spiel mit? Es ist das Gleiche wie mit den Fototerminen bei Bush oder Reagan. Wir spielen mit, weil wir die Bilder brauchen.«[9]

Behauptung

»Die Islamische Widerstandsbewegung (Hamas) plädiert für Mäßigung in den besetzten Gebieten. Sie fördert die Eintracht und Aussöhnung zwischen Arabern und Juden.«

Tatsache

Die Hamas will den israelischen Staat vernichten. In ihrem Programm heißt es wörtlich: »Die Palästinafrage kann nur durch den *jihad* (den heiligen Krieg) gelöst werden.« Die Organisation warnt davor, dass jeder Muslim, der »den Kreis des Kampfes gegen den Zionismus« verlässt, sich des »Hochverrats« schuldig macht. Sie fordert die Gründung einer islamischen Republik in Palästina, die an die Stelle von Israel treten soll. Die Muslime sollen »über jedem Zentimeter palästinensischen Bodens das Banner Allahs wehen lassen«.[10]

---

[9] *Near East Report*, 5. August 1991.
[10] Hamas-Bund.

Behauptung

»Die PLO hat die Gewalttaten der Intifada weder gebilligt noch unterstützt.«

Tatsache

Während der gesamten Intifada spielte die PLO eine Hauptrolle bei der Inszenierung des Aufstands. Zum Beispiel ließ die PLO-dominierte Führung der Intifada – die so genannte Unified Leadership of the Intifada (UNLI) – immer wieder Flugblätter verteilen, die die Araber über geplante Angriffstage und -ziele informierten.

So kündigte die PLO für den 13. Februar 1989 »eine Welle von Anschlägen gegen die Kollaborateure« und »Verräter« an, die für die Zivilverwaltung in den besetzten Gebieten arbeiteten. Der PLO-Nachrichtensender in Bagdad beschrieb bis ins Einzelne hinein Methoden der Brandstiftung, mit denen die »Obstplantagen und Felder des zionistischen Feindes abgefackelt werden können«.[11] Die New York Times berichtete von der Entdeckung eines »Verstecks mit detaillierten Dokumenten, die beweisen, dass die PLO lokale Killer angeheuert hat, um

[11] Bagdad Voice of the PLO, 12. Mai 1989.

andere Palästinenser ermorden und ›militärische Maßnahmen‹ gegen Israelis durchführen zu lassen«. In einem dieser Dokumente ist beschrieben, wie die PLO die Schuld an den Anschlägen frei erfundenen terroristischen Splittergruppen in die Schuhe schieben wollte, um ihren Dialog mit den Amerikanern nicht zu gefährden.[12]
Jassir Arafat verteidigte die Ermordung von Arabern, die »der Kollaboration mit Israel« verdächtigt wurden. Er delegierte die Befugnis für die Vollstreckung von Hinrichtungen an die Anführer der Intifada. Nach den Morden pflegte die lokale PLO-Todesschwadron einen Bericht darüber an die PLO zu schicken. »Wir haben die Fälle der Hingerichteten genau überprüft und festgestellt, dass nur zwei der 118 Personen, die hingerichtet wurden, unschuldig waren«, erklärte Arafat. Die unschuldigen Opfer wurden von der PLO zu »Märtyrern der palästinensischen Revolution« erklärt.[13]
Palästinenser wurden erstochen, mit Beilen zerhackt, erschossen, erschlagen und mit Säure verbrannt. Die Rechtfertigungen für die Morde variierten. Manchmal reichte es schon aus, bei der Zivilverwaltung in der Westbank und im Gazastreifen angestellt zu sein. In anderen Fällen zog der Kontakt mit Juden ein Todesurteil nach sich. Im Oktober 1989 wurde ein palästinensischer Vater von sieben Kindern in Jericho mit dem Messer erstochen, weil er Blumenschmuck an Juden verkaufte, die eine Sukka bauen wollten. Manchmal wurde der Vorwurf der »Kollaboration« mit Israel auch einfach als Vorwand für persönliche Racheakte benutzt. Zu den Opfern

---

[12] *New York Times*, 24. Oktober 1989.
[13] *Al-Mussawar*, 19. Januar 1990.

gehörten auch Frauen, die sich angeblich »unmoralisch« verhalten hatten.[14]

Nach der Tragödie auf dem Tempelberg im Jahr 1990 wurden die Aufrufe der UNLI zur Gewalt lauter. Yasir Abd-Rabbo – der ehemalige PLO-Wortführer bei den Gesprächen der PLO mit den Vereinigten Staaten – erklärte, »der Krieg der erhobenen Messer gegen die Usurpatoren von Jerusalem« beginne gerade erst.[15]

1991 setzte die PLO ihre Gewalthetze fort. Am 3. März erließ die UNLI ein Kommunikee, das die »verstärkte Konfrontation« mit den israelischen Streitkräften in der Westbank und im Gazastreifen forderte. Ein anderes Flugblatt der PLO, das im September herausgegeben wurde, verlangte die »Hinrichtung« aller Personen, die Jerusalemer Grund und Boden an Juden verkauften.[16]

Nach Aussage der israelischen Regierung beging im Jahr 1991 allein die Volksfront zur Befreiung Palästinas 122 terroristische Anschläge, bei denen 18 Personen in Israel und den besetzten Gebieten ums Leben kamen. Zu den von der Fatah begangenen Verbrechen gehörte der Mord an einem 61-jährigen arabischen Dorfbewohner bei Jenin am 4. Juli, der Mord an dem israelischen Sergeant Yoram Cohen im September und der Mord an einem Mann im Gazastreifen, der erstochen mit einem Sack über dem Kopf an einer Straße in Gaza aufgefunden wurde, im Oktober. Neben der Leiche fand man einen Zettel mit

---

[14] *Wall Street Journal*, 21. Feburar 1990.
[15] Radio Monte Carlo, 23. Oktober 1990.
[16] *Jerusalem Post*, 14. September 1991.

der Aufschrift »Force-17«, dem Namen von Arafats persönlicher Leibwache.[17]
Im späteren Verlauf der Intifada begann die Hamas mit der PLO um die Führungsrolle in den Aufständen zu konkurrieren. Im Dezember 1992 zum Beispiel begann die Hamas mit Anschlägen auf die israelischen Streitkräfte; bei den Angriffen aus dem Hinterhalt kamen vier Soldaten ums Leben.

Behauptung

»Die palästinensischen Opfer der Intifada gingen auf das Konto der Israelis.«

Tatsache

Anfangs starben mehr Palästinenser bei Zusammenstößen mit israelischen Truppen, die allerdings in der Regel durch Angriffe von arabischer Seite ausgelöst worden waren, als durch die Hand ihrer palästinensischen Mitstreiter in der *Intrafada.* Doch seit Anfang 1990 änderte sich das Bild dramatisch. In diesem Jahr ging die

[17] *Jerusalem Post,* 6. Juli und 5. Oktober 1991.

Zahl der Palästinenser, die in Kämpfen mit den Israelis fielen, um mehr als die Hälfte zurück. In der gleichen Zeit wurden mehr Palästinenser von anderen Palästinensern in der so genannten Intrafada ermordet. 1991 nahmen diese innerpalästinensischen Morde noch zu; in diesem Jahr stieg die Zahl der Opfer der Intrafada von 156 auf 238, das sind mehr als drei Mal so viel, wie durch die Hand der Israelis starben.[18]

1992 wurden fast 200 Palästinenser von ihren palästinensischen Brüdern getötet; das waren mehr als doppelt so viele, wie bei den Zusammenstößen mit den israelischen Sicherheitskräften ums Leben kamen. Zu den Mordmethoden, so berichtet Steven Emerson, gehörten Enthauptungen, Verstümmelungen, das Abschneiden von Ohren und Gliedern und das Verätzen des Gesichts mit Säure.[19]

Die Schreckensherrschaft wurde so schlimm, dass sich manche Palästinenser öffentlich besorgt äußerten. Die PLO begann, ein Ende der Gewalttaten zu fordern, doch die Morde durch ihre eigenen Mitglieder und rivalisierenden Organisationen gingen weiter.

In der *New York Times* war zu lesen, dass viele Palästinenser, die spät abends ein Klopfen an der Haustür hörten und öffneten, erleichtert waren, wenn sie einen israelischen Soldaten vor sich sahen und nicht einen maskierten Palästinenser.[20] Selbst nachdem die Intifada nach der Unterzeichnung der Prinzipienerklärung von 1993 im

---

[18] *Near East Report*, Year End Reports, 1991-1993.
[19] *The New Republic*, 23. November 1992.
[20] *New York Times*, 12. Juni 1991.

Sand verlief, wurde der innerpalästinensische Vernichtungskrieg fortgesetzt und dauert bis heute an.

Behauptung

»Israel hat die Schulen in der Westbank während der Intifada geschlossen, um die Palästinenser jeglicher Ausbildungsmöglichkeiten zu berauben.«

Tatsache

Die Ausbildungsmöglichkeiten in den besetzten Gebieten haben sich unter der israelischen Verwaltung stark verbessert. Die Zahl der Grund- und weiterführenden Schulen nahm von 1967 bis 1988 um mehr als ein Drittel zu, ein Anstieg, der vor allem den Frauen zugute kam. Von 1970 bis 1986 zum Beispiel ging der Prozentsatz der Frauen ohne Schulbildung von 67 auf 32 Prozent, also um mehr als die Hälfte, zurück. Vor 1967 gab es in der Westbank keine Universitäten; unter israelischer Verwaltung wurden sechs Universitäten gegründet.
Trotz der Intifada blieben Kinderhorte, Kindergärten und die meisten Berufsschulen geöffnet, weil von ihnen keine Aufrufe zur Gewalt ausgingen. Auch in den Schulen im Gazastreifen wurde der Unterricht fortgesetzt, weil die

militanten islamischen Fundamentalisten ihre Gefolgsleute hier vor allem in den Moscheen rekrutierten.
Doch die PLO ging auch an viele Schulen und stachelte die Schüler zu Anschlägen gegen die Israelis auf. So fand man in Schulgebäuden Verstecke für Messer, Keulen und Eisenstangen. »Schulen bieten sich als Ausgangspunkt für Demonstrationen an«, schrieb der palästinensische Journalist Daoud Kuttab. »An den Schulen sind Demonstrationen und das Werfen von Steinen schon Tradition ... wer ein israelisches Auto trifft, ist ein Held.«[21]
1988 schloss Israel einige der weiterführenden Schulen und Colleges in der Westbank, von denen aus die Unruhen organisiert worden waren. Nach der Ankündigung der Schließungen bot Israel an, alle Schulen, deren Direktoren garantierten, dass ihre Einrichtung der Ausbildung der Kinder und Jugendlichen und nicht der Aufhetzung zur Gewalt diente, wieder zu öffnen. Doch die Erzieher, von denen viele eingeschüchtert waren, verhielten sich still. Als die Gewalt abebbte, ließ Israel alle Hochschulen, Colleges und Universitäten wieder öffnen.
1991 wechselten mindestens 700 arabische Schüler und Studenten angesichts der zunehmenden Politisierung und der schwindenden finanzielle Unterstützung für arabische Privatschulen an städtische Schulen in Jerusalem. Um den wachsenden Bedarf aufzufangen, stellte das israelische Bildungsministerium Mittel zur Anmietung und Ausstattung von Schulen in mehreren Vierteln Ostjerusalems zur Verfügung.

---

[21] Daoud Kuttab: »A Profile of the Stonethrowers«, *Journal of Palestine Studies*, Frühjahr 1988, S. 15.

Aus Kuwait ausgewiesene Palästinenser, die nachweisen konnten, dass sie aus Jerusalem kamen, wurden in der Stadt aufgenommen. So gerieten Dutzende von Schülern – Kinder repatriierter Kuwaitis – in die Einflusssphäre des arabischen Systems. Mitte 1991 bemühten sich viele ehemalige Lehrer an arabischen Privatschulen um eine Anstellung an einer der städtischen Schulen.[22]

---

[22] *Jerusalem Post*, 7. August 1991.

19. Die »Al-Aksa«-Intifada

Behauptungen

»Die Eskalation der Gewalt Ende des Jahres 2000, von den Arabern als ›Al-Aksa-Intifada‹ bezeichnet, wurde durch Ariel Sharons Besuch auf dem Tempelberg provoziert.«
»Gewalt ist eine verständliche und legitime Reaktion auf Israels Politik.«
»Die Al-Aksa-Unruhen richten im israelischen Kernland keinen Schaden an, da sich die Demonstrationen auf Zusammenstöße mit der israelischen Armee in der Westbank und im Gazastreifen beschränken.«
»Israel geht mit völlig unangemessener Härte gegen ein paar Steine werfende Kinder vor.«
»Die palästinensische Autonomiebehörde lässt Terroristen verhaften und Waffen konfiszieren, um Gewalttaten zu verhindern.«
»Die im Fernsehen gezeigte Erschießung eines Kindes, die der Vater des Kindes zu verhindern versucht, beweist, dass Israel nicht davor zurückschreckt, unschuldige palästinensische Kinder zu töten.«
»Israel setzt Gummigeschosse ein, mit denen unbewaffnete Palästinenser verstümmelt und getötet werden.«
»Der Mitchell-Report hat bewiesen, dass die israelische Siedlungspolitik mindestens ebenso sehr für das Scheitern des Friedensprozesses verantwortlich ist wie

die von den Palästinensern ausgehende Gewalt und dass diese Siedlungspolitik gestoppt werden muss, wenn die Gewalt ein Ende haben soll.«

»Israels Einsatz von F-16-Kampfjets ist ein typisches Beispiel für die völlig unangemessene Härte, mit der gegen unschuldige palästinensische Zivilisten vorgegangen wird.«

»Die Gewalttaten der Palästinenser sind das spontane Aufbegehren eines Volkes, das unter einer Besatzungsmacht lebt, und sie werden solange weitergehen, wie die Besatzung dauert.«

»Israel hat sich beharrlich geweigert, Maßnahmen zu ergreifen, die die Situation entspannt hätten; die rücksichtslosen Übergriffe der Israelis haben die Ausbrüche von Gewalt auf Seiten der Palästinenser überhaupt erst provoziert.«

»Israel hat versucht, die Palästinenser wirtschaftlich zu schädigen, indem es Steuergelder zurückhielt, die es der palästinensischen Autonomiebehörde schuldete.«

»Die Angriffe der Palästinenser auf die israelischen Sicherheitskräfte sind nichts anderes als spontane Ausbrüche der Frustration.«

»Die Palästinenser haben sich an den von CIA-Direktor George Tenet ausgehandelten Waffenstillstand gehalten.«

»Israels Taktik, palästinensische Terroristen umzubringen, ist unmoralisch und sinnlos.«

Behauptung

»Die Eskalation der Gewalt Ende des Jahres 2000, von den Arabern als ›Al-Aksa-Intifada‹ bezeichnet, wurde durch Ariel Sharons Besuch auf dem Tempelberg provoziert.«

Tatsache

Wenn man den Wortführern der Palästinenser glauben will, wurden die Unruhen durch die Entweihung einer heiligen Stätte des Islam, des Haram al-Sharif (Tempelberg), durch den Besuch des Likudvorsitzenden Ariel Sharon und seiner Begleiter – »eines Riesenaufgebots israelischer Soldaten« – provoziert. Die Gewalt ging angeblich von unprovozierten Angriffen der israelischen Streitkräfte aus, die in von Palästinensern kontrolliertes Gebiet eindrangen und schutzlose palästinensische Zivilisten »massakrierten«, die lediglich zur Selbstverteidigung Steine warfen. Um die Gewalt zu beenden, hätte Israel nur das Feuer einstellen und seine Truppen aus den palästinensischen Gebieten abziehen müssen.
Die Wahrheit sieht ganz anders aus.
Imad Faluji, der Kommunikationsminister der palästinensischen Autonomiebehörde, gab Monate nach dem Besuch Sharons zu, dass diese Ausschreitungen bereits im Juli, lange vor der so genannten »Provokation« Sharons, geplant gewesen waren. »Es [die Unruhen] war

seit der Rückkehr des Vorsitzenden Arafat aus Camp David geplant, als dieser in den Gesprächen mit dem damaligen amerikanischen Präsidenten den Spieß umdrehte und die Bedingungen der Amerikaner ablehnte.«[1]

> »Der Sharon-Besuch war nicht der Auslöser der ›Al-Aksa-Intifada‹.«
> Fazit des **Mitchell-Reports**, 4. Mai 2001

Die Ausschreitungen begannen bereits vor dem Besuch Sharons am 28. September 2000 auf dem Tempelberg. Am Tag zuvor war bei der Explosion einer Bombe am Grenzübergang Netzarim ein israelischer Soldat getötet worden. Am nächsten Tag erschoss ein palästinensischer Polizist, der sich mit einem israelischen Kollegen auf einem gemeinsamen Patrouillengang befand, in der Stadt Kalkilya in der Westbank seinen israelischen Begleiter.
Die offiziellen Medien der palästinensischen Autonomiebehörde riefen die Palästinenser zum Aufstand auf. Am 29. September forderte die »Stimme Palästinas«, der offizielle Rundfunksender der palästinensischen Autonomiebehörde, »alle Palästinenser« auf, »sich aufzumachen und die Al-Aksa-Moschee zu verteidigen«. Die Behörde schloss ihre Schulen und beförderte palästinensische Schüler mit Bussen auf den Tempelberg, damit sie dort an den organisierten Ausschreitungen teilnehmen konnten.

---

[1] *Jerusalem Post*, 4. März 2001.

Unmittelbar vor Rosch Haschana (30. September), dem jüdischen Neujahrsfest, als Hunderte von Israelis an der Westmauer beteten, begann eine weit höhere Zahl arabischer Demonstranten, die israelische Polizei und die betenden Juden mit Ziegeln und Steinen zu bewerfen. Danach breiteten sich die Unruhen über ganz Israel, die Westbank und den Gazastreifen aus.

Der Minister für Innere Sicherheit Shlomo Ben-Ami hatte Sharon gestattet, den Tempelberg zu besuchen – immerhin die heiligste Stätte des Judentums, die die Muslime in Haram al-Sharif umbenannt haben und als drittheiligste Stätte des Islam verehren. Zuvor hatte er mit dem palästinensischen Sicherheitschef Jabril Rajoub Rücksprache genommen und die Zusicherung erhalten, dass alles ruhig bleiben würde, wenn Sharon die Moscheen nicht beträte. Erst als Rajoub später erklärte, dass die palästinensische Polizei nichts unternehmen würde, um gewalttätige Ausschreitungen während des Besuchs zu unterbinden, entstand die Notwendigkeit, Sharon zu schützen.

Sharon machte keinerlei Versuch, eine Moschee zu betreten. Sein 34 Minuten dauernder Besuch auf dem Tempelberg erfolgte während der Tagesstunden, in denen die Stätte auch für Touristen geöffnet ist. Palästinensische Jugendliche – deren Zahl sich am Ende auf etwa 1500 belief – skandierten Slogans in dem Versuch, die Stimmung aufzuheizen. Etwa 1500 israelische Polizeibeamte sicherten das Areal, um Gewalttätigkeiten zu verhindern. Während Sharons Besuch kam es zu einigen geringfügigen Zwischenfällen, meist Steinwürfen. Für den Rest des Tages wurden auf dem Tempelberg und in seiner unmittelbaren Nachbarschaft immer wieder Steine geworfen. Dabei wurden 28 israelische Polizeibeamte verletzt;

drei von ihnen mussten ins Krankenhaus eingeliefert werden. Es gibt keine Angaben über Verletzte auf palästinensischer Seite an diesem Tag. Die eigentliche, organisierte Eskalation der Gewalt von Seiten der Palästinenser setzte erst am folgenden Tag nach den Freitagsgebeten ein.

»Nicht umsonst warnt uns der Koran vor dem Hass der Juden und nennt sie an erster Stelle unter den Feinden des Islam. Heute hetzen die Juden die ganze Welt gegen die Muslime auf und setzen alle Arten von Waffen gegen sie ein. Sie plündern die heiligste Stätte der Muslime nach Mekka und Medina und bedrohen die Stätte, der sich die Muslime im Gebet als Erste zuwendeten, die drittheiligste Stadt nach Mekka und Medina. Sie wollen dort ihren Tempel errichten ... Die Muslime sind bereit, Blut und Leben zu opfern, um den islamischen Charakter von Jerusalem und Al-Aksa zu schützen!«

Sheikh Hian Al-Adrisi,
Auszug aus der Ansprache in der Al-Aksa-Moschee vom 29. September 2000 [2]

---

[2] Zitiert in: Sharm El-Sheikh Fact-Finding Committee; Regierungsverlautbarung des israelischen Außenministeriums, 28. Dezember 2000.

In Wirklichkeit waren es die Palästinenser, die heilige Stätten entweihten, nicht die Israelis. Im Oktober 2000 zerstörte der palästinensische Mob ein jüdisches Heiligtum in Nablus – das Josephsgrab – und verbrannte jüdische Gebetbücher. Die Palästinenser bewarfen die Betenden an der Westmauer mit Steinen und attackierten das Rachelgrab in Bethlehem mit Brandbomben und Maschinengewehren.
Keiner dieser Übergriffe wurde durch israelische Sicherheitskräfte provoziert, die im Gegenteil erst eingriffen, als die palästinensischen Angriffe weit über Steinwürfe hinaus eskalierten und sich zu massiven Maschinengewehrsalven und Lynchversuchen an israelischen Soldaten ausgeweitet hatten. Die meisten bewaffneten Angreifer waren Mitglieder der Tanzim – der Miliz Arafats.
Die unverhältnismäßige große Zahl palästinensischer Opfer war unvermeidlich, wenn eine irreguläre, schlecht ausgebildete Miliz eine geschulte, reguläre Armee angriff, wie es der Fall war. Dazu kam, dass die Tanzim sich bei ihren Anschlägen immer wieder hinter palästinensischen Zivilisten verschanzten.
Da alle Angriffe von Palästinensern ausgingen, die unmittelbar unter dem Befehl Arafats standen, kann auch nur Arafat der Gewalt Einhalt gebieten. Israel und die Vereinigten Staaten haben ihn denn auch aufgefordert, eben dies zu tun und den Friedensprozess wieder in Gang zu bringen.

»Die Jerusalemfrage, das Flüchtlingsproblem und die Frage der Unabhängigkeit bilden eine Einheit und werden vor Ort und nicht am Verhandlungstisch gelöst. Im Augenblick ist es vor allem nötig, die palästinensische Gemeinschaft auf die Herausfordenungen vorzubereiten, die auf sie zukommen, denn wir steuern unaufhaltsam auf eine gewaltsame Konfrontation mit Israel zu, um neue Tatsachen zu schaffen ... Ich glaube, dass die Situation in Zukunft noch stärker von Gewalt geprägt sein wird als während der Intifada.«

Abu-Ali Mustafa von der palästinensischen Autonomiebehörde, 23. Juli 2000 [3]

Behauptung

»Gewalt ist eine verständliche und legitime Reaktion auf Israels Politik.«

Tatsache

Der Grundsatz des Friedensprozesses ist es, dass Streitfragen in Verhandlungen gelöst werden. Eine der Bedingungen Israels vor seiner Zustimmung zu Verhandlungen

---

[3] Ebd.

mit der PLO war, dass die Organisation keine weiteren terroristischen Anschläge verübt. Auf dem Papier wurde diese Bedingung angenommen, doch seit dem Beginn des Friedensprozesses in Oslo im Jahr 1993 haben die PLO und andere palästinensische Gruppen und Einzelpersonen immer wieder Gewalttaten begangen. Ganz gleich, ob Israel Zugeständnisse machte oder nicht, die Anschläge gingen weiter. Teils werden sie mit angeblichen Übergriffen von den Israelis gerechtfertigt, teils sind es bewusste Vesuche, die Verhandlungen zu sabotieren. Doch wie auch immer – in jedem Fall trägt die palästinensische Autonomiebehörde, die eine fast 40 000 Mann starke Polizeitruppe (größer, als sie ihr im Rahmen der Friedensabkommen zugestanden wurde) und ein umfassendes Nachrichtensystem besitzt, die Verantwortung für die Wahrung des Friedens.

Seit der Unterzeichnung der Prinzipienerklärung [4] (13. September 1993 - 11. August 1999)

Terroristische Aktivitäten	Judäa und Samaria	Gazastreifen
getötete Soldaten der israelischen Armee	20	32
verletzte Soldaten der israelischen Armee	617	419
getötete israelische Zivilisten	43	5
verletzte israelische Zivilisten	567	86
Molotowcocktails	1 784	715
Erschießungen	305	453
Brandstiftungen	102	13
Sprengstoffanschläge	157	181
Splittergranaten	58	62
Verletzte und Tote durch Messerstiche	284	214

[4] Israelische Verteidigungsstreitkräfte.

Behauptung

»Die Al-Aksa-Unruhen richten im israelischen Kernland keinen Schaden an, da sich die Demonstrationen auf Zusammenstöße mit der israelischen Armee in der Westbank und im Gazastreifen beschränken.«

Tatsache

Die Unruhen in der Westbank und im Gazastreifen haben zahllose Zivilisten und Soldaten das Leben gekostet. Auch im israelischen Kernland haben Terroristen im Namen dieses Aufstands immer wieder heimtückische Anschläge verübt. Die Eskalation der Gewalt blieb nicht ohne Auswirkungen auf die psychische Verfassung der israelischen Bevölkerung, das israelische Militär und die israelische Wirtschaft.

Viele Landstriche in Israel und den besetzten Gebieten können nicht mehr gefahrlos bereist werden. Auch in Städten wie Gilo, die außerhalb der besetzten Gebiete liegen, kommt es immer wieder zu Zwischenfällen mit palästinensischen Heckenschützen. Der Aufstand hat den Glauben vieler Israelis, dass nach bestimmten territorialen Zugeständnissen Israels ein Friede mit den Palästinensern möglich sei, erschüttert.

Auch die Schlagkraft der Armee ist von diesem Zustand betroffen, weil die Soldaten von der Ausbildung und Vor-

bereitung auf die Bedrohung durch feindliche Nationen von außen abgezogen und zur Bekämpfung des Terrorismus und innerer Unruhen eingesetzt werden müssen.
Und nicht zuletzt haben die Aufstände zu einem starken Rückgang des Tourismus geführt, was massive Einbußen bei den damit verbundenen Wirtschaftszweigen zur Folge hatte. So haben etwa 64 000 Israelis wegen der Unruhen ihre Arbeitsstellen verloren.[5]
Doch nicht nur die Israelis leiden unter der Situation. Der Rückgang des Tourismus trifft auch die Palästinenser. So hat zum Beispiel die Zahl der Besucher, die alljährlich nach Bethlehem kommen, stark abgenommen. Das Gleiche gilt für andere Pilgerstätten im Verwaltungsbereich der palästinensischen Autonomiebehörde. Die palästinensischen Ladenbesitzer an Orten wie der Altstadt in Jerusalem machen schlechtere Geschäfte, seit weniger Touristen kommen. Terroranschläge zwingen Israel darüber hinaus, palästinensischen Arbeitern immer wieder die Einreise nach Israel zu verbieten – das geht zu Lasten von Einzelnen, die nur den Lebensunterhalt für sich und ihre Familien verdienen möchten.

»Die palästinensische Autonomiebehörde ist zu einer Terrororganisation verkommen. Die Terroranschläge gegen uns werden keineswegs nur von nicht offiziellen Gruppen verübt; auch offizielle Stellen sind aktiv daran beteiligt.«
der israelische Stabschef **Shaul Mofaz** [6]

---

[5] *Jerusalem Post*, 22. Februar 2001.
[6] *Ha'aretz*, 1. März 2001.

Behauptung

»Israel geht mit völlig unangemessener Härte gegen ein paar Steine werfende Kinder vor.«

Tatsache

Die Palästinenser, gleich, ob jung oder alt, greifen israelische Zivilisten und Soldaten mit allen möglichen Waffen an. Wenn sie Steine werfen, dann nicht harmlose Kieselsteine, sondern große Steinbrocken, die schwerste Verletzungen hervorrufen können. Man braucht sich nur vorzustellen, wie es ist, von einem Stein am Kopf getroffen zu werden.
In der Regel sind die Angegriffenen in der Minderzahl, weniger als 20 Personen, während die Angreifer, bewaffnet mit Molotowcocktails, Pistolen, Gewehren, Maschinengewehren, Handgranaten und Sprengstoffen, in die Hunderte gehen. Handelt es sich bei den Angreifern »nur« um Steinewerfer, so sind auch immer wieder Palästinenser darunter, häufig Polizisten, die mit Gewehren bewaffnet sind. Angesichts eines wütenden, gewalttätigen Mobs aber haben israelische Polizisten und Soldaten oft keine andere Wahl, als sich mit dem Einsatz von Gummigeschossen und – in lebensbedrohlichen Situationen – auch von scharfer Munition zu verteidigen.
Der Einsatz scharfer Munition auf Seiten der Palästinenser hatte zur Folge, dass die israelischen Sicherheitskräfte

sich in sicherer Entfernung von den Anstiftern der Gewalt halten mussten. Dazu kam, dass die Gewaltandrohung gegen die Israelis grundsätzlich als Todesdrohung gemeint war. Beide Faktoren haben den Einsatz traditioneller Mittel zur Unterdrückung der Unruhen verhindert.

Die Einsatzvorschriften für israelische Soldaten in den besetzten Gebieten gestatten den Gebrauch von Waffen nur in lebensbedrohlichen Situationen oder unter bestimmten Einschränkungen bei der Verhaftung von Personen, die im Verdacht eines schwer wiegenden Verstoßes gegen die innere Sicherheit stehen. Das Vorgehen der israelischen Streitkräfte zeichnete sich in allen Fällen durch große Zurückhaltung und die Wahrung des Grundsatzes der Verhältnismäßigkeit aus, wobei gleichzeitig alles getan wurde, um unschuldige Zivilisten zu schützen.

Inzwischen setzten die Palästinenser bei ihren Terroranschlägen gegen die Israelis Granatwerfer und Panzerabwehrraketen ein, die illegal in den Gazastreifen eingeschmuggelt wurden. Jüdische Gemeinden in Gaza und im israelischen Kernland wurden mit Granaten beschossen, und auf die israelischen Streitkräfte in Gaza wurden nach Armeeberichten Panzerabwehrraketen abgefeuert.

Der Stabschef der israelischen Verteidigungsstreitkräfte, Shaul Mofaz, erklärte am 28. Februar 2001 vor führenden Vertretern des amerikanischen Judentums, dass die palästinensische Autonomiebehörde Waffenlager angelegt hat. Die Waffen wurden auf dem Seeweg und durch unterirdische Tunnel nach Ägypten ins Land geschafft.

Der Besitz und Gebrauch dieser und anderer Waffen verstößt gegen Zusicherungen, die die Palästinenser im Rahmen mehrerer Abkommen gegeben hatten. Nach den

Vereinbarungen von Oslo waren die einzigen in den von Palästinensern kontrollierten Gebieten erlaubten Waffen Handfeuerwaffen, Gewehre und Maschinengewehre, und auch das Führen dieser Waffen war den Sicherheitsbeamten der Autonomiebehörde vorbehalten. Die jüngsten Ausschreitungen beweisen jedoch, dass neben der Polizei auch palästinensische Zivilisten und Milizmitglieder wie die Tanzim im Besitz solcher Waffen sind.[7]

Die Zahl der palästinensischen Opfer bei den Zusammenstößen ist bedauerlich, doch man darf nicht vergessen, dass kein Palästinenser in Gefahr wäre oder verletzt würde, wenn es keine Angriffe auf die Israelis gäbe. Und wenn die Kinder in der Schule oder zu Hause bei ihren Familien wären, statt auf der Straße Steine zu werfen, würde ihnen nichts geschehen. Außerdem mindert die größere Zahl der Todesopfer auf palästinensischer Seite nicht die traumatischen Verluste für die Israelis. Vom 29. September 2000 bis zum 18. Juni 2001 wurden 125 israelische Juden, darunter 83 Zivilisten, von Palästinensern getötet und über 1300 verletzt.[8]

Aufschlussreich ist auch ein Blick auf die Art und Weise, wie die Vereinigten Staaten und andere Völker der westlichen Welt mit einem aufgebrachten Mob umgehen. Wenn die Polizei angegriffen wird, kommt es immer wieder zu Übergriffen, doch niemand verlangt, dass die Männer sich einfach hinstellen und ihr Leben in Gefahr bringen sollen, nur um die internationale Öffentlichkeit nicht gegen sich aufzubringen. Einzig und allein den Israelis wird das Recht auf Selbstverteidigung abge-

---

7 *Near East Report*, 5. März 2001.
8 *Arutz-7*, 6. Juli 2001; B'Tselem.

sprochen, oder es wird propagandistisch ausgeschlachtet, wenn sie Notwehr üben.

Behauptung

»Die palästinensische Autonomiebehörde lässt Terroristen verhaften und Waffen konfiszieren, um Gewalttaten zu verhindern.«

Tatsache

Zu bestimmten Zeiten war die Zusammenarbeit zwischen den israelischen und den palästinensischen Sicherheitskräften durchaus gut, was Israel öffentlich hervorhob. In einer größeren Zahl von Fällen aber hat die Behörde es versäumt, entsprechende Maßnahmen zu ergreifen, um Terroranschläge auf Israelis zu verhindern. Es wurden zwar viele Terroristen festgenommen, meist aber kurz darauf wieder auf freien Fuß gesetzt, und zumindest einige von ihnen waren danach abermals in terroristische Aktivitäten verwickelt. So ließ Arafat im Mai 2001 über ein Dutzend islamische Radikale frei, die nach einer Welle von Selbstmordanschlägen im Jahr 1996 festgenommen worden waren, bei denen innerhalb von acht Tagen 60 Israelis ums Leben kamen.[9]

Darüber hinaus befinden sich große Mengen illegaler Waffen im Besitz der palästinensischen Autonomiebehörde, darunter Maschinengewehre, Handgranaten, Sprengstoffe und Granatwerfer. Trotz wiederholter Versprechungen wurde nichts unternommen, um diese Waffen einzuziehen. Im Gegenteil, die Autonomiebehörde hat ihr Arsenal gezielt aufgestockt. Dies stellt einen schweren Verstoß gegen die mit Israel getroffenen Abkommen dar, der Misstrauen weckt und Israels Sicherheit bedroht.

Behauptung

»Die im Fernsehen gezeigte Erschießung eines Kindes, die der Vater des Kindes zu verhindern versucht, beweist, dass Israel nicht davor zurückschreckt, unschuldige palästinensische Kinder zu töten.«

---

9 *Jerusalem Report*, 21. Mai 2001.

Tatsache

Das Foto unten zeigt eine Luftaufnahme des israelischen Militärs vom Grenzübergang Netzarim im Gazastreifen, wo der zwölfjährige Mohammed Aldura getötet wurde. Auf dem Foto ist der Standort von Vater und Sohn markiert. Die beiden suchten neben einem bewaffneten palästinensischen Posten Deckung. Als palästinensische Polizisten von diesem Posten aus auf eine gegenüberliegende israelische Stellung schossen, erwiderten die israelischen Soldaten das Feuer. Bei dem folgenden Schusswechsel wurde offenbar das Kind getroffen und getötet. Die Erklärungen dafür, warum der Vater und das Kind sich bei dem Zwischenfall an einer so ungünstigen Stelle aufhielten, gehen auseinander.
Das am 27. November 2000 bekannt gegebene Ergebnis einer von den israelischen Sicherheitskräften angeordneten Untersuchung ergab, dass Aldura höchstwahrscheinlich von einem palästinensischen Polizisten und nicht von den israelischen Soldaten getötet wurde. Die Untersuchung ist noch nicht endgültig abgeschlossen, aber »die Wahrscheinlichkeit, dass sie von Palästinensern erschossen wurden, ist größer als die, dass sie von Israelis erschossen wurden«, erklärte Generalmajor Yomtov Samia.
Nach Samia basiert dieses Ergebnis auf einer gründlichen Analyse aller Informationen, die die Armee zu dem Zwischenfall zusammentragen konnte; er fügte allerdings hinzu, dass noch eine Reihe von Fragen offen sind, darunter die, warum Aldura und sein Vater Jamal (37) aus dem Flüchtlingslager El-Bureij in Gaza an den Übergang kamen, nachdem dort bereits seit mehreren

Stunden Schüsse fielen, und warum sie nicht wie viele andere flohen.[10]

Behauptung

»Israel setzt Gummigeschosse ein, mit denen unbewaffnete Palästinenser verstümmelt und getötet werden.«

Tatsache

Gummigeschosse sind eigentlich ein unzulängliches Mittel, um einen wütenden Mob zurückzuhalten. Sie sollen das Risiko schwerer Verwundungen reduzieren, können es aber nicht ganz ausschalten. In der überwältigenden Mehrheit der Fälle verursachen Gummigeschosse jedoch keine schweren oder gar tödlichen Verletzungen, und oft sind sie die einzige Alternative zu scharfer Munition. Kinder, die Schusswaffen einsetzen oder eindeutig vorhaben, ihre Gegner auf andere Weise zu verletzen oder zu töten, stellen in jedem Fall eine tödliche Bedrohung dar, insbesondere, wenn diese Gefahr die Gestalt eines Großangriffs annimmt.

---

[10] CNN, IDF, *Jerusalem Post*, 28. November 2000.

»Im Gegensatz zu Ariel Sharons konkreten Schritten, die wirtschaftliche Not der Palästinenser zu lindern hat Arafat keinerlei Reaktion auf unsere wiederholten Aufforderungen, der Gewalt ein Ende zu machen, gezeigt.

Ja, er hat nicht einmal Aussagen gemacht, die darauf hindeuten, dass er das überhaupt möchte. Im Gegenteil, er hat zur Fortsetzung der Intifada aufgerufen. Er hat seinen Streitkräften keine Anweisung, geheimer oder sonstiger Art, gegeben, durch die die Situation einigermaßen unter Kontrolle gebracht werden könnte.«

Edward Walker, Zuständiger für Nahostfragen im amerikanischen Außenministerium, bei einer Kongressanhörung [11]

Viele Polizeikräfte auf der ganzen Welt setzen Gummigeschosse ein, um eine aufgeregte Menge aufzulösen. So brachte zum Beispiel die Polizei von Los Angeles nach dem Sieg der Los Angeles Lakers im Basketballendspiel 2001 Gummigeschosse gegen randalierende Fans zum

[11] Zitiert in *Jerusalem Post*, 1. April 2001.
[12] *Washington Post*, 17. Juni 2001.

Einsatz.[12] In Los Angeles sah man sich angesichts einer Ansammlung ausgelassener Basketballfans, die den Sieg ihres Teams feierten und dabei gewalttätig wurden, zu dieser Maßnahme gezwungen; Israel dagegen setzt die Methode gegen eine dem Staat feindlich gesonnene Bevölkerungsgruppe ein, mit der es sich praktisch im Krieg befindet.

Behauptung

»Der Mitchell-Report zeigte, dass die israelische Siedlungspolitik mindestens ebenso sehr für das Scheitern des Friedensprozesses verantwortlich ist wie die von den Palästinensern ausgehende Gewalt und dass diese Siedlungspolitik gestoppt werden muss, wenn die Gewalt ein Ende haben soll.«

Tatsache

Im November 2000 wurde der ehemalige amerikanische Senator George Mitchell mit der Bildung eines Ausschusses zur Untersuchung der Ursachen der »Al-Aksa-Intifada« und der Möglichkeiten, wie derartige Gewalttaten in Zukunft zu verhindern seien, beauftragt. Der Abschlussbericht des Ausschusses empfahl als eine von über

15 verschiedenen vertrauensbildenden Maßnahmen auch einen Siedlungsstopp. In einem offenen Brief, in dem Mitchell und Warren Rudman, ein anderes Mitglied des Komitees, ihren Standpunkt noch einmal erläuterten, stellten sie jedoch ausdrücklich klar: »Wir möchten zweifelsfrei festhalten, dass wir den palästinensischen Terrorismus in keiner wie auch immer gearteten Form mit der israelischen Siedlungspolitik gleichsetzen.« Mitchell und Rudman bestritten auch, dass es eine direkte Verbindung zwischen einem Siedlungsstopp und den terroristischen Aktivitäten gibt. »Das unmittelbare Ziel muss sein, der Gewalt ein Ende zu machen ... Zur Erreichung dieses Ziels ist eine sofortige Wiederaufnahme der Zusammenarbeit der Sicherheitskräfte der israelischen Regierung und der palästinensischen Autonomiebehörde nötig, um Gewalttaten vorzubeugen und den Terrorismus zu bekämpfen.« Und sie fügten hinzu: »Was den Terrorismus betrifft, so fordern wir die palästinensische Autonomiebehörde auf, als erste vertrauensbildende Maßnahme Israelis und Palästinensern durch ihr konkretes Handeln deutlich zu machen, dass Terror verwerflich und inakzeptabel ist. Die Autonomiebehörde muss alles in ihrer Macht Stehende tun, um Terroranschläge zu verhindern und die Täter, die unter ihre Gerichtsbarkeit fallen, zu bestrafen.«[13]

---

[13] Brief von George Mitchell und Warren Rudman an ADL-Direktor Abraham Foxman, 11. Mai 2001.

Behauptung

»Israels Einsatz von F-16-Kampfjets ist ein typisches Beispiel für die völlig unangemessene Härte, mit der gegen unschuldige palästinensische Zivilisten vorgegangen wird.«

Tatsache

Wie soll man die Verhältnismäßigkeit militärischer Einsätze beurteilen? Wenn palästinensische Terroristen Bomben in israelische Einkaufsstraßen legen und dabei Dutzende von Zivilisten töten und verletzen, wäre es dann eine angemessene Reaktion, wenn die Israelis Bomben in palästinensischen Einkaufsstraßen legen? Das würde niemand in Israel für gerechtfertigt halten. So steht Israel vor der Notwendigkeit, klar abgewogene, gezielte Schläge zu führen, um palästinensischer Gewalt zuvorzukommen oder ihr ein Ende zu machen.
Den besonderen Fall des Einsatzes von F-16-Kampfjets begründete Generalmajor Giora Eiland, der Chef des Einsatzkommandos der israelischen Verteidigungsstreitkräfte, folgendermaßen:

> »Ich weiß, dass die F-16-Jäger nicht für den Angriff auf Ziele in palästinensischen Städten entwickelt wurden. Doch wir dürfen nicht vergessen, dass diese Maschinen außerordentlich

> zielgenau sind. Alle Ziele waren militärischer Art ... es war eine taktische Entscheidung: Die Ziele waren zu groß, zu stark oder zu massiv, als dass man Kampfhubschrauber erfolgreich gegen sie einsetzen konnte. Deshalb haben wir, als wir uns zum Angriff auf diese Ziele entschlossen hatten, nach der erfolgversprechendsten Waffe gesucht, und das waren in diesem speziellen Fall die F-16. Das heißt nicht, dass dies eine neue Stufe des Kampfes gegen den Terrorismus ist und dass wir von nun an nur noch F-16-Jäger einsetzen werden.«[14]

Israel setzte die Jäger ein, nachdem 88 Israelis, davon 55 Zivilisten, ums Leben gekommen waren. Die Zivilisten wurden nicht zufällig getötet, sondern ganz gezielt umgebracht. In den vorangehenden zweieinhalb Monaten hatten die Palästinenser 28 Bombenanschläge in Israel geplant bzw. tatsächlich durchgeführt. Der F-16-Angriff war die Antwort auf den Bombenanschlag am 18. Mai 2001 auf das Netanya-Einkaufszentrum, bei dem fünf Israelis getötet wurden.

Einen Monat vor dem Einsatz der F-16 hatte das amerikanische Außenministerium die israelischen Luftwaffenangriffe auf Ziele im Gazastreifen als »unangemessene und unverhältnismäßige« Reaktion auf die palästinensischen Anschläge bezeichnet; allerdings räumte der Sprecher ein, dass der Vergeltungsschlag »durch die

---

[14] Mitteilung von Generalmajor Giora Eiland, Chef des IDF Operation Branch, an die Auslandspresse, Jerusalem, 20. Mai 2001.

Granatenangriffe auf Israel provoziert« worden sei.[15] Die amerikanische Einstellung entbehrt angesichts der von dem amerikanischen Außenminister Colin Powell formulierten so genannten Powell-Doktrin nicht einer gewissen Ironie. In dieser Doktrin heißt es, Amerika solle »entweder unter Einsatz aller verfügbaren Streitkräfte in Kriegshandlungen eintreten oder gar nicht«.[16] Im Folgenden seien nur einige wenige Beispiele für die Anwendung der Doktrin aufgeführt:

- General Powell bestand vor dem Angriff auf Bagdad im Golfkrieg auf einer starken Übermacht. Alliierte Streitkräfte von über einer halben Million Soldaten griffen Saddam Husseins Armee an; der Sieg der Alliierten forderte auf Seiten der Amerikaner nicht einmal 200 Opfer, die Niederlage der Irakis dagegen war mit 35 000 Todesopfern, darunter viele Zivilisten, verbunden.
- Powell hatte auch den Oberbefehl bei der Invasion Panamas, bei der 25 000 Soldaten und erstmals auch F-117-Stealth-Bomber eingesetzt wurden. Tausende Zivilisten wurden verletzt und vertrieben und mindestens 100 getötet. Powell sagte später: »Setze alle Kräfte ein, die nötig sind, und entschuldige dich nicht dafür, in die Vollen zu gehen, wenn das zum Erfolg führt. Durch entschlossenes Eingreifen können Kriege rasch beendet und auf lange Sicht Menschenleben gerettet werden.«[17]

---

[15] Kurzmitteilung des Außenministeriums, 17. April 2001.
[16] *Time*, 19. April 2001.
[17] Colin Powell: *My American Journey*; NY: Random House 1995, S. 434.

- Als Reaktion auf einen Mordversuch an Präsident Bush im Jahr 1993 schossen die Vereinigten Staaten 23 Cruisemissiles auf das Hauptquartier des irakischen Geheimdienstes ab und trafen dabei auch ein Wohnviertel. Powell bezeichnete dies später als »angemessene« Reaktion.[18]
- Auch im Balkan setzten die Vereinigten Staaten massive Truppenverbände ein, wobei 1999 im Zuge der versehentlichen Bombardierung der chinesischen Botschaft in Belgrad drei Personen getötet und 20 verletzt wurden.

Die Vereinigten Staaten zögern nicht, eine erdrückende Übermacht gegen ihre Feinde einzusetzen, auch wenn die Bedrohung weit entfernt ist und keinesfalls eine Gefahr für die Existenz ihres Volkes oder die Sicherheit ihrer Bürger darstellt. Dabei wurden die militärischen Ziele zwar in der Regel erreicht, doch es kam immer wieder auch zu Fehlern, die Zivilisten das Leben kosteten und Schäden im nicht militärischen Bereich anrichteten.

Israel ist dagegen in einer völlig anderen Lage. Die Bedrohung, der es gegenübersteht, ist unmittelbar und in nächster Nähe und stellt eine direkte Gefahr für das Leben israelischer Bürger dar. Dennoch hat Israel nicht, wie die Powell-Doktrin vorschlägt, seine gesamte militärische Stärke in die Waagschale geworfen. Es ging bei seinen militärischen Einsätzen planvoll und präzise vor. In den Fällen, in denen Fehler gemacht wurden – die im Krieg nun einmal nicht ausbleiben –, wurden offizielle Nachforschungen angestellt.

---

[18] *Washington Post*, 28. Juni 1993.

Letztlich aber bräuchte Israel überhaupt keine Militärgewalt anzuwenden, wenn die Palästinenser nicht israelische Zivilisten und Soldaten angriffen.

Behauptung

»Die Gewalttaten der Palästinenser sind das spontane Aufbegehren eines Volkes, das unter einer Besatzungsmacht lebt, und sie werden so lange weitergehen, wie die Besatzung dauert.«

Tatsache

Zu der Vorstellung von den angeblich spontanen Gewaltakten der Palästinenser passt nicht, dass die Anschläge auf Israel häufig eindeutig organisiert sind und dass die Palästinenser, insbesondere Terrororganisationen wie die Hamas, unverhohlen die Absicht bekundet haben, den jüdischen Staat bis zu seiner endgültigen Vernichtung zu bekämpfen. Voraussetzung für den Friedensprozess war, dass die Welle der Gewalt durch das Abkommen mit Jassir Arafat eingedämmt würde. Wenn Arafat keine Kontrolle über das Volk hat, das er repräsentiert, dann haben Abkommen mit ihm wenig Sinn. Wenn er aber tatsächlich Einfluss hat, dann beweisen die Anschläge, dass er die Menschen zu Gewalt aufhetzt, statt sie zu verhüten.

Alles deutet darauf hin, dass Arafat die Aktivitäten der Palästinenser in der Westbank und im Gazastreifen weitgehend kontrolliert. Über 97 Prozent der palästinensischen Bevölkerung unterstehen inzwischen seiner Rechtsprechung. Er hat bewiesen, wie rasch er Palästinenser, die seine Führungsrolle in Frage stellen, durch Inhaftierung und in bestimmten Fälllen auch durch Hinrichtung außer Gefecht setzen kann. Wenn es in seine Pläne passte, war es kein Problem für ihn, Mitglieder terroristischer Vereinigungen verhaften zu lassen; allerdings wurden sie stets bald wieder auf freien Fuß gesetzt, um neue Anschläge auf Israel zu verüben. Arafat hat Terrorgruppen gestattet, Strengstoffe und Granaten herzustellen, ihre Mitglieder paramilitärisch auszubilden und junge Männer für Selbstmordanschläge anzuwerben.

Behauptung

»Israel hat sich beharrlich geweigert, Maßnahmen zu ergreifen, die die Situation entspannt hätten; die rücksichtslosen Übergriffe der Israelis haben die Ausbrüche von Gewalt auf Seiten der Palästinenser überhaupt erst provoziert.«

Tatsache

Am 22. Mai 2001 verkündete Ministerpräsident Ariel Sharon einen einseitigen Waffenstillstand in dem Versuch, die Situation zu entschärfen, und in der Hoffnung, dass die Palästinenser daraufhin ihre Anschläge gegen Israelis einstellen würden. Stattdessen nahmen die gewalttätigen Ausschreitungen noch zu, insbesondere die Angriffe auf Zivilisten. Jassir Arafat tat nichts, um die Gewalt zu stoppen oder die Terroristen auch nur zu entmutigen. In den folgenden zehn Tagen kam es zu über 70 Anschlägen, ohne dass Israel den Waffenstillstand beendete oder sich zu Vergeltungsschlägen provozieren ließ. Die palästinensische Terrorkampagne während des israelischen Waffenstillstands kulminierte schließlich in dem Selbstmordattentat auf eine Diskothek in Tel Aviv am 1. Juni, bei dem 20 Personen getötet und über 90 verletzt wurden – in der Mehrzahl Teenager. Angesichts des massiven internationalen Drucks, den dieser schreckliche Anschlag auslöste, und aus Angst vor einem israelischen Vergeltungsschlag verkündete Arafat schließlich ebenfalls einen Waffenstillstand.

Behauptung

»Israel hat versucht, die Palästinenser wirtschaftlich zu schädigen, indem es Steuergelder zurückhielt, die es der palästinensischen Autonomiebehörde schuldete.«

Tatsache

Anfang 2001 beschloss Israel, wegen der anhaltenden Terroranschläge über 50 Millionen Dollar Steuergelder, die das Land der palästinensischen Autonomiebehörde schuldete, zurückzuhalten. Die Vereinigten Staaten und andere Länder drängten Israel, das Geld weiterzuleiten, da die Autonomiebehörde wegen des daraus resultierenden finanziellen Engpasses zum Teil ihre Rechnungen nicht bezahlen konnte. Israel räumte zwar ein, dass es sich um eine harte Maßnahme handelte, hielt sie aber für nötig, um den Palästinensern zu zeigen, dass ihr Unvermögen oder ihre mangelnde Bereitschaft, der Gewalt ein Ende zu machen, Folgen hatte. Israel muss seine Bürger schützen, und diese wirtschaftliche Sanktion war letztlich immer noch milder, als es ein militärischer Vergeltungsschlag gewesen wäre.

Während man Israel die Schuld an dem maroden Zustand der palästinensischen Wirtschaft in die Schuhe schob, verzögerten in Wirklichkeit die arabischen Länder die Weiterleitung von Spendengeldern in Millionenhöhe unter dem Vorwand, man sei in Sorge, dass die Mittel veruntreut und die Korruption innerhalb der palästinensischen Autonomiebehörde dadurch gefördert werden könnte.[19]

---

[19] *Ha'aretz*, 11. Februar 2001.

Behauptung

»Die Angriffe der Palästinenser auf die israelischen Sicherheitskräfte sind nichts anderes als spontane Ausbrüche der Frustration.«

Tatsache

Gelegentlich mag es aus dem einen oder anderen Grund – meist Frustration oder Zorn – zu spontanen Übergriffen gekommen sein, doch sehr viel häufiger wurden und werden die gewalttätigen Ausschreitungen entweder von terroristischen Zellen innerhalb der palästinensischen Autonomiebehörde oder von den führenden Männern der Behörde selbst sorgfältig geplant und organisiert. Im Sommer 2001 zum Beispiel zirkulierten Anweisungen von höchster Stelle, israelische Soldaten anzugreifen. Es war die Rede von der Bereitstellung von Molotowcocktails, Handgranaten und Barrikaden. Für »Hunderte zum Selbstmord bereite Jugendliche, die sich den vorrückenden Truppen in den Weg werfen wollen«, sollten Sprengstoffgürtel vorbereitet werden. Die Instruktionen enthielten auch die Aufforderung, Munition zu sparen und Panzer nur mit »geeigneten Waffen«, nicht mit leichten Gewehren, anzugreifen. »Kämpfer, die bereit sind, ihr Leben hinzugeben, um den vorrückenden Feind aufzuhalten, sollen Breschen in die feindlichen Linien schlagen.«[20]

> »Israel steht im Krieg mit einem Feind, der sich in seiner Schläue und Feigheit weigert, den israelischen Soldaten gegenüberzutreten und stattdessen Zivilisten, Frauen und Kinder ermordet.« **Michael Kelly**[21]

Behauptung

»Die Palästinenser haben sich an den von CIA-Direktor George Tenet ausgehandelten Waffenstillstand gehalten.«

Tatsache

Im Juni 2001 reiste der CIA-Direktor George Tenet in den Nahen Osten. Er sollte einen Waffenstillstand zwi-

---

[20] *Foreign Report*, 26. Juli 2001.
[21] *Washington Post*, 15. August 2001.

schen Israel und der palästinensischen Autonomiebehörde aushandeln und damit den Grundstein für die Wiederaufnahme der Friedensgespräche legen. Der Tenet-Plan forderte das Ende aller Gewaltätigkeiten. In den sechs Wochen nach dem Besuch von Tenet begingen die Palästinenser 850 Terroranschläge, die auf israelischer Seite 94 Opfer, davon 17 tödliche, forderten.[22]

> »Der Chef der palästinensischen Autonomiebehörde, Arafat, muss diesen schrecklichen Terroranschlag verurteilen. Er muss handeln und die Verantwortlichen vor Gericht stellen, und er muss sofort Schritte einleiten, um künftige Terroranschläge zu verhindern.«
>
> **Präsident George W. Bush**
> nach dem Tod von 15 Menschen, davon sechs Kindern, und 90 Verletzten, die bei einem Selbstmordattentat in einem Jerusalemer Restaurant ums Leben kamen.[23]

Behauptung

»Israels Taktik, palästinensische Terroristen umzubringen, ist unmoralisch und sinnlos.«

[22] *Jerusalem Post*, 2. August 2001.
[23] Reuters, 9. August 2001.

Tatsache

Israel steht vor der schier unlösbaren Aufgabe, seine Zivilbevölkerung vor Palästinensern schützen zu müssen, die bereit sind, sich selbst in die Luft zu sprengen, um unschuldige Juden zu ermorden. Anfangs setzte man auf den Friedensprozess als Lösungsweg. Seit 1993 glaubte Israel, auf dem Verhandlungsweg Frieden mit den Palästinensern schließen zu können. Nachdem die Israelis sich jedoch aus einem Großteil der Westbank und des Gazastreifens zurückgezogen hatten und der vollständige Rückzug aus den besetzten Gebieten kurz bevorstand, lehnten die Palästinenser die israelischen Zugeständnisse plötzlich ab und wählten die Gewalt, um Israel zu zwingen, alle ihre Forderungen anzunehmen.
Die zweite Strategie Israels war, »Zurückhaltung zu üben«, das heißt, die palästinensischen Gewalttaten nicht mit gleicher Münze zu erwidern. Die internationale Gemeinschaft pflegt Israel zu loben, wenn es nach einem heimtückischen Anschlag noch die andere Wange hinhält. Diese Zurückhaltung mag dem Land zwar die Anerkennung der ausländischen Staatsoberhäupter einbringen, doch sie kann den Schmerz der Opfer nicht lindern und künftige Anschläge nicht verhindern. Ganz abgesehen davon reagieren dieselben Nationen, die Israel zur Mäßigung auffordern, in ähnlichen Situationen meistens mit rücksichtloser Härte. So ließen die Briten nach dem Zweiten Weltkrieg Naziverbrecher ermorden und nahmen IRA-Terroristen in Nordirland aufs Korn.
1986 führten die Vereinigten Staaten, nachdem sie zu dem Schluss gekommen waren, dass Libyen für den Terroranschlag auf eine Westberliner Diskothek verant-

wortlich war, bei dem ein Amerikaner ums Leben kam und 200 weitere verletzt wurden, eine Reihe von Angriffen auf Ziele in Libyen durch, darunter auch auf das Haus des libyischen Präsidenten Muammar Qaddafi. Die Aktion wurde weltweit als Mordversuch angesehen. Präsident Reagan bestritt dies und erklärte: »Am 13. April legten wir das Hauptziel fest: Qaddafis militärisches Hauptquartier und die Kasernen in Tripolis, die weit entfernt von zivilen Zielen lagen. Im selben Gebiet befand sich auch das Zentrum des Geheimdienstes, von dem aus Libyens weltweites Programm des staatlich geförderten Terrorismus gelenkt wurde. Es war nicht Ziel des Angriffs, Qaddafi zu töten; das hätte gegen unseren Grundsatz verstoßen. Es ging lediglich darum, ihm deutlich zu machen, dass wir seine Terroranschläge nicht länger hinnehmen würden. Wir konnten zwar nicht wissen, wo genau er sich um Zeitpunkt des Angriffs aufhalten würde, waren allerdings der Ansicht, dass es möglich, ja wahrscheinlich war, dass er sich zum Zeitpunkt des Luftangriffs im Gebäude des Nachrichtendienstes oder der Nähe aufhielt.« Qaddafi entkam, doch seine kleine Tochter wurde bei dem Angriff getötet und zwei weitere seiner Kinder verletzt. Außerdem kam eine Rakete vom Kurs ab und schlug in ein nahe gelegenes Wohnviertel ein; die Detonation forderte mehrere Todesopfer. Reagan rechtfertigte die Unternehmung als Akt der Selbstverteidigung gegen den von Libyen unterstützten Terrorismus. »Wenn es um den Selbstschutz geht, hat jede Nation, die Opfer von Terroranschlägen wurde, das Recht auf einen Vergeltungsschlag, wenn sie dadurch neuen Anschlägen vorbeugen kann. Ich war der Überzeugung, dass wir Qaddafi klarmachen mussten, dass er für sein Tun be-

zahlen muss und dass wir ihn nicht so davonkommen lassen werden.«[24]
Israel hat einen dritten Weg gewählt – die Beseitigung der führenden Köpfe der Terrorszene. Diese Strategie hat in Israel selbst große Kontroversen ausgelöst, wird jedoch von der großen Mehrheit der Öffentlichkeit befürwortet (nach einer Umfrage von *Ha'aretz* von 70 Prozent der Bevölkerung). Eine Umfrage von America Middle East Information Network im August 2001 ergab, dass sie auch von der amerikanischen Öffentlichkeit gutgeheißen wird. So waren 73 Prozent der Befragten der Ansicht, dass Israel im Recht ist, wenn es Terroristen tötet, vorausgesetzt, es hat Beweise, dass sie Bombenattentate oder andere Anschläge planen, die Israelis das Leben kosten werden.[25]
Der stellvertretende Stabschef Generalmajor Moshe Ya'alon erklärte das Vorgehen folgendermaßen: »Es gibt keine Hinrichtungen ohne Gerichtsverhandlung, auch keine Racheakte gegen Personen, die vor einem Monat einen Anschlag verübt haben. Wir werden lediglich bei Personen aktiv, die uns mit Terror bedrohen. Es ist uns lieber, sie zu verhaften, und wir haben über Tausend von ihnen inhaftiert. Doch wenn das nicht möglich ist und die Palästinenser nicht tätig werden wollen, dann bleibt uns keine andere Wahl, als uns zu verteidigen.«[26]
Das Unschädlichmachen von Terroristen hat eine ganze Reihe von Vorteilen: Erstens bleibt der Terror nicht

---

[24] Ronald Reagan, Pressemeldung, *Washington Post* und andere Zeitungen.
[25] JTA, 30. August 2001.
[26] *Jerusalem Post*, 10. August 2001.

ungesühnt. Die Attentäter wissen, dass sie, wenn sie Gewalt gegen andere einsetzen, selbst mit Gewalt rechnen müssen. Zweitens ist es eine Methode der Selbstverteidigung: Attentäter werden ausgeschaltet, die sonst Juden umbringen würden. Es stimmt zwar, dass dann andere an ihre Stelle treten, doch sie tun das in dem Wissen, dass sie selbst zu Zielscheiben werden. Drittens muss es die Terroristen unruhig machen: Sie können einen Anschlag nicht mehr unbekümmert planen, sondern müssen ständig auf der Hut sein und weit mehr Schwierigkeiten überwinden, um ihre Ziele zu erreichen. Viertens kann das Unschädlichmachen von Terroristen geplante Anschläge verhindern.

> »Wenn man es mit einer Organisation zu tun hat, die zum Beispiel einen Selbstmordanschlag geplant hat oder plant, und die Israelis haben hieb- und stichfeste Informationen darüber, wer diesen Anschlag durchführen soll und wo der Betreffende sich aufhält, dann halte ich es für gerechtfertigt, wenn sie versuchen, sich selbst zu schützen, indem sie dem Anschlag zuvorkommen.«
>
> U.S. Vizepräsident **Dick Cheney**

Natürlich hat diese Methode auch ihren Preis. Neben der Verurteilung durch die Weltöffentlichkeit geht Israel das Risiko ein, wichtige Informanten preiszugeben, die oft zur Auffindung der Terroristen beitragen. Und israelische Soldaten müssen manchmal hochriskante Operationen

durchführen, die gelegentlich tragische Verluste an Menschenleben und Eigentum fordern.
Die am häufigsten zu hörende Kritik, dass ein solches Vorgehen nichts nützt, weil es lediglich neue Racheakte der Terroristen herausfordert und so in einen Teufelskreis von Gewalt mündet, ist wohl am wenigsten überzeugend. Menschen, die sich selbst in die Luft sprengen, um Märtyrer zu werden, werden immer eine Rechtfertigung für ihr Handeln finden. Sie sind entschlossen, die Juden aus dem Nahen Osten zu vertreiben und werden nicht damit aufhören, ehe sie ihr Ziel erreicht haben.

Fallstudie

Ein in der *Washington Post* erschienener Artikel über den »Teufelskreis des Todes« in der Westbank enthielt ein Interview mit Raed Karmi, einem Offizier der Fatah, der dominierenden Gruppierung in Arafats Palästinensischer Befreiungsorganisation. Der Artikel beginnt damit, wie Karmi hinausläuft, um sich an einem Scharmützel mit israelischen Soldaten zu beteiligen, und sich ein M-16-Gewehr greift. Was der Reporter zu erwähnen vergisst, ist, dass nach den israelisch-palästinensischen Abkommen nur die palästinensische Polizei bewaffnet sein darf. Der Artikel erweckt den Eindruck, dass die Gewaltanwendung der Israelis und der Palästinenser in diesem »Teufelskreis« gleichzusetzen sei, weil Karmi sagt, dass er aus Rache für den Tod eines Palästinensers handle, den die Israelis wegen geplanter Terroranschläge ermordet hätten. Karmi gibt zu, dass er an der Entführung und »Hinrichtung« zweier Israelis beteiligt war, die in einem Tulkarm-Restaurant zu Mittag gegessen hatten. Karmi wurde zwar von der palästinensischen Autonomiebehörde verhaftet, aber bereits nach vier Monaten wieder auf freien Fuß gesetzt. Danach brachte er vier weitere Israelis um, darunter einen Mann in einem Supermarkt und einen Autofahrer, den er aus dem Hinterhalt ermordete. »Ich werde mit den Anschlägen auf Israelis weitermachen«, sagte er gegenüber der *Post*.[27]

[27] *Washington Post*, 7. September 2001.

20. Jerusalem

Behauptungen

»Jerusalem ist eine arabische Stadt.«
»Es muss doch nicht unbedingt Jerusalem die Hauptstadt des Staates Israel sein.«
»Die Araber waren bereit, den internationalen Status von Jerusalem anzuerkennen, doch die Juden lehnten den Vorschlag ab. Auf Grund ihrer starren Haltung hält Israel heute die ganze Stadt illegal besetzt.«
»Jordanien hat den internationalen Status von Jerusalem anerkannt.«
»Von 1948 bis 1967 hat Jordanien allen Glaubensrichtungen in Jerusalem Religionsfreiheit zugesichert.«
»Jordanien hat die heiligen Stätten des Judentums geschützt.«
»Jordanien bemühte sich, die Lebensbedingungen im arabischen Ostjerusalem zu verbessern. Die israelischen Behörden dagegen ließen Hunderte von arabischen Häusern in diesem Teil der Stadt abreißen und machten ihre Bewohner obdachlos.«
»Unter israelischer Oberherrschaft wurde die Religionsfreiheit in Jerusalem eingeschränkt.«
»Israel verwehrt Muslimen und Christen den freien Zugang zu ihren heiligen Stätten.«

»Die israelische Politik begünstigt die Anschläge jüdischer Extremisten auf muslimische und christliche Einwohner der Stadt und auf ihre heiligen Stätten.«
»Israel hat die Rechte der palästinensischen Araber in Jerusalem eingeschränkt.«
»Laut UN-Resolution 242 gilt Ostjerusalem als ›besetztes Gebiet‹, deshalb verstößt
Israels Annexion Jerusalems gegen diese Resolution.«
»Ostjerusalem gehört zu einem palästinensischen Staat, weil hier schon immer palästinensische Araber und noch nie Juden gelebt haben.«
»Die im April 1990 erfolgte Umsiedelung von 20 jüdischen Familien in das St. John's-Hospiz – ein Gebäude im christlichen Viertel von Jerusalem in der Nähe der Grabeskirche – ist ein Beispiel für Israels Strategie, die Nicht-Juden aus ihren Stadtteilen zu verdrängen.«
»Die israelische Polizei hat im Jahr 1990 auf dem Tempelberg in einem unprovozierten Angriff 17 arabische Gottesdienstbesucher ermordet.«
»Die Vereinigten Staaten sind nicht der Ansicht, dass Jerusalem die vereinigte Hauptstadt Israels sein sollte.«
»Der Tempelberg war schon immer eine heilige Stätte des Islam, während das Judentum keinerlei Bindung an den Ort hat.«
»Israel darf nicht die Kontrolle über den Tempelberg haben, weil es den Muslimen den Zugang zu ihren heiligen Stätten verwehrt.«
»Die Palästinenser haben die archäologischen Schätze des Tempelbergs sorgfältig bewahrt.«
»Mit dem Durchbruch des Westmauer-Tunnels bedrohte Israel die Unantastbarkeit des Tempelbergs

und der Al-Aksa-Moschee und forderte eine Verurteilung durch den UN-Sicherheitsrat heraus.«
»Der internationale Status Jerusalems ist angesichts der kollidierenden Ansprüche auf die Stadt die beste Lösung.«
»1969 hat Israel versucht, die Al-Aksa-Moschee niederzubrennen.«

Behauptung

»Jerusalem ist eine arabische Stadt.«

Tatsache

Seit fast zwei Jahrtausenden wohnen Juden in Jerusalem. Seit 1840 bilden sie die zahlenmäßig stärkste Bevölkerungsgruppe der Stadt (s. Karte von Jerusalem von 1912). In Jerusalem steht die Westmauer des Tempelbergs, die heiligste Stätte des Judentums.
Jerusalem war zu keinem Zeitpunkt der Geschichte Hauptstadt eines arabischen Staatengebildes; im Gegenteil, während des größten Teils der arabischen Geschichte war die Stadt völlig unbedeutend. Unter muslimischer Herrschaft war Jerusalem nicht einmal Provinzhauptstadt, und es war auch nie ein islamisches Kulturzentrum. Den Juden ist die ganze Stadt heilig, die Muslime verehren nur eine einzige Stätte darin – den Felsendom,

nicht die Stadt selbst. »Für einen Muslim«, so schrieb der Engländer Christopher Sykes, »besteht ein ganz entscheidender Unterschied zwischen Jerusalem und Mekka oder Medina. Die beiden letzteren sind heilige Orte mit heiligen Stätten. Jerusalem dagegen hat«, so notierte er, »außer dem Felsendom keine größere Bedeutung für den Islam.«[1]

Die Bevölkerung Jerusalems [2]

Jahr	Juden	Muslime	Christen	Gesamt
1844	7 120	5 000	3 390	15 510
1876	12 000	7 560	5 470	26 030
1896	28 112	8 560	8 748	45 420
1922	33 971	13 411	4 699	52 081
1931	51 222	19 894	19 335	90 451
1948	100 000	40 000	25 000	165 000
1967	195 700	54 963	12 646	263 309
1987	340 000	121 000	14 000	475 000
1990	378 200	131 800	14 400	524 400
1998	433 600	182 000	14 000	633 700

---

1 *Encounter*, Februar 1968.

2 John Oesterreicher und Anne Sinai (Hrsg.); NY: John Day 1974, S. 1; israelisches Amt für Statistik; Jerusalem Foundation; Stadtverwaltung von Jerusalem. Die Zahlen für 1998 enthalten viertausend Einwohner ohne Religionsangabe.

Behauptung

»Es muss doch nicht unbedingt Jerusalem die Hauptstadt des Staates Israel sein.«

Tatsache

Seit König David Jerusalem vor mehr als dreitausend Jahren zur Hauptstadt von Israel machte, hat die Stadt eine entscheidende Rolle in der jüdischen Existenz gespielt. Die Westmauer in der Altstadt – die letzte noch stehende Mauer des alten jüdischen Tempels, die heiligste Stätte des Judentums – ist Gegenstand der Verehrung der Juden und Mittelpunkt jüdischen Betens. Seit Tausenden von Jahren beten die Juden drei Mal am Tag: »Nach Jerusalem, in deine Stadt, werden wir voller Freude zurückkehren«, und wiederholen den Schwur des Psalmisten: »Wenn ich dich vergesse, Jerusalem, so möge meine Rechte verdorren.« »Jerusalem hat nur zwei Blütezeiten gekannt, und die liegen 2000 Jahre auseinander. Es geschah beide Male unter jüdischer Herrschaft«, schrieben Leon und Jill Uris in ihrem Buch *Jerusalem*. »Das liegt daran, dass die Juden die Stadt am meisten geliebt haben und dieser Liebe auch in den Jahrhunderten ihrer Zerstreuung treu geblieben sind ... es ist die längste, tiefste Liebe in der ganzen Geschichte.«[3]

---

[3] Leon und Jill Uris: *Jerusalem*; NY: Doubleday and Company 1981, S. 13.

»Dreitausend Jahre war Jerusalem der Mittelpunkt jüdischen Hoffens und Sehnens. Keine andere Stadt hat eine solch beherrschende Rolle in der Geschichte, Kultur und Religion und im Bewusstsein eines Volkes gespielt wie Jerusalem im Leben der Juden und des Judentums. Während der Jahrhunderte des Exils blieb Jerusalem in den Herzen der Juden überall auf der Welt lebendig als Mittelpunkt der jüdischen Geschichte, Symbol der alten Herrlichkeit, spiritueller Erfüllung und moderner Erneuerung. Angesichts dieser innigen, unauflösbaren Verbindung des jüdischen Volkes muss man sagen: Wenn man die jüdische Geschichte in einzigem Wort zusammenfassen wollte, so lautete dieses Wort ›Jerusalem‹.«

Teddy Kollek [4]

[4] Teddy Kollek: *Jerusalem*; DC: Washington Institute For Near East Policy 1990, S. 19-20.

Behauptung

»Die Araber waren bereit, den internationalen Status von Jerusalem anzuerkennen, doch die Juden lehnten den Vorschlag ab. Auf Grund ihrer starren Haltung hält Israel heute die ganze Stadt illegal besetzt.«

Tatsache

Als die Vereinten Nationen im Jahr 1947 die Palästinafrage aufgriffen, empfahlen sie, Jerusalem internationalen Status zu verleihen. Der Vatikan und viele vorwiegend katholische Delegationen befürworteten diese Option, doch der eigentliche Grund für die Entscheidung der UNO war der Wunsch der kommunistischen Blockstaaten, den transjordanischen König Abdullah und seine britischen Schutzherren vor den Kopf zu stoßen.

Die Jewish Agency akzeptierte den Status der Stadt nach eingehender Überlegung in der Hoffnung, dass dadurch kurzfristig gesehen ein Blutvergießen und schwer wiegendere Probleme für den neugegründeten Staat verhindert würden. Da die Teilungsresolution ein Referendum über den Status der Stadt nach Ablauf von zehn Jahren vorsah und die Juden die große Mehrheit der Bevölkerung bildeten, ging man allgemein davon aus, dass sie später dem Staat Israel eingegliedert würde. Doch die

Araber wehrten sich ebenso heftig gegen den internationalen Status von Jerusalem wie gegen den ganzen übrigen Teilungsplan.
Im Mai 1948 marschierte Jordanien ein und besetzte Ostjerusalem. Damit war die Stadt zum ersten Mal in der Geschichte geteilt, und Tausende von Juden – deren Familien seit Jahrhunderten in der Stadt gelebt hatten – wurden vertrieben und gingen ins Exil. Der Teilungsplan der Vereinten Nationen, einschließlich des Vorschlags, Jerusalem internationalen Status zu verleihen, war vom Gang der Ereignisse überrollt worden.
Die Weigerung der Araber, die Teilung zu akzeptieren, »spielte eine wichtige Rolle für die juristische Definition des Status von Jerusalem«, schrieb Teddy Kollek, der ehemalige Bürgermeister von Jerusalem.[5] Nachdem die arabischen Staaten die Resolution 181 und am 11. Dezember 1948 auch die Resolution 194, die die Gründung einer UN-Schlichtungskommission für Palästina vorschlug, abgelehnt hatten, erklärte Ministerpräsident David Ben-Gurion, dass nun auch Israel nicht mehr bereit sei, den internationalen Status von Jerusalem anzuerkennen.

Von 1948 bis 1967 war die Stadt zwischen Israel und Jordanien geteilt. Israel machte Westjerusalem zu seiner Hauptstadt; Jordanien hielt den Ostteil der Stadt besetzt. Da Jordanien sich – wie alle anderen arabischen Staaten zum damaligen Zeitpunkt – im Krieg mit Israel befand, wurden aus der Stadt praktisch zwei feindliche Heerlager, durchsetzt mit Mauern und Bunkern, Stacheldraht,

---

[5] Kollek, S. 24.

Minenfeldern und anderen militärischen Befestigungsanlagen.

> »Man sollte Jerusalem den Juden überlassen; sie haben es berühmt gemacht.«
> **Winston Churchill** 1955 gegenüber dem Diplomaten Evelyn Shuckburgh [6]

1967 ignorierte Jordanien die Bitte Israels, sich aus dem Sechs-Tage-Krieg herauszuhalten, und griff den Westteil der Stadt an. Die Jordanier wurden von den israelischen Streitkräften überwältigt und aus Ostjerusalem vertrieben, sodass die Einheit der Stadt wieder hergestellt werden konnte. Teddy Kollek, der 28 Jahre Bürgermeister von Jerusalem war, bezeichnete die Wiedervereinigung Jerusalems als »praktische Verwirklichung der Ziele der zionistischen Bewegung«.
Da Israel 1948 und 1967 zu einem Verteidigungskrieg gezwungen wurde, hat es nach Auffassung des Spezialisten für internationales Recht Steven Schwebel größeren Anspruch auf die Herrschaft über die Stadt als seine arabischen Nachbarn.[7]

---

[6] Sir Evelyn Shuckburgh, Descent to Suez; Tagebücher 1951-1956; London 1986.

[7] *American Journal of International Law*, April 1970, S. 346-47.

Behauptung

»Jordanien hat den internationalen Status von Jerusalem anerkannt.«

Tatsache

Jordanien hat den Vorschlag, Jerusalem internationalen Status zu verleihen, von Anfang an zurückgewiesen, als es sich den übrigen arabischen Staaten in der Ablehnung der Teilungsresolution anschloss. Der jordanische Delegierte Fawzi Pasha Malki erklärte am 6. Dezember 1949 vor dem Ad-Hoc-Komitee der Vereinten Nationen:

> »Meine Delegation ist der Auffassung, dass die Internationalisierung in keiner Form ... sinnvoll wäre. Die heiligen Stätten genießen unter dem Schutz und der Kontrolle meiner Regierung absolute Sicherheit; es bedarf dazu keiner Sonderregelung.«[8]

Als sich Anfang 1950 der Treuhandverwaltungsrat in Genf traf, um ein neues Gesetz über die Verwaltung von Jerusalem zu erlassen, weigerte sich Jordanien, irgend-

---

8 *New York Times*, 7. Dezember 1949.

einer Form von Kontrolle durch die UNO zuzustimmen.[9]
Im gleichen Jahr annektierte Jordanien das gesamte Gebiet westlich des Jordan, einschließlich Ostjerusalems. Die anderen arabischen Länder verweigerten zwar die formale Anerkennung dieses Schrittes, ja die Arabische Liga erwog sogar den Ausschluss Jordaniens, doch schließlich wurde ein Kompromiss ausgearbeitet, nach dem die anderen arabischen Staaten sich einverstanden erklärten, dass Jordanien die Westbank und Ostjerusalem »treuhänderisch« für die Palästinenser verwaltete.

Behauptung

»Von 1948 bis 1967 hat Jordanien allen Glaubensrichtungen in Jerusalem Religionsfreiheit zugesichert.«

Tatsache

Entgegen dem Waffenstillstandsabkommen von 1949 verweigerte Jordanien den Israelis den Zugang zur West-

---

[9] Sonderbericht des Treuhandverwaltungsrats, 14. Juni 1950.

mauer und zu dem Friedhof auf dem Ölberg, der seit über 2 500 Jahren als jüdische Begräbnisstätte diente.
Laut Paragraf 8 dieses Abkommens hatten Jordanien und Israel sich darauf geeinigt, Komitees einzusetzen, die für die Wiederaufnahme der normalen Arbeit der kulturellen und humanitären Einrichtungen auf dem Skopusberg und für freien Zugang zu diesem Gebiet, zum Friedhof auf dem Ölberg und zu den heiligen Stätten und kulturellen Einrichtungen sorgen sollten.
Unter jordanischer Herrschaft waren die israelischen Christen in Jerusalem »bei den saisonalen Pilgerfahrten an ihre heiligen Stätten verschiedenen Einschränkungen unterworfen«, berichtete Teddy Kollek. »Nur einer beschränkten Anzahl von Pilgern wurde an Weihnachten und Ostern widerwillig ein kurzer Besuch der Altstadt und Bethlehems gestattet.«[10]
1955 und 1964 erließ Jordanien Gesetze, nach denen die christlichen Schulen strengster Kontrolle durch die Regierung unterstellt wurden. Die Einschränkungen betrafen auch die Gründung neuer Schulen, die staatliche Kontrolle der Finanzen der Schulen und die Ernennung von Lehrern; zudem sollte der Koran obligatorisches Unterrichtsfach werden. 1953 und 1965 verabschiedete Jordanien Gesetze, die christlichen kirchlichen Einrichtungen und karitativen Organisationen den Grund- und Bodenerwerb in Jerusalem verbot.
1958 bemächtigte sich die Polizei des armenischen Patriarchen und wies ihn aus Jordanien aus; auf diese Weise wurde der Weg frei für die Wahl eines neuen Patriarchen, die von der Regierung König Husseins manipuliert wur-

[10] Kollek, S. 15.

de. Auf Grund dieser repressiven Politik verließen immer mehr Christen Jerusalem. Ihre Zahl ging von 25 000 im Jahr 1949 auf weniger als 13 000 im Juni 1967 zurück.[11] Nachdem die Stadt 1967 wiedervereinigt worden war, wurden die diskriminierenden Gesetze von Israel aufgehoben.

Behauptung

»Jordanien hat die heiligen Stätten des Judentums geschützt.«

Tatsache

Jordanien hat mehrfach heilige Stätten des Judentums entweiht. So erlaubte König Hussein den Bau einer Straße zum Intercontinental Hotel, die über den Friedhof auf dem Ölberg verläuft. Dabei wurden Hunderte jüdischer Gräber von einer Autobahn zerstört, die problemlos hätte verlegt werden können. Die Grabsteine, die das Andenken von Rabbis und Weisen ehrten, wurden von der Bauabteilung der jordanischen Arabischen Legion für

---

[11] Kollek, S. 16.

Fußböden und Latrinen verwendet (die Inschriften auf den Steinen waren noch sichtbar, als die Israelis die Stadt befreiten).
Das alte jüdische Viertel der Altstadt wurde verwüstet, 58 Jerusalemer Synagogen – manche davon Jahrhunderte alt – wurden zerstört, andere wurden als Vieh- und Hühnerställe genutzt. Direkt neben der Westmauer entstanden Slumsiedlungen.[12]

Behauptung

»Jordanien bemühte sich, die Lebensbedingungen im arabischen Ostjerusalem zu verbessern. Die israelischen Behörden dagegen ließen Hunderte von arabischen Häusern in diesem Teil der Stadt abreißen und machten ihre Bewohner obdachlos.«

Tatsache

Wie die früheren islamischen Herrscher hatte auch König Hussein Jerusalem verkommen lassen. Nach der Eroberung der Altstadt im Jahr 1967 zeigte sich das

---

12. Kollek, S. 15.

ganze Ausmaß dieser Vernachlässigung, als zu Tage trat, dass es einem Großteil der Stadt an der Versorgung mit dem Grundlegendsten fehlte – an Wasser- und Abwasserrohren, Gas- und Stromleitungen und Elektrizität.[13] Nach der Wiedervereinigung wurden die arabischen Häuser und Läden in Ostjerusalem mit diesen und anderen dringend nötigen städtischen Annehmlichkeiten ausgestattet.

Es stellte sich heraus, dass Hunderte von Hausbesetzern im jüdischen Viertel Unterschlupf gefunden hatten. Die israelischen Behörden ließen die verfallenen Häuser räumen, um das Viertel wiederaufzubauen, doch nicht, ohne den Hausbesetzern Entschädigungen oder alternative Wohnmöglichkeiten anzubieten.

Behauptung

»Unter israelischer Oberherrschaft wurde die Religionsfreiheit in Jerusalem eingeschränkt.«

---

[13] Meron Benvenisti: *Jerusalem. The Torn City*; MN: University of Minnesota Press 1976, S. 44; 60-61.

Tatsache

Nach dem Krieg von 1967 hob Israel sämtliche diskriminierenden jordanischen Gesetze auf und formulierte eigene strenge Maßstäbe für die Sicherung eines ungehinderten Zugangs zu den religiösen Heiligtümern. »Wer irgendetwas unternimmt, das den Gläubigen der verschiedenen Religionen den freien Zugang zu ihren heiligen Stätten verwehrt oder verwehren könnte«, so lautet das israelische Gesetz, »kann mit Gefängnis bis zu fünf Jahren bestraft werden.« Die Verwaltung der verschiedenen heiligen Stätten übertrug der israelische Staat den betreffenden religiösen Körperschaften. So ist zum Beispiel der islamische Waqf für die Moscheen auf dem Tempelberg zuständig.

Die Schwesternschaft der Filles de la Charité vom l'Hospice Saint Vincent de Paul in Jerusalem wies wenige Monate, nachdem Israel die Stadt übernommen hatte, Vorwürfe gegen das Auftreten des israelischen Staats in Jerusalem zurück:

> »Unsere Arbeit hier wurde durch das Wohlwollen der israelischen Behörden außerordentlich erleichtert ... und zwar nicht für uns selbst, sondern (was noch wichtiger ist) auch für die Araber, die unserer Fürsorge anvertraut sind. Der jüngste Krieg hat uns gezeigt, dass sowohl

---

[14] *Catholic Herald of London*; 6. Oktober 1967.

die israelischen Soldaten als auch die Zivilisten unsere aufrichtige Bewunderung verdienen.«[14]

Der ehemalige amerikanische Präsident Jimmy Carter hob hervor, dass die Religionsfreiheit unter israelischer Herrschaft mehr Raum bekommen hat. Seiner Aussage nach besteht »kein Zweifel« daran, dass Israel besser über den Zugang zu den heiligen Stätten der Stadt wachte als Jordanien. »Heute haben alle ungehindert Zugang«, so Carter, »was von 1948 bis 1967 nicht der Fall war.«[15]

Das amerikanische Außenministerium betonte, dass in Israel das Recht auf Religionsfreiheit gesetzlich verankert ist, obwohl der Staat keine Verfassung besitzt, und dass die Regierung dieses Recht in der Praxis im Allgemeinen respektiert.[16]

Behauptung

»Israel verwehrt Muslimen und Christen den freien Zugang zu ihren heiligen Stätten.«

---

[15] *Near East Report*, 2. April 1990.
[16] Amerikanisches Außenministerium, Jahresbericht über internationale Religionsfreiheit des Jahres 2000, herausgegeben vom Büro für Demokratie, Menschenrechte und Arbeit, Washington D.C., 5. September 2000.

Tatsache

Seit 1967 sind Hunderttausende von Muslimen und Christen – viele davon aus den arabischen Staaten, die sich nach wie vor im Krieg mit Israel befinden – nach Jerusalem gekommen, um ihre heiligen Stätten zu besuchen. Auch die arabischen Führer dürfen diese Stätten jederzeit zum Gebet aufsuchen, wie es der ägyptische Präsident Anwar Sadat in der Al-Aksa-Moschee tat.

Nach der Lehre des Islam wurde der Prophet Mohammed auf wunderbare Weise von Mekka nach Jerusalem entrückt und stieg von dort in den Himmel auf. Durch den Felsendom und die Al-Aksa-Moschee, die beide aus dem 7. Jahrhundert stammen, kann Jerusalem zweifelsfrei als jener »ferne« Ort identifiziert werden, von dem im Koran die Rede ist, und deshalb ist es auch nach Mekka und Medina die heiligste Stätte des Islam. Die muslimischen Rechte auf den Tempelberg, die Stätte der beiden Schreine, wurden nicht angetastet. Obwohl der Tempelberg das höchste Heiligtum des Judentums ist, hat Israel ihn unter muslimischer Verwaltung belassen.

Für die Christen ist Jerusalem der Ort, an dem Jesus lebte, predigte, starb und auferweckt wurde. Die Kirche betont zwar stärker das himmlische als das irdische Jerusalem, doch die im Neuen Testament als Stätten von Jesu Wirken erwähnten Orte ziehen seit Jahrhunderten Pilger und Gläubige an. Zu diesen Stätten gehören die Grabeskirche, der Garten Gethsemane, die Stätte des Letzten Abendmahls und die Via Dolorosa mit den 14 Stationen des Kreuzweges.

Die Rechte der verschiedenen christlichen Kirchen als Hüter der heiligen Stätten des Christentums in Jerusalem wurden im 19. Jahrhundert festgeschrieben, als Jerusalem noch zum osmanischen Reich gehörte. Das damals getroffene Arrangement für die heiligen Stätten des Christentums in Jerusalem blieb auch während der Zeit des britischen Mandats in Kraft und wird noch heute von Israel respektiert.

Behauptung

»Die israelische Politik begünstigt die Anschläge jüdischer Extremisten auf muslimische und christliche Einwohner der Stadt und auf ihre heiligen Stätten.«

Tatsache

Die israelischen Behörden haben immer wieder versucht, Fanatiker aller Glaubensrichtungen davon abzuhalten, religiöse Stätten zu entweihen oder Gewalttaten in ihrer Nähe zu begehen. Wo das nicht möglich war, hat Israel die Täter streng bestraft. So wurde Allen Goodman, ein geistesgestörter Israeli, der 1982 auf dem Tempelberg Amok lief, zu lebenslanger Haft verurteilt.

1984 infiltrierten die israelischen Sicherheitskräfte eine jüdische Gruppe, die Anschläge auf nicht jüdische Stätten und Zivilisten plante. Die Terroristen wurden vor Gericht gestellt und verurteilt.
1990 wollte eine Gruppe jüdischer Extremisten, die so genannten »Temple Mount Faithful«, an Sukkot zum Tempelberg marschieren und dort den Grundstein für den Dritten Tempel legen. Die Polizei befürchtete, dass diese Demonstration die Muslime verärgern und die durch die Intifada und die Ereignisse am Persischen Golf ohnehin bereits angespannte Situation zum Eskalieren bringen könnte, und verbot ihr Vorhaben. Diese Entscheidung wurde vom israelischen Obersten Gerichtshof bestätigt und das Urteil unverzüglich den muslimischen Religionsführern und der arabischen Presse mitgeteilt.
Obwohl es »keinen Grund zur Sorge gab, dass die Heiligkeit der Moschee angetastet werden könnte« gab, schrieb Bürgermeister Kollek, »bestanden die muslimischen Anführer und die Intifada darauf, ihre Gläubigen zur Konfrontation aufzuhetzen.«[17] Bei den daraufhin ausbrechenden Unruhen kamen 17 Araber ums Leben.

Behauptung

»Israel hat die Rechte der palästinensischen Araber in Jerusalem eingeschränkt.«

---

[17] Kollek, S. 62.

Tatsache

Die palästinensischen Araber in Jerusalem genießen nicht nur absolute Religionsfreiheit, sondern haben auch nie gekannte politische Rechte. Die arabischen Einwohner dürfen selbst entscheiden, ob sie israelische Staatsbürger werden wollen; die meisten wollen jedoch die jordanische Staatsbürgerschaft behalten. Ungeachtet der Tatsache, ob sie die israelische Staatsbürgerschaft besitzen oder nicht, dürfen die in Jerusalem lebenden Araber an den Kommunalwahlen teilnehmen und haben Mitspracherecht in der Verwaltung der Stadt.

Behauptung

»Laut UN-Resolution 242 gilt Ostjerusalem als ›besetztes Gebiet‹, deshalb verstößt Israels Annexion Jerusalems gegen diese Resolution.«

Tatsache

Einer der leidenschaftlichen Befürworter der UN-Resolution war der amerikanische Botschafter bei den Vereinten Nationen, Arthur Goldberg. Nach Goldberg »bezieht sich Resolution 242 an keiner Stelle auf Jerusalem, und diese Auslassung war durchaus Absicht ... Jerusalem war etwas völlig anderes, es hatte nichts mit der Westbank zu tun«. Bezug nehmend auf seine Reden vor den Vereinten Nationen im Jahr 1967 sagte Goldberg: »Ich habe wiederholt darauf hingewiesen, dass die Waffenstillstandslinien von 1948 von Anfang an als vorübergehende Lösung gedacht waren. Das galt natürlich vor allem für Jerusalem. Zu keiner Zeit habe ich Ostjerusalem in einer meiner vielen Reden als besetztes Gebiet bezeichnet.«[18]

Nach 1948 stimmte die Vollversammlung der Vereinten Nationen in drei Resolutionen dafür, Jerusalem internationalen Status zu verleihen. Danach wurde die Sache jedoch fallen gelassen, bis Israel die Kontrolle über die Stadt erlangt hatte. Seit 1967 haben die Vereinten Nationen, die die jordanische Besetzung der Stadt 19 Jahre lang ignoriert hatten, zahlreiche Resolutionen verabschiedet, in denen Israel verurteilt wird, weil es den Status von Jerusalem geändert hat.

> »Wir bleiben grundsätzlich bei unserer Haltung, dass Jerusalem nie mehr geteilt werden darf. Wir haben den Status von vor 1967 niemals gutgeheißen und sind keinesfalls dafür, jetzt zu ihm zurückzukehren.«
>
> **Präsident George Bush** [19]

[18] *New York Times*, 12. März 1980.

[19] Brief von Präsident George Bush an den Bürgermeister von Jerusalem, Teddy Kollek; 20. März 1990.

Behauptung

»Ostjerusalem gehört zum palästinensischen Staat, weil hier schon immer palästinensische Araber und noch nie Juden gelebt haben.«

Tatsache

Vor 1865 lebte die gesamte jüdische Bevölkerung Jerusalems hinter den Mauern der Altstadt (dem heutigen Ostteil der Stadt). Als die Einwohnerzahl wuchs, begann die Stadt über diese Mauern hinaus zu wachsen, und Juden und Araber legten neue Stadtviertel an.
Zur Zeit der Teilung gab es im Ostteil Jerusalems, zu dem auch das Jüdische Viertel der Altstadt gehörte, eine blühende jüdische Gemeinde. Darüber hinaus befinden sich hier viele wichtige Stätten des Judentums, darunter die Davidsstadt, der Tempelberg und die Westmauer. Auf dem Skopusberg – ebenfalls in Ostjerusalem – liegen zudem zahlreiche bedeutende jüdische Einrichtungen wie die Hebräische Universität und das alte Hadassah Hospital.
Lediglich in der Zeit zwischen 1949 und 1967 war der Ostteil Jerusalem ausschließlich von Arabern bewohnt, weil Jordanien ihn besetzt und die jüdischen Einwohner gewaltsam vertrieben hatte.

Behauptung

»Die im April 1990 erfolgte Umsiedelung von 20 jüdischen Familien in das St. John's-Hospiz – ein Gebäude im christlichen Viertel von Jerusalem in der Nähe der Grabeskirche – ist ein Beispiel für Israels Strategie, die Nicht-Juden aus ihren Stadtteilen zu verdrängen.«

Tatsache

Israel hat das Recht aller Religionen auf freie Ausübung ihres Glaubens immer respektiert. Der Umzug in das Hospiz tastet dieses Recht in keiner Weise an. Bei dem betreffenden Gebäude handelte es sich nicht um eine Kirche und auch nicht um eine heilige Stätte anderer Art. Weder die Juden, die hier einzogen, noch die israelische Regierung hatten die Absicht, den Christen den Zugang zur Grabeskirche oder zu irgendeiner anderen Stätte in der Altstadt zu erschweren.

Die israelische Regierung geriet wegen ihrer angeblichen Rolle bei der Finanzierung der Miete unter Beschuss. Der Staat unterhält in ganz Israel ein umfangreiches Wohnungsbeschaffungsprogramm. Im Rahmen dieses Programms erhielt auch Ateret Kohanim, eine private Firma, die mehrere Gebäude in der Jerusalemer Altstadt besitzt, finanzielle Unterstützung.

Die von der PLO gestützte Führung der Intifada erließ einen Tötungsbefehl gegen den armenischen Geschäftsmann, der das Haus an die jüdischen Familien verkauft hatte.[20]

Zu denen, die durchschauten, dass hier der Versuch gemacht werden sollte, sich eine heikle Situation zu Nutze zu machen, gehörte die Internationale Christliche Botschaft in Jerusalem. »Da auch muslimische Araber im jüdischen Viertel der Altstadt leben, gibt es keinen Grund, warum Juden hier nicht ihren Wohnsitz aufschlagen sollten, wenn die Eigentümer ihre Wohnungen an sie vermieten wollen«, erklärte die Botschaft. »Wir glauben, dass in Israel wie in allen anderen demokratischen Nationen Christen, Muslime und Juden ihren Wohnort frei wählen dürfen sollten.« Juden das Recht zu verweigen, an jedem beliebigen Ort in Jerusalem zu wohnen, sei, so hieß es, »absurd«.[21]

Das griechisch-orthodoxe Patriarchat zog vor Gericht und klagte gegen das Hospiz – ein Beweis dafür, dass die Kirche Vertrauen zum israelischen Rechtssystem hat. 1995 wurde ein Kompromiss geschlossen, in dessen Rahmen der Mietvertrag an die Stadt Jerusalem überging.

---

[20] Reuters, 19. April 1990.

[21] Erklärung der Internationalen Christlichen Botschaft, 18. April 1990.

Behauptung

»Die israelische Polizei hat im Jahr 1990 auf dem Tempelberg in einem unprovozierten Angriff 17 arabische Gottesdienstbesucher ermordet.«

Tatsache

Der Grund für den Aufstand vom 8. Oktober 1990, der den Tod von 17 Arabern zur Folge hatte, war angeblich der Versuch einer jüdischen Randgruppe, der so genannten »Temple Mount Faithful«, auf dem Tempelberg den Grundstein für den Neubau des jüdischen Tempels zu legen.
Die Gruppe hatte die – wenn auch eher widerwillig erteilte – polizeiliche Erlaubnis erhalten, mit israelischen Flaggen um den Tempelberg zu ziehen. Als die Polizei jedoch sah, dass sich dort eine große Menge Muslime versammelte, nahm sie ihre Erlaubnis zurück. Als die Unruhen ausbrachen, waren die »Faithful« etwa eine Meile entfernt in friedlichem Gebet begriffen.
Arabische Radikale hatten der Gewalt den Weg bereitet. Die Führer der Fatah und der Hamas legten es darauf an, »ein Aufflammen der Intifada in den Jerusalemer Vierteln zu provozieren«.[22] Als ihre Mitglieder die Aufrufe der Sheiks vernahmen, die heiligen Stätten des Islam zu »ver-

---

[22] *Washington Post*, 14. Oktober 1991.

teidigen«, machten sie zum Sturm auf den Tempelberg mobil.

»Mit dem Ausbrechen der Gewalt«, so berichtete die *Washington Post*, »gingen die palästinensischen Jugendlichen mit einer im Verlaufe der beinahe drei Jahre währenden Intifada in Jerusalem nie da gewesenen Heftigkeit und Hartnäckigkeit gegen die Polizei vor. In arabischen Quellen heißt es, die Leidenschaft der Jugendlichen hinge mit dem in den letzten Wochen von den palästinensischen Führern in Jerusalem eingeleiteten gemeinsamen Feldzug zusammen, die Anschläge, insbesondere auf die Polizei, zu steigern.«

Während des folgenden Handgemenges warfen die Randalierer Steine in die Richtung jüdischer Pilger, die vor der unten gelegenen Westmauer ruhig ihre Sukkotgebete sprachen. Jamal Nusseibah, der Sohn eines prominenten palästinensischen Professors, gab zu, dass die jungen Leute in ihren Schultaschen Steine mit auf den Tempelberg gebracht hatten.[23]

Es gab zwei offizielle israelische Berichte über die Tragödie. Der erste stammte von der von der Regierung eingesetzten Zamir-Komission, die zu dem Schluss kam, dass ein aufrührerischer Mob aus nächster Nähe Steine und Metallprojektile auf die Polizei geschleudert hatte, dass für die Polizisten Lebensgefahr bestand und sie das Feuer in Notwehr eröffnet hatten. Der Report kritisierte das Vorgehen der israelischen Polizei angesichts einer Situation, deren Umschlagen in Gewalt sie hätte voraussehen müssen. Es ist schwer vorstellbar, dass irgendeine

[23] »60 Minuten«, 2. Dezember 1990.

arabische Regierung je eine so vernichtende öffentliche Kritik am Verhalten ihrer eigenen Polizei geäußert hätte. In den Medien war fälschlicherweise zu hören, dass der zweite Bericht den Ergebnissen der Zamir-Kommission widerspräche. Die Nachforschungen von Richter Ezra Kama bestätigten die Ergebnisse der Zamir-Kommission jedoch in den entscheidenden Punkten. Kama kam keineswegs zu dem Schluss, dass Israel den Aufstand »provoziert« habe; in dem Bericht heißt es lediglich, dass »3 000 Araber, größtenteils Jugendliche, dem Aufruf [der muslimischen Prediger zur ›Verteidigung‹ des Tempelbergs] Folge leisteten; dass sie mit Steinen ausgerüstet waren; und dass die muslimischen Führer wussten, dass die ›Temple Mount Faithful‹ sich dem Gebiet nicht einmal hatten nähern dürfen, ja dass sie fast eine Stunde vor dem Ausbruch des Aufstands mit eigenen Augen gesehen hatten, wie sie abzogen«.[24]

Behauptung

»Die Vereinigten Staaten sind nicht der Ansicht, dass Jerusalem die vereinigte Hauptstadt Israels sein sollte.«

---

[24] *Jerusalem Post*, 17. August 1991.

Tatsache

Nur zwei Länder unterhalten Botschaften in Jerusalem – Costa Rica und El Salvador. Von den 184 Nationen, zu denen Amerika diplomatische Beziehungen unterhält, ist Israel die einzige, deren Hauptstadt von der amerikanischen Regierung nicht anerkannt wird. Die amerikanische Botschaft befindet sich wie die meisten anderen Auslandsvertretungen in Tel Aviv, etwa 60 Kilometer östlich von Jerusalem. Die Vereinigten Staaten unterhalten jedoch ein Konsulat in Ostjerusalem, das sich mit der Situation der Palästinenser in den besetzten Gebieten befasst, unabhängig von der Botschaft arbeitet und Washington direkt verantwortlich ist. Damit haben wir heute den anomalen Zustand, dass amerikanische Diplomaten sich weigern, mit den Israelis in deren Hauptstadt zu verhandeln, weil der Status Jerusalems nicht klar festgelegt ist, während sie mit den Palästinensern in der Stadt Gespräche führen.
1990 erklärte der Kongress in einer Resolution: »Jerusalem ist die Hauptstadt des Staates Israel und soll es auch bleiben« und »Jerusalem muss eine ungeteilte Stadt bleiben, in der die Rechte aller ethnischen und religiösen Gruppen geschützt sind«. Während der Präsidentschaftskampagne im Jahr 1992 sagte Bill Clinton: »Ich erkenne Jerusalem als ungeteilte Stadt an, als ewige Hauptstadt Israels, und bin der Ansicht, dass unsere Botschaft nach Jerusalem verlegt werden sollte.« Als Präsident hat er diese Aussage jedoch nie wiederholt, und nach offizieller amerikanischer Lesart steht der Status von Jerusalem weiterhin zur Debatte.
In dem Versuch, dies zu ändern, erließ der Kongress im Jahr 1995 mit überwältigender Mehrheit die bahn-

brechende Jerusalem Embassy Act, in der es hieß, dass Jerusalem von der amerikanischen Politik offiziell als ungeteilte, ewige Hauptstadt Israels anerkannt und die amerikanische Botschaft bis spätestens Mai 1999 nach Jerusalem verlegt werden solle. Das Gesetz enthielt jedoch gleichzeitig eine Klausel, die es dem Präsidenten erlaubte, die Verordnung zu ignorieren, wenn er es im Interesse der Vereinigten Staaten für geraten hielt. Präsident Clinton entschloss sich zu letzterem.

George W. Bush versprach während seiner Präsidentschaftskampagne im Jahr 2000, nach seiner Wahl zum Präsidenten als eine seiner ersten Amtshandlungen »den Umzug der amerikanischen Botschaft in die Stadt, die der Staat Israel zu seiner Hauptstadt gemacht hat, in die Wege zu leiten«.[25] Im Juni 2000 folgte er dann allerdings Clintons Beispiel: Gestützt auf den Vorbehalt wurde die amerikanische Botschaft nicht verlegt.

Während die Gegner der Bemühungen des Kongresses, die Anerkennung Jerusalems als israelische Hauptstadt zu erzwingen, mit dem Präsidenten der Ansicht sind, dass der Umzug dem Friedensprozess abträglich wäre, argumentieren die Befürworter des Gesetzes, dass genau das Gegenteil der Fall sei. Wenn die Vereinigten Staaten ihre Position, dass Jerusalem eine vereinigte Stadt unter israelischer Herrschaft bleiben soll, unmissverständlich deutlich machen – so geben sie zu bedenken –, werden die Palästinenser ihre unrealistischen Erwartungen in Bezug auf die Stadt zurückschrauben, was letztlich die Chancen auf eine endgültige Lösung erhöht.

---

[25] Rede vor der AIPAC Policy Conference, 22. Mai 2000.

Behauptung

»Der Tempelberg war schon immer eine heilige Stätte des Islam, während das Judentum keinerlei Bindung an den Ort hat.«

Tatsache

Im Januar 2001 erklärte der von der palästinensischen Autonomiebehörde ernannte Mufti von Jerusalem, Ikrima Sabri, gegenüber der deutschen Zeitung *Die Welt:* »Es gibt nicht den kleinsten Hinweis darauf, dass an dieser Stätte je ein jüdischer Tempel stand. In der ganzen Stadt weist nicht ein einziger Stein auf jüdische Geschichte hin.«
Diese Auffassung wird von einem Buch mit dem Titel *A Brief Guide to al-Haram al-Sharif* widerlegt, das der Oberste Muslimische Rat 1930 veröffentlichte. Der Rat, das höchste muslimische Gremium in Jerusalem während des britischen Mandats, erklärt darin, dass der Tempelberg »eine der ältesten heiligen Stätten der Welt ist. Seine Identität mit der Stätte des salomonischen Tempels steht außer Zweifel. Darüber hinaus gilt allgemein als erwiesen, dass dies die Stätte ist, an der David dem Herrn einen Altar errichtete und ihm Brand- und Friedensopfer darbrachte«.
In einer Beschreibung des Areals der Ställe Salomos, die die islamischen Vertreter des Waqf 1996 in eine Moschee

umbauen ließen, heißt es: »... über die Frühgeschichte des Bauwerks ist wenig bekannt. Sie reicht wahrscheinlich ebenso weit zurück wie der Bau des salomonischen Tempels ... Nach Josephus haben sie tatsächlich existiert und dienten den Juden während der Eroberung Jerusalems durch Titus im Jahr 70 n. Chr. als Zuflucht.«[26]
Mit noch größerer Autorität bechreibt der Koran – das heilige Buch des Islam – Salomos Bau des Ersten Tempels (34,14) und berichtet auch von der Zerstörung des Ersten und des Zweiten Tempels (17,8).
Die jüdische Verbindung zum Tempelberg reicht also über 3 000 Jahre zurück und ist in Überlieferung und Geschichte verwurzelt. Auf dem Berg Moria, dem heutigen Tempelberg, band Abraham seinen Sohn Isaak, um ihn Gott als Opfer darzubringen. Im Allerheiligsten des Ersten Tempels stand die Bundeslade, und sowohl der Erste als auch der Zweite Tempel waren bis zur Zerstörung des Zweitens Tempels durch die Römer Mittelpunkte jüdischen Lebens und Glaubens. Nach der Zerstörung des Zweiten Tempels waren nacheinander mehrere Besatzermächte Herren des Tempelbergs. In der Anfangszeit der muslimischen Herrschaft wurde an der Stätte der ehemaligen jüdischen Tempel der Felsendom errichtet.
Streng orthodoxe Juden besuchen den Tempelberg nicht, aus Angst, dort unwissentlich das Allerheiligste zu betreten, in dem die Bundeslade stand, weil man nicht genau weiß, an welcher Stelle es sich befand. Andere Juden und Nicht-Muslime aber besuchen ihn im vollen Wissen und mit der Zustimmung des Waqf, da sie die Gebetszeiten

---

[26] *Jerusalem Post*, 17. August 1991.

und Kleidungsvorschriften respektieren und damit die Heiligkeit der Stätte nicht entweihen.

Behauptung

»Israel darf nicht die Kontrolle über den Tempelberg haben, weil es den Muslimen den Zugang zu ihren heiligen Stätten verwehrt.«

Tatsache

Israel hat die Kontrolle über den Tempelberg seit 1967 aufgeteilt. Damals gestattete Verteidigungsminister Moshe Dayan nach der Wiedervereinigung Jerusalems dem islamischen Waqf, weiterhin die Zivilhoheit auf dem Tempelberg auszuüben. Der Waqf regelt das Alltagsleben auf dem Tempelberg. Die Israelis sind lediglich am Eingang des Tempelbergs präsent, um sicherzustellen, dass Angehörige aller Religionen Zugang zu den heiligen Stätten erhalten.

Nur in Zeiten massiver Spannungen, wenn die Gefahr gewalttätiger Ausschreitungen es nötig machte, die Anzahl der Besucher einzuschränken, hat Israel Muslimen den Zutritt zum Tempelberg verwehrt. Durch diese Vorsichtsmaßnahme sollten Gläubige aller Religionen und die Heiligtümer in der Altstadt geschützt werden. Sie wurden jeweils schon nach ein bis zwei Tagen wieder aufgehoben.

Behauptung

»Die Palästinenser haben die archäologischen Schätze des Tempelbergs sorgfältig bewahrt.«

Tatsache

Obwohl der Waqf die israelische Kontrolle über den Tempelberg nicht anerkannte, arbeitete er bei den auf dem Areal anfallenden Arbeiten lange Zeit mit israelischen Inspektoren zusammen. Nach den 1993 in Oslo getroffenen Vereinbarungen wurde das von Jordanien gelenkte Gremium jedoch mit Vertretern besetzt, die der palästinensischen Autonomiebehörde verpflichtet waren und Israel die Zusammenarbeit aufkündigten, nachdem es im Anschluss an Israels Entscheidung, einen bisher geschlossenen Ausgang des Westmauer-Tunnels zu öffnen, zu Unruhen gekommen war.
Von da an durften die israelischen Inspektoren die Bauarbeiten auf dem Berg nicht mehr überwachen, sodass höchstwahrscheinlich unwiederbringliche archäologische Relikte aus der Zeit des Ersten und Zweiten Tempels vernichtet werden oder verloren gehen. Nach Aussage isra-

elischer Archäologen wurden bei den umfangreichen Aushubarbeiten Tausende Tonnen Kies – der möglicherweise wichtige archäologische Zeugnisse enthielt – vom Tempelberg fortgeschafft und auf Erddeponien entsorgt. Experten sind der Ansicht, dass eventuell doch noch auftauchende Artefakte, auch wenn sie nicht zerstört werden, für die Archäologie dennoch wertlos sind, weil die palästinensischen Arbeiter Funde aus unterschiedlichen Epochen vermischen, wenn sie die Erde mit ihren Bulldozern aufreißen.[27]
Angesichts der besonderen Tempelberg-Problematik und der ohnehin zwischen Israelis und Palästinensern bestehenden Spannungen in der Jerusalemfrage hat die israelische Regierung sich bislang nicht in die Aktivitäten des Waqf eingemischt. Währenddessen geht der Ausverkauf der Vergangenheit weiter.

> »Die zionistische Bewegung hat sich in den Kopf gesetzt, dass dies die Stätte sei, an der der Tempel Salomos stand. Doch das ist eine Lüge.«
>
> **Sheik Raed Salah**,
> ein Führer der islamischen
> Bewegung in Israel [28]

[27] JTA, 12. Februar 2001.
[28] JTA, 12. Februar 2001.

Behauptung

»Mit dem Durchbruch des Westmauer-Tunnels bedrohte Israel die Unantastbarkeit des Tempelbergs und der Al-Aksa-Moschee und forderte eine Verurteilung durch den UN-Sicherheitsrat heraus.«

Tatsache

Der berühmteste Teil der Überreste der Herodianischen Tempelanlage ist die traditionelle jüdische Gebetsstätte, die Westmauer, die sich seit zweitausend Jahren frei an dieser Stelle erhebt. Die Eroberung der Altstadt im Sechs-Tage-Krieg eröffnete die Möglichkeit, an der Fortsetzung der Westmauer nach Norden weitere Ausgrabungen vorzunehmen. So wurden in den Siebzigerjahren lange Abschnitte der Südmauer des Tempels sowie die Südwestecke freigelegt, sodass man allmählich eine umfassende Vorstellung von den gewaltigen Stützmauern aus herodianischer Zeit und dem weitläufigen Komplex öffentlicher Bauten erhielt.
Durch einen Tunnel können Fußgänger auf 2000 Jahre alten Pflastersteinen auf einem der ältesten unterirdischen Gänge Jerusalems vom Platz vor der Westmauer bis zur Via Dolorosa gelangen. Jahrelang hielt Israel den Ausgang dieses Tunnels geschlossen, um die Palästinenser,

die bereits durch die Ausgrabungen verärgert waren, nicht zu provozieren. Das zwang die Besucher des unterirdischen Ganges, den gleichen Weg, den sie gekommen waren, wieder zurückzugehen; dabei mussten sie sich aus Platzmangel manchmal seitlich an den Leuten vorbeidrücken, die in die andere Richtung gingen.

Im September 1996 entschloss sich Ministerpräsident Benjamin Netanyahu, den Ausgang zu öffnen. Das geschah spät abends, um Ausschreitungen zu vermeiden; andererseits erweckte es den Eindruck, als handle es sich um eine heimliche Aktion. Die Palästinenser (und Muslime) fassten die Öffnung denn auch als provozierenden Verstoß gegen die Friedensvereinbarungen und Teil eines israelischen Entweihungsfeldzugs gegen islamische heilige Stätten auf. Es kam zu einem Aufstand.

Der UN-Sicherheitsrat verabschiedete die Resolution 1093, nachdem der saudische Delegierte es beklagt hatte, dass Israel einen Tunnel »in unmittelbarer Nachbarschaft der Al-Aksa-Moschee« geöffnet habe. In Wirklichkeit ist der Tunnel eine archäologische Stätte, die überhaupt nichts mit der Moschee zu tun hat. Die Wiederherstellung des Westmauer-Tunnels erfolgte im Zusammenhang der Bemühungen Israels, bedeutende archäologische Fundstätten in Jerusalem zugänglich zu machen und die touristische Infrastruktur der Altstadt zu verbessern.

Der Tunnel wurde unter der Leitung von Archäologen und Ingenieuren durchgebrochen. Dabei wurden keine anderen archäologischen oder religiösen Stätten beschädigt. Der Tunnel verläuft nicht unter dem Tempelberg, und seine Wiederherstellung hat kein einziges Gebäude in der Altstadt gefährdet. Es wurde kein Privatbesitz enteignet oder konfisziert, um das Projekt durchzuführen.

Auch das Interimsabkommen zwischen Israel und den Palästinensern wurde durch die Freilegung des Tunnel nicht verletzt, da archäologische Restaurierungsarbeiten in dem Dokument überhaupt nicht berührt werden.
Der Streit verlief schließlich im Sand, und heute kann der Tunnel von Touristen besichtigt werden. Durch die Öffnung des Ausgangs wurde der Zugang von der Westmauer zur Via Dolorosa erleichtert, was letztlich den Händlern im muslimischen Viertel zugute kommt, in dem der Tunnel endet.

Behauptung

»Der internationale Status Jerusalems ist angesichts der kollidierenden Ansprüche auf die Stadt die beste Lösung.«

Tatsache

Die scheinbare Unlösbarkeit der Jerusalemfrage hat manche Leute wieder auf die ursprüngliche Idee gebracht, Jerusalem internationalen Status zu verleihen. Bezeichnenderweise war dieser Gedanke während der 19-jährigen jordanischen Herrschaft über die Altstadt, in der Juden und israelischen Muslimen der Zugang zu ihren

heiligen Stätten verwehrt war, völlig in Vergessenheit geraten.
Die Tatsache, dass Jerusalem umstritten und auch noch für andere Völker als für die israelischen Juden von Bedeutung ist, darf nicht dazu führen, dass die Stadt fremden Völkern gehört oder von einem internationalen Gremium regiert wird. Es gibt keinen Präzedenzfall für ein solches Szenarium. Am Nächsten kam dem Bild der internationalen Stadt noch das Nachkriegs-Berlin, das unter der geteilten Kontrolle der vier Siegermächte stand – doch das Experiment ist letztlich gescheitert.
Und selbst wenn Israel dem Gedanken prinzipiell nicht abgeneigt wäre – welchem internationalen Gremium könnte man man wohl den Schutz der Freiheiten anvertrauen, die Israel bereits garantiert? Ganz sicher nicht den Vereinten Nationen, die seit der Teilung nicht das geringste Verständnis für die israelischen Anliegen bewiesen haben. Israel kann lediglich auf die Unterstützung der Vereinigten Staaten rechnen, und nur im UN-Sicherheitsrat kann das Veto der Amerikaner den israelischen Staat vor politischem Schaden durch andere Völker bewahren.

Behauptung

»1969 hat Israel versucht, die Al-Aksa-Moschee niederzubrennen.«

Tatsache

Die Bereitwilligkeit, mit der die arabische Seite Falschmeldungen propagandistisch ausschlachtet, trat überdeutlich zu Tage, als Nasser und andere arabische Führer zum Heiligen Krieg gegen Israel aufriefen, nachdem ein Brandstifter im August 1969 Feuer in der Al-Aksa-Moschee gelegt hatte. Bei dem Mann handelte sich um einen Touristen namens Michael Rohan, einen australischen Christen, der sich schuldig bekannte. Er wurde vor Gericht gestellt und für geisteskrank befunden.

21. Die amerikanische Nahostpolitik

Behauptungen

»Die Gründung des Staates Israel erfolgte nur auf Druck der Amerikaner.«
»Die Vereinigten Staaten haben Israel im Jahr 1948 lediglich auf Drängen der jüdischen Lobby gegen die Araber unterstützt.«
»Die meisten Amerikaner lehnen eine enge Beziehung der Vereinigten Staaten zu Israel ab.«
»Die amerikanische Politik war stets von einer feindseligen Haltung gegenüber den Arabern bestimmt.«
»Die Vereinigten Staaten stehen seit 1948 ausnahmslos auf der Seite Israels.«
»Die Vereinigten Staaten haben Israel immer ausreichend mit Waffen versorgt, um seine militärische Überlegenheit über die arabischen Staaten zu sichern.«
»Die amerikanische Hilfe für den Nahen Osten war von jeher einseitig; die Araber gingen dabei fast immer leer aus.«
»Die Vereinigten Staaten haben Israel mit Millionen von Dollar unterstützt, ohne je eine Rückzahlung zu erwarten.«
»Israel fordert weiterhin hohe Zuwendungen an Wirtschaftshilfe, obwohl es als reiches Land inzwischen nicht mehr auf Unterstützung angewiesen ist.«

»Israel prahlt damit, dass es die viertstärkste Nation der Welt sei, folglich dürfte es auch nicht mehr auf amerikanische Militärhilfe angewiesen sein.«
»Die amerikanische Militärhilfe unterstützt israelische Rüstungsunternehmen auf Kosten der amerikanischen Industrie.«
»Israel bekam durch amerikanische Kreditbürgschaften Milliarden von Dollar aus der Tasche der amerikanischen Steuerzahler, mit denen dann in der Westbank und im Gazastreifen neue Siedlungen für russische Juden errichtet wurden.«
»Israel war zu keiner Zeit von irgendwelchem strategischen Wert für die Vereinigten Staaten.«
»Die amerikanische Unterstützung ermöglicht den Israelis ein bequemes Leben; deshalb sehen sie keinen Grund, das Wirtschaftssystem ihres Landes zu reformieren.«
»Der israelische Protektionismus behindert den amerikanischen Handel.«
»Der Auftrag an Jonathan Pollard, die Vereinigten Staaten auszuspionieren, ist der Beweis, dass Israel gegen die amerikanischen Interessen arbeitet.«
»Israel hat die USA unter falschen Vorspiegelungen dazu gebracht, dem Iran im Austausch gegen Geiseln Waffen zu verkaufen, und hat mitgeholfen, den Profit an die Contras weiterzuleiten.«
»Die Abhängigkeit der Amerikaner vom arabischen Öl hat sich mit den Jahren verringert.«
»Die großen amerikanischen Ölgesellschaften pflegen im arabisch-israelischen Konflikt nicht Partei zu ergreifen.«
»Die Vereinigten Staaten und Israel haben nichts gemeinsam.«

Behauptung

»Die Gründung des Staates Israel erfolgte nur auf Druck der Amerikaner.«

Tatsache

Als die Vereinten Nationen anfingen, sich mit der Palästinafrage zu befassen, sagte Präsident Harry Truman ausdrücklich, dass die Vereinigten Staaten »keinerlei Drohungen anwenden und keinen unangemessenen Druck auf die anderen Delegationen ausüben« sollten.[1] Ein gewisser Druck wurde zwar trotzdem ausgeübt – immerhin spielten die Vereinigten Staaten eine Schlüsselrolle bei der Unterstützung der Teilungsresolution –, aber der amerikanische Einfluss war keineswegs unbegrenzt, wie ganz deutlich wurde, als von Amerika abhängige Staaten wie Kuba und Griechenland gegen die Teilung stimmten und El Salvador und Honduras sich der Stimme enthielten.

Viele Mitglieder der Truman-Regierung lehnten die Teilung ab, darunter auch Verteidigungsminister James Forrestal, der der Ansicht war, dass die zionistischen Ziele die amerikanische Ölversorgung und die strategi-

---

[1] *Auslandsbeziehungen der Vereinigten Staaten im Jahr 1947;* DC: GPO 1948, S. 1173-4.1198-9.1248.1284. (Von jetzt an FRUS 1947.)

sche Position der USA in der Region gefährdeten. Die Militärs befürchteten, dass die Araber sich, wenn sie dem Westen entfremdet wurden, mit der Sowjetunion verbünden würden. Diese Gegner in den eigenen Reihen taten alles, um die amerikanische Unterstützung der Gründung eines jüdischen Staates zu unterlaufen.[2]
Insgesamt wurde viel über die Schachzüge der Befürworter der Teilung geschrieben, das Verhalten der arabischen Staaten dagegen wurde weitgehend ignoriert. Dabei übten sie ihrerseits nicht unbeträchtlichen Druck auf die Vereinten Nationen aus, den Teilungsplan wieder fallen zu lassen.[3]

Behauptung

»Die Vereinigten Staaten haben Israel im Jahr 1948 lediglich auf Drängen der jüdischen Lobby gegen die Araber unterstützt.«

---

[2] Mitchell Bard: *The Water's Edge and Beyond*; NJ: Transaction Publishers 1991, S. 132.
[3] FRUS 1947, S. 1313.

Tatsache

Truman unterstützte die zionistische Bewegung, weil er der Auffassung war, die internationale Gemeinschaft trage die Verantwortung dafür, dass die Versprechungen der Balfour-Erklärung eingelöst würden, und weil er es als ein Gebot der Menschlichkeit ansah, das Elend der jüdischen Überlebenden des Holocaust nicht noch zu vergrößern. Seiner Ansicht nach konnten die Rechte der Araber dadurch in keiner Weise geschmälert werden. Einen Eindruck von seiner Überzeugung gewinnt man aus einer Bemerkung Trumans im Zusammenhang mit den Verhandlungen über die Grenzen des jüdischen Staates:

> »Das ganze Gebiet harrt noch der Entwicklung, und wenn dort vorgegangen würde, wie wir bei der Entwicklung des Tennessee-Beckens verfahren sind, könnten 20 bis 30 Millionen mehr Menschen von diesem Land leben. Einer solchen Zukunft den Weg zu bereiten, wäre ein wirklich konstruktives und den Geboten der Menschlichkeit folgendes Unterfangen, durch das zudem die im Ersten Weltkrieg gegebenen Versprechen eingelöst würden.«[4]

Die amerikanische Öffentlichkeit unterstützte die Politik des Präsidenten. Meinungsumfragen ergaben, dass 65

---

[4] Harry Truman: *Years of Trial and Hope*, Bd. 2; NY: Doubleday 1956, S. 156.

Prozent der Amerikaner für die Gründung eines jüdischen Staates waren. Allein im letzten Quartal des Jahres 1947 gingen 62 850 Postkarten, 1 100 Briefe und 1400 Telegramme im Weißen Haus ein, in denen der Präsident gedrängt wurde, den amerikanischen Einfluss bei den Vereinten Nationen geltend zu machen.[5]
Diese öffentliche Front spiegelte sich auch im Kongress, wo im Jahr 1922 eine Resolution zur Unterstützung der Balfour-Erklärung verabschiedet wurde. 1944 forderten beide amerikanische Parteien die Wiederherstellung des jüdischen Staatswesens, und 1945 verabschiedete der Kongress eine ähnlich lautende Resolution.
Weit entfernt, dem Druck nachzugeben, war Truman im Gegenteil geneigt, der »jüdischen Lobby« entgegenzutreten. Er beklagte sich wiederholt darüber, dass er unter Druck gesetzt würde, und meinte, demnächst würde er die jüdische Propaganda auf einen Haufen werfen und ein Streichholz daran halten. In einem Brief an den Abgeordneten Claude Pepper schrieb Truman: »Wenn die Zionisten sich nicht so massiv eingemischt hätten, hätten wir die Sache schon vor anderthalb Jahren beilegen können.«[6]
Dies ist wohl kaum die Äußerung eines Mannes, dem übermäßig an den Stimmen den Juden gelegen war.

---

[5] John Snetsinger: *Truman, The Jewish Vote and the Creation of Israel*; CA: Hoover Institution Press 1974, S. 9-10. David Schoenbaum: »The United States and the Birth of Israel«, Wiener Library Bulletin 1978, S. 144n.

[6] Peter Grose: *Israel in the Mind of America*; NY: Alfred A. Knopf 1983, S. 217. Michael Cohen: »Truman, The Holocaust and the Establishment of the State of Israel«, Jerusalem Quarterly, Frühjahr 1982, S. 85.

Behauptung

»Die meisten Amerikaner lehnen eine enge Beziehung der Vereinigten Staaten zu Israel ab.«

Tatsache

Die Unterstützung, die Israel von amerikanischer Seite zuteil wird, kommt keineswegs nur von den Juden in den USA; im Gegenteil, Amerikaner aller Altersstufen, Rassen- und Religionszugehörigkeiten sympathisieren mit Israel. Diese Haltung ist auch an keine Partei gebunden; so steht die Mehrheit der Demokraten und Republikaner auf Seiten Israels und nicht auf Seiten der Araber.
Den besten Beleg für Amerikas Einstellung zu Israel liefert die Antwort auf die wohl am häufigsten gestellte Frage über den Nahen Osten: »Wo liegen Ihre Sympathien in der Nahostfrage: auf Seiten Israels oder auf Seiten der arabischen Völker?« Die meisten Befragungen zu diesem Thema führte Gallup durch. Seit 1967 besagen die Befragungsergebnisse, dass etwa 50 Prozent der amerikanischen Bevölkerung auf Seiten der Israelis sind.
Manche Leute sind der irrigen Ansicht, dass die Sympathien für Israel früher sehr viel größer waren. Tatsächlich lag die Spitze vor dem Golfkrieg bei 56 Prozent – diesen Gipfel erreichte die Sympathiekurve nach dem Sechs-Tage-Krieg. Im Januar 1991 kletterte sie jedoch laut Gallup auf eine Rekordhöhe von 64 Prozent. In der glei-

chen Zeit fiel die Unterstützung für die Araber um acht Prozentpunkte.

In 54 von Gallup durchgeführten Meinungsumfragen, die bis ins Jahr 1967 zurückreichen, standen durchschnittlich 45 Prozent der amerikanischen Bevölkerung auf Seiten Israels und etwas über zwölf Prozent auf Seiten der arabischen Staaten bzw. der Palästinenser. Dabei hegen die Amerikaner für die Palästinenser etwas mehr Sympathie als für die arabischen Staaten, doch die Ergebnisse von Umfragen, in denen die Leute gebeten wurden, zwischen Israel und den Palästinensern zu wählen, unterschieden sich kaum von denen der anderen Umfragen.

Die jüngste Meinungserhebung vom Februar 2001 ergab, dass die Sympathien für Israel bei 51, die für die Palästinenser dagegen bei nur 16 Prozent lagen. Das ist die höchste Zahl seit August 1991, doch auch sie liegt noch unter den gleich bleibend hohen pro-israelischen Quoten während des Golfkriegs. Die Ergebnisse dieser Umfrage kamen insofern überraschend, als sie in einer Zeit der eskalierenden Gewalt zwischen Israelis und Palästinensern und unmittelbar vor der erwarteten Wahl des »Hardliners« Ariel Sharon vom Likudblock durchgeführt wurde.

Seit 1998 waren etwa drei Viertel der Befragten der Meinung, dass die Vereinigten Staaten sich aus dem Konflikt heraushalten sollten, doch die überwältigende Mehrheit derer, die trotzdem Stellung beziehen, sind für Israel (15-17 Prozent, gegen 1-2 Prozent für die Palästinenser). Über drei Viertel der Amerikaner sind außerdem der Ansicht, dass der israelisch-palästinensische Friede für die Vereinigten Staaten von großer Bedeutung ist.

Darüber hinaus deuten die Umfragen darauf hin, dass Israel als verlässlicher Bündnisparter der USA angesehen wird – ein Eindruck, der sich in der Golfkrise noch verstärkte. So ergab zum Beispiel eine im Januar 1991 von Harris durchgeführte Umfrage, dass 86 Prozent der Amerikaner Israel für einen »engen Verbündeten« oder »Amerika freundlich gesonnen« halten. Das war das höchste Ergebnis, zu dem eine von Harris durchgeführte Umfrage je gelangte. Im März 1991 ergab eine Umfrage von ABC/Washington Post, dass Israel sich mit seinem Verhalten während des Krieges den Respekt von 69 Prozent der Amerikaner erworben hatte.

Behauptung

»Die amerikanische Politik war stets von einer feindseligen Haltung gegenüber den Arabern bestimmt.«

Tatsache

Auf arabischer Seite wird so gut wie gar nicht anerkannt, dass die Amerikaner sie in ihrem Bestreben nach Unabhängigkeit unterstützt haben. Immerhin hat Präsident Wilsons das Einstehen für die Selbstbestimmung aller Völker und den Eintritt der Vereinigten Staaten in den Ersten Weltkrieg, die Auflösung des osmanischen Reiches und den Weg in die Unabhängigkeit für die arabische Welt ganz entscheidend beschleunigt.

Die Araber waren stets der Auffassung, dass die amerikanische Nahostpolitik ein Nullsummenspiel sei, sodass die Unterstützung ihres Feindes Israel zwangsläufig eine Benachteiligung der arabischen Staaten zur Folge habe. Aus diesem Grund haben sie immer wieder versucht, die Vereinigten Staaten zur Entscheidung zwischen Israel und den arabischen Staaten zu zwingen, doch den USA gelang es bisher, dieser Entweder-oder-Falle auszuweichen. Die Tatsache, dass die Vereinigten Staaten ein enges Verhältnis zu Israel haben und gleichzeitig gute Beziehungen zu mehreren arabischen Staaten unterhalten, ist der Beweis, dass beides keineswegs unvereinbar ist.

Die USA bemühten sich seit langem um freundschaftliche Beziehungen zu den arabischen Regierungen und standen mit den meisten arabischen Staaten zumindest zeitweise auf gutem Fuß. In den Dreißgerjahren des 20. Jahrhunderts führte die Entdeckung von Erdöl zu engen Beziehungen zwischen den amerikanischen Mineralölgesellschaften und den Golfstaaten. In den Fünfzigerjahren versuchten die USA aus strategischen Erwägungen, Bündnisse mit den pro-westlichen arabischen Staaten zu schließen. Mit dem Irak und Libyen zum Beispiel war Amerika anfangs befreundet; das änderte sich erst, als dort radikale Führer an die Macht kamen. Ägypten wiederum, das den Vereinigten Staaten unter Nasser feindlich gesonnen war, schwenkte unter Sadat ins pro-westliche Lager über.

Seit dem Zweiten Weltkrieg haben die Vereinigten Staaten der gesamten Region immer wieder finanzielle Hilfe zukommen lassen; Jordanien, Saudi-Arabien, Marokko, Ägypten und die Scheichtümer am Golf werden heute noch von Amerika unterstützt. Auch wenn die arabischen Staaten den USA die Schuld an ihren Niederlagen in den Kriegen mit Israel gaben, bleibt die Tatsache bestehen, dass die meisten von ihnen zu irgendeinem Zeitpunkt amerikanische Hilfe erhielten bzw. dass ihnen diese Hilfe zumindest angeboten wurde.

Gelegentlich hatte es den Anschein, als würden die USA vor den arabischen Übergriffen gegen andere arabische Staaten die Augen verschließen. 1963 zum Beispiel erkannte Amerika die Marionettenregierung der Ägypter im Jemen an. 1991, als Saddam Husseins Angriff auf Kuwait zurückgeschlagen wurde, sah die Bush-Regierung weg, als Syrien seine Annexion des Libanon vollendete.

Während Israel einzig und allein auf die Hilfe der Vereinigten Staaten zählen konnte, wurden die arabischen Staaten stets von mehreren westlichen Ländern sowie von der Sowjetunion und deren Verbündeten unterstützt.

»Die alliierten Nationen haben die vollste Zustimmung unserer Regierung und unseres Volkes, dass in Palästina der Grundstein für ein jüdisches Gemeinwesen gelegt werden soll.«

Präsident Woodrow Wilson

Behauptung

»Die Vereinigten Staaten stehen seit 1948 ausnahmslos auf der Seite Israels.«

Tatsache

Die Vereinigten Staaten waren stets Israels engster Verbündeter, und doch haben sie häufig den Wünschen des jüdischen Staates zuwider gehandelt.
Von Anfang an waren die USA bemüht, ein Gegengewicht zu ihrer Unterstützung Israels zu schaffen und die Araber ihrerseits zufrieden zu stellen. Das zeigte sich schon 1948, als Truman in der Frage der Teilung schwankend zu werden schien und auf einmal einer treuhänderischen Verwaltung durch die Vereinten Nationen zuneigte. Nachdem die arabischen Anliegerstaaten in Israel einmarschiert waren, verhängten die Vereinigten Staaten ein Waffenembargo, das die Möglichkeit der Juden zur Selbstverteidigung stark einschränkte.
Nach dem Krieg von 1948 waren die Vereinigten Staaten nicht bereit, Umsiedlungsprojekte für arabische Flüchtlinge einzufordern. Auch haben sie stets gezögert, Verletzungen der UN-Charta und UN-Resolutionen durch die Araber zu verurteilen; so blieben zum Beispiel die arabische Blockade des Suezkanals, der arabische Wirtschaftsboykott gegen Israel und viele Terroranschläge in Israel ungeahndet. Im Gegenteil: Die USA ergriffen in den Vereinten Nationen häufiger gegen Israel Partei als für das Land und machten erst 1972 erstmals von ihrem Vetorecht im Sicherheitsrat Gebrauch, um eine antiisraelische Resolution zu verhindern.
Wie stark die amerikanische Politik von der Israels abweicht, wurde während der Suezkrise deutlich, als Präsident Eisenhower entschieden Position gegen England, Frankreich und Israel bezog. Nach dem Krieg wurde Israel auf Druck der Amerikaner gezwungen, sich aus den

eroberten Gebieten zurückzuziehen. David Ben-Gurion verließ sich damals auf zweifelhafte amerikanische Garantien, die letztlich die Saat für den Krieg von 1967 legten. Doch noch bei vielen anderen Gelegenheiten haben amerikanische Präsidenten gegen die Interessen Israels gehandelt. 1981 zum Beispiel hob Ronald Reagan ein Abkommen zur wechselseitigen Zusammenarbeit auf, nachdem Israel die Golanhöhen annektiert hatte. In einem anderen Fall verzögerte er die Auslieferung von Kampfflugzeugen, weil er über einen israelischen Vergeltungsschlag im Libanon verärgert war.

1991 bat Präsident Bush in einer Pressekonferenz um Aufschub der Entscheidung über Israels Bitte um finanzielle Unterstützung für die Integration der vielen ins Land strömenden sowjetischen und äthiopischen Juden; als Grund dafür gab er an, dass er nicht mit Israels Siedlungspolitik einverstanden sei. Bush warf sein ganzes Ansehen in die Waagschale, um den Aufschub zu erzwingen, und bediente sich dabei einer derart unbeherrschten Sprache, dass die Wogen der Leidenschaft allgemein hoch schlugen und die jüdische Gemeinschaft ein Aufflammen antisemitischer Ressentiments befürchtete.

Auch Bill Clinton, der immer wieder als der israelfreundlichste Präsident der Geschichte hingestellt wurde, übte bei zahlreichen Gelegenheiten Kritik an Israel. Und auch die neue Bush-Regierung verurteilte Israel bereits in den ersten Monaten ihrer Amtszeit mehrfach für Aktionen, die in ihren Augen den amerikanischen Interessen abträglich waren.

Behauptung

»Die Vereinigten Staaten haben Israel immer ausreichend mit Waffen versorgt, um seine militärische Überlegenheit über die arabischen Staaten zu sichern.«

Tatsache

Bis zum Jahr 1962 haben die Vereinigten Staaten Israel nur in beschränktem Umfang Waffen geliefert, darunter Munition und rückstoßfreie Gewehre. 1962 verkaufte Präsident Kennedy dann HAWK-Flugabwehrraketen an Israel, allerdings erst, nachdem die Sowjetunion Langstreckenbomber an Ägypten geliefert hatte.
1965 waren die USA Israels wichtigster Waffenlieferant geworden. Das lag zum Teil daran, dass Westdeutschland dem arabischen Druck nachgegeben hatte und keine Panzer mehr an Israel lieferte. Während des größten Teils der Amtszeit von Präsident Johnson standen dem Verkauf von Waffen an Israel jedoch entsprechende Waffenlieferungen an die Araber gegenüber. So wurde die erste Lieferung amerikanischer Panzer an Israel im Jahr 1965 durch eine ähnliche Lieferung an Jordanien aufgewogen.[7]

---

[7] Memorandum der Harriman-Eshkol-Gespräche, 25. Februar 1965; Memorandum des Gesprächs zwischen Botschafter Avraham Harman und Sonderbotschafter W. Averill Harriman, 15. März 1965; LBJ Library; Yitzhak Rabin: *The Rabin Memoirs*; MA: Little Brown and Company 1979, S. 65-66.

Flugzeuge lieferten die USA erst ab 1966 an Israel. Doch auch in diesem Fall wurden gleichzeitig Geheimabkommen über die Lieferung des gleichen Flugzeugtyps an Marokko und Libyen getroffen, während der Libanon, Saudi-Arabien und Tunesien weitere militärische Ausrüstung erhielten.[8]

Im Sechs-Tage-Krieg verhängten die Vereinigten Staaten wie schon 1948 ein Waffenembargo über Israel, wohingegen die arabischen Staaten weiterhin mit sowjetischen Waffen versorgt wurden. Israels Position wurde zusätzlich geschwächt durch den Beschluss der Franzosen, keine Waffen mehr an den jüdischen Staat zu liefern, womit auch sein zweiter wichtiger Waffenlieferant ausfiel.

Erst als sich zeigte, dass Israel auf die USA angewiesen war und die Sowjetunion keine Bereitschaft erkennen ließ, ihre Lieferungen in das Krisengebiet einzuschränken, erklärte sich Präsident Johnson bereit, Israel Phantomjäger zu verkaufen, die dem jüdischen Staat zum ersten Mal einen militärischen Vorsprung verschafften. »Wir werden in Zukunft zum wichtigsten Waffenlieferanten Israels werden«, erklärte der stellvertretende Verteidigungsminister Paul Warnke gegenüber dem israelischen Botschafter Yitzhak Rabin, »und uns intensiver für die Sicherheit Israels engagieren und sie stärker mit der Sicherheitspolitik der USA verknüpfen.«[9]

---

[8] Robert Trice: »Domestic Political Interests and American Policy in the Middle East: Pro-Israel, Pro-Arab and Corporate Non-Governmental Actors and the Making of American Foreign Policy, 1966-1971«; unveröffentlichte Dissertation an der Universität von Wisconsin-Madison, 1974, S. 226-230.

[9] Memorandum des Gesprächs zwischen Yitzhak Rabin et. al. und Paul Warnke et al., 4. November 1967; LBJ Library.

Von diesem Zeitpunkt an verfolgten die Vereinigten Staaten eine Politik, die Israels militärische Überlegenheit über die arabischen Staaten sicherte. Daneben achteten sie jedoch immer darauf, auch die Araber mit Waffen zu versorgen. So lieferten sie hoch entwickelte Raketen, Panzer und Flugzeuge an Jordanien, Marokko, Ägypten, Saudi-Arabien und die Golfstaaten, und 1978 erhielten außer Israel auch Ägypten und Saudi-Arabien F-15-Kampfjets. 1981 wurde dann erstmals ein Waffensystem an Saudi-Arabien geliefert, das dem Land einen militärischen Vorsprung vor Israel verschaffte – AWACS-Radarflugzeuge.

Heute versucht Israel, möglichst Spitzentechnologie aus den USA zu bekommen, aber auch viele arabische Staaten erhalten Panzer, Flugzeuge und Raketen der neuesten Generation von den Amerikanern. Der Vorsprung mag noch vorhanden sein, aber er ist hauchdünn geworden.

»Die Vereinigten Staaten und Israel haben viele gemeinsame Ziele ... deren wichtigstes die Schaffung einer besseren Welt ist, in der jede Nation ihre Ressourcen ausschöpfen und sich in Frieden und Freiheit entwickeln kann.«

Präsident Lyndon B. Johnson

Behauptung

»Die amerikanische Hilfe für den Nahen Osten war von jeher einseitig; die Araber gingen dabei fast immer leer aus.«

Tatsache

Nach Israels Sieg im Unabhängigkeitskrieg entsprachen die Vereinigten Staaten der israelischen Bitte um Wirtschaftshilfe, damit der neue Staat Einwanderer aufnehmen konnte. Sie sagten Israel 135 Millionen Dollar in Form von Bürgschaftsdarlehen und Verkäufen von Überschussprodukten zu. In diesen Anfangsjahren nach der Staatsgründung (wie auch heute noch) wurde die amerikanische Finanzhilfe als eine Möglichkeit zur Förderung des Friedensprozesses betrachtet.
1951 stimmte der Kongress dafür, Israel bei den wirtschaftlichen Schwierigkeiten zu helfen, die durch die große Zahl von Einwanderern – jüdischen Flüchtlingen aus den Vertriebenenlagern in Europa und den Gettos in den arabischen Ländern – entstanden waren. Daraufhin beklagten sich die Araber, dass sie von den Vereinigten Staaten benachteiligt würden, obwohl sie zu diesem Zeitpunkt gar kein Interesse und auch keinen Bedarf an amerikanischer Hilfe hatten. Syrien zum Beispiel lehnte 1951 amerikanische Hilfsangebote ab. Die reichen Ölstaaten Irak und Saudi-Arabien brauchten die amerikanische Unterstützung nicht, und Jordanien stand bis Ende der Fünfzigerjahre sozusagen unter britischer Vormundschaft. Nach 1957, als die USA Jordanien zu unterstützen begannen und die Wirtschaftshilfe für Ägypten anlief, wurde die amerikanische Hilfe für die arabischen Staaten auf eine breite Basis gestellt. Darüber hinaus leisteten die Vereinigten Staaten durch die Flüchtlingsorganisation der UNO (UNRWA) von Anfang an bei weitem die größten Zahlungen an die palästinensischen Hilfsfonds, und das ist bis heute so geblieben.

Israel hat von den Vereinigten Staaten seit dem Zweiten Weltkrieg am meisten direkte Hilfe bekommen, doch in der ersten Hälfte dieses Zeitraums waren die Summen noch relativ niedrig. Zwischen 1949 und 1973 zahlten die USA jährlich durchschnittlich 122 Millionen Dollar im Jahr an Israel, insgesamt 3,1 Milliarden (davon allein 1971-1973 über eine Milliarde als Darlehen für die militärische Aufrüstung). Vor 1971 erhielt Israel nur insgesamt 277 Millionen Militärhilfe, durchgängig als Darlehen. Auch der größte Teil der amerikanischen Wirtschaftshilfe ging an Israel. Aber auch die arabischen Staaten erhielten drei Mal so hohe Summen wie vor 1971, insgesamt 4,4 Milliarden bzw. 170 Millionen im Jahr. Darüber hinaus werden die arabischen Staaten im Gegensatz zu Israel, das fast ganz von den Vereinigten Staaten abhängig ist, von Asien, Osteuropa, der Sowjetunion und der Europäischen Gemeinschaft unterstützt.

> »Es ist meine Pflicht, dafür zu sorgen, dass unsere Israelpolitik mit unserer Weltpolitik übereinstimmt; zweitens ist es mein Wunsch, beim Aufbau Palästinas zu einem starken, blühenden, freien und unabhängigen demokratischen Staat mitzuhelfen. Er muss groß, frei und stark genug sein, um seinen Bewohnern Unabhängigkeit und Sicherheit zu garantieren.« **Präsident Truman**, 28. Oktober 1948

Erst von 1974 an – also nach dem Krieg von 1973 – erhielt Israel größere finanzielle Zuwendungen von den Amerikanern, und nach den Abkommen von Camp David stiegen die Beträge noch einmal stark an. Insgesamt hat das

Land seit 1948 über 90 Milliarden Dollar erhalten. Das ist eine eindrucksvolle Zahl, der faktische Wert der Finanzhilfe für Israel wurde allerdings durch die Inflation geschmälert. Von 1987 bis 1999 blieb die Höhe der Hilfszahlungen konstant, der Wert des Geldes nahm jedoch ständig ab. Diejenigen arabischen Staaten, die Abkommen mit Israel geschlossen haben, wurden dafür belohnt. So ist Ägypten seit der Unterzeichnung des Friedensvertrags mit Israel der zweitgrößte Empfänger amerikanischer Auslandshilfe (jährlich 2,2 Milliarden Dollar, Israel bekommt drei Milliarden). Auch Jordanien kam in den Genuss höherer Zahlungen, seit es einen Vertrag mit Israel schloss (über 200 Millionen statt wie bisher 40 Millionen). Zudem wurden beiden Ländern ihre Schulden bei den USA in Milliardenhöhe erlassen. Und seit den Abkommen von Oslo unterstützen die Vereinigten Staaten auch die palästinensische Autonomiebehörde.

Behauptung

»Die Vereinigten Staaten haben Israel mit Millionen von Dollar unterstützt, ohne je eine Rückzahlung zu erwarten.«

Tatsache

Die Wirtschaftssubventionen der Vereinigten Staaten an Israel liefen 1959 aus. Von da an bis 1985 bestand die amerikanische Unterstützung hauptsächlich in Krediten, die Israel zurückzahlte, und Überschussprodukten, die Israel kaufte. 1962 begann Israel, Waffen von den Vereinigten Staaten zu kaufen, militärische Subventionen hingegen erhielt es erst nach dem Jom-Kippur-Krieg von 1973. Die Folge war, dass das Land sich hoch verschulden musste, um seine wirtschaftliche Entwicklung und die nötig werdende militärische Aufrüstung zu finanzieren. Die nach dem Krieg von 1973 erfolgende Entscheidung, die Militärhilfe in jenem Jahr in Subventionen zu verwandeln, war auf die im Kongress vorherrschende Einschätzung zurückzuführen, dass die Kriegsgefahr im Nahen Osten ohne ein starkes Israel noch größer wäre und in diesem Fall noch höhere Kosten auf die Vereinigten Staaten zukämen.

Mehrere Jahre lang wurde der größte Teil der Wirtschaftshilfe, die Israel erhielt, für die Tilgung alter Schulden verwendet. 1984 verabschiedete der Kongress einen Zusatz zum Auslandshilfegesetz, das so genannte Cranston Amendment (so benannt nach seinem Befürworter im Senat); darin wurde festgelegt, dass die amerikanische Wirtschaftshilfe an Israel »nicht unter« dem Betrag liegen darf, den Israel im Rahmen der Schuldentilgung jährlich an die Vereinigten Staaten abführen muss.

Behauptung

»Israel fordert weiterhin hohe Zuwendungen an Wirtschaftshilfe, obwohl es als reiches Land inzwischen nicht mehr auf Unterstützung angewiesen ist.«

Tatsache

Seit dem Steuerjahr 1987 erhielt Israel jährlich insgesamt 1,2 Milliarden Dollar wirtschaftliche und insgesamt 1,8 Milliarden militärische Subventionen. 1998 bot Israel freiwillig an, seine Abhängigkeit von der amerikanischen Wirtschaftshilfe zu verringern. Nach einem Abkommen mit der Clinton-Regierung und dem Kongress wird die Wirtschaftshilfe in Höhe von 1,2 Milliarden Dollar jährlich um 120 Millionen reduziert und demzufolge in zehn Jahren auslaufen.

Die Hälfte der jährlichen Einsparungen an Wirtschaftshilfe (60 Millionen) werden der Militärhilfe für Israel zugeschlagen; auf diese Weise wird den höheren Sicherheitserfordernissen des Landes Rechnung getragen. 1999 erhielt Israel 1,08 Milliarden Dollar Wirtschaftshilfe und 1,86 Milliarden Dollar Militärhilfe. Im Jahr 2000 wurde die Wirtschaftshilfe auf 949,1 Millionen reduziert, und bis 2002 soll sie auf 720 Millionen Dollar sinken. Die Unterstützung im militärischen Bereich stieg dagegen auf 1,92 Milliarden Dollar im Jahr 2000 und soll bis 2002 2,04 Milliarden Dollar erreichen.

Israel schlug diese Lösung von sich aus vor, weil es nicht mehr im gleichen Maße wie früher auf wirtschaftliche Unterstützung angewiesen ist. Heute ist die Wirtschaft des Landes stark. Allerdings trägt Israel zurzeit noch alte Schulden bei den Vereinigten Staaten ab, die ihm im Gegensatz zu Jordanien und Ägypten nicht erlassen wurden. Im Übrigen kann das Land die amerikanische Hilfe nach wie vor gut gebrauchen. Die immense finanzielle Belastung, die die Aufnahme von Tausenden von Immigranten aus der ehemaligen Sowjetunion mit sich brachte, hohe Arbeitslosenzahlen und eine alarmierend hohe Zahl von Menschen, die unterhalb der Armutsgrenze leben, machen Israel schwer zu schaffen. Darüber hinaus hatten Zugeständnisse im Zusammenhang mit den Friedensverhandlungen die Auflösung von Militärstützpunkten und den Verlust von wertvollen Ressourcen und Arbeitskräften zur Folge, die ersetzt werden müssen.

Behauptung

»Israel prahlt damit, dass es die viertstärkste Nation der Welt sei, folglich dürfte es auch nicht mehr auf amerikanische Militärhilfe angewiesen sein.«

Tatsache

Israel hat nur mit zwei seiner Nachbarn Friedensverträge geschlossen. Mit der übrigen arabischen/islamischen Welt befindet es sich nach wie vor im Krieg, und mehrere Länder, vornehmlich Iran und Irak, machen keinen Hehl aus ihrer offen feindseligen Haltung. Angesichts der ständigen Gefahr, die dieser Zustand birgt, ist es eine absolute Notwendigkeit, dass Israel seine Verteidigungskraft stärkt. Israel ist zweifellos eine starke Militärmacht, doch die Tabellen über das Rüstungsgleichgewicht zeigen, dass es seinen Feinden zahlenmäßig unterlegen ist und sich deshalb für den Fall eines Krieges ganz auf seine technische Überlegenheit verlassen muss, die nur durch den ständigen Erwerb der neuesten Waffensysteme gewährleistet werden kann. Neue Panzer, Raketen und Flugzeuge aber haben ihren Preis, und Israel kann sich die Spitzentechnologie, die es braucht, um seinen Vorsprung zu sichern, nicht aus eigener Kraft leisten; deshalb ist die Hilfe der Vereinigten Staaten in diesem Punkt lebenswichtig für die Sicherheit des Staates. Darüber hinaus werden Israels Feinde von vielen Ländern unterstützt, Israel aber ist in

Fragen der Rüstung nahezu ausschließlich von den USA abhängig.

Behauptung

»Die amerikanische Militärhilfe unterstützt israelische Rüstungsunternehmen auf Kosten der amerikanischen Industrie.«

Tatsache

Entgegen der landläufigen Meinung schreiben die USA nicht einfach Milliardendollarschecks aus und überreichen sie Israel, das dann nach Belieben damit verfährt. Nur etwa 26 Prozent (490 Millionen Dollar) dessen, was Israel im Rahmen der militärischen Auslandshilfe der USA – Foreign Military Financing (FMF) – erhält, darf in Israel selbst für Rüstungskäufe ausgegeben werden. Die restlichen 74 Prozent müssen für Aufträge in den Vereinigten Staaten aufgewendet werden und sorgen dort für Umsätze und Arbeitsplätze. Über tausend Firmen in 47 US-Staaten sowie im District of Columbia und in Puerto Rico haben infolge dieses Programms in den letzten Jahren Aufträge in Milliardendollarhöhe abgeschlossen. Im Folgenden sind die Zahlen von 1999 wiedergegeben:

Auftragswert der Bestellungen im Rahmen des staatlichen Programms zur militärischen Auslandshilfe der USA[10]

Alabama	US-$ 1 935 312	Montana	US-$ 55 285
Arkansas	US-$ 928 912	North Carolina	US-$ 14 719 874
Arizona	US-$ 16 371 977	Nebraska	US-$ 94 025
California	US-$ 72 289 385	New Hampshire	US-$ 12 466 263
Colorado	US-$ 1 857 729	New Jersey	US-$ 22 790 725
Connecticut	US-$ 31 499 583	New Mexico	US-$ 1 167 391
Delaware	US-$ 115 282	Nevada	US-$ 22 046
Florida	US-$ 68 585 407	New York	US-$ 122 852 788
Georgia	US-$ 1 535 155	Ohio	US-$ 66 474 681
Iowa	US-$ 1 562 036	Oklahoma	US-$ 264 054
Idaho	US-$ 210 897	Oregon	US-$ 5 123 998
Illinois	US-$ 10 251 483	Pennsylvania	US-$ 21 410 669
Indiana	US-$ 2 927 225	Rhode Island	US-$ 396 710
Kansas	US-$ 985 501	South Carolina	US-$ 1 278 921
Kentucky	US-$ 113 268	Tennessee	US-$ 4 713 712
Louisiana	US-$ 30 012	Texas	US-$ 20 276 126
Massachusetts	US-$ 57 574 723	Utah	US-$ 1 0578 304
Maryland	US-$ 24 808 440	Virginia	US-$ 15 0770 713
Maine	US-$ 94 607	Vermont	US-$ 273 040
Michigan	US-$ 269 649 045	Washington	US-$ 10 854 709
Minnesota	US-$ 7 809 606	Wisconsin	US-$ 2 881 772
Missouri	US-$ 2 876 827	West Virginia	US-$ 626 200
Mississippi	US-$ 402 109	Wyoming	US-$ 1 0555 382

[10] Israelisches Verteidigunsministerium.

Behauptung

»Israel bekam durch amerikanische Kreditbürgschaften Milliarden von Dollar aus der Tasche der amerikanischen Steuerzahler, mit denen dann in der Westbank und im Gazastreifen neue Siedlungen für russische Juden errichtet wurden.«

Tatsache

Seit 1989 sind etwa eine Million Juden nach Israel eingewandert. Die Mehrheit von ihnen, etwa 80 Prozent, kam aus der ehemaligen Sowjetunion. Israel muss für diese Immigranten Nahrung, Wohnraum, Arbeitsplätze und Ausbildungsmöglichkeiten schaffen. Noch größer ist die Herausforderung, wenn die Neuankömmlinge aus unterentwickelten Ländern wie Äthiopien kommen und in buchstäblich allem – von der Benutzung des Spülklosetts bis hin zum Geldabheben bei der Bank – Anleitung benötigen. Israel hat sich dieser Verpflichtung gestellt und sehr viel Geld investiert. Hohe Summen kamen dabei auch von der jüdischen Gemeinschaft in Amerika, die durch Spendenaktionen wie die United Jewish Appeal's Operation Exodus und andere Kampagnen Milliardenbeträge bereitstellen konnte.
Trotz all dem blieb die Aufgabe, vor die das Land durch den Zustrom neuer Immigranten gestellt wurde, so ge-

waltig, dass Israel die Vereinigten Staaten um Hilfe bat. Um den Vorgang in den richtigen Relationen sehen zu können, muss man bedenken, dass die Vereinigten Staaten – ein Land mit 250 Millionen Einwohnern und einem Bruttosozialprodukt in Billionenhöhe – jährlich etwa 125 000 Flüchtlinge aufnehmen, wohingegen allein im Jahr 1990 200 000 Juden nach Israel eingewandert sind.
Die Vereinigten Staaten gingen der ganzen Freien Welt in ihrem Bestreben voran, den sowjetischen Juden die Ausreise zu ermöglichen. Bereits 1972 bewilligte der Kongress Mittel für die Ansiedlung sowjetischer Juden in Israel, und seit 1992 wurden 80 Millionen Dollar für diesen Zweck bereitgestellt.
Nachdem die Sowjetunion ihre Tore geöffnet hatte, wurde aus dem Tröpfeln der Einwanderer eine wahre Flut. Die Zahl der Immigranten stieg explosionsartig von weniger als 13 000 im Jahr 1989 auf über 185 000 im Jahr 1990 an. Daraufhin bat Israel um eine andere Form der Hilfe. Die Vereinigten Staaten entsprachen dieser Bitte und gewährten dem Land 1990 400 Millionen Dollar in Form von Kreditbürgschaften, mit denen Wohnungen für die Ankömmlinge gebaut werden sollten.
Bürgschaften sind keine Subventionen – nicht ein Cent amerikanischer Staatsgelder gelangte auf diesem Weg nach Israel. Der amerikanische Staat übernahm lediglich die Bürgschaft für Kredite, auf die hin die amerikanischen Banken Israel Geld zu günstigeren Konditionen liehen: zu niedrigeren Zinssätzen und mit längeren Rückzahlungszeiträumen, zum Beispiel 30 Jahre statt nur fünf oder sieben. Diese Darlehensbürgschaften haben keine Auswirkung auf die amerikanische Haushaltspolitik. Die amerikanischen Steuerzahler werden durch sie nicht belastet, es sei denn, Israel zahlt seine Kredite nicht

zurück – was bisher nie vorkam. Darüber hinaus wird ein Großteil des auf diese Weise aufgenommenen Geldes in den Vereinigten Staaten für amerikanische Produkte ausgegeben, fließt also in die USA zurück.

Als sich abzeichnete, dass der Flüchtlingsstrom noch größer als vorhergesehen war und jeden Monat wieder Tausende neuer Immigranten eintrafen, erkannte Israel, dass es mehr Hilfe brauchte, und bat die Vereinigten Staaten um weitere zehn Milliarden Dollar in Form von Bürgschaften.

1992 ermächtigte der Kongress den Präsidenten zu weiteren Kreditbürgschaften, um Israel bei der außergewöhnlichen humanitären Belastung zu unterstützen, die die Aufnahme und Integration der Immigranten für das Land bedeutete. Diese Bürgschaften wurden mit einer jährlichen Erhöhung um zwei Milliarden über einen Zeitraum von fünf Jahren gewährt. Während die Kosten dieser Hilfsmaßnahme für die amerikanische Regierung gleich Null waren, zahlte Israel den Vereinigten Staaten jedes Jahr Gebühren in Höhe von mehreren hundert Millionen Dollar für Verwaltungs- und andere Kosten.

Nach den geltenden Richtlinien darf die amerikanische Auslandshilfe für Israel nicht außerhalb der Grenzen von vor 1967 verwendet werden. Um das Missfallen der Vereinigten Staaten an der israelischen Siedlungspolitik zum Ausdruck zu bringen, wurde der US-Präsident außerdem ermächtigt, die jährlichen Kreditbürgschaften um den Betrag herabzusetzen, der dem geschätzten Wert der vorjährigen israelischen Siedlungsaktivitäten in der Westbank und im Gazastreifen entspricht.

Auf diese Weise legte, wie die Tabelle zeigt, das amerikanische Außenministerium fest, dass Israel von 1993 bis 1996 knapp 1,4 Milliarden Dollar für seine Siedlungspolitik ausgab. US-Der Präsident war jedoch umgekehrt auch ermächtigt, die Abstriche auszusetzen, wenn es im Sicherheitsinteresse der Vereinigten Staaten lag, dass Israel die Mittel voll zur Verfügung standen. Präsident Clinton machte in den letzten drei Jahren des Programms von dieser Vollmacht Gebrauch, sodass die tatsächliche Reduzierung der Bürgschaften für Israel 773,8 Millionen Dollar betrug.

Die in Siedlungsprojekte fließenden israelischen Gelder hatten nichts mit den neuen Einwanderern zu tun, von denen niemand gezwungen wurde, in den besetzten Gebieten zu wohnen. So entschied sich denn auch nur ein verschwindend geringer Prozentsatz von ihnen dafür, und zwar ausschließlich *freiwillig*.

Alles in allem war das amerikanische Kreditbürgschaftsprogramm ein voller Erfolg. Israel verwendete die Darlehen hauptsächlich zur Erhöhung des Umlaufs ausländischer Währung in der Wirtschaft des Landes und zur Verbesserung der Infrastruktur, wie zum Beispiel für den Bau von Straßen, Brücken, Abwassersystemen und Elektrizitätswerken. Darüber hinaus wurden Wohnraum und Arbeitsplätze für praktisch alle neuen Einwanderer geschaffen. Die Arbeitslosigkeit unter den Immigranten, die in den schlimmsten Zeiten 35 Prozent betrug, ist mittlerweile auf unter sechs Prozent gefallen; das entspricht etwa der Arbeitslosenrate der übrigen Bevölkerung.

Das amerikanische Kreditbürgschaftsprogramm hat es Israel nicht nur ermöglicht, die vielen Einwanderer aufzunehmen, ohne das wirtschaftliche Wachstum des Landes zu gefährden. Es war darüber hinaus eine klare Aussage des Vertrauens der USA in Israels Fähigkeit, der zusätzlichen wirtschaftlichen Schwierigkeiten Herr zu werden, die denn auch ihre Wirkung auf den internationalen Kapitalmarkt nicht verfehlte. Israels Kreditrahmen wurde erhöht, und das Land kann nun selbstständig Millionenkredite auf dem internationalen Finanzmarkt aufnehmen.

Behauptung

»Israel war zu keiner Zeit von irgendwelchem strategischen Wert für die Vereinigten Staaten.«

Tatsache

1952 ging Generalstabschef Omar Bradley davon aus, dass der Westen 19 Divisionen bräuchte, um den Nahen Osten zu verteidigen, und dass Israel zwei dieser Divisionen stellen sollte. Außerdem rechnete er damit, dass sich die westliche Luftstreitmacht für die Verteidigung des Nahen Ostens bis 1952 aus nur drei Staaten rekrutieren würde: Großbritannien, der Türkei und Israel. Bradleys Ansatz wurde verworfen, weil auf politischer Ebene entschieden wurde, dass es für die Vereinigten Staaten wichtiger sei, mit Ägypten und später mit dem Irak zusammenzuarbeiten. Man befürchtete, dass die Integration

israelischer Streitkräfte in die Strategie des Westens die Araber vor den Kopf stoßen könnte.[11]
Israels überwältigender Sieg über die vereinigten arabischen Streitkräfte im Jahr 1967 führte zu einer Neueinschätzung der Situation. Im darauf folgenden Jahr verkauften die USA zum ersten Mal hochmoderne Kampfflugzeuge (Phantomjets) an Israel. Washington revidierte seine Nahostpolitik: Statt weiterhin ein Kräftegleichgewicht herstellen zu wollen, begann es, die militärische Überlegenheit Israels über seine Feinde zu sichern. Seinen strategischen Wert für die USA bewies Israel, als die Vereinigten Staaten es im Jahr 1970 um Hilfe bei der Konsolidierung der Herrschaft König Husseins baten. Israels Bereitschaft, Amman zu unterstützen, im Verein mit Truppenverlegungen an die jordanische Grenzen bewogen Syrien, die Panzer zurückzuziehen, die es zur Unterstützung der PLO-Streitkräfte des »Schwarzen September« nach Jordanien geschickt hatte. Darüber hinaus waren die Sowjets unterrichtet worden, dass die Befehlshaber der Sechsten Flotte in Israel an Land gegangen waren, um die militärischen Aktivitäten zu koordinieren.[12]
Anfang der Siebzigerjahre zeichnete sich ab, dass kein einziger arabischer Staat den Westen im Nahen Osten unterstützen konnte oder wollte. Der Bagdad-Pakt war seit langem abgelaufen, und die pro-amerikanischen

---

[11] Dore Gold: *America, the Gulf, and Israel*; CO: Westview Press 1988, S. 84.

[12] Yitzhak Rabin, Rede auf der Konferenz über »Strategie und Verteidigung im östlichen Mittelmeerraum«, mit Unterstützung des Washington Institute for Near East Policy and Israel Military Correspondents Associsation, Jerusalem; 9.-11.Juli 1986.

arabischen Staaten waren äußerst schwach im Vergleich zu den anti-westlichen Kräften in Ägypten, Syrien und dem Irak. Selbst nach Ägyptens Neuorientierung infolge der Unterzeichnung des Friedensvertrags mit Israel konnten die Vereinigten Staaten im Ernstfall auf keine einzige arabische Regierung zählen.

Die Carter-Administration leitete daraufhin eine Form der strategischen Zusammenarbeit (wenngleich sie nicht als solche bezeichnet wurde) mit Israel ein, indem das Land für würdig erachtet wurde, seinerseits militärische Ausrüstung an die USA zu verkaufen. Die Bereitschaft zur, wenn auch eingeschränkten, militärischen Zusammenarbeit war in den Augen Carters die Belohnung für Israels »Wohlverhalten« bei den Friedensgesprächen mit Ägypten.

Mit dem Amtsantritt von Ronald Reagan wurde diese strategische Zusammenarbeit zu einer entscheidenen Größe in den israelisch-amerikanischen Beziehungen, vorläufig allerdings noch ohne dass das neue Verhältnis formalisiert wurde. Vor seiner Wahl zum amerikanischen Präsidenten hatte Reagan geschrieben: »Nur wenn wir uns der entscheidenden Rolle Israels für unsere strategische Planung bewusst sind, können wir ein solides Fundament zur Vereitelung der russischen Absichten im Hinblick auf Gebiete und Ressourcen schaffen, die von entscheidender Bedeutung für die Sicherheit und das Wohlergehen unseres Volkes sind.«[13]

Diese Auffassung Reagans führte zur Unterzeichnung eines Abkommens zur »strategischen Kooperation«

---

[13] Ronald Reagan, »Recognizing the Israeli Asset«; *Washington Post*, 15. August 1979.

zwischen Israel und den USA am 30. November 1981. Am 29. November 1983 wurde dann ein weiteres Abkommen zur Bildung gemeinsamer Arbeitsgruppen unterzeichnet. Dabei sollte sich die Joint Political-Military Group (JPMG) ursprünglich mit der Frage befassen, wie der Gefahr eines wachsenden Engagements der Sowjetunion im Nahen Osten begegnet werden könnte. Im Laufe der Zeit trat jedoch die Sorge über die Ausbreitung chemischer Waffen und ballistischer Raketen in den Vordergrund. Die Joint Security Assistance Planning Group (JSAP) wurde im Gefolge der israelischen Wirtschaftskrise Mitte der Achtzigerjahre gebildet. Es handelt sich um eine binationale Arbeitsgruppe, die einmal im Jahr in Washington zusammentritt, um Israels gegenwärtigen und zukünftigen Rüstungsbedarf zu eruieren. Zugleich wird im Licht der aktuellen Gefahreneinschätzung und der Budgetkapazitäten der USA über die Zuteilung amerikanischer Auslands-Militärhilfe beraten.

Dass die Zusammenarbeit funktioniert, zeigte sich, als der Kongress Israel am 23. Januar 1978 per Gesetz zu einem wichtigen, nicht der Nato angehörenden Bündnispartner Amerikas erklärte. Das Gesetz machte die israelische Industrie zum gleichwertigen Wettbewerbspartner der Nato-Länder und anderer enger amerikanischer Verbündeter im Blick auf Rüstungsaufträge.

> »Seit der Wiedergeburt des Staates Israel bestand ein festes Band zwischen den Demokratien unserer beider Länder.«
>
> **Präsident Ronald Reagan**

Im April 1988 unterzeichnete Präsident Reagan eine weitere Vereinbarung, die alle früheren Abkommen einschloss und die strategische Zusammenarbeit beider Länder festschrieb.

Gegen Ende von Reagans Amtszeit hielten die Vereinigten Staaten und Israel regelmäßig gemeinsame Truppenübungen ab, arbeiteten gemeinsam an der Entwicklung der Arrow-Anti-Tactical-Ballistic-Missiles und waren in einer Vielzahl weiterer gemeinsamer militärischer Projekte engagiert.

Seither wurde die israelisch-amerikanische Zusammenarbeit auf militärischem Gebiet ständig weiter vertieft, und heute sind die Bindungen enger denn je. Israel ist unbezweifelbar zum Bündnisparter der Vereinigten Staaten geworden.

Behauptung

»Die amerikanische Unterstützung ermöglicht den Israelis ein bequemes Leben; deshalb sehen sie keinen Grund, das Wirtschaftssystem ihres Landes zu reformieren.«

Tatsache

Israel gehört zu den am höchsten besteuerten Ländern der Welt mit Einkommensteuersätzen bis zu 50 Prozent – und das in einem Land mit einem Durchschnittsverdienst von unter 16 000 Dollar.
Jahrelang mussten die Israelis auf Grund der außerordentlich hohen Verteidigungsausgaben ihres Staates – ca. ein Fünftel bis ein Viertel des Gesamthaushalts – ein Absinken ihres Lebensstandards hinnehmen. In den letzten Jahren hat sich die Situation vor allem dank des Friedensprozesses verbessert; die Verteidigungsausgaben sind auf 16 Prozent des Budgets gesunken.
Als Israel im Rahmen des Friedensvertrags mit Ägypten auf die auf der Sinaihalbinsel angelegten Ölfelder verzichtete, verzichtete es damit auch auf die Möglichkeit einer unabhängigen Energieversorgung. Die israelische Wirtschaft ist deshalb in hohem Maße von den Schwankungen des Ölpreises abhängig.
Nach den Einwanderungswellen aus der ehemaligen Sowjetunion und Äthiopien in jüngster Zeit haben die Israelis, um die Aufnahme der Neuankömmlinge zu ermöglichen, freiwillig sogar noch größere Opfer auf sich genommen.
Israel weiß seit langem um die Notwendigkeit einer drastischen Wirtschaftsreform seines Landes. 1985 wurde ein Stabilisierungsprogramm auf den Weg gebracht, das mehrere Punkte umfasste: weitgehende Aufhebung der Subventionen für grundlegende Produkte und Dienste; eine starke Währungsabwertung, die zur Stabilisierung des Dollar-Wechselkurses führte; Lohn- und Preisbindungen und die Aufhebung der direkten Anpassung der

Löhne und Rücklagen an die Inflation; und eine Geldpolitik, die das Kreditwachstum kontrolliert und so die Zinssätze nach oben treibt.

Die *New York Times* fasste das Stabilisierungsprogramm und die Opfer, die es dem israelischen Volk abverlangte, damals in den plakativen Satz: »Es ist ein großer Schritt zurück – aber sie tun ihn alle gemeinsam.«[14]

Doch das Stabilisierungsprogramm bewirkte fast so etwas wie ein kleines Wunder. Die Inflation ging stark zurück – von dreistelligen Ziffern auf Null im Jahr 2000. Der Wechselkurs des Schekel blieb stabil, die ausländischen Währungsreserven erholten sich, der Export nahm zu und das Haushaltsdefizit schrumpfte.

Heute versucht Israel, durch grundlegende strukturelle Änderungen über die Stabilisierung hinaus zu einem Wirtschaftswachstum zu gelangen. Die Kürzungen bei Nahrungsmitteln und öffentlichen Dienstleistungen, darunter auch im Gesundheits- und Bildungswesen, wurden aufrecht erhalten, die Preisbindungen wurden aufgehoben, die Steuergesetzgebung wurde reformiert, staatliche Gesellschaften privatisiert. Solche Schritte sind schmerzlich, doch die meisten Israelis wissen, dass solche unpopulären Maßnahmen unumgänglich waren.

In dieser Situation war Israel froh über seinen amerikanischen Partner. Das Land erwies sich dabei als einer der wenigen Empfänger von US-Auslandshilfe, die positiv auf die amerikanischen Anstöße zu einer grundlegenden Wirtschaftsreform reagierten.

---

[14] *New York Times*, 9. August 1987.

Behauptung

»Der israelische Protektionismus behindert den amerikanischen Handel.«

Tatsache

Israel hat einen der offensten Märkte überhaupt für amerikanische Produkte. Die Intensivierung der israelisch-amerikanischen Handelsbeziehungen ist vorwiegend ein Ergebnis des 1985 getroffenen Freihandelsabkommens (Free Trade Agreement, FTA). Durch dieses Abkommen können amerikanische Waren frei mit europäischen Produkten, die ebenfalls freien Zugang zum israelischen Markt haben, konkurrieren. Es war das erste Abkommen dieser Art, das die Vereinigten Staaten mit einer ausländischen Regierung schlossen.

Seit der Unterzeichnung des FTA sind die amerikanischen Exporte nach Israel um 437 Prozent und das Gesamthandelsvolumen zwischen den beiden Staaten um 345 Prozent auf fast 21 Milliarden gestiegen. Dieses Wachstum hat den amerikanischen Exporteuren mehr Verkäufe und höhere Profite beschert. Israel rangiert, was die Pro-Kopf-Importe amerikanischer Waren betrifft, inzwischen an zweiter Stelle nach Kanada.

Behauptung

»Der Auftrag an Jonathan Pollard, die Vereinigten Staaten auszuspionieren, ist der Beweis, dass Israel gegen die amerikanischen Interessen arbeitet.«

Tatsache

Im November 1985 verhaftete das FBI Jonathan Pollard, einen Mitarbeiter des amerikanischen Marine-Geheimdienstes, unter der Anklage, Geheimmaterial an Israel verkauft zu haben. Pollard wurde zu lebenslanger Haft verurteilt, seine Frau Anne zu fünf Jahren Gefängnis wegen Beihilfe.
Unmittelbar nach Pollards Verhaftung entschuldigte sich Israel und erklärte, dass die Operation nicht genehmigt gewesen sei. »Angesichts der engen und besonders freundschaftlichen Beziehung« zwischen den beiden Ländern »enthält sich Israel jeglicher Geheimdienst-Tätigkeiten in den Vereinigten Staaten«, lautete die offizielle Stellungnahme der israelischen Regierung. Ministerpräsident Shimon Peres erklärte: »Spionage in den Vereinigten Staaten ist mit unserer Politik unvereinbar.«[15]

[15] Wolf Blitzer: *Territory of Lies*; NY: Harper & Row 1989, S. 201.

Die Vereinigten Staaten und Israel arbeiteten bei der Untersuchung der Pollard-Affäre eng zusammen. Die israelischen Nachforschungen ergaben, dass Pollard weder für den israelischen militärischen Abschirmdienst noch für den israelischen Geheimdienst Mossad arbeitete, sondern für eine kleine, unabhängig agierende wissenschaftliche Geheimdiensteinheit, und dass der Kontakt zu den Israelis von Pollard hergestellt wurde.
Eine Unterkommission des für Fragen der Staatssicherheit zuständigen Komitees (Defense and Foreign Affairs Committee on Intelligence and Security Services) der Knesset kam zu dem Schluss: »Zweifellos ... hat die Operationsebene [i.e. die betreffende wissenschaftliche Geheimdiensteinheit, die so genannte Scientific Liaison Unit unter der Führung von Rafael Eitan] die Rekrutierung Pollards ohne Absprache mit der politischen Ebene und ohne deren direkte oder indirekte Billigung beschlossen.« Die von der Knesset beauftragte Kommission nahm die israelische Regierung wegen der mangelhaften Überwachung der betreffenden Geheimdiensteinheit streng ins Gebet.
Wie den USA versprochen, wurde die Spionageeinheit, mit der Pollard zusammengearbeitet hatte, aufgelöst, die Verantwortlichen bestraft und die Dokumente zurückgegeben.[16] Der letzte Punkt war entscheidend für Anklageerhebung des amerikanischen Gerichtshofs gegen Pollard. Pollard bestritt, »gegen« die USA spioniert zu haben. Seiner Aussage nach hatte er lediglich Informationen geliefert, die seiner Ansicht nach lebenswichtig für die Sicherheit Israels waren und vom Pentagon zurück-

[16] *New York Times*, 2. und 21. Dezember 1985.

gehalten wurden. Dazu gehörten Daten über sowjetische Waffenlieferungen an Syrien, über die Herstellung chemischer Waffen in Syrien und im Irak, über das pakistanische Atombombenprojekt und über libysche Luftverteidigungssysteme.[17]

Pollard wurde der Spionage überführt. Sein Urteil – er bekam lebenslänglich – war die höchste Gefängnisstrafe, die je für Spionage für einen Verbündeten verhängt wurde, und weit höher als die Durchschnittsstrafe für Spionage für die Sowjetunion und andere Feinde der Vereinigten Staaten.[18]

Obwohl dies ursprünglich von Israel bestritten wurde, gab die Regierung Benjamin Netanyahus später zu, dass Pollard tatsächlich für den israelischen Geheimdienst gearbeitet hatte, und verlieh ihm die israelische Staatsbürgerschaft. Netanyahu bat während der Nahost-Friedensgespräche auf der Wye-Plantage in Maryland im Jahr 1998 um Nachsicht für Pollard.

Auch Pollards Unterstützer in den Vereinigten Staaten reichen regelmäßig Begnadigungsgesuche ein. Präsident Clinton zog eine Begnadigung angeblich in Erwägung, doch das Verteidigungsministerium und der Geheimdienst lehnten sie entschieden ab. Gegen Ende von Clintons Amtszeit wurde die Frage noch einmal aufgebracht. Senator Richard Shelby (R-AL), der Leiter der zuständigen Kommission des Senats, lehnte die Begnadigung mit der Mehrheit der Senatoren ab. »Mr. Pollard ist ein überführter Spion, der die Sicherheit unseres Volkes

---

[17] Blitzer, S. 166-171.

[18] Alan Dershowitz: *Chutzpah*; MA: Little Brown & Co. 1991, S. 289-312.

aufs Spiel gesetzt und das Leben unserer Geheimdienstmitarbeiter gefährdet hat«, sagte Shelby. »Ich bin der festen Überzeugung, dass Mr. Pollard jede einzelne Minute seines Urteils verdient.«[19]
In der Zwischenzeit haben Pollards Anwälte versucht, Zugang zu einer geheimen Erklärung des damaligen Verteidigungsministers Caspar Weinberger zu erhalten, die bei Pollards Verurteilung vorgelegt wurde.

Behauptung

»Israel hat die USA unter falschen Vorspiegelungen dazu gebracht, dem Iran im Austausch gegen Geiseln Waffen zu verkaufen, und hat mitgeholfen, den Profit an die Contras weiterzuleiten.«

Tatsache

Nach dem im November 1987 veröffentlichten Bericht der Untersuchungskommission der Iran-Contra-Affäre

---

[19] *Washington Post*, 23. Dezember 2000.

begann der Verkauf amerikanischer Waffen an den Iran durch Israel im Sommer 1985, und zwar mit der Billigung Präsident Reagans. Dem Bericht zufolge ging die Beteiligung Israels auf das Betreiben des iranischen Waffenhändlers Manucher Ghorbanifar und eines Mitarbeiters des nationalen Sicherheitsrates (NSC), Michael Ledeen, zurück, der für den nationalen Sicherheitsberater Robert McFarlane arbeitete. Als Ledeen Ministerpräsident Shimon Peres um Unterstützung bat, erklärte sich der israelische Politiker bereit, auf Bitten der USA Waffen an den Iran zu verkaufen in der Annahme, der Verkauf sei von höchster Ebene abgesegnet.[20]
Bevor die Israelis tätig wurden, so der Bericht, verlangten sie jedoch »die klare, ausdrückliche und bindende Zustimmung der amerikanischen Regierung«. McFarlane erklärte vor der Untersuchungskommission, dass er die Zustimmung Präsident Reagans erstmals im Juli 1985 erhalten habe. Im August habe Reagan den ersten Waffenverkauf an den Iran dann mündlich autorisiert, gegen die Einwände von Verteidigungsminister Caspar Weinberger und Außenminister George Shultz.[21] Auf Grund des Waffengeschäfts wurde Reverend Benjamin Weir, der seit 16 Monaten im Libanon gefangen gehalten wurde, freigelassen.
Als im November des gleichen Jahres eine Schiffslieferung von HAWK-Raketen erfolgen sollte, forderte der israelische Verteidigungsminister Yitzhak Rabin erneut

---

[20] Ein Großteil dieser Informationen bestätigte sich durch die Entdeckung von Bandaufzeichnungen von Gesprächen zwischen Schlüsselgestalten in dem Skandal, »Nightline«, 2. Oktober 1991.
[21] Bericht der Kommission zur Untersuchung der Iran-Contra-Affäre; DC: GPO 1987, S. 164-76.

die ausdrückliche Zustimmung der amerikanischen Regierung. Nach McFarlane war der Präsident einverstanden.

Im Dezember 1985 hatte der Präsident dann entschieden, dass weitere Verkäufe an die Iraner direkt aus den amerikanischen Beständen erfolgen sollten.

Nach dem Bericht der Kommission verwendete Oliver North, ebenfalls Mitarbeiter des NSC, erstmals im November 1985 Gelder aus dem Iranhandel zur Finanzierung der nicaraguanischen Widerstandsbewegung. Später gab er jedoch zu Protokoll, dass die Weiterleitung der Mittel an die Contras auf einen Vorschlag Ghorbanifars zurückging, den dieser bei einem Treffen im Januar 1986 gemacht habe.

Der saudische Öl- und Waffenmilliardär Adnan Kashoggi erklärte in einem Interview mit dem amerikanischen Fernsehsender ABC am 11. Dezember 1986, er habe eine Million Dollar für die Finanzierung der ersten, per Schiff erfolgten Waffenlieferung im Rahmen der Iran-Contra-Affäre vorgestreckt und vier Millionen für die zweite Lieferung bezahlt. Nach den Erkenntnissen einer Sonderkommission unter dem Vorsitz des ehemaligen Senators John Tower hatte ein ausländischer Politiker (angeblich der saudische König Fahd) zwischen Juli 1984 und April 1985 zwischen ein und zwei Millionen Dollar monatlich für die verdeckte Finanzierung der Contras gespendet. Saudi-Arabien bestritt, die nicaraguanischen Rebellen unterstützt zu haben, doch nach einem Bericht der New York Times waren die Zuwendungen nach Aussage von amerikanischen Politikern und anderen, die um das Geschäft wussten, Teil eines 1981 getroffenen Geheimabkommens zwischen Riad und Washington »zur Unterstützung antikommunistischer Widerstandsgruppen im

Zusammenhang mit den hoch entwickelten amerikanischen AWACS-Radarflugzeugen«.[22]
Die Senatskommission lobte die israelische Regierung, weil sie detaillierte Aufschlüsse über den zeitlichen Ablauf der Ereignisse, basierend auf Dokumenten und Gesprächen mit den Schlüsselfiguten der Operation, geben konnte. Ihr Bericht stützte das Fazit der Tower-Kommission: »Die amerikanischen Entscheidungsträger fällen ihre eigenen Entscheidungen und müssen die Verantwortung für ihre Folgen tragen.«[23]

Behauptung

»Die Abhängigkeit der Amerikaner vom arabischen Öl hat sich mit den Jahren verringert.«

Tatsache

Das arabische Ölembargo von 1973 versetzte der amerikanischen Wirtschaft einen schweren Schlag und führte im Verein mit den nachfolgenden Ölpreiserhöhungen der

[22] *New York Times*, 4. Februar 1987.
[23] *The Tower Commission Report*; NY: Bantam Books and Time Books 1987, S. 84.

OPEC und der wachsenden amerikanischen Abhängigkeit von ausländischem Öl zur Rezession Anfang der Siebzigerjahre.
1973 wurden 35 Prozent des amerikanischen Gesamtölbedarfs durch ausländisches Öl gedeckt. Im Jahr 2000 war der Anteil auf 53 Prozent gestiegen, wobei 46 Prozent der US-Importe aus den OPEC-Ländern stammten. Den ersten Platz unter den Erdöllieferanten nahm Saudi-Arabien ein; der Irak (auf Platz 5) und Kuwait (auf Platz 11) gehörten 1999 zu den 20 wichtigsten Lieferanten von Erdölerzeugnissen an die Vereinigten Staaten. Allein die Golfstaaten decken 23 Prozent der amerikanischen Erdölimporte ab.[24]
Durch die zunehmende Abhängigkeit von importiertem Öl wurde die amerikanische Wirtschaft noch anfälliger für Ölpreiserhöhungen, wie sie 1979, 1981, 1982, 1990 und 2000 erfolgten. Die Preiserhöhungen verschafften den arabischen ölfördernden Ländern riesige Staatseinnahmen auf Kosten der amerikanischen Verbraucher. Mit diesen Profiten wurde umfangreiche Waffenkäufe und – zum Beispiel im Irak – Atomwaffenprogramme finanziert.
Amerikas Abhängigkeit von arabischem Öl ließ zu gewissen Zeiten das Schreckgespenst aufkommen, die Vereinigten Staaten könnten dazu erpresst werden, ihre pro-israelische Politik aufzugeben. Der PLO-Vorsitzende Jassir Arafat hatte diese Möglichkeit bereits 1990 angedeutet:

---

[24] Information der Energiebehörde.

> »Wenn das Nordseeöl im Jahr 1991 versiegt, werden die Vereinigten Staaten arabisches Erdöl kaufen wollen. Und wenn auch die amerikanischen Ölfelder versiegen und gleichzeitig der Ölverbrauch in den Vereinigten Staaten immer weiter steigt, werden die Araber für Amerika immer unverzichtbarer werden.«[25]

Die gute Nachricht für die Amerikaner ist, dass die Haupterdöllieferanten Amerikas heute verlässlichere und bessere Verbündete sind als die Staaten am Persischen Golf.

Behauptung

»Die großen amerikanischen Ölgesellschaften pflegen im arabisch-israelischen Konflikt nicht Partei zu ergreifen.«

Tatsache

Ägyptens Präsident Sadat überredete den verstorbenen König Faisal von Saudi-Arabien, dem Westen mit der

[25] *Al-Musawwar*, 19. Januar 1990.

Einstellung der Öllieferungen zu drohen und sich auf diese Weise die wachsende Abhängigkeit des industrialisierten Westens vom arabischen Öl politisch zu Nutze zu machen. Die Taktik hatte Erfolg: Schon bald unterstützten die großen amerikanischen Ölgesellschaften die arabische Sache in der Öffentlichkeit und arbeiteten in der Stille darauf hin, die amerikanische Hilfe für Israel zu kappen.[26]

Nach einem 1974 veröffentlichten Bericht des Senatsunterausschusses für multinationale Zusammenarbeit hatte das ARAMCO-Konsortium - Exxon, Mobil, Texaco und SOCAL - im Krieg von 1973 versucht, die amerikanische Luftbrücke nach Israel zu verhindern. Die in dem Verband zusammengeschlossenen Gesellschaften kooperierten außerdem eng mit Saudi-Arabien, bis hin zu dem Plan, der amerikanischen Marine kein Öl und keinen Treibstoff mehr zu liefern.[27]

Auch bei anderen Gelegenheiten haben die großen amerikanischen Ölfirmen die arabischen Länder unterstützt, darunter vor allem Saudi-Arabien. Die großen Ölgesellschaften unterhielten starke Lobbys im Kongress, als es im Jahr 1978 um den Verkauf von F-15 und im Jahr 1981 um die Lieferung von AWACS-Flugzeugen ging. Gemeinsam mit saudischen Mittelsmännern warben sie

---

[26] S. Steven Emerson: »The ARAMCO Connection«, *The New Republic*, 19. Mai 1982, S. 11-16; Russell Howe und Sarah Trott: *The Power Peddlers*; NY: Doubleday 1977, s. 342-343; Anti-Defamation-League, The U.S.-Saudi Relationship; NY: ADL 1980, S. 6.

[27] Steven Emerson: *The American House of Saud*; NY: Franklin Watts 1985; S. 36-37; Steven Spiegel: *The Other Arab-Israelis Conflict: Making America's Middle East Policy from Truman to Reagan*; IL: University of Chicago Press 1985, S. 248-50; Hoag Levins: *Arab Reach: The Secret War Against Israel*; NY: Doubleday 1983, S. 51.

zahlreiche amerikanische Firmen für die Unterstützung der Saudis.[28] Saudi-Arabien hat in den USA eine außerordentlich starke Lobby, weil viele der größten US-Konzerne Milliardendollargeschäfte mit dem Königreich machen. »Und jede einzelne dieser Gesellschaften«, schrieb Hoag Levins, »hatte wiederum Hunderte von Vertragspartnern, die ebenfalls von der Gnade der muslimischen Führer abhängig waren, deren Länder inzwischen den reichsten Markt der Welt darstellen.«[29]
Die Saudis üben immer wieder Kritik an dem in ihren Augen viel zu großen Einfluss der pro-israelischen Gruppierungen in den Vereinigten Staaten – eine Kritik, die, wie der Journalist Steven Emerson nachgewiesen hat, allenfalls in umgekehrter Richtung berechtigt ist. Emerson kam bei der Analyse der vielfältigen Verflechtungen zwischen Saudi-Arabien und amerikanischen Firmen, Universitäten, Lobbyisten und ehemaligen hochrangigen Politikern zu dem Schluss:

> »Dem ungeheuren Einfluss des Petrodollars ist mit gesetzlichen Mitteln überhaupt nicht mehr beizukommen. Da unzählige Firmen, Institutionen und Einzelpersonen nach Ölgeld gieren – und es auch bekommen –, ist die Wirkung des Petrodollars in der amerikanischen Gesellschaft allgegenwärtig. Die Folge davon ist, dass die Politik und die Anliegen Saudi-Arabiens und anderer ölfördernder arabischer Länder auf eine breite

---

[28] Steven Emerson: »The Petrodollar Connection«; *The New Republic*, 17. Februar 1982, S. 18-25; Emerson (85), S. 177-213.
[29] Levins, S. 19.

Basis der Unterstützung bei allen möglichen amerikanischen Institutionen, angefangen von Universitäten bis hin zum Kongress, stoßen. Die immer stärkeren wechselseitigen Verflechtungen haben längst zur Vermischung von Einzelinteressen mit nationalen Interessen geführt.

Nie zuvor in der amerikanischen Geschichte ist es einer ausländischen Wirtschaftsmacht in dem Maße wie Saudi-Arabien gelungen, sich im ganzen Land mächtige Befürworter zu sichern und sie auch bei der Stange zu halten. Die Saudis haben die entscheidende amerikanische Schwäche herausgefunden: die Liebe zum Geld, und daraufhin überzog die Petrodollar-Connection die gesamten Vereinigten Staaten mit ihrem Netz.«[30]

Behauptung

»Die Vereinigten Staaten und Israel haben nichts gemeinsam.«

---

[30] Emerson (85), S. 413.

Tatsache

Die amerikanisch-israelischen Beziehungen ruhen auf einem doppelten Fundament: gemeinsamen Werten und gemeinsamen Interessen. Angesichts der gemeinsamen Interessen und Überzeugungen sollte es nicht überraschen, dass die Unterstützung für Israel zu den dezidiertesten, beständigsten außenpolitischen Anliegen der USA gehört.

Obwohl Israel geografisch in einer relativ unentwickelten und eher der Dritten Welt als dem Westen nahe stehenden Region liegt, ist der jüdische Staat in weniger als einem halben Jahrhundert zu einer fortschrittlichen Nation mit allen Merkmalen einer westlichen Gesellschaft geworden. Das ist zum Teil darauf zurückzuführen, dass ein hoher Prozentsatz der israelischen Bevölkerung aus Europa oder Nordamerika kam und westlich orientierte politische und kulturelle Normen in die neue Heimat mitbrachte, zum Teil aber auch die Frucht eines gemeinsamen jüdisch-christlichen Erbes.

Auch Israel ist eine multikulturelle Gesellschaft, deren Bürger aus über 100 Nationen stammen; so wurden zum Beispiel in den Achtzigerjahren des 20. Jahrhunderts 45 000 Juden in einer dramatischen Rettungsaktion über Luftbrücken aus Äthiopien nach Israel gebracht. Heute sind etwa vier von zehn Israelis östliche oder orientalische Juden, deren Herkunft auf die alten jüdischen Gemeinden in den islamischen Ländern Nordafrikas und des Nahen Ostens zurückgeht.

Der israelische Staat ist zwar von Autokratien umgeben, doch die Israelis verteidigen ihre Demokratie nicht weniger leidenschaftlich als die Amerikaner. Alle israelischen

Staatsbürger, ungeachtet von Rasse, Religion oder Geschlecht, genießen Gleichheit vor dem Gesetz und volle demokratische Rechte. Die Rede-, Versammlungs- und Pressefreiheit sind fest im Gesetz und in den Traditionen des Landes verankert und werden von dem unabhängigen Rechtswesen Israels garantiert.

Das politische System unterscheidet sich zwar von dem der Vereinigten Staaten – Israel ist eine parlamentarische Demokratie –, beruht jedoch ebenfalls auf freien Wahlen und Parteien mit unterschiedlichen Regierungsprogrammen. Und obwohl Israel keine formale Verfassung besitzt, sind doch Grundrechte in Kraft, die ähnliche gesetzliche Garantien gewährleisten.

Die Amerikaner haben die Israelis lange bewundert, zum Teil, weil sie in ihnen einen Gutteil von sich selbst wiedererkennen, von ihrem eigenen Pioniergeist und leidenschaftlichen Ringen um Unabhängigkeit. Wie die Vereinigten Staaten ist auch Israel ein Einwanderervolk. Trotz der Belastung, die es bedeutet, fast ein Fünftel des Staatshaushalts für die Verteidigung ausgeben zu müssen, konnte das Land über lange Zeiten ein außergewöhnliches Wirtschaftswachstum verzeichnen. Es ist sogar gelungen, den meisten Einwanderern Arbeitsplätze zu verschaffen. Wie in Amerika haben die israelischen Einwanderer versucht, sich und ihren Kindern ein besseres Leben zu schaffen. Manche kamen praktisch mittellos, ohne Bildung und Berufsausbildung aus relativ unterentwickelten Staaten wie Äthiopien oder dem Jemen, doch auch sie sind inzwischen zu produktiven Gliedern der israelischen Gesellschaft geworden.

Erziehung und Bildung sind in Israel genauso wichtige Werte wie in Amerika. Die Israelis gehören zu den gebildetsten und am besten ausgebildeten Völkern der Welt.

Täglich erscheinen 29 Zeitungen in zehn Sprachen im Land, und es werden mehr Bücher pro Kopf veröffentlicht als in allen anderen Ländern der Welt.

Israel hatte von Anfang an eine Wirtschaft, in der sich nach englischem Vorbild Kapitalismus und Sozialismus mischten. Die wirtschaftlichen Schwierigkeiten des Landes – die in der Hauptsache nach dem Jom-Kippur-Krieg von 1973 entstanden und durch den Anstieg des Ölpreises und der Notwendigkeit, einen unverhältnismäßig hohen Anteil des Bruttosozialprodukts für die Verteidigung ausgeben zu müssen, verursacht wurden –, hatten allmählich eine Verschiebung hin zur freien Marktwirtschaft entsprechend dem Wirtschaftssystem der Vereinigten Staaten zur Folge. Amerika hat Israel in dieser Entwicklung begleitet.

In den Achtzigerjahren des 20. Jahrhunderts konzentrierte sich die Aufmerksamkeit zunehmend auf die eine der beiden tragenden Säulen der israelisch-amerikanischen Beziehungen: die gemeinsamen Interessen. Es war die eine Folge der wachsenden Gefahren in der Region, die eine auf Gesetzesinitiativen basierende strategische Kooperation dringlich machten. Trotz des Endes des Kalten Kriegs spielt Israel nach wie vor eine wichtige Rolle in den gemeinsamen Bemühungen beider Länder, die amerikanischen Interessen zu schützen. Die strategische Kooperation zwischen den USA und Israel ist inzwischen so weit gediehen, dass man ohne Übertreibung von einer Allianz sprechen kann. Die amerikanisch-israelischen Beziehungen sind von Beständigkeit und Vertrauen geprägt: Die Vereinigten Staaten wissen, dass sie sich auf Israel verlassen können.

Etwas schwieriger ist es, Programme auf den Weg zu bringen, die die gemeinsamen Werte und nicht nur die

Sicherheitsinteressen beider Länder im Auge haben, und doch gibt es auch solche Programme. Unter der Bezeichnung *Shared Value Initiatives* (SVIs) beschäftigen sie sich mit einem weiten Bereich von Themen wie Umwelt, Energie, Weltraumforschung, Arbeitsplatzsicherung und Gesundheitsfragen. Fast 400 amerikanische Institutionen in 47 Staaten, dem District of Columbia und Puerto Rico werden von binationalen israelisch-amerikanischen Programmen finanziell unterstützt. Kaum bekannte Verbindungen wie das Freihandelsabkommen, ein gemeinsames Forschungsprogramm und ein Kooperationsprogramm für die Region des Nahen Ostens sowie Kontakte zu praktisch allen amerikanischen Regierungsorganen bezeugen die Tiefe dieser besonderen Beziehung. Noch wichtiger aber sind vielleicht die engen Bande Israels zu den 50 Einzelstaaten der USA und dem District of Columbia.

22. Der Friedensprozess

Behauptungen

»Anwar el-Sadat gebührt das alleinige Verdienst für das Zustandekommen des ägyptisch-israelischen Friedensvertrags.«
»Sämtliche Konzessionen für den Frieden kamen von der ägyptische Seite.«
»Bei den während der Amtszeit Präsident Carters in Camp David stattfindenden Friedensverhandlungen erklärte Israel sich zu einem fünfjährigen Siedlungsstopp bereit – eine Zusage, die der Staat schon nach wenigen Monaten brach.«
»Die Palästinafrage ist der Kern des arabisch-israelischen Konflikts.«
»Wenn es gelänge, das Palästinaproblem zu lösen, gäbe es im Nahen Osten endlich Frieden.«
»Die Lösung des Nahostkonflikts ist ein säkularer, demokratischer palästinensischer Staat in der Westbank und im Gazastreifen.«
»Ein palästinensischer Staat wäre keine Gefahr für Israel.«
»Die israelische Präsenz in der Westbank ist nicht rechtens. Die israelischen Siedlungen sind illegal und bilden ein Hindernis für den Frieden.«
»Israel siedelt bewusst Juden in vorwiegend arabischen Städten an und hat damit vollendete Tatsachen geschaffen, sodass keine territorialen Kompromisse mehr möglich sind.«

»Israel muss die jüdischen Siedlungen räumen; nur dann ist ein dauerhafter Friede mit den Palästinensern möglich.«

»Jerusalem muss die Hauptstadt eines palästinensischen Staates werden.«

»Bei einem Abkommen über Jerusalem müsste Israel in jedem Fall auf seine Herrschaft über den Tempelberg verzichten.«

»Die palästinensischen Flüchtlinge haben das Recht, in ihre Heimat zurückzukehren; das ist die Vorbedingung für eine endgültige Beilegung des Konflikts.«

»Der Frieden mit Syrien ist lediglich an Israels hartnäckiger Weigerung, sich von den Golanhöhen zurückzuziehen, gescheitert.«

»Die Besetzung libanesischen Territoriums durch Israel ist das einzige Hindernis für den Abschluss eines Friedensvertrags zwischen den beiden Staaten.«

»Nach den Vereinbarungen von Oslo haben die Palästinenser ihre Kinder für eine künftige friedliche Koexistenz mit den israelischen Juden erzogen.«

»In dem Interimsabkommen wurde die Schaffung einer palästinensischen Polizei gefordert – und ebendieses Organ hat die Autonomiebehörde dann auch geschaffen.«

»Die Palästinenser sind ihrer Verpflichtung, Terroristen zu verhaften und gerichtlich zu verfolgen, nachgekommen.«

»Die Palästinenser sind im Recht, wenn sie Gewalt anwenden, denn der Friedensprozess hat ihre nationalen Hoffnungen nicht erfüllt.«

»Israel hat Wasser im Überfluss; seine Weigerung, es mit seinen Nachbarn zu teilen, wird den nächsten Krieg nach sich ziehen.«

»Die islamische Widerstandsbewegung Hamas wirkt als mäßigende Kraft in den besetzten Gebieten; sie unterstützt die arabisch-jüdische Eintracht und Versöhnung.« »Israel hat sich von der Sinaihalbinsel zurückgezogen, um die Voraussetzung für den Frieden mit Ägypten zu schaffen; es hat sich hinter die internationale Grenze zum Libanon zurückgezogen; und es hat angeboten, sich für den Frieden mit Syrien von den Golanhöhen zurückzuziehen; nun sollte es auch die Westbank und den Gazastreifen vollständig räumen, damit ein Friede mit den Palästinensern möglich wird.«
»Für einen dauerhaften Frieden in Palästina müssen zwei lebensfähige Staaten als gleichwertige Nachbarn nebeneinander existieren, Israel aber will die Westbank und den Gazastreifen in Bezirke aufteilen, die inmitten von israelischem Gebiet lägen und von den Israelis kontrolliert würden. Das ist einer der Gründe, warum die Palästinenser den im Juli 2000 von Israel in Camp David eingebrachten Vorschlag ablehnten.«

Behauptung

»Anwar el-Sadat gebührt das alleinige Verdienst für das Zustandekommen des ägyptisch-israelischen Friedensvertrags.«

Tatsache

Die Friedenskampagne begann nicht erst mit Präsident Anwar el-Sadats Besuch in Jerusalem im November 1977. Sadats Besuch war zwar fraglos ein mutiger Schritt, der von großem politischen Geschick zeugt, doch er erfolgte erst nach einem halben Jahrhundert intensiver Bemühungen von israelischer Seite, angefangen mit den ersten Zionisten, auf dem Verhandlungsweg Frieden mit den Arabern zu schließen.

»Um das gleiche Schauspiel mit umgekehrten Rollen aufzuführen«, sagte der ehemalige israelische Botschafter in Amerika, Simcha Dinitz, »müssten wir Ägypten den Krieg erklären, den Kriegszustand jahrelang aufrecht erhalten, jedes Gespräch mit Ägypten ablehnen, mit der Vernichtung des ägyptischen Staates drohen, ankündigen, die Ägypter ins Meer zu werfen, militärische Operationen und Terroranschläge gegen sie durchführen, Wirtschaftsboykotts verhängen, die Straße von Tirana und den Suezkanal für ihre Schiffe schließen und sie den Abschaum der Menschheit schimpfen. Danach würde Hr. Begin dann nach Kairo reisen, und wir würden die gleiche rührende Versöhnungsszene spielen. Wie jeder weiß, konnten wir das nicht, ganz einfach, weil wir von Anfang an verhandelt haben.«[1]

Dennoch bewies der israelische Ministerpräsident Menachem Begin, dass er wie Sadat um des Friedens willen zu einem außergewöhnlichen Schritt bereit war. Gegen den

---

1 Rede vor der AIPAC Policy Conference, 8. Mai 1978.

Widerstand der Likud-Partei fror er, um die Friedensverhandlungen voranzubringen, den israelischen Siedlungsbau in der Westbank ein. Und obwohl sich im Laufe der Gespräche herausstellte, dass die Carter-Regierung eher auf der Seite Ägyptens stand, blieb Begin entschlossen, den Friedensprozess fortzusetzen. Am Ende erklärte er sich bereit, als Gegenleistung für Sadats Friedensversprechen die strategisch wichtige Sinaihalbinsel – 91 Prozent des Territoriums, das Israel im Sechs-Tage-Krieg erobert hatte – an Ägypten zurückzugeben.
In Anerkennung seiner Bereitschaft, wie Sadat für den Frieden Kompromisse einzugehen, erhielt Begin gemeinsam mit dem ägyptischen Staatsmann im Jahr 1978 den Friedensnobelpreis.

Behauptung

»Sämtliche Konzessionen für den Frieden kamen von der ägyptischen Seite.«

Tatsache

Israel hat Ägypten feste Zusicherungen gegeben, im Gegenzug jedoch lediglich Versprechungen erhalten.
Israel – das wiederholt das Ziel von Schiffsblockaden, militärischen Übergriffen und Terroranschlägen war, die von ägyptischer Seite ausgingen oder doch zumindest

von Ägypten gefördert oder geduldet wurden – hatte mit dem Verzicht auf die Sinaihalbinsel weit größere wirtschaftliche und strategische Opfer für die Normalisierung der Beziehungen beider Länder gebracht als Ägypten.
Israel erhielt zwar amerikanische Unterstützung für den Rückzug, verzichtete jedoch mit der Rückgabe des Territoriums an einen Nachbarn, der gerade diese Region immer wieder zum Ausgangspunkt militärischer Übergriffe gemacht hatte, auf ein Gebiet, das außerordentlich wichtig für seine Verteidigung war. Darüber hinaus bedeutete dieser Verzicht auch den Verzicht auf die direkte Kontrolle seiner Schiffswege von und nach Eilat, auf 1500 Kilometer feste Straßen, auf Häuser, Fabriken, Hotels, Kliniken und landwirtschaftliche Nutzfläche.
Da Ägypten darauf bestanden hatte, dass auch die jüdischen Zivilisten die Sinaihalbinsel verließen, verloren 7000 Israelis ihre Häuser und die Lebensgrundlage, die sie sich in mühevollen Jahren in der Wüste aufgebaut hatten. Das war eine physisch und psychisch absolut traumatische Erfahrung, vor allem für die Einwohner von Yamit, die mit Gewalt von Soldaten aus ihren Häusern vertrieben werden mussten.
Des Weiteren verlor Israel die auf den Sinaibergen gelegenen Frühwarnanlagen, die dem Militär Daten über Truppenbewegungen auf der Westseite des Suezkanals sowie in den Gebieten um den Golf von Suez und den Golf von Eilat lieferten und von größter Wichtigkeit für die Verteidigung gegen Angriffe aus dem Osten waren.
Israel musste im Rahmen des Rückzugs über 170 militärische Einrichtungen, Flugfelder und Armeestützpunkte auflösen bzw. verlegen.
Nicht zuletzt verzichtete Israel mit der Übergabe der Sinaihalbinsel an Ägypten auf seine vielleicht einzige

Chance für eine unabhängige Energieversorgung. Das Alma-Ölfeld im Süden der Halbinsel, das Israel entdeckt und ausgebeutet hatte, ging im November 1979 in ägyptischen Besitz über. Zu diesem Zeitpunkt war die Anlage die größte einzelne Energiequelle des israelischen Staates und stellte die Hälfte des israelischen Energiebedarfs sicher. Israel, das den Wert der noch unangezapften Reserven von Alma auf 100 Milliarden Dollar schätzte, hatte damit gerechnet, durch den weiteren Ausbau und die Ausbeutung des Gebiets bis 1990 in seiner Energieversorgung autark zu werden.

Gleichzeitig mit dem Rückzug von der Sinaihalbinsel erklärte sich Israel bereit, die Militärherrschaft in der Westbank und im Gazastreifen zu beenden, seine Truppen aus bestimmten Bereichen der besetzten Gebiete zurückzuziehen und mit der palästinensischen Selbstverwaltung zusammenzuarbeiten. Die Begin-Regierung hielt sich an diese Zusage, obwohl sich nicht ein einziger palästinensischer Araber fand, der bereit war, Israel anzuerkennen und die Einwohner der besetzten Gebiete zu vertreten.

1988 übergab Israel Taba – einen in der Wüste in der Nähe von Eilat angelegten Erholungsort – an Ägypten. Über den Status von Taba war in den Verhandlungen von Camp David nicht entschieden worden. Als ein internationales Schlichtungsgremium am 29. September 1988 zu Gunsten Kairos stimmte, überließ Israel die Stadt Ägypten.

Behauptung

»Bei den während der Amtszeit Präsident Carters in Camp David stattfindenden Friedensverhandlungen erklärte Israel sich zu einem fünfjährigen Siedlungsstopp bereit – eine Zusage, die der Staat innerhalb weniger Monate brach.«

Tatsache

Der in Camp David besprochene Fünfjahreszeitraum betraf die palästinensische Selbstverwaltung in den besetzten Gebieten. Das israelische Moratorium über die Siedlungen in der Westbank, zu dem Ministerpräsident Begin sich bereit erklärt hatte, galt nur für drei Monate. Dieses Abkommen wurde von Israel eingehalten.
Im Übrigen erhielt Israel in dieser Sache von völlig unerwarteter Seite Unterstützung: von dem ägyptischen Präsidenten Anwar el-Sadat. Er sagte: »Wir waren überein gekommen, den Bau neuer Siedlungen für die folgenden drei Monate einzufrieren, den Zeitraum, der nach unserer Einschätzung für die Unterzeichnung des Friedensvertrags nötig war.«[2]

---

[2] Middle East News Agency, 20. September 1978.

Behauptung

»Die Palästinafrage ist der Kern des arabisch-israelischen Konflikts.«

Tatsache

In Wirklichkeit ist das Palästinenserproblem das Ergebnis des Konflikts, der entstand und heute noch besteht, weil die Araber nicht bereit sind, einen jüdischen Staat im Nahen Osten zu akzeptieren.

Hätten die arabischen Staaten 1948 keinen Krieg angefangen, um den UN-Teilungsplan zu verhindern, so würde ein palästinensischer Staat in der Westbank, in Galiläa und im Negev inzwischen das 54. Jahr seiner Unabhängigkeit feiern. Hätten die arabischen Staaten nicht Terroranschläge gegen israelische Zivilisten unterstützt und bis heute insgesamt sechs arabisch-israelische Kriege provoziert, wäre der Konflikt längst beigelegt und das Palästinaproblem gelöst.

Von 1948 bis 1967 standen die Westbank und der Gazastreifen unter arabischer Herrschaft; es gab keine jüdischen Siedlungen in dem Gebiet. Dennoch haben die Araber in dieser Zeit keinen palästinensischen Staat gegründet. Stattdessen wurde der Gazastreifen von Ägypten und die Westbank von Jordanien besetzt. Bevor Israel die Gebiete im Sechs-Tage-Krieg eroberte, wurden keine Forderungen nach einem unabhängigen Westbank/Gazastreifen-Staat laut.

Die arabischen Staaten hielten die ganze Zeit über den Schlüssel zur Lösung des Palästinenserproblems in der Hand. Die palästinensischen Flüchtlinge hätten längst bei ihrem eigenen Volk in den sich über fünf Millionen Quadratmeilen erstreckenden arabischen Ländern eine neue Heimat bekommen können. Diese Völker haben genug Land und genug Geld, um die Flüchtlinge aufzunehmen; Israel, das nur einen Bruchteil der Fläche und des Reichtums der arabischen Staaten besitzt, hat in den Fünfzigerjahren des 20. Jahrhunderts 820 000 aus den arabischen Ländern vertriebene jüdische Flüchtlinge aufgenommen. Die Weigerung der Araber, das Gleiche für die Palästinenser zu tun, zeigt, dass sie die Flüchtlinge lieber als politische Waffe benutzen wollen, statt ihr Problem endlich zu lösen.

> »Israel ist ein bösartiger Tumor in dieser Region. Er muss herausgeschnitten werden. Er muss beseitigt werden.«
>
> Äußerung des iranischen **Ayatollah Ali Khomeini** vor dem Armeestab, 31. Juli 1991

Behauptung

»Wenn es gelänge, das Palästinaproblem zu lösen, gäbe es im Nahen Osten endlich Frieden.«

Tatsache

Das Palästinaproblem ist nur eine von vielen schwelenden ethnischen, religiösen und nationalistischen Fehden in dieser Region. Die irakische Invasion in Kuwait und Syriens rücksichtslose Unterwerfung des Libanon sind nur zwei Beispiele für die innerarabischen Kriege, die seit langem fast so etwas wie ein Wahrzeichen des Nahen Ostens sind. Hier seien nur auszugsweise einige andere Konflikte, die sich sämtlich gegen Ende des 20. Jahrhunderts abspielten, genannt: der Golfkrieg von 1991, der iranisch-irakische Krieg, der libanesische Bürgerkrieg, Libyens Einmischung in die Angelegenheiten des Tschad, der sudanesische Bürgerkrieg; der syrisch-irakische Konflikt und der Krieg zwischen der Polisario-Front und Marokko.

»Praktisch jede einzelne Grenze in diesem Teil der Welt, von Libyen bis Pakistan, von der Türkei bis zum Jemen, ist entweder nicht klar definiert oder umstritten«, schrieb Daniel Pipes. »Doch die Amerikaner denken nur an die Grenzprobleme Israels und machen sich nicht klar, dass der gesamte Nahe und Mittlere Osten die gleichen Probleme hat.«[3]

Die Lösung des Palästinenserproblems hätte kaum Auswirkungen auf die vielen anderen innerarabischen Rivalitäten, die zu zahllosen Kriegen in der Region geführt haben, und würde auch den arabischen Widerstand gegen Israel nicht beenden. Die syrischen Gebietsstreitig-

---

[3] Daniel Pipes: *The Long Shadow: Culture and Politics in the Middle East*; NJ: Transaction Publishers 1989, S. 273-274.

keiten mit Israel zum Beispiel haben nichts mit den Palästinensern zu tun, und andere Länder, wie Iran und Irak, befinden sich im Krieg mit Israel, ohne dass überhaupt territoriale Streitfragen bestehen.

Behauptung

»Die Lösung des Nahostkonflikts ist ein säkularer, demokratischer palästinensischer Staat in der Westbank und im Gazastreifen.«

Tatsache

Es gibt keinen säkularen oder demokratischen Staat in der arabischen Welt. Der Islam ist in fast allen arabischen Ländern offizielle Staatsreligion. Lediglich im Westen wird von einem »säkularen, demokratischen palästinensischen Staat« geredet; hier soll der Slogan Sympathie für die palästinensische Sache wecken.
Die PLO war niemals demokratisch. Die Führung der PLO wird durch Gewehrkugeln, nicht durch Wahlzettel bestimmt. Die politische Stärke der jeweiligen Splittergruppe hängt von der Kampfkraft ihrer Miliz ab. Gegner werden nicht abgewählt, sondern ermordet. Wenn möglich, ist die PLO in den letzten Jahren sogar noch weniger säkular geworden, was zum Teil auf den wachsenden

Einfluss radikal-islamischer Gruppen wie der Hamas zurückzuführen ist, die nicht einmal die Erwähnung eines solchen Staates dulden würde.
1947 haben die Araber den UN-Teilungsplan, der einen palästinensischen Staat zur Folge gehabt hätte, abgelehnt. Von 1948 bis 1967, so lange die Westbank und der Gazastreifen in den Händen der Araber waren, wurde die Gründung eines solchen Staates zu keinem Zeitpunkt auch nur in Erwägung gezogen. Deshalb entbehrt es nicht der Ironie, dass die Araber jetzt von Israel verlangen, in der Westbank und im Gazastreifen einen Staat zu schaffen, den sie während ihrer eigenen Besatzungszeit in dieser Region abgelehnt hatten.
Israel hat sich der Schaffung eines palästinensischen Staates lange Zeit widersetzt, doch inzwischen räumen die Israelis ein, dass die Verhandlungen letzten Endes darauf hinauslaufen werden und dass die palästinensische Autonomiebehörde bereits in allem, außer dem Namen nach, einen eigenständigen palästinensischen Staat darstellt. Israel würde sich mit einem demokratischen Nachbarn wohler fühlen, doch es hat keine Bedingungen an die Regierungsform geknüpft, für die sich die Palästinenser in den von ihnen kontrollierten Territorien entscheiden.
Wenn die Palästinenser mit einem die Westbank und den Gazastreifen umfassenden Staat zufrieden wären, wären die Aussichten für die endgültige Beilegung des Konflikt gar nicht schlecht; doch sie verlangen ständig mehr. Vor den Vereinbarungen von Oslo beanspruchten die Palästinenser ganz Israel; später haben sie Israels Existenzrecht anerkannt (auch wenn in ihrer Rhetorik häufig der immer noch nicht ganz aufgegebene Traum von einer Rückkehr nach Jaffa, Haifa und an andere Orte anklingt). Doch mittlerweile wollen sie nicht nur die gesamte West-

bank und den Gazastreifen, sondern darüber hinaus Jerusalem als Hauptstadt ihres künftigen Staates.

Behauptung

»Ein palästinensischer Staat wäre keine Gefahr für Israel.«

Tatsache

Die Israelis haben sich zwar mit der Vorstellung von einem palästinensischen Staat ausgesöhnt und hoffen auf eine friedliche Koexistenz, doch ein solches Gemeinwesen stellt in ihren Augen trotz allem eine Gefahr ihrer Sicherheit dar. Auch nach der Rückgabe eines Großteils der Westbank und des Gazastreifens und der Schaffung der palästinensischen Selbstverwaltung haben die Terroranschläge gegen israelische Juden nicht aufgehört. Bis jetzt konnten selbst die weitgehendsten israelischen Zugeständnisse Arafat und seine Sicherheitskräfte nicht dazu bewegen, der Gewalt ein Ende zu machen. Das trug natürlich nicht zur Beruhigung der Israelis bei, sondern lässt sie eher zögern, weitere Territorien zu Gunsten eines palästinensischen Staates aufzugeben.

Darüber hinaus befürchtet Israel, dass ein palästinensischer Staat in die Gewalt islamischer Extremisten geraten und zum Ausgangspunkt terroristischer Anschläge werden könnte. Die größte Gefahr aber liegt darin, dass ein palästinensischer Staat denjenigen arabischen Staaten, die keinen Frieden mit Israel wollen, im Kriegsfall als strategisch hervorragend gelegener militärischer Vorposten dienen könnte.

»In israelischer Hand stellt die Westbank einen nicht zu unterschätzenden Aktivposten für die Verteidigung des Landes dar, sodass die israelfeindlichen arabischen Staaten einen Angriff an der Ostfront nicht einmal in Erwägung ziehen« – heißt es in einem Bericht des Institute for Advanced Strategic and Political Studies. Eine arabische Koalition, die vom Osten des Jordan her angreift, »stünde heute vor äußerst schwierigen Kampfbedingungen«, weil sie »von unten her kämpfen müsste, vom tiefsten Punkt der Erdoberfläche – dem Toten Meer und dem darunter verlaufenden Rift Valley – aus.« Die Bergketten der Westbank bilden Israels »Hauptverteidigungslinie gegen eine arabische Invasion aus dem Osten«.[4]

---

[4] Michael Widlanski: *Can Israel Survive A Palestinian State?*; Jerusalem: Institute for Advanced Strategic and Political Studies 1990, S. 10; 35.

Behauptung

»Die israelische Präsenz in der Westbank ist nicht rechtens. Die israelischen Siedlungen sind illegal und bilden ein Hindernis für den Frieden.«

Tatsache

Zahllose politische und juristische Instanzen streiten sich darum, ob die Siedlungen »illegal« sind. Nach Aussage des Juristen Stephen Schwebel, einem Spezialisten für Internationales Recht, darf ein Land ein Gebiet erobern und besetzen, wenn seine Selbstverteidigung dies erfordert. Schwebel ist darüber hinaus der Ansicht, dass ein Staat vor seinem Rückzug aus einem solchen Territorium Sicherheitsgarantien fordern darf, die gewährleisten, dass seinen Bürgern aus diesem Gebiet keine Gefahr mehr droht.[5]

Nach Ansicht Eugene Rostows, eines ehemaligen Ministers der Johnson-Regierung, gibt Resolution 242 Israel das Recht, in der Westbank präsent zu sein. Die Resolution »gestattet Israel, die Gebiete«, die es 1967 erobert hat, so lange zu verwalten, bis »ein gerechter und dauerhafter Friede im Nahen Osten geschaffen ist«, schreibt Rostow. Während der Debatte über die Resolution, so

---

[5] *American Journal of International Law,* April 1970, S. 345-346.

fügt er hinzu, »machte ein Redner nach dem anderen deutlich, dass Israel nicht gezwungen werden darf, sich hinter die ›brüchigen‹ und ›ungeschützten‹ Waffenstillstandslinien [von 1949] zurückzuziehen«.[6]

Die israelischen Siedlungen waren zu keinem Zeitpunkt ein Hindernis für den Frieden. Von 1949 bis 1967, als keine Juden in der Westbank leben durften, weigerten sich die Araber, Frieden mit Israel zu schließen. Von 1967 bis 1977 gründete die israelische Arbeitspartei lediglich einige wenige, strategisch wichtige Siedlungen in den besetzten Gebieten, doch die Araber zeigten nach wie vor kein Interesse an einem Frieden mit Israel.

1977, Monate nachdem die einer verstärkten Siedlungspolitik zugeneigte Likud-Regierung an die Macht gekommen war, kam der ägyptische Präsident Sadat zu einem Staatsbesuch nach Jerusalem. Ein Jahr später fror Israel die Siedlungspolitik ein in der Hoffnung, durch diese Geste weitere arabische Staaten zur Teilnahme der Verhandlungen in Camp David zu bewegen, doch ohne Resultat.

1994 unterzeichnete Jordanien einen Friedensvertrag mit Israel, in dem die Siedlungspolitik nicht einmal erwähnt wurde. Damals war die Zahl der in den besetzten Gebieten lebenden Juden eher im Zunehmen begriffen.

Die israelische Siedlungspolitik könnte sich im Gegenteil sogar als Anreiz zum Frieden entpuppen, weil sie die Palästinenser und anderen Araber zwingt, ihre Auffassung, dass die Zeit auf ihrer Seite sei, zu überdenken. In arabischen Zeitungen und Büchern findet man immer wieder Anspielungen darauf, wie lange es gedauert habe,

---

[6] *New Republic*, 21. Oktober 1991, S. 14.

bis die Kreuzfahrer vertrieben waren, und dass es ebenso lange dauern könnte, die Zionisten aus dem Land zu vertreiben. Die Zunahme der jüdischen Bevölkerung in den besetzten Gebieten hat die Araber nun gezwungen, dieses Ziel in Frage zu stellen. »Die Palästinenser erkennen jetzt«, sagte Elias Freij, der Bürgermeister von Bethlehem, »dass die Zeit auf der Seite Israels ist, dass Siedlungen gründen Tatsachen schaffen kann, und dass direkte Verhandlungen der einzige Ausweg aus diesem Dilemma sind.«[7] So waren die Araber inzwischen trotz der Fortsetzung der Siedlungspolitik bereit, an Friedensgesprächen in Madrid und Washington teilzunehmen. Und alle im Rahmen der Osloer Vereinbarungen mit den Palästinensern getroffenen Abkommen kamen ohne Abstriche bei der israelischen Siedlungspolitik zu Stande.

Behauptung

»Israel siedelt bewusst Juden in vorwiegend arabischen Städten an und hat damit vollendete Tatsachen geschaffen, sodass keine territorialen Kompromisse mehr möglich sind.«

---

[7] *Washington Post*, 1. November 1991.

Tatsache

Etwa 80 bis 90 Prozent der Siedler leben in Gebieten, die praktisch als Vorstädte israelischer Großstädte wie Jerusalem und Tel Aviv gelten können. Dies sind Gebiete, die nach Ansicht fast der gesamten jüdischen Bevölkerung für die Sicherheit des Staates lebenswichtig sind.
Strategische Rücksichten haben sowohl die Arbeitspartei als auch die Likudpartei zum Bau dieser Siedlungen bewogen. Ziel ihrer Politik ist, eine jüdische Bevölkerungsmehrheit in den strategischen Schlüsselregionen der Westbank zu schaffen, so zum Beispiel im Korridor Tel Aviv-Jerusalem, der in mehreren arabisch-israelischen Kriegen Schauplatz schwerer Kämpfe war. Zu Beginn der arabisch-israelischen Friedensgespräche Ende 1991 gab es jedoch in über 80 Prozent des Gebiets der Westbank gar keine oder nur sehr kleine israelische Siedlungen.[8]
Heute leben schätzungsweise 175 000 bis 200 000 Juden in knapp 150 Gemeinden in der Westbank. Die überwältigende Mehrheit dieser Siedlungen hat weniger als 1 000 Einwohner. Beobachter haben festgestellt, dass 70 bis 80 Prozent von ihnen durch geringe Modifikationen der »grünen Linie« (der inoffiziellen Grenze nach 1967) hinter die israelische Grenze verlegt werden könnten.

---

[8] *Jerusalem Post*, 22. Oktober 1991.

Behauptung

»Israel muss die jüdischen Siedlungen räumen; nur dann ist ein dauerhafter Friede mit den Palästinensern möglich.«

Tatsache

Die unausgesprochene Ansicht vieler Kritiker der Siedlungspolitik ist es, dass die Voraussetzungen für den Frieden besser wären, wenn die Westbank »judenrein« wäre – eine Vorstellung, die zweifellos als antisemitisch bezeichnet würde, wenn es darum ginge, Juden aus New York, Paris oder London zu vertreiben. Juden daran zu hindern, in der Westbank – der Wiege der jüdischen Zivilisation – zu leben, ist jedoch nicht weniger anstößig. Jeder Friedensvertrag müsste einräumen, dass in der Westbank Juden leben dürfen – so wie heute auch Araber in Israel leben. Man kann von keiner israelischen Regierung erwarten, dass sie die von den Briten praktizierte Politik fortführt, nach der große Gebiete Palästinas für Juden als *off limits* erklärt wurden.

Behauptung

»Jerusalem muss die Hauptstadt eines palästinensischen Staates werden.«

Tatsache

Jerusalem war zu keinem Zeitpunkt der Geschichte die Hauptstadt eines arabischen Staates; im Gegenteil, während des größten Teils der arabischen Geschichte war die Stadt völlig unbedeutend. Unter muslimischer Herrschaft war Jerusalem weder Provinzhauptstadt noch ein kulturelles Zentrum des Islam. Den Juden ist die ganze Stadt heilig, die Muslime verehren nur eine einzige Stätte darin, den Felsendom. Christen wie Juden haben daher ein ebenso großes, wenn nicht größeres Anrecht auf Jerusalem wie die Muslime. Auf keinen Fall aber haben die Palästinenser einen besonderen Anspruch auf die Stadt.
Israel hat eingeräumt, dass Jerusalem eine große palästinensische Bevölkerung hat, dass es für die muslimische Welt wichtig ist und dass Zugeständnisse im Blick auf die Verwaltung der Stadt helfen können, den Konflikt mit den Palästinensern zu lösen. Das Problem ist jedoch, dass die Palästinenser ihrerseits keinerlei Rücksicht auf die jüdische Bevölkerungsmehrheit der Stadt, die Bedeutung Jerusalems für das jüdische Volk und die Tatsache, dass Jerusalem bereits die Hauptstadt des israelischen Staates ist, nehmen wollen.

Nach intensiven, hinter den Kulissen stattfindenden Kontakten zwischen israelischen und palästinensischen Unterhändlern in Oslo wurde dennoch ein Übereinkommen zwischen Außenminister Shimon Peres und dem PLO-Vorsitzenden Jassir Arafat erreicht. Arafat erklärte, auf Terroranschläge verzichten zu wollen, und erkannte Israels Existenzrecht an; Israel wiederum erkannte die PLO als Vertreterin der Palästinenser in Friedensverhandlungen an. Am 13. September 1993 unterzeichneten beide Parteien in Washington eine auf dem Oslo-Abkommen basierende israelisch-palästinensische Prinzipienerklärung (Declaration of Principles, DoP), in der genauere Vorgaben für die vorübergehende palästinensische Selbstverwaltung, der beide Seiten zugestimmt hatten, festgehalten wurden. Die Vereinbarungen umfassten unter anderem die sofort in Kraft tretende palästinensische Selbstverwaltung des Gazastreifens und die Wahl einer palästinensischen Autonomiebehörde (Rat).
Der Status von Jerusalem wurde offen gelassen. In Artikel V heißt es lediglich, dass Jerusalem eines der Themen ist, die in den Statusendverhandlungen geklärt werden sollen. In den Vereinbarungen wird Jerusalem zwar erwähnt, doch es wird lediglich festgelegt, dass die Gerichtsbarkeit des palästinensischen Rates sich nicht auf die Stadt erstreckt. Ministerpräsident Yitzhak Rabin sagte, Jerusalem würde »nicht in den Bereich der Befugnisse der Körperschaft – wie auch immer sie aussehen mag – aufgenommen, die die palästinensischen Angelegenheiten in den besetzten Gebieten in die Hand nehmen wird. Jerusalem wird unter israelischer Herrschaft bleiben«.
In dem Übereinkommen heißt es außerdem, dass der endgültige Status der Stadt auf den Resolutionen 242 und 338 des UN-Sicherheitsrats basieren soll – in denen

Jerusalem gar nicht erwähnt wird. Der amerikanische Botschafter Arthur Goldberg, einer der Väter von Resolution 242, sagte sogar ausdrücklich, sie beziehe sich »in keiner Weise auf Jerusalem, und diese Auslassung war durchaus Absicht ... Jerusalem war etwas völlig anderes, es hatte nichts mit der Westbank zu tun«.

Über das Einverständnis hinaus, die Jerusalemfrage zum Gegenstand der Statusendverhandlungen zu machen, hat Israel keine Zusagen über den Status der Stadt während der Interimszeit gemacht. Der israelische Staat behält sich das Recht vor, an jedem beliebigen Ort in Jerusalem zu bauen und weiterhin die Herrschaft über die ungeteilte Stadt auszuüben. Bisher wurde in keiner der Übereinkünfte zwischen Israel und der palästinensischen Autonomiebehörde etwas an diesen Bedingungen geändert.

In der Prinzipienerklärung von Oslo wurde die vorübergehende Selbstverwaltung der Palästinenser, die Schaffung einer palästinensischen Autonomiebehörde, die Wahl eines palästinensischen Rats und der Rückzug des israelischen Militärs aus der Westbank und dem Gazastreifen beschlossen. Jerusalem war jedoch von all diesen Absprachen ausdrücklich ausgenommen. Darüber hinaus kam man überein, dass der Rat während der Interimszeit keine rechtliche Befugnis in Fragen hat, die erst in den Statusendverhandlungen zur Sprache kommen sollen – das heißt, dass die palästinensische Gerichtsbarkeit sich nicht auf Jerusalem erstreckt. Die Vollmacht der palästinensischen Autonomiebehörde wurde auf die Teile der Westbank und des Gazastreifens beschränkt, die ihrer Jurisdiktion unterstellt wurden, mit Ausnahme derjenigen Gebiete, über die erst in den Statusendverhandlungen gesprochen werden soll, darunter Jerusalem und die jüdischen Siedlungen.

> »Wer auch nur einen Zentimeter Jerusalemer Boden aufgibt, ist weder ein Araber noch ein Muslim.«
>
> **Jassir Arafat**
>
> »Stimme Palästinas«, Algier, 2. September 1993

Teddy Kollek, der ehemalige Bürgermeister von Jerusalem, dessen tolerante Haltung und engagierte Bemühungen um eine friedliche Koexistenz von Juden und Arabern in der Stadt stets von allen Seiten anerkannt wurde, schrieb in Bezug auf eine eventuelle Änderung des Status von Jerusalem: »Die Forderung der Palästinenser, zwei Hauptstädte oder zwei Stadtverwaltungen zu schaffen, kann im Rahmen eines vereinigten Jerusalem nicht akzeptiert werden.«

Jerusalem stellt ein Problem dar, über das auch die Israelis selbst uneins sind. Fest steht, dass die Stadt die ungeteilte Hauptstadt des israelischen Staates bleiben soll. Dessen ungeachtet wurde immer wieder versucht, einen Kompromiss zu finden, der auch den palästinensischen Interessen gerecht wird. So erreichte zum Beispiel Yossi Beilin, ein Mitglied der Knesset in der Zeit, als die Arbeitspartei unter dem Vorsitz von Yitzhak Rabin und Shimon Peres stand, eine versuchsweise getroffene Vereinbarung, nach der die Palästinenser Jerusalem als ihre Hauptstadt bezeichnen durften, ohne dass Israel seine Herrschaft über die Stadt aufgeben musste. Beilin hatte die Idee, dass die Palästinenser Abu Dis – eine in der Westbank gelegene Vorstadt Jerusalems – zu ihrer Hauptstadt machen könnten.

Ministerpräsident Ehud Barak bot weitgehende Zugeständnisse an, die den Palästinensern stärkere Kontrolle

über größere Gebiete Ostjerusalems und mehr Vollmachten auf dem Tempelberg verliehen hätten. Seine Vorstellungen wurden auf dem Camp-David-Gipfeltreffen im Juli 2000 erörtert, von Jassir Arafat jedoch abgelehnt. Daraufhin eskalierten die gewalttätigen Ausschreitungen der Palästinenser gegenüber Israelis erneut, und nach der Schändung des Josefsgrabs und einer Reihe anderer jüdischer Heiligtümer durch palästinensische Aufrührer schwanden die Aussichten auf einen Kompromiss über Jerusalem wieder. Die Gewalt bestärkte die Israelis einmal mehr in ihrer Befürchtung, dass die Palästinenser die jüdischen heiligen Stätten weder schützen noch den Juden freien Zugang zu ihnen gewähren würden.
Ariel Sharon griff, als er im Feburar 2001 gegen Barak für das Amt des Ministerpräsidenten kandidierte, insbesondere die Zugeständnisse Baraks in Bezug auf Jerusalem an. Sein Wahlsieg rückt die Erlangung eines Kompromisses über den Status Jerusalems in weite Ferne.

> »Ich rufe alle Muslime zum Dschihad auf. Sie sollen alles daran setzen, ein muslimisches Palästina wiederherzustellen und die heilige Al-Aksa-Moschee aus der Gewalt der zionistischen Usurpatoren und Aggressoren zu befreien. Die Muslime müssen sich im Widerstand gegen die Juden und die, die sie unterstützen, vereinigen.«
>
> **König Fahd** von Saudi-Arabien,
> saudische Presseagentur, 15. Juli 1986

Behauptung

»Bei einem Abkommen über Jerusalem müsste Israel in jedem Fall auf seine Herrschaft über den Tempelberg verzichten.«

Tatsache

Die jüdische Verbindung zum Tempelberg reicht über 3 000 Jahre zurück und ist tief in Überlieferung und Geschichte verankert. Auf dem Berg Moria, dem heutigen Tempelberg, band Abraham seinen Sohn Isaak, um ihn Gott auf dem Altar als Opfer darzubringen. Auf dem Tempelberg wurden der Erste und der Zweite Jüdische Tempel errichtet. Im Allerheiligsten des Ersten Tempels stand die Bundeslade, und sowohl der Erste als auch der Zweite Tempel waren bis zur Zerstörung des Zweiten Tempels durch die Römer Mittelpunkt des sozialen jüdischen Lebens und Glaubens. Nach der Zerstörung des Zweiten Tempels herrschten auf dem Tempelberg nacheinander mehrere Eroberermächte. In der Anfangszeit der muslimischen Herrschaft wurde an der Stelle der alten jüdischen Tempel der Felsendom mit seiner goldenen Kuppel errichtet.

Israel hat die Kontrolle über den Tempelberg seit 1967 aufgeteilt; damals überließ Verteidigungsminister Moshe Dayan nach der Wiedervereinigung Jerusalems dem islamischen Wakf die Zivilverwaltung des Tempelbergs.

Der Wakf überwacht den gesamten Tagesablauf auf dem Tempelberg. Die Israelis sind lediglich am Eingang des Tempelbergs präsent, um sicherzustellen, dass die Angehörigen aller Religionen freien Zugang zu den heiligen Stätten haben.
Ministerpräsident Barak deutete die Möglichkeit weiterer Zugeständnisse im Blick auf den Tempelberg an. Dies wurde jedoch von den Palästinensern abgelehnt, und auch die israelische Wähler erteilten dem Vorschlag mittelbar eine Absage, indem sie bei den nächsten Wahlen Ariel Sharon an Stelle von Barak zum Ministerpräsidenten machten. Der Verzicht auf die Kontrolle über den Tempelberg würde bedeuten, dass potenziell feindselige Araber im wahrsten Sinne des Wortes über den Köpfen der Juden dräuen, die an der heiligsten Stätte des Judentums beten. Auch andere Kompromissvorschläge, wie zum Beispiel der Plan einer geteilten Herrschaft über die Altstadt, verliefen im Sand der ungezählten praktischen Komplikationen, die sich aus der labyrinthischen Anlage der Stadt mit ihren unübersichtlich ineinander verschachtelten Vierteln von Muslimen, Christen, Juden und Armeniern ergeben.

Behauptung

»Die palästinensischen Flüchtlinge haben das Recht, in ihre Heimat zurückzukehren; das ist die Vorbedingung für eine endgültige Beilegung des Konflikts.«

Tatsache

Nach dem Krieg von 1948 gab es nur 800 000 (wahrscheinlich sogar noch weniger) palästinensische Flüchtlinge; heute ist ihre Zahl auf 3,7 Millionen angestiegen. Ist Israel verpflichtet, sie alle aufzunehmen? Wo sollen sie leben? Zurzeit hat Israel sechs Millionen Einwohner. Wenn alle Palästinenser in Israel leben dürften, hätte das Land fast zehn Millionen Einwohner, davon über 40 Prozent Araber. Angesichts der wesentlich höheren Geburtenziffern der Araber wären die Juden sehr bald eine Minderheit in ihrem eigenen Land und hätten damit genau die Situation, für deren Vermeidung sie 1948 kämpften und die die Vereinten Nationen mit der Teilungsresolution ausdrücklich ausschließen wollten.
Israel hat sich von Anfang an um eine Lösung des Flüchtlingsproblems bemüht. David Ben-Gurion sagte bereits am 1. August 1948, dass die Flüchtlingsfrage Teil einer umfassenden Lösung sein müsse, »wenn die arabischen Staaten bereit sind, einen Friedensvertrag zu schließen«.[9]
Trotz der unzweifelhaften Gefahr, die die Repatriierung der Araber in einen Staat, dessen Existenz sie ablehnten, darstellte, gestattete Israel einer gewissen Anzahl von Flüchtlingen die Rückkehr und bot an, im Fall der Unterzeichnung eines Friedensvertrags eine noch größere Zahl aufzunehmen. 1949 machte Israel das Angebot, Familien, die durch den Krieg getrennt worden waren, wieder zu-

---

[9] Howard Sachar: *A History of Israel: From the Rise of Zionism to Our Time*; NY: Alfred A. Knopf 1979, S. 335.

sammenzuführen, und erklärte sich zur Aufnahme von 100 000 Flüchtlingen bereit.[10]
Doch die Araber lehnten alle israelischen Kompromissvorschläge ab. Sie wollten nichts unternehmen, was ihnen als Anerkennung des israelischen Staates hätte ausgelegt werden können. Stattdessen machten sie die Repatriierung zur Vorbedingung für Verhandlungen, was wiederum Israel ablehnte. Das Ergebnis war die Unterbringung der Flüchtlinge in Lagern.
Daraufhin griffen die Vereinten Nationen die Flüchtlingsfrage auf und verabschiedeten am 11. Dezember 1948 die Resolution 194, die forderte, den »Flüchtlingen, die in ihre Heimat zurückkehren und *in Frieden mit ihren Nachbarn leben wollen,* die Rückkehr zum frühestmöglichen Zeitpunkt zu erlauben und diejenigen, die sich gegen eine Rückkehr entscheiden, nach internationalem Recht für den Verlust oder die Beschädigung ihres Eigentums zu entschädigen. Die Schlichtungskommission ist angewiesen, die Repatriierung und Umsiedlung der Flüchtlinge und ihre ökonomische und gesellschaftliche Rehabilitation zu unterstützen und für die Auszahlung der Entschädigungen zu sorgen ...« (die Hervorhebung stammt vom Autor).
Der hervorgehobene Begriff zeigt, dass die Vereinten Nationen sich durchaus bewusst waren, dass man von Israel nicht erwarten konnte, eine dem jüdischen Staat feindlich gegenüberstehende Bevölkerungsgruppe aufzunehmen, die die Sicherheit dieses Staates gefährden würde. Die Lösung des Flüchtlingsproblems erforderte, wie die Lösung

---

[10] Terence Prittie: »Middle East Refugees«, in: Michael Curtis et al.: *The Palestinians*; NJ: Transaction Books 1975, S. 66-67.

aller früheren Flüchtingsprobleme, dass zumindest eine gewisse Anzahl der Palästinenser von den arabischen Staaten aufgenommen wurden.

Die Araber verlangten, dass die Vereinten Nationen das »Recht« der Palästinenser auf Rückkehr in ihre Heimat anerkannten, und wollten sich, ehe sich ihre militärische Niederlage zweifelsfrei abzeichnete, nicht mit weniger zufrieden geben. Danach deuteten sie die Resolution 194 dahingehend, dass den Palästinenser darin das Recht auf Repatriierung zugesprochen wurde, und verlangen seither, dass Israel diese Deutung übernimmt.

Die gegenwärtigen Friedensgespräche basieren auf der UN-Resolution 242, in der die Palästinenser überhaupt nicht erwähnt werden. Lediglich im zweiten Satz des zweiten Artikels, in dem von »einer gerechten Regelung des Flüchtlingsproblems« die Rede ist, wird auf sie angespielt. Die Verwendung des neutralen Begriffs »Flüchtling« erfolgte damals ganz bewusst in Anerkennung der Tatsache, dass der israelisch-arabische Konflikt zu einem zweifachen Flüchtlingsproblem geführt hatte: einem arabischen und einem jüdischen.

Heute leben die meisten Palästinenser im historischen Palästina, das aus dem der palästinensischen Selbstverwaltung unterstellten Gebiet und Jordanien besteht. Wenn die Palästinenser jedoch von ihrem Recht auf Rückkehr sprechen, meinen sie nicht das historische Palästina, sondern die Häuser, in denen sie vor 1948 wohnten – Häuser, die inzwischen entweder verfallen oder besetzt sind.

Im Kontext einer friedlichen Lösung darf man durchaus voraussetzen, dass Israel eine gewisse Anzahl von Flüchtlingen aufnimmt, wie Ben-Gurion schon vor über 50 Jahren angeboten hatte. Wenn es je zur Gründung eines palästinensischen Staates kommt, dann sollen die meisten Flüchtlinge auch dort leben dürfen, wenngleich man sich nur schwer vorstellen kann, wie das Gebiet, das für diesen Staat ins Auge gefasst wird, so vielen Menschen Lebensraum und Arbeitsplätze bieten soll. Die palästinensische Führung hat daher auch wenig Interesse bekundet, diese Leute aufzunehmen.

Behauptung

»Der Frieden mit Syrien ist lediglich an Israels hartnäckiger Weigerung, sich von den Golanhöhen zurückzuziehen, gescheitert.«

Tatsache

Israel würde mit der Rückgabe der Golanhöhen an das ihm feindlich gesonnene Syrien sein Frühwarnsystem aufs Spiel setzen. Der Staat hat auf dem Berg Hermon, dem höchsten Punkt in diesem Gebiet, Radaranlagen errichtet. Wenn die Israelis sich aus den Golanhöhen zurückzögen, müssten diese Einrichtungen in die Niederungen Galiläas verlegt werden und würden damit ihre strategische Bedeutung verlieren.
Ein denkbarer Kompromiss wäre ein teilweiser israelischer Rückzug hinter die im Rahmen des 1974 getroffe-

nen Truppenentflechtungsabkommens mit Syrien festgelegten Grenzen. Sogar ein vollständiger Rückzug wäre denkbar, vorausgesetzt, die Golanhöhen würden zur entmilitarisierten Zone erklärt.

»Palästina ist nicht nur Teil unserer arabischen Heimat, sondern grundlegender Bestandteil des südlichen Syrien.«
der syrische Präsident **Hafez Assad**
in Radio Damaskus, 8. März 1974

In einem Interview mit der Monatsschrift des israelischen Verteidigungsministeriums *Bitachon* sagte der stellvertretende Verteidigungsminister Ephraim Sneh, dass die topografischen Bedenken im Hinblick auf einen israelischen Rückzug aus den Golanhöhen durch die Entmilitarisierung des Gebiets ausgeräumt werden könnten. »Wir brauchen eine Grenze, die man schützen kann, eine Grenze, von der der Generalstabschef zur Regierung bzw. zum Außen- oder Verteidigungsministerium sagen kann: ›Von dieser Linie aus kann ich den Staat Israel mit einem Minimum an Verlusten verteidigen.‹« Und Sneh fügte hinzu: »Je weitgehender die Entmilitarisierung und je wirksamer das Frühwarnsystem, desto flexibler werden wir uns in topografischen Fragen zeigen.« Gleichzeitig unterstrich er jedoch auch, dass es keine Kompromisse im Blick auf Wasservorkommen und Quellen geben könne.
Abgesehen von der militärischen Sicherheit liegt der Schlüssel zum Frieden mit Syrien nach Snehs Worten vor allem in der Normalisierung der Beziehungen zwischen den beiden Ländern. »Wenn ein Israeli an Normalisie-

rung denkt, dann stellt er sich vor, dass er morgens aufsteht, mit seiner Frau und seinen Kindern einen Einkaufsbummel in Damaskus macht und wieder nach Hause fährt«, so Sneh. »Für die Syrer dagegen besteht eine Normalisierung bestenfalls im Austausch von Botschaftern und der Einrichtung möglichst vieler Flugverbindungen. Wir müssen darauf drängen, dass es ein freundschaftlicherer Friede wird als der Friede mit Ägypten, eher so wie der Friede, den wir mit Jordanien haben.«

In der Zwischenzeit gibt es in Israel eine starke Opposition gegen den Rückzug von den Golanhöhen. Beobachter gehen jedoch davon aus, dass die öffentliche Meinung umschlagen wird, wenn die Syrer ein entsprechendes Abkommen unterzeichnen und durch ihr Handeln erkennen lassen, dass ihnen der Friede ein echtes Anliegen ist – etwa durch das Unterbinden der Hisbollah-Überfälle auf Israel vom Südlibanon aus. Und letztlich wird die öffentliche Meinung darüber entscheiden, ob es zu einem Vertrag kommt, denn während der Amtszeit von Ministerpräsident Netanyahu wurde ein Gesetz verabschiedet, nach dem jedes derartige Übereinkommen durch einen Volksentscheid bestätigt werden muss.

Nach seiner Wahlniederlage von 1999 bestätigte Benjamin Netanyahu Berichte, dass er Geheimgespräche mit dem syrischen Präsidenten Hafez Assad über den Rückzug von den Golanhöhen bei gleichzeitiger Beibehaltung einer Frühwarnstation auf dem Berg Hermon aufgenommen habe. In der Öffentlichkeit bestand Assad jedoch weiterhin auf einem vollständigen Rückzug Israels und ließ keinerlei Bereitschaft erkennen, dass man je über ein eng gefasstes Abkommen über die Aufhebung des Kriegszustandes hinaus zu einem umfassenden Frieden gelangen könnte, wie Israel ihn fordert.

Karte 16 Die Hügelkette der Golan Höhen

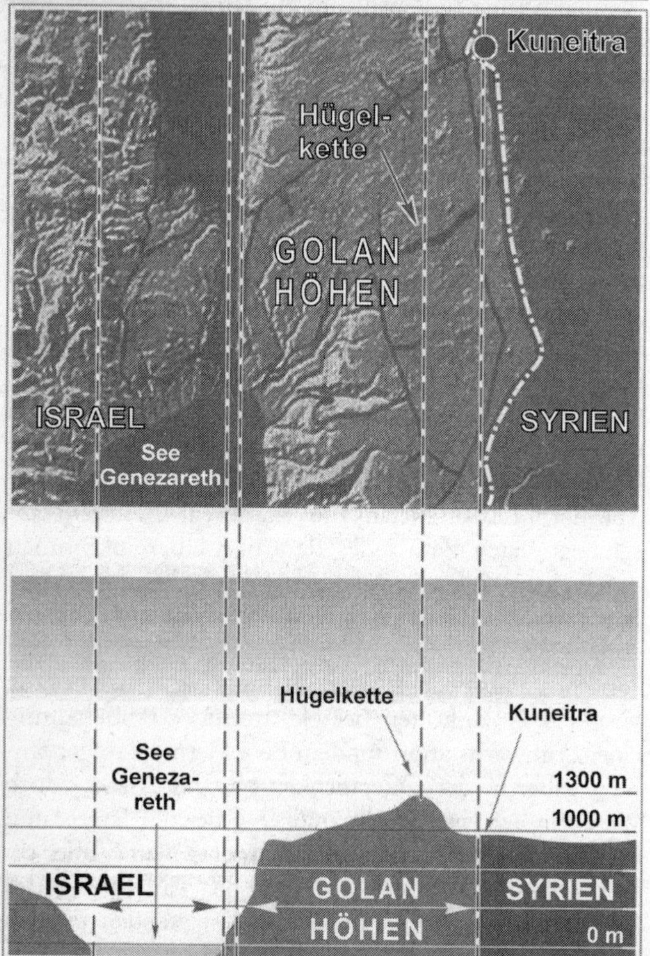

Die Wahl von Ehud Barak brachte wieder Bewegung in den Friedensprozess. Im Januar 2000 fanden in den Vereinigten Staaten intensive Verhandlungen zwischen Barak und dem syrischen Außenminister Farouk al-Sharaa statt. Die Gespräche weckten zunächst neue Hoffnungen auf das Zustandekommen eines Friedensvertrags, blieben jedoch vorläufig erfolglos. Im Juni 2000 starb Präsident Assad, und bis zur Konsolidierung der Macht von Assads Sohn und Nachfolger Bashar wird es zu keinen weiteren Gesprächen kommen. Bisher ließ Bashar jedoch nichts verlauten, was auf eine Wende in Syriens Haltung über die Golanhöhen hingedeutet hätte.

Behauptung

»Die Besetzung libanesischen Territoriums durch Israel ist das einzige Hindernis für den Abschluss eines Friedensvertrags zwischen den beiden Staaten.«

Tatsache

Israel hegte niemals feindliche Absichten gegen den Libanon, sondern wurde lediglich durch die chaotischen Verhältnisse im Südlibanon zum Kampf gezwungen, die es terroristischen Vereinigungen – anfangs der PLO, dann

der Hisbollah – ermöglichten, immer wieder Terroranschläge auf die nordisraelischen Siedlungen zu verüben. 1983 unterzeichnete Israel einen Friedensvertrag mit dem Libanon, doch Syrien zwang den libanesischen Präsidenten Amin Gemayel, das Abkommen zu brechen.
Am 24. Mai 2000 zog Israel seine Truppen aus dem Südlibanon ab. Der israelische Rückzug erfolgte in Zusammenarbeit mit den Vereinten Nationen; Israel erfüllte damit seine Verpflichtungen gemäß Resolution 425 des UN-Sicherheitsrates. Die Hisbollah und die libanesische Regierung behaupten jedoch, Israel halte nach wie vor ein bestimmtes Gebiet im Libanon – ein weitgehend unbewohntes Terrain namens Shebaa Farms – besetzt. Diese Behauptung liefert der Hisbollah den Vorwand, ihre Anschläge auf Israel fortzusetzen. Nach israelischer Auffassung handelt es sich bei Shebaa Farms jedoch um ursprünglich syrisches Gebiet, das die Israelis erobert haben. Angesichts der Tatsache, dass de facto Syrien die Kontrolle über den Libanon ausübt, sind Friedensverhandlungen zwischen Israel und dem Libanon so lange undenkbar, bis die Ansprüche auf die Golanhöhen geklärt sind. Wenn Israel und Syrien in dieser Angelegenheit zu einer Übereinkunft gelangt sind, steht zu erwarten, dass daraufhin auch der israelisch-libanesische Konflikt beigelegt werden kann.

Behauptung

»Nach den Vereinbarungen von Oslo haben die Palästinenser ihre Kinder für eine künftige

friedliche Koexistenz mit den israelischen Juden erzogen.«

Tatsache

Statt den Frieden mit ihren jüdischen Nachbarn durch eine entsprechende Erziehung zu fördern, indoktrinieren die Palästinenser ihre Kinder nach wie vor mit antisemitischen Klischees, antiisraelischer Propaganda und anderem Material, das eher Feindschaft heranzieht, als den Wunsch nach friedlicher Koexistenz beider Völker zu wecken.

So strahlt zum Beispiel das palästinensische Kinderfernsehen eine Sendung nach dem Vorbild der »Sesamstraße« aus – den so genannten »Kinderklub«, in der die Interaktion zwischen Kindern, Puppen und fiktiven Charakteren ganz darauf ausgelegt ist, den Hass auf die Juden zu schüren und gewalttätige Anschläge gegen sie im Rahmen des *jihad* (des heiligen Krieges) zu verherrlichen. Ein Kinderlied soll in den kleinen Zuschauern den Wunsch wecken, »Selbstmordkrieger« zu werden und mit Maschinengewehren auf Israelis zu schießen. Der Refrain eines anderen Liedes lautet: »Wenn ich nach Jerusalem gehe, werde ich ein Selbstmordattentäter werden.« In dem bewussten »Kinderklub« kann man auch hören, wie Kinder zum heiligen Krieg aufrufen und sagen, dass sie ihre Ansprüche »mit Steinen und Gewehrkugeln durchsetzen« werden.

Auch die Jugendlichen werden in Werbesendungen im palästinensischen Fernsehen dazu aufgerufen, sich dem

Kampf gegen Israel anzuschließen. Kinder werden aufgefordert, ihr Spielzeug fallen zu lassen, Steine aufzuheben und gegen Israel zu kämpfen. In einem dieser Werbespots stellen Schauspieler einen Zwischenfall nach, bei dem ein Kind im Kreuzfeuer einer Konfrontation zwischen Israelis und Palästinensern getötet wurde. Der Spot zeigt das Kind im Paradies, wie es die anderen Kinder auffordert, ihm »zu folgen«.[11]

Ähnliche Botschaften finden sich in den palästinensischen Lehrbüchern, die größtenteils vom palästinensischen Kultusministerium herausgegeben werden. In einem Lehrbuch für die fünfte Klasse – *Muqarar al-Tilawa Wa'ahkam Al-Tajwid* – werden die Juden als Feiglinge beschrieben, die Allah für das Höllenfeuer bestimmt hat. In einem Buch für die achte Klasse – *Al-Mutala'ah Wa'alnussus al-Adabia* – werden die Israelis als die Schlächter von Jerusalem bezeichnet. In vielen Texten werden die Steinewerfer verherrlicht. Im Unterrichtsmaterial für die neunte Klasse – *Al-Mutala'ah Wa'alnussus a-Adabia* – ist die Rede vom Bakterium des Zionismus, das aus dem arabischen Volk ausgemerzt werden müsse.

Die neueren Lehrbücher sind weniger martialisch, aber immer noch problematisch. So heißt es zum Beispiel, das palästinensische Volk bestehe aus Muslimen und Christen. Die Juden und die jahrhundertealten jüdischen Gemeinden in Palästina, die lange vor dem Zionismus da waren, werden nicht erwähnt. Auch vom israelischen Staat ist nicht die Rede, obwohl viele Probleme der palästinensischen Gesellschaft auf den arabisch-israelischen Konflikt zurück-

---

[11] NBC News, 8. Mai 2001, und MSNBC.

geführt werden. Hinweise auf die Juden sind stereotyp und beziehen sich oft in negativer Weise auf ihre Ablehnung Mohammeds und ihre Weigerung, zum Islam überzutreten. Eine neuere Studie kommt daher zu dem Schluss:

> »Trotz der sich im Vergleich zu den älteren Lehrbüchern abzeichnenden Reduzierung antisemitischer Aussagen und Anspielungen bestärkt die Darstellung der Beziehungen zwischen Muslimen, Christen und Juden in den neuen Lehrbüchern die klassischen islamischen und christlichen Stereotype der Juden. Die Verknüpfung der gegenwärtigen Konflikte mit den alten Kontroversen aus den Zeiten von Jesus und Mohammed zeigt, dass sich in Wirklichkeit nichts geändert hat.«

Doch die Lektionen enden nicht in der Schule. In Sommerferienlagern wird palästinensischen Kindern beigebracht, wie sie sich gegen die Israelis zur Wehr setzen können und dass der Märtyrertod höchsten Ruhm bedeutet. Die israelische Regierung ist im Besitz von Videos, auf denen Entführungen nachgestellt sind und den Kindern gezeigt wird, wie sie Israelis die Kehlen aufschlitzen können. Vier vom Islamischen Dschihad im Gazastreifen betriebene »Paradieslager« bieten paramilitärische Ausbildung für Acht- bis Zwölfjährige an und ermutigen die Kinder, Selbstmordattentäter zu werden. Die BBC filmte Kinder, die in Formation marschieren und Kampfsportarten üben.[12]

---

[12] *Near East Report*, 8. Mai 2001; *Jerusalem Post*, 20. Juli 2001.

Die palästinensischen Behörden versuchen die Kinder davon zu überzeugen, dass die Israelis es darauf anlegen, sie auf alle möglichen hinterlistigen Weisen umzubringen. So hieß es zum Beispiel in der palästinensischen Tageszeitung *Al Hayat Jadida*, israelische Flugzeuge würden über den Schulen im Gazastreifen vergiftete Süßigkeiten abwerfen.[13]

Diese Lehren verstoßen gegen Geist und Buchstaben der Friedensvereinbarungen.

> »Wir lehren die Kinder, dass Selbstmordattentate die Israelis in Angst und Schrecken versetzen und dass sie erlaubt sind ... Wir lehren sie, dass Selbstmordattentäter nach dem Tod sofort ins höchste Paradies gelangen.«
>
> ein Ausbilder der palästinensischen »Paradieslager« in einem Interview mit der BBC, zitiert in der *Jerusalem Post*, 20. Juli 2001

---

[13] *Jerusalem Post*, 23. Mai 2001.

Behauptung

»In dem Interimsabkommen wurde die Schaffung einer palästinensischen Polizei gefordert – und ebendieses Organ hat die Autonomiebehörde dann auch geschaffen.«

Tatsache

Israel hatte Bedenken, der Autonomiebehörde die Bildung einer Polizeitruppe zu erlauben, denn eine solche bewaffnete palästinensische Einheit stellte zweifellos eine Gefahr für die Sicherheit des israelischen Staates dar. Gleichzeitig war Israel sich bewusst, dass es den Palästinensern die Möglichkeit geben musste, für Ordnung in den selbstverwalteten Gebieten zu sorgen. Deshalb hatte man im Interimsabkommen die Einsetzung einer bis zu 12 000 Mann starken Polizeitruppe in der Westbank und einer bis zu 18 000 Mann umfassenden Polizei im Gazastreifen beschlossen.
Im Widerspruch zu diesem Abkommen haben die Palästinenser jedoch nicht nur eine zahlenmäßig wesentlich stärkere Polizeitruppe geschaffen (die Autonomiebehörde legte eine Liste mit fast 40 000 Namen vor), sondern darüber hinaus eine Vielzahl weiterer Sicherheitsorganisationen, die in den meisten Fällen weniger für die Aufrechterhaltung der öffentlichen Ordnung als für die Wahrung der politischen Macht von Jassir Arafat zuständig sind.

Israel wäre bereit, die Überschreitung der festgelegten Zahl von Polizisten zu tolerieren, wenn diese ihrer Verpflichtung, für Ordnung zu sorgen, nachkämen. Die in den Jahren 2000 und 2001 verübten Anschläge zeigen jedoch, dass die Polizei ihre Aufgabe nicht erfüllt. Noch schlimmer ist allerdings, dass sie sich bei vielen Gelegenheiten an Angriffen auf Israelis beteiligt hat. Das vielleicht schockierendste Beispiel war der Lynchmord an zwei israelischen Reservisten, die am 12. Oktober 2000 zunächst auf eine palästinensische Polizeistation gebracht, dann aber dem Mob ausgeliefert wurden.

Behauptung

»Die Palästinenser sind ihrer Verpflichtung, Terroristen zu verhaften und gerichtlich zu verfolgen, nachgekommen.«

Tatsache

Israel betrachtet die Verpflichtung der Palästinenser, Terroranschläge zu verhindern, als entscheidend für die Sicherheit seiner Bürger und als unabdingbare Voraussetzung für territoriale Zugeständnisse. Die Palästinenser haben zwar gelegentlich mutmaßliche Terroristen festgenommen, aber stets sehr schnell wieder auf freien Fuß gesetzt. In der Zeit zwischen dem Scheitern der Verhandlungen von Camp David am 25. Juli 2000 und dem Ausbruch der Gewalt Ende September 2000 wurden über 50 Mitglieder der Hamas, des Islamischen Dschihad und der Volksfront für die Befreiung Palästinas aus dem Gefängnis entlassen.

Der Umgang der Autonomiebehörde mit mutmaßlichen palästinensischen Terroristen steht in schroffem Gegensatz zu ihrer Behandlung von Palästinensern, die der Kollaboration mit Israel bezichtigt werden oder den Führungsanspruch Jassir Arafats bedrohen. Palästinenser, die derartige »Verbrechen« gegen das palästinensische Volk begangen haben, wurden in der Regel festgenommen und in mehreren Fällen kurz darauf hingerichtet.[14]

Die ungerechtfertigte Freilassung von Personen, denen Gewalttaten gegen Israelis zur Last gelegt werden, ist ein Signal für die palästinensische Öffentlichkeit, dass Terrorismus etwas Akzeptables ist. Zugleich ermöglicht es den Terroristen, ihren Feldzug der Gewalt gegen Israel fortzusetzen.

> »Wir werden die Söhne unseres Volkes nicht ins Gefängnis werfen, nur um Israel zufrieden zu stellen. Unser Volk darf gewiss sein, dass dies nicht geschieht.«
>
> **Jebril Rajoub**,
> Chef der Abteilung für Gewaltprävention der palästinensischen Polizei in der Westbank
> Islamic Association for Palestine, 9. Juni 2001

[14] S. zum Beispiel CNN, 13. Januar 2001; AP, 31. Juli 2001.

Behauptung

»Die Palästinenser sind im Recht, wenn sie Gewalt anwenden, denn der Friedensprozess hat ihre nationalen Hoffnungen nicht erfüllt.«

Tatsache

Die Vorbedingung für den Beginn des Osloer Friedensprozesses war, dass die Kontroversen durch Gespräche, nicht durch Gewehrkugeln beigelegt würden, doch die Palästinenser haben sich nicht an dieses grundlegende Kriterium menschlicher Koexistenz gehalten. Ihre Vorwürfe, dass Israel sich nicht weit und nicht schnell genug zurückzieht, hätten zu intensiveren Verhandlungen, intensiveren vertrauensbildenden Maßnahmen und intensiveren Bekundungen ihres Wunsches nach einem gewaltfreien Zusammenleben führen müssen.

Um zu verstehen, warum der in Oslo so hoffnungsvoll eingeleitete Prozess erfolglos blieb und Palästinenser und Israelis nicht friedlich nebeneinander leben können, muss man einen Blick auf den ersten wirklich funktionierenden arabisch-israelischen Friedensprozess werfen: die Verhandlungen zwischen Ägypten und Israel. Obwohl der Friedensvertrag zwischen beiden Ländern im Rahmen intensivster Verhandlungen in Camp David minutiös ausgearbeitet wurde, entpuppte sich der Weg bis zum endgültigen Frieden als überaus lang und beschwerlich.

Was ihn dennoch möglich machte, waren die Entschlossenheit beider Völker, endlich Frieden zu schließen, und die Taten, die diesem Entschluss folgten.

Ägypten und Israel lagen, ehe es zur Aufnahme ernsthafter Friedensgespräche kam, seit über 25 Jahren im Krieg miteinander. 1948, 1956, 1967, 1968-1970 und 1973 war es zu blutigen Auseinandersetzungen gekommen. Ein Vierteljahrhundert Zorn, Leid und Misstrauen aber kann nicht einfach über Nacht ausradiert werden. Der Friedensprozess begann nach dem Krieg von 1973, als Henry Kissinger Verhandlungen über ein bilaterales Truppenentflechtungsabkommen in die Wege leitete, in dessen Rahmen beide Seiten große Zugeständnisse machten.

Ägypten hatte verlangt, dass Israel sich aus dem größten Teil der Sinaihalbinsel zurückzog und sich darüber hinaus verpflichtete, sämtliche im Krieg von 1967 eroberten Gebiete aufzugeben. Als Israel sich stattdessen zunächst nur aus einem ganz kleinen Bereich der Sinaihalbinsel zurückzog, griff Ägypten jedoch nicht zum Mittel der Gewalt, sondern intensivierte die Verhandlungen.

Das erste Abkommen zwischen den beiden Staaten wurde im Januar 1974 unterzeichnet, das zweite nach weiteren, fast anderthalb Jahre dauernden zähen Verhandlungen. Der Weg dorthin war nicht leicht. Israel musste sich wiederholt seine »mangelnde Flexibilität« vorwerfen lassen, aber die Ägypter waren sicherlich nicht weniger schwierige Verhandlungspartner.

Anwar el-Sadat erklärte sich bereit, die antiisraelische Propaganda in der ägyptischen Presse einzuschränken und sich nicht länger an dem arabischen Boykott gegen Israel zu beteiligen. Yitzhak Rabin machte im Gegenzug heikle territoriale Zugeständnisse und verzichtete auf

Ölfelder auf der Sinaihalbinsel und zwei strategisch wichtige Pässe im Sinaigebirge.
Nach dem zweiten Sinaiabkommen hatte Ägypten noch immer nicht alle seine Territorien zurückerhalten. Sadat war unzufrieden und wurde zudem von den anderen arabischen Staaten angeprangert, weil er Israel in ihren Augen zu große Zugeständnisse machte. Doch auch in dieser Situation ließ er es nicht zum Einsatz von Gewalt kommen. Er schickte keine *fedayeen* aus, wie Nasser es in den Fünfzigerjahren getan hatte, sondern setzte die Gespräche fort.
Es dauerte drei Jahre bis zur Unterzeichnung der Camp-David-Vereinbarungen und weitere sechs Monate bis zur endgültigen Aushandlung des Friedensvertrags. Die beiden Staaten standen damals sicherlich vor ebenso großen Problemen, wie sie die Sackgasse darstellt, in der sich Israelis und Palästinenser zurzeit befinden – die Lösung dieser Probleme auf dem Verhandlungsweg nahm insgesamt fünf Jahre in Anspruch.
Im Gegenzug für seine Zugeständnisse erhielt Israel das Versprechen einer neuen, friedlichen Zukunft. Israel konnte dieses Wagnis eingehen, weil Ägypten in den fünfjährigen Verhandlungen bewiesen hatte, dass es künftige Kontroversen mit Israel friedlich lösen würde und nicht länger darauf aus war, seinen Nachbarn zu vernichten.
Noch immer waren die Ägypter nicht ganz zufrieden. Sadat forderte die Abtretung eines kleinen Landstreifens, den Israel noch auf der Sinaihalbinsel besetzt hielt. Es dauerte weitere neun Jahre, ehe ein internationales Schiedsgericht Israel zum Verzicht auf Taba bewog. Auch diesen strittigen Punkt nahm Ägypten nicht etwa zum Vorwand für Verstöße gegen den Friedensvertrag, sondern verhandelte weiter.

»Wenn die Israelis Kompromisse schließen können, Sie aber nicht, dann kann ich genauso gut nach Hause gehen. Sie sind jetzt vierzehn Tage hier und haben bis jetzt alle Vorschläge abgelehnt. Das wird Folgen haben. Ein Scheitern der Verhandlungen kann das Ende des Friedensprozesses bedeuten ...«

Präsident Clinton zu **Jassir Arafat** [15]

Behauptung

»Israel hat Wasser im Überfluss; seine Weigerung, es mit seinen Nachbarn zu teilen, wird den nächsten Krieg nach sich ziehen.«

---

[15] *Washington Post*, 18. Juli 2001, zitiert aus einem Artikel von Robert Malley und Hussein Agha in der *New York Review of Books*, in der sie diese Äußerung des Präsidenten auf dem Gipfeltreffen in Camp David im Juli 2000 zitieren.

Tatsache

Die Wasserversorgung ist für die Völker des Nahen Ostens eine Sache von Leben und Tod, Krieg und Frieden. Eine Schlagzeile der Jerusalem Post brachte die Gefahr, die die damit zusammenhängenden Probleme für die Sicherheit Israels bedeuten, auf den Punkt: »Die Hand, die am Wasserhahn dreht, beherrscht das Land.«[16]
König Hussein sagte 1990, das Einzige, was Jordanien veranlassen könnte, noch einmal Krieg zu führen, sei das Wasser. Von daher überrascht es nicht, dass die Vereinbarungen über die Wasserversorgung den entscheidenden Punkt in den jordanischen Friedensverhandlungen mit Israel bildeten. Jordanien erhält nun von Israel jährlich eine bestimmte Wassermenge zugewiesen.[17]
Seit mehreren Jahren leidet Israel unter akutem Wassermangel. Einfach ausgedrückt, ist der Wasserverbrauch größer als die Wassermenge, die an Regen niedergeht. In einem Dürrejahr verschlimmert sich die Situation, weil der Wasservorrat in den Reservoirs zu stark abimmt und der Wasserpegel in den Flüssen und Strömen zu weit sinkt.
Die Lage wird von Jahr zu Jahr kritischer, weil die einheimische Bevölkerung des Landes ständig wächst, die Einwanderer weiterhin in hoher Zahl nach Israel strömen, die Auseinandersetzungen über die vorhandenen Wasservorräte sich laufend verschärfen und Israel mit den Palästinensern über die Wasserrechte in der Westbank und im Gazastreifen verhandeln muss.

---

16 *Jerusalem Post*, 16. Juli 1994.
17 *Washington Times*, 30. Juli 1990.

»In alttestamentlicher Zeit gab es zwei Möglichkeiten, den Streit um die Wasserversorgung, die in unserer Region immer gefährdet war, zu lösen. Die eine war der Kampf um Wasser, die andere ein gemeinsamer Brunnen, der mit einem so schweren Stein verschlossen war, dass nur fünf Hirten zusammen ihn heben konnten, sodass die einzige Möglichkeit, an Wasser zu gelangen, in der Kooperation lag.«

Yaacov Tzur, ehemaliger israelischer Landwirtschaftsminister

Israel besitzt drei Hauptwasserquellen: die wasserführenden Erdschichten in der Küstenregion und in den Bergen und den See Kinneret (See Genezareth). Jede dieser drei Quellen deckt etwa 25 Prozent des Gesamtwasserbedarfs. Weitere 20 Prozent werden aus kleineren Reservoirs in anderen wasserführenden Erdschichten gedeckt, und die restlichen fünf Prozent liefert das Shafdan-Projekt, in dessen Rahmen in der Metropole Tel Aviv Abwässer aufbereitet werden.

Die Qualität des Wassers der wasserführenden Erdschichten der Küstengebiete verschlechtert sich ständig, weil zu viel Wasser entnommen und das Wasser zudem durch Abwasser verunreinigt wird. Der See Kinneret hat einen äußerst empfindlichen Wasserpegel: Wenn der Wasserstand zu niedrig ist, dringt Salzwasser aus den umliegenden Quellen in den See ein, wenn er zu hoch ist, tritt der See über die Ufer. Das qualitativ beste Wasser kommt aus den Bergen.

Karte 23 Wasserressoucen

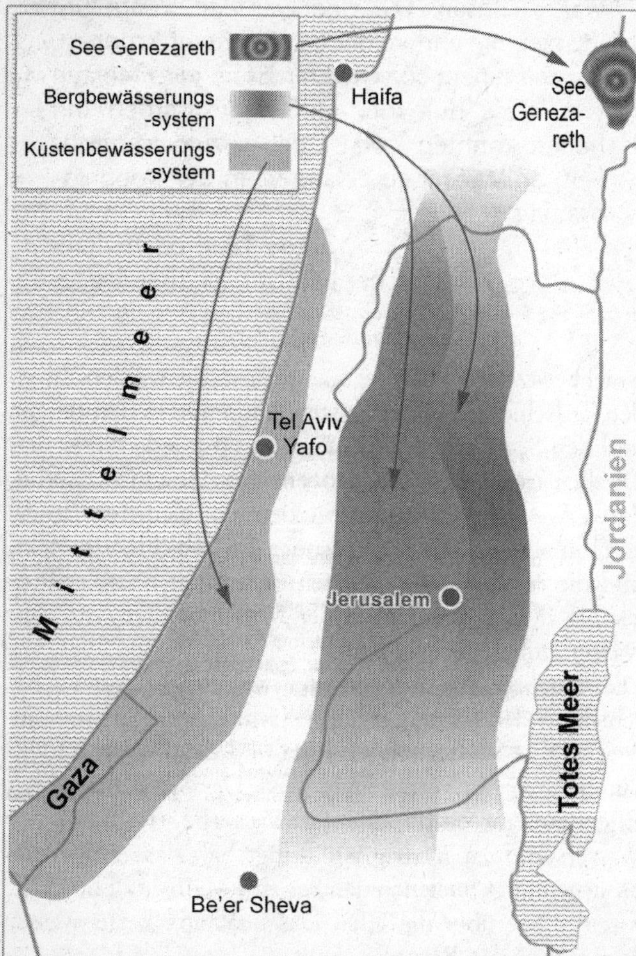

Aus diesem Grund sind die Wasserquellen in den Bergen am stärksten politisch umkämpft. Vor 1967 gingen 95 Prozent dieses Wassers an Israel und nur fünf Prozent an die Araber. Seither hat sich der Anteil der Araber mehr als verdreifacht, doch die Palästinenser verlangen, dass das Verhältnis umgekehrt wird. Sie argumentieren, dass die wasserführenden Schichten unter der Westbank liegen und deshalb der Kontrolle der Autonomiebehörde unterstellt werden sollten. Ihrer Aussage nach »stiehlt« Israel ihr Wasser; Israel dagegen möchte die Kontrolle über den Löwenanteil des Wassers behalten.

Alle Entscheidungen über die Wasserfrage betreffen sowohl Israels Wirtschaft als auch die Sicherheit des Landes. Eine Gefahr ist zum Beispiel, dass die Palästinenser die Wasserentnahme in Judäa und Samaria so massiv steigern könnten, dass für Israel gar kein Wasser mehr bliebe. Darüber hinaus fordern die Palästinenser die Genehmigung zum Ausbau ihrer Landwirtschaft. Dafür würden sie jedoch dieselben knappen Wasserressourcen anzapfen, die laut Auskunft der staatlichen Kontrollstelle in Israel nicht ausreichen, um Israels landwirtschaftliche Produktion zu erhöhen. Hinzu kommt, dass nach Angaben der palästinensischen Behörde für Wasserbewirtschaftung fast 50 Prozent des von den Privathaushalten verbrauchten Wassers verloren geht, weil die Wasserleitungen völlig veraltet sind. In Gaza ist das Dilemma der Autonomiebehörde noch größer, denn dort ist die einzige Wasserquelle wegen Kontamination und Versalzung praktisch unbrauchbar geworden.

Die Wassermenge, mit der Israel die besetzten Gebiete versorgen muss, wurde in bilateralen Verhandlungen festgesetzt. Das Interimsabkommen setzt die Zahl der Brunnen fest, die Israel bohren muss, und die Zahl, die die palästinensische Autonomiebehörde und internationale Körperschaften anlegen müssen. Auch die Zusammenarbeit auf dem Gebiet der Abwasserbeseitigung und des Umweltschutzes wurde genau definiert. Es wurde beschlossen, den Palästinensern im Rahmen der Übertragung von Verwaltungsbefugnissen auch die Entscheidung von Rechtsfragen in Wasserstreitigkeiten zu überlassen. Darüber hinaus sollten gemeinsame Beobachterteams eingesetzt werden.

Israel hat alle seine im Interimsabkommen festgelegten Verpflichtungen erfüllt. Die vereinbarte Wasserquote – teilweise sogar mehr – wird geliefert. Die Rechtsprechung in Wasserfragen wurde vollständig und zum vereinbarten Zeitpunkt abgetreten. Israel hat die Bohrung weiterer Brunnen genehmigt. Israel und die palästinensische Autonomiebehörde führen gemeinsame Kontrollen zur Aufdeckung lokaler Wasserdiebstähle und anderer Verstöße gegen die Wasserbestimmungen durch.

Als Reaktion auf die Gefährdung der Wasserversorgung durch die »Al-Aksa-Intifada« verabschiedeten die palästinensische und die israelische Wasserbehörde im Januar 2001 eine gemeinsame Erklärung, in der sie vor Sabotageakten gegen Anlagen der Wasserversorgung und Abwasserentsorgung warnten, die Schaffung wasserverschwendender Infrastrukturen ablehnten und ankündigten, gemeinsam die Wasserversorgung der palästinensischen und israelischen Städte und Dörfer in der Westbank und im Gazastreifen sichern zu wollen.[18]

---

[18] Israelisch-palästinensisches Wasserkomitee, »Joint Declaration for Keeping the Water Infrastructure out of the Cycle of Violence«, 31. Januar 2001.

Israel konnte seine künftige Wasserversorgung sicherstellen, indem es die Kontrolle über drei in der Westbank gelegene Regionen behielt, die 20 Prozent des Gesamtwasserbedarfs des Landes decken. Leider könnten der Druck der internationalen Gemeinschaft und die Fortsetzung des Friedensprozesses Israel zwingen, einige oder sogar alle diese Gebiete aufzugeben.

> »Israel steht nicht ein einziger Tropfen Wasser aus dieser Region zu.«
>
> der syrische Außenminister
> **Farouq al-Sharaa** [19]

Auch in den Verhandlungen mit Syrien geht es immer wieder um die Wasserversorgung. Syrien verlangt als Vorbedingung für den Frieden mit Israel die vollständige Rückgabe der Golanhöhen. Nach Aussage der Wassersachverständigen Joyce Starr würde eine israelische Regierung, die Gebiete auf den Golanhöhen abtritt, ohne Garantien für die Deckung des Wasserbedarfs aus dem Yarmuk oder anderen Quellen zu verlangen, »das Land in ernste Gefahr bringen«.[20]

---

19 *Mideast Mirror*, 7. Oktober 1991.
20 *Washington Post*, 10. September 1995.

Behauptung

»Die islamische Widerstandsbewegung Hamas wirkt als mäßigende Kraft in den besetzten Gebieten; sie unterstützt die arabisch-jüdische Eintracht und Versöhnung.«

Tatsache

Die Hamas will den israelischen Staat vernichten. In ihrem Programm heißt es wörtlich: »Die Palästinafrage kann nur durch den *jihad* (den heiligen Krieg) gelöst werden.« Die Organisation warnt davor, dass jeder Muslim, der »den Kreis des Kampfes gegen den Zionismus« verlässt, sich des »Hochverrats« schuldig macht. Sie fordert die Gründung einer islamischen Republik in Palästina, die an die Stelle von Israel treten soll. Die Muslime sollen »über jedem Zentimeter palästinensischen Bodens das Banner Allahs wehen lassen«.[21]

[21] Hamas-Bund.

Behauptung

»Israel hat sich von der Sinaihalbinsel zurückgezogen, um die Voraussetzung für den Frieden mit Ägypten zu schaffen; es hat sich hinter die internationale Grenze zum Libanon zurückgezogen; und es hat angeboten, sich für den Frieden mit Syrien von den Golanhöhen zurückzuziehen; nun sollte es auch die Westbank und den Gazastreifen vollständig räumen, damit ein Friede mit den Palästinensern möglich wird.«

Tatsache

Israel ist weder rechtlich noch in irgendeiner anderen Form verpflichtet, sich aus dem gesamten Gebiet der Westbank und des Gazastreifens zurückzuziehen. Bei diesen Gebieten liegt ein völlig anderer Sachverhalt vor als bei denen, die bisland Gegenstand von Verhandlungen waren. Israel hatte keinen Anspruch auf die Sinaihalbinsel oder die Sicherheitszone im Libanon; es hatte diese Gebiete lediglich zu Verteidigungszwecken besetzt, um sein Land gegen Feinde zu schützen, die es von dort aus wiederholt angegriffen hatten. Auf der Sinaihalbinsel wurden deshalb nach dem Rückzug eine ganze Reihe von Sicherheitsmaßnahmen getroffen; zum Beispiel achtet ein unabhängiges amerikanisches Beobachterteam darauf, dass die Bedingungen des Friedensvertrags eingehalten werden. Israel hat zudem nicht angeboten, sich vollständig von den Golanhöhen zurückzuziehen, sondern lediglich seine Bereitschaft bekundet, für den Frieden mit Syrien auf einen großen Teil dieses Gebiets zu verzichten. Ein solches Abkommen würde jedoch voraussetzen, dass die Einhaltung der gegebenen Versprechen auch hier von einem unabhängigen Gremium überwacht und so die Sicherheit Israels gewährleistet wird.

In der Westbank und im Gazastreifen ist die Lage völlig anders. Im Gegensatz zur Sinaihalbinsel läge, wenn Israel sich vollständig aus diesen Gebieten zurückzöge, keine Pufferzone mehr zwischen Israel und einer feindlichen palästinensischen Macht. Alle israelischen Regierungen und auch die meisten unparteiischen Beobachter sind sich einig, dass die israelische Präsenz im Jordantal für die Sicherheit des Landes unverzichtbar ist. Darüber hinaus hat Israel eine starke historische Bindung an Judäa und Samaria – Gebiete, die seit Jahrhunderten die Heimat von Juden waren und für das jüdische Volk auch in religiöser Hinsicht von großer Bedeutung sind. Und nicht zuletzt könnten Ägypten, der Libanon und Syrien – nicht aber die Palästinenser – die umstrittenen Gebiete mit demselben Recht für sich beanspruchen wie Israel. Die Westbank und der Gazastreifen haben niemals zu einem bestimmten Land gehört (Jordanien hatte die Westbank zwar annektiert, doch diese Annexion wurde nur von zwei Nationen anerkannt), und die Palästinenser haben keinen größeren Anspruch auf diese Gebiete als Israel.

Israel hat eingeräumt, dass es sich für ein Friedensabkommen mit den Palästinensern aus Teilen der Westbank und des Gazastreifens zurückziehen muss. Dieser Rückzug ist zum Teil bereits erfolgt, doch einen vollständigen Rückzug aus diesen Gebieten lässt die Sicherheit des Landes nicht zu.

Behauptung

»Für einen dauerhaften Frieden in Palästina müssen zwei lebensfähige Staaten als gleichwertige Nachbarn nebeneinander existieren, Israel aber will die Westbank und den Gazastreifen in Bezirke aufteilen, die inmitten von israelischem Gebiet lägen und von den Israelis kontrolliert würden. Das ist einer der Gründe, warum die Palästinenser den im Juli 2000 von Israel in Camp David eingebrachten Vorschlag ablehnten.«

Tatsache

Die Bedingungen für eine endgültige Festlegung der Grenzen eines potenziellen palästinensischen Staates und Israels sind äußerst komplex. Sie erfordern eine ganze Reihe von Rücksichten, unter anderem auch auf demografische und geografische Gegebenheiten und auf Faktoren, die die Sicherheit der beiden Staaten betreffen. Es ist verständlich, dass die Palästinenser sich eine in einem Stück verlaufende Landesgrenze wünschen, doch das ist nicht möglich. Der Gazastreifen kann nicht mit der Westbank verbunden werden, es sei denn, Israel würde das dazwischenliegende Gebiet aufgeben und damit eine Zweiteilung des israelischen Staates hinnehmen, sodass dieser seinerseits keine zusammenhängende Grenze mehr besäße. Die Palästinenser haben im Grunde gar kein Anrecht auf die Westbank oder den Gazastreifen, doch es gibt mittlerweile sichere Transitwege, die den Verkehr zwischen den Gebieten erleichtern. In der Westbank ist Lage noch komplizierter, weil die Sicherheitserfordernisse des israelischen Staates und der großen israelischen Metropolen, die zurzeit jenseits der »grünen Linie« liegen, die militärische Präsenz Israels im Jordantal unverzichtbar machen.

Die Vereinten Nationen standen, als es um die Teilung ging, vor demselben Problem. Die von ihnen vorgenommene Aufteilung in einen arabischen und einen jüdischen Staat orientierte sich an der vorwiegend jüdischen bzw. vorwiegend arabischen Bevölkerung bestimmter Regionen. Auch die UN-Teilungsresolution sah keine zusammenhängenden Staatsgrenzen vor. Jeder Staat sollte in der Hauptsache aus drei großen Bezirken bestehen. Dabei war der arabische Staat insgesamt zwar wesentlich größer angelegt, als heute in Erwägung gezogen wird, aber die Westbank und der Gazastreifen wären auch damals von Bezirken des geplanten jüdischen Staates umgeben gewesen. Ein Teil des nördlichen historischen Palästina wäre dem arabischen Staat zugewiesen worden. Jerusalem sollte internationalen Status erhalten, hätte jedoch mitten im arabischen Staat gelegen und wäre vollständig vom jüdischen Staat abgeschnitten gewesen. Obwohl diese Aufteilung alles andere als ideal war, hätten die Juden den Teilungsplan damals akzeptiert.

> »Ministerpräsident Barak war bereit, eine Entscheidung zu treffen, Arafat war es nicht. Ich glaube, dass er den Prozess vorantreiben kann, aber er ist nicht in der Lage, ihn zum Abschluss zu bringen.«
>
> der amerikanische Vermittler **Dennis Ross** über das Scheitern des Camp-David-Gipfels [22]

[22] *Jerusalem Post*, 9. August 2001.

23. Die Siedlungspolitik

Behauptungen

»Die israelische Präsenz in der Westbank ist nicht rechtens. Die israelischen Siedlungen sind illegal.«
»Die Siedlungspolitik ist ein Hindernis für den Frieden.«
»Die Genfer Konvention verbietet die Errichtung jüdischer Siedlungen in den besetzten Gebieten.«
»Israel siedelt bewusst Juden in vorwiegend arabischen Städten an und hat damit vollendete Tatsachen geschaffen, sodass keine territorialen Kompromisse mehr möglich sind.«
»Israel muss die jüdischen Siedlungen räumen; nur dann ist ein dauerhafter Friede mit den Palästinensern möglich.«
»Bei den während der Amtszeit Präsident Carters in Camp David stattfindenden Friedensverhandlungen erklärte Israel sich zu einem fünfjährigen Siedlungsstopp bereit – eine Zusage, die der Staat schon nach wenigen Monaten brach, indem er neue Siedlungen in der Westbank errichtete.«
»Israel bekam durch amerikanische Kreditbürgschaften Milliarden von Dollar aus der Tasche der amerikanischen Steuerzahler, mit denen dann in der Westbank und im Gazastreifen neue Siedlungen für russische Juden errichtet wurden.«
»Israel hat nicht das Recht, in dem zum arabischen Ostjerusalem gehörenden Har Homa Wohnungen zu

bauen; es handelt sich dabei lediglich um ein weiteres Siedlungsprojekt, das dem Frieden im Weg steht.«
»Der Mitchell-Report hat bewiesen, dass die israelische Siedlungspolitik mindestens ebenso sehr für das Scheitern des Friedensprozesses verantwortlich ist wie die von den Palästinensern ausgehende Gewalt und dass diese Siedlungspolitik gestoppt werden muss, wenn die Gewalt ein Ende haben soll.«
»Die zur Verteidigung der Siedlungen vorgebrachten Argumente sind nichts anderes als ein Vorwand für die Unterdrückung das palästinensischen Volkes und die dauerhafte Besetzung palästinensischen Bodens.«
»Das Friedensabkommen zwischen Israel und den Palästinensern verbietet die Siedlungspolitik.«
»Das Rote Kreuz hat die israelischen Siedlungen zum Kriegsverbrechen erklärt.«

Behauptung

»Israel hat nicht das Recht, sich in der Westbank aufzuhalten. Die israelischen Siedlungen sind illegal.«

Tatsache

Schon von alters her haben in der Westbank und im Gazastreifen Juden gelebt. Lediglich während der jordanischen Besatzung von 1948 bis 1967 durften Juden in jüngerer Zeit nicht in den besetzten Gebieten wohnen. Dieses Verbot stellte einen klaren Verstoß gegen das Palästinamandat der Vereinten Nationen dar, das die Gründung eines jüdischen Staates vorsah und in dem »eine dichte Ansiedlung von Juden auf dem Land« angestrebt wurde.

Zahllose politische und juristische Instanzen streiten sich darum, ob die Siedlungen »illegal« sind. Nach Aussage des Juristen Stephen Schwebel, einem Spezialisten für Internationales Recht, darf ein Land ein Gebiet erobern und besetzen, wenn seine Selbstverteidigung dies erfordert. Schwebel ist darüber hinaus der Ansicht, dass ein Staat vor seinem Rückzug aus einem solchen Territorium Sicherheitsgarantien fordern darf, die gewährleisten, dass seinen Bürgern aus diesem Gebiet keine Gefahr mehr droht.[1]

Nach Ansicht Eugene Rostows, eines ehemaligen Ministers der Johnson-Regierung, gibt Resolution 242 Israel das Recht, in der Westbank präsent zu sein. Die Resolution »gestattet Israel, die Gebiete«, die es 1967 erobert hat, so lange zu verwalten, bis »ein gerechter und dauerhafter Friede im Mittleren Osten geschaffen ist«, schreibt Rostow.[2]

---

[1] *American Journal of International Law*, April 1970, S. 345-46.
[2] *New Republic*, 21. Oktober 1991, S. 14.

Behauptung

»Die Siedlungspolitik ist ein Hindernis für den Frieden.«

Tatsache

Die israelischen Siedlungen waren zu keinem Zeitpunkt ein Hindernis für den Frieden. Von 1949 bis 1967, als keine Juden in der Westbank leben durften, weigerten sich die Araber, Frieden mit Israel zu schließen. Von 1967 bis 1977 gründete die israelische Arbeitspartei lediglich einige wenige, strategisch wichtige Siedlungen in den besetzten Gebieten, doch die Araber zeigten nach wie vor kein Interesse an einem Frieden mit Israel.
1977, Monate nachdem die einer verstärkten Siedlungspolitik zugeneigte Likud-Regierung an die Macht gekommen war, kam der ägyptische Präsident Sadat zu einem Staatsbesuch nach Jerusalem. Die wenigen damals existierenden israelischen Siedlungen auf der Sinaihalbinsel wurden im Rahmen des Friedensvertrags mit Ägypten abgebrochen.
Ein Jahr später fror Israel seine Siedlungspolitik ein in der Hoffnung, durch diese Geste weitere arabische Staaten zur Teilnahme der Verhandlungen in Camp David zu bewegen, doch ohne Resultat.
1994 unterzeichnete Jordanien einen Friedensvertrag mit Israel, in dem die Siedlungspolitik nicht einmal erwähnt

wurde. Damals war die Zahl der in den besetzten Gebieten lebenden Juden eher im Zunehmen begriffen.
Die israelische Siedlungspolitik könnte sich im Gegenteil sogar als Anreiz zum Frieden entpuppen, weil sie die Palästinenser und anderen Araber zwingt, ihre Auffassung, dass die Zeit auf ihrer Seite sei, zu überdenken. In arabischen Zeitungen und Büchern findet man immer wieder Anspielungen darauf, wie lange es gedauert habe, bis die Kreuzfahrer vertrieben waren, und dass es vielleicht ebenso lange dauern wird, bis die Zionisten aus dem Land verschwinden. Die Zunahme der jüdischen Bevölkerung in den besetzten Gebieten hat die Araber hier zu einem Umdenken gezwungen. »Die Palästinenser erkennen jetzt«, sagte Elias Freij, der Bürgermeister von Bethlehem, »dass die Zeit auf der Seite Israels ist, das Siedlungen gründen und Tatsachen schaffen kann, und dass direkte Verhandlungen der einzige Ausweg aus diesem Dilemma sind.«[3] So waren die Araber inzwischen trotz der Fortsetzung der Siedlungspolitik bereit, an Friedensgesprächen in Madrid und Washington teilzunehmen. Immerhin kamen alle im Rahmen der Osloer Vereinbarungen mit den Palästinensern getroffenen Abkommen ohne Abstriche bei der israelischen Siedlungspolitik zu Stande.
Die Siedlungsfrage wird im Rahmen der Status-Endverhandlungen geregelt werden. Die endgültige Festsetzung der Grenze zwischen Israel und einem potenziellen palästinensischen Staat wird höchstwahrscheinlich von der Verteilung der jüdischen Städte abhängen. Israel sähe es

---

[3] *Washington Post*, 1. November 1991.

natürlich gern, wenn so viele dieser Städte wie möglich innerhalb seiner Landesgrenzen blieben. Die Palästinenser wiederum möchten möglichst alle Juden aus dem von ihnen kontrollierten Gebiet vertreiben.

Behauptung

»Die Genfer Konvention verbietet die Errichtung jüdischer Siedlungen in den besetzten Gebieten.«

Tatsache

Die Vierte Genfer Konvention verbietet die *zwangsweise* Umsiedlung von Menschen aus einem Staat in Gebiete eines anderen Staates, die im Rahmen eines Krieges besetzt wurden. Damit soll verhindert werden, dass die in einem besetzten Gebiet lebende Bevölkerung zur Umsiedlung gezwungen wird. Für die israelische Siedlungspolitik ist dieser Sachverhalt jedoch ohne jede Relevanz. Die Juden werden nicht gezwungen, in die Westbank oder den Gazastreifen zu ziehen, sondern kehren freiwillig an Orte zurück, an denen sie oder ihre Vorfahren lebten, bevor sie von dort vertrieben wurden. Hinzu kommt, dass diese Gebiete rein rechtlich niemals zu Jordanien oder Ägypten gehörten und am allerwenigsten den Palästinensern, die in keinem Teil Palästinas jemals souveräne Staatsgewalt ausübten. »Die Juden haben ein ebenso großes Recht, sich in diesem Gebiet niederzulassen, wie die ansässige Bevölkerung, dort zu leben«, schrieb der vormalige Minister Professor Eugene Rostow.[4]

Durch die Siedlungen werden die in den besetzten Gebieten lebenden Araber nicht vertrieben. Die Medien vermitteln manchmal den Eindruck, als müssten für jeden Juden, der in die Westbank zieht, mehrere hundert Palästinenser fortziehen. In Wirklichkeit wurde die überwiegende Mehrheit der Siedlungen in unbewohnten Landstrichen errichtet; aber auch durch die Hand voll jüdischer Siedlungen, die in oder in der Nähe von arabischen Städten gelegen sind, wurde kein einziger Palästinenser zum Verlassen seiner Heimat gezwungen.

Behauptung

»Israel siedelt bewusst Juden in vorwiegend arabischen Städten an und hat damit vollendete Tatsachen geschaffen, sodass keine territorialen Kompromisse mehr möglich sind.«

---

4 *American Journal of International Law,* 1990, Bd. 84, S. 72.

Tatsache

Etwa 80 bis 90 Prozent der Siedler leben in Gebieten, die praktisch als Vorstädte israelischer Großstädte wie Jerusalem und Tel Aviv gelten können. Dies sind Gebiete, die nach Ansicht fast der gesamten jüdischen Bevölkerung für die Sicherheit des Staates lebenswichtig sind.
Strategische Rücksichten haben sowohl die Arbeitspartei als auch die Likudpartei zum Bau dieser Siedlungen bewogen. Ziel ihrer Politik ist, eine jüdische Bevölkerungsmehrheit in den strategischen Schlüsselregionen der Westbank zu schaffen, so zum Beispiel im Korridor Tel Aviv-Jerusalem, der in mehreren arabisch-israelischen Kriegen Schauplatz schwerer Kämpfe war. Zu Beginn der arabisch-israelischen Friedensgespräche Ende 1991 gab es jedoch in über 80 Prozent des Gebiets der Westbank gar keine oder nur sehr kleine israelische Siedlungen.[5]
Heute leben schätzungsweise 175 000 bis 200 000 Juden in knapp 150 Gemeinden in der Westbank. Die überwältigende Mehrheit dieser Siedlungen hat weniger als 1 000 Einwohner. Beobachter haben festgestellt, dass 70 bis 80 Prozent von ihnen durch geringe Modifikationen der »grünen Linie« (der inoffiziellen Grenze nach 1967) hinter die israelische Grenze verlegt werden könnten.

---

[5] *Jerusalem Post*, 22. Oktober 1991.

Behauptung

»Israel muss die jüdischen Siedlungen räumen; nur dann ist ein dauerhafter Friede mit den Palästinensern möglich.«

Tatsache

Die unausgesprochene Ansicht vieler Kritiker der Siedlungspolitik ist es, dass die Voraussetzungen für den Frieden besser wären, wenn die Westbank »judenrein« wäre – eine Vorstellung, die zweifellos als antisemitisch bezeichnet würde, wenn es darum ginge, Juden aus New York, Paris oder London zu vertreiben. Juden daran zu hindern, in der Westbank – der Wiege der jüdischen Zivilisation – zu leben, ist jedoch sicherlich nicht weniger anstößig.

Jeder Friedensvertrag müsste ausdrücklich gestatten, dass in der Westbank Juden leben dürfen – so wie heute auch Araber in Israel leben. Man kann von keiner israelischen Regierung erwarten, dass sie die von den Briten praktizierte Politik fortführt, nach der große Gebiete Palästinas für Juden als *off limits* erklärt wurden.

Behauptung

»Bei den während der Amtszeit Präsident Carters in Camp David stattfindenden Friedensverhandlungen erklärte Israel sich zu einem fünfjährigen Siedlungsstopp bereit – eine Zusage, die der Staat schon nach wenigen Monaten brach, indem er neue Siedlungen in der Westbank errichtete.«

Tatsache

Der in Camp David besprochene Fünfjahreszeitraum betraf die palästinensische Selbstverwaltung in den besetzten Gebieten. Das israelische Moratorium über die Siedlungen in der Westbank, zu dem Ministerpräsident Begin sich bereit erklärt hatte, galt nur für drei Monate. Dieses Abkommen wurde von Israel eingehalten.

Im Übrigen erhielt Israel in dieser Sache von völlig unerwarteter Seite Unterstützung: von dem ägyptischen Präsidenten Anwar el-Sadat. Er sagte: »Wir waren überein-gekommen, den Bau neuer Siedlungen für die folgenden drei Monate einzufrieren, den Zeitraum, der nach unserer Einschätzung für die Unterzeichnung des Friedensvertrags nötig war.«[6]

---

[6] Middle East News Agency, 20. September 1978.

Die Palästinenser lehnten die Vereinbarungen von Camp David ab, sodass die betreffenden Pläne nicht verwirklicht wurden. Hätten sie die von Begin angebotenen Bedingungen akzeptiert, wäre aus der palästinensischen Selbstverwaltung höchstwahrscheinlich längst der palästinensische Staat hervorgegangen, den die Palästinenser nach eigener Aussage anstreben.

Behauptung

»Israel wurde durch die amerikanischen Kreditbürgschaften mit Milliarden von Dollar aus der Tasche der amerikanischen Steuerzahler versorgt, mit denen in der Westbank und im Gazastreifen neue Siedlungen errichtet wurden, weil man Wohnraum für die russischen Juden schaffen musste.«

Tatsache

Seit 1989 sind etwa eine Million Juden nach Israel eingewandert. Die Mehrheit von ihnen, etwa 80 Prozent, kam aus der ehemaligen Sowjetunion. Israel muss für diese Immigranten Nahrung, Wohnraum, Arbeitsplätze und

Ausbildungsmöglichkeiten schaffen. Noch größer ist die Herausforderung, wenn die Neuankömmlinge aus unterentwickelten Ländern wie Äthiopien kommen und in buchstäblich allem – von der Benutzung des Spülklosetts bis hin zum Geldabheben bei der Bank – Anleitung benötigen. Israel hat sich dieser Verpflichtung gestellt und sehr viel Geld investiert. Hohe Summen kamen dabei auch von der jüdischen Gemeinschaft in Amerika, die durch Spendenaktionen wie die United Jewish Appeal's Operation Exodus und andere Kampagnen Milliardenbeträge bereitstellen konnte.

Trotz all dem blieb die Aufgabe, vor die sich das Land durch den Zustrom neuer Immigranten gestellt sah, so gewaltig, dass Israel die Vereinigten Staaten um Hilfe bat. Um den Vorgang in den richtigen Relationen sehen zu können, muss man bedenken, dass die Vereinigten Staaten – ein Land mit 250 Millionen Einwohnern und einem Bruttosozialprodukt in Billionenhöhe – jährlich etwa 125 000 Flüchtlinge aufnehmen, wohingegen allein im Jahr 1990 200 000 Juden nach Israel eingewandert sind.

Die Vereinigten Staaten gingen der ganzen Freien Welt in ihrem Bestreben voran, den sowjetischen Juden die Ausreise zu ermöglichen. Bereits 1972 bewilligte der Kongress Mittel für die Ansiedlung sowjetischer Juden in Israel, und seit 1992 wurden 80 Millionen Dollar für diesen Zweck bereitgestellt.

Nachdem die Sowjetunion ihre Tore geöffnet hatte, wurde aus dem Tröpfeln der Einwanderer eine wahre Flut. Die Zahl der Immigranten stieg explosionsartig von weniger als 13 000 im Jahr 1989 auf über 185 000 im Jahr 1990 an. Daraufhin bat Israel um eine andere Form der Hilfe. Die Vereinigten Staaten entsprachen dieser Bitte und gewährten dem Land 1990 400 Millionen Dollar in

Form von Kreditbürgschaften, mit denen Wohnungen für die Ankömmlinge gebaut werden sollten.
Bürgschaften sind keine Subventionen – nicht ein Cent amerikanische Staatsgelder gelangte auf diesem Weg nach Israel. Der amerikanische Staat übernahm lediglich die Bürgschaft für Kredite, auf die hin die amerikanischen Banken Israel Geld zu günstigeren Konditionen liehen: zu niedrigeren Zinssätzen und mit längeren Rückzahlungszeiträumen, zum Beispiel 30 Jahre statt nur fünf oder sieben. Diese Darlehensbürgschaften haben keine Auswirkung auf die amerikanische Haushaltspolitik. Die amerikanischen Steuerzahler werden durch sie nicht belastet, es sei denn, Israel zahlt seine Kredite nicht zurück – was bisher nie vorkam. Darüber hinaus wird ein Großteil des auf diese Weise aufgenommenen Geldes in den Vereinigten Staaten für amerikanische Produkte ausgegeben, fließt also in die USA zurück.
Als sich abzeichnete, dass der Flüchtlingsstrom noch größer als vorhergesehen war und jeden Monat wieder Tausende neuer Immigranten eintrafen, erkannte Israel, dass es mehr Hilfe brauchte, und bat die Vereinigten Staaten um weitere zehn Milliarden Dollar in Form von Bürgschaften.
1992 ermächtigte der Kongress den Präsidenten zu weiteren Kreditbürgschaften, um Israel bei der außergewöhnlichen humanitären Belastung zu unterstützen, die die Aufnahme und Integration der Immigranten für das Land bedeutete. Diese Bürgschaften wurden mit einer jährlichen Erhöhung um zwei Milliarden Dollar über einen Zeitraum von fünf Jahren gewährt. Während die Kosten dieser Hilfsmaßnahme für die amerikanische Regierung gleich Null waren, zahlte Israel den Vereinigten Staaten jedes Jahr Gebühren in Höhe von mehreren

hundert Millionen Dollar für Verwaltungs- und andere Kosten.

Nach den geltenden Richtlinien darf die amerikanische Auslandshilfe für Israel nicht außerhalb der Grenzen von vor 1967 verwendet werden. Um das Missfallen der Vereinigten Staaten an der israelischen Siedlungspolitik zum Ausdruck zu bringen, wurde der US-Präsident außerdem ermächtigt, die jährlichen Kreditbürgschaften um den Betrag herabzusetzen, der dem geschätzten Wert der vorjährigen israelischen Siedlungsaktivitäten in der Westbank und im Gazastreifen entspricht.

Auf diese Weise legte, wie die Tabelle zeigt, das amerikanische Außenministerium fest, dass Israel von 1993 bis 1996 knapp 1,4 Milliarden Dollar für seine Siedlungspolitik ausgab. Der US-Präsident war jedoch umgekehrt auch ermächtigt, die Abstriche auszusetzen, wenn es im Sicherheitsinteresse der Vereinigten Staaten lag, dass Israel die Mittel voll zur Verfügung standen. Präsident Clinton machte in den letzten drei Jahren des Programms von dieser Vollmacht Gebrauch, sodass die tatsächliche Reduzierung der Bürgschaften für Israel 773,8 Millionen Dollar betrug.

Die in Siedlungsprojekte fließenden israelischen Gelder hatten nichts mit den neuen Einwanderern zu tun, von denen niemand gezwungen wurde, in den besetzten Gebieten zu wohnen. So entschied sich denn auch nur ein verschwindend geringer Prozentsatz von ihnen dafür, und zwar grundsätzlich *freiwillig*.

Alles in allem war das amerikanische Kreditbürgschaftsprogramm ein voller Erfolg. Israel verwendete die Darlehen hauptsächlich zur Erhöhung des Umlaufs ausländischer Währung in der Wirtschaft des Landes und zur Verbesserung der Infrastruktur, wie zum Beispiel für den

Bau von Straßen, Brücken, Abwassersystemen und Elektrizitätswerken. Darüber hinaus wurden Wohnraum und Arbeitsplätze für praktisch alle neuen Einwanderer geschaffen. Die Arbeitslosigkeit unter den Immigranten, die in den schlimmsten Zeiten 35 Prozent betrug, ist mittlerweile auf unter sechs Prozent gefallen; das entspricht etwa der Arbeitslosenrate der übrigen Bevölkerung.

Das amerikanische Kreditbürgschaftsprogramm hat es Israel nicht nur ermöglicht, die vielen Einwanderer aufzunehmen, ohne das Wirtschaftswachstum des Landes zu gefährden. Es war darüber hinaus eine klare Aussage des Vertrauens der USA in Israels Fähigkeit, der zusätzlichen wirtschaftlichen Schwierigkeiten Herr zu werden, die denn auch ihre Wirkung auf den internationalen Kapitalmarkt nicht verfehlte. Israels Kreditrahmen wurde erhöht, und das Land kann nun selbstständig Millionenkredite auf dem internationalen Finanzmarkt aufnehmen.

Behauptung

»Israel hat nicht das Recht, in dem zum arabischen Ostjerusalem gehörenden Har Homa Wohnungen zu bauen; es handelt sich dabei lediglich um ein weiteres Siedlungsprojekt, das dem Frieden im Weg steht.«

Tatsache

Das Bauprojekt in Har Homa bildet die letzte Stufe eines umfassenden Wohnungsbauprogramms für die Stadt Jerusalem, mit dem bereits 1968 begonnen wurde. Das gesamte Areal von Har Homa ist nicht einmal 460 Acres groß. Zu Beginn des Projekts war das Gebiet unbebaut. Es befindet sich auch kein anderes arabisches Wohngebiet in der Nachbarschaft.

1996 entschied Ministerpräsident Shimon Peres von der israelischen Arbeitspartei, dass das Projekt Har Homa in Angriff genommen werden sollte; wegen juristischer Probleme musste die Arbeit zunächst wieder eingestellt werden. Doch der israelische Oberste Gerichtshof wies die Klagen der jüdischen und arabischen Landeigentümer ab und genehmigte die Enteignung von Land für das Bauprojekt. Die Enteignung erfolgte auf der allgemeinen Rechtsgrundlage, die es Regierungen erlaubt, Privatland, das für öffentliche Zwecke benötigt wird, zu enteignen. Der größte Teil des enteigneten Areals – 75 Prozent – gehörte jüdischen Eigentümern.

Der Bebauungsplan wurde von der Netanyahu-Regierung genehmigt, nachdem das Gericht angeordnet hatte, der massiven Wohnungsnot, unter der sowohl Araber als auch Juden in Jerusalem zu leiden haben, abzuhelfen. In Har Homa sollen 6 500 Wohneinheiten entstehen, dazu Schulen, Parks, öffentliche Bauten sowie Einkaufs- und Industriegebiete. Zeitgleich mit dem Har-Homa-Projekt wird mit dem Bau von 3 015 Wohneinheiten in zehn arabischen Vierteln in Jerusalem begonnen.

»Ich glaube, dass wir das Har-Homa-Viertel als Teil von Jerusalem akzeptieren sollten, ein Viertel, gegen das meine Bewegung letztlich einen unsinnigen Feldzug geführt hat. Territorial gesehen gehört Har Homa zum Staat Israel. Zu sagen, dass die jüdische Siedlung Har Homa das palästinensische Gebiet auseinander reißt und daraus gar noch einen möglichen Kriegsgrund zu machen, ist blanker Unsinn.«

Peace-Now-Führer
Professor Amiram Goldblum [7]

In keinem der von Palästinensern und Israelis unterzeichneten Abkommen wird das Bauen in Jerusalem untersagt. Und weder Ministerpräsident Yitzhak Rabin noch Ministerpräsident Shimon Peres ließen auch nur den geringsten Zweifel daran, dass sie die Bautätigkeit in der Stadt fortsetzen wollten. Auch die Geschwindigkeit, mit der die verschiedenen laufenden Projekte vorangetrieben wurden, wurde nicht gedrosselt. Die Netanyahu-Regierung wurde denn auch von verschiedenen Seiten des israelischen politischen Spektrums, darunter auch von vielen führenden Politikern der Arbeitspartei, aufgefordert, die Arbeit am Har-Homa-Projekt fortzusetzen.
Die Palästinenser behaupten, durch Har Homa von der Westbank abgeschnitten und in ihrem freien Zugang zu Jerusalem behindert zu werden. Der territoriale Zusam-

7 *Iton Yerushalaym*, 8. Juni 2000.

menhang zwischen den arabischen Vierteln in Ostjerusalem und den palästinensischen Gebieten in der Westbank wird jedoch auch nach der Fertigstellung von Har Homa weitgehend gewahrt bleiben, und die Palästinenser werden weiterhin den gleichen Zugang zu Jerusalem haben, den sie schon jetzt genießen.

Behauptung

»Der Mitchell-Report hat bewiesen, dass die israelische Siedlungspolitik mindestens ebenso sehr für das Scheitern des Friedensprozesses verantwortlich ist wie die von den Palästinensern ausgehende Gewalt und dass diese Siedlungspolitik gestoppt werden muss, wenn die Gewalt ein Ende haben soll.«

Tatsache

Im November 2000 wurde der ehemalige amerikanische Senator George Mitchell mit der Bildung eines Ausschusses zur Untersuchung der Ursachen der »Al-Aksa-Intifada« und der Möglichkeiten, wie derartige Gewalttaten in Zukunft zu verhindern seien, beauftragt. Der Abschlussbericht des Ausschusses empfahl als eine von über 15 verschiedenen vertrauensbildenden Maßnahmen auch einen Siedlungsstopp. In einem offenen Brief, in dem Mitchell und Warren Rudman, ein anderes Mitglied des Komitees, ihren Standpunkt noch einmal erläuterten, stellten sie jedoch ausdrücklich klar: »Wir möchten zweifelsfrei festhalten, dass wir den palästinensischen Terrorismus in keiner wie auch immer gearteten Form mit der israelischen Siedlungspolitik gleichsetzen.«

Mitchell und Rudman bestritten auch, dass es eine direkte Verbindung zwischen einem Siedlungsstopp und den terroristischen Aktivitäten gibt. »Das unmittelbare Ziel muss sein, der Gewalt ein Ende zu machen ... Zur Erreichung dieses Ziels ist eine sofortige Wiederaufnahme der Zusammenarbeit der Sicherheitskräfte der israelischen Regierung und der palästinensischen Autonomiebehörde nötig, um Gewalttaten vorzubeugen und den Terrorismus zu bekämpfen.« Und sie fügten hinzu: »Was den Terrorismus betrifft, so fordern wir die palästinensische Autonomiebehörde auf, als erste vertrauensbildende Maßnahme Israelis und Palästinensern durch ihr konkretes Handeln deutlich zu machen, dass Terror verwerflich und inakzeptabel ist. Die Autonomiebehörde muss alles in ihrer Macht Stehende tun, um Terroranschläge zu verhindern und die Täter, die unter ihre Gerichtsbarkeit fallen, zu bestrafen.«[8]

---

[8] Brief von George Mitchell und Warren Rudman an ADL-Direktor Abraham Foxman, 11. Mai 2001.

Behauptung

»Die zur Verteidigung der Siedlungen vorgebrachten Argumente sind nichts anderes als ein Vorwand für die Unterdrückung des palästinensischen Volkes und die dauerhafte Besetzung palästinensischen Bodens.«

Tatsache

Die israelische Regierung lässt zwar keinen Zweifel an ihrem Anrecht auf die besetzten Gebiete, räumt jedoch ein, dass auch die Palästinenser Anspruch darauf haben und dass durch Verhandlungen ein Kompromiss geschlossen werden kann:

> »Politisch gesehen stellen die Westbank und der Gazastreifen Gebiete dar, auf die konkurrierende Ansprüche bestehen, die im Rahmen von Friedensverhandlungen geklärt werden müssen. Israel hat begründete Rechtsansprüche auf diese Gebiete, die nicht nur auf seiner historischen und religiösen Bindung an das Land und auf den allgemein anerkannten Sicherheitserfordernissen des israelischen Staats beruhen, sondern darüber hinaus auf der Tatsache, dass diese Gebiete zu keiner Zeit zum Hoheitsgebiet irgendeines Staates

> gehörten und in einem Verteidigungskrieg, der Israel aufgezwungen wurde, unter israelische Kontrolle kamen. Gleichzeitig erkennt Israel jedoch an, dass auch die Palästinenser legitimen Anspruch auf das Gebiet erheben dürfen. Die Tatsache, dass beide Parteien bereit sind, in Verhandlungen über die jüdische Siedlungspolitik einzutreten, beweist, dass sie in dieser Sache auf einen Kompromiss hinarbeiten.«[9]

Ministerpräsident Barak bot an, über 100 Siedlungen – das sind etwa zwei Drittel der gesamten Siedlungen – aufzugeben und den Palästinensern die Kontrolle über fast 96 Prozent der Westbank zu überlassen. Die Palästinenser lehnten den Vorschlag jedoch ab.

Behauptung

»Das Friedensabkommen zwischen Israel und den Palästinensern verbietet die Siedlungspolitik.«

---

[9] Israelisches Außenministerium, »Israeli Settlement and International Law«, Mai 2001.

Tatsache

Weder die Prinzipienerklärung vom 13. September 1993 noch das Interimsabkommen enthalten Aussagen über ein Verbot oder eine Einschränkung der Errichtung oder Erweiterung jüdischer Gemeinden in der Westbank oder im Gazastreifen. Einer der Artikel verbietet zwar, den Status der besetzten Gebiete zu verändern, doch damit sollte lediglich sichergestellt werden, dass keine der beiden Parteien einseitige Maßnahmen zur Veränderung des gesetzlichen Status der Gebiete (wie zum Beispiel eine Annexion oder eine Staatsgründung) traf.

Behauptung

»Das Rote Kreuz hat die israelischen Siedlungen zum Kriegsverbrechen erklärt.«

Tatsache

Der Jerusalemer Vertreter des Internationalen Komitees des Roten Kreuzes (ICRC), Rene Kosimik, sagte am 17. Mai 2001: »Die Ansiedlung von Angehörigen einer Besatzungsmacht in einem von dieser Macht besetzten Gebiet gilt als illegaler Schritt und stellt einen schweren

Verstoß dar. Im Grunde genommen ist es ein Kriegsverbrechen.« Daraufhin protestierte ein anderer Vertreter des Roten Kreuzes, Eliot Engel, beim Präsidenten des ICRC Jakob Kellenberger. Dieser antwortete: »Der Ausdruck ›Kriegsverbrechen‹ wurde vom ICRC noch nie im Zusammenhang mit den israelischen Siedlungen in den besetzten Gebieten gebraucht und wird auch in Zukunft nicht mehr in diesem Zusammenhang auftauchen.« Und er fügte hinzu: »Die Äußerung vom 17. Mai war unangemessen und wird nicht wiederholt werden.«[10]

---

[10] *Jerusalem Post*, 24. Mai 2001.

24. Das Rüstungsgleichgewicht im Nahen Osten

Behauptungen

»Die Bedrohung durch Israel und die Rücknahme des Angebots der Amerikaner, den Assuan-Damm zu bauen, bestimmte Ägypten 1955, sich wegen Waffenlieferungen an die Sowjetunion zu wenden. Damit begann das Wettrüsten im Nahen Osten.«
»Die arabischen Staaten mussten mit einem von den Israelis angeführten Wettrüsten Schritt halten.«
»Israel ist seinen arabischen Nachbarn auf militärischem Gebiet in allen Bereichen überlegen und kann diese Überlegenheit auch ohne Hilfe von außen aufrecht erhalten.«
»Nach der Niederlage des Irak im Golfkrieg wird Israel es in einem künftigen Konflikt nur noch mit Syrien zu tun haben. Alle anderen arabischen Staaten stellen in dieser Hinsicht keine Bedrohung für das Land dar.«
»Durch den Verkauf amerikanischer Waffen an Saudi-Arabien sind die Staaten am Persischen Golf im Kriegsfall nicht mehr auf die militärische Unterstützung der USA angewiesen. Diese Waffen stellen keine Bedrohung für Israel dar.«
»Israel besitzt das Atomwaffenmonopol im Nahen Osten, kann diese Tatsache jedoch verbergen, indem es sich weigert, den Atomwaffensperrvertrag zu unterzeichnen.«

»Eine Rüstungskontrolle im Nahen Osten ist unmöglich, so lange Israel sich weigert, auf Nuklearwaffen zu verzichten.«

Behauptung

»Die Bedrohung durch Israel und die Rücknahme des Angebots der Amerikaner, den Assuan-Damm zu bauen, bestimmte Ägypten 1955, sich wegen Waffenlieferungen an die Sowjetunion zu wenden. Damit begann das Wettrüsten im Nahen Osten.«

Tatsache

1955 wandte der ägyptische Präsident Nasser sich an die Sowjetunion, weil er verärgert war, dass die Vereinigten Staaten dem Irak, Ägyptens verhasstem Rivalen, Waffen lieferten und den Bagdad-Pakt unterstützten, den Nasser ebenso stark ablehnte wie eine Allianz mit dem Westen. Die ersten Waffenlieferungen aus dem Ostblock an Ägypten erfolgten noch im selben Jahr. In der Hoffnung, sich einen Rest an Einfluss in Ägypten bewahren und die ägyptischen Waffenkäufe einschränken zu können, boten die Vereinigten Staaten Nasser daraufhin an, den Assuan-Damm zu bauen. Dieser ging jedoch nicht auf die amerikanische Friedensinitiative ein und stockte stattdessen seine Rüstungsaufträge auf. Ägypten betrieb damals eine Politik des »Neutralismus«. Das bedeutete, dass Nasser sowohl vom Osten als auch vom Westen Hilfe annahm, wo er konnte, sich aber gleichzeitig die Freiheit nahm, den Westen zu attackieren, während er die sowjetischen Bemühungen, in der arabischen und der afroasiatischen Welt Einfluss zu gewinnen, unterstützte. Die Folge dieser Taktik und der wachsenden Feindseligkeit Nassers gegenüber dem Westen war, dass die Vereinigten Staaten ihr Angebot zum Bau des Dammes zurückzogen. Daraufhin verstaatlichte Ägypten den Suezkanal. Sofort nach Nassers Waffendeal mit den Sowjets im Jahr 1955 wandte Israel sich an die Vereinigten Staaten – nicht etwa, um sich Waffen schenken zu lassen, sondern um sie zu kaufen. Die USA sahen zwar ein, dass das Rüstungsgleichgewicht gewahrt bleiben musste, verwiesen Israel jedoch an Frankreich und andere europäische Länder. Erst 1962 waren sie bereit, ein hoch entwickeltes Waffensystem – die HAWK-Luftabwehrrakete – an Israel zu verkaufen.

Behauptung

»Die arabischen Staaten mussten mit einem von den Israelis angeführten Wettrüsten Schritt halten.«

Tatsache

In den meisten Fällen war es genau umgekehrt. Ägypten erhielt 1955 sowjetische IL-28-Bomber, doch erst 1958 lieferte Frankreich eine Schwadron vergleichbarer Sud-Vautour-Bomber an Israel. 1957 erwarb Ägypten MiG-17-Kampfflugzeuge, 1959 erhielt Israel die vergleichbaren Super Mystère. Ägypten verfügte bereits 1957 über Unterseeboote, Israel erst 1959. Nachdem die Ägypter die MiG-21 erhalten hatten, bestellten die Israelis Dassault Mirage-III-Überschall-Abfangjäger und Kampfbomber. Boden-Luft-Raketen – die SA-2 – erhielt Ägypten zwei Jahre bevor Israel HAWK-Raketen von den USA bekam. Später erklärte sich Washington nach anfänglichem Zögern bereit, Israel Patton-Panzer zu verkaufen.

Obwohl Ägypten die sowjetischen Waffen im Austausch gegen Baumwolle zu Sonderpreisen erhielt, beliefen sich die Schulden des Landes bei der UdSSR im Jahr 1977 auf etwa elf Milliarden Dollar,[1] Israel musste für vergleichbare Waffen sehr viel mehr bezahlen, dazu kamen Zinsen.

Auch nachdem sie in den Sechzigerjahren allmählich angefangen hatten, Waffen an Israel zu verkaufen, wahrten die USA eine Politik des Gleichgewichts, indem sie stets ähnliche Waffen an die arabischen Staaten verkauften. 1965 zum Beispiel wurde der erste größere Panzerverkauf an Israel durch eine gleichwertige Lieferung an Jordanien ausgeglichen. Ein Jahr später erhielt Israel Skyhawks,

---

[1] Adeed Dawisha und Karen Dawisha (Hrsg.): *The Soviet Union in the Middle East, Policies and Perspectives*; NY: Holmes and Meier 1982, s. S. 8.11.15.

doch gleichzeitig lieferten die USA Flugzeuge an Marokko und Libyen und andere Waffen an den Libanon, Saudi-Arabien und Tunesien.[2]
Erst 1968, als die Johnson-Administration Phantomjets an Israel verkaufte, kam es zu einer Wende in der amerikanischen Waffenlieferungspolitik zu Gunsten eines Rüstungsvorsprungs für Israel. Trotzdem hat Amerika immer wieder hoch entwickelte Waffen (zum Beispiel F-15s, AWACS und Stinger-Raketen) an die Feinde Israels verkauft und die militärische Überlegenheit des Staates dadurch immer mehr gefährdet.

Behauptung

»Israel ist seinen arabischen Nachbarn auf militärischem Gebiet in allen Bereichen überlegen und kann diese Überlegenheit auch ohne Hilfe von außen aufrechterhalten.«

Tatsache

Israels militärische Überlegenheit ist zurückgegangen, während die arabischen und muslimischen Staaten zu-

---

[2] Mitchell Bard: *The Water's Edge And Beyond*; NJ: Transaction Publishers 1991, S. 194-209.

nehmend mehr hoch entwickelte konventionelle und nicht konventionelle Waffen kaufen. Die USA lassen es trotz gegenteiliger Beteuerungen zu, dass Israels Vorsprung schwindet, ja, in manchen Fällen tragen sie durch Waffenverkäufe an die Araber sogar selbst dazu bei.

Israels stehendes Heer ist kleiner als die Streitkräfte Ägyptens, des Irak, Irans und Syriens. Selbst mit seinen Reservestreitkräften ist das Land den Armeen der drei erstgenannten Staaten zahlenmäßig unterlegen. Dazu kommt, dass Israel es im Kriegsfall wie in den früheren Kriegen höchstwahrscheinlich mit einer feindlichen Koalition zu tun hätte. Dann aber ist ihm praktisch jede Allianz aus eventuellen Gegnern, was zahlenmäßige Stärke, die Anzahl der Panzer und die Stärke ihrer Luftwaffe betrifft, überlegen.

In den Neunzigerjahren importierten die arabischen Staaten und der Irak hoch technisierte Waffen und andere militärische Ausrüstung im Wert von über 180 Milliarden Dollar aus westlichen Ländern und dem Ostblock und geben auch weiterhin etwa 30 Milliarden jährlich für ihre Rüstung aus. Zu den Ländern mit den weltweit größten Waffenimporten gehören mehrere arabische Staaten, die sich im Krieg mit Israel befinden: Irak, Syrien, Saudi-Arabien und Libyen. Israel gibt etwa neun Millarden Dollar für seine Verteidigung aus, Saudi-Arabien allein über 20 Milliarden.[3]

---

[3] Übernommen von Anthony Cordesman von der Arms Control and Disarmament Agency: *World Military Expenditures and Arms Transfers*; DC: GPO; Cordesman für das Internationale Institut für Strategische Studien: *Military Balance*; Shai Feldman und Yiftah Shapir (Hrsg.): *The Middle East Military Balance*; Cambridge: MIT Press 2001.

Diese massive Aufrüstung bedroht nicht nur Israels Sicherheit, sondern zwingt den Staat auch, ein Sechstel seines Bruttosozialprodukts in die Rüstung zu stecken. Und das genügt im Grunde noch nicht einmal, denn finanzielle Engpässe haben Israel gezwungen, entscheidende Kürzungen im Verteidigungshaushalt vorzunehmen. Die ausländischen Waffenlieferungen an arabische Staaten haben Israels Kosten für die Aufrechterhaltung seiner eigenen Verteidigung beträchtlich erhöht und den Druck auf die israelische Wirtschaft verstärkt.

Behauptung

»Nach der Niederlage des Irak im Golfkrieg wird Israel es in einem künftigen Konflikt nur noch mit Syrien zu tun haben. Alle anderen arabischen Staaten stellen in dieser Hinsicht keine Bedrohung für das Land dar.«

Tatsache

Israel hat gar keine andere Wahl, als seine Verteidigung an den arabischen Gegebenheiten zu orientieren. Die Vergangenheit hat gelehrt, dass ein künftiger arabisch-israelischer Konflikt die Folge einer Allianz arabischer Staaten sein wird, die sich, wenn auch nur vorübergehend, gegen

Israel verbünden. In Zeiten eines Konflikts mit Israel waren die Araber bisher noch jedes Mal in der Lage, ihre Differenzen vorübergehend in den Hintergrund treten zu lassen.

Syrien allerdings wäre auch im Alleingang eine ernst zu nehmende Gefahr für Israel. Damaskus erhielt in der Golfkrise über zwei Milliarden Dollar von den Golfstaaten. Ein Großteil davon wurde für den Kauf neuer, moderner Waffen ausgegeben, die Hafez Assads Streben nach »strategischer Parität« mit Israel ein gutes Stück voranbrachten. Syrien besitzt zurzeit mehr Panzer als Israel und fast gleich viele Kampfflugzeuge. Auch zahlenmäßig ist seine Armee der israelischen gewachsen. Es hat Langstreckenraketen von Nordkorea und biologische und chemische Waffen gekauft und ist theoretisch in der Lage, einen Erstschlag gegen wichtige israelische Einrichtungen wie Luftwaffenstützpunkte und Truppenmobilisierungzentren durchzuführen.

Auch der Irak bleibt langfristig eine Bedrohung für die Sicherheit Israels. Saddam Hussein besitzt noch immer etwa 2400 Panzer und 300 Kampfflugzeuge. Ein Teil des chemischen Waffenarsenals, des nuklearen Materials und der Nukleareinrichtungen und der mobilen Raketenabschussrampen haben den Golfkrieg unbeschadet überstanden und sind von den UN-Inspektoren nicht entdeckt worden. Im Januar 2001 berichtete ein irakischer Überläufer dem Londoner *Sunday Telegraph*, dass der Irak zwei voll funktionsfähige Atombomben gekauft habe und an der Herstellung weiterer Atombomben arbeite.[4] Noch während dieser Geschichte nachgegangen

---

[4] *Jerusalem Post*, 29. Januar 2001.

Karte 18 Flugzeiten nach Israel

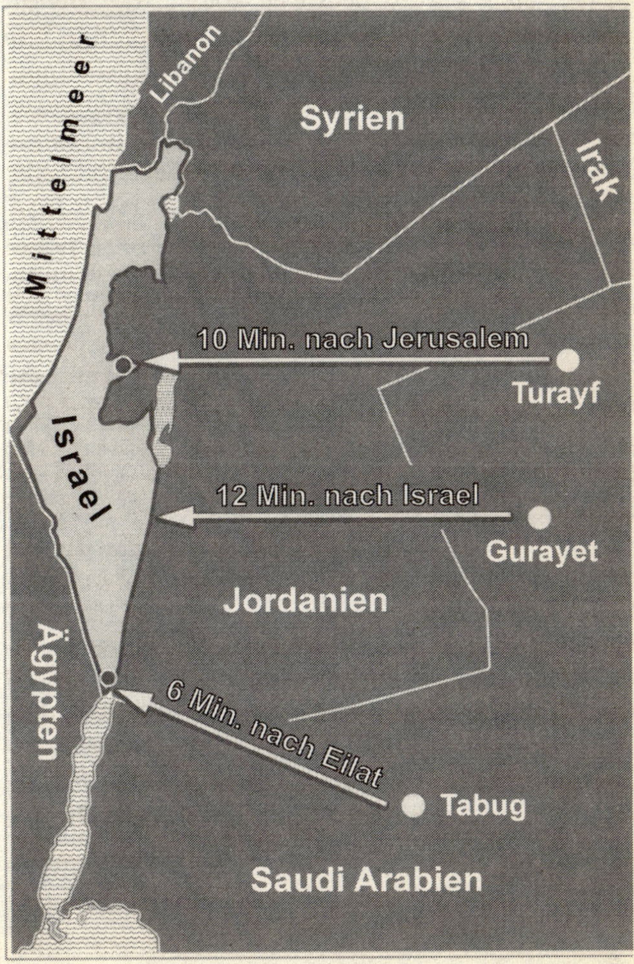

wurde, veröffentlichte der deutsche Bundesnachrichtendienst einen Bericht, in dem es hieß, dass der Irak innerhalb von drei Jahren eine Atombombe entwickeln kann und an einer Langstreckenrakete arbeitet, die schon im Jahr 2005 Europa bedrohen könnte. Der Bericht enthielt außerdem Hinweise darauf, dass der Irak in großem Maßstab chemische Waffen herstellt und möglicherweise die Herstellung biologischer Waffen aufgenommen hat.[5]

Libyen war bis vor kurzem trotz seines ungeheuren Arsenals sowjetischer Waffen aller Art nicht in der Lage, Israel direkt anzugreifen. Inzwischen hat es jedoch einen Weg gefunden, seine Bomber in der Luft aufzutanken, sodass sie Israel direkt anfliegen können. Der amerikanische Geheimdienst entdeckte außerdem Beweise für den Bau einer zweiten unterirdischen Fabrik für chemische Waffen neben der zurzeit in Rabta betriebenen Einrichtung. In Rabta sollen hundert Tonnen chemischer Kampfstoffe hergestellt worden sein. Hinzu kommt, dass der Terrorismus in Libyen staatlich gefördert wird. So war Libyen zum Beispiel für das Attentat auf die Pan Am 103 im Jahr 1988 verantwortlich, bei dem über 200 Amerikaner ums Leben kamen.

Saudi-Arabien erwirbt weiterhin große Mengen an Waffen in dem Versuch, seine Militärmacht weit über die eigenen Verteidigungserfordernisse hinaus zu stärken. Nach dem Golfkrieg setzte das Land die Käufe von neuesten amerikanischen Waffen in großem Maßstab fort, obwohl der Irak, der doch die größte Bedrohung für die Sicherheit

[5] *Jerusalem Post*, 25. Februar 2001.

Saudi-Arabiens darstellte, seine Aufrüstung drastisch reduziert hatte.

Ägypten hat zwar formal Frieden mit Israel geschlossen und hält sich an die Vereinbarungen von Camp David, hat in den letzten Jahren aber dennoch stark aufgerüstet, vor allem im Bereich der Angriffswaffen. Dem israelischen Militär bleibt keine Wahl, als die Aufrüstung sorgfältig zu beobachten, falls in der Region je eine dramatische Wendung zum Schlechteren eintreten sollte. Wenn die gegenwärtige Regierung gestürzt wird, stehen die Aussichten für eine Fortsetzung der stabilen Beziehungen zu Israel schlecht. Ägypten hat trotz seines Status als amerikanischer Verbündeter Scudraketen von Nordkorea gekauft und besitzt vermutlich auch chemische Waffen. Sein Heer, seine Luftwaffe und seine Marine verfügen inzwischen über eine große Bandbreite hoch entwickelter westlicher Waffen, viele davon identisch mit Israels eigenen Waffen.

Behauptung

»Durch den Verkauf amerikanischer Waffen an Saudi-Arabien sind die Staaten am Persischen Golf im Kriegsfall nicht mehr auf die militärische Unterstützung der USA angewiesen. Diese Waffen stellen keine Bedrohung für Israel dar.«

Tatsache

Die saudischen Streitkräfte sind nicht in der Lage, ihr Land zu verteidigen. Obwohl Saudi-Arabien in dem Jahrzehnt vor dem Ausbruch des Golfkriegs für über 50 Milliarden Dollar amerikanische Waffen und Ausrüstung gekauft hatte, stand es der irakischen Bedrohung hilflos gegenüber.[6] Wenn Saddam Hussein seinen Blitzkrieg auf Saudi-Arabien ausgedehnt hätte, ehe die amerikanischen Streitkräfte im August 1990 dort eintrafen, befände sich jetzt ein Großteil der Waffen, die die Vereinigten Staaten an Riad verkauft hatten, in irakischer Hand.
Selbst wenn in der Vergangenheit alle amerikanischen Waffenverkäufe an die Saudis ohne Einschränkungen vom Kongress genehmigt worden wären, ist es fraglich, ob das militärische Kräftegleichgewicht am Boden oder der Entscheidungsprozess in Riad anders ausgesehen hätte. Die kleine saudische Armee kann dem Angriff einer drei oder vier Mal stärkeren Macht nicht allein standhalten.
Die Politiker führen immer wieder ins Feld, dass die Saudis moderne Waffen brauchen, um ihr Land gegen andere Länder, die so mächtig sind wie die ehemalige Sowjetunion, verteidigen zu können, und behaupten, diese Waffen würden keine Gefahr für Israel darstellen.
Die USA können der saudischen Armee jedoch nicht unbegrenzte Mengen an Flugzeugen und Raketen überlassen, ohne die Gewissheit zu haben, dass diese Waffen

[6] Arms Control and Disarmament Agency; Bericht der Defense Security Assistance Agency; World Military Expenditures and Arms Transfers.

nicht gegen Israel eingesetzt werden. So kann zum Beispiel das »Iran-Szenarium« – das heißt der Sturz der Monarchie und die Übernahme des saudischen Arsenals durch ein feindliches Regime – nicht ausgeschlossen werden.
In den arabisch-israelischen Kriegen der Vergangenheit war das saudische Arsenal an modernen Waffen nicht groß genug, als dass die Beteiligung Saudi-Arabiens an einer arabischen Koalition gegen Israel eine ernsthafte Bedrohung dargestellt hätte. Inzwischen könnte das Königreich jedoch wegen seiner Aufrüstung von anderen östlichen Frontpartnern zu Offensivhandlungen gegen Israel gedrängt werden.

»Ich wünschte, Israel bräuchte keine hoch entwickelten Verteidigungswaffen und wäre nicht darauf angewiesen, die stärksten Streitkräfte in diesem Weltteil zu unterhalten. Ich wünschte, die Welt würde den jüdischen Staat nicht zwingen, seine begrenzten finanziellen Ressourcen ins Militär statt in die Universitäten zu investieren. Aber das Überleben geht vor, und Israels militärische Stärke ist entscheidend für sein Überleben. Wer glaubt, das Überleben eines Menschen oder eines Staates würde allein durch seine moralische Überlegenheit gesichert, der sei hiermit an das Warschauer Getto und an die Gaskammern von Treblinka erinnert.« **Alan Dershowitz** [7]

[7] Alan Dershowitz: *Chutzpah*; MA: Little Brown and Co. 1991, S. 249.

Behauptung

»Israel besitzt das Atomwaffenmonopol im Nahen Osten, kann diese Tatsache jedoch verbergen, indem es sich weigert, den Atomwaffensperrvertrag zu unterzeichnen.«

Tatsache

Israels Entscheidung, sich nicht durch den Atomwaffensperrvertrag binden zu lassen, ist vor allem darin begründet, dass dieser Vertrag wenig dazu beigetragen hat, die Ausbreitung von Atomwaffen im Nahen Osten zu verhindern. Der Irak zum Beispiel gehört zu den Unterzeichnern des Vertrags und war dennoch in der Lage, ohne Wissen der Internationalen Atomenergiebehörde eine riesige Menge Nuklearmaterial zusammenzutragen. Israel hat wiederholt die Schaffung einer atomwaffenfreien Zone im Nahen Osten gefordert und immer wieder versichert, dass es nicht als erster Staat Atomwaffen im Nahen Osten einführen wird. Zeitgleich dazu haben viele Länder des Nahen Ostens versucht, eigene nicht konventionelle Waffen zu entwickeln.

Neben dem Irak, der vermutlich die Voraussetzungen für die Herstellung einer Atombombe besitzt, laufen auch in Algerien, Syrien und im Iran Geheimprogramme zur Entwicklung von Atomwaffen.

Behauptung

»Eine Rüstungskontrolle im Nahen Osten ist nicht möglich, solange Israel sich weigert, auf Nuklearwaffen zu verzichten.«

Tatsache

Israels angebliche Nuklearwaffen dienen einzig und allein der Abschreckung. Sie sind eine Art letzter Zuflucht, die das Land braucht, um seine Unterlegenheit an konventionellen und chemischen Waffen und Raketen gegenüber den arabischen Staaten auszugleichen. Israel hat nicht die Absicht, seine Nachbarn mit Atomwaffen anzugreifen, wohingegen die Araber, wie die Vergangenheit gezeigt hat, sowohl die technischen Möglichkeiten als auch den Willen zu einem gemeinsamen Krieg gegen Israel haben. Eine Rüstungskontrolle muss deshalb mit der Reduzierung der arabischen Angriffswaffen beginnen. Die Vorschläge zu einer »Rüstungskontrolle« der arabischen Staaten liefen jedoch im Grunde immer nur auf die Forderung hinaus, dass Israel auf seine Atomwaffen verzichten solle, ohne dass die Araber im Gegenzug dazu ebenfalls irgendwelche konkreten Verzichtsangebote machten.

25. Die Medien

Behauptungen

»Die Medienberichterstattung über Israel entspricht der weltpolitischen Bedeutung des israelischen Staates.«
»Israel wird in den Medien so große Aufmerksamkeit zuteil, weil es das einzige Land im Nahen Osten ist, dessen Angelegenheiten die amerikanischen Interessen berühren.«
»Die westliche Medienberichterstattung über die arabische Welt hält der Berichterstattung über Israel die Waage.«
»Die Medienberichterstattung über die arabische Welt ist objektiv.«
»Den Journalisten, die über den Nahen Osten berichten, geht es um die Wahrheit.«
»Die Medien sehen Israel wegen seiner Freundschaft mit den USA viel nach.«
»Israel verdient die Aufmerksamkeit, die ihm zuteil wird, im Grunde gar nicht, weil es kein Verbündeter der USA ist.«
»Israel wird in der amerikanischen Medienberichterstattung begünstigt, weil die amerikanischen Juden die Medien kontrollieren und unverhältnismäßig großen politischen Einfluss haben.«
»Die arabischen Politiker erzählen den westlichen Journalisten das Gleiche, was sie ihrem eigenen Volk sagen.«

»Die Journalisten kennen sich in der Geschichte des Nahen Ostens aus und können die aktuellen Ereignisse deshalb im richtigen Zusammenhang darstellen.«
»Die Intifada leistete passiven Widerstand. Schlimmstenfalls warfen ein paar Kinder mit Steinen auf schwer bewaffnete Soldaten.«
»Die Medienberichterstattung über die Intifada war fair und ausgewogen.«
»Die Israelis können die Wahrheit der Fotos, die zeigen, wie israelische Soldaten Palästinenser misshandeln, nicht leugnen.«

Behauptung

»Die Medienberichterstattung über Israel entspricht der weltpolitischen Bedeutung des israelischen Staates.«

Tatsache

Die Aufmerksamkeit, die die Medien Israel schenken, ist kaum mit der Bedeutung des Landes für die Weltöffentlichkeit oder auch nur für die nationalen Interessen der USA zu rechtfertigen. Wie kommt es, dass ein Land von der Größe New Jerseys immer wieder weit wichtigere

Länder wie Russland, China und Großbritannien aus den Schlagzeilen verdrängt?
Israel genießt wahrscheinlich den höchsten Berühmtheitsgrad der Welt. Die Amerikaner wissen mehr über die israelische Politik als über die irgendeines anderen Staates. Zum Beispiel kennen sie die meisten israelischen Politiker besser als die ihrer Nachbarländer Kanada und Mexiko. Hinzu kommt, dass ein hoher Prozentsatz der Amerikaner genauestens über den arabisch-israelischen Konflikt informiert ist.
Einer der Gründe dafür ist die unverhältnismäßige Beachtung, die dem Land in der Medienberichterstattung zuteil wird. Die amerikanischen Nachrichtensender zum Beispiel beschäftigen in keinem Land außer in Großbritannien so viele Korrespondenten wie in Israel.

Behauptung

»Israel wird in den Medien so große Aufmerksamkeit zuteil, weil es das einzige Land im Nahen Osten ist, dessen Angelegenheiten die amerikanischen Interessen berühren.«

Tatsache

Der Nahe Osten ist für die Vereinigten Staaten (und die gesamte westliche Welt) vor allem wegen seiner Ölressourcen wichtig. Alles, was die Erdölförderung und die Versorgung der Welt mit Öl gefährden könnte, ist für die USA von allerhöchster Bedeutung. Darüber hinaus ist den Vereinigten Staaten daran gelegen, ihnen wohlgesonnene Regimes in dieser Region zu unterstützen. Grund dafür sind die ständigen Unruhen, von denen der Nahe Osten immer wieder heimgesucht wird und die mittelbar oder unmittelbar amerikanische Interessen berühren. So machten etwa bestimmte Ereignisse in Ländern wie Jordanien, dem Libanon und dem Iran eine Intervention amerikanischer Truppen nötig, und es gibt wenig, was die amerikanische Öffentlichkeit so stark auf den Plan ruft wie ein paar Landsleute, die sich irgendwo im Ausland in Lebensgefahr befinden. Die Vereinigten Staaten waren bisher in jeden der arabisch-israelischen Kriege involviert und führten darüber hinaus mehrere eigene militärische Aktionen in der Region durch, die nichts mit Israel zu tun hatten; am bekanntesten war wohl der Golfkrieg mit dem Irak.

Andererseits sind die Amerikaner nicht generell an den Bruderkriegen von Völkern in fernen Ländern interessiert, jedenfalls so lange diese Kriege scheinbar keine Auswirkungen auf amerikanische Interessen haben. So war es jedenfalls in Afrika, Lateinamerika und sogar auf dem Balkan. Auch die innerarabischen Kriege haben längst nicht die gleiche Aufmerksamkeit erregt wie die Konflikte zwischen Israel und den arabischen Staaten. Der israelisch-palästinensische Konflikt – zwei Völker im Streit

um ein Land – nimmt nicht zuletzt deshalb eine ganz besondere Stellung ein, weil er sich im Heiligen Land abspielt.
Eine weitere Erklärung für die unverhältnismäßig starke Beachtung, die Israel in der Medienberichterstattung im Verhältnis zu den arabischen Ländern findet, ist, dass nur wenige Nahostkorrespondenten den geschichtlichen Hintergrund der Region kennen oder auch nur die Landessprachen sprechen. Die weitgehend westliche Kultur in Israel ist ihnen sehr viel vertrauter als die fremden muslimischen Gesellschaften.

> »Israel ist das einzige Land im Nahen Osten, in dem ein Auslandskorrespondent eine Freundin finden kann.«
>
> **S. Abdallah Schleifer** [1]

Behauptung

»Die westliche Medienberichterstattung über die arabische Welt hält der Berichterstattung über Israel die Waage.«

---

[1] Daniel Pipes: *The Long Shadow: Culture and Politics in the Middle East*; NJ: Transaction Publishers 1990, S. 278.

Tatsache

Die arabisch-islamische Welt gilt in Journalistenkreisen als »Gürtel des Schweigens«.[2] Die Medien in diesen Ländern stehen unter der Kontrolle totalitärer Regimes; Israel dagegen ist eine Demokratie mit einer der freiesten Presselandschaften der Welt.
Die Schwierigkeiten bei der Informationsbeschaffung wird häufig als Entschuldigung für die spärliche Berichterstattung über die Region angeführt. So war es zum Beispiel im iranisch-irakischen Krieg, einer der blutigsten Auseinandersetzungen in den letzten 40 Jahren. Doch angesichts der sonstigen Findigkeit der amerikanischen Journalisten ist es erschreckend, dass selbst über die autoritärsten Regimes kaum etwas in der Presse zu vernehmen ist.

Behauptung

»Die Medienberichterstattung über die Intifada ist objektiv.«

---

[2] Pipes, S. 278.

Tatsache

Wenn Journalisten ausnahmsweise einmal die Möglichkeit haben, einen Blick hinter den Schleier des Geheimnisses zu werfen, so ist der Preis für diesen Kontakt zu Diktatoren und Terroristen meist hoch, ja in manchen Fällen werden die Reporter sogar eingeschüchtert oder erpresst. So wurden zum Beispiel in den Achtzigerjahren im Libanon Journalisten im Gegenzug für Interviews und gewährten Schutz zu willfährigen Werkzeugen der PLO – und das gilt keineswegs nur für westliche Journalisten. Während der »Al-Aksa-Intifada« wurden israelische Journalisten, die Kontakt zur palästinensischen Autonomiebehörde aufnehmen wollten, gewarnt, und manche erhielten Drohanrufe, nachdem sie Artikel veröffentlicht hatten, in denen sie das Vorgehen der Autonomiebehörde kritisierten.[3]
Als Reese Schonfeld, der erste Präsident von CNN, gebeten wurde, sich zu der Voreingenommenheit gegenüber Israel zu äußern, die der Sender nach Ansicht vieler Zuschauer erkennen lässt, sagte er: »Die Journalisten nehmen in ihrer Berichterstattung große Rücksicht auf die arabische Empfindlichkeit« – will heißen, dass die Berichterstattung gefärbt ist, weil CNN seine guten Beziehungen zu arabischen Welt nicht aufs Spiel setzen will.[4]

In arabischen Ländern werden ausländische Journalisten stets eskortiert, damit sie auch wirklich nur zu sehen be-

---

[3] *Jerusalem Report*, 7. Mai 1991.
[4] *New York Jewish Week*, 31. August 2001.

kommen, was sie sehen sollen; oder sie werden beschattet. Die Einheimischen werden von Sicherheitskräften – manchmal direkt, manchmal auf subtilere Weise – aufgefordert, sich in ihren Äußerungen gegenüber den ausländischen Gästen zurückzuhalten.

In der Berichterstattung über die palästinensische Autonomiebehörde verlassen sich die westlichen Medien in der Regel auf palästinensische Assistenten, die die Korrespondenten in die besetzten Gebiete begleiten. Häufig stellt die Behörde ihnen sogar eigenes Filmmaterial zur Verfügung, das dann weltweit gesendet wird. »Nach meiner Einschätzung«, schrieb Ehud Ya'ari, »werden 95 Prozent der Fernsehbilder, die allabendlich über Satellit im Ausland und im israelischen Fernsehen zu sehen sind, von palästinensischen Kamerateams geliefert. Die beiden wichtigsten Agenturen auf dem Fotoarchivmarkt, APTN und Reuters TV, unterhalten ein ganzes Netz von palästinensischen Verbindungsleuten in den besetzten Gebieten, die ihnen unmittelbar nach bestimmten Zwischenfällen sofort Filmmaterial zur Verfügung stellen. Diese Kamerateams stehen emotional und politisch ganz offensichtlich auf der Seite der Intifada; im günstigsten Fall wagen sie es nicht, irgendetwas zu filmen, das die Autonomiebehörde in Verlegenheit bringen könnte. So kommt es, dass die Kameras stets auf die israelischen Soldaten und nicht auf die palästinensischen Heckenschützen gerichtet sind und eine sehr einseitige Momentaufnahme von den Ereignissen vor Ort liefern.«[5]

Ein besonders grauenhafter Zwischenfall ereignete sich im Oktober 2000, als zwei israelische Reservisten in

---

[5] *Jerusalem Report*, 7. Mai 1991.

Ramallah von einem palästinensischen Mob gelyncht wurden. Nach Aussagen von Reportern, die am Schauplatz anwesend waren, versuchte die palästinensische Polizei die ausländischen Journalisten am Filmen des Geschehens zu hindern. Einem italienischen Fernsehteam gelang es dennoch, die Szenen wenigstens ausschnittweise aufzunehmen, und die schockierenden Bilder gingen zur besten Sendezeit um die ganze Welt. Eine andere italienische Nachrichtenagentur setzte daraufhin eine Anzeige in die wichtigste Zeitung der palästinensischen Autonomiebehörde, *Al Hayat-Al-Jadidah,* in der sie sich ausdrücklich von den Aufnahmen distanzierte:

> »Liebe palästinensische Freunde. Wir gratulieren euch und halten es für unsere Pflicht, euch über die Ereignisse vom 12. Oktober in Ramallah ins Bild zu setzen. Die Aufnahmen, die bei diesem Zwischenfall entstanden, stammen von einem mit uns konkurrierenden privaten Fernsehsender *(und nicht vom offiziellen italienischen Fernsehsender RTI).* Die von diesem privaten Sender aufgenommenen Bilder wurden daraufhin im israelischen Fernsehen gezeigt, und so entstand in der Öffentlichkeit der Eindruck, als ob die Bilder von uns (RTI) stammten. Wir möchten euch allen versichern, dass sich das Ganze nicht so abspielte. Wir haben uns stets an die journalistischen Vorschriften der palästinensischen Autonomiebehörde für die (journa-

listische) Arbeit in Palästina gehalten und werden dies auch weiterhin tun; ihr kennt uns und wisst, dass wir glaubwürdig sind.

Wir danken euch für euer Vertrauen. Ihr sollt wissen, dass dies nicht unsere Art ist (und dass wir eben nicht wie die anderen Fernsehsender arbeiten). Wir tun so etwas nicht und werden es nie tun.

Gottes Segen mit euch.«

Unterzeichnet
Ricardo Christiano
Vertreter des offiziellen italienischen
Fernsehens in Palästina [6]

Wenn eine Nachrichtenagentur von der pro-palästinensischen Linie abweicht, gerät sie sofort unter Beschuss. Im November 2000 zum Beispiel warf der palästinensische Journalistenverband Associated Press vor, ein falsches Bild von der »Al-Aksa-Intifada« zu vermitteln. Der Verband bezeichnete die Berichterstattung von AP als bewusstes Verbrechen am palästinensischen Volk und sagte, sie ergreife Partei für die israelische Position. Er drohte, Maßnahmen gegen die Redakteure von AP und gegen die AP-Büros im Verwaltungsgebiet der palästinensischen

[6] *Al Hayat-Al-Jadidah*, 16. Oktober 2001.

Autonomiebehörde zu ergreifen, wenn die Agentur weiterhin die palästinensischen Interessen schädige.[7]

Behauptung

»Den Journalisten, die über den Nahen Osten berichten, geht es um die Wahrheit.«

Tatsache

Es wird niemanden überraschen, wenn er hört, dass die Journalisten im Nahen Osten eines mit ihren Kollegen zu Hause gemein haben: das Interesse an der Sensationsmache. Das anschaulichste Beispiel dafür sind die Fernsehreporter, deren Medium, das Fernsehen, in dem der eigentliche Gehalt einer Nachricht fast zwangsläufig hinter ihrer visuellen Präsentation zurücksteht, eine oberflächliche Berichterstattung fördert. So antwortete der NBC-Korrespondent in Israel auf die Frage, warum die Reporter sich dazu hergäben, über palästinensische Demonstrationen in der Westbank zu berichten, die, wie sie genau wussten, inszeniert waren: »Wir spielen mit, weil

[7] *Al Hayat Al-Jadidah*, 2. November 2001.

wir die Bilder brauchen.«[8] Von Ländern wie Syrien, Saudi-Arabien, Iran oder Libyen erhalten die Sender keine Bilder, die für den Fernsehzuschauer oder Zeitungsleser von Interesse wären.

»Wir fingen an, die Demonstranten zu filmen. Plötzlich kam ein Lastwagen mit Fatah-Kämpfern angerast. Sie brüllten Befehle und verteilten sogar Molotowcocktails unter den Demonstranten. Wir filmten weiter, doch diese Bilder wird nie jemand zu sehen bekommen. In wenigen Augenblicken hatten die Jugendlichen uns umzingelt, bedrohten uns und brachten uns auf die Polizeistation. Dort wiesen wir uns aus, wurden aber trotzdem gezwungen, das belastende Filmmaterial zu löschen. Die palästinensische Polizei bekam die Situation unter Kontrolle, aber unsere Bilder wurden zensiert. Jetzt haben wir den Beweis, dass diese Unruhen nicht spontan ausbrechen. Sämtliche Befehle kamen von der palästinensischen Hierarchie.«

Jean Pierre Martin [9]

[8] *Near East Report*, 5. August 1991.

[9] Artikel von Jean Pierre Martin vom 5. Oktober 2000, einen Tag, nachdem sein belgisches Fernsehteam von RTL-TV1 im Gebiet von Ramallah Filmaufnahmen gemacht hatte.

Behauptung

»Die Medien sehen Israel wegen seiner Freundschaft mit den USA viel nach.«

Tatsache

Die Amerikaner neigen dazu, die Juden mit einem anderen Maßstab zu messen, sie erwarten sehr viel mehr von ihnen als von allen anderen Völkern. Das liegt zum Teil an den eigenen hohen Erwartungen der Juden, an ihrem Anspruch, »ein Licht für die Völker« zu sein; so wird augenblicklich registriert, wenn die Israelis sich etwas zu Schulden kommen lassen. Die Araber hingegen werden an einem sehr viel niedrigeren Maßstab gemessen. Als Israel zum Beispiel vier Palästinenser auswies, war diese Maßnahme sofort Schlagzeilen wert, doch dass Kuwait Hunderttausende auswies, nahm die Presse überhaupt nicht zur Kenntnis. Und der Tod eines einzigen Palästinensers in der Westbank löste in den Medien mehr Berichte aus als der Mord an Tausenden von Arabern in Algerien. Ob zu Recht oder zu Unrecht, Öffentlichkeit und Presse sind offenbar der Ansicht, dass die Juden sich anders verhalten sollen als der Rest der Menschheit.

Behauptung

»Israel verdient die Aufmerksamkeit, die ihm zuteil wird, im Grunde nicht, weil es kein Verbündeter der USA ist.«

Tatsache

Israel hat eine ganz besondere Beziehung zu den Vereinigten Staaten, die in den Anfang des 20. Jahrhunderts zurückreicht. Damals billigte der amerikanische Kongress die Schaffung eines jüdischen Staats in Palästina. Harry Truman gilt als Geburtshelfer des neuen Staates, und die wirtschaftliche, diplomatische und militärische Unterstützung der Vereinigten Staaten war zu allen Zeiten entscheidend für Israels Entwicklung und Überleben.

Die Amerikaner fühlen sich den Israelis verwandt, weil sie die gleichen Werte haben – Demokratie, Freiheitsliebe, Wertschätzung von Bildung –, und dies hat zu einer Vielzahl von Verbindungen auf persönlicher und politischer Ebene geführt. Die amerikanische Öffentlichkeit ist fasziniert vom »Volk des Buches«, das jahrhundertelang von Land zu Land zog, überall verfolgt wurde, endlich in seine Heimat zurückkehrte, dort eine blühende Hightech-Gesellschaft schuf, gegen haushoch überlegene Feinde kämpfte und sie besiegte. Die Amerikaner bewundern den Pioniergeist der Juden, die sich als Erste in

Palästina niederließen und dort Kibbuzim gründeten, weil sie darin ihre eigene Geschichte wieder erkennen. Und sie haben ein Herz für die Schwachen – denn das sind die Juden auch heute noch, obwohl Israel inzwischen zur Militärmacht geworden ist.
Mit wachsender militärischer Stärke wurde Israel außerdem zu einem wichtigen Bündnispartner der USA und erhielt, obwohl es nicht der NATO angehört, den besonderen Status eines Verbündeten der USA (Major Non-NATO Ally).

Behauptung

»Israel wird in der amerikanischen Medienberichterstattung begünstigt, weil die amerikanischen Juden die Medien kontrollieren und unverhältnismäßig großen politischen Einfluss haben.«

Tatsache

Wenn die Juden tatsächlich die Medien kontrollieren würden, würden sie sich wohl kaum so oft über die antiisraelische Einstellung der Presse beklagen. Es ist sicherlich richtig, dass die Aufmerksamkeit, die Israel in der amerikanischen Presse zuteil wird, mit der Tatsache in Zusammenhang steht, dass die Vereinigten Staaten den

höchsten jüdischen Bevölkerungsanteil der Welt haben und dass die amerikanischen Juden sich sehr stark mit Israel identifizieren. Es stimmt auch, dass eine große Zahl von Juden wichtige Positionen in der Medienlandschaft haben (auch wenn sie keinesfalls die Presse »kontrollieren«, wie manche Antisemiten behaupten) und dass die jüdische Bevölkerungsmehrheit sich auf große Medienzentren wie New York und Los Angeles konzentriert, sodass es nicht überraschen kann, wenn Israel häufig im Mittelpunkt der Aufmerksamkeit steht.
Politisch besitzen die amerikanischen Juden beträchtliche Macht in den Vereinigten Staaten, und sie nutzen diese Macht zu Gunsten einer Politik, die die amerikanisch-israelischen Beziehungen vertieft; es gibt jedoch keinen Hinweis darauf, dass sich daraus eine Medienberichterstattung entwickelt hat, in der Israel bevorzugt wird. Man könnte im Gegenteil sagen, dass pro-arabische Kräfte wie zum Beispiel die Petrochemie ebenso großen oder sogar noch größeren Einfluss auf die Medien haben und einen antiisraelischen Trend in der Berichterstattung fördern.

Behauptung

»Die arabischen Politiker erzählen den westlichen Journalisten das Gleiche, was sie ihrem eigenen Volk sagen.«

Tatsache

Arabische Politiker sagen in englischer Sprache häufig etwas ganz anderes als in der arabischen. Ihre wahren Gefühle und Einstellungen äußern sie nur in ihrer Muttersprache, vor ihren Wählern. Für die Ohren der Weltöffentlichkeit bedienen sie sich einer moderaten Wortwahl, und wenn sie in englischer Sprache vor einer westlichen Hörerschaft sprechen, vertreten sie häufig völlig andere Ansichten als in ihren Heimatländern. Die arabischen Propagandisten wissen seit langem, wie sie ihrer Sache am besten dienen. Sie treten inzwischen routinemäßig in amerikanischen Nachrichtensendungen auf und werden in den Printmedien zitiert; in beiden machen sie den Eindruck vernünftiger Menschen mit berechtigten Forderungen und Bedenken. Was viele dieser Leute auf Arabisch sagen, ist jedoch oft weit weniger gemäßigt und vernünftig. Da die Israelis in der Regel das Arabische verstehen bzw. es leicht übersetzen können, kennen sie die wahre Einstellung ihrer Feinde genau. Amerikaner und andere aber, die nur Englisch sprechen, lassen sich leicht von der glänzenden Oberfläche eines arabischen Propagandaspezialisten täuschen.

Als Beispiel sei hier Saeb Erekat, der palästinensische Unterhändler für den Frieden, angeführt, der häufig in den westlichen Medien zitiert wird. Nach dem grausamen Mord an zwei israelischen Jugendlichen am 9. Mai 2001 wurde er um eine Stellungnahme gebeten. Die *Washington Post* druckte seine Antwort in folgendem Zusammenhang:

> »Saeb Erekat, ein palästinensischer Politiker, sagte auf einer Pressekonferenz in englischer Sprache: ›Der Mord an Zivilisten, palästinensischen wie israelischen, ist ein Verbrechen.‹ Diese Bemerkung wurde in den in arabischer Sprache erscheinenden palästinensischen Medien nicht veröffentlicht.«[10]

Das Ungewöhnliche daran war, dass die *Post* eigens darauf hinwies, dass Erekats Kommentar nicht in der palästinensischen Presse erschien.

Behauptung

»Die Journalisten kennen sich in der Geschichte des Nahen Ostens aus und können die aktuellen Ereignisse deshalb im richtigen Zusammenhang darstellen.«

---

[10] *Washington Post*, 10. Mai 2001.

Tatsache

Einer der Gründe für die Missverständnisse und Fehlinformationen über den Nahostkonflikt und für die alles andere als objektive Berichterstattung darüber in den Medien ist die Unwissenheit der Journalisten. Nur wenige Reporter sprechen Iwrit oder Arabisch, sodass sie die Originalquellen kaum oder gar nicht nutzen können. Statt unabhängig zu berichten, käuen sie häufig einfach nur Artikel wieder, die sie in englischsprachigen Veröffentlichungen der Region gelesen haben. Wenn sie versuchen, bestimmte Ereignisse in einen historischen Kontext einzuordnen, stellen sie Tatsachen falsch dar und erzeugen so einen ungenauen oder gar falschen Eindruck. So sagte zum Beispiel Garrick Utley von CNN im Rahmen einer Sendereihe über die Geschichte der heiligen Stätten in Jerusalem, dass die Juden während der jordanischen Herrschaft über die Stadt von 1948 bis 1967 an der Westmauer beten durften.[11] In Wirklichkeit durften die Juden ihr höchstes Heiligtum damals nicht einmal betreten – eine wichtige historische Tatsache, die Israels heutige Haltung in der Jerusalemfrage verständlicher macht.

[11] CNN, 10. Oktober 2000.

Behauptung

»Die Intifada leistete passiven Widerstand. Schlimmstenfalls warfen ein paar Kinder mit Steinen auf schwer bewaffnete Soldaten.«

Tatsache

Die Intifada war von Anfang an eindeutig gewaltbereit. In den ersten vier Jahren des Aufstands verzeichneten die israelischen Verteidigungsstreitkräfte über 3600 Molotowcocktail- und 100 Handgranatenangriffe sowie 600 Anschläge mit Schusswaffen und Sprengstoff. Die Gewalt richtete sich gleichermaßen gegen Soldaten und Zivilisten. In dem genannten Zeitraum töteten die Palästinenser in den besetzten Gebieten 16 israelische Zivilisten und elf Soldaten; über 1400 israelische Zivilisten und 1700 israelische Soldaten wurden verletzt. Zwischen 1997 und der Unterzeichnung der Oslo-Abkommen kamen 90 Israelis bei Übergriffen der Intifada durch Anschläge ums Leben.[12]

Bei einem Besuch in Bethlehem im August 1988 wäre der amerikanische Journalist Sidney Zion auf einer Taxifahrt beinahe durch einen Steinwurf getötet worden. »Zum Glück hat der Stein mich verfehlt«, sagte er. »Ich sah ihn

[12] *Al-Hamishmar*, 6. Dezember 1991; B'Tselem.

nicht kommen und wäre in der nächsten Sekunde tot gewesen, wenn der Fahrer nur eine Idee schneller gefahren wäre. Zum Glück saß niemand auf dem Beifahrerplatz, aber es war klar, dass die Araber die Steine nicht einfach in die Luft geworfen hatten.«

Zion, der seit über 20 Jahren als Berichterstatter im Nahen Osten arbeitete, sagte, dass er auf Grund der amerikanischen Medienberichte überzeugt war, dass »die Steinewerfer auf israelische Soldaten und nicht auf Taxis gezielt hatten. Oder haben Sie im Fernsehen je etwas anderes gesehen, in den Zeitungen je etwas anderes gelesen? Kinder warfen mit Steinen auf Soldaten, das war alles. Es kam mir einfach nicht in den Sinn, dass amerikanische Journalisten Nachrichten über eine tödliche Gefahr unterdrückten. Erst später fand ich heraus, dass das, was uns passiert war, keine Ausnahme darstellte«, schrieb Zion. »An jedem Tag, den Gott werden lässt, werden israelische Zivilisten in der Westbank von diesen kleinen arabischen Teufelsbraten mit Steinen bombardiert und kommen dabei zu Tode.«[13]

Behauptung

»Die Medienberichterstattung über die Intifada war fair und ausgewogen.«

---

[13] Sidney Zion: »Intifada Blues«; *Penthouse*; März 1990, S. 56.63.

Tatsache

Die wahrheitsliebenderen Journalisten gaben zu, dass die Berichterstattung über die Intifada einseitig war. Laut Steven Emerson, einem damaligen CNN-Korrespondenten, akzeptierten amerikanische Journalisten, dass die Palästinenser kontrollierten, was sie filmten. Ein israelischer Kameramann, der für mehrere amerikanische Fernsehgesellschaften arbeitete, sagte einmal zu Emerson: »Wenn wir die Kamera auf die falschen Szenen richten, sind wir geliefert.« In anderen Fällen überließen die Fernsehgesellschaften den Palästinensern Dutzende von Videokameras, damit sie Streiks, Aufstände und Begräbnisse filmen konnten. »Wir haben keinerlei Möglichkeit, die Authentizität des Filmmaterials zu überprüfen, und wir können auch nicht verhindern, dass die Kameras dazu gebraucht werden, eine Demonstration zu organisieren«, schrieb er.[14]
Obwohl nahezu ein Drittel aller im Jahr 1989 getöteten Palästinenser von Arabern ermordet wurden, befassten sich nur zwölf der 150 in diesem Jahr von den amerikanischen Fernseh- und Rundfunkgesellschaften gesendeten Berichte über die Westbank mit diesem innerpalästinensischen Krieg. »Während der politische Terror der Palästinenser in der Westbank keine Schlagzeile wert ist«, schrieb Emerson, »werden pure Erfindungen über Grausamkeiten der Israelis ungeprüft weitergegeben.«
Anfang 1988 zum Beispiel wurde die Auslandspresse ins El-Mokassed-Hospital in Jerusalem gerufen, um dort

---

[14] *Wall Street Journal*, 21. Februar 1990.

einen sterbenden palästinensischen Jungen zu filmen. Sein palästinensischer Arzt präsentierte ihn, angeschlossen an Schläuche und ein Beatmungsgerät, und behauptete, das Kind sei von israelischen Soldaten rücksichtslos zusammengeschlagen worden. Am 8. Februar 1988 eröffnete Peter Jennings von ABC seinen Beitrag mit dem Satz, nach Aussage von UN-Beobachtern hätten die Israelis »einen weiteren Palästinenser in den besetzten Gebieten zu Tode geprügelt«. NBC und CBS brachten ähnlich reißerisch aufgemachte Berichte.

Doch die Geschichte stimmte nicht. Bei der Autopsie stellte sich heraus, dass das Kind an einer Hirnblutung starb, nachdem es davor über ein Jahr lang krank gewesen war. Insgesamt, so Emerson, hatten sich die amerikanischen Fernseh- und Rundfunkgesellschaften »an einer beispiellosen Irreführung über den Konflikt in der Westbank mitschuldig gemacht«.

Martin Fletcher, der NBC-Verantwortliche in Tel Aviv, gab zu, dass es problematisch sei, im Zusammenhang mit der Intifada von fairer Berichterstattung zu sprechen. Er räumte ein, dass die Palästinenser die westlichen Medien manipulierten, indem sie sich als »David« präsentierten, der sich dem israelischen »Goliath« stellte – eine Metapher, die Fletcher selbst in einem Bericht von 1988 gebrauchte.

»Der ganze Aufstand war für die Medien inszeniert und wurde zweifellos durch das Interesse der Medien in Gang gehalten«, sagte er. Fletcher gab offen zu, dass er Aufforderungen junger Palästinenser, gewalttätige Angriffe gegen jüdische Bewohner der Westbank zu filmen, nachgekommen sei.

»Es ist eine Sache der Manipulation der Medien. Die Frage dabei ist: Wie weit spielen wir das Spiel mit? Es ist das Gleiche wie mit den Fototerminen bei Bush oder Reagan. Wir spielen mit, weil wir die Bilder brauchen.«[15]

Fallstudie

Ein in der *Washington Post* erschienener Artikel über den »Teufelskreis des Todes« in der Westbank enthielt ein Interview mit Raed Karmi, einem Offizier der Fatah, der dominierenden Gruppierung in Arafats Palästinensischer Befreiungsorganisation. Der Artikel beginnt damit, wie Karmi hinausläuft, um sich an einem Scharmützel mit israelischen Soldaten zu beteiligen, und sich ein M-16-Gewehr greift. Was der Reporter zu erwähnen vergisst, ist, dass nach den israelisch-palästinensischen Abkommen nur die palästinensische Polizei bewaffnet sein darf. Der Artikel erweckt den Eindruck, dass die Gewaltanwendung der Israelis und der Palästinenser in diesem »Teufelskreis« gleichzusetzen sei, weil Karmi sagt, dass er aus Rache für den Tod eines Palästinensers handle, den die Israelis wegen geplanter Terroranschläge ermordet hätten. Karmi gibt zu, dass er an der Entführung und »Hinrichtung« zweier Israelis beteiligt war, die in einem Tulkarm-Restaurant zu Mittag gegessen hatten. Karmi wurde zwar von der palästinensischen Autonomiebehörde verhaftet, aber bereits nach vier Monaten wieder auf freien Fuß gesetzt. Danach brachte er vier weitere Israelis um, darunter einen Mann in einem Supermarkt und einen Autofahrer, den er aus dem Hinterhalt ermordete. »Ich werde mit den Anschlägen auf Israelis weitermachen«, sagte er gegenüber der *Post*.[16]

---

[15] *Near East Report*, 5. August 1991.

[16] *Washington Post*, 7. September 2001.

Behauptung

»Die Israelis können die Wahrheit der Fotos, die zeigen, wie israelische Soldaten Palästinenser misshandeln, nicht leugnen.«

Tatsache

Ein Bild kann mehr sagen als tausend Worte, aber manchmal kann das Bild und die Worte, mit denen es beschrieben wird, auch grob in die Irre führen. Fotografen und Kameraleute sind ständig auf der Jagd nach sensationellen Bildern, die dann nur allzu oft dokumentieren, wie der grausame israelische Goliath den leidenden palästinensischen David misshandelt, doch der Kontext ist häufig ein völlig anderer.

Ein klassisches Beispiel ist ein Foto, das Associated Press an Presseorgane auf der ganzen Welt versandte. Das Foto wurde in der *New York Times* abgedruckt [17] und erregte den Zorn der Öffentlichkeit, weil es in der von AP mitgelieferten Bildunterschrift hieß: »Ein israelischer Polizist und ein Palästinenser auf dem Tempelberg.« Da das Foto während der palästinensischen Unruhen nach dem umstrittenen Besuch Ariel Sharons in der Al-Aksa-Moschee aufgenommen worden war, schien es ein

---

[17] *New York Times*, 30. September 2000.

anschauliches Beispiel für die Brutalität der Israelis zu sein. Später stellte sich heraus, dass die Bildunterschrift falsch war und das Foto in Wirklichkeit einen Zwischenfall zeigte, der genau den gegenteiligen Eindruck hervorgerufen hätte, wenn der Sachverhalt korrekt wiedergegeben worden wäre.

Tatsächlich handelte es sich bei dem abgebildeten Opfer nicht um einen Palästinenser, der von dem Israeli zusammengeschlagen worden war. Das Bild zeigt vielmehr einen israelischen Polizisten, der dem amerikanischen Studenten Tuvia Grossman zu Hilfe kommt. Grossman hatte in einem Taxi gesessen, das von Palästinensern mit Steinen beworfen worden war. Der junge Mann wurde aus dem Wagen gezerrt, geschlagen und mit Messerstichen traktiert, hatte sich jedoch losreißen können und war zu dem isralischen Polizisten geflüchtet. Genau in diesem Augenblick hatte der Fotograf das Bild geschossen.

AP hatte also nicht nur das Opfer falsch bezeichnet, sondern darüber hinaus fälschlich berichtet, dass das Foto auf dem Tempelberg aufgenommen wurde; der Zwischenfall ereignete sich jedoch in Jerusalem.

Auf diese Irrtümer aufmerksam gemacht, gab AP eine Reihe von Richtigstellungen heraus, die den Sachverhalt zum Teil immer noch falsch darstellten. Außerdem war – wie gewöhnlich, wenn die Medien einen Fehler machen – der Schaden bereits angerichtet. Viele Zeitungen, die das Foto veröffentlicht hatten, hielten es nicht für nötig, den Irrtum richtig zu stellen, andere druckten zwar Richtigstellungen ab, die jedoch nicht annähernd die Beachtung fanden wie die ursprüngliche Geschichte.

Ein anderes Beispiel dafür, dass ein Foto erschütternd und dennoch irreführend sein kann, ist ein Bild der Agentur Reuters. Es zeigt einen jungen Palästinenser, der

am 6. April 2001 von der israelischen Polizei verhaftet wurde. Der Junge ist offensichtlich völlig verängstigt und hat in die Hosen gemacht. Auch dieses Foto erregte weltweit großes Aufsehen und bestätigte wieder einmal den von den Medien hervorgerufenen Eindruck von den Israelis als brutaler Besatzungsmacht, die unschuldige Kinder misshandelt.
Ein anderer Fotograf von Reuters schoss unmittelbar zuvor ein weiters Foto. Es zeigt denselben Jungen, wie er Steine auf israelische Soldaten wirft. Dieses Bild wurde nur von wenigen Zeitungen veröffentlicht.

26. Aktuelle Kontroversen

Behauptungen

»Die Eskalation der Gewalt Ende des Jahres 2000, von den Arabern als ›Al-Aksa-Intifada‹ bezeichnet, wurde durch Ariel Sharons Besuch auf dem Tempelberg provoziert.«
»Gewalt ist eine verständliche und legitime Reaktion auf Israels Politik.«
»Die Al-Aksa-Unruhen richten im israelischen Kernland keinen Schaden an, da sich die Demonstrationen auf Zusammenstöße mit der israelischen Armee in der Westbank und im Gazastreifen beschränken.«
»Israel hat versucht, die Palästinenser wirtschaftlich zu schädigen, indem es Steuergelder zurückhielt, die es der palästinensischen Autonomiebehörde schuldete.«
»Der Tempelberg war schon immer eine heilige Stätte des Islam, während das Judentum keinerlei Bindung an den Ort hat.«
»Israel darf nicht die Kontrolle über den Tempelberg haben, weil es den Muslimen den Zugang zu ihren heiligen Stätten verwehrt.«
»Die Palästinenser haben die archäologischen Schätze des Tempelbergs sorgfältig bewahrt.«
»Israel geht mit völlig unangemessener Härte gegen ein paar Steine werfende Kinder vor.«

»Die palästinensische Autonomiebehörde lässt Terroristen verhaften und illegale Waffen konfiszieren, um Gewalttaten zu verhindern.«
»Im Bericht des amerikanischen Außenministeriums über Menschenrechtsverletzungen aus dem Jahr 2000 sind auch Misshandlungen von Israelis an Palästinensern dokumentiert.«
»Die im Fernsehen gezeigte Erschießung eines Kindes, die der Vater des Kindes zu verhindern versucht, beweist, dass Israel nicht davor zurückschreckt, unschuldige palästinensische Kinder zu töten.«
»Die palästinensischen Flüchtlinge haben das Recht, in ihre Heimat zurückzukehren; ihre Rückkehr ist die Vorbedingung für eine endgültige Beilegung des Konflikts.«
»Israel hat nicht das Recht, in dem zum arabischen Ostjerusalem gehörenden Har Homa Wohnungen zu bauen; es handelt sich dabei lediglich um ein weiteres Siedlungsprojekt, das dem Frieden im Weg steht.«
»Die israelischen Angriffe auf den Libanon sind ein Beweis für Israels aggressive Grundhaltung und seine Entschlossenheit, das besetzte libanesische Territorium nicht mehr aufzugeben.«
»Der Mitchell-Report hat bewiesen, dass die israelische Siedlungspolitik mindestens ebenso sehr für das Scheitern des Friedensprozesses verantwortlich ist wie die von den Palästinensern ausgehende Gewalt und dass diese Siedlungspolitik gestoppt werden muss, wenn die Gewalt ein Ende haben soll.«
»Israels Einsatz von F-16-Kampfjets ist ein typisches Beispiel für die völlig unangemessene Härte, mit der gegen unschuldige palästinensische Zivilisten vorgegangen wird.«

»Israel hat sich beharrlich geweigert, Maßnahmen zu ergreifen, die die Situation entspannt hätten; die rücksichtslosen Übergriffe der Israelis haben die Ausbrüche von Gewalt auf Seiten der Palästinenser überhaupt erst provoziert.«

»Israel hat sich von der Sinaihalbinsel zurückgezogen, um die Voraussetzung für den Frieden mit Ägypten zu schaffen; es hat sich hinter die internationale Grenze zum Libanon zurückgezogen; und es hat angeboten, sich für den Frieden mit Syrien von den Golanhöhen zurückzuziehen; nun sollte es auch die Westbank und den Gazastreifen vollständig räumen, damit der Friede mit den Palästinensern möglich wird.«

»Für einen dauerhaften Frieden in Palästina müssen zwei lebensfähige Staaten als gleichwertige Nachbarn nebeneinander existieren, Israel aber will die Westbank und den Gazastreifen in Bezirke aufteilen, die inmitten von israelischem Gebiet lägen und von den Israelis kontrolliert würden. Das ist einer der Gründe, warum die Palästinenser den von Israel im Juli 2000 in Camp David eingebrachten Vorschlag ablehnten.«

»Die Angriffe der Palästinenser auf die israelischen Sicherheitskräfte sind nichts anderes als spontane Ausbrüche der Frustration.«

»Die Palästinenser haben sich an den von CIA-Direktor George Tenet ausgehandelten Waffenstillstand gehalten.«

»Israels Taktik, palästinensische Terroristen umzubringen, ist unmoralisch und sinnlos.«

Behauptung

»Die Eskalation der Gewalt Ende des Jahres 2000, von den Arabern als ›Al-Aksa-Intifada‹ bezeichnet, wurde durch Ariel Sharons Besuch auf dem Tempelberg provoziert.«

Tatsache

Wenn man den Wortführern der Palästinenser glauben will, wurden die Unruhen durch die Entweihung einer heiligen Stätte des Islam, des *Haram al-Sharif* (Tempelberg), durch den Besuch des Likudvorsitzenden Ariel Sharon und seiner Begleiter – »eines Riesenaufgebots israelischer Soldaten« – provoziert. Die Gewalt ging angeblich von unprovozierten Angriffen der israelischen Streitkräfte aus, die in von Palästinensern kontrolliertes Gebiet eindrangen und schutzlose palästinensische Zivilisten »massakrierten«, die lediglich zur Selbstverteidigung Steine warfen. Um die Gewalt zu beenden, hätte Israel nur das Feuer einstellen und seine Truppen aus den palästinensischen Gebieten abziehen müssen. Die Wahrheit sieht völlig anders aus.
Imad Faluji, der Kommunikationsminister der palästinensischen Autonomiebehörde, gab Monate nach dem Besuch Sharons zu, dass diese Ausschreitungen bereits im Juli, lange vor der so genannten »Provokation« Sharons, geplant gewesen waren. »Es [die Unruhen] war

seit der Rückkehr des Vorsitzenden Arafat aus Camp David geplant, als dieser in den Gesprächen mit dem damaligen amerikanischen Präsidenten den Spieß umdrehte und die Bedingungen der Amerikaner ablehnte.«[1] Die Ausschreitungen begannen bereits vor dem Besuch Sharons am 28. September 2000 auf dem Tempelberg. Am Tag zuvor war bei der Explosion einer Bombe am Grenzübergang Netzarim ein israelischer Soldat getötet worden. Am nächsten Tag erschoss ein palästinensischer Polizist, der sich mit einem israelischen Kollegen auf einem gemeinsamen Patrouillengang befand, in der Stadt Kalkilya in der Westbank seinen israelischen Begleiter.

> »Der Sharon-Besuch war nicht der Auslöser der ›Al-Aksa-Intifada‹.«
> Fazit des Mitchell-Reports, 4. Mai 2001

Die offiziellen Medien der palästinensischen Autonomiebehörde riefen die Palästinenser zum Aufstand auf. Am 29. September forderte die ›Stimme Palästinas‹, der offizielle Rundfundsender der palästinensischen Autonomiebehörde, »alle Palästinenser« auf, »sich aufzumachen und die Al-Aksa-Moschee zu verteidigen«. Die Behörde schloss ihre Schulen und beförderte palästinensische

---

[1] *Jerusalem Post*, 4. März 2001.

Schüler mit Bussen auf den Tempelberg, damit sie dort an den organisierten Ausschreitungen teilnehmen konnten. Unmittelbar vor Rosch Haschana (30. September), dem jüdischen Neujahrsfest, als Hunderte von Israelis an der Westmauer beteten, begann eine weit höhere Zahl arabischer Demonstranten, die israelische Polizei und die betetenden Juden mit Ziegeln und Steinen zu bewerfen. Danach breiteten sich die Unruhen über ganz Israel, die Westbank und den Gazastreifen aus.

Der Minister für Innere Sicherheit Shlomo Ben-Ami hatte Sharon gestattet, den Tempelberg zu besuchen – immerhin die heiligste Stätte des Judentums, die die Muslime in Haram al-Sharif umbenannt haben und als drittheiligste Stätte des Islam verehren. Zuvor hatte er mit dem palästinensischen Sicherheitschef Jabril Rajoub Rücksprache genommen und die Zusicherung erhalten, dass alles ruhig bleiben würde, wenn Sharon die Moscheen nicht beträte. Erst als Rajoub später erklärte, dass die palästinensische Polizei nichts unternehmen würde, um gewalttätige Ausschreitungen während des Besuchs zu unterbinden, entstand die Notwendigkeit, Sharon – mit einigen Hundertschaften Polizisten, nicht mit Tausenden von Soldaten – zu schützen. Sharons Besuch auf dem Tempelberg endete friedlich; die eigentliche, organisierte Eskalation der Gewalt von Seiten der Palästinenser setzte erst am folgenden Tag nach den Freitagsgebeten ein.

In Wirklichkeit waren es die Palästinenser, die heilige Stätten entweihten, nicht die Israelis. Im Oktober 2000 zerstörte der palästinensische Mob ein jüdisches Heiligtum in Nablus – das Josephsgrab – und verbrannte jüdische Gebetbücher. Die Palästinenser bewarfen die Betenden an der Westmauer mit Steinen und attackierten das

Rachelgrab in Bethlehem mit Brandbomben und Maschinengewehren.
Keiner dieser Übergriffe wurde durch israelische Sicherheitskräfte provoziert, die im Gegenteil erst eingriffen, als die palästinensischen Angriffe weit über Steinwürfe hinaus eskalierten und sich zu massiven Maschinengewehrsalven und Lynchversuchen an israelischen Soldaten ausgeweitet hatten. Die meisten bewaffneten Angreifer waren Mitglieder der Tanzim – der Miliz Arafats.

> »Die Jerusalemfrage, das Flüchtlingsproblem und die Frage der Unabhängigkeit bilden eine Einheit und werden vor Ort und nicht am Verhandlungstisch gelöst. Im Augenblick ist es vor allem nötig, die palästinensische Gemeinschaft auf die Herausforderungen vorzubereiten, die auf sie zukommen, denn wir steuern unaufhaltsam auf einc gewaltsame Konfrontation mit Israel zu, um neue Tatsachen vor Ort zu schaffen ... Ich glaube, dass die Situation in Zukunft noch stärker von Gewalt geprägt sein wird als während der Intifada.«
>
> **Abu-Ali Mustafa** von der palästinensischen Autonomiebehörde, 23. Juli 2002 [2]

---

[2] Zitiert in: Sharm El-Sheikh Fact-Finding Committee; Regierungsverlautbarung des israelischen Außenministeriums, 28. Dezember 2000.

Die unverhältnismäßige große Zahl palästinensischer Opfer war unvermeidlich, wenn eine irreguläre, schlecht ausgebildete Miliz eine geschulte, reguläre Armee angriff, wie es der Fall war. Dazu kam, dass die Tanzim sich bei ihren Anschlägen immer wieder hinter palästinensischen Zivilisten verschanzten.
Da alle Angriffe von Palästinensern ausgingen, die unmittelbar unter dem Befehl Arafats standen, kann auch nur Arafat der Gewalt Einhalt gebieten. Israel und die Vereinigten Staaten haben ihn denn auch aufgefordert, eben dies zu tun und den Friedensprozess wieder in Gang zu bringen.

Behauptung

»Gewalt ist eine verständliche und legitime Reaktion auf Israels Politik.«

Tatsache

Der Grundsatz des Friedensprozesses ist es, dass Streitfragen in Verhandlungen gelöst werden. Eine der Bedingungen Israels vor seiner Zustimmung zu Verhandlungen mit der PLO war, dass die Organisation keine weiteren terroristischen Anschläge verübt. Auf dem Papier wurde diese Bedingung angenommen, doch seit dem Beginn des

Friedensprozesses in Oslo im Jahr 1993 haben die PLO und andere palästinensische Gruppen und Einzelpersonen immer wieder Gewalttaten begangen. Ganz gleich, ob Israel Zugeständnisse machte oder nicht, die Anschläge gingen weiter. Teils werden sie mit angeblichen Übergriffen von den Israelis gerechtfertigt, teils sind es bewusste Versuche, die Verhandlungen zu sabotieren. Doch wie auch immer – in jedem Fall trägt die palästinensische Autonomiebehörde, die eine fast 40 000 Mann starke Polizeitruppe (größer, als sie ihr im Rahmen der Friedensabkommen zugestanden wurde) und ein umfassendes Nachrichtensystem besitzt, die Verantwortung für die Wahrung des Friedens.

Seit der Unterzeichnung der Prinzipienerklärung [3] (13. September 1993 - 11. August 1999)

Terroristische Aktivitäten	Judäa und Samaria	Gazastreifen
getötete Soldaten der israelischen Armee	20	32
verletzte Soldaten der israelischen Armee	617	419
getötete israelische Zivilisten	43	5
verletzte israelische Zivilisten	567	86
Molotowcocktails	1 784	715
Erschießungen	305	453
Brandstiftungen	102	13
Sprengstoffanschläge	157	181
Splittergranaten	58	62
Verletzte und Tote durch Messerstiche	284	214

[3] Israelische Verteidigungsstreitkräfte.

Behauptung

»Die Al-Aksa-Unruhen richten im israelischen Kernland keinen Schaden an, da sich die Demonstrationen auf Zusammenstöße mit der israelischen Armee in der Westbank und im Gazastreifen beschränken.«

Tatsache

Die Unruhen in der Westbank und im Gazastreifen haben zahllose Zivilisten und Soldaten das Leben gekostet. Auch im israelischen Kernland haben Terroristen im Namen dieses Aufstands immer wieder heimtückische Anschläge verübt. Die Eskalation der Gewalt blieb nicht ohne Auswirkungen auf die psychische Verfassung der israelischen Bevölkerung, das israelische Militär und die israelische Wirtschaft.

Viele Landstriche in Israel und den besetzten Gebieten können nicht mehr gefahrlos bereist werden. Auch in Städten wie Gilo, die außerhalb der besetzten Gebiete liegen, kommt es immer wieder zu Zwischenfällen mit palästinensischen Heckenschützen. Der Aufstand hat den Glauben vieler Israelis, dass nach bestimmten territorialen Zugeständnissen Israels ein Friede mit den Palästinensern möglich sei, erschüttert.

Auch die Schlagkraft der Armee ist von diesem Zustand betroffen, weil die Soldaten von der Ausbildung und Vor-

bereitung auf die Bedrohung durch feindliche Nationen von außen abgezogen und zur Bekämpfung des Terrorismus und innerer Unruhen eingesetzt werden müssen. Und nicht zuletzt haben die Aufstände zu einem starken Rückgang des Tourismus geführt, was massive Einbußen bei den damit verbundenen Wirtschaftszweigen zur Folge hatte. So haben etwa 64 000 Israelis wegen der Unruhen ihre Arbeitsstellen verloren.[4]
Doch nicht nur die Israelis leiden unter der Situation. Der Rückgang des Tourismus trifft auch die Palästinenser. So hat zum Beispiel die Zahl der Besucher, die alljährlich nach Bethlehem kommen, stark abgenommen. Das Gleiche gilt für andere Pilgerstätten im Verwaltungsbereich der palästinensischen Autonomiebehörde. Die palästinensischen Ladenbesitzer an Orten wie der Altstadt in Jerusalem machen schlechtere Geschäfte, seit weniger Touristen kommen. Terroranschläge zwingen Israel darüber hinaus, palästinensischen Arbeitern immer wieder die Einreise nach Israel zu verbieten – das geht zu Lasten von Einzelnen, die nur den Lebensunterhalt für sich und ihre Familien verdienen möchten.

---

[4] *Jerusalem Post*, 22. Februar 2001.

Behauptung

»Israel hat versucht, die Palästinenser wirtschaftlich zu schädigen, indem es Steuergelder zurückhielt, die es der palästinensischen Autonomiebehörde schuldete.«

Tatsache

Anfang 2001 beschloss Israel, wegen der anhaltenden Terroranschläge über 50 Millionen Dollar Steuergelder, die das Land der palästinensischen Autonomiebehörde schuldete, zurückzuhalten. Die Vereinigten Staaten und andere Länder drängten Israel, das Geld weiterzuleiten, da die Autonomiebehörde wegen des daraus resultierenden finanziellen Engpasses zum Teil ihre Rechnungen nicht bezahlen konnte. Israel räumte zwar ein, dass es sich um eine harte Maßnahme handelte, hielt sie aber für nötig, um den Palästinensern zu zeigen, dass ihr Unvermögen oder ihre mangelnde Bereitschaft, der Gewalt ein Ende zu machen, Folgen hatte. Israel muss seine Bürger schützen, und diese wirtschaftliche Sanktion war letztlich immer noch milder, als es ein militärischer Vergeltungsschlag gewesen wäre.

Während man Israel die Schuld an dem maroden Zustand der palästinensischen Wirtschaft in die Schuhe schob, verzögerten in Wirklichkeit die arabischen Länder die Weiterleitung von Spendengeldern in Millionenhöhe unter dem Vorwand, man sei in Sorge, dass die Mittel veruntreut und die Korruption innerhalb der palästinensischen Autonomiebehörde dadurch gefördert werden könnte.[5]

Behauptung

»Der Tempelberg war schon immer eine heilige Stätte des Islam, während das Judentum keinerlei Bindung an den Ort hat.«

Tatsache

Im Januar 2001 erklärte der von der palästinensischen Autonomiebehörde ernannte Mufti von Jerusalem, Ikrima Sabri, gegenüber der deutschen Zeitung *Die Welt:* »Es gibt nicht den kleinsten Hinweis darauf, dass an dieser Stätte je ein jüdischer Tempel stand. In der ganzen Stadt weist nicht ein einziger Stein auf jüdische Geschichte hin.« Diese Auffassung wird von einem Buch mit dem Titel *A Brief Guide to al-Haram al-Sharif* widerlegt, das der Oberste Muslimische Rat 1930 veröffentlichte. Der

[5] *Ha'aretz*, 11. Februar 2001.

Rat, das höchste muslimische Gremium in Jerusalem während des britischen Mandats, erklärt darin, dass der Tempelberg »eine der ältesten heiligen Stätten der Welt ist. Seine Identität mit der Stätte des salomonischen Tempels steht außer Zweifel. Darüber hinaus gilt allgemein als erwiesen, dass dies die Stätte ist, an der David dem Herrn einen Altar errichtete und ihm Brand- und Friedensopfer darbrachte.«

In einer Beschreibung des Areals der Ställe Salomos, die die islamischen Vertreter des Waqf 1996 in eine Moschee umbauen ließen, heißt es: »... über die Frühgeschichte des Bauwerks ist wenig bekannt. Sie reicht wahrscheinlich ebenso weit zurück wie der Bau des salomonischen Tempels ... Nach Josephus haben sie tatsächlich existiert und dienten den Juden während der Eroberung Jerusalems durch Titus im Jahr 70 n. Chr. als Zuflucht.«[6]

Mit noch größerer Autorität bechreibt der Koran – das heilige Buch des Islam – Salomos Bau des Ersten Tempels (34,13) und berichtet auch von der Zerstörung des Ersten und des Zweiten Tempels (17,7).

Die jüdische Verbindung zum Tempelberg reicht also über 3 000 Jahre zurück und ist in Überlieferung und Geschichte verwurzelt. Auf dem Berg Moria, dem heutigen Tempelberg, band Abraham seinen Sohn Isaak, um ihn Gott als Opfer darzubringen. Im Allerheiligsten des Ersten Tempels stand die Bundeslade, und sowohl der Erste als auch der Zweite Tempel waren bis zur Zerstörung des Zweitens Tempels durch die Römer Mittelpunkte jüdischen Lebens und Glaubens. Nach der Zerstörung des Zweiten Tempels waren nacheinander

---

[6] *Jerusalem Post*, 26. Januar 2001.

mehrere Besatzermächte Herren des Tempelbergs. In der Anfangszeit der muslimischen Herrschaft wurde an der Stätte der ehemaligen jüdischen Tempel der goldgekrönte Felsendom errichtet.
Streng orthodoxe Juden besuchen den Tempelberg nicht, aus Angst, dort unwissentlich das Allerheiligste zu betreten, in dem die Bundeslade stand, weil man nicht genau weiß, an welcher Stelle es sich befand. Andere Juden und Nicht-Muslime aber besuchen ihn im vollen Wissen und mit der Zustimmung des Waqf, da sie die Gebetszeiten und Kleidungsvorschriften respektieren und damit die Heiligkeit der Stätte nicht entweihen.

Behauptung

»Israel darf nicht die Kontrolle über den Tempelberg haben, weil es den Muslimen den Zugang zu ihren heiligen Stätten verwehrt.«

Tatsache

Israel hat die Kontrolle über den Tempelberg seit 1967 aufgeteilt. Damals gestattete Verteidigungsminister Moshe Dayan nach der Wiedervereinigung Jerusalems dem islamischen Waqf, weiterhin die Zivilhoheit auf dem Tempelberg auszuüben. Der Waqf regelt das Alltagsleben auf dem Tempelberg. Die Israelis sind lediglich am Eingang des Tempelbergs präsent, um sicherzustellen, dass Angehörige aller Religionen Zugang zu den heiligen Stätten erhalten.

Nur in Zeiten massiver Spannungen, wenn die Gefahr gewalttätiger Ausschreitungen es nötig machte, die Anzahl der Besucher einzuschränken, hat Israel Muslimen den Zutritt zum Tempelberg verwehrt. Durch diese Vorsichtsmaßnahme sollten Gläubige aller Religionen und die Heiligtümer in der Altstadt geschützt werden. Sie wurde jeweils schon nach ein bis zwei Tagen wieder aufgehoben.

Behauptung

»Die Palästinenser haben die archäologischen Schätze des Tempelbergs sorgfältig bewahrt.«

Tatsache

Obwohl der Waqf die israelische Kontrolle über den Tempelberg nicht anerkannte, arbeitete er bei den auf dem Areal anfallenden Arbeiten lange Zeit mit israelischen Inspektoren zusammen. Nach den 1993 in Oslo getroffenen Vereinbarungen wurde das von Jordanien gelenkte Gremium jedoch mit Vertretern besetzt, die der

palästinensischen Autonomiebehörde verpflichtet waren und Israel die Zusammenarbeit aufkündigten, nachdem es im Anschluss an Israels Entscheidung, einen bisher geschlossenen Ausgang des Westmauer-Tunnels zu öffnen, zu Unruhen gekommen war.
Von da an durften die israelischen Inspektoren die Bauarbeiten auf dem Berg nicht mehr überwachen, sodass höchstwahrscheinlich unwiederbringliche archäologische Relikte aus der Zeit des Ersten und Zweiten Tempels vernichtet werden oder verloren gehen. Nach Aussage israelischer Archäologen wurden bei den umfangreichen Aushubarbeiten tausende Tonnen Kies – der möglicherweise wichtige archäologische Zeugnisse enthielt – vom Tempelberg fortgeschafft und auf Erddeponien entsorgt. Experten sind der Ansicht, dass eventuell doch noch auftauchende Artefakte, auch wenn sie nicht zerstört werden, für die Archäologie dennoch wertlos sind, weil die palästinensischen Arbeiter Funde aus unterschiedlichen Epochen vermischen, wenn sie die Erde mit ihren Bulldozern aufreißen.[7]
Angesichts der besonderen Tempelberg-Problematik und der ohnehin zwischen Israelis und Palästinensern bestehenden Spannungen in der Jerusalemfrage hat die israelische Regierung sich bislang nicht in die Aktivitäten des Waqf eingemischt. Währenddessen geht der Ausverkauf der Vergangenheit weiter.

---

[7] JTA, 12. Februar 2001.

Behauptung

»Israel geht mit völlig unangemessener Härte gegen ein paar Steine werfende Kinder vor.«

Tatsache

Die Palästinenser, gleich, ob jung oder alt, greifen israelische Zivilisten und Soldaten mit allen möglichen Waffen an. Wenn sie Steine werfen, dann nicht harmlose Kieselsteine, sondern große Steinbrocken, die schwerste Verletzungen hervorrufen können. Man braucht sich nur vorzustellen, wie es ist, von einem Stein am Kopf getroffen zu werden. In der Regel sind die Angegriffenen in der Minderzahl, weniger als 20 Personen, während die Angreifer, bewaffnet mit Molotowcocktails, Pistolen, Gewehren, Maschinengewehren, Handgranaten und Sprengstoffen, in die Hunderte gehen. Handelt es sich bei den Angreifern »nur« um Steinewerfer, so sind auch immer wieder Palästinenser darunter, häufig Polizisten, die mit Gewehren bewaffnet sind. Angesichts eines wütenden, gewalttätigen Mobs aber haben israelische Polizisten und Soldaten oft keine andere Wahl, als sich mit dem Einsatz von Gummigeschossen und – in lebensbedrohlichen Situationen – auch von scharfer Munition zu verteidigen.

Der Einsatz scharfer Munition auf Seiten der Palästinenser hatte zur Folge, dass die israelischen Sicherheitskräfte sich in sicherer Entfernung von den Anstiftern der Gewalt halten mussten. Dazu kam, dass die Gewaltandrohung gegen die Israelis grundsätzlich als Todesdrohung gemeint war. Beide Faktoren haben den Einsatz traditioneller Mittel zur Unterdrückung der Unruhen verhindert.

Die Einsatzvorschriften für israelische Soldaten in den besetzten Gebieten gestatten den Gebrauch von Waffen nur in lebensbedrohlichen Situationen oder unter bestimmten Einschränkungen bei der Verhaftung von Personen, die im Verdacht eines schwerwiegenden Verstoßes gegen die innere Sicherheit stehen. Das Vorgehen der israelischen Streitkräfte zeichnete sich in allen Fällen durch große Zurückhaltung und die Wahrung des Grundsatzes der Verhältnismäßigkeit aus, wobei gleichzeitig alles getan wurde, um unschuldige Zivilisten zu schützen.

Inzwischen setzten die Palästinenser bei ihren Terroranschlägen gegen die Israelis Granatwerfer und Panzerabwehrraketen ein, die illegal in den Gazastreifen eingeschmuggelt wurden. Jüdische Gemeinden in Gaza und Netzarim wurden mit Granaten beschossen, und auf die israelischen Streitkräfte in Gaza wurden nach Armeeberichten zweimal Panzerabwehrraketen abgefeuert.

Der Stabschef der israelischen Verteidigungsstreitkräfte, Shaul Mofaz, erklärte am 28. Februar 2001 vor führenden Vertretern des amerikanischen Judentums, dass die palästinensische Autonomiebehörde Waffenlager angelegt hat. Die Waffen wurden auf dem Seeweg und durch unterirdische Tunnel nach Ägypten ins Land geschafft.

Der Besitz und Gebrauch dieser und anderer Waffen verstößt gegen Zusicherungen, die die Palästinenser im Rahmen mehrerer Abkommen gegeben hatten. Nach den Vereinbarungen von Oslo waren die einzigen in den von

Palästinensern kontrollierten Gebieten erlaubten Waffen Handfeuerwaffen, Gewehre und Maschinengewehre, und auch das Führen dieser Waffen war den Sicherheitsbeamten der Autonomiebehörde vorbehalten. Die jüngsten Ausschreitungen beweisen jedoch, dass neben der Polizei auch palästinensische Zivilisten und Milizmitglieder wie die Tanzim im Besitz solcher Waffen sind.[8]
Die Zahl der palästinensischen Opfer bei den Zusammenstößen ist bedauerlich, doch man darf nicht vergessen, dass kein Palästinenser in Gefahr wäre oder verletzt würde, wenn es keine Angriffe auf die Israelis gäbe. Und wenn die Kinder in der Schule oder zu Hause bei ihren Familien wären, statt auf der Straße Steine zu werfen, würde ihnen nichts geschehen. Außerdem mindert die größere Zahl der Todesopfer auf palästinensischer Seite nicht die traumatischen Verluste für die Israelis. Vom 29. September 2000 bis zum 25. April 2001 wurden 74 israelische Juden, darunter 43 Zivilisten, von Palästinensern getötet.[9]
Aufschlussreich ist auch ein Blick auf die Art und Weise, wie die Vereinigten Staaten und andere Völker der westlichen Welt mit einem aufgebrachten Mob umgehen. Wenn die Polizei angegriffen wird, kommt es immer wieder zu Übergriffen, doch niemand verlangt, dass die Männer sich einfach hinstellen und ihr Leben in Gefahr bringen sollen, nur um die internationale Öffentlichkeit nicht gegen sich aufzubringen. Einzig und allein den Israelis wird das Recht auf Selbstverteidigung abgesprochen,

---

[8] *Near East Report*, 5. März 2001.
[9] *Washington Post*, 26. April 2001.

oder es wird propagandistisch ausgeschlachtet, wenn sie Notwehr üben.

> »... das palästinensische Volk wird seinen Weg fortsetzen, bis die palästinensische Flagge über der Stadtmauer Jerusalems, über den Minaretten Jerusalems und über den Kirchen Jerusalems weht.«
>
> **Jassir Arafat** [10]

Behauptung

»Die palästinensische Autonomiebehörde lässt Terroristen verhaften und illegale Waffen konfiszieren, um Gewalttaten zu verhindern.«

Tatsache

Zu bestimmten Zeiten war die Zusammenarbeit zwischen den israelischen und den palästinensischen Sicherheitskräften durchaus gut, was Israel öffentlich hervor-

---

[10] *Jerusalem Post*, 6. März 2001.

hob. In einer größeren Zahl von Fällen aber hat die Behörde es versäumt, entsprechende Maßnahmen zu ergreifen, um Terroranschläge auf Israelis zu verhindern. Es wurden zwar viele Terroristen festgenommen, meist aber kurz darauf wieder auf freien Fuß gesetzt, und zumindest einige von ihnen waren danach abermals in terroristische Aktivitäten verwickelt.

Darüber hinaus befinden sich große Mengen illegaler Waffen im Besitz der palästinensischen Autonomiebehörde, darunter Maschinengewehre, Handgranaten, Sprengstoffe und Granatwerfer. Trotz wiederholter Versprechungen wurde nichts unternommen, um diese Waffen einzuziehen. Im Gegenteil, die Autonomiebehörde hat ihr Arsenal gezielt aufgestockt. Dies stellt einen schweren Verstoß gegen die mit Israel getroffenen Abkommen dar, der Misstrauen weckt und Israels Sicherheit bedroht.

Behauptung

»Im Bericht des amerikanischen Außenministeriums über Menschenrechtsverletzungen aus dem Jahr 2000 sind auch Misshandlungen von Israelis an Palästinensern dokumentiert.«

Tatsache

Es ist richtig, dass das amerikanische Außenministerium Israel mehrmals wegen Misshandlungen an Palästinensern kritisiert hat, doch in dem oben erwähnten Bericht über Menschenrechtsverletzungen wurden die Ereignisse aus dem Kontext gerissen und verzerrt dargestellt. Die Realität sieht so aus, dass Israel sich mit den Palästinensern im Krieg befindet und selbst tagtäglich Angriffen und Anschlägen ausgesetzt ist. Auch in den Vereinigten Staaten, die sich nicht im Krieg befinden, kommt es hin und wieder zu Übergriffen durch die Polizei, wenn diese in dem Versuch, ein Verbrechen zu verhindern, Gewalt anwenden muss.

Israel hat die gleichen demokratischen Grundsätze wie die Vereinigten Staaten. Diese Grundsätze fordern, dass solche Zwischenfälle untersucht und die Verantwortlichen, wenn sich der Verdacht bestätigt, bestraft werden. Mehrere Menschenrechtsorganisationen, die in Israel präsent sind, haben ein wachsames Auge auf derartige Vorkommnisse und zögern nicht, ihre Bedenken nötigenfalls öffentlich zum Ausdruck zu bringen.

Israels Bereitschaft zur Untersuchung solcher Vorkommnisse und seine selbstkritische Haltung stehen dabei in schroffem Gegensatz zum Verhalten der Palästinenser und anderer arabischer Regierungen, die systematisch Menschenrechtsverletzungen begehen, keinerlei Gremien haben, die in solchen Fälle zuständig sind, und auch keine Nachforschungen durch ausländische Menschenrechtsorganisationen zulassen. Einer der Gründe, warum in Israel begangene Menschenrechtsverletzungen so große Aufmerksamkeit erregen, liegt darin, dass Israel eine Demokratie mit einer freien Presse ist, sodass die ganze Welt erfährt, was im Land geschieht. In der abgeschotteten monarchischen und diktatorischen arabischen Welt hingegen bleiben Menschenrechtsverletzungen unbeachtet.

Behauptung

»Die im Fernsehen gezeigte Erschießung eines Kindes, die der Vater des Kindes zu verhindern versucht, beweist, dass Israel nicht davor zurückschreckt, unschuldige palästinensische Kinder zu töten.«

Tatsache

Ein Foto zeigt eine Luftaufnahme des israelischen Militärs vom Grenzübergang Netzarim im Gazastreifen, wo der zwölfjährige Mohammed Aldura getötet wurde. Auf dem Foto ist der Standort von Vater und Sohn markiert. Die beiden suchten neben einem bewaffneten palästinensischen Posten Deckung. Als palästinensische Polizisten von diesem Posten aus auf eine gegenüber liegende israelische Stellung schossen, erwiderten die israelischen Soldaten das Feuer. Bei dem folgenden Schußwechsel

wurde offenbar das Kind getroffen und getötet. Die Erklärungen dafür, warum der Vater und das Kind sich bei dem Zwischenfall an einer so ungünstigen Stelle aufhielten, gehen auseinander.
Das am 27. November 2000 bekanntgegebene Ergebnis einer von den israelischen Sicherheitskräften angeordneten Untersuchung ergab, dass Aldura höchstwahrscheinlich von einem palästinensischen Polizisten und nicht von den israelischen Soldaten getötet wurde. Die Untersuchung ist noch nicht endgültig abgeschlossen, aber »die Wahrscheinlichkeit, dass sie von Palästinensern erschossen wurden, ist größer als die, dass sie von Israelis erschossen wurden«, erklärte Generalmajor Yomtov Samia. Nach Samia basiert dieses Ergebnis auf einer gründlichen Analyse aller Informationen, die die Armee zu dem Zwischenfall zusammentragen konnte; er fügte allerdings hinzu, dass noch eine Reihe von Fragen offen sind, darunter die, warum Aldura und sein Vater Jamal (37) aus dem Flüchtlingslager El-Bureij in Gaza an den Übergang kamen, nachdem dort bereits seit mehreren Stunden Schüsse fielen, und warum sie nicht wie viele andere flohen.[11]

Behauptung

»Die palästinensischen Flüchtlinge haben das Recht, in ihre Heimat zurückzukehren; ihre

---

[11] CNN, IDF, *Jerusalem Post*, 28. November 2000.

Rückkehr ist die Vorbedingung für eine endgültige Beilegung des Konflikts.«

Tatsache

Israel hat sich von Anfang an um eine Lösung des Flüchtlingsproblems bemüht. David Ben-Gurion sagte bereits am 1. August 1948, dass die Flüchtlingsfrage Teil einer umfassenden Lösung sein müsse, »wenn die arabischen Staaten bereit sind, einen Friedensvertrag zu schließen«.[12] Trotz der unzweifelhaften Gefahr, die die Repatriierung der Araber in einen Staat, dessen Existenz sie ablehnten, darstellte, gestattete Israel einer gewissen Anzahl von Flüchtlingen die Rückkehr und bot an, im Fall der Unterzeichnung eines Friedensvertrags eine noch größere Zahl aufzunehmen. 1949 machte Israel das Angebot, Familien, die durch den Krieg getrennt worden waren, wieder zusammenzuführen, und erklärte sich zur Aufnahme von 100 000 Flüchtlingen bereit.[13]

Doch die Araber lehnten alle israelischen Kompromissvorschläge ab. Sie wollten nichts unternehmen, was ihnen als Anerkennung des israelischen Staates hätte ausgelegt werden können. Stattdessen machten sie die Re-

---

[12] Howard Sachar: *A History of Israel: From the Rise of Zionism to Our Time*; NY: Alfred A. Knopf 1979, S. 335.

[13] Terence Prittie: »Middle East Refugees«, in: Michael Curtis et al.: *The Palestinians*; NJ: Transaction Books 1975, S. 66-67.

patriierung zur Vorbedingung für Verhandlungen, was wiederum Israel ablehnte. Das Ergebnis war die Unterbringung der Flüchtlinge in Lagern.
Daraufhin griffen die Vereinten Nationen die Flüchtlingsfrage auf und verabschiedeten am 11. Dezember 1948 die Resolution 194, die fordert, den »Flüchtlingen, die in ihre Heimat zurückkehren und *in Frieden mit ihren Nachbarn leben* wollen, die Rückkehr zum frühestmöglichen Zeitpunkt zu erlauben und diejenigen, die sich gegen eine Rückkehr entscheiden, nach internationalem Recht für den Verlust oder die Beschädigung ihres Eigentums zu entschädigen. Die Schlichtungskommission ist angewiesen, die Repatriierung und *Umsiedlung* der Flüchtlinge und ihre ökonomische und gesellschaftliche Rehabilitation zu unterstützen und für die Auszahlung der Entschädigungen zu sorgen ...« (die Hervorhebungen stammen vom Autor).
Der hervorgehobene Begriff zeigt, dass die Vereinten Nationen sich durchaus bewusst waren, dass man von Israel nicht erwarten konnte, eine dem jüdischen Staat feindliche gegenüberstehende Bevölkerungsgruppe aufzunehmen, die die Sicherheit dieses Staates gefährden würde. Die Lösung des Flüchtlingsproblems erforderte, wie die Lösung aller früheren Flüchtingsprobleme, dass zumindest eine gewisse Anzahl der Palästinenser von den arabischen Staaten aufgenommen wurde.
Die Araber verlangten, dass die Vereinten Nationen das »Recht« der Palästinenser auf Rückkehr in ihre Heimat anerkannten, und wollten sich, ehe sich ihre militärische Niederlage zweifelsfrei abzeichnete, nicht mit weniger zufrieden geben. Danach deuteten sie die Resolution 194 dahingehend, dass den Palästinensern darin das Recht auf Repatriierung zugesprochen wurde, und verlangen seither, dass Israel diese Deutung übernimmt.

Die gegenwärtigen Friedensgespräche basieren auf UN-Resolution 242, in der die Palästinenser überhaupt nicht erwähnt werden. Lediglich im zweiten Satz des zweiten Artikels, wo von »einer gerechten Regelung des Flüchtlingsproblems« die Rede ist, wird auf sie angespielt. Die Verwendung des neutralen Begriffs »Flüchtling« erfolgte damals bewusst in Anerkennung der Tatsache, dass der israelisch-arabische Konflikt zu einem zweifachen Flüchtlingsproblem geführt hatte: einem arabischen und einem jüdischen.

Nach dem Krieg von 1948 gab es nur 800 000 (wahrscheinlich sogar noch weniger) palästinensische Flüchtlinge; heute ist ihre Zahl auf 3,7 Millionen angestiegen. Ist Israel verpflichtet, sie alle aufzunehmen? Wo sollen sie leben? Zurzeit hat Israel sechs Millionen Einwohner. Wenn alle Palästinenser in Israel leben dürften, hätte das Land fast zehn Millionen Einwohner, davon über 40 Prozent Araber. Angesichts der wesentlich höheren Geburtenziffern der Araber wären die Juden sehr bald eine Minderheit in ihrem eigenen Land und hätten damit genau die Situation, für deren Vermeidung sie 1948 kämpften und die die Vereinten Nationen mit der Teilungsresolution ausdrücklich ausschließen wollten.

Heute leben die meisten Palästinenser im historischen Palästina, das aus dem der palästinensischen Selbstverwaltung unterstellten Gebiet und Jordanien besteht. Wenn die Palästinenser jedoch von ihrem Recht auf Rückkehr sprechen, meinen sie nicht das historische Palästina, sondern die Häuser, in denen sie vor 1948 wohnten – Häuser, die inzwischen entweder verfallen oder besetzt sind.

Im Kontext einer friedlichen Lösung darf man durchaus voraussetzen, dass Israel eine gewisse Anzahl von Flüchtlingen aufnimmt, wie Ben-Gurion schon vor über 50 Jahren angeboten hat. Wenn es je zur Gründung eines palästinensischen Staates kommt, dann sollen die meisten Flüchtlinge auch dort leben dürfen, wenngleich man sich nur schwer vorstellen kann, wie das Gebiet, das für diesen Staat in den Blick genommen wird, so vielen Menschen Lebensraum und Arbeitsplätze bieten soll. Die palästinensische Führung hat denn auch wenig Interesse bekundet, diese Leute aufzunehmen.

»... wenn es einen palästinensischen Staat gäbe, warum sollte seine Führung dann wünschen, dass seine potenziellen Bürger in einem anderen Staat repatriiert würden? Aus der Perspektive der Gründung einer neuen Nation wäre das sinnlos. Tatsächlich fanden die Gespräche über die Repatriierung zu einem Zeitpunkt statt, in der keine Hoffnung auf einen palästinensischen Staat bestand. Als sich die Möglichkeit der Gründung eines solchen Staates abzeichnete, mussten die Palästinenser entscheiden, ob sie sich als legitimen Staat betrachten wollten oder ob es ihnen wichtiger war, ihren selbstgewählten Status als unterdrückte, staatenlose Flüchtlinge aufrecht zu halten. Beides können sie nicht sein.«

Fredelle Spiegel [14]

[14] *Jerusalem Report*, 26. März 2001.

Behauptung

»Israel hat nicht das Recht, in dem zum arabischen Ostjerusalem gehörenden Har Homa Wohnungen zu bauen; es handelt sich dabei lediglich um ein weiteres Siedlungsprojekt, das dem Frieden im Weg steht.«

Tatsache

Das Bauprojekt in Har Homa bildet die letzte Stufe eines umfassenden Wohnungsbauprogramms für die Stadt Jerusalem, mit dem bereits 1968 begonnen wurde. Das gesamte Areal von Har Homa ist nicht einmal 460 Acres groß. Zu Beginn des Projekts war das Gebiet unbebaut. Es befindet sich auch kein anderes arabisches Wohngebiet in der Nachbarschaft.

1996 entschied Ministerpräsident Shimon Peres von der israelischen Arbeitspartei, dass das Projekt Har Homa in Angriff genommen werden sollte; wegen juristischer Probleme musste die Arbeit zunächst wieder eingestellt werden. Doch der israelische Oberste Gerichtshof wies die Klagen der jüdischen und arabischen Landeigentümer ab und genehmigte die Enteignung von Land für das Bauprojekt. Die Enteignung erfolgte auf der allgemeinen Rechtsgrundlage, die es Regierungen erlaubt, Privatland, das für öffentliche Zwecke benötigt wird, zu enteignen.

Der größte Teil des enteigneten Areals – 75 Prozent – gehörte jüdischen Eigentümern.
Der Bebauungsplan wurde von der Netanyahu-Regierung genehmigt, nachdem das Gericht angeordnet hatte, der massiven Wohnungsnot, unter der sowohl Araber als auch Juden in Jerusalem zu leiden haben, abzuhelfen. In Har Homa sollen 6500 Wohneinheiten entstehen, dazu Schulen, Parks, öffentliche Bauten sowie Einkaufs- und Industriegebiete. Zeitgleich mit dem Har-Homa-Projekt wird mit dem Bau von 3015 Wohneinheiten in zehn arabischen Vierteln in Jerusalem begonnen.
In keinem der von Palästinensern und Israelis unterzeichneten Abkommen wird das Bauen in Jerusalem untersagt. Und weder Ministerpräsident Yitzhak Rabin noch Ministerpräsident Shimon Peres ließen auch nur den geringsten Zweifel daran, dass sie die Bautätigkeit in der Stadt fortsetzen wollten. Auch die Geschwindigkeit, mit der die verschiedenen laufenden Projekte vorangetrieben wurden, wurde nicht gedrosselt. Die Netanyahu-Regierung wurde denn auch von verschiedenen Seiten des israelischen politischen Spektrums, darunter auch von vielen führenden Politikern der Arbeitspartei, aufgefordert, die Arbeit am Har-Homa-Projekt fortzusetzen.
Im Widerspruch zu palästinensischen Behauptungen liegt Har Homa nicht im »traditionell arabischen Ostjerusalem«. Es ist weder »arabisch« (der Großteil des Landes stammt aus jüdischem Besitz) noch »östlich« (Har Homa liegt im südlichen Jerusalem).
Die Palästinenser behaupten, durch Har Homa von der Westbank abgeschnitten und in ihrem freien Zugang zu Jerusalem behindert zu werden. Der territoriale Zusammenhang zwischen den arabischen Vierteln in Ostjerusalem und den palästinensischen Gebieten in der West-

bank wird jedoch auch nach der Fertigstellung von Har Homa weitgehend gewahrt bleiben, und die Palästinenser werden weiterhin den gleichen Zugang zu Jerusalem haben, den sie schon jetzt genießen.

Behauptung

»Die israelischen Angriffe auf den Libanon sind ein Beweis für Israels aggressive Grundhaltung und seine Entschlossenheit, das besetzte libanesische Territorium nicht mehr aufzugeben.«

Tatsache

Die Vereinten Nationen haben bestätigt, dass Israel seine Verpflichtung zum Rückzug aus dem Libanon weisungsgemäß erfüllt hat. Das hielt die Hisbollah, die sich bis an die Zähne bewaffnet entlang der internationalen Grenzen verschanzt hat, nicht davon ab, wiederholt israelische Ziele anzugreifen, Soldaten aus dem Hinterhalt zu überfallen und zu entführen und jüdische Dorfbewohner in Nordisrael zu schikanieren, einzig und allein mit dem Ziel, die Feindseligkeiten erneut eskalieren zu lassen.
Israel forderte deshalb mit Unterstützung der Vereinten Nationen und der Vereinigten Staaten immer wieder, dass der Libanon Streitkräfte im Süden stationiert und

die Guerilla entwaffnet. Angesichts der Tatsache, dass die eigentlichen Herren im Libanon die Syrer sind, tragen nach israelischer Auffassung beide Länder gleichermaßen die Verantwortung dafür, dass die Hisbollah nicht an ihren Provokationen gehindert wird. Das politische und militärische Versagen des Libanon und Syriens in diesem Punkt zwang Israel, Vorbeugungsmaßnahmen zu ergreifen und gegebenenfalls auch Vergeltungsanschläge zu führen, um seine Bürger und Soldaten zu schützen.

Behauptung

»Der Mitchell-Report hat bewiesen, dass die israelische Siedlungspolitik mindestens ebenso sehr für das Scheitern des Friedensprozesses verantwortlich ist wie die von den Palästinensern ausgehende Gewalt und dass diese Siedlungspolitik gestoppt werden muss, wenn die Gewalt ein Ende haben soll.«

Tatsache

Im November 2000 wurde der ehemalige amerikanische Senator George Mitchell mit der Bildung eines Ausschus-

ses zur Untersuchung der Ursachen der »Al-Aksa-Intifada« und der Möglichkeiten, wie derartige Gewalttaten in Zukunft zu verhindern seien, beauftragt. Der Abschlussbericht des Ausschusses empfahl als eine von über 15 verschiedenen vertrauensbildenden Maßnahmen auch einen Siedlungsstopp. In einem offenen Brief, in dem Mitchell und Warren Rudman, ein anderes Mitglied des Komitees, ihren Standpunkt noch einmal erläuterten, stellten sie jedoch ausdrücklich klar: »Wir möchten zweifelsfrei festhalten, dass wir den palästinensischen Terrorismus in keiner wie auch immer gearteten Form mit der israelischen Siedlungspolitik gleichsetzen.«
Mitchell und Rudman bestritten auch, dass es eine direkte Verbindung zwischen einem Siedlungsstopp und den terroristischen Aktivitäten gibt. »Das unmittelbare Ziel muss sein, der Gewalt ein Ende zu machen ... Zur Erreichung dieses Ziels ist eine sofortige Wiederaufnahme der Zusammenarbeit der Sicherheitskräfte der israelischen Regierung und der palästinensischen Autonomiebehörde nötig, um Gewalttaten vorzubeugen und den Terrorismus zu bekämpfen.« Und sie fügten hinzu: »Was den Terrorismus betrifft, so fordern wir die palästinensische Autonomiebehörde auf, als erste vertrauensbildende Maßnahme Israelis und Palästinensern durch ihr konkretes Handeln deutlich zu machen, dass Terror verwerflich und inakzeptabel ist. Die Autonomiebehörde muss alles in ihrer Macht Stehende tun, um Terroranschläge zu verhindern und die Täter, die unter ihre Gerichtsbarkeit fallen, zu bestrafen.«[15]

[15] Brief von George Mitchell und Warren Rudman an ADL-Direktor Abraham Foxman, 11. Mai 2001.

Behauptung

»Israels Einsatz von F-16-Kampfjets ist ein typisches Beispiel für die völlig unangemessene Härte, mit der gegen unschuldige palästinensische Zivilisten vorgegangen wird.«

Tatsache

Wie soll man die Verhältnismäßigkeit militärischer Einsätze beurteilen? Wenn palästinensische Terroristen Bomben in israelischen Einkaufsstraßen legen und dabei Dutzende von Zivilisten töten und verletzen, wäre es dann eine angemessene Reaktion, wenn die Israelis Bomben in palästinensischen Einkaufsstraßen legen? Das würde niemand in Israel für gerechtfertigt halten. So steht Israel vor der Notwendigkeit, klar abgewogene, gezielte Schläge zu führen, um palästinensischer Gewalt zuvorzukommen oder ihr ein Ende zu machen.

Den besonderen Fall des Einsatzes von F-16-Kampfjets begründete Generalmajor Giora Eiland, der Chef des Einsatzkommandos der israelischen Verteidigungsstreitkräfte, folgendermaßen:

> »Ich weiß, dass die F-16-Jäger nicht für den Angriff auf Ziele in palästinensischen Städten entwickelt wurden. Doch wir dürfen nicht vergessen, dass diese Maschinen außerordentlich

> zielgenau sind. Alle Ziele waren militärischer Art ... es war eine taktische Entscheidung: Die Ziele waren zu groß, zu stark oder zu massiv, als dass man Kampfhubschrauber erfolgreich gegen sie einsetzen konnte. Deshalb haben wir, als wir uns zum Angriff auf diese Ziele entschlossen hatten, nach der erfolgversprechendsten Waffe gesucht, und das waren in diesem speziellen Fall die F-16. Das heißt nicht, dass dies eine neue Stufe des Kampfes gegen den Terrorismus ist und dass wir von nun an nur noch F-16-Jäger einsetzen werden.«[16]

Israel setzte die Jäger ein, nachdem 88 Israelis, davon 55 Zivilisten, ums Leben gekommen waren. Die Zivilisten wurden nicht zufällig getötet, sondern ganz gezielt umgebracht. In den vorangehenden zweieinhalb Monaten hatten die Palästinenser 28 Bombenanschläge in Israel geplant bzw. tatsächlich durchgeführt. Der F-16-Angriff war die Antwort auf den Bombenanschlag am 18. Mai 2001 auf das Netanya-Einkaufszentrum, bei dem fünf Israelis getötet wurden.

Einen Monat vor dem Einsatz der F-16 hatte das amerikanische Außenministerium die israelischen Luftwaffenangriffe auf Ziele im Gazastreifen als »unangemessene und unverhältnismäßige« Reaktion auf die palästinensischen Anschläge bezeichnet; allerdings räumte der Sprecher ein, dass der Vergeltungsschlag »durch die Grana-

---

[16] Mitteilung von Generalmajor Giora Eiland, Chef des IDF Operation Branch, an die Auslandspresse, Jerusalem, 20. Mai 2001.

tenangriffe auf Israel provoziert« worden sei.[17] Die amerikanische Einstellung entbehrt angesichts der von dem amerikanischen Außenminister Colin Powell formulierten so genannten Powell-Doktrin nicht einer gewissen Ironie. In dieser Doktrin heißt es, Amerika solle »entweder unter Einsatz aller verfügbaren Streitkräfte in Kriegshandlungen eintreten oder gar nicht«.[18] Im Folgenden seien nur einige wenige Beispiele für die Anwendung der Doktrin aufgeführt:

- General Powell bestand vor dem Angriff auf Bagdad im Golfkrieg auf einer starken Übermacht. Alliierte Streitkräfte von über einer halben Million Soldaten griffen Saddam Husseins Armee an; der Sieg der Alliierten forderte auf Seiten der Amerikaner nicht einmal 200 Opfer, die Niederlage der Irakis dagegen war mit 35 000 Todesopfern, darunter vielen Zivilisten, verbunden.
- Powell hatte auch den Oberbefehl bei der Invasion Panamas, bei der 25 000 Soldaten und erstmals auch F-117-Stealth-Bomber eingesetzt wurden. Tausende Zivilisten wurden verletzt und vertrieben und mindestens 100 getötet. Powell sagte später: »Setze alle Kräfte ein, die nötig sind, und entschuldige dich nicht dafür, in die Vollen zu gehen, wenn das zum Erfolg führt. Durch entschlossenes Eingreifen können Kriege rasch beendigt und auf lange Sicht Menschenleben gerettet werden.«[19]

---

[17] Kurzmitteilung des Außenministeriums, 17. April 2001.
[18] *Time*, 19. April 2001.
[19] Colin Powell: *My American Journey*; NY: Random House 1995, S. 434.

- Als Reaktion auf einen Mordversuch an Präsident Bush im Jahr 1993 schossen die Vereinigten Staaten 23 Cruisemissiles auf das Hauptquartier des irakischen Geheimdienstes ab und trafen dabei auch ein Wohnviertel. Powell bezeichnete dies später als »angemessene« Reaktion.[20]
- Auch im Balkan setzten die Vereinigten Staaten massive Truppenverbände ein, wobei 1999 im Zuge der versehentlichen Bombardierung der chinesischen Botschaft in Belgrad drei Personen getötet und 20 verletzt wurden.

Die Vereinigten Staaten zögern nicht, eine erdrückende Übermacht gegen ihre Feinde einzusetzen, auch wenn die Bedrohung weit entfernt ist und keinesfalls eine Gefahr für die Existenz ihres Volkes oder die Sicherheit ihrer Bürger darstellt. Dabei wurden die militärischen Ziele zwar in der Regel erreicht, doch es kam immer wieder auch zu Fehlern, die Zivilisten das Leben kosteten und Schäden im nicht-militärischen Bereich anrichteten.

Israel ist dagegen in einer völlig anderen Lage. Die Bedrohung, der es gegenübersteht, ist unmittelbar und in nächster Nähe und stellt eine direkte Gefahr für das Leben israelischer Bürger dar. Dennoch hat Israel nicht, wie die Powell-Doktrin vorschlägt, seine gesamte militärische Stärke in die Waagschale geworfen. Es ging bei seinen militärischen Einsätzen planvoll und präzise vor. In den Fällen, in denen Fehler gemacht wurden – die im

[20] *Washington Post*, 28. Juni 1993.

Krieg nun einmal nicht ausbleiben –, wurden offizielle Nachforschungen angestellt.
Letztlich aber bräuchte Israel überhaupt keine Militärgewalt anzuwenden, wenn die Palästinenser nicht israelische Zivilisten und Soldaten angriffen.

Behauptung

»Israel hat sich beharrlich geweigert, Maßnahmen zu ergreifen, die die Situation entspannt hätten; die rücksichtslosen Übergriffe der Israelis haben die Ausbrüche von Gewalt auf Seiten der Palästinenser überhaupt erst provoziert.«

Tatsache

Am 22. Mai 2001 verkündete Ministerpräsident Ariel Sharon einen einseitigen Waffenstillstand in dem Versuch, die Situation zu entschärfen, und in der Hoffnung, dass die Palästinenser daraufhin ihre Anschläge gegen Israelis einstellen würden. Stattdessen nahmen die gewalttätigen Ausschreitungen noch zu, insbesondere die Angriffe auf Zivilisten. Jassir Arafat tat nichts, um die Gewalt zu stoppen oder die Terroristen auch nur zu entmutigen. In den folgenden zehn Tagen kam es zu über 70 Anschlägen, ohne dass Israel den Waffenstillstand beendete oder sich zu Vergeltungsschlägen provozieren ließ. Die palästinensische Terrorkampagne während des israelischen Waffenstillstands kulminierte schließlich in dem Selbstmordattentat auf eine Diskothek in Tel Aviv am 1. Juni, bei dem 20 Personen getötet und über 90 verletzt wurden – in der Mehrzahl Teenager. Angesichts des massiven internationalen Drucks, den dieser schreckliche Anschlag auslöste, und aus Angst vor einem israelischen Vergeltungsschlag verkündete Arafat schließlich ebenfalls einen Waffenstillstand.

Behauptung

»Israel hat sich von der Sinaihalbinsel zurückgezogen, um die Voraussetzung für den Frieden mit Ägypten zu schaffen; es hat sich hinter die internationale Grenze zum Libanon zurückgezogen; und es hat angeboten, sich für den Frieden mit Syrien von den Golanhöhen zurückzuziehen; nun sollte es auch die Westbank und den Gazastreifen vollständig räumen, damit der Friede mit den Palästinensern möglich wird.«

Tatsache

Israel ist weder rechtlich noch in irgendeiner anderen Form verpflichtet, sich aus dem gesamten Gebiet der Westbank und des Gazastreifens zurückzuziehen. Bei diesen Gebieten liegt ein völlig anderer Sachverhalt vor als bei denen, die bislang Gegenstand von Verhandlungen waren. Israel hatte keinen Anspruch auf die Sinaihalbinsel oder die Sicherheitszone im Libanon; es hatte diese Gebiete lediglich zu Verteidigungszwecken besetzt, um sein Land gegen Feinde zu schützen, die es von dort aus wiederholt angegriffen hatten. Auf der Sinaihalbinsel wurden deshalb nach dem Rückzug eine ganze Reihe von Sicherheitsmaßnahmen getroffen; zum Beispiel achtet ein unabhängiges amerikanisches Beobachterteam darauf, dass die Bedingungen des Friedensvertrags eingehalten werden. Israel hat zudem nicht angeboten, sich vollständig von den Golanhöhen zurückzuziehen, sondern lediglich seine Bereitschaft bekundet, für den Frieden mit Syrien auf einen großen Teil dieses Gebiets zu verzichten. Ein solches Abkommen würde jedoch voraussetzen, dass die Einhaltung der gegebenen Versprechen auch hier von einem unabhängigen Gremium überwacht und so die Sicherheit Israels gewährleistet wird.
In der Westbank und im Gazastreifen ist die Lage völlig anders. Im Gegensatz zur Sinaihalbinsel läge, wenn Israel sich vollständig aus diesen Gebieten zurückzöge, keine Pufferzone mehr zwischen Israel und einer feindlichen palästinensischen Macht. Alle israelischen Regierungen und auch die meisten unparteiischen Beobachter sind sich einig, dass die israelische Präsenz im Jordantal für die Sicherheit des Landes unverzichtbar ist. Darüber hinaus

hat Israel eine starke historische Bindung an Judäa und Samaria – Gebiete, die seit Jahrhunderten die Heimat von Juden waren und für das jüdische Volk auch in religiöser Hinsicht von großer Bedeutung sind. Und nicht zuletzt könnten Ägypten, der Libanon und Syrien – nicht aber die Palästinenser – die umstrittenen Gebiete mit demselben Recht für sich beanspruchen wie Israel. Die Westbank und der Gazastreifen haben niemals zu einem bestimmten Land gehört (Jordanien hatte die Westbank zwar annektiert, doch diese Annexion wurde nur von zwei Nationen anerkannt), und die Palästinenser haben keinen größeren Anspruch auf diese Gebiete als Israel. Israel hat eingeräumt, dass es sich für ein Friedensabkommen mit den Palästinensern aus Teilen der Westbank und des Gazastreifens zurückziehen muss. Dieser Rückzug ist zum Teil bereits erfolgt, doch einen vollständigen Rückzug aus diesen Gebieten lässt die Sicherheit des Landes nicht zu.

Behauptung

»Für einen dauerhaften Frieden in Palästina müssen zwei lebensfähige Staaten als gleichwertige Nachbarn nebeneinander existieren, Israel aber will die Westbank und den Gazastreifen in Bezirke aufteilen, die inmitten von israelischem Gebiet lägen und von den Israelis kontrolliert würden. Das ist einer der Gründe, warum die

Palästinenser den von Israel im Juli 2000 in Camp David eingebrachten Vorschlag ablehnten.«

Tatsache

Die Bedingungen für eine endgültige Festlegung der Grenzen eines potenziellen palästinensischen Staates und Israels sind äußerst komplex. Sie erfordern eine ganze Reihe von Rücksichten, unter anderem auch auf demografische und geografische Gegebenheiten und Faktoren, die die Sicherheit der beiden Staaten betreffen. Es ist verständlich, dass die Palästinenser sich eine in einem Stück verlaufende Landesgrenze wünschen, doch das ist nicht möglich. Der Gazastreifen kann nicht mit der Westbank verbunden werden, es sei denn, Israel würde das dazwischenliegende Gebiet aufgeben und damit eine Zweiteilung des israelischen Staates hinnehmen, sodass dieser seinerseits keine zusammenhängende Grenze mehr besäße. Die Palästinenser haben im Grunde gar kein Anrecht auf die Westbank oder den Gazastreifen, doch es gibt mittlerweile sichere Transitwege, die den Verkehr zwischen den Gebieten erleichtern. In der Westbank ist die Lage noch komplizierter, weil die Sicherheitserfordernisse des israelischen Staates und der großen israelischen Metropolen, die zurzeit jenseits der »grünen Linie« liegen, die militärische Präsenz Israels im Jordantal unverzichtbar machen.

Die Vereinten Nationen standen, als es um die Teilung ging, vor demselben Problem. Die von ihnen vorgenommene Aufteilung in einen arabischen und einen jüdischen Staat orientierte sich an der vorwiegend jüdischen bzw. vorwiegend arabischen Bevölkerung bestimmter Regionen. Auch die UN-Teilungsresolution sah keine zusammenhängenden Staatsgrenzen vor. Jeder Staat sollte in der Hauptsache aus drei großen Bezirken bestehen. Dabei war der arabische Staat insgesamt zwar wesentlich größer angelegt, als heute in Erwägung gezogen wird, aber die Westbank und der Gazastreifen wären auch damals von Bezirken des geplanten jüdischen Staates umgeben gewesen. Ein Teil des nördlichen historischen Palästina wäre dem arabischen Staat zugewiesen worden. Jerusalem sollte internationalen Status erhalten, hätte jedoch mitten im arabischen Staat gelegen und wäre vollständig vom jüdischen Staat abgeschnitten gewesen. Obwohl diese Aufteilung alles andere als ideal war, hätten die Juden den Teilungsplan damals akzeptiert.

Behauptung

»Die Angriffe der Palästinenser auf die israelischen Sicherheitskräfte sind nichts anderes als spontane Ausbrüche der Frustration.«

Tatsache

Gelegentlich mag es aus dem einen oder anderen Grund – meist Frustration oder Zorn – zu spontanen Übergriffen gekommen sein, doch sehr viel häufiger wurden und werden die gewalttätigen Ausschreitungen entweder von terroristischen Zellen innerhalb der palästinensischen Autonomiebehörde oder von den führenden Männern der Behörde selbst sorgfältig geplant und organisiert. Im Sommer 2001 zum Beispiel zirkulierten Anweisungen von höchster Stelle, israelische Soldaten anzugreifen. Es war die Rede von der Bereitstellung von Molotowcocktails, Handgranaten und Barrikaden. Für »Hunderte zum Selbstmord bereite Jugendliche, die sich den vorrückenden Truppen in den Weg werfen wollen«, sollten Sprengstoffgürtel vorbereitet werden. Die Instruktionen enthielten auch die Aufforderung, Munition zu sparen und Panzer nur mit »geeigneten Waffen«, nicht mit leichten Gewehren, anzugreifen. »Kämpfer, die bereit sind, ihr Leben hinzugeben, um den vorrückenden Feind aufzuhalten, sollen Breschen in die feindlichen Linien schlagen.«[21]

---

[21] *Foreign Report*, 26. Juli 2001.

Behauptung

»Die Palästinenser haben sich an den von CIA-Direktor George Tenet ausgehandelten Waffenstillstand gehalten.«

Tatsache

Im Juni 2001 reiste der CIA-Direktor George Tenet in den Nahen Osten. Er sollte einen Waffenstillstand zwischen Israel und der palästinensischen Autonomiebehörde aushandeln und damit den Grundstein für die Wiederaufnahme der Friedensgespräche legen. Der Tenet-Plan forderte das Ende aller Gewalttätigkeiten. In den sechs Wochen nach dem Besuch von Tenet begingen die Palästinenser 850 Terroranschläge, die auf israelischer Seite 94 Opfer, davon 17 tödliche, forderten.[22]

---

[22] *Jerusalem Post*, 2. August 2001.

Behauptung

»Israels Taktik, palästinensische Terroristen umzubringen, ist unmoralisch und sinnlos.«

Tatsache

Israel steht vor der schier unlösbaren Aufgabe, seine Zivilbevölkerung vor Palästinensern schützen zu müssen, die bereit sind, sich selbst in die Luft zu sprengen, um unschuldige Juden zu ermorden. Anfangs setzte man auf den Friedensprozess als Lösungsweg. Seit 1993 glaubte Israel, auf dem Verhandlungsweg Frieden mit den Palästinensern schließen zu können. Nachdem die Israelis sich jedoch aus einem Großteil der Westbank und des Gazastreifens zurückgezogen hatten und der vollständige Rückzug aus den besetzten Gebieten kurz bevorstand, lehnten die Palästinenser die israelischen Zugeständnisse plötzlich ab und wählten die Gewalt, um Israel zu zwingen, alle ihre Forderungen anzunehmen.

Die zweite Strategie Israels war, »Zurückhaltung zu üben«, das heißt, die palästinensischen Gewalttaten nicht mit gleicher Münze zu erwidern. Die internationale Gemeinschaft pflegt Israel zu loben, wenn es nach einem heimtückischen Anschlag noch die andere Wange hinhält. Diese Zurückhaltung mag dem Land zwar die Anerkennung der ausländischen Staatsoberhäupter einbringen, doch sie kann den Schmerz der Opfer nicht lindern

und künftige Anschläge nicht verhindern. Ganz abgesehen davon reagieren dieselben Nationen, die Israel zur Mäßigung auffordern, in ähnlichen Situationen meistens mit rücksichtloser Härte. So ließen die Briten nach dem Zweiten Weltkrieg Naziverbrecher ermorden und nahmen IRA-Terroristen in Nordirland aufs Korn.
1986 führten die Vereinigten Staaten, nachdem sie zu dem Schluss gekommen waren, dass Libyen für den Terroranschlag auf eine Westberliner Diskothek verantwortlich war, bei dem ein Amerikaner ums Leben kam und 200 weitere verletzt wurden, eine Reihe von Angriffen auf Ziele in Libyen durch, darunter auch auf das Haus des libyschen Präsidenten Muammar Qaddafi. Die Aktion wurde weltweit als Mordversuch angesehen. Präsident Reagan bestritt dies und erklärte: »Am 13. April legten wir das Hauptziel fest: Qaddafis militärisches Hauptquartier und die Kasernen in Tripolis, die weit entfernt von zivilen Zielen lagen. Im selben Gebiet befand sich auch das Zentrum des Geheimdienstes, von dem aus Libyens weltweites Programm des staatlich geförderten Terrorismus gelenkt wurde. Es war nicht Ziel des Angriffs, Qaddafi zu töten; das hätte gegen unseren Grundsatz verstoßen. Es ging lediglich darum, ihm deutlich zu machen, dass wir seine Terroranschläge nicht länger hinnehmen würden. Wir konnten zwar nicht wissen, wo genau er sich um Zeitpunkt des Angriffs aufhalten würde, waren allerdings der Ansicht, dass es möglich, ja wahrscheinlich war, dass er sich zum Zeitpunkt des Luftangriffs im Gebäude des Nachrichtendienstes oder in der Nähe aufhielt.« Qaddafi entkam, doch seine kleine Tochter wurde bei dem Angriff getötet und zwei weitere seiner Kinder verletzt. Außerdem kam eine Rakete vom Kurs ab und schlug in ein nahe gelegenes Wohnviertel

ein; die Detonation forderte mehrere Todesopfer. Reagan rechtfertigte die Unternehmung als Akt der Selbstverteidigung gegen den von Libyen unterstützten Terrorismus. »Wenn es um den Selbstschutz geht, hat jede Nation, die Opfer von Terroranschlägen wurde, das Recht auf einen Vergeltungsschlag, wenn sie dadurch neuen Anschlägen vorbeugen kann. Ich war der Überzeugung, dass wir Qaddafi klarmachen mussten, dass er für sein Tun bezahlen muss und dass wir ihn nicht so davonkommen lassen werden.«[23]

Israel hat einen dritten Weg gewählt – die Beseitigung der führenden Köpfe der Terrorszene. Diese Strategie hat in Israel selbst große Kontroversen ausgelöst, wird jedoch von der großen Mehrheit der Öffentlichkeit befürwortet (nach einer Umfrage von *Ha'aretz* von 70 Prozent der Bevölkerung). Eine Umfrage von America Middle East Information Network im August 2001 ergab, dass sie auch von der amerikanischen Öffentlichkeit gutgeheißen wird. So waren 73 Prozent der Befragten der Ansicht, dass Israel im Recht ist, wenn es Terroristen tötet, vorausgesetzt, es hat Beweise, dass sie Bombenattentate oder andere Anschläge planen, die Israelis das Leben kosten werden.[24]

Der stellvertretende Stabschef Generalmajor Moshe Ya'alon erklärte das Vorgehen folgendermaßen: »Es gibt keine Hinrichtungen ohne Gerichtsverhandlung, auch keine Racheakte gegen Personen, die vor einem Monat einen Anschlag verübt haben. Wir werden lediglich bei

---

[23] Ronald Reagan, Pressemeldung, *Washington Post* und andere Zeitungen.

[24] JTA, 30. August 2001.

Personen aktiv, die uns mit Terror bedrohen. Es ist uns lieber, sie zu verhaften, und wir haben über Tausend von ihnen inhaftiert. Doch wenn das nicht möglich ist und die Palästinenser nicht tätig werden wollen, dann bleibt uns keine andere Wahl, als uns zu verteidigen.«[25]

Das Unschädlichmachen von Terroristen hat eine ganze Reihe von Vorteilen: Erstens bleibt der Terror nicht ungesühnt. Die Attentäter wissen, dass sie, wenn sie Gewalt gegen andere einsetzen, selbst mit Gewalt rechnen müssen. Zweitens ist es eine Methode der Selbstverteidigung: Attentäter werden ausgeschaltet, die sonst Juden umbringen würden. Es stimmt zwar, dass dann andere an ihre Stelle treten, doch sie tun das in dem Wissen, dass sie selbst zu Zielscheiben werden. Drittens muss es die Terroristen unruhig machen: Sie können einen Anschlag nicht mehr unbekümmert planen, sondern müssen ständig auf der Hut sein und weit mehr Schwierigkeiten überwinden, um ihre Ziele zu erreichen. Viertens kann das Unschädlichmachen von Terroristen geplante Anschläge verhindern.

Natürlich hat diese Methode auch ihren Preis. Neben der Verurteilung durch die Weltöffentlichkeit geht Israel das Risiko ein, wichtige Informanten preiszugeben, die oft zur Auffindung der Terroristen beitragen. Und israelische Soldaten müssen manchmal hochriskante Operationen durchführen, die gelegentlich tragische Verluste an Menschenleben und Eigentum fordern.

Die am häufigsten zu hörende Kritik, dass ein solches Vorgehen nichts nützt, weil es lediglich neue Racheakte

---

[25] *Jerusalem Post*, 10. August 2001.

der Terroristen herausfordert und so in einen Teufelskreis von Gewalt mündet, ist wohl am wenigsten überzeugend. Menschen, die sich selbst in die Luft sprengen, um Märtyrer zu werden, werden immer eine Rechtfertigung für ihr Handeln finden. Sie sind entschlossen, die Juden aus dem Nahen Osten zu vertreiben und werden nicht damit aufhören, ehe sie ihr Ziel erreicht haben.

> »Wenn man es mit einer Organisation zu tun hat, die zum Beispiel einen Selbstmordanschlag geplant hat oder plant, und die Israelis haben hieb- und stichfeste Informationen darüber, wer diesen Anschlag durchführen soll und wo der Betreffende sich aufhält, dann halte ich es für gerechtfertigt, wenn sie versuchen, sich selbst zu schützen, indem sie dem Anschlag zuvorkommen.
>
> **U.S. Vizepräsident Dick Cheney**

Fallstudie

Ein in der *Washington Post* erschienener Artikel über den »Teufelskreis des Todes« in der Westbank enthielt ein Interview mit Raed Karmi, einem Offizier der Fatah, der dominierenden Gruppierung in Arafats Palästinensischer Befreiungsorganisation. Der Artikel beginnt damit, wie Karmi hinausläuft, um sich an einem Scharmützel mit israelischen Soldaten zu beteiligen, und sich ein M-16-Gewehr greift. Was der Reporter zu erwähnen vergisst, ist, dass nach den israelisch-palästinensischen Abkommen nur die palästinensische Polizei bewaffnet sein darf. Der Artikel erweckt den Eindruck, dass die Gewaltanwendung der Israelis und der Palästinenser in diesem »Teufelskreis« gleichzusetzen sei, weil Karmi sagt, dass er aus Rache für den Tod eines Palästinensers handle, den die Israelis wegen geplanter Terroranschläge ermordet hätten. Karmi gibt zu, dass er an der Entführung und »Hinrichtung« zweier Israelis beteiligt war, die in einem Tulkarm-Restaurant zu Mittag gegessen hatten. Karmi wurde zwar von der palästinensischen Autonomiebehörde verhaftet, aber bereits nach vier Monaten wieder auf freien Fuß gesetzt. Danach brachte er vier weitere Israelis um, darunter einen Mann in einem Supermarkt und einen Autofahrer, den er aus dem Hinterhalt ermordete. »Ich werde mit den Anschlägen auf Israelis weitermachen«, sagte er gegenüber der *Post*.[26]

[26] *Washington Post*, 7. September 2001.

Negative arabisch/ moslemische Einstellungen gegenüber Israel

Die Sehnsucht, dass es endlich Frieden zwischen Juden und Arabern geben möge, verleitet die Menschen manchmal dazu, die Äußerungen arabischer Politiker und Medien zu überhören, die oft hetzerisch und nicht selten unverhüllt antisemitisch sind. Vor einem westlichen Publikum befleißigen sich die Politiker häufig einer gemäßigten Ausdrucksweise, doch wenn sie in arabischer Sprache zu ihrer Wählerschaft sprechen, geben sie ihren Überzeugungen unzensiert und in drastischen Bildern Ausdruck. Das Folgende ist eine Sammlung von Äußerungen über Israel und die Juden, die über einen gewissen Zeitraum zusammengetragen wurde. Sie wurde in dieses Buch aufgenommen, weil sie dem Leser einen Eindruck davon gibt, wie tief die Feindschaft und wie hasserfüllt die wirkliche Einstellung vieler Araber und Muslime gegenüber Israel ist. Natürlich würden keineswegs alle Araber und Muslime diese Aussagen gutheißen, aber die Zitate sind dennoch nicht willkürlich gewählt, sondern vermitteln ein durchaus repräsentatives Bild der Haltung politischer Entscheidungsträger, das auch von den Medien verbreitet wird. Aus dem Holocaust haben wir gelernt, dass wohlmeinende, vernünftige Leute oft nicht glauben wollen, dass Menschen, die mit Bösem drohen, ihre schlimmen Absichten auch wirklich in die Tat umsetzen – auch das ist ein Grund, weshalb diese Zitate in das vorliegende Buch mit aufgenommen wurden.

Stichworte:

Antisemitismus

Blutklage

Erfundene Geschichten über Misshandlungen

Leugnung des Holocaust

Frieden

Der Stufenplan zur Zerstörung Israels

Rechtfertigung von Gewalt

Antisemitismus

»Sie [die Juden] versuchen, die Prinzipien aller Religion zu töten, so wie sie Jesus Christus verraten und den Propheten Mohammed zu verraten und zu töten versucht haben.«

der syrische Präsident **Bashar Assad**
bei der Begrüßungsfeier anlässlich des
Papstbesuchs am 5. Mai
Canadian Broadcasting Corporation,
6. Mai 2001

»Nicht umsonst warnt uns der Koran vor dem Hass der Juden und nennt sie an erster Stelle unter den Feinden des Islam. Heute hetzen die Juden die ganze Welt gegen die Muslime auf und setzen alle Arten von Waffen gegen sie ein. Sie plündern die heiligste Stätte der Muslime nach Mekka und Medina und bedrohen die Stätte, der sich die Muslime im Gebet als Erstes zuwendeten, die drittheiligste Stadt nach Mekka und Medina. Sie wollen dort ihren Tempel errichten ... Die Muslime sind bereit, Blut und Leben zu opfern, um den islamischen Charakter von Jerusalem und Al-Aksa-zu schützen!«

Sheikh Hian Al-Adrisi,
Auszug aus der Ansprache in der
Al-Aksa-Moschee vom 29. September 2000

»Juden sind Juden, ob Arbeitspartei oder Likud, Juden sind Juden. Es gibt unter ihnen weder Gemäßigte noch Fürsprecher des Friedens. Sie sind alle Lügner. Sie müssen hingemetzelt werden. Wie Allah der Allmächtige sagte: ›Bekämpft sie!‹ Allah wird sie durch eure Hände foltern; er wird sie demütigen und euch den Sieg über sie schenken, und er wird den Geist der Gläubigen erlösen ... Unser Volk muss zusammenstehen und sich von den Führern der Palästinenser die Waffen in die Hände geben lassen, mit denen es den Juden entgegentreten wird ... Habt kein Erbarmen mit den Juden, ganz gleich, wo sie sind, in welchem Land sie auch leben. Bekämpft sie, wo immer sie euch begegnen. Tötet sie, wo immer ihr zusammenkommt. Wo ihr auch seid, bringt die Juden um und tötet die Amerikaner, die sind wie sie und alle, die auf ihrer Seite sind. Sie alle verfolgen dasselbe Ziel und sind gegen die Araber und die Muslime, denn sie haben Israel gegründet, hier, mitten im lebendigen Herzen der arabischen Welt, in Palästina. Sie wollen es zu einem Außenposten ihrer Zivilisation machen, zur Vorhut ihrer Armee, zum Schwert des Westens und der Kreuzfahrer, das über dem Nacken der muslimischen Monotheisten, der Muslime in diesem Land, schwebt. Sie wollen die Juden zu ihrer Speerspitze machen ...«

Dr. Ahmad Abu Halabiya, Mitglied des von der palästinensischen Autonomiebehörde ernannten »Fatwa-Rates« und ehemaliger Direktor der islamischen Universität in Gaza;

Ansprache in der Zayd-bin-Sultan-Nahyan-Moschee in Gaza am 13. Oktober 2000, einen Tag, nachdem zwei israelische Reservisten in Ramallah gelyncht worden waren; die Ansprache wurde live im palästinensischen Fernsehen übertragen.

»Dank sei Hitler, sein Andenken sei gesegnet, der im Voraus Rache für die an den Palästinensern begangenen schändlichen Verbrechen genommen hat, die zum Himmel stinken. Unser einziger Vorwurf gegen ihn lautet, dass seine Rache an diesen Leuten nicht ausreichte.«

Kolumnist **Ahmad Ragab**,
Al-Aqbar (Ägypten), 18. April 2001

»Alle Waffen müssen auf die Juden gerichtet sein, die Feinde Allahs ... die der Koran als Affen und Schweine bezeichnet, Anbeter des Kalbs und Götzendiener. Allah wird den Muslimen die Herrschaft über die Juden schenken, wir werden sie in Hadera, in Tel Aviv und in Netanya in die Luft jagen, als Werkzeuge der Gerechtigkeit Allahs gegen diesen Abschaum ... wir werden als Eroberer in Jerusalem, Jaffa, Haifa und in Ashkelon einziehen ... gesegnet seien alle, die ihre Kinder zum *jihad* und zum Märtyrertod erziehen, gesegnet sei, wer einem Juden eine Kugel in den Kopf jagt.«

Fernsehpredigt im Fernsehen der
palästinensischen Autonomiebehörde,
3. August 2001

Blutklage

»Im Talmud heißt es, dass ein Jude, der nicht jedes Jahr das Blut einen Nicht-Juden trinkt, in alle Ewigkeit verdammt ist.«

der saudi-arabische Delegierte
Marouf al-Dawalibi auf der Konferenz
der UN-Menschenrechtskommission
über religiöse Toleranz, 5. Dezember 1984

Erfundene Geschichten über Misshandlungen

»Israel führt ganz eindeutig einen Vernichtungsfeldzug gegen unser Volk und unsere Wirtschaft, indem es verdorbene Nahrungsmittel ... die nicht zum Verzehr geeignet sind ... in das palästinensische Autonomiegebiet einschmuggelt ... Israel hat seine Strategie, die darauf abzielt, unser Volk zu töten und zu vernichten, nicht geändert. Es setzt inzwischen lediglich auf andere Mittel als auf Bomben, Raketen und Flugzeuge. Diese Mittel bestehen im Einschmuggeln und Verteilen verdorbener Nahrungsmittel ... in das palästinensische Autonomiegebiet.«

Ernährungsminister **Abd Al-Hamid Al-Qudsi**
von der palästinensischen Autonomiebehörde,
Al-Hayat Al-Jadida, 22. August 1998

»Unser Volk war tagtäglich dem Einsatz von Giftgas durch die israelischen Streitkräfte ausgesetzt, was zu einer Zunahme der Krebserkrankungen bei Frauen und Kindern geführt hat.«

Suha Arafat, die Ehefrau von Jassir Arafat im
November 1999 anlässlich eines gemeinsamen
Besuches mit der amerikanischen First Lady
Hillary Rodham Clinton in Gaza

»Israelische Ärzte missbrauchen palästinensische Patienten ... für medizinische Experimente und für die Ausbildung der jungen Ärzte.«

der Gesundheitsminister der palästinensischen
Autonomiebehörde, **Riyadh Al-Za'anoon**
Al-Ayam, 25. Juli 1998

Leugnung des Holocaust

»... Es tauchten Lügen auf über Morde an Juden und über den Holocaust. Das waren selbstverständlich alles Lügen, nichts als haltlose Behauptungen. Es gab überhaupt kein Chelmno, kein Dachau, kein Auschwitz! An diesen Orten standen lediglich Desinfektionsanlagen ... Sie fingen an, in ihren Propagandaschriften über Verfolgungen, Ermordungen, Ausrottung zu berichten ... Komitees nahmen ihre Arbeit auf, um dieses Gebilde [den israelischen Staat] zu gründen, dieses fremde Gebilde, das wie ein Krebsgeschwür in unser Land hineingesetzt wurde, in das Land, in dem unsere Väter lebten, in dem wir leben und in dem nach uns unsere Kinder leben werden. *Sie haben sich stets als Opfer hingestellt, ja sie haben sogar ein Zentrum für das Heldentum im Gedenken an den Holocaust gegründet. Wessen Heldentum? Wessen Holocaust? Das Heldentum ist das Heldentum unseres Volkes, und der Holocaust ist der Holocaust an unserem Volk ... Wir waren die Opfer, aber wir werden nicht für immer Opfer bleiben ...«* [Die Hervorhebungen stammen vom Autor.]

Dr. Issam Sissalem, Historiker,
Islamische Universität Gaza,
Fernsehen der palästinensischen
Autonomiebehörde,
29. November 2000

»Wieder kommt das Thema ›Holocaust‹ aufs Tapet. Dieses Thema hat sich über ein halbes Jahrhundert gehalten, weil die zionistische Propaganda politische und wirtschaftliche Vorteile aus ihm zog und es für ihre Besatzungs- und Siedlungsbestrebungen ausgeschlachtet hat ...«

»Ein kürzlich erschienenes Werk eines amerikanischen Forschers behandelt den Holocaust. Der Verfasser weist mittels wissenschaftlicher und chemischer Methoden nach, dass die Zahl von sechs Millionen Juden, die angeblich in Auschwitz verbrannt wurden, eine propagandistische Lüge ist. Selbst in den größten Öfen im Lager hätte nicht einmal ein einziges Prozent dieser Menge verbrannt werden können.«

Hiri Manzour in der offiziellen
palästinensischen Tageszeitung
Al-Hayat Al-Jadida, 13. April 2001

Frieden

»Solange die Palästinafrage nicht gelöst ist, werden wir Schwierigkeiten haben, die Juden in der arabischen Welt zu schützen.«

der syrische Delegierte **Faris el-Khouri**
gegenüber der *New York Times,*
19. Februar 1947

»Die arabische Welt ist zu keinem Kompromiss bereit. Ihr Vorschlag, Mr. Horowitz, mag durchaus vernünftig und logisch sein, doch über das Geschick von Völkern entscheiden nicht Vernunft und Logik. Völker machen keine Zugeständnisse; sie kämpfen. Mit friedlichen Mitteln oder Kompromissen erreicht man gar nichts. Wenn man etwas erreicht, dann durch Waffengewalt. Wir werden versuchen, euch zu schlagen. Ich bin nicht sicher, ob es uns gelingen wird, aber wir werden es versuchen. Es ist uns gelungen, die Kreuzfahrer zurückzuschlagen – andererseits haben wir Spanien und Persien verloren. Vielleicht werden wir auch Palästina verlieren. Doch es ist in jedem Fall zu spät, um noch von friedlichen Lösungen zu sprechen.«

der Sekretär der Arabischen Liga,
Azzam Pascha, am 16. September 1947

»Alle unsere Bemühungen um eine friedliche Lösung der Palästinafrage sind gescheitert. Uns bleibt nur noch der Krieg. Ich werde das Vergnügen und die Ehre haben, Palästina zu retten.«

der transjordanische **König Abdullah**
am 26. April 1948

»Der Vertreter der Jewish Agency sagte uns gestern, dass nicht sie die Angreifer wären, sondern dass die Araber die Kampfhandlungen aufgenommen hätten. Wir stritten das nicht ab. Wir erklärten vor der ganzen Welt, dass wir kämpfen werden.«

Jamal Husseini vor dem
Sicherheitsrat am 16. April 1948

»Dies wird ein Ausrottungskrieg und ein gewaltiges Massaker, über das man einmal im selben Atemzug mit den mongolischen Massakern und den Kreuzzügen sprechen wird.«

Azzam Pascha, Generalsekretär
der Arabischen Liga, am 15. Mai 1948

»Ich kämpfe nicht nur gegen Israel. Meine Aufgabe ist es, die arabische Welt vor der Vernichtung zu bewahren, die ihr durch das Intrigenspiel Israels droht, dessen eigentliche Wurzeln im

Ausland liegen. Unser Hass ist stark. Es ist sinnlos, über einen Frieden mit Israel zu reden. Es besteht nicht die geringste Chance für Verhandlungen.«

der ägyptische **Präsident Nasser**
am 14. Oktober 1956

»Unsere Streitkräfte sind absolut gerüstet, nicht nur die Aggression zurückzuschlagen, sondern auch einen Befreiungsschlag zu starten und die zionistische Präsenz aus unserer arabischen Heimat hinauszusprengen. Die syrische Armee, den Finger am Abzug, ist einig ... als Militär bin ich der festen Überzeugung, dass die Zeit gekommen ist, in eine Vernichtungsschlacht hineinzugehen.«

der syrische Verteidigungsminister
Hafez Assad am 20. Mai 1967

»In diesem Stadium hat jegliche arabische Politik nur zwei Ziele. Das erste ist die Auslöschung aller Spuren der Aggression von 1967 durch den Rückzug Israels aus sämtlichen besetzten Gebieten. Das zweite Ziel ist die Auslöschung aller Spuren der Aggression von 1948 durch die Auslöschung des Staates Israel selbst. Dieses zweite ist jedoch vorläufig noch ein abstraktes Ziel, auch wenn manche von uns dem Irrtum verfallen sind, den letzteren Schritt vor dem ersten tun zu wollen.«

Mohammed Heikal, ein Vertrauter Sadats
und Herausgeber des halboffiziellen Blattes
Al-Ahram, am 25. Februar 1971

»Die arabischen Armeen marschierten in Palästina ein, um die Palästinenser vor der Tyrannei der Zionisten zu beschützen, doch dann ließen sie sie im Stich, zwangen sie, ihre Heimat zu verlassen, und steckten sie in Gefangenenlager, die den Gettos glichen, in denen einst die Juden lebten.«

PLO-Sprecher **Mahmud Abbas**
(»**Abu Mazen**«), Falastin a-Thaura, März 1976

»Unser Held Saddam, greif Israel mit chemischen Waffen an.«

Palästinensische Demonstranten anlässlich
Saddam Husseins Invasion in Kuwait,
Associated Press, 12. August 1990

»Wir wollen zusammenarbeiten bis zum Sieg und zur Befreiung Jerusalems.«

Jassir Arafat, Baghdad Republic of Iraq
Radio Network, 16. November 1991

»Wir werden keinen Zentimeter Boden in Palästina aufgeben, von Haifa, Jaffa und Akko, von

Mulabbas [Petah Tikvah] und Salamah, von Majdal [Ashkelon] und dem ganzen Land, von Gaza und der Westbank ...«

Dr. Ahmad Abu-Halabya,
Mitglied des von der palästinensischen Autonomiebehörde eingesetzten »Fatwa-Rates« und ehemaliger Direktor der Islamischen Universität in Gaza, am 13. Oktober 2000, dem Tag nach dem Lynchmord an zwei israelischen Reservisten in Ramallah, Ansprache in der Zayd-bin-Sultan-Nahya-Moschee in Gaza; die Ansprache wurde live im palästinensischen Fernsehen übertragen

»Wir werden die Söhne unseres Volkes nicht ins Gefängnis werfen, nur um Israel zufrieden zu stellen. Unser Volk darf gewiss sein, dass dies nicht geschieht.«

Jebril Rajoub, Chef der Abteilung für Gewaltprävention der palästinensischen Polizei in der Westbank Islamic Association for Palestine, 9. Juni 2001

»Nach dem Willen Allahs wird dieser ungerechte Staat ... Israel ausradiert werden; wird dieser ungerechte Staat, Amerika, ausradiert werden; wird dieser ungerechte Staat, England, ausradiert werden ... Gesegnet, wer *jihad* für Allah führt ... Gesegnet, wer sich oder seinem Sohn einen Sprengstoffgürtel umschnallt und sich mitten unter die Juden wirft ...«

Predigt von **Sheikh Ibrahim Madhi**,
wenige Tage nach Jassir Arafats
Waffenstillstandserklärung,
im palästinensischen Fernsehen,
8. Juni 2001

»Wir haben von Anfang an gesagt, dass es für die Siedler keinen Waffenstillstand geben wird.«

Fatahführer **Ziad ibu-Aid**,
International Herald Tribune, 20. Juni 2001

Der Stufenplan zur Zerstörung Israels

»Das palästinensische Volk hat die Vereinbarungen von Oslo als ersten Schritt, nicht als dauerhaftes Abkommen, akzeptiert. Unsere Voraussetzung war, dass der Krieg und der Kampf an der Basis [i.e. der Widerstand vor Ort in den von Israel besetzten Gebieten] erfolgversprechender ist als der Kampf von einem fernen Land aus ... denn das palästinensische Volk wird die Revolution fortsetzen, bis es die Ziele der 65-er Revolution erreicht hat ...«

Ernährungsminister **Abd El Aziz Shahian**
von der palästinensischen Autonomiebehörde,
Al-Ayam, 30. Mai 2000

[Mit der 65-er Revolution ist die Gründung der PLO und die Veröffentlichung ihrer Grundsatzerklärung, des palästinensischen Bundes, gemeint, in der die Vernichtung Israels mit Waffengewalt gefordert wird.]

»Unser Volk hat die Hoffnung, dass die Existenz der Besatzungsmacht ein Ende haben wird, ganz gleich, wie groß ihre Macht und ihr Hochmut ist ...«

Kommunikationsminister **Amad Alfalugi**
von der palästinensischen Autonomiebehörde,
Al-Hayat Al-Jadida, 18. November 1999

»Als wir 1965 zur Waffe griffen und die moderne palästinensische Revolution begann, hatte sie ein ganz bestimmtes Ziel. An diesem Ziel hat sich nichts geändert: Es ist die Befreiung Palästinas.«

Salim Alwadia Abu Salem,
politischer Berater der palästinensischen
Autonomiebehörde, *Al-Hayat Al-Jadida*,
20. Januar 2000

»Ich möchte klarstellen, dass dies unser Palästina ist, von Metulla [der nördlichsten Stadt Israels] bis Rafia [an der südlichen Grenze] und Akaba [dem südlichsten Punkt Israels], vom Fluss [dem Jordan] bis zum Meer [dem Mittelmeer]; ob sie es nun wollen oder nicht.«

Dr. Jareer Al-Kidwah,
Berater von »Präsident« Arafat;
Sendung im Fernsehen der palästinensischen
Autonomiebehörde, 20. November 2000

»Auch wenn wir uns einverstanden erklären, ein Gebiet als unseren Staat anzusehen, das 22 Prozent der Fläche Palästinas – die Westbank und den Gazastreifen – umfasst, so bleibt doch die Befreiung des gesamten historischen Palästina vom Fluss bis zum Meer unser Endziel ... Wir unterscheiden zwischen langfristigen strategischen Zielen und stufenweisen politischen Zielen, die wir auf Grund des internationalen Drucks vorübergehend akzeptieren müssen.«

Faisal al-Husseini, *Al-Arabi*, 24. Juni 2001

Rechtfertigung von Gewalt

»Wir haben beschlossen, unsere Heimat Schritt für Schritt zu befreien ... so sieht unsere Strategie aus ... wir sagen: ›Soll Israel doch weitermachen – kein Problem. Wir halten uns an die Friedens- und Gewaltverzichtsverträge, solange die Vereinbarungen schrittweise erfüllt werden.‹ [Doch] sobald Israel sagt: ›Halt‹, will heißen ›wir diskutieren nicht über Jerusalem, wir nehmen keine Flüchtlinge auf, wir räumen die Siedlungen nicht, wir ziehen uns nicht hinter die Grenzen zurück‹, verstehen wir das dahingehend, dass der Staat zur Gewalt zurückkehren will. Doch dieses Mal wird er es mit 3 000 bewaffneten palästinensischen Soldaten in einem Land zu tun haben, das einen Vorgeschmack der Freiheit gekostet hat. Ich bin der Erste, der dann nach Gewalt ruft. Wenn wir in eine Sackgasse geraten, nehmen wir unseren Krieg wieder auf und kämpfen weiter, wie wir es 40 Jahre lang getan haben.«

Nabil Sha'ath, Minister für Planung und internationale Zusammenarbeit von der palästinensischen Autonomiebehörde in einem Interview mit ANN Television, London, 7. Oktober 2000

»Die Gewalt lauert hinter jeder Ecke, und die Palästinenser sind bereit, 5 000 Menschenleben zu opfern.«

der palästinensische Justizminister
Freih Abu Middein,
Al-Hayat Al-Jadida,
24. August 2000

»Die Intifada wird weitergehen, bis wir unsere nationalen Ziele erreicht haben.«

der palästinensische Finanzminister
Muhammad Al-Nashashibi,
Al-Ayam, 10. Oktober 2000

»Die Intifada ist eine Volkserhebung, an der alle Bevölkerungsgruppen teilnehmen, um die international anerkannten, legitimen Rechte des palästinensischen Volkes durchzusetzen ... Dies ist das Ziel der Intifada ... Gewalt, Kampf und Märtyrertod sind die Mittel... mit denen ein Volk seine Rechte einklagt.«

der PLO-Vertreter in Washington,
Hassan Abd Al-Rahman,
TV MBC, 10. Oktober 2000

»Die Intifada soll fortgesetzt und verstärkt werden.«

der Vorsitzende der Fatah in der Westbank,
Marwan Al-Barghuthi,
Al-Jazeera TV (Qatar), 11. Oktober 2000

»Das palästinensische Volk befindet sich nach dem Scheitern des Camp-David-Gipfels im Alarmzustand. Wenn die Situation eskaliert, ist das palästinensische Volk in den palästinensischen Autonomiegebieten bereit zur nächsten erbitterten Schlacht gegen die israelische Besatzung ... Die nächste Intifada wird gewaltsamer sein als die erste, vor allem, weil das palästinensische Volk jetzt im Besitz von Waffen ist und sich im Falle einer Konfrontation mit der israelischen Armee wehren kann ... Die libanesische Erfahrung – die Vertreibung der israelischen Besatzungsmacht aus dem Südlibanon – hat dem palästinensischen Volk die nötige moralische Kraft gegeben und seinen Kampfgeist gestärkt.«

ein »hohes Tier« bei den Sicherheitskräften
der palästinensischen Autonomiebehörde,
Kul Al-Arab, 14. Juli 2000

»Die Jerusalemfrage, das Flüchtlingsproblem und die Frage der Unabhängigkeit bilden eine Einheit und werden vor Ort und nicht am Verhandlungstisch gelöst. Im Augenblick ist es vor allem nötig, die palästinensische Gemeinschaft auf die Herausforderungen vorzubereiten, die auf sie zukommen, denn wir steuern unaufhaltsam auf eine gewaltsame Konfrontation mit Israel zu, um neue Tatsachen vor Ort zu schaffen ... Ich glaube, dass die Situation in Zukunft noch stärker von Gewalt geprägt sein wird als während der Intifada.«

Abu-Ali Mustafa von der palästinensischen Autonomiebehörde, 23. Juli 2000

»Wir lehren die Kinder, dass Selbstmordattentate die Israelis in Angst und Schrecken versetzen und dass sie erlaubt sind ... Wir lehren sie, dass Selbstmordattentäter nach dem Tod sofort ins höchste Paradies gelangen.«

ein Ausbilder der palästinensischen »Paradieslager« in einem Interview mit der BBC, zitiert in der *Jerusalem Post*, 20. Juli 2001

»Ich kann versprechen, dass die Zahl der Schusswechsel mit den Besetzern von 500 auf 1000 Zwischenfälle am Tag ansteigen wird ... die Palästinenser sind im Rahmen der Vorbereitungen auf einen israelischen Angriff in den palästinensischen Gebieten dafür ausgebildet worden, israelische Panzer anzugreifen und sich mit Sprengstoffgürteln in die Luft zu sprengen ... Die gegenwärtige Intifada unterscheidet sich von der vorhergehenden, denn sie ist bewaffnet, und die Palästinenser kämpfen auf ihrem eigenen Gebiet und von seinem Boden aus.«

der stellvertretende Kommandant der Force-17, **Muhammad Dhamrah (a.k.a., Abu Awdh),** *Al-Hayat*, 17. August 2001

Wichtige Schlüsseldokumente

- Das Gaza-Jericho-Abkommen (4. Mai 1994)
- Abkommen zwischen Israel und der Palästinensischen Befreiungsorganisation über befristete Selbstverwaltung (13. September 1993)
- Das Hebron-Protokoll (17. Januar 1997)
- Interimsabkommen über Ostjordanien und Gaza (Oslo B – 28. September 1995)
- Die Khartoum-Resolutionen
- Einladung zur Teilnahme an der Nahost-Friedenskonferenz in Madrid
- Friedensvertrag zwischen Israel und Ägypten
- Friedensvertrag zwischen dem Staat Israel und dem haschemitischen Königreich Jordanien
- Resolution 181 der UNO
- Resolution 242 des UNO-Sicherheitsrates
- Resolution 338 des UNO-Sicherheitsrates
- Resolution 425 des UNO-Sicherheitsrates
- Die Washingtoner Erklärung
- Das Wye-River-Memorandum (23. Oktober 1998)

Über den Autor

Mitchell Bard ist Geschäftsführer der gemeinnützigen *American-Israeli Cooperative Enterprise (AICE)* und Außenpolitikanalytiker. Er hält häufig Vorträge und Vorlesungen über die Nahostpolitik der USA. Dr. Bard ist ebenfalls der Webmaster der *Jewish Virtual Library (www.JewishVirtualLibrary.org)*, der weltweit umfassendsten Online-Enzyklopädie für jüdische Geschichte und Kultur und Mitglied des *United Jewish Communities Speakers Bureau.*

Drei Jahre lang war er Herausgeber des *Nahostreports*, des wöchentlichen Mitteilungsblattes über die Nahostpolitik der USA, welches vom *American Israel Public Affairs Committee (AIPAC)* veröffentlicht wird.

An der UCLA *(University of California Los Angeles)* erwarb Bard einen Doktortitel in Politikwissenschaften und in Berkeley einen Magistertitel in Politik mit Schwerpunkt wie Gesetze und politische Grundsatzentscheidungen das gesamte öffentliche Leben beeinflussen. An der University of California in Santa Barbara schloss er sein Wirtschaftsstudium mit einem B.A.-Titel ab.

Bevor er für das AIPAC zu arbeiten begann, war Dr. Bard nach seiner Promovierung an der *University of California* in Irvine Mitarbeiter an einem Forschungsprojekt über die politischen Hintergründe der Rettung der äthiopischen Juden. 1988 war er als Analytiker der Wahlforschungsgruppe bei der Präsidentschaftskampagne von George Bush tätig.

Dr. Bards Arbeiten erschienen in akademischen Zeitschriften, Magazinen und großen Zeitungen.